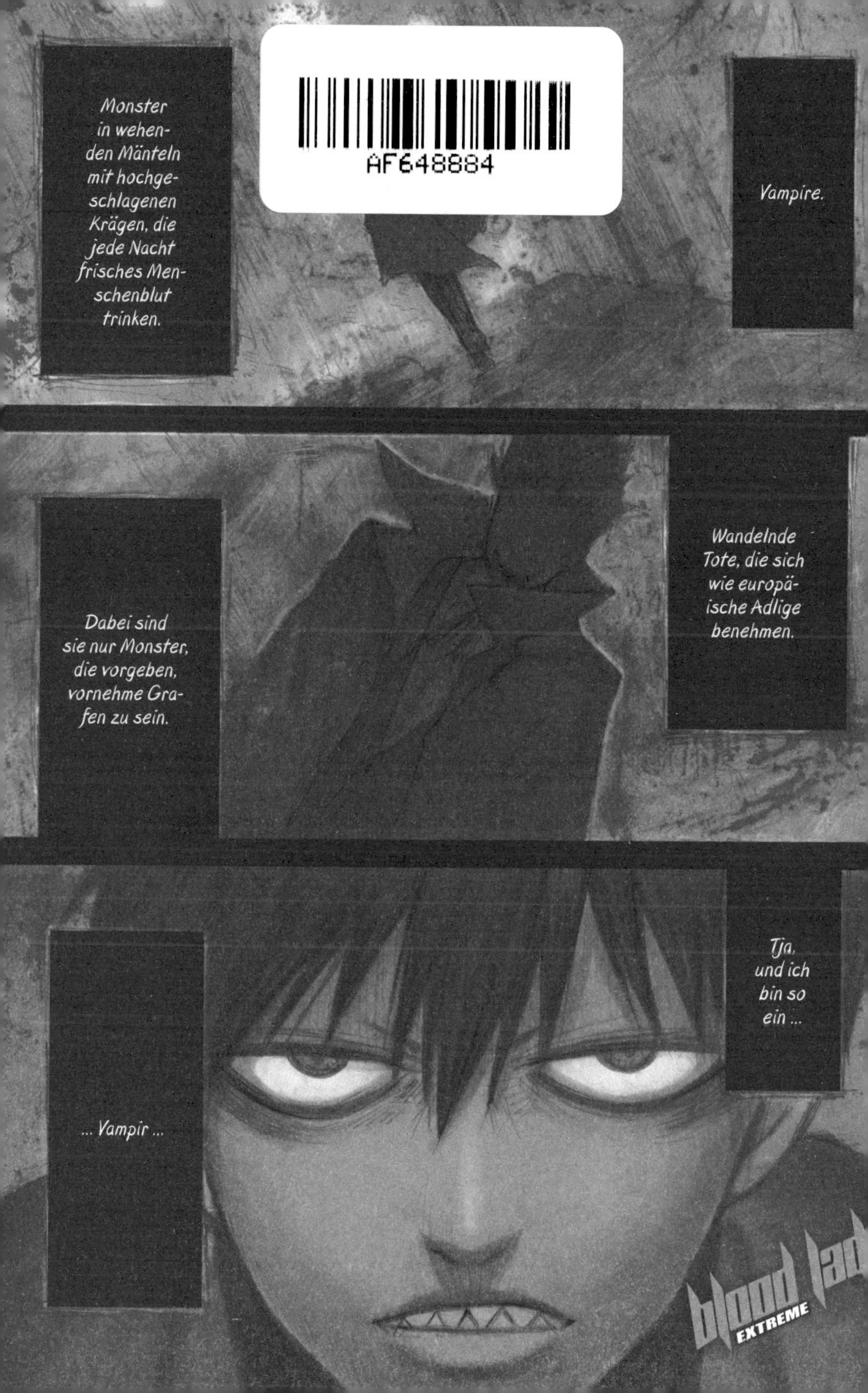
Vampire.
Monster in wehenden Mänteln mit hochgeschlagenen Krägen, die jede Nacht frisches Menschenblut trinken.
Wandelnde Tote, die sich wie europäische Adlige benehmen.
Dabei sind sie nur Monster, die vorgeben, vornehme Grafen zu sein.
Tja, und ich bin so ein ...
... Vampir ...
blood lad
EXTREME

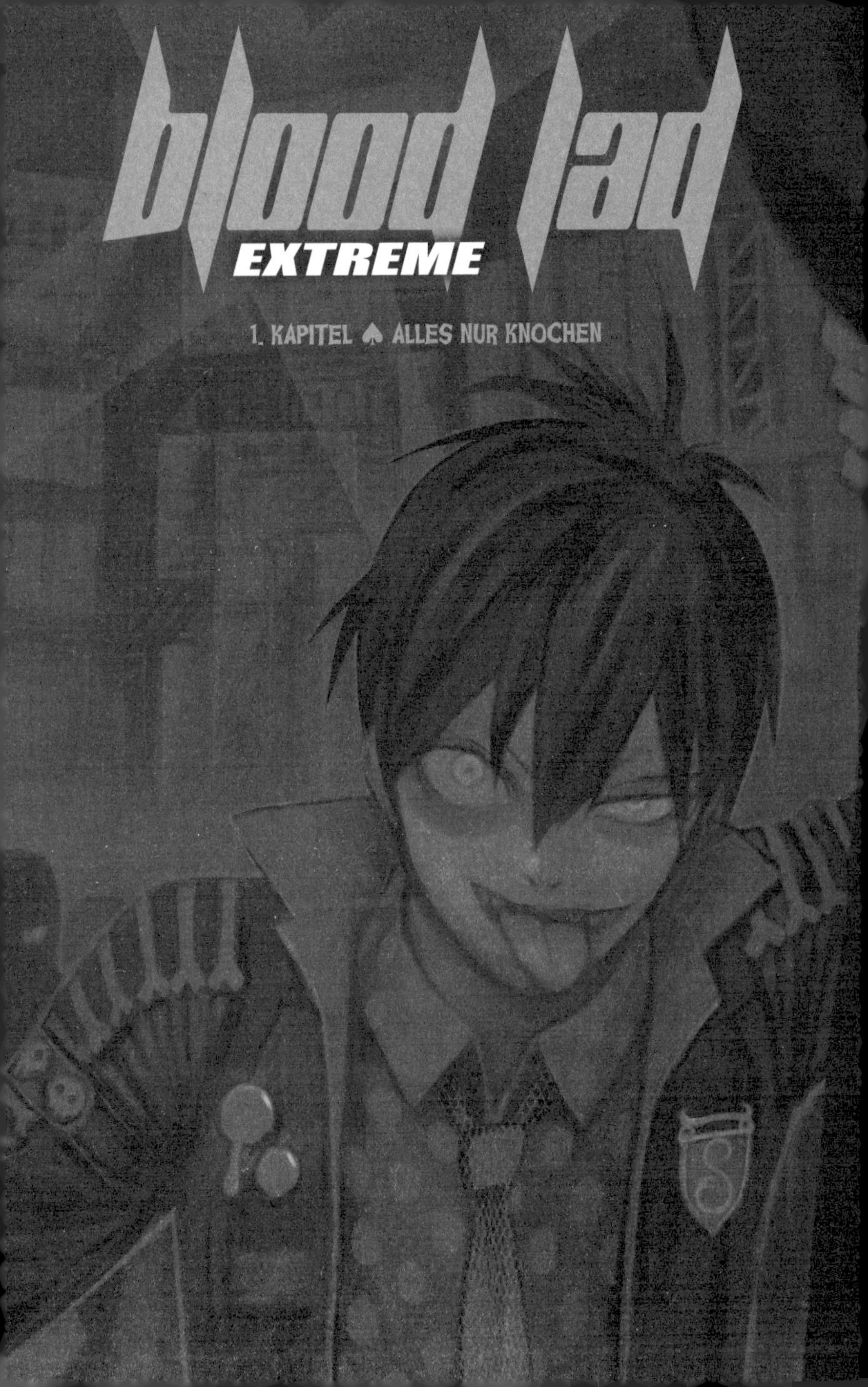
blood lad
EXTREME
1. KAPITEL ♠ ALLES NUR KNOCHEN

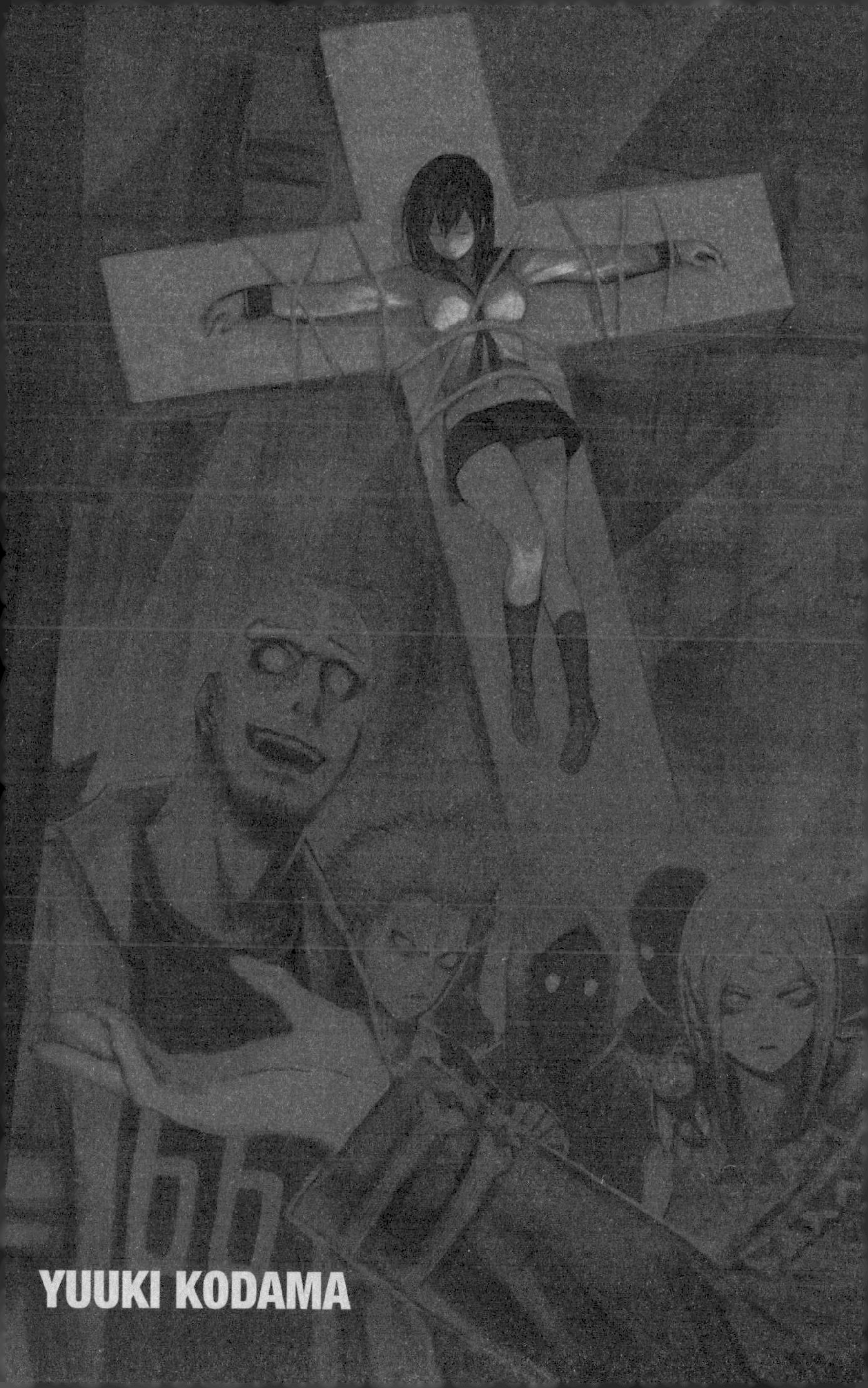


YUUKI KODAMA

# INHALT



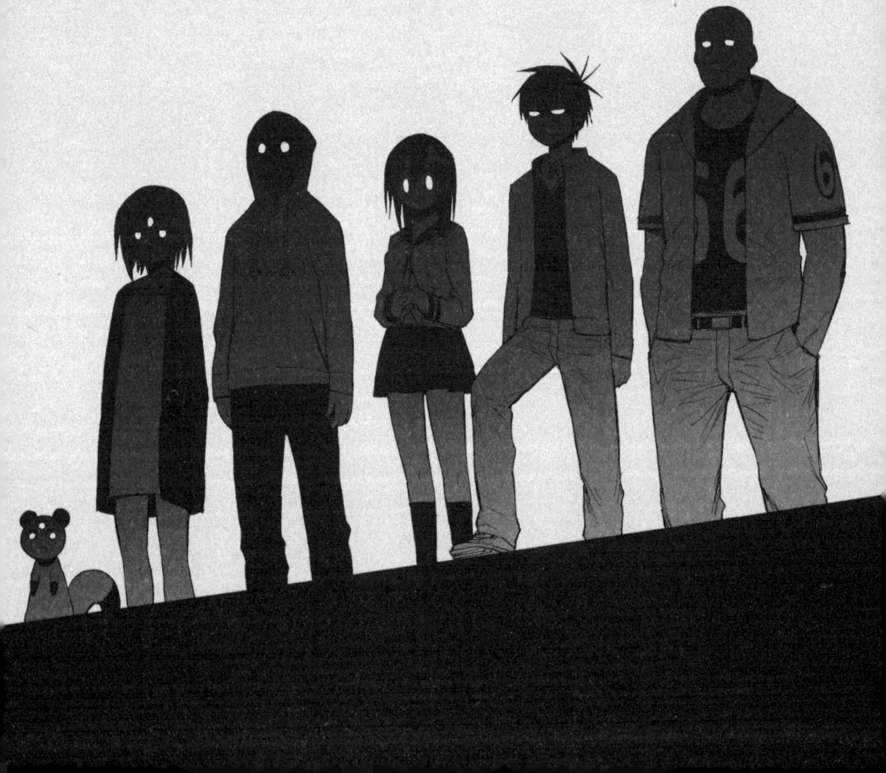

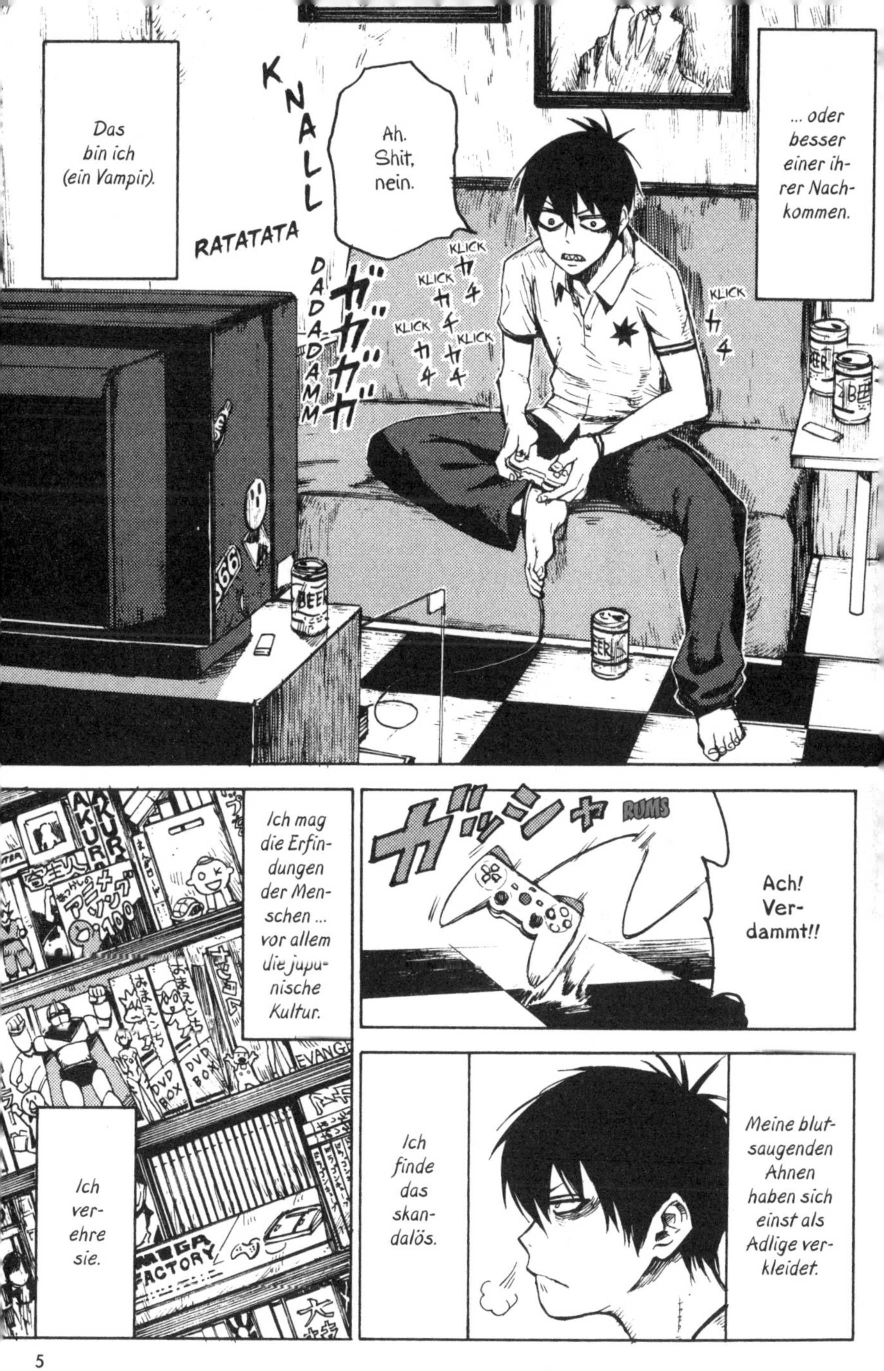

... oder besser einer ihrer Nachkommen.
KLICK
Ah. Shit, nein.
KNALL
KLICK
KLICK
KLICK
KLICK
DADADADAMM
RATATATA
Das bin ich (ein Vampir).
Ach! Verdammt!!
RUMS
Ich mag die Erfindungen der Menschen ... vor allem die japanische Kultur.
Meine blutsaugenden Ahnen haben sich einst als Adlige verkleidet.
Ich finde das skandalös.
Ich verehre sie.

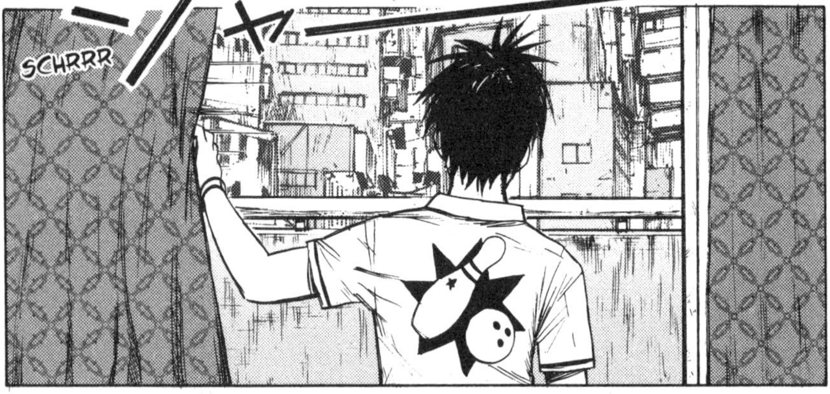
SCHRRR

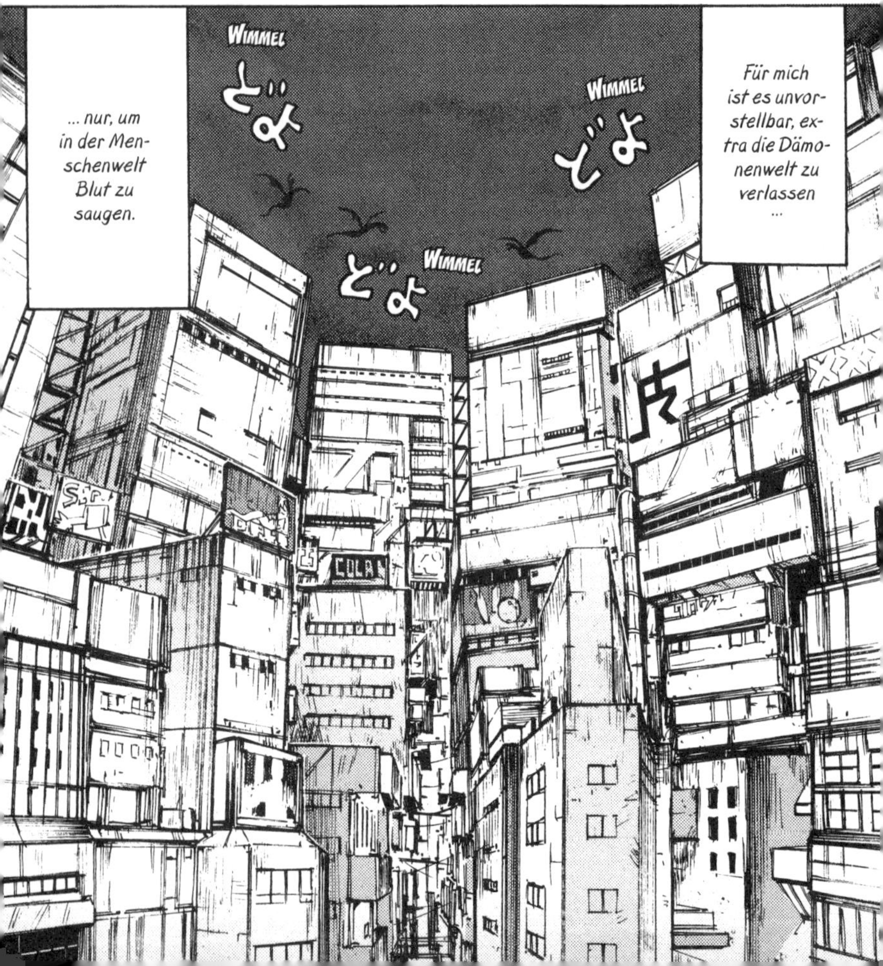
Für mich ist es unvorstellbar, extra die Dämonenwelt zu verlassen ...
WIMMEL
WIMMEL
WIMMEL
... nur, um in der Menschenwelt Blut zu saugen.
COLA

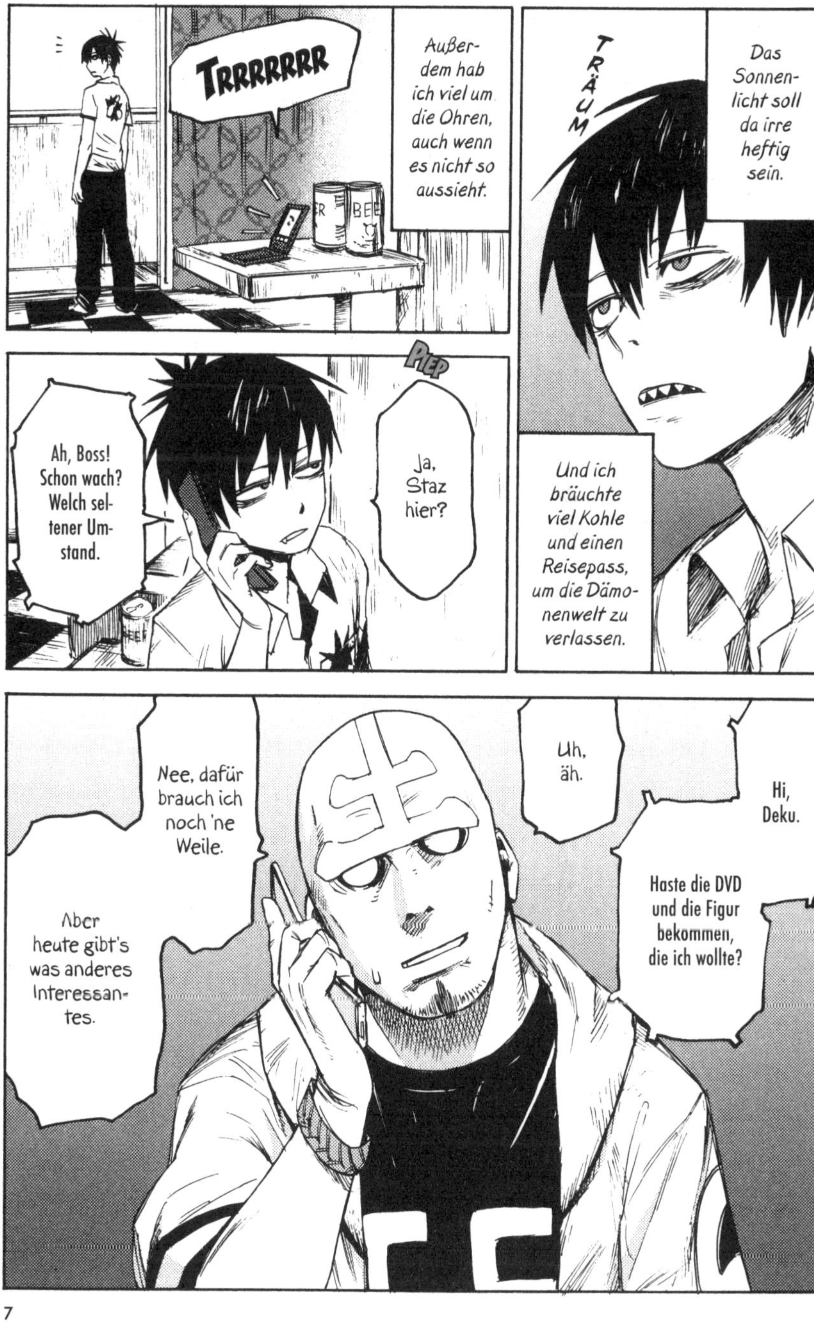
TRÄUM
Das Sonnenlicht soll da irre heftig sein.
Und ich bräuchte viel Kohle und einen Reisepass, um die Dämonenwelt zu verlassen.
Außerdem hab ich viel um die Ohren, auch wenn es nicht so aussieht.
TRRRRRRR
PIEP
Ja, Staz hier?
Ah, Boss! Schon wach? Welch seltener Umstand.
Hi, Deku.
Haste die DVD und die Figur bekommen, die ich wollte?
Uh, äh.
Nee, dafür brauch ich noch 'ne Weile.
Aber heute gibt's was anderes Interessantes.

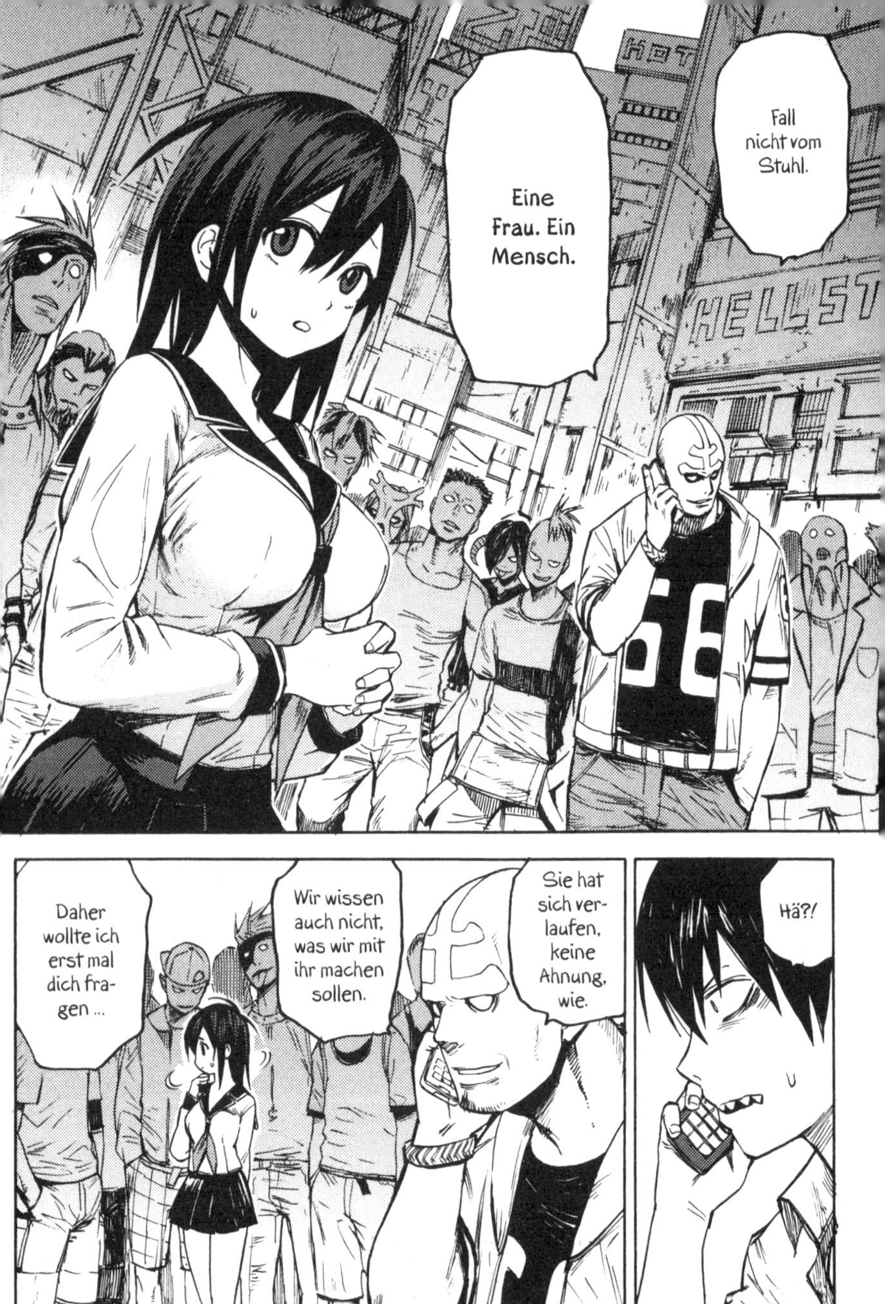
Fall nicht vom Stuhl.
Eine Frau. Ein Mensch.
Hä?!
Sie hat sich verlaufen, keine Ahnung, wie.
Wir wissen auch nicht, was wir mit ihr machen sollen.
Daher wollte ich erst mal dich fragen ...

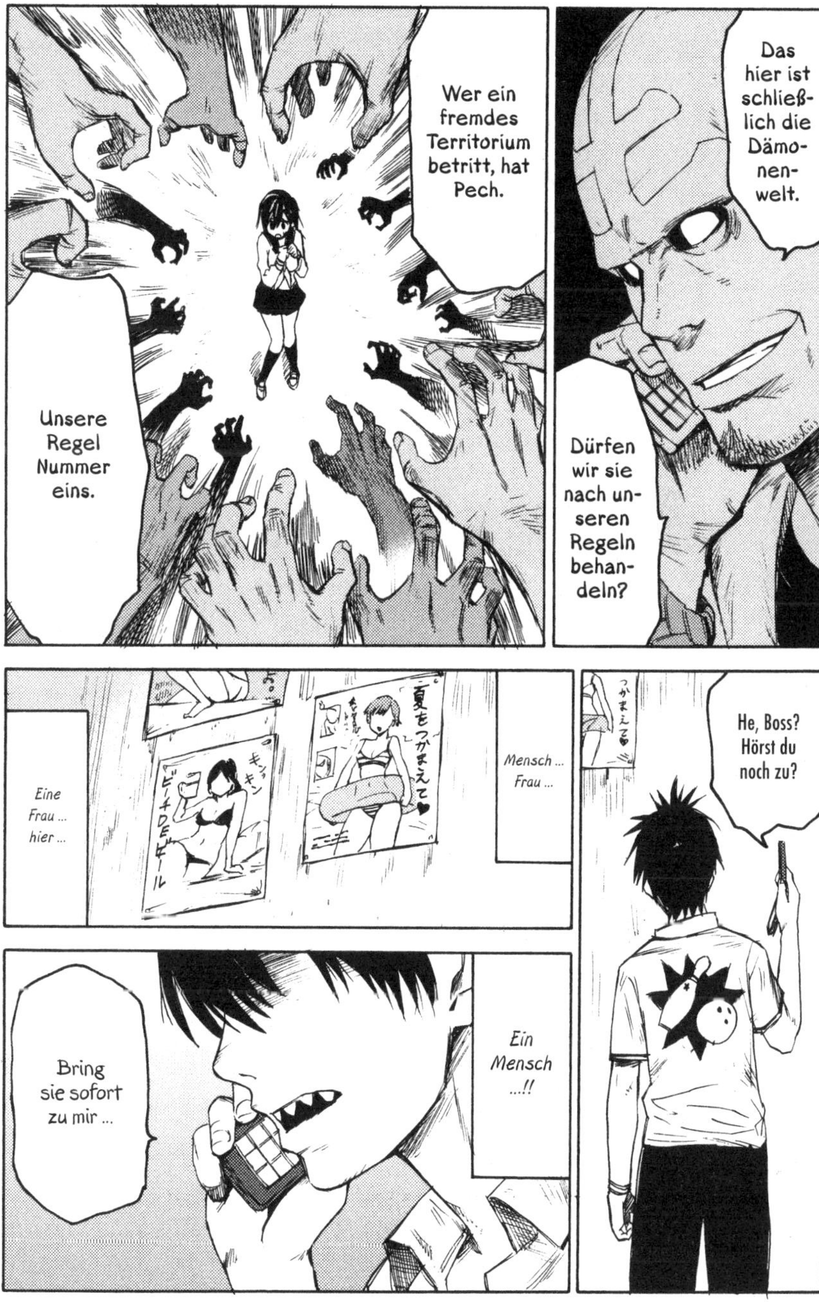
Das hier ist schließlich die Dämonenwelt.
Dürfen wir sie nach unseren Regeln behandeln?
Wer ein fremdes Territorium betritt, hat Pech.
Unsere Regel Nummer eins.
He, Boss? Hörst du noch zu?
Mensch ... Frau ...
Eine Frau ... hier ...
Ein Mensch ...!!
Bring sie sofort zu mir ...

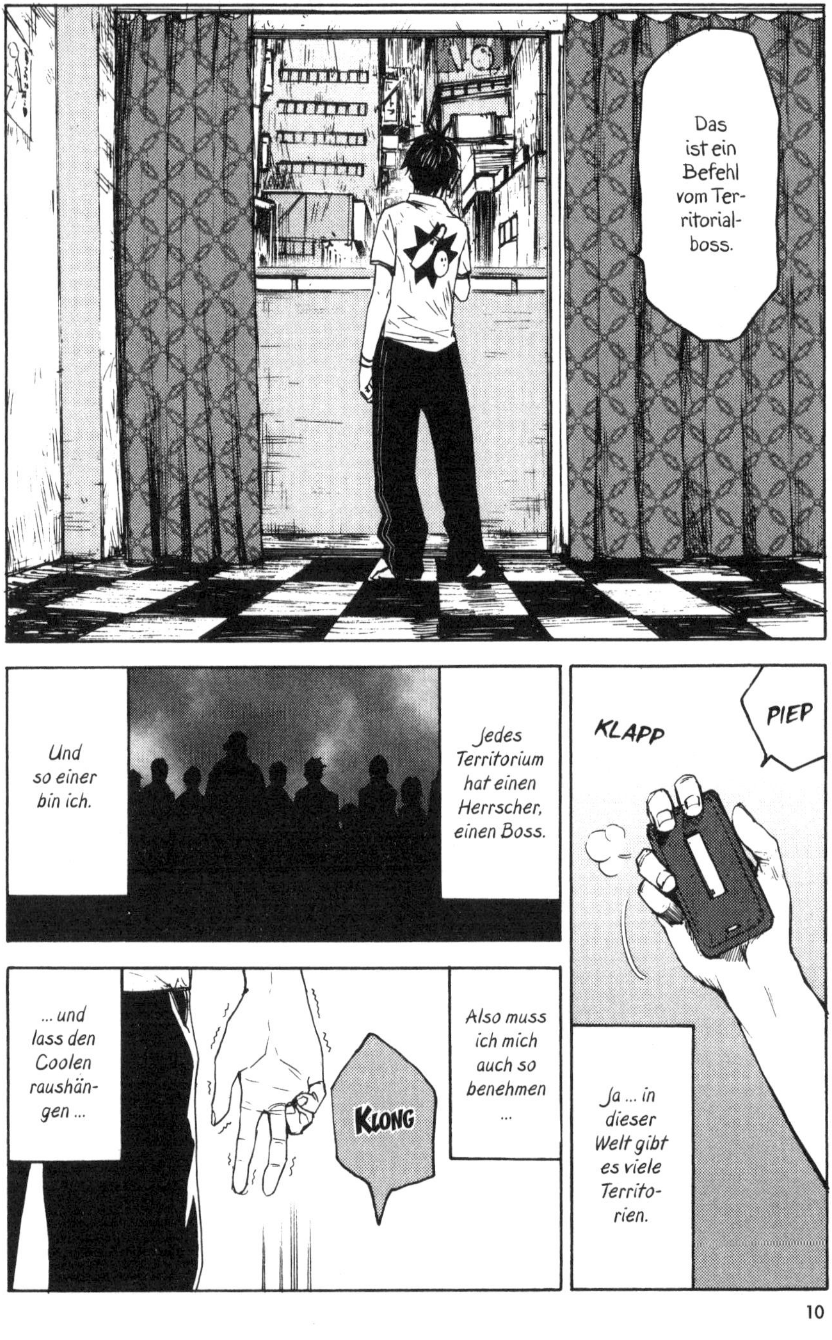

Das ist ein Befehl vom Territorialboss.
PIEP
KLAPP
Ja ... in dieser Welt gibt es viele Territorien.
Jedes Territorium hat einen Herrscher, einen Boss.
Und so einer bin ich.
Also muss ich mich auch so benehmen ...
KLONG
... und lass den Coolen raushängen ...

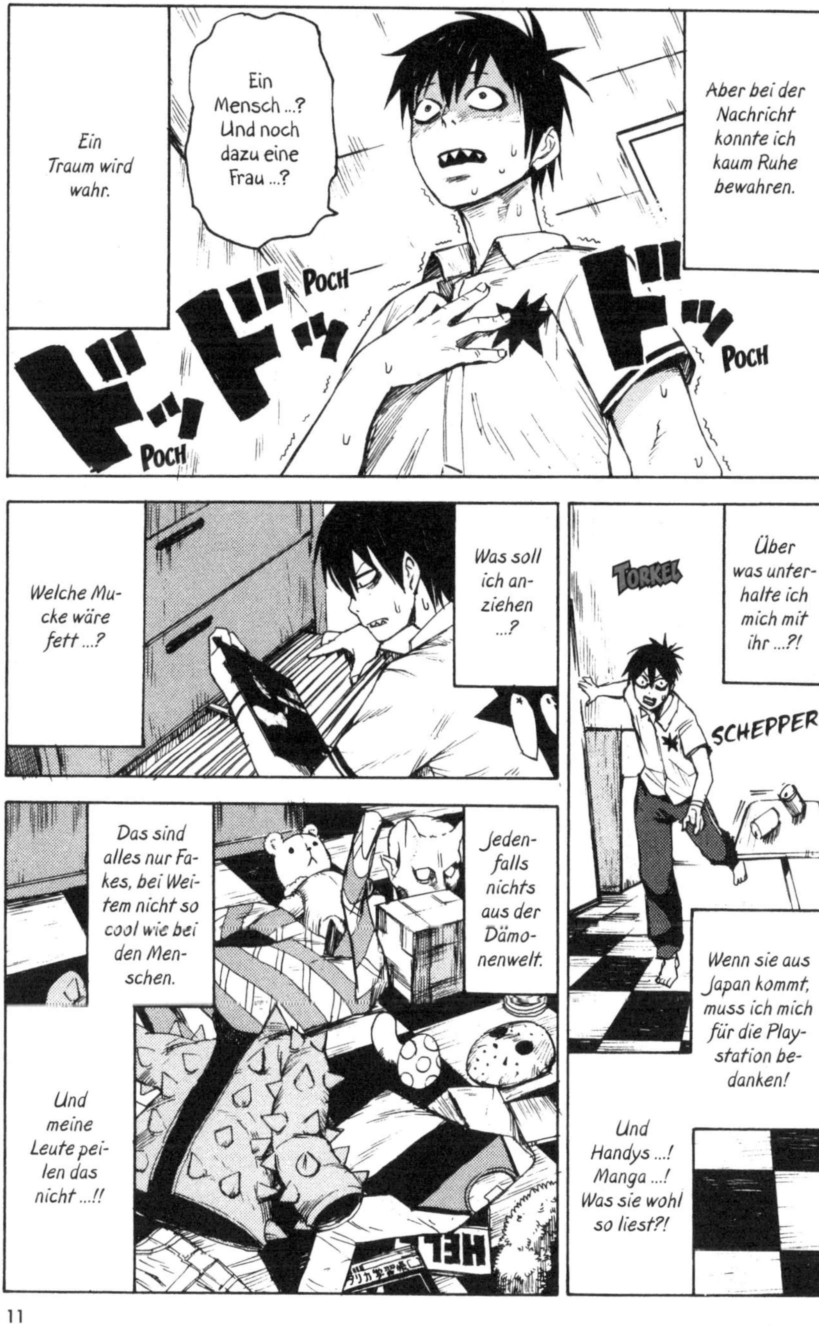

Aber bei der Nachricht konnte ich kaum Ruhe bewahren.
Ein Mensch ...? Und noch dazu eine Frau ...?
Ein Traum wird wahr.
POCH
POCH
POCH
Über was unterhalte ich mich mit ihr ...?!
TORKEL
SCHEPPER
Was soll ich anziehen ...?
Welche Mucke wäre fett ...?
Wenn sie aus Japan kommt, muss ich mich für die Playstation bedanken!
Und Handys ...! Manga ...! Was sie wohl so liest?!
Jedenfalls nichts aus der Dämonenwelt.
Das sind alles nur Fakes, bei Weitem nicht so cool wie bei den Menschen.
Und meine Leute peilen das nicht ...!!

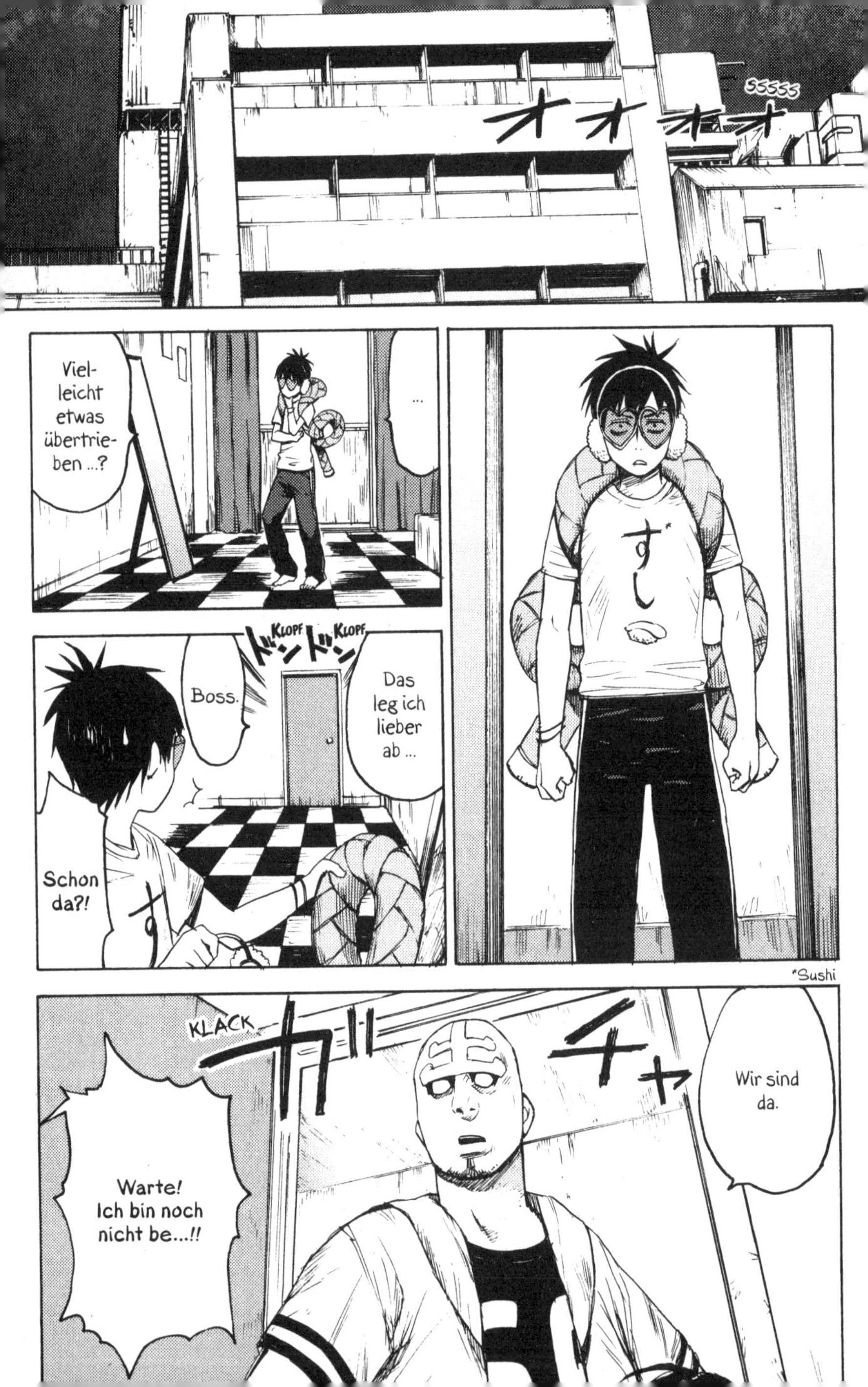
SSSSS
オオオオ
Viel-leicht etwas übertrie-ben ...?
...
すし*
KLOPF KLOPF
ドンドン
Das leg ich lieber ab ...
Boss.
Schon da?!
*Sushi
KLACK
ガチャ
Wir sind da.
Warte! Ich bin noch nicht be...!!

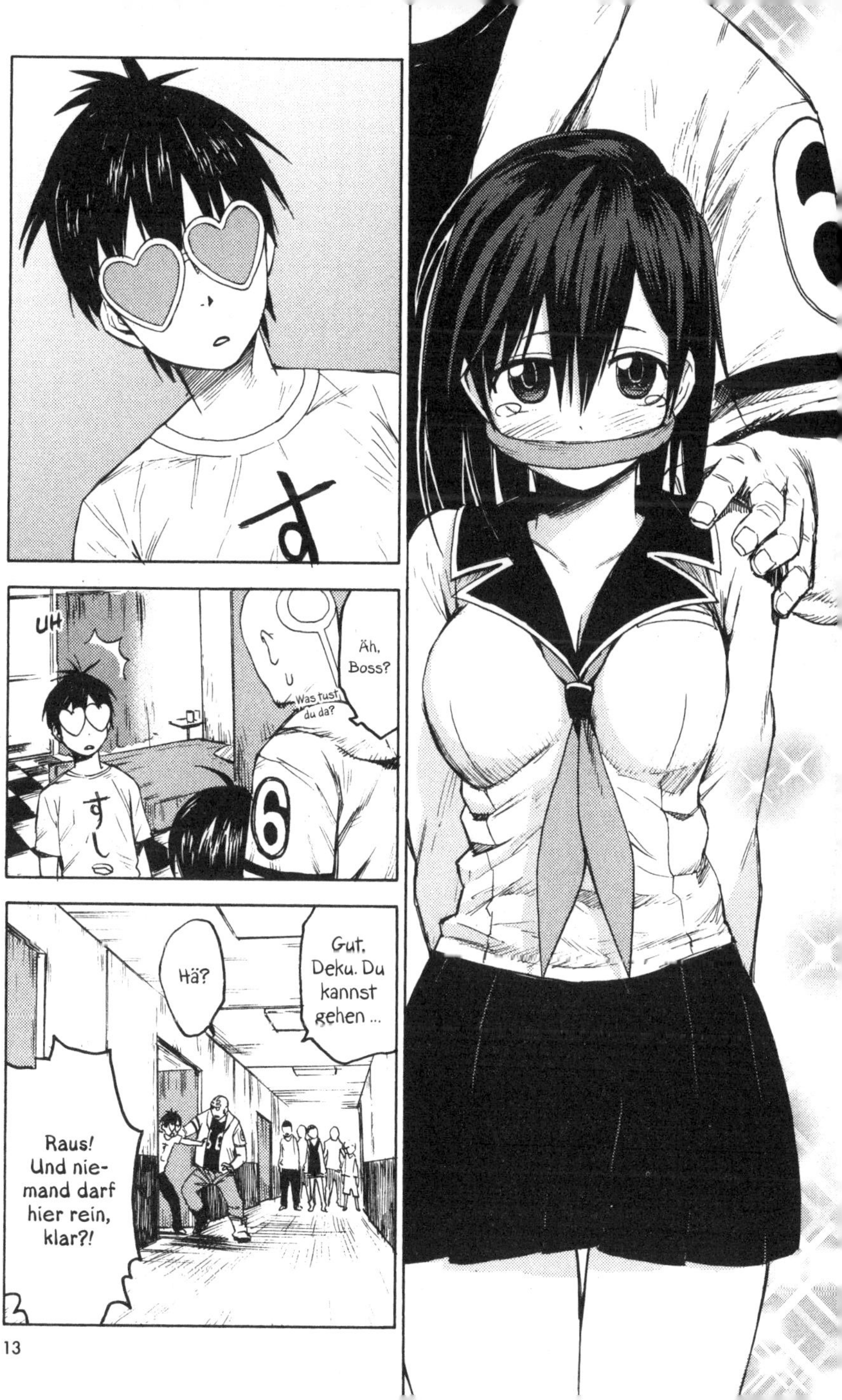
UH
Äh, Boss?
Was tust du da?
Gut. Deku. Du kannst gehen ...
Hä?
Raus! Und niemand darf hier rein, klar?!

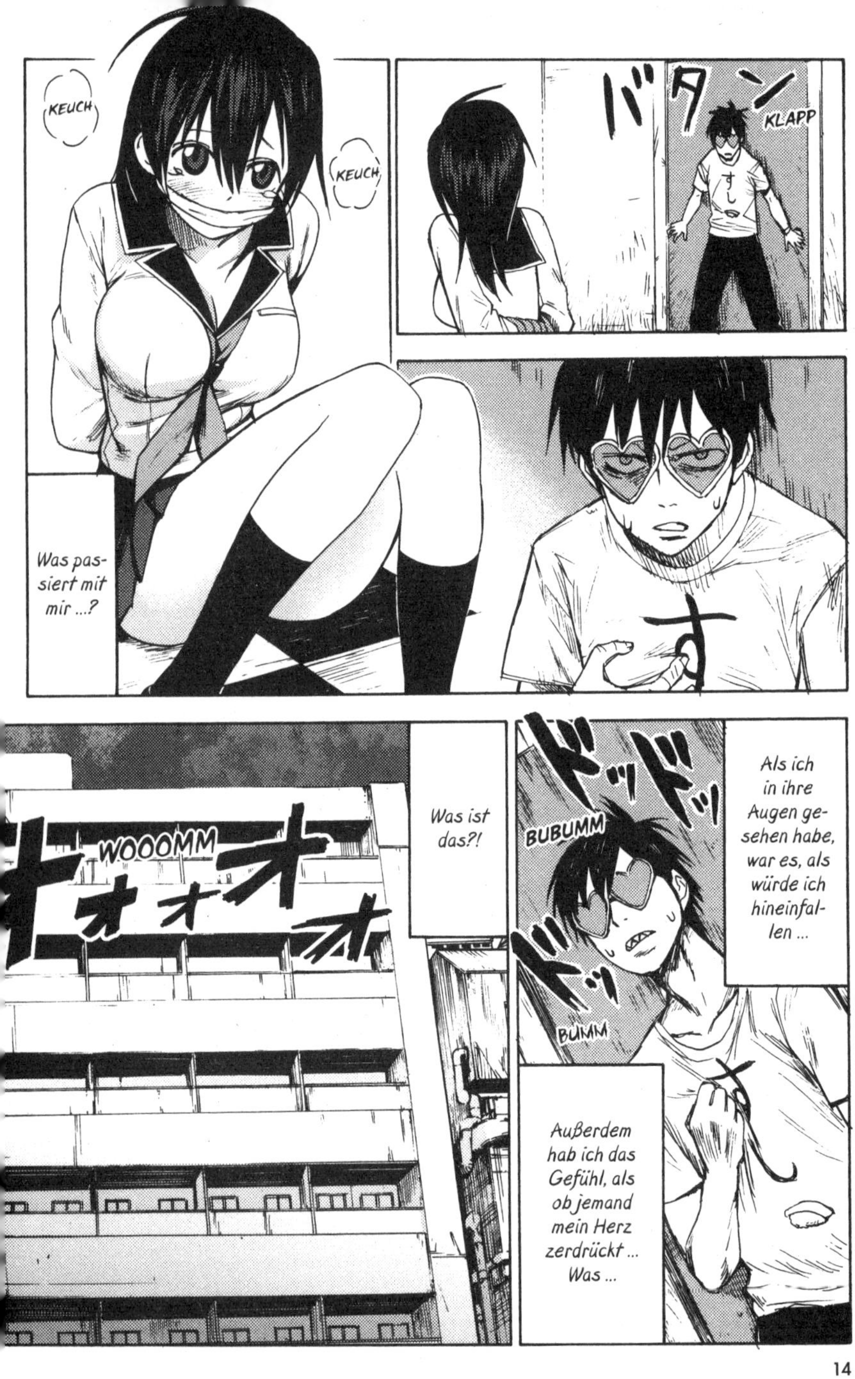

バタン
KLAPP
KEUCH
KEUCH
Was pas-
siert mit
mir ...?
ドッドッ
BUBUMM
Als ich
in ihre
Augen ge-
sehen habe,
war es, als
würde ich
hineinfal-
len ...
ドッドッ
BUMM
Außerdem
hab ich das
Gefühl, als
ob jemand
mein Herz
zerdrückt ...
Was ...
Was ist
das?!
オォォォ
WOOOMM

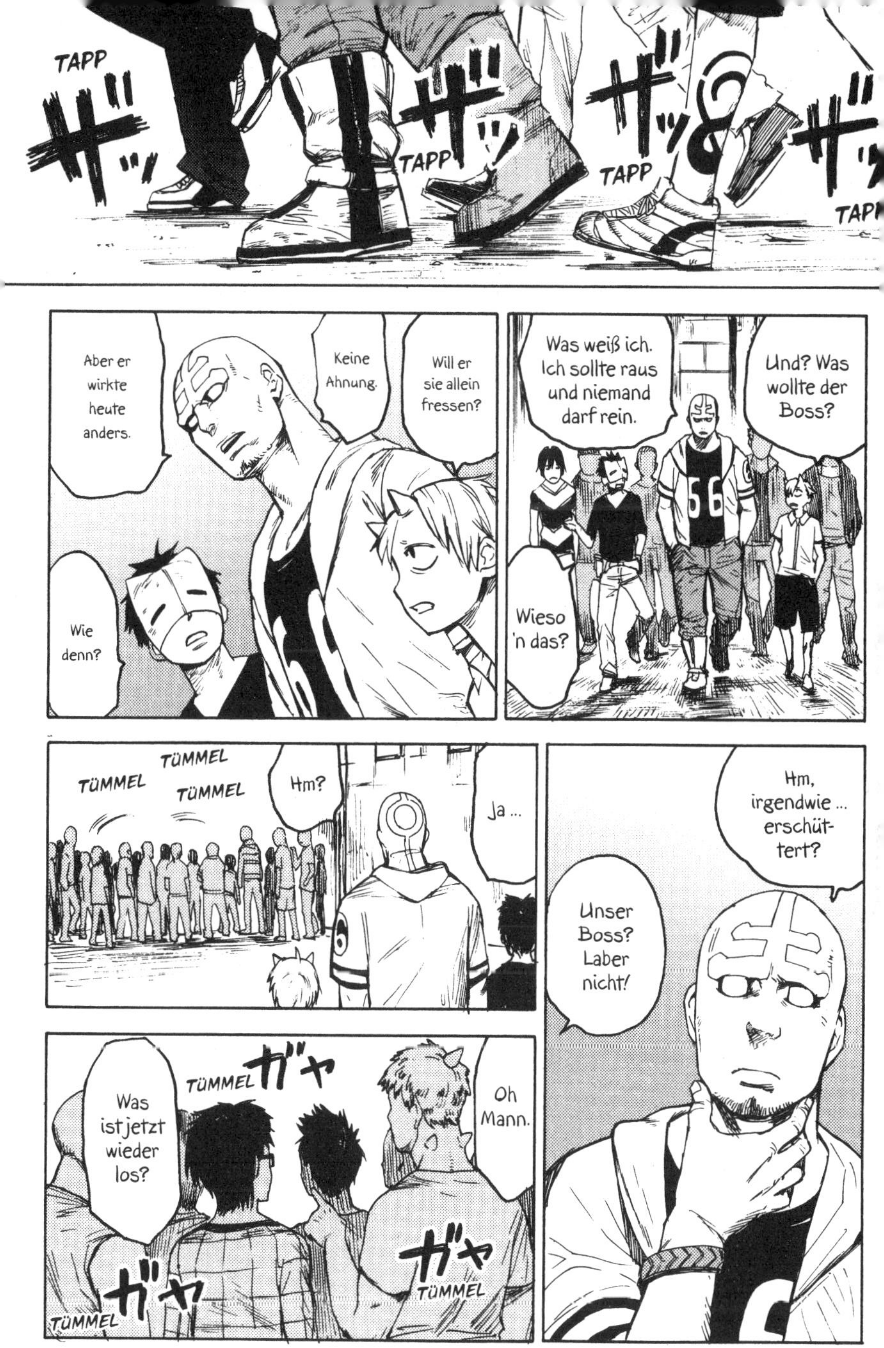
TAPP
TAPP
TAPP
TAPP
Und? Was wollte der Boss?
Was weiß ich. Ich sollte raus und niemand darf rein.
Wieso 'n das?
Will er sie allein fressen?
Keine Ahnung.
Aber er wirkte heute anders.
Wie denn?
Hm, irgendwie … erschüttert?
Unser Boss? Laber nicht!
Ja …
Hm?
TÜMMEL
TÜMMEL
TÜMMEL
Oh Mann.
Was ist jetzt wieder los?
TÜMMEL
TÜMMEL
TÜMMEL

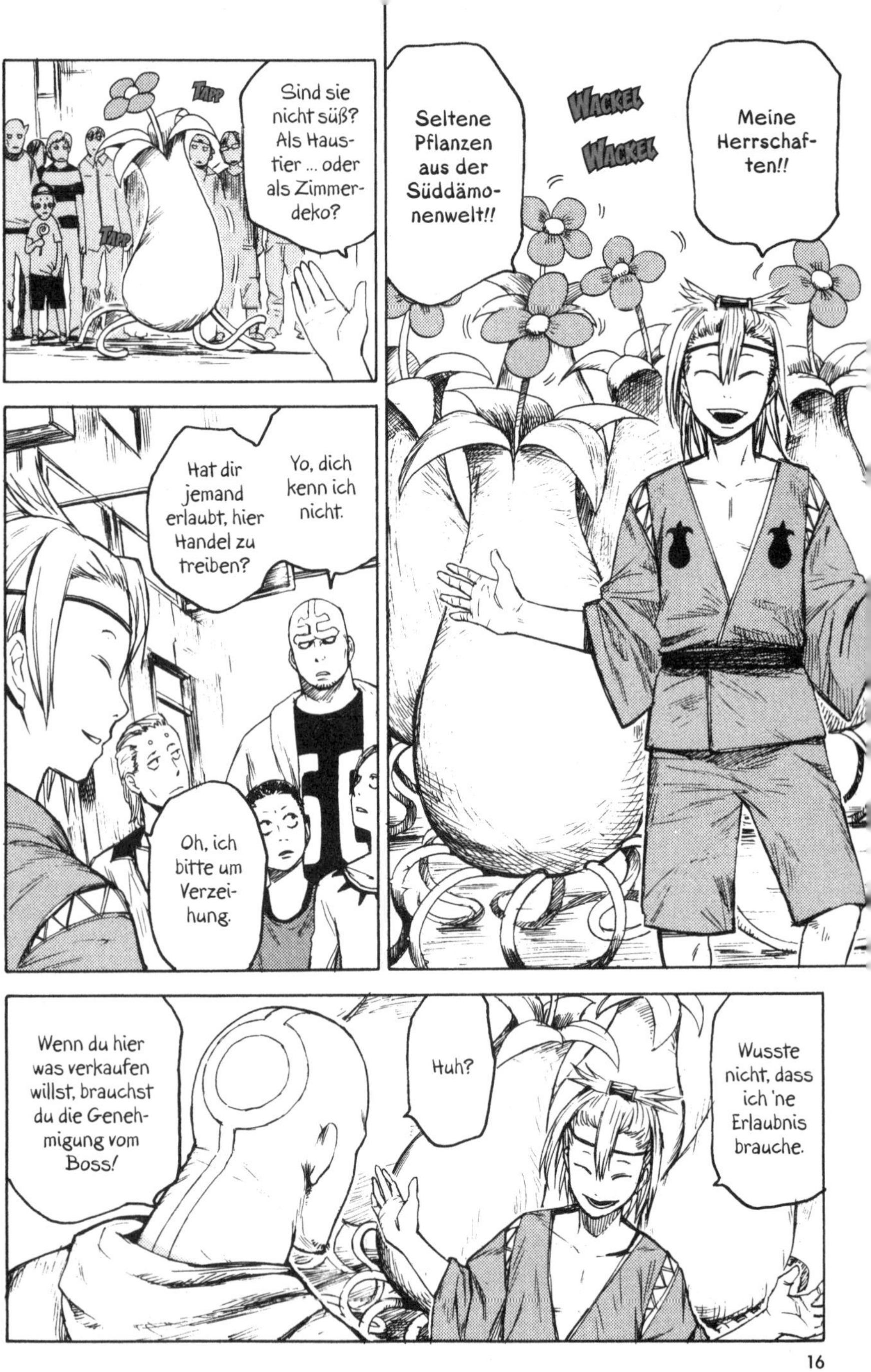
Meine Herrschaften!!
WACKEL
WACKEL
Seltene Pflanzen aus der Süddämonenwelt!!
TAPP
Sind sie nicht süß? Als Haustier ... oder als Zimmerdeko?
TAPP
Yo, dich kenn ich nicht.
Hat dir jemand erlaubt, hier Handel zu treiben?
Oh, ich bitte um Verzeihung.
Wusste nicht, dass ich 'ne Erlaubnis brauche.
Huh?
Wenn du hier was verkaufen willst, brauchst du die Genehmigung vom Boss!

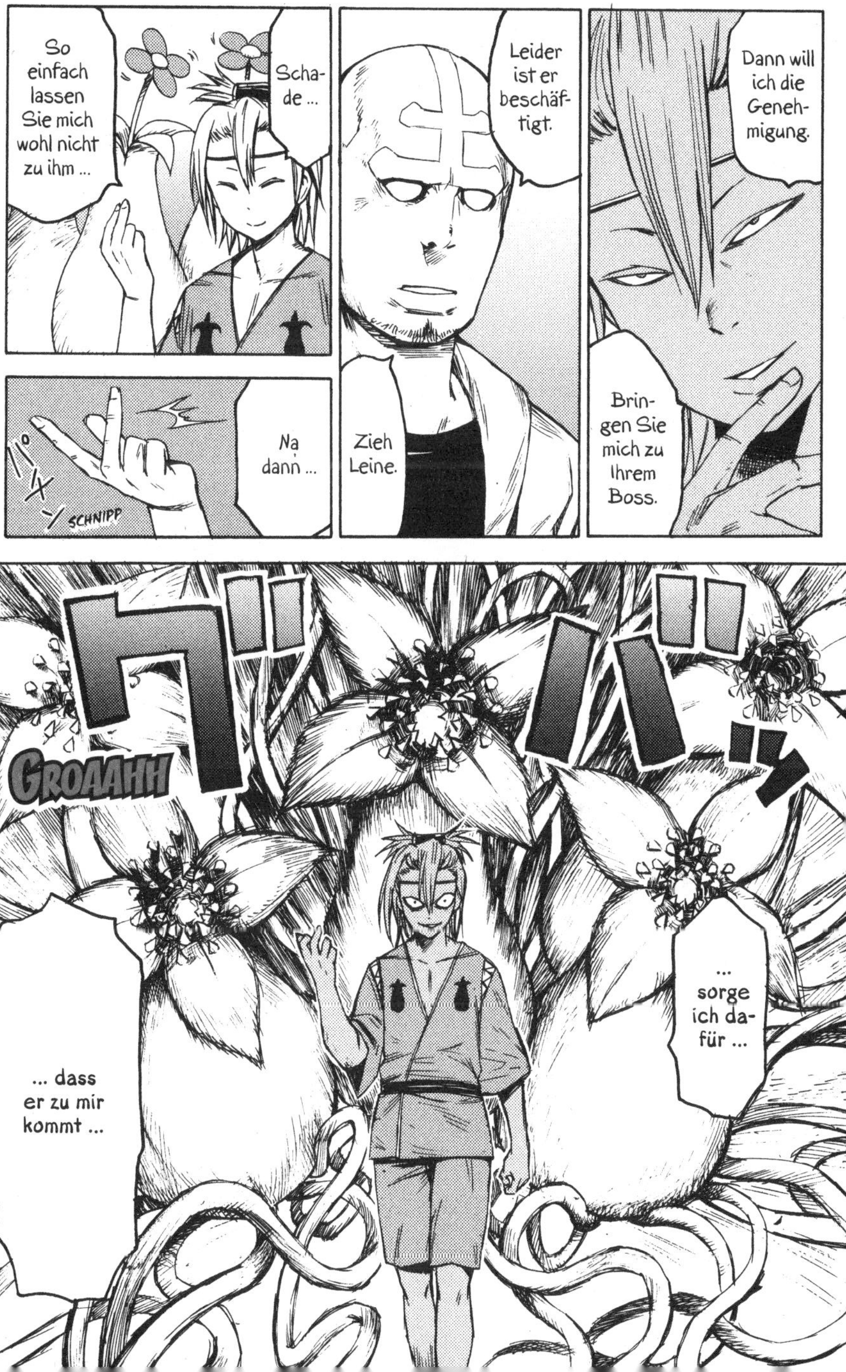

Dann will ich die Genehmigung.
Bringen Sie mich zu Ihrem Boss.
Leider ist er beschäftigt.
Zieh Leine.
Schade ...
So einfach lassen Sie mich wohl nicht zu ihm ...
Na dann ...
SCHNIPP
GROAAHH
... sorge ich dafür ...
... dass er zu mir kommt ...

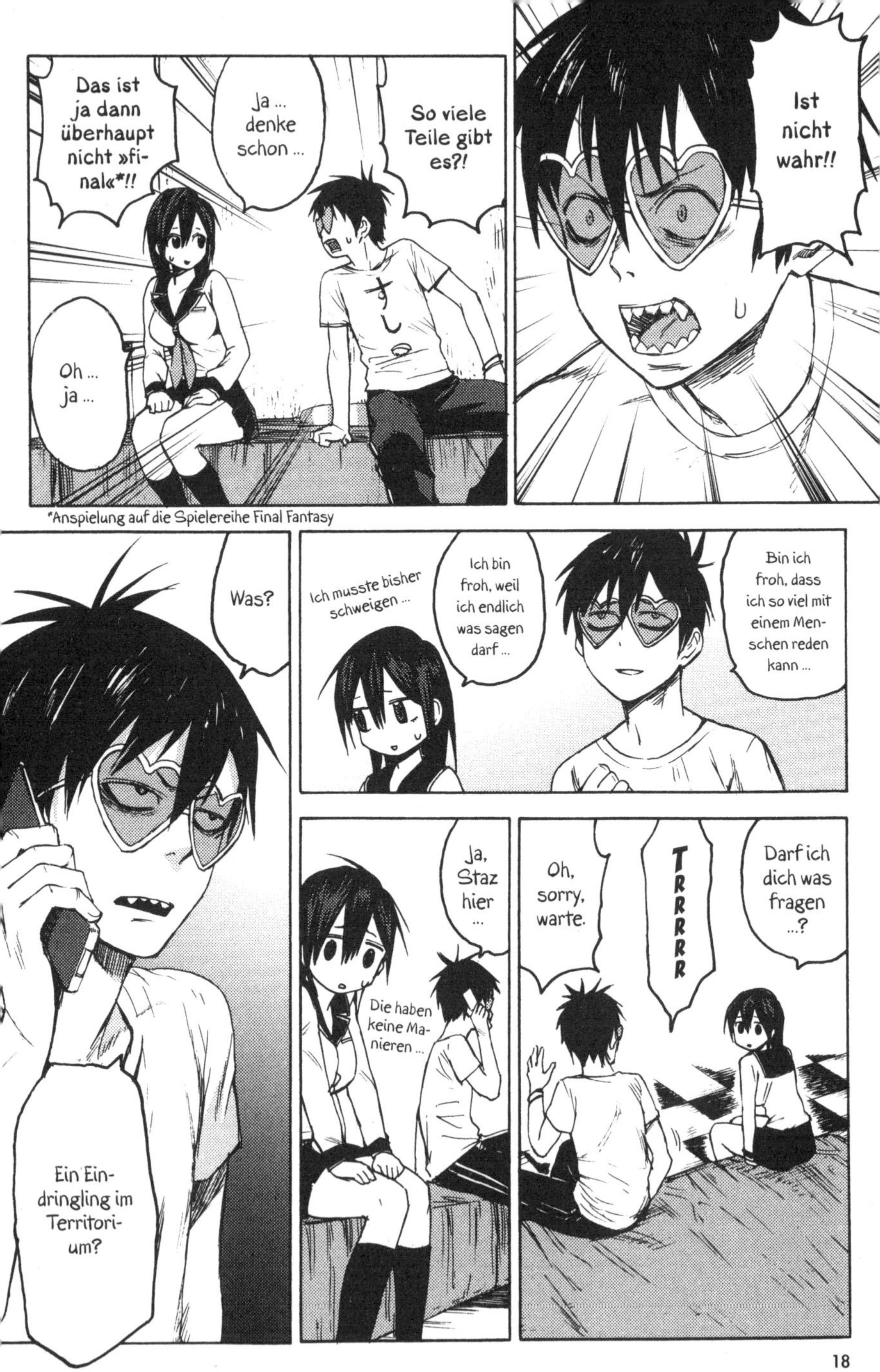


*Anspielung auf die Spielereihe Final Fantasy

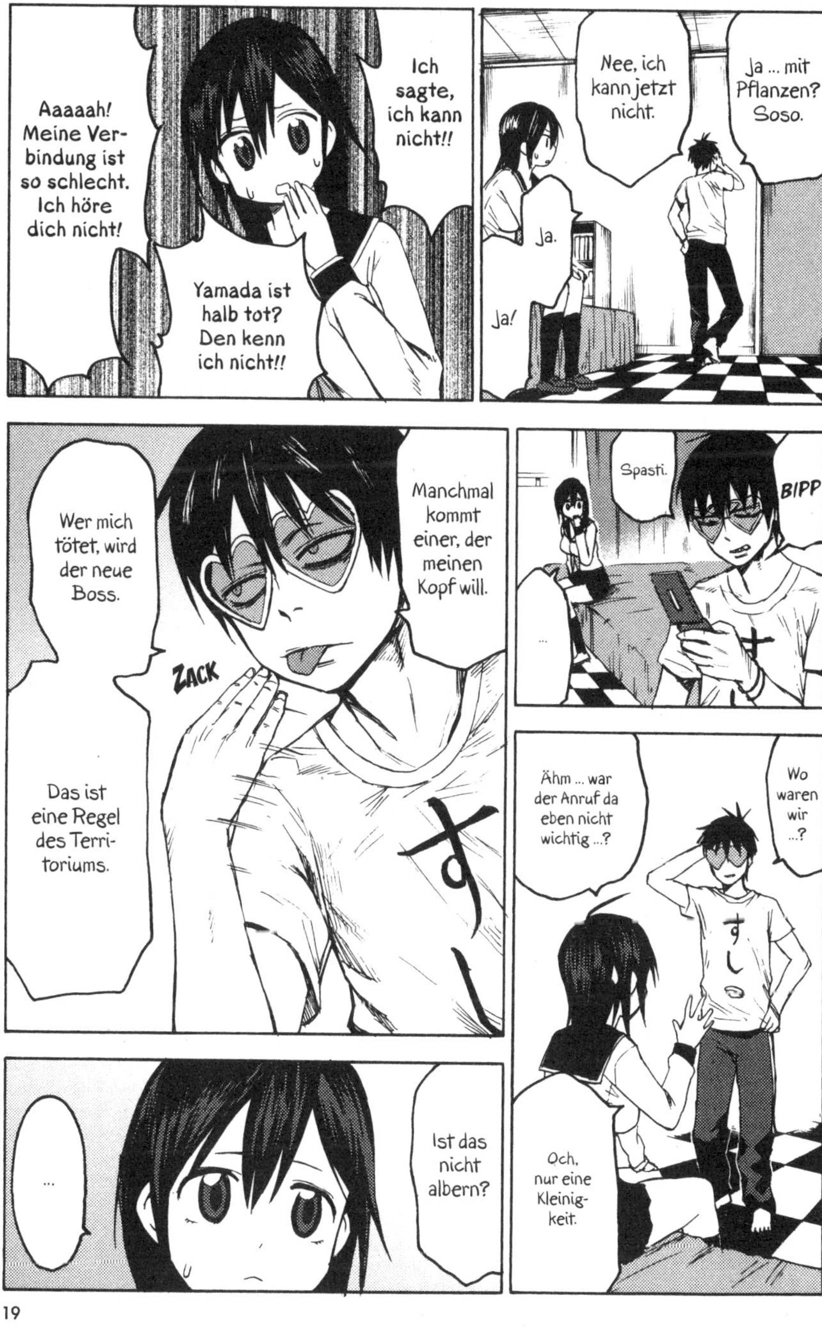

Ja ... mit Pflanzen? Soso.
Nee, ich kann jetzt nicht.
Ja.
Ja!
Ich sagte, ich kann nicht!!
Aaaaah! Meine Verbindung ist so schlecht. Ich höre dich nicht!
Yamada ist halb tot? Den kenn ich nicht!!
Spasti.
BIPP
...
Manchmal kommt einer, der meinen Kopf will.
Wer mich tötet, wird der neue Boss.
ZACK
Das ist eine Regel des Territoriums.
Ist das nicht albern?
...
Wo waren wir ...?
Ähm ... war der Anruf da eben nicht wichtig ...?
Och, nur eine Kleinigkeit.

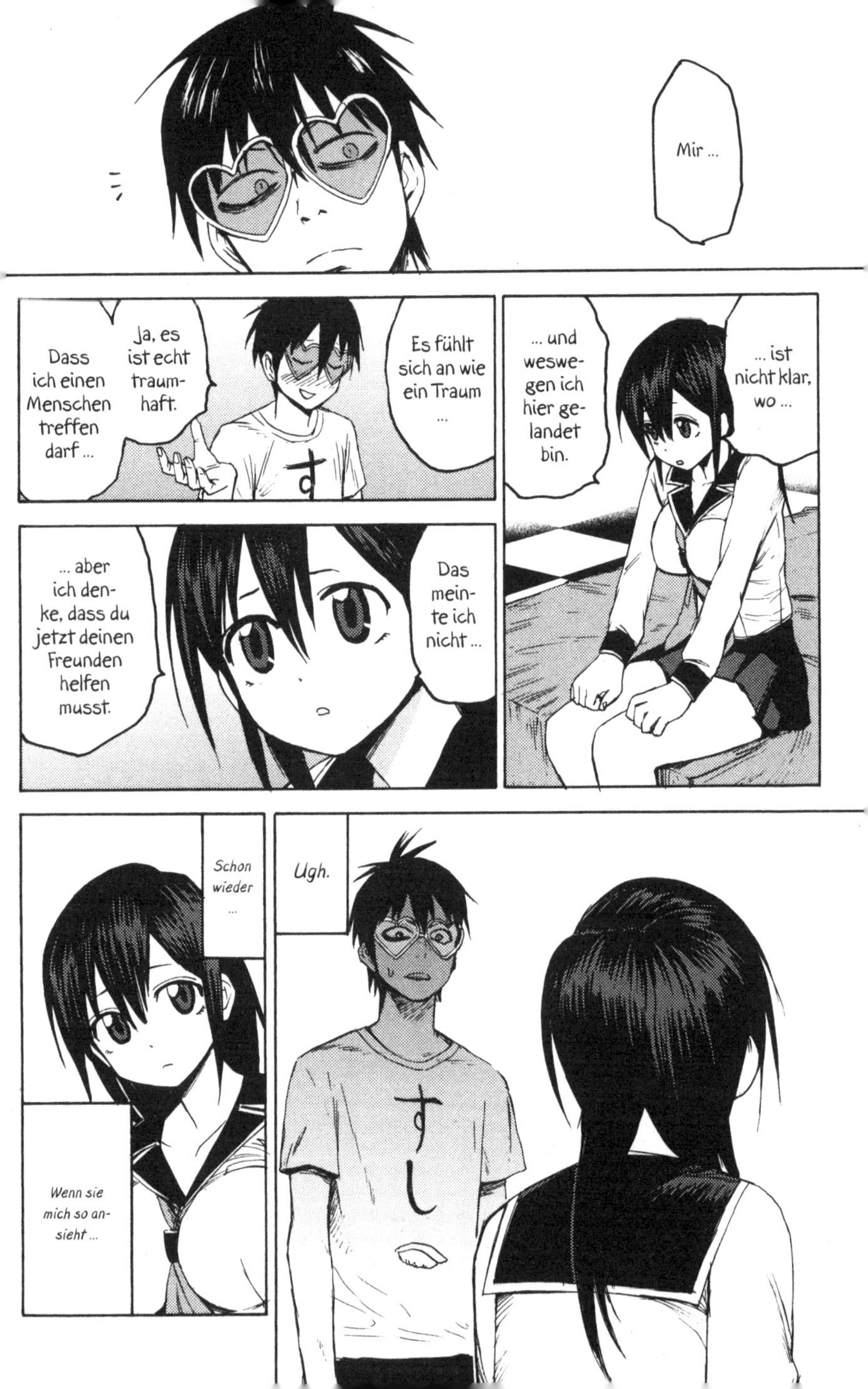
Mir ...
... ist nicht klar, wo ...
... und weswegen ich hier gelandet bin.
Es fühlt sich an wie ein Traum ...
Ja, es ist echt traumhaft.
Dass ich einen Menschen treffen darf ...
Das meinte ich nicht ...
... aber ich denke, dass du jetzt deinen Freunden helfen musst.
Ugh.
Schon wieder ...
Wenn sie mich so ansieht ...

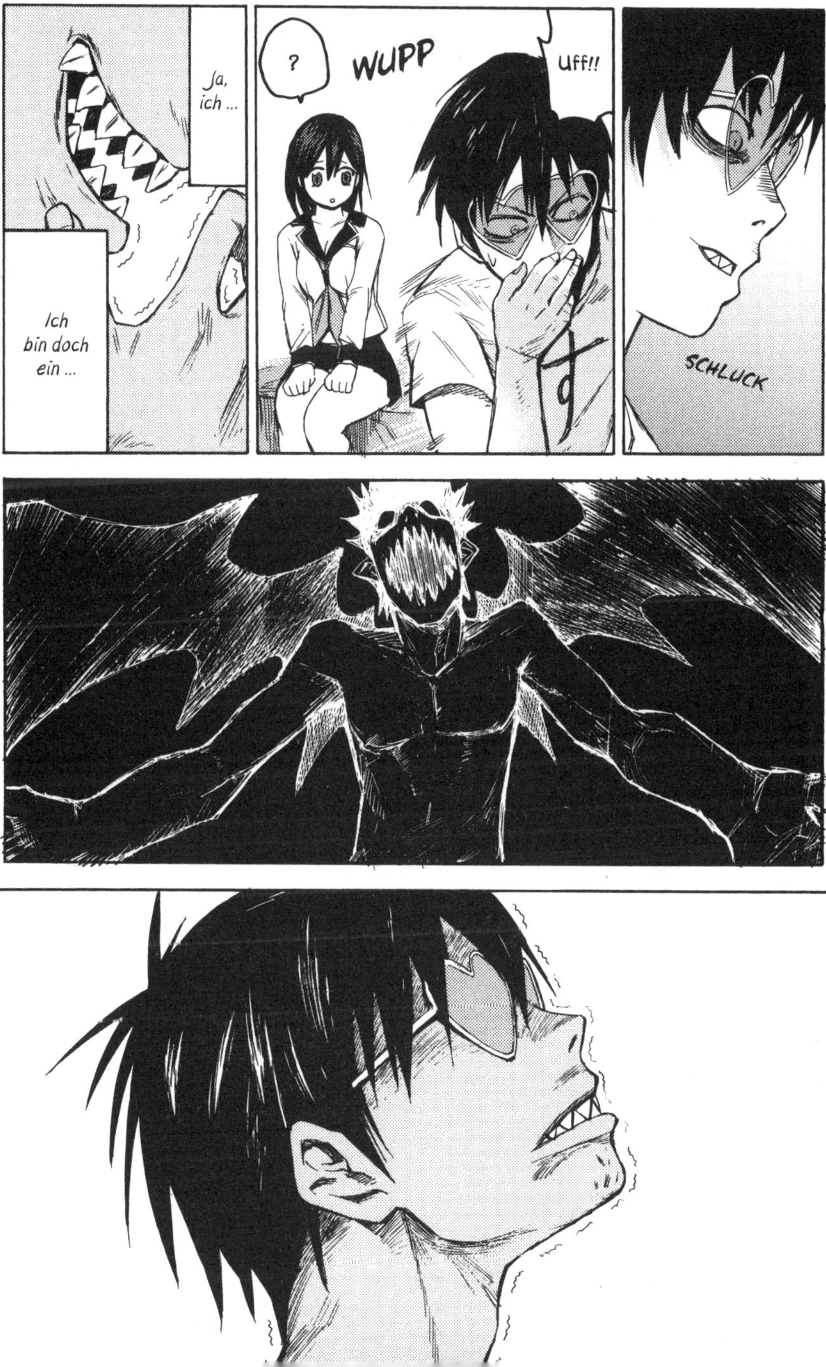
Ja, ich ...
Ich bin doch ein ...
?
WUPP
Uff!!
SCHLUCK

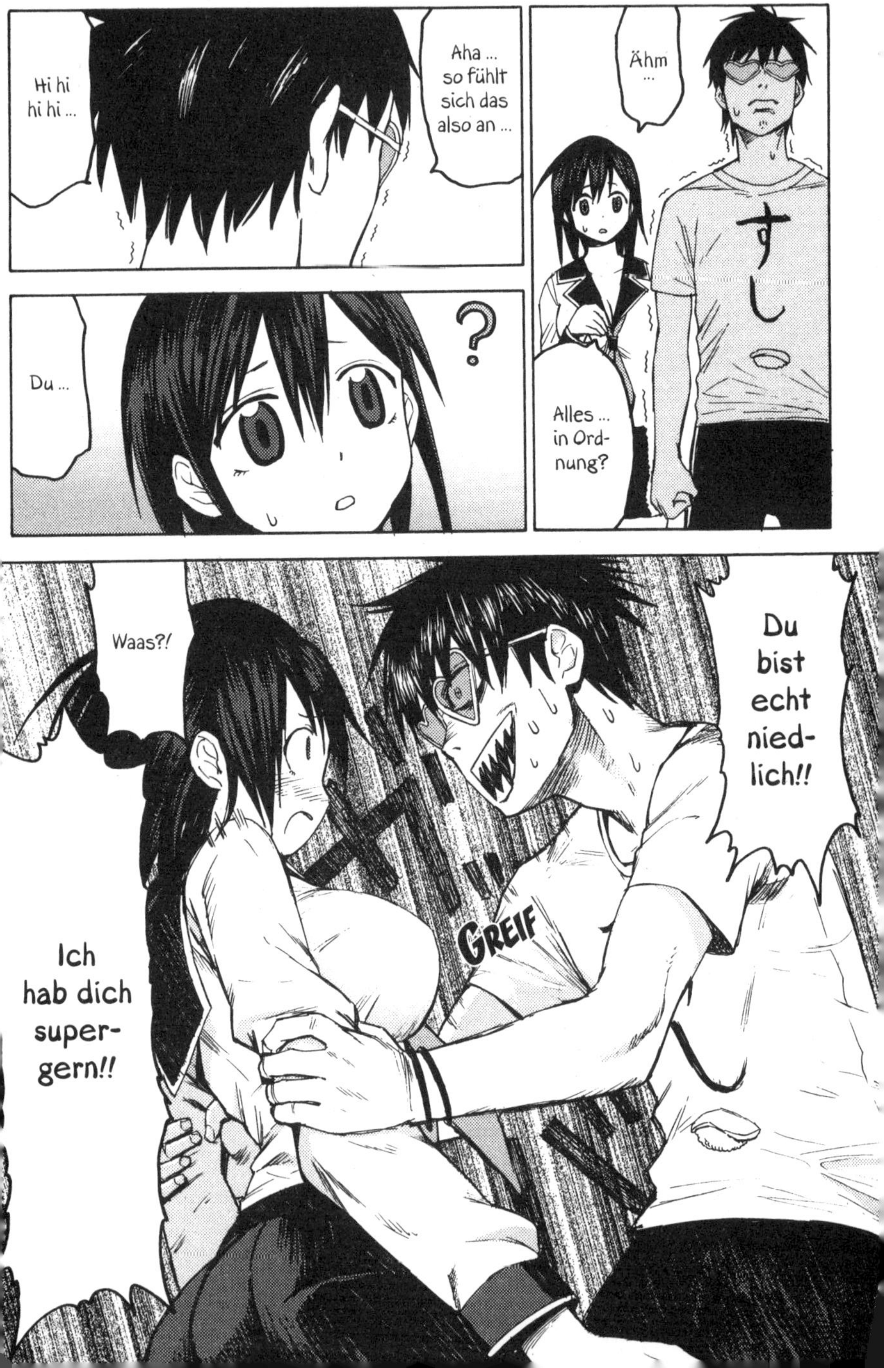
Ähm ...
Aha ... so fühlt sich das also an ...
Hi hi hi hi ...
Alles ... in Ordnung?
Du ...
?
Du bist echt niedlich!!
Waas?!
GREIF
Ich hab dich supergern!!

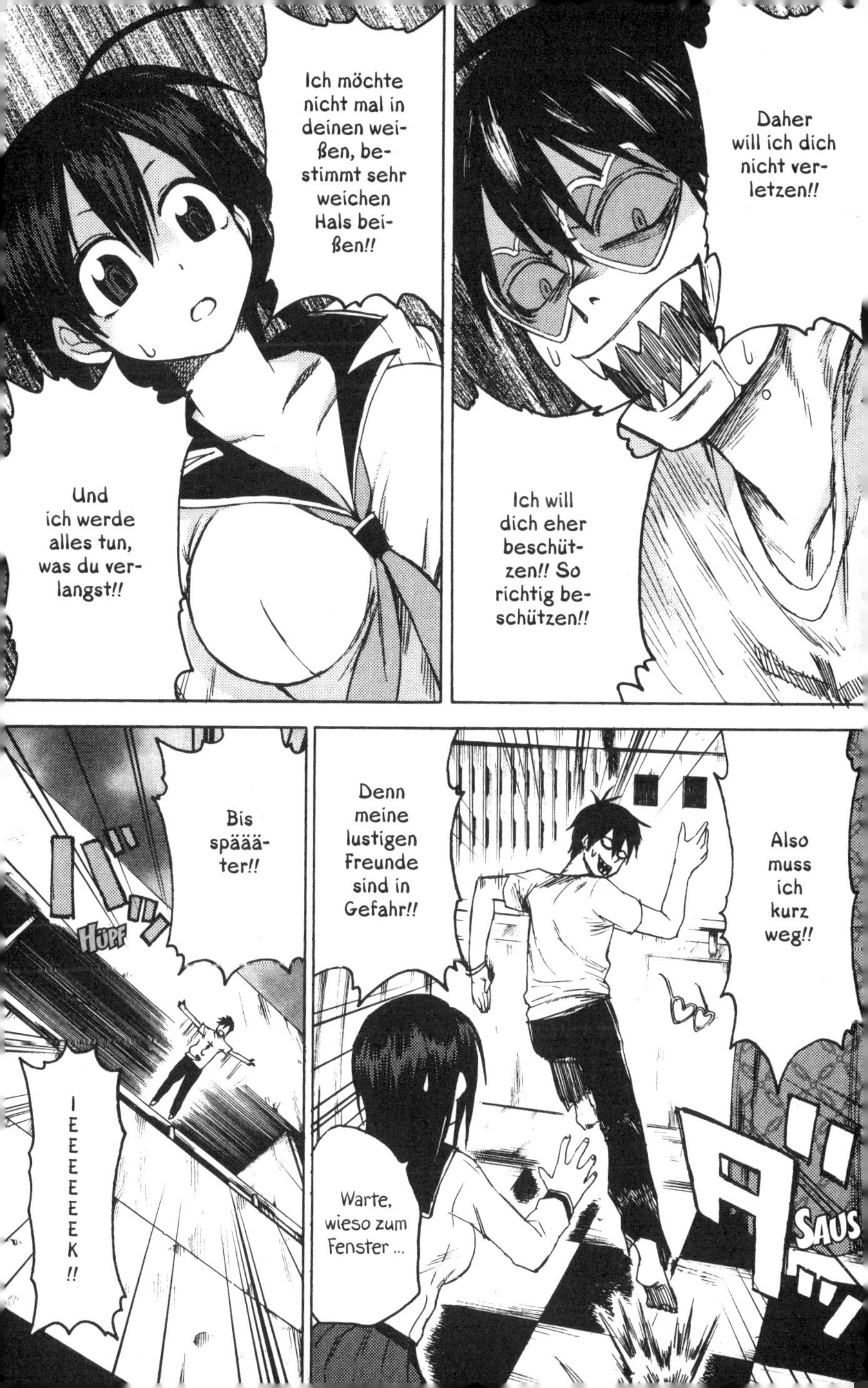

Daher will ich dich nicht verletzen!!
Ich will dich eher beschützen!! So richtig beschützen!!
Ich möchte nicht mal in deinen weißen, bestimmt sehr weichen Hals beißen!!
Und ich werde alles tun, was du verlangst!!
Also muss ich kurz weg!!
Denn meine lustigen Freunde sind in Gefahr!!
SAUS
Warte, wieso zum Fenster ...
Bis spääääter!!
HÜPF
IEEEEEEEK!!

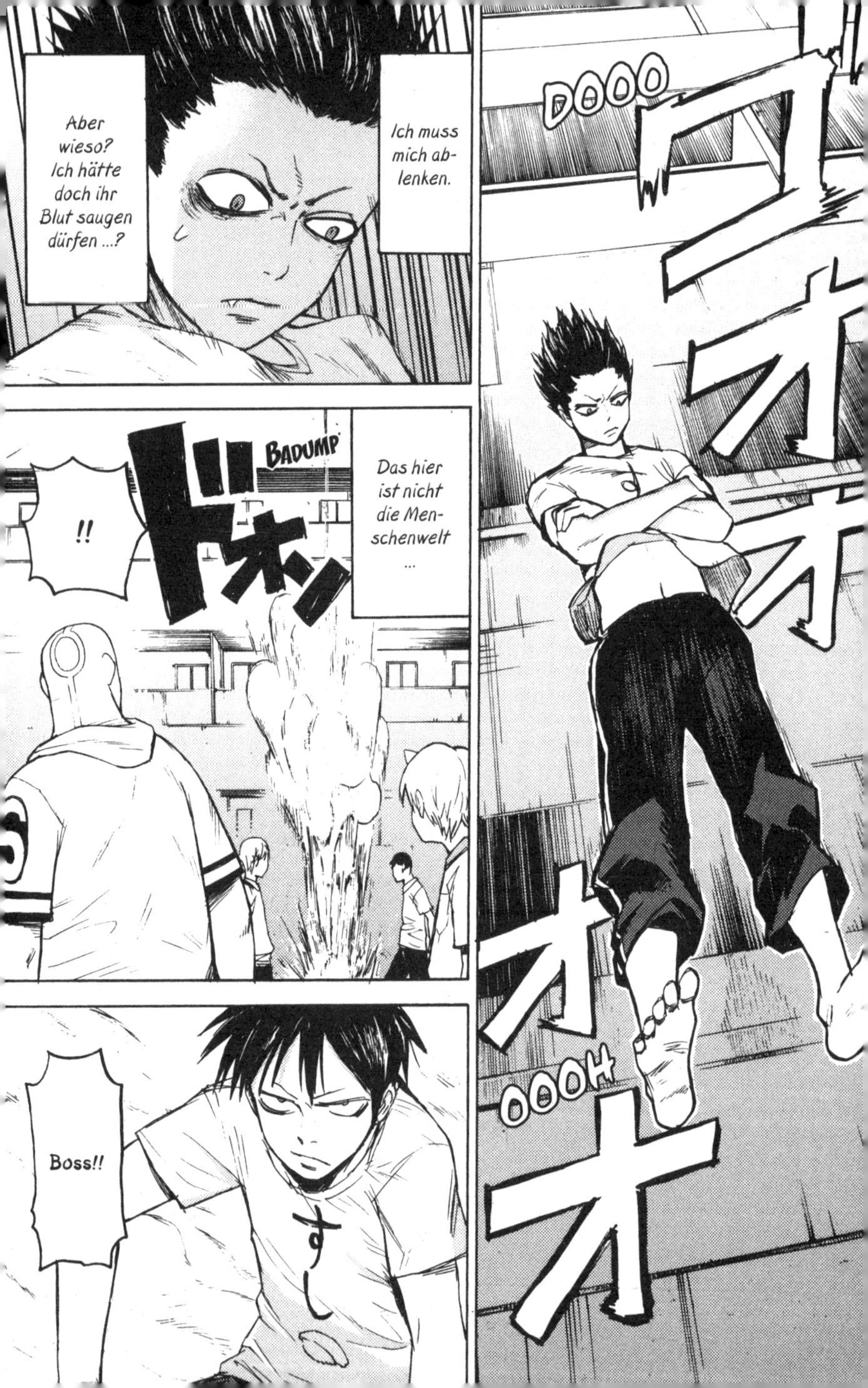
DOOO
OOOH
Ich muss mich ab- lenken.
Aber wieso? Ich hätte doch ihr Blut saugen dürfen ...?
Das hier ist nicht die Men- schenwelt ...
BADUMP
!!
Boss!!

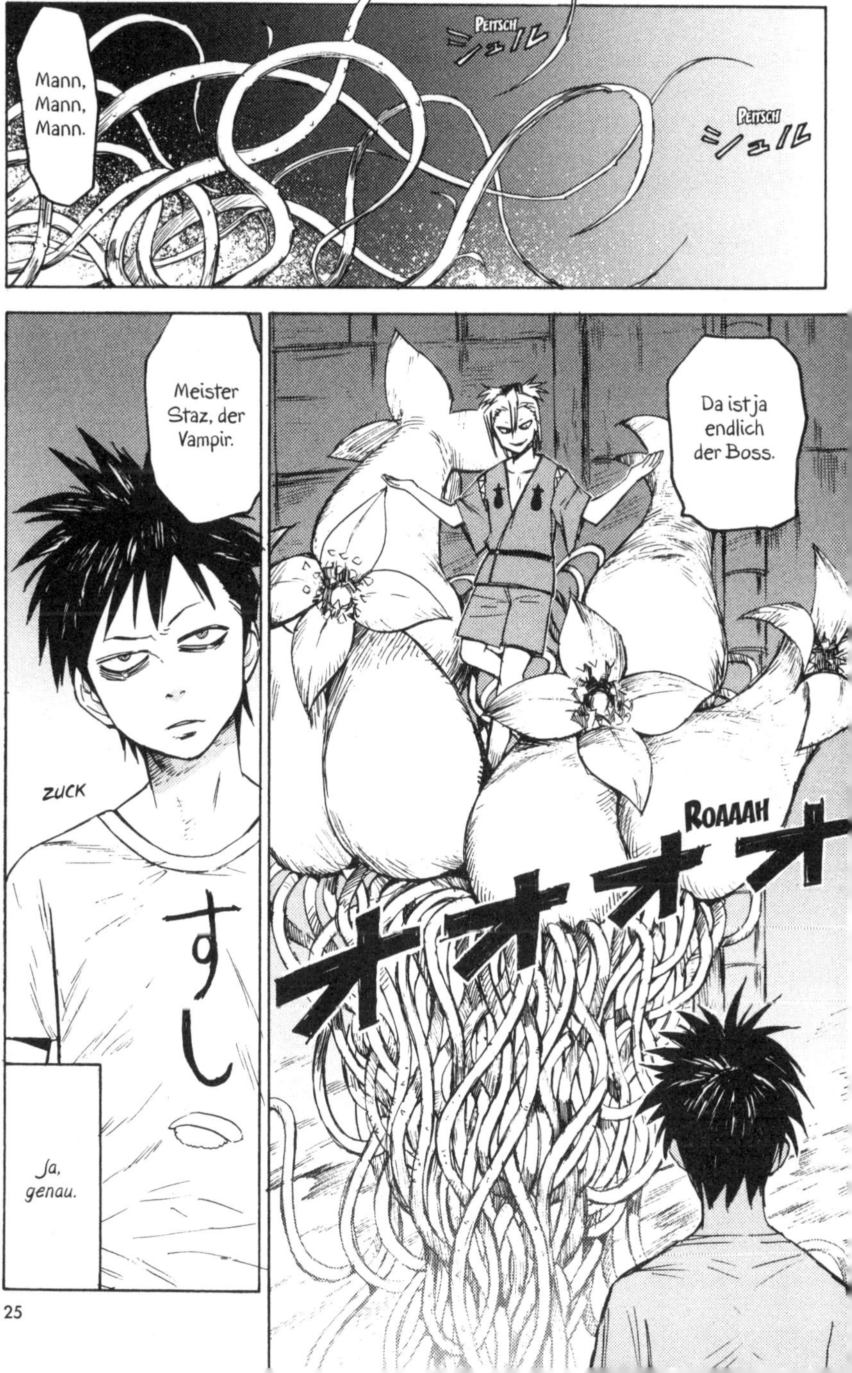
PEITSCH
PEITSCH
Mann, Mann, Mann.
Da ist ja endlich der Boss.
ROAAAH
Meister Staz, der Vampir.
ZUCK
Ja, genau.

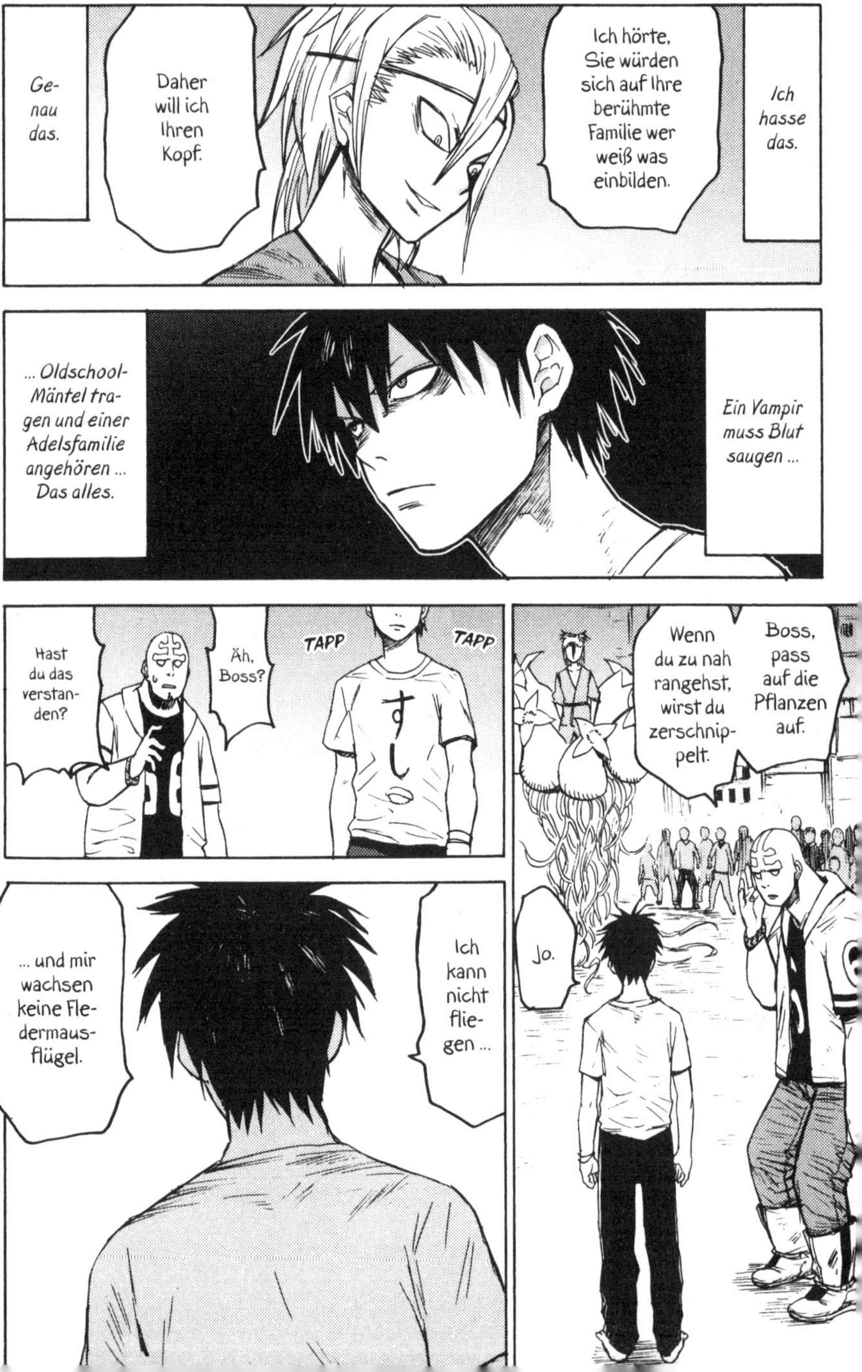
Ich hasse das.
Ich hörte, Sie würden sich auf Ihre berühmte Familie wer weiß was einbilden.
Daher will ich Ihren Kopf.
Genau das.
Ein Vampir muss Blut saugen ...
... Oldschool-Mäntel tragen und einer Adelsfamilie angehören ... Das alles.
Boss, pass auf die Pflanzen auf.
Wenn du zu nah rangehst, wirst du zerschnippelt.
Jo.
TAPP
TAPP
Äh, Boss?
Hast du das verstanden?
Ich kann nicht fliegen ...
... und mir wachsen keine Fledermausflügel.

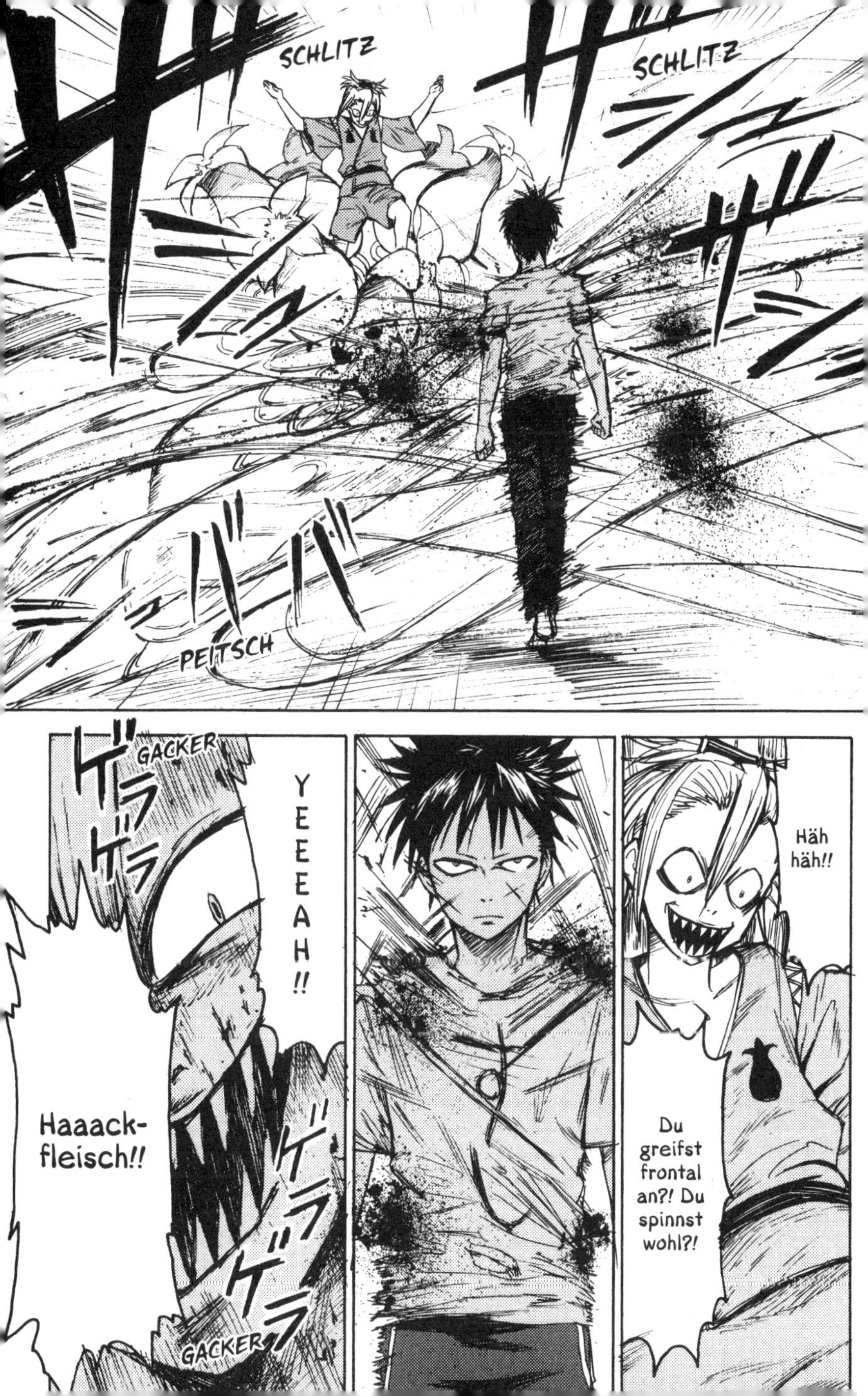
SCHLITZ
SCHLITZ
PEITSCH
Häh häh!!
Du greifst frontal an?! Du spinnst wohl?!
YEEEEAH!!
GACKER
Haaack-fleisch!!
GACKER

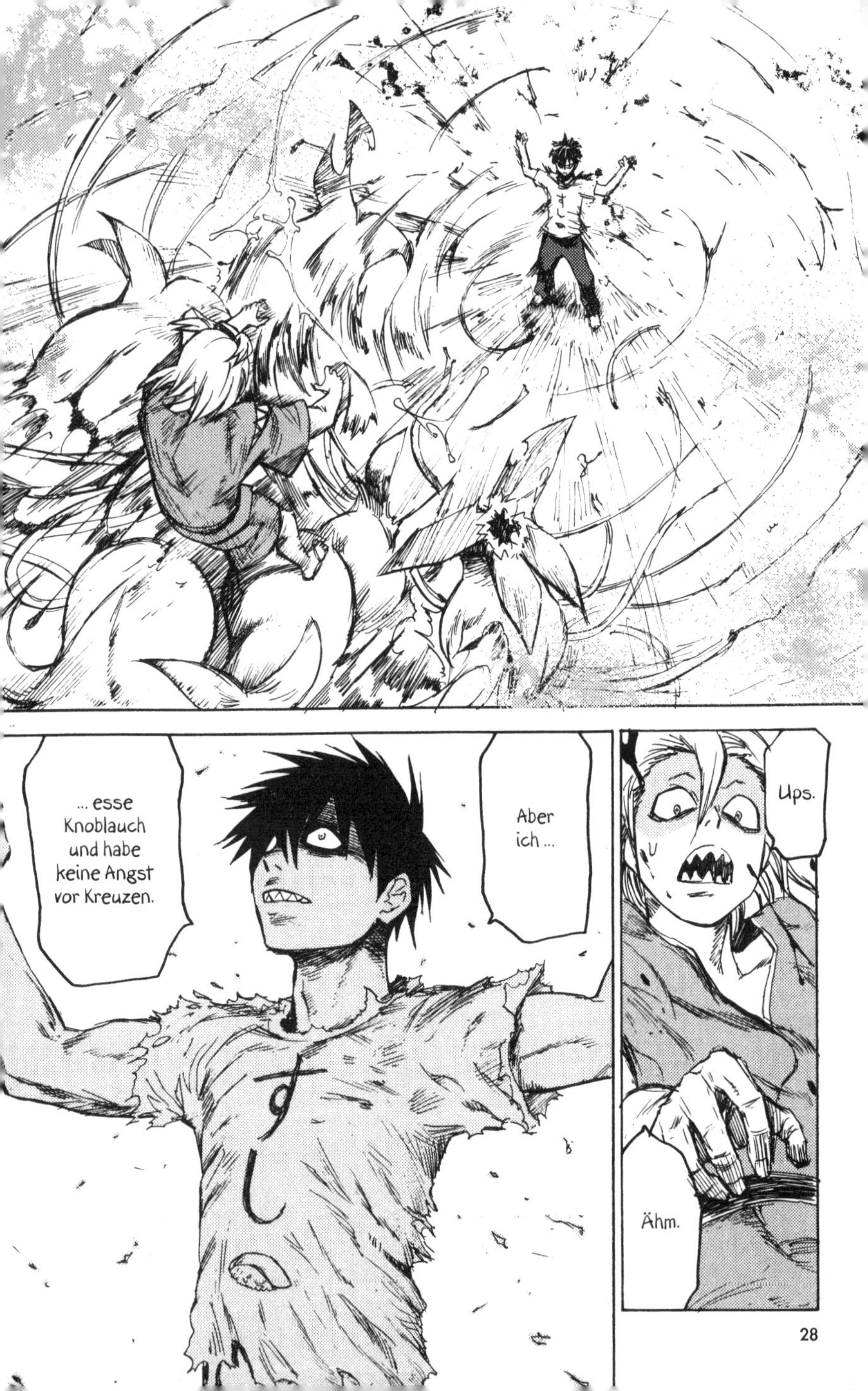
Aber ich ...
... esse Knoblauch und habe keine Angst vor Kreuzen.
Ups.
Ähm.

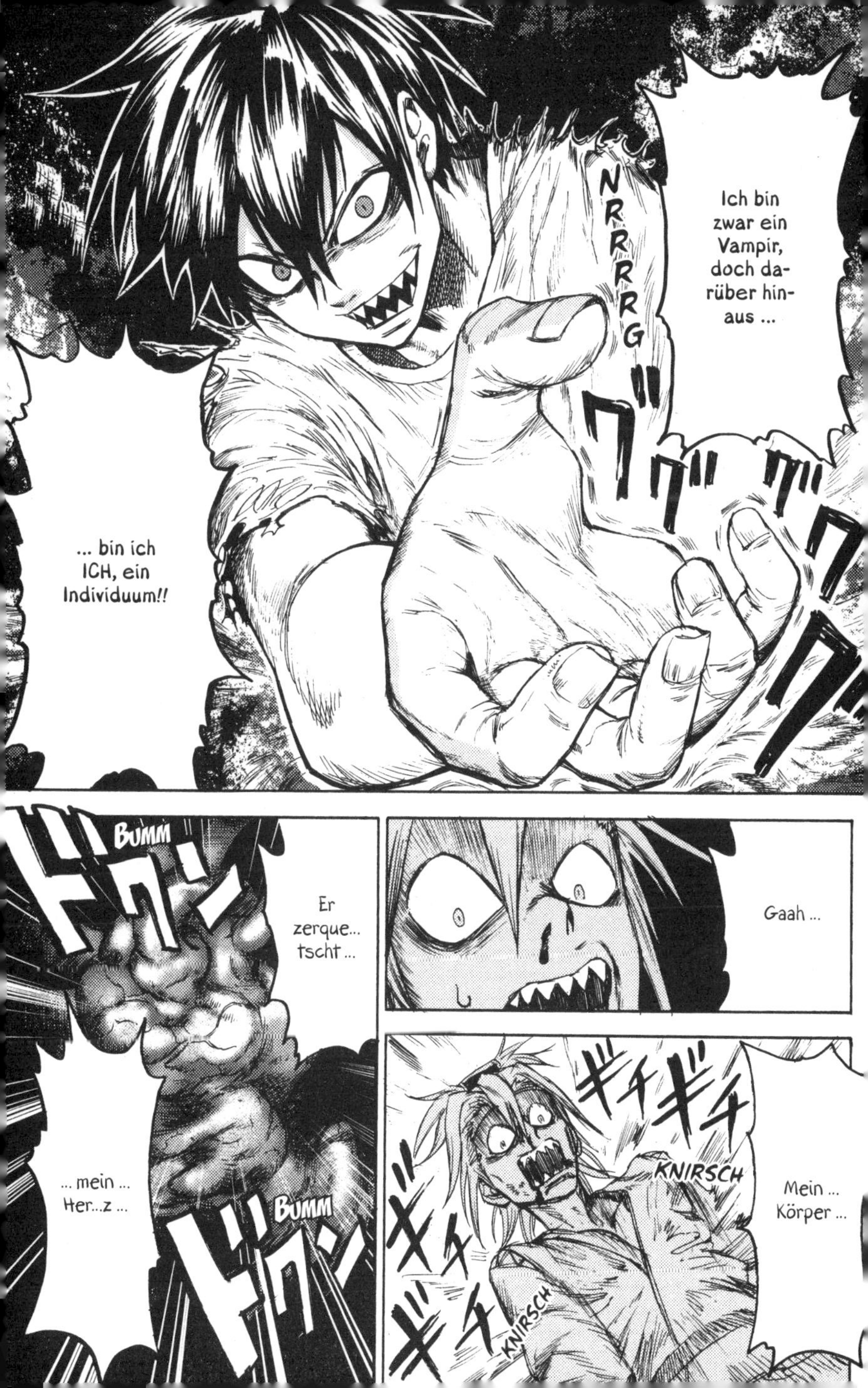
Ich bin zwar ein Vampir, doch darüber hinaus ...
NRRRRG
... bin ich ICH, ein Individuum!!
Gaah ...
Er zerque... tscht ...
BUMM
Mein ... Körper ...
KNIRSCH
KNIRSCH
... mein ... Her...z ...
BUMM

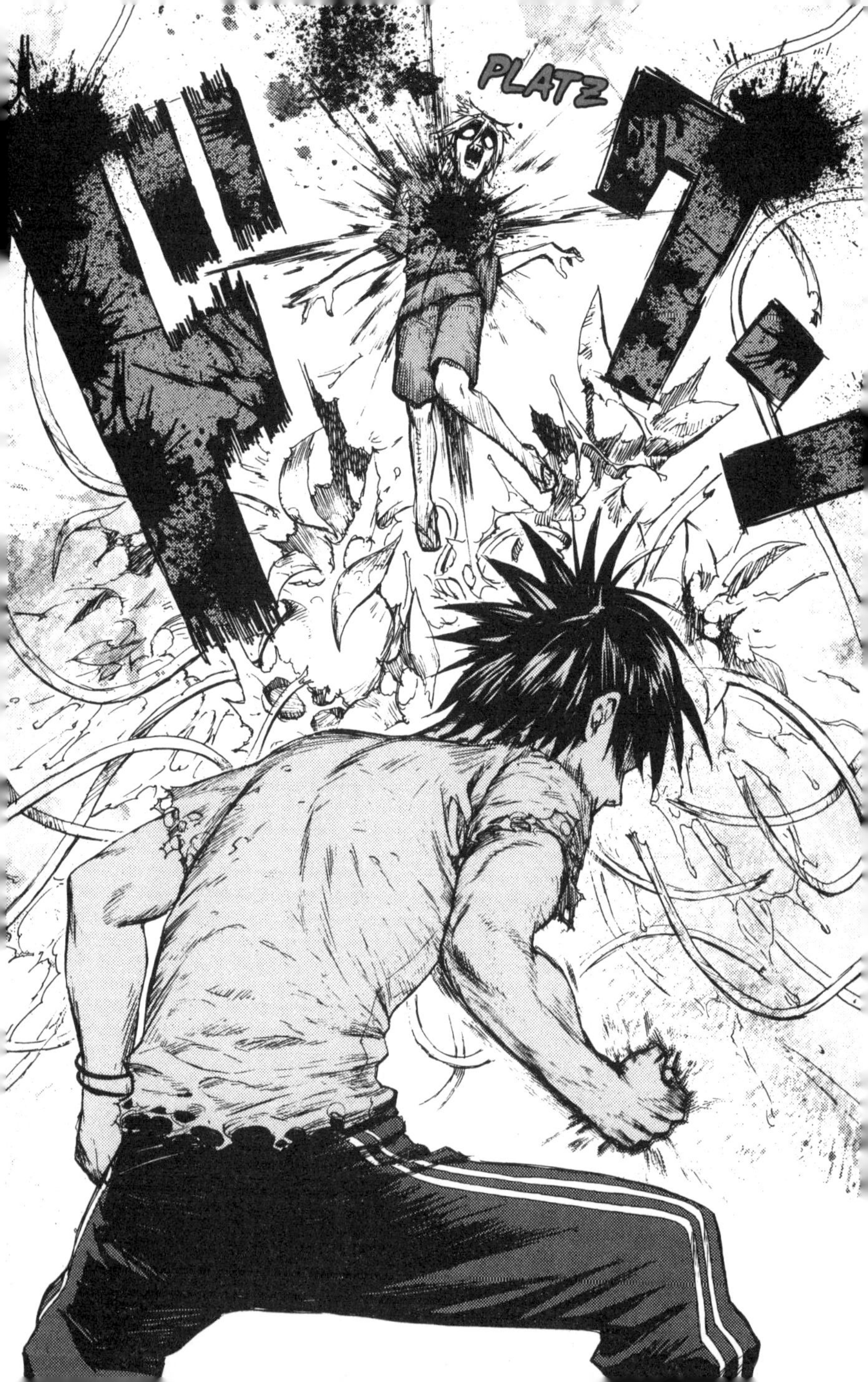
PLATZ

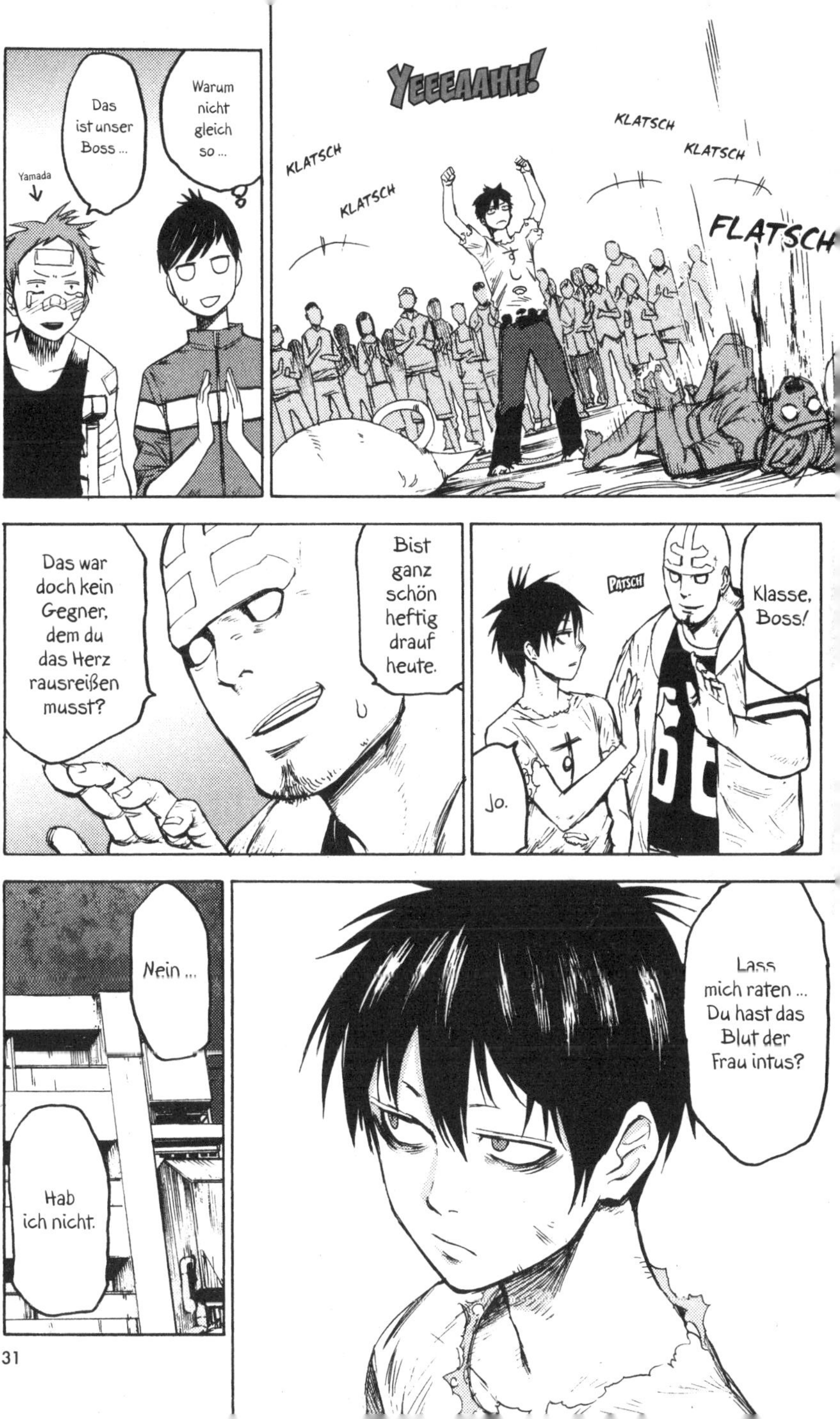
Das ist unser Boss ...
Warum nicht gleich so ...
Yamada
YEEEAAHH!
KLATSCH
KLATSCH
KLATSCH
KLATSCH
FLATSCH
Bist ganz schön heftig drauf heute.
Das war doch kein Gegner, dem du das Herz rausreißen musst?
Klasse, Boss!
PATSCH
Jo.
Lass mich raten ... Du hast das Blut der Frau intus?
Nein ...
Hab ich nicht.

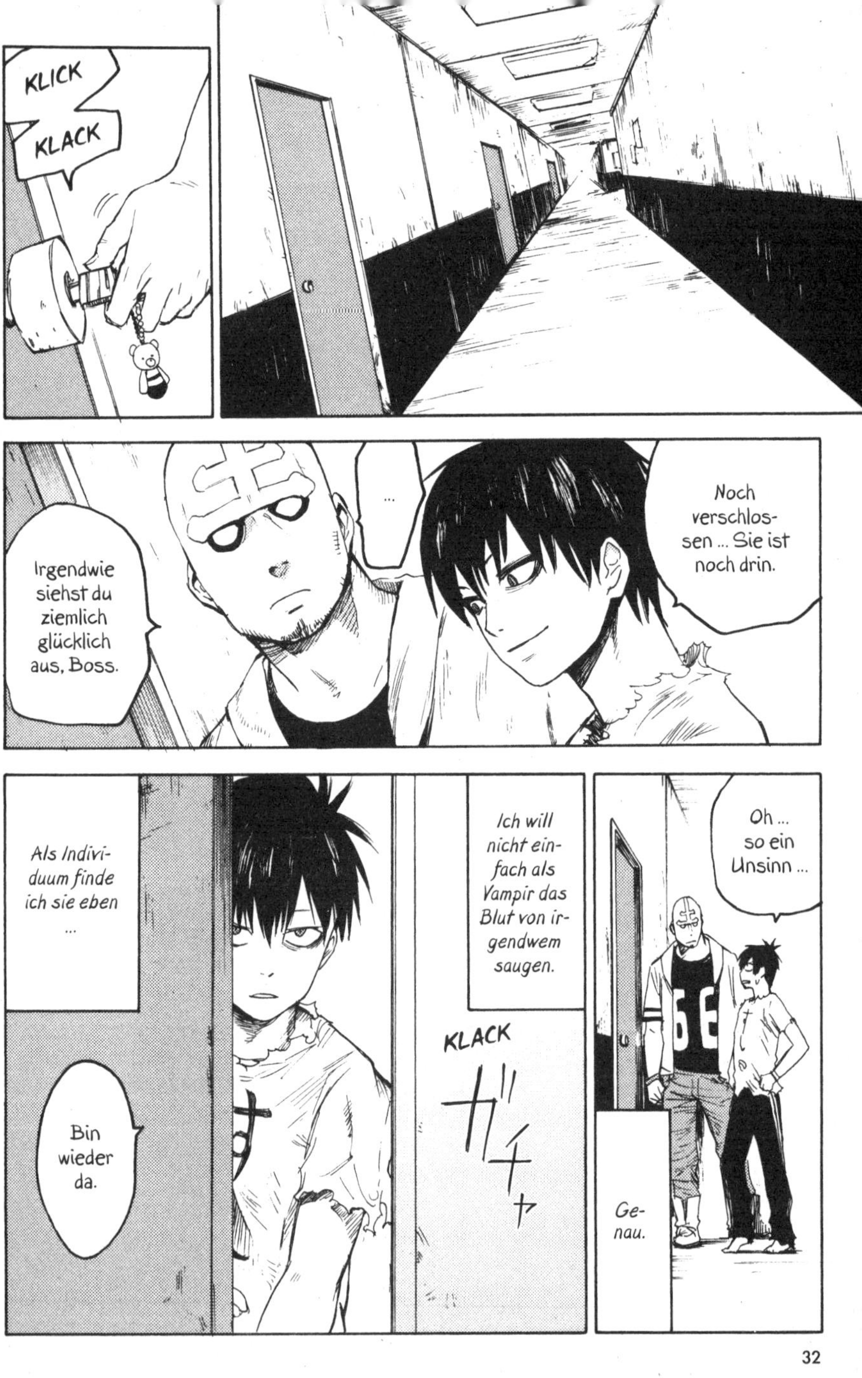
KLICK
KLACK
Noch verschlossen ... Sie ist noch drin.
...
Irgendwie siehst du ziemlich glücklich aus, Boss.
Oh ... so ein Unsinn ...
Genau.
Ich will nicht einfach als Vampir das Blut von irgendwem saugen.
KLACK
ガチャ
Als Individuum finde ich sie eben ...
Bin wieder da.

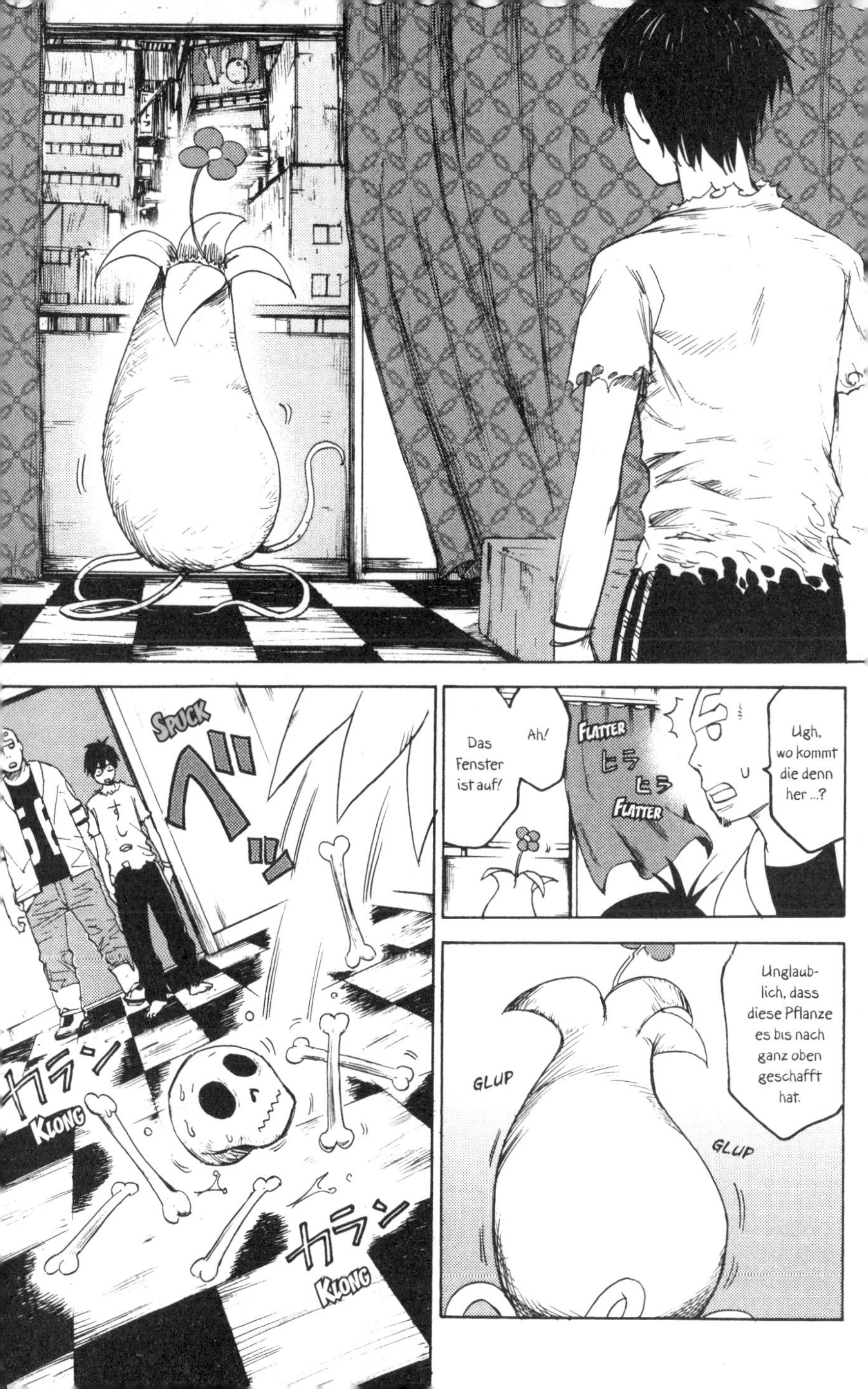
Ugh, wo kommt die denn her ...?
FLATTER
ヒラ
ヒラ
FLATTER
Ah!
Das Fenster ist auf!
Unglaublich, dass diese Pflanze es bis nach ganz oben geschafft hat.
GLUP
GLUP
SPUCK
べッ
カラン
KLONG
カラン
KLONG

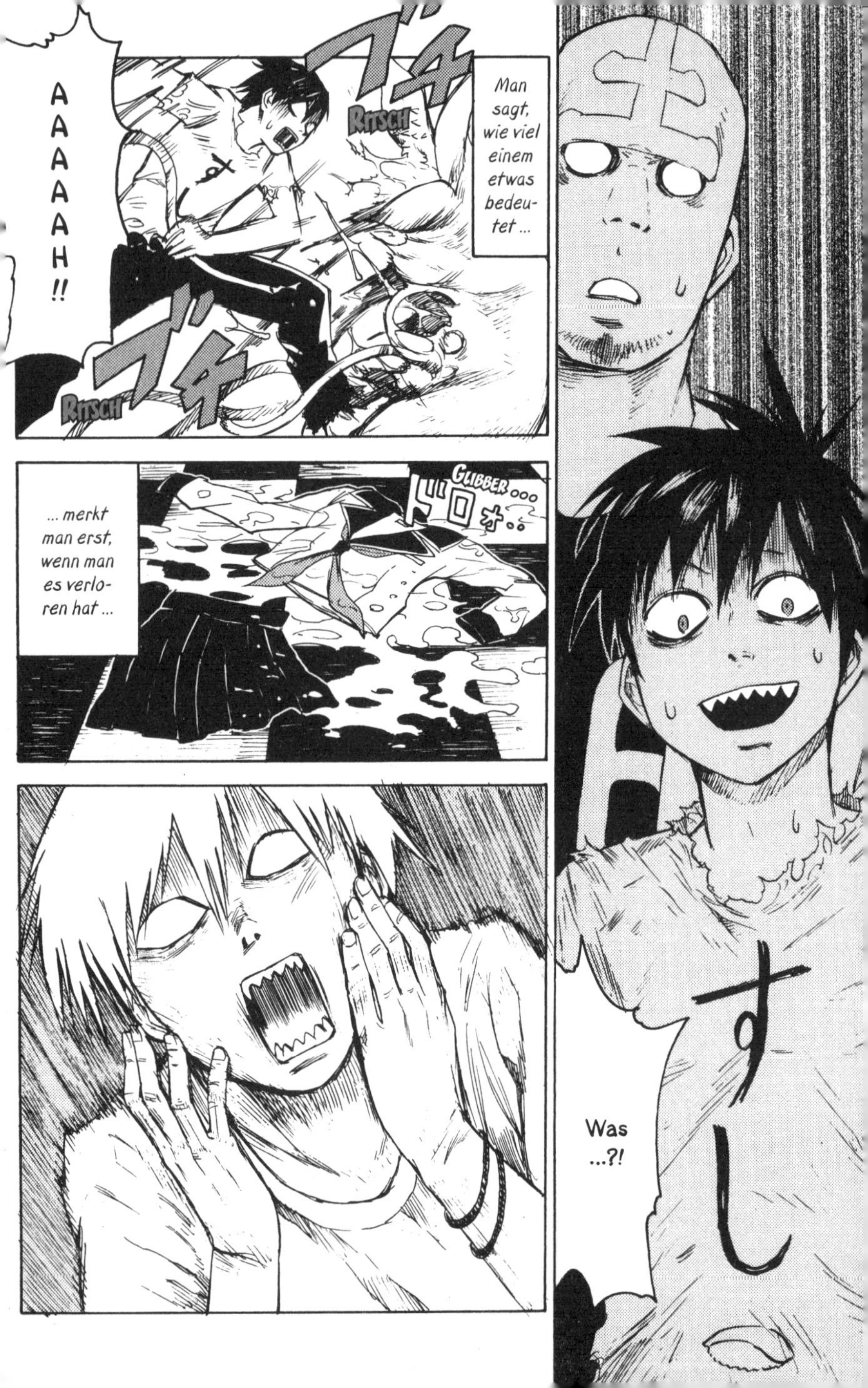
AAAAAAAH!!
RITSCH
RITSCH
Man sagt, wie viel einem etwas bedeutet ...
... merkt man erst, wenn man es verloren hat ...
GLIBBER ooo
Was ...?!

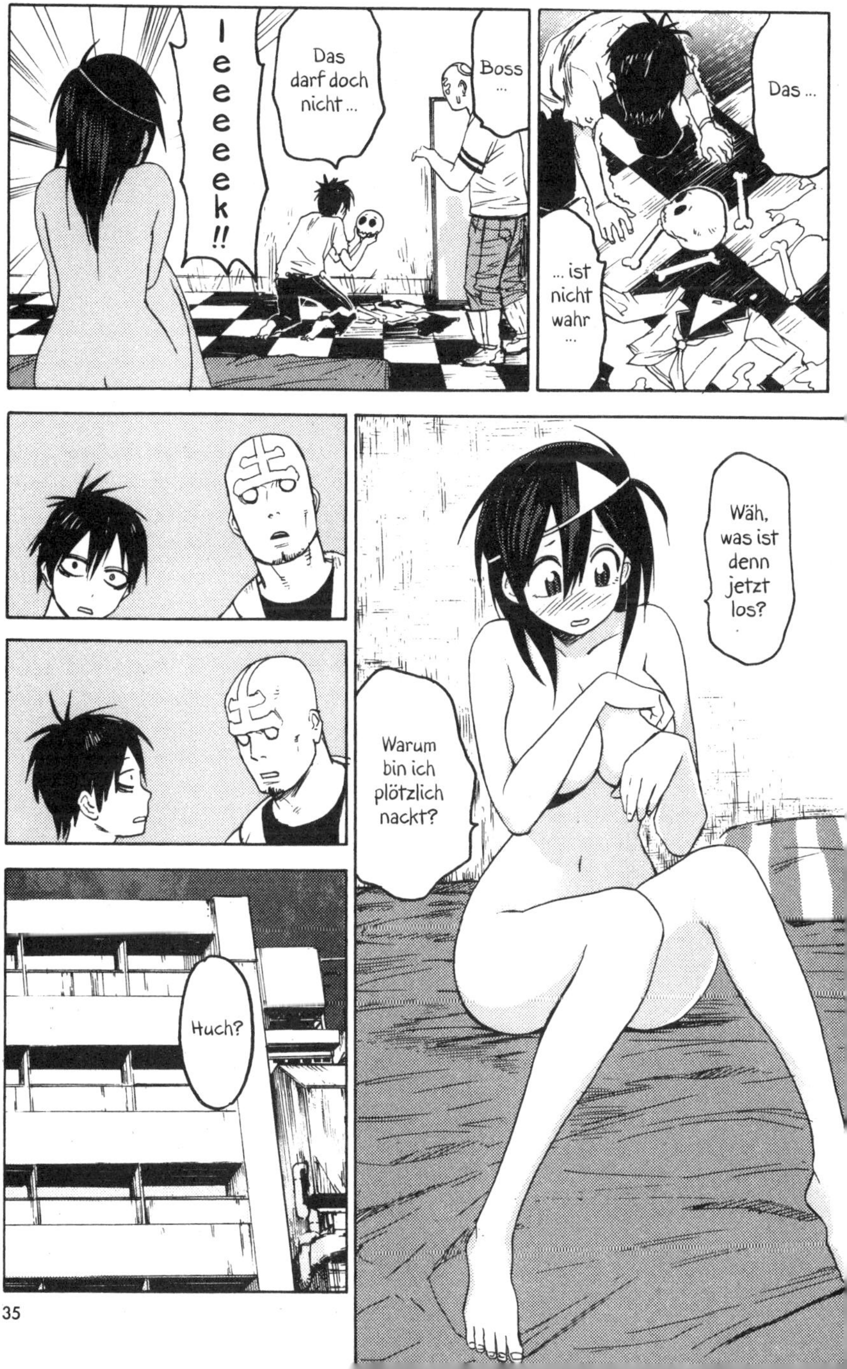
Das …
… ist nicht wahr …
Boss …
Das darf doch nicht …
Ieeeeeek!!
Wäh, was ist denn jetzt los?
Warum bin ich plötzlich nackt?
Huch?

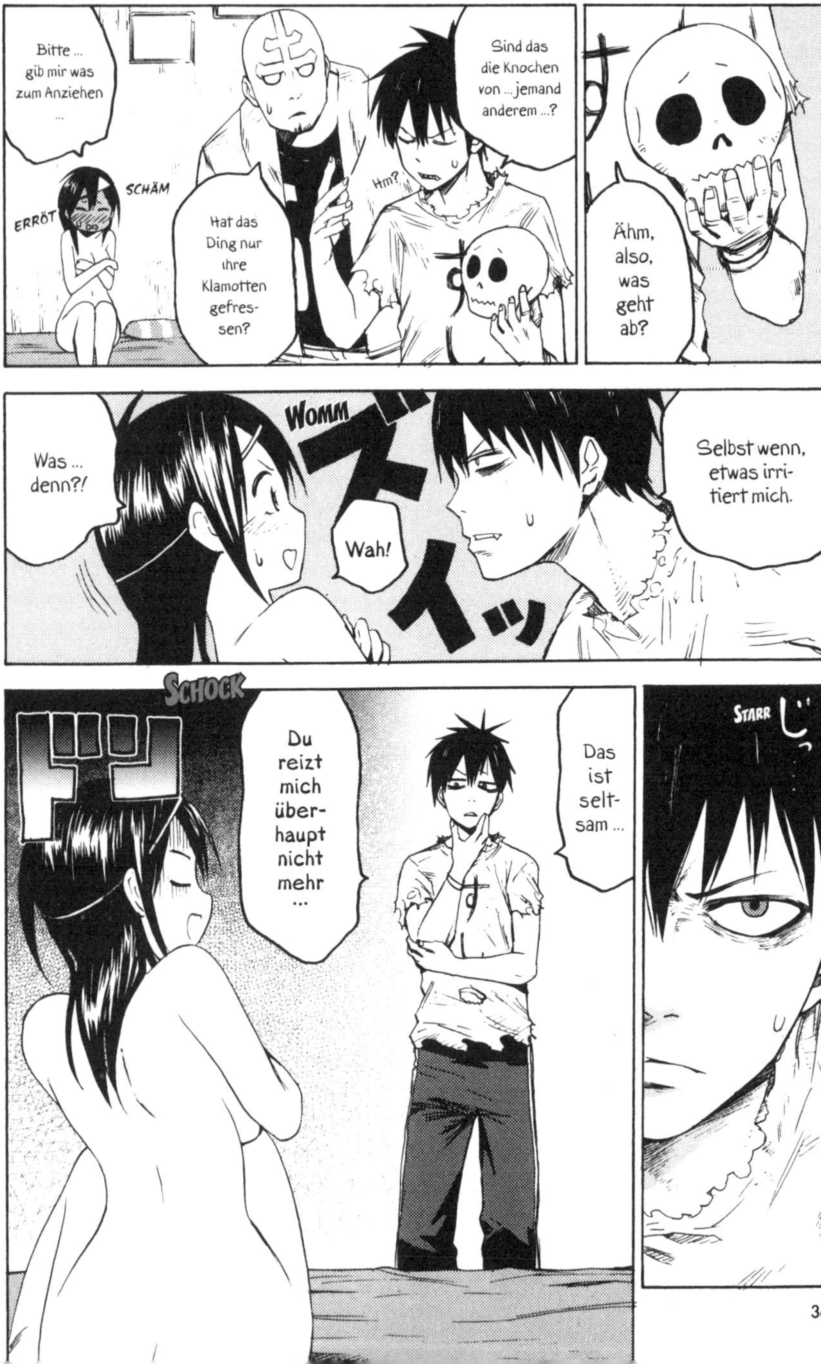
Ähm, also, was geht ab?
Sind das die Knochen von ... jemand anderem ...?
Hm?
Hat das Ding nur ihre Klamotten gefressen?
SCHÄM
ERRÖT
Bitte ... gib mir was zum Anziehen ...
Selbst wenn, etwas irritiert mich.
Wah!
WOMM
Was ... denn?!
STARR
Das ist seltsam ...
Du reizt mich überhaupt nicht mehr ...
SCHOCK

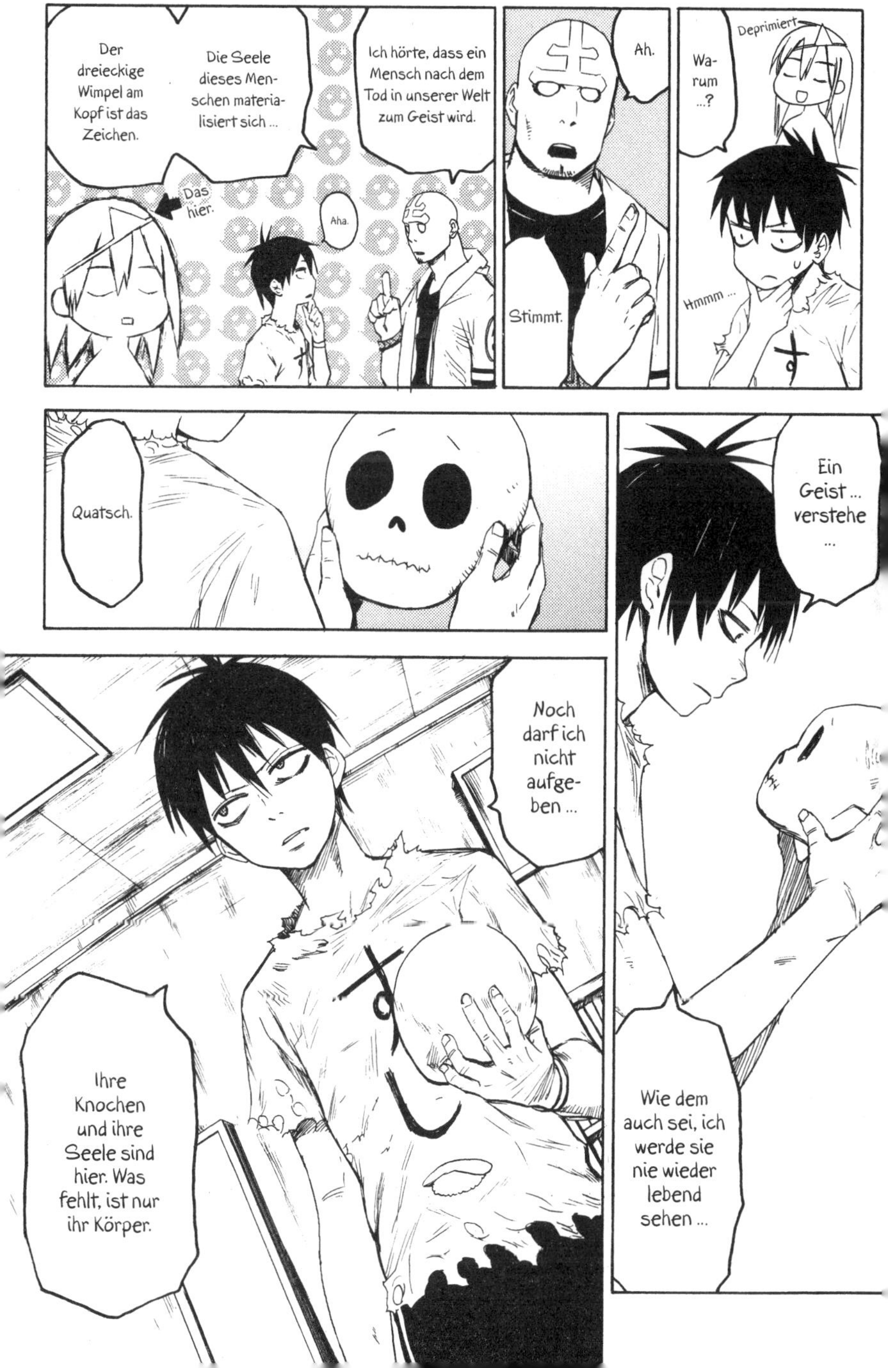
Deprimiert
Warum ...?
Hmmm ...
Ah.
Stimmt.
Ich hörte, dass ein Mensch nach dem Tod in unserer Welt zum Geist wird.
Aha.
Die Seele dieses Menschen materialisiert sich ...
Der dreieckige Wimpel am Kopf ist das Zeichen.
Das hier.
Ein Geist ... verstehe ...
Quatsch.
Wie dem auch sei, ich werde sie nie wieder lebend sehen ...
Noch darf ich nicht aufgeben ...
Ihre Knochen und ihre Seele sind hier. Was fehlt, ist nur ihr Körper.

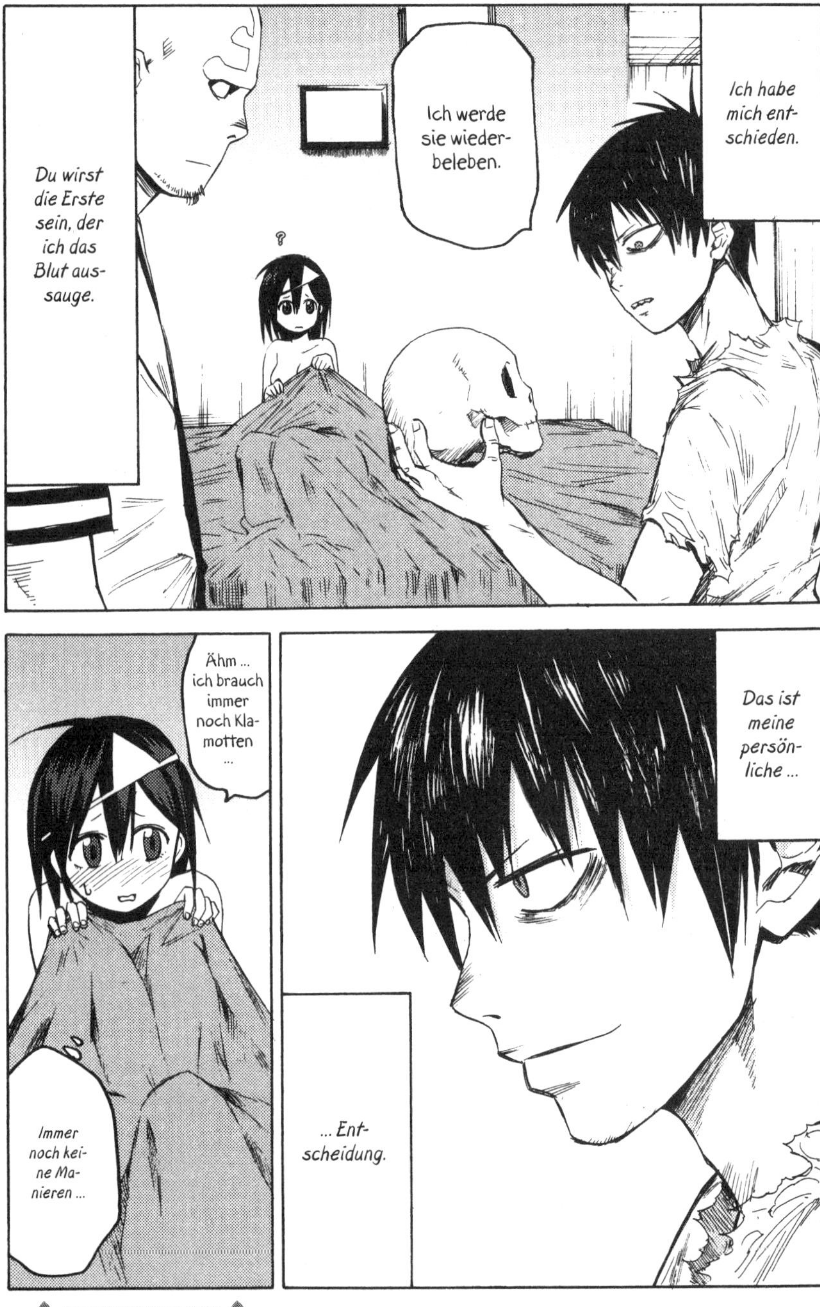


FORTSETZUNG FOLGT

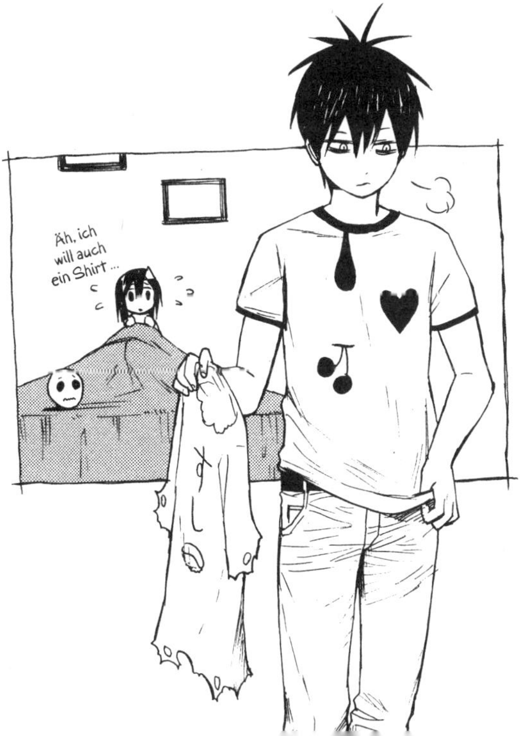
Äh, ich
will auch
ein Shirt ...

blood lad
EXTREME

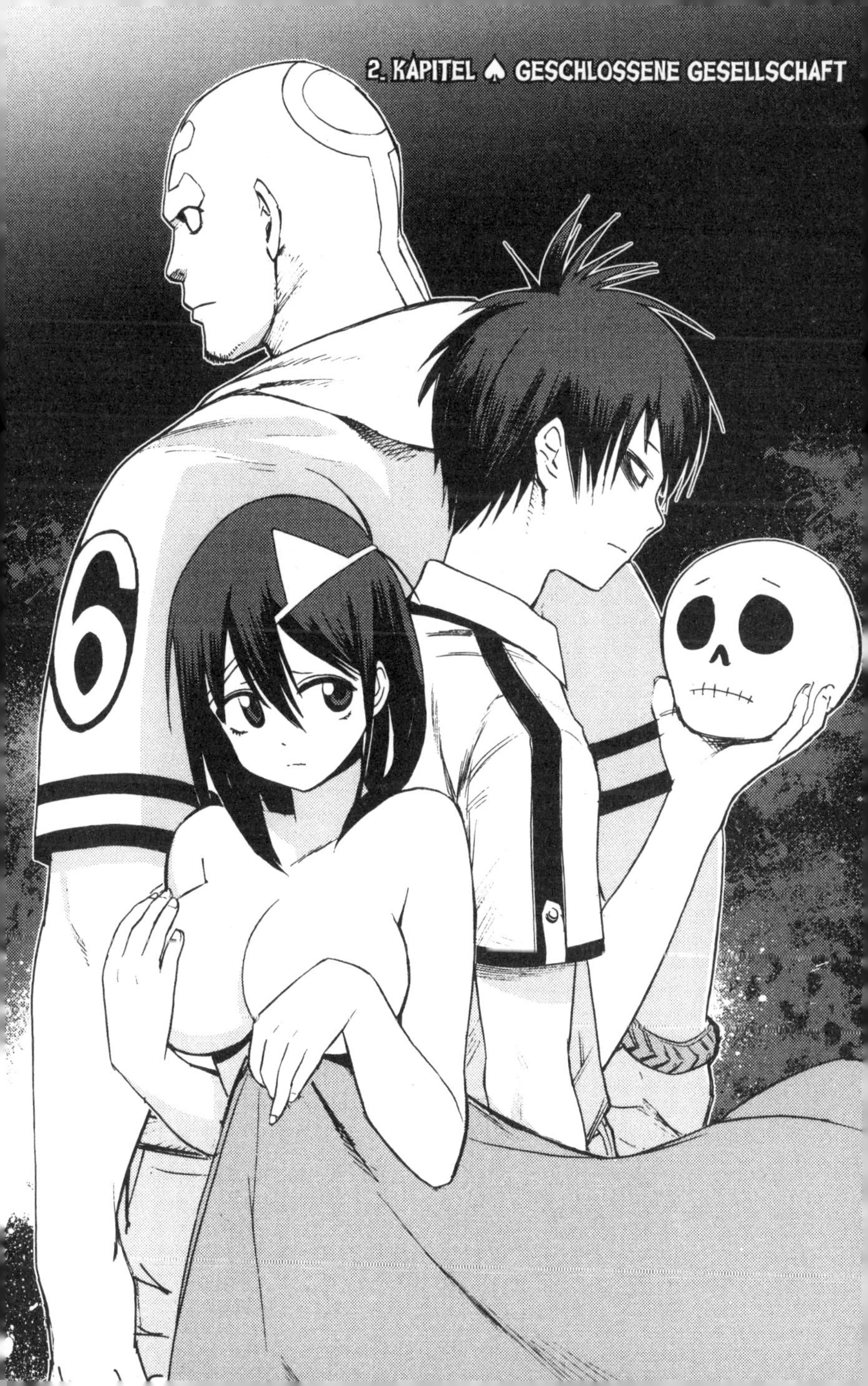
2. KAPITEL ♠ GESCHLOSSENE GESELLSCHAFT

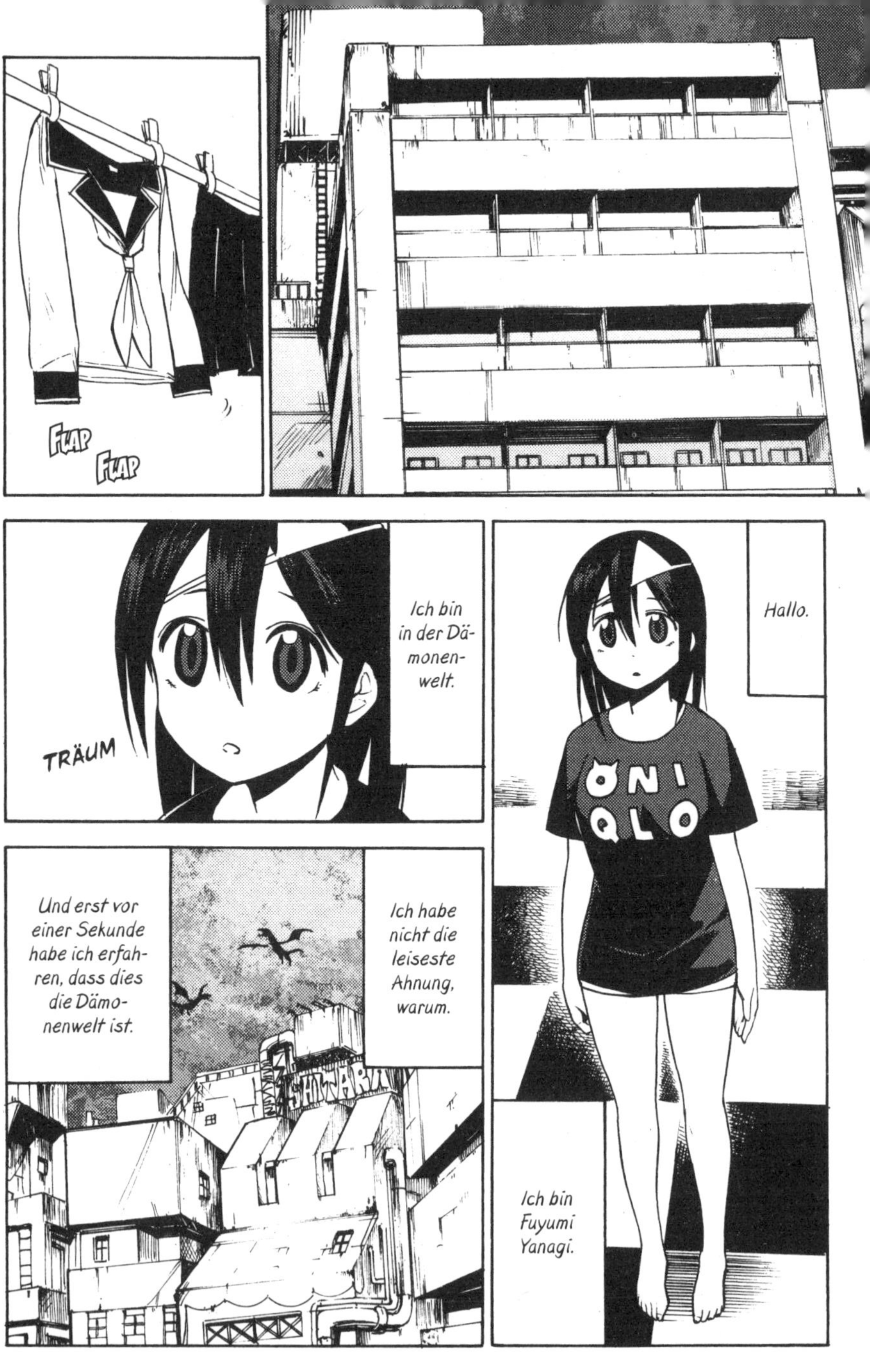
FLAP
FLAP
Hallo.
Ich bin Fuyumi Yanagi.
Ich bin in der Dämonenwelt.
TRÄUM
Ich habe nicht die leiseste Ahnung, warum.
Und erst vor einer Sekunde habe ich erfahren, dass dies die Dämonenwelt ist.

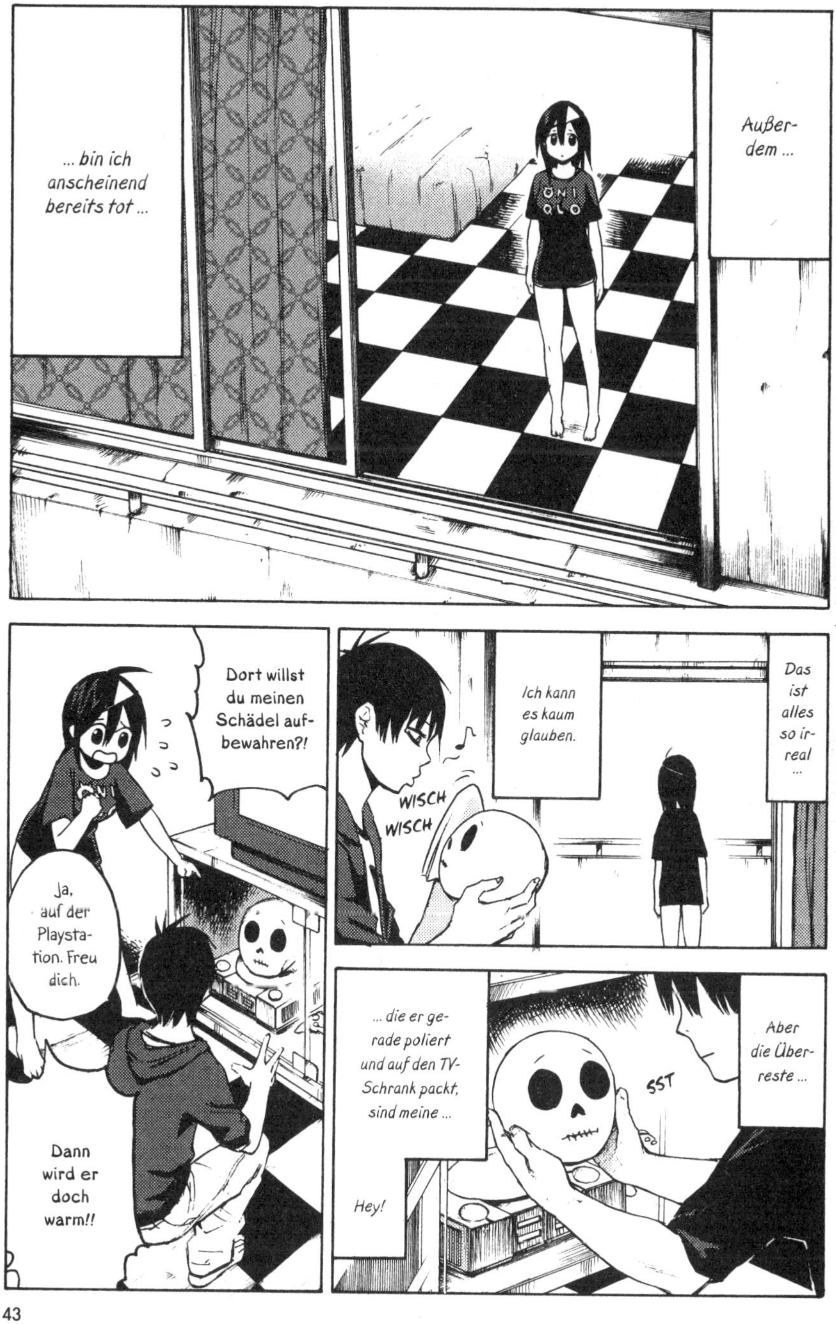
Außerdem ...
ONI QLO
... bin ich anscheinend bereits tot ...
Das ist alles so irreal ...
Ich kann es kaum glauben.
WISCH WISCH
Aber die Überreste ...
SST
... die er gerade poliert und auf den TV-Schrank packt, sind meine ...
Hey!
Dort willst du meinen Schädel aufbewahren?!
Ja, auf der Playstation. Freu dich.
Dann wird er doch warm!!

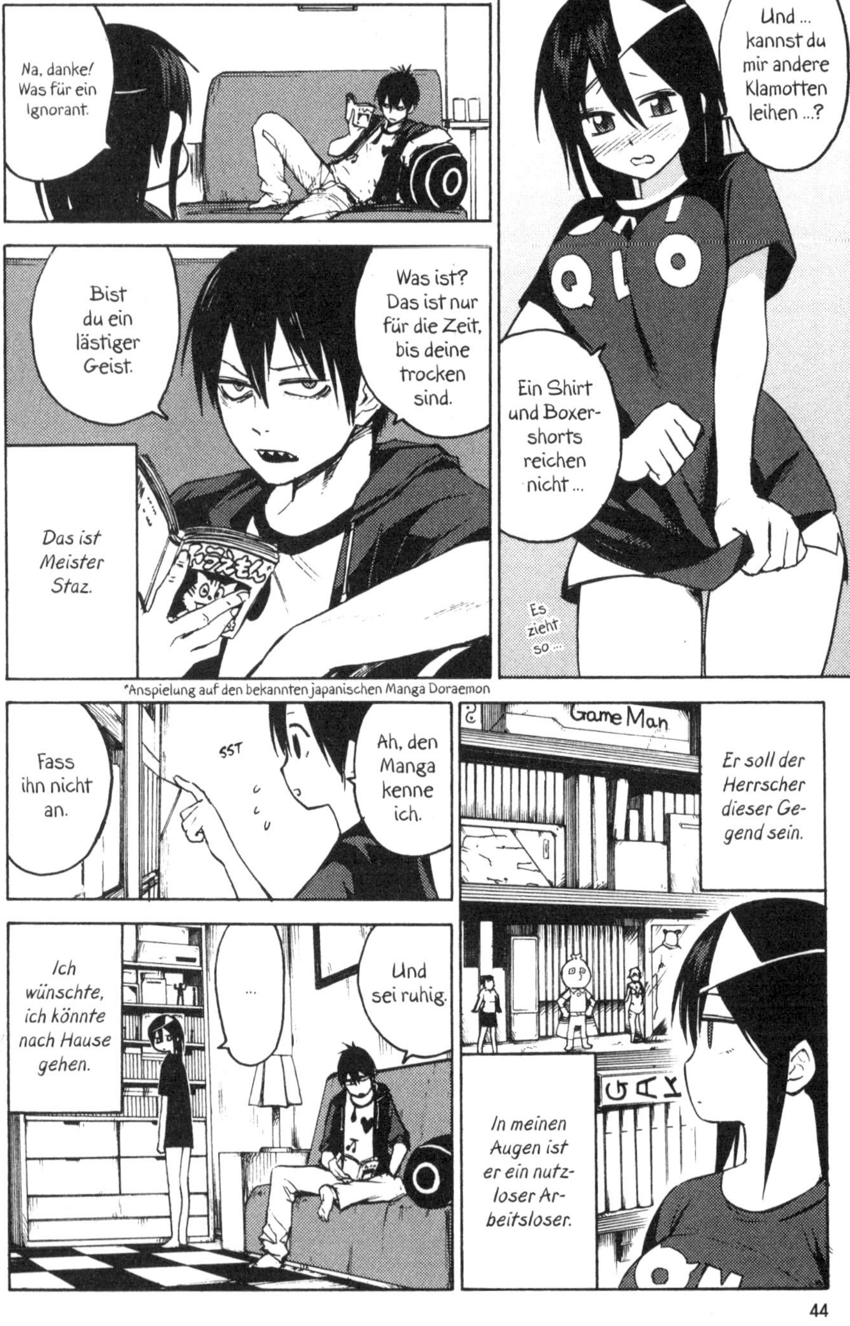


*Anspielung auf den bekannten japanischen Manga Doraemon

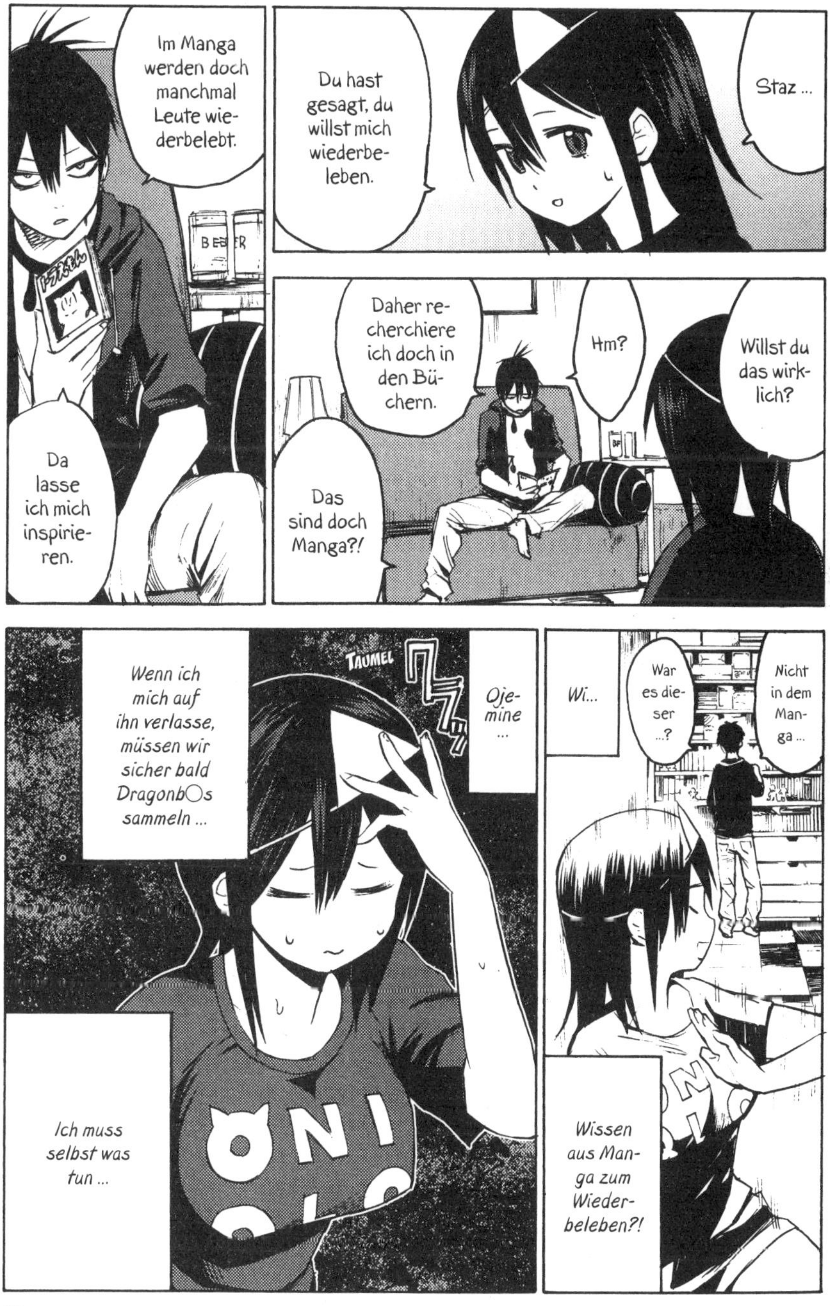

Staz ...
Du hast gesagt, du willst mich wiederbeleben.
Willst du das wirklich?
Hm?
Daher recherchiere ich doch in den Büchern.
Das sind doch Manga?!
Im Manga werden doch manchmal Leute wiederbelebt.
Da lasse ich mich inspirieren.
Nicht in dem Manga ...
War es dieser ...?
Wi...
Wissen aus Manga zum Wiederbeleben?!
Ojemine ...
TAUMEL
Wenn ich mich auf ihn verlasse, müssen wir sicher bald Dragonb◯s sammeln ...
Ich muss selbst was tun ...

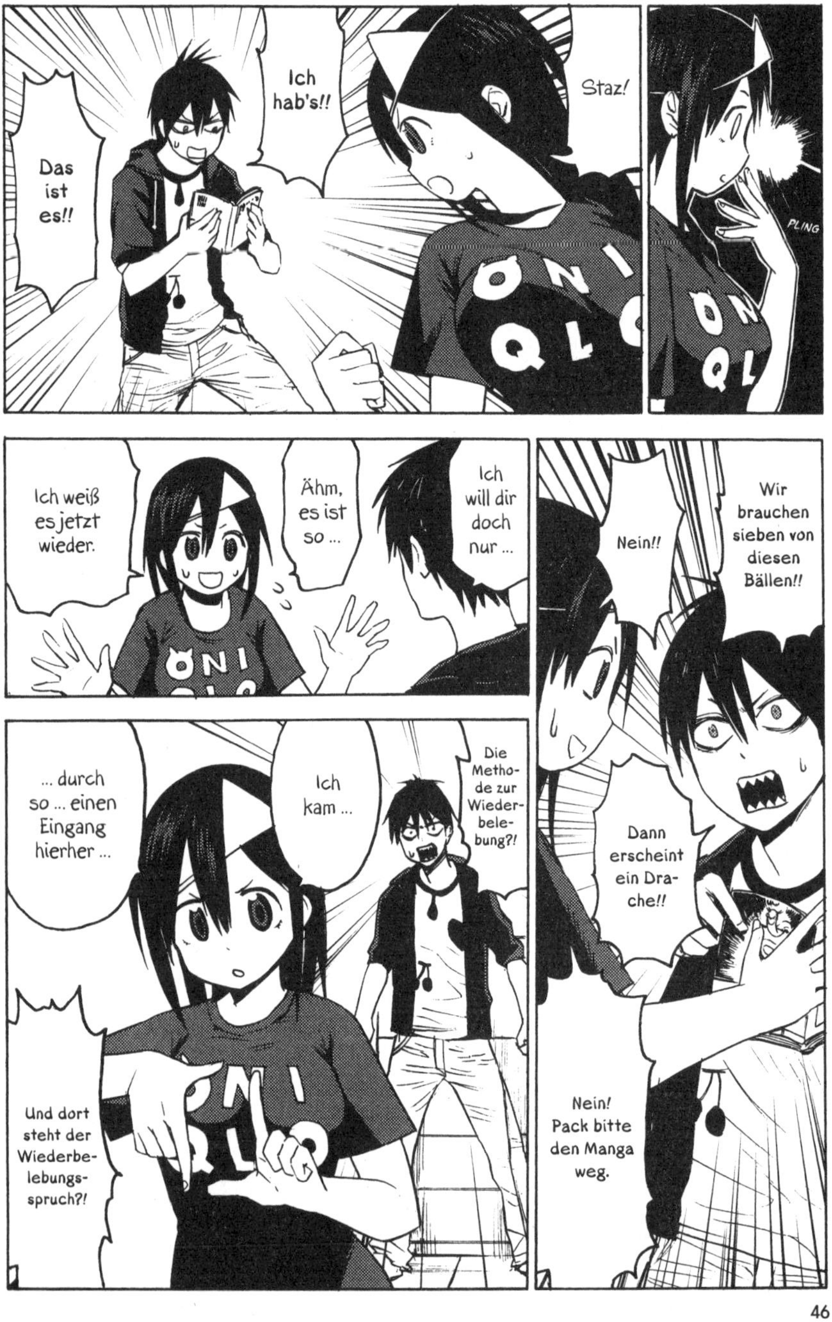
PLING
Staz!
Ich hab's!!
Das ist es!!
Wir brauchen sieben von diesen Bällen!!
Nein!!
Dann erscheint ein Drache!!
Nein! Pack bitte den Manga weg.
Ich will dir doch nur ...
Ähm, es ist so ...
Ich weiß es jetzt wieder.
Die Methode zur Wiederbelebung?!
Ich kam ...
... durch so ... einen Eingang hierher ...
Und dort steht der Wiederbelebungsspruch?!

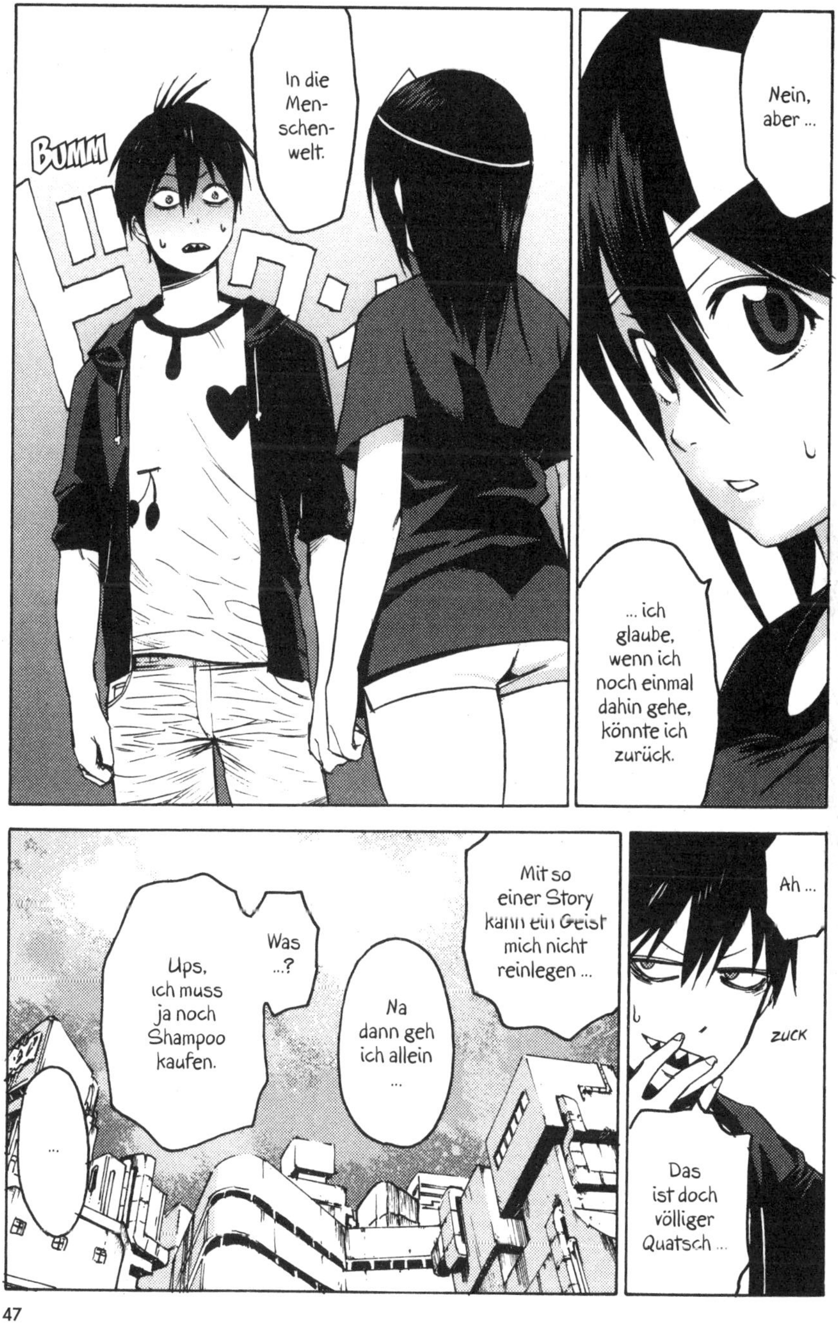
Nein, aber ...
... ich glaube, wenn ich noch einmal dahin gehe, könnte ich zurück.
In die Menschenwelt.
BUMM
Ah ...
ZUCK
Das ist doch völliger Quatsch ...
Mit so einer Story kann ein Geist mich nicht reinlegen ...
Na dann geh ich allein ...
Was ...?
Ups, ich muss ja noch Shampoo kaufen.
...

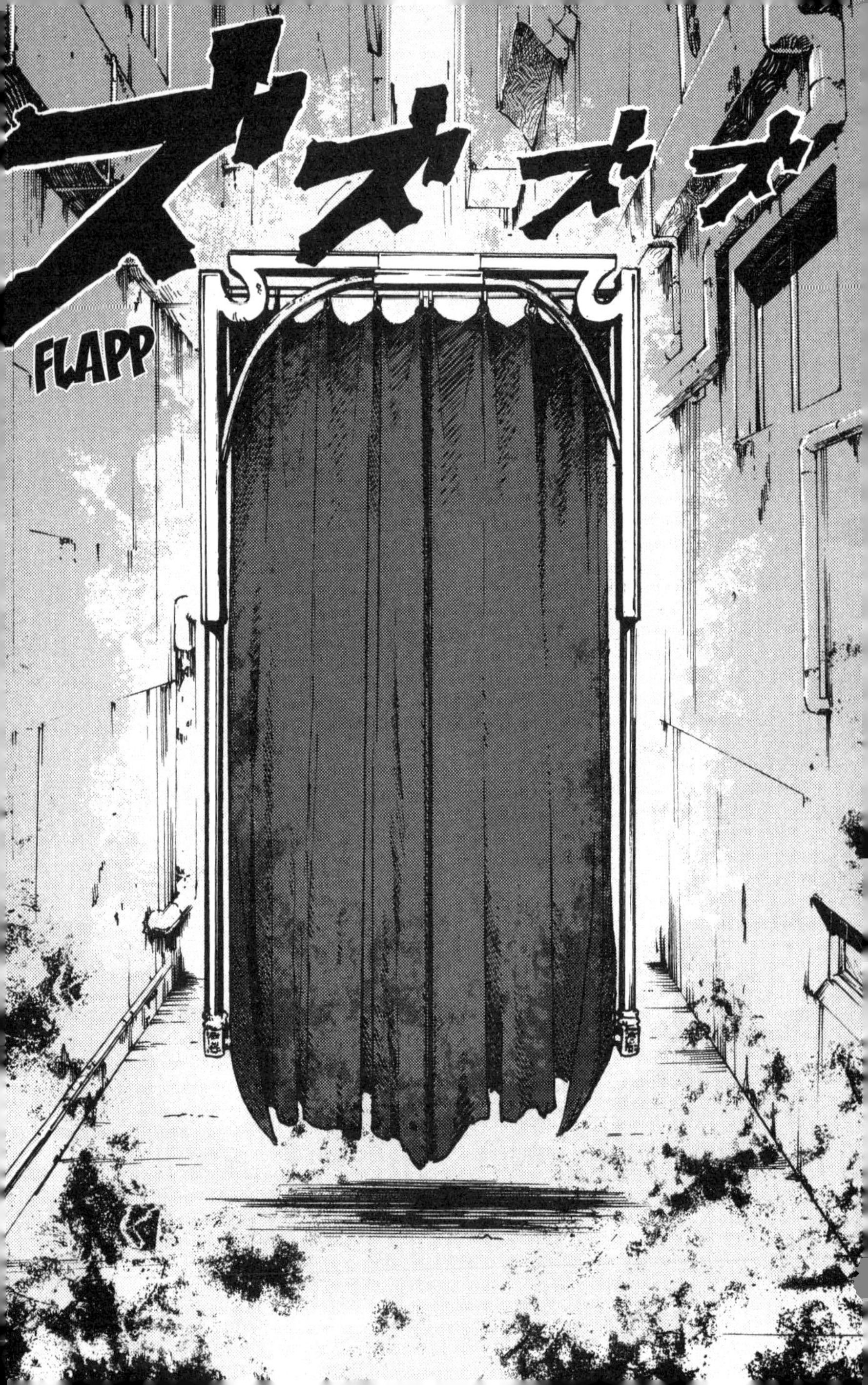

ズオオオ
FLAPP

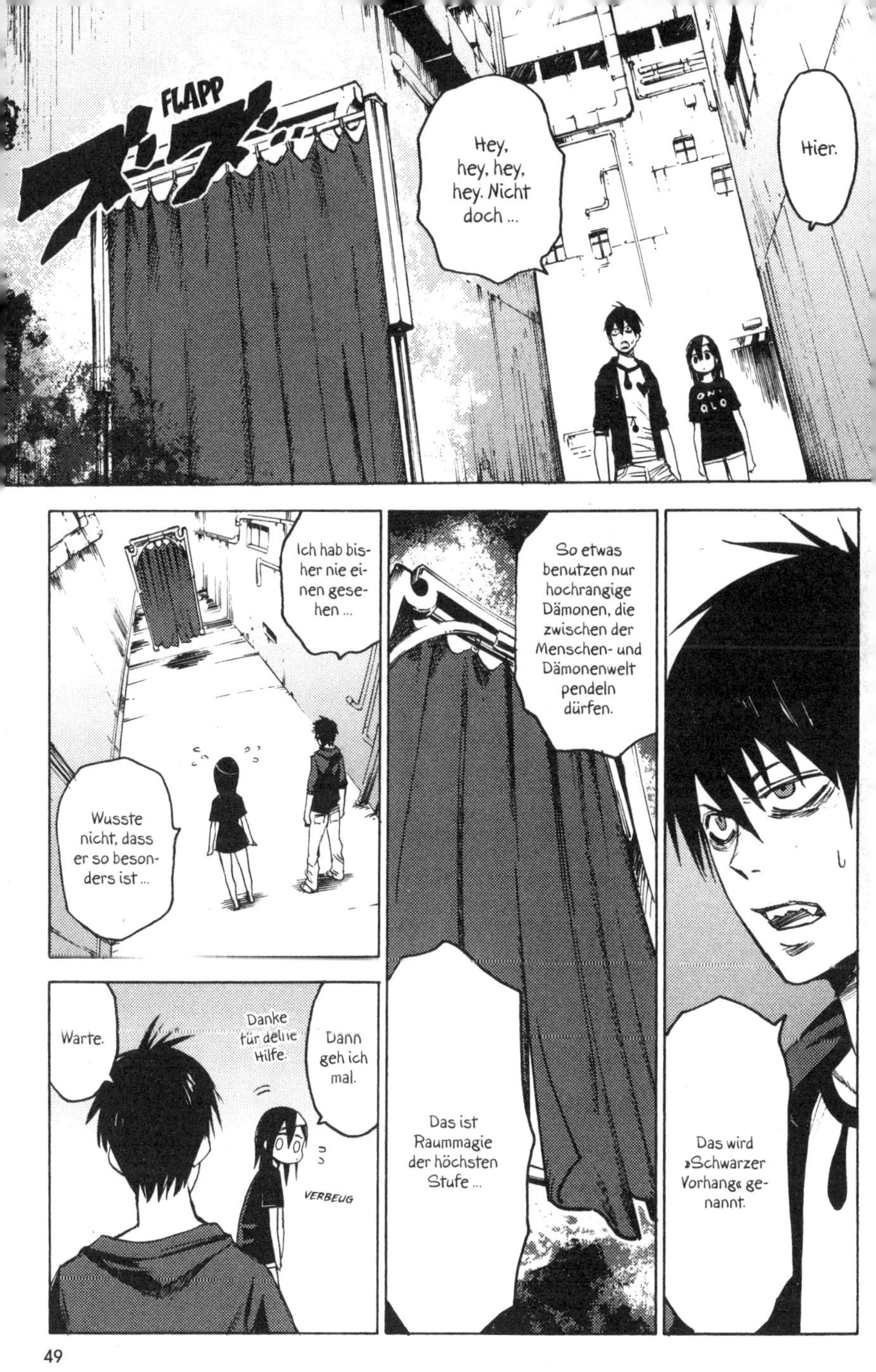

Hier.
Hey, hey, hey, hey. Nicht doch ...
FLAPP
Das wird »Schwarzer Vorhang« genannt.
So etwas benutzen nur hochrangige Dämonen, die zwischen der Menschen- und Dämonenwelt pendeln dürfen.
Das ist Raummagie der höchsten Stufe ...
Ich hab bisher nie einen gesehen ...
Wusste nicht, dass er so besonders ist ...
Dann geh ich mal.
Danke für deine Hilfe.
VERBEUG
Warte.

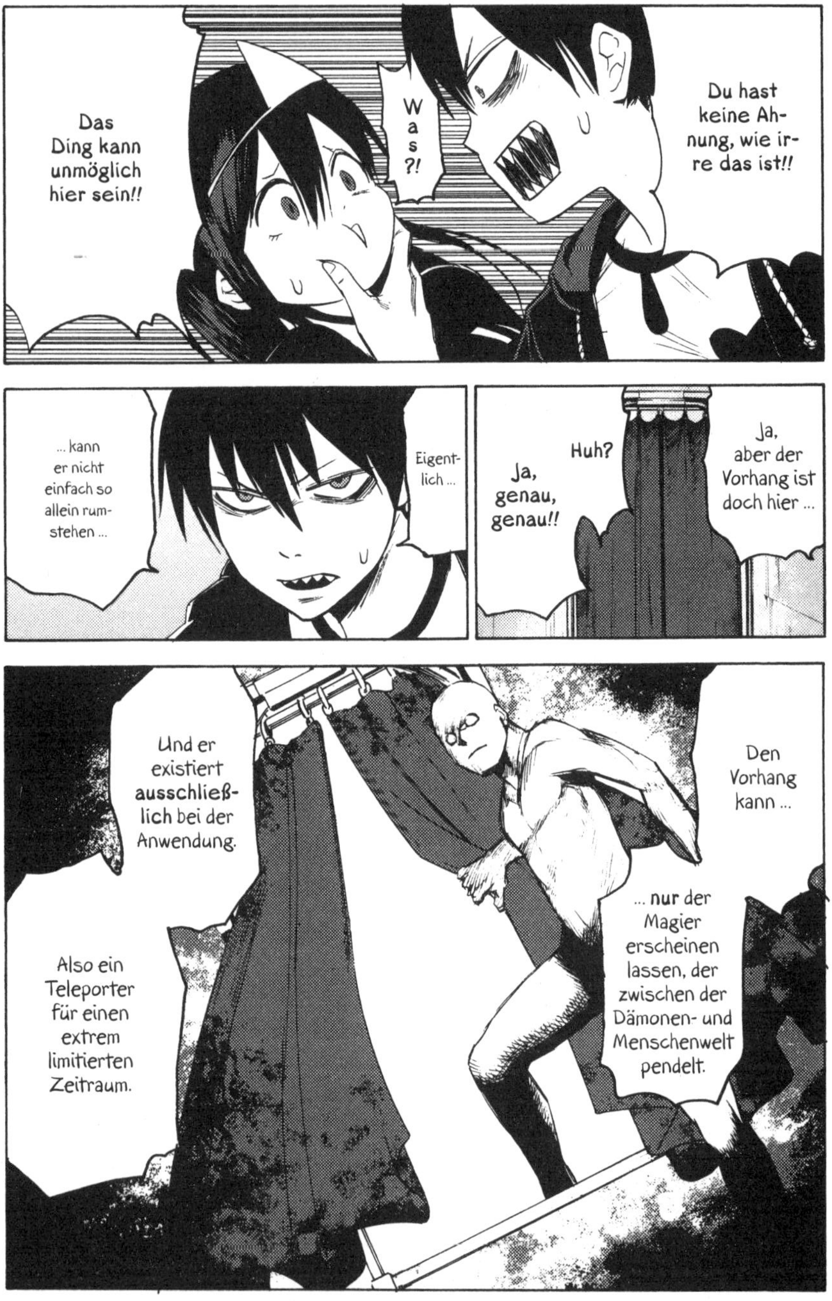
Du hast keine Ahnung, wie irre das ist!!
Was?!
Das Ding kann unmöglich hier sein!!
Ja, aber der Vorhang ist doch hier ...
Huh?
Ja, genau, genau!!
Eigentlich ...
... kann er nicht einfach so allein rumstehen ...
Den Vorhang kann ...
... nur der Magier erscheinen lassen, der zwischen der Dämonen- und Menschenwelt pendelt.
Und er existiert ausschließlich bei der Anwendung.
Also ein Teleporter für einen extrem limitierten Zeitraum.

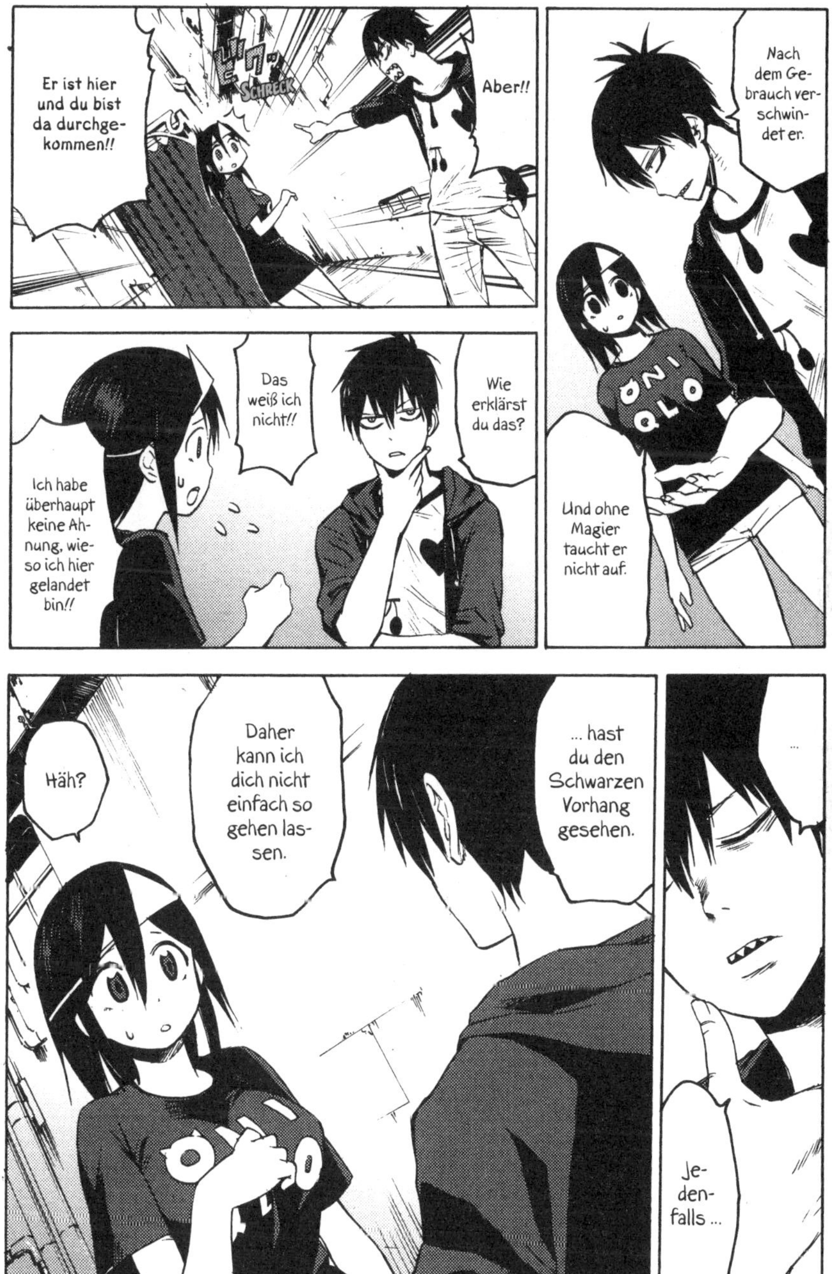
Nach dem Gebrauch verschwindet er.
Und ohne Magier taucht er nicht auf.
Aber!!
SCHRECK
Er ist hier und du bist da durchgekommen!!
Wie erklärst du das?
Das weiß ich nicht!!
Ich habe überhaupt keine Ahnung, wieso ich hier gelandet bin!!
...
Jedenfalls ...
... hast du den Schwarzen Vorhang gesehen.
Daher kann ich dich nicht einfach so gehen lassen.
Häh?

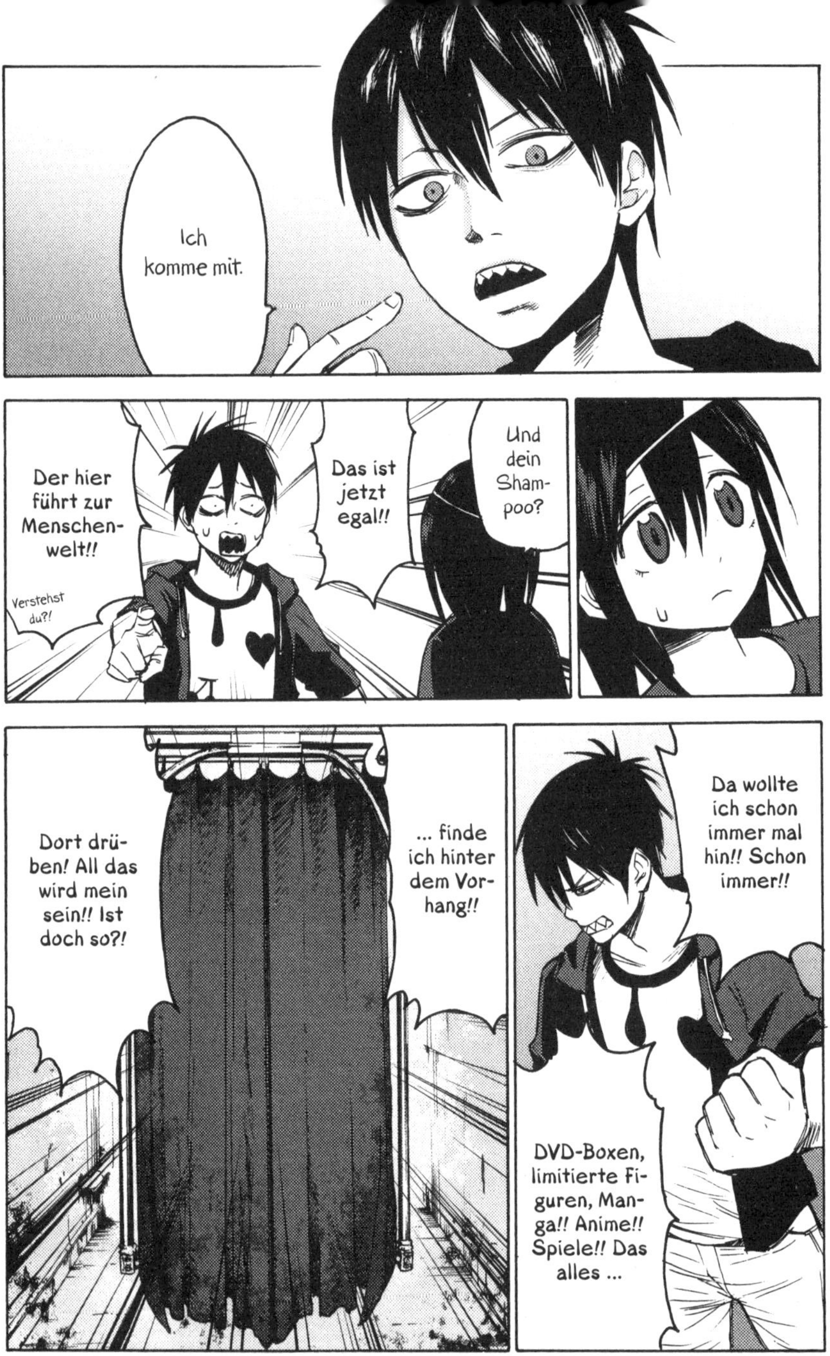
Ich komme mit.
Und dein Shampoo?
Das ist jetzt egal!!
Der hier führt zur Menschenwelt!!
Verstehst du?!
Da wollte ich schon immer mal hin!! Schon immer!!
DVD-Boxen, limitierte Figuren, Manga!! Anime!! Spiele!! Das alles ...
... finde ich hinter dem Vorhang!!
Dort drüben! All das wird mein sein!! Ist doch so?!

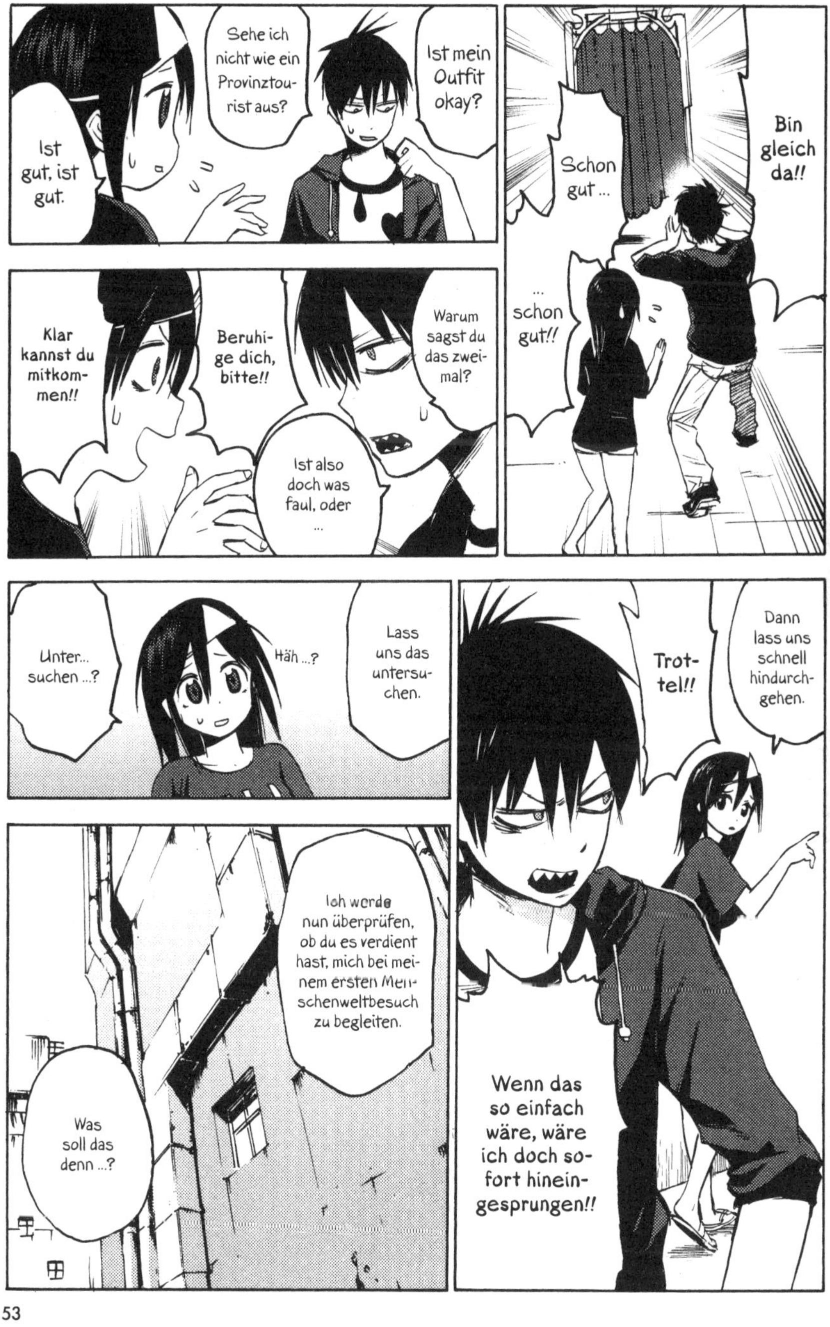
Bin gleich da!!
Schon gut ...
... schon gut!!
Ist mein Outfit okay?
Sehe ich nicht wie ein Provinztourist aus?
Ist gut, ist gut.
Warum sagst du das zweimal?
Ist also doch was faul, oder ...
Beruhige dich, bitte!!
Klar kannst du mitkommen!!
Dann lass uns schnell hindurchgehen.
Trottel!!
Wenn das so einfach wäre, wäre ich doch sofort hineingesprungen!!
Lass uns das untersuchen.
Häh ...?
Unter... suchen ...?
Ich werde nun überprüfen, ob du es verdient hast, mich bei meinem ersten Menschenweltbesuch zu begleiten.
Was soll das denn ...?

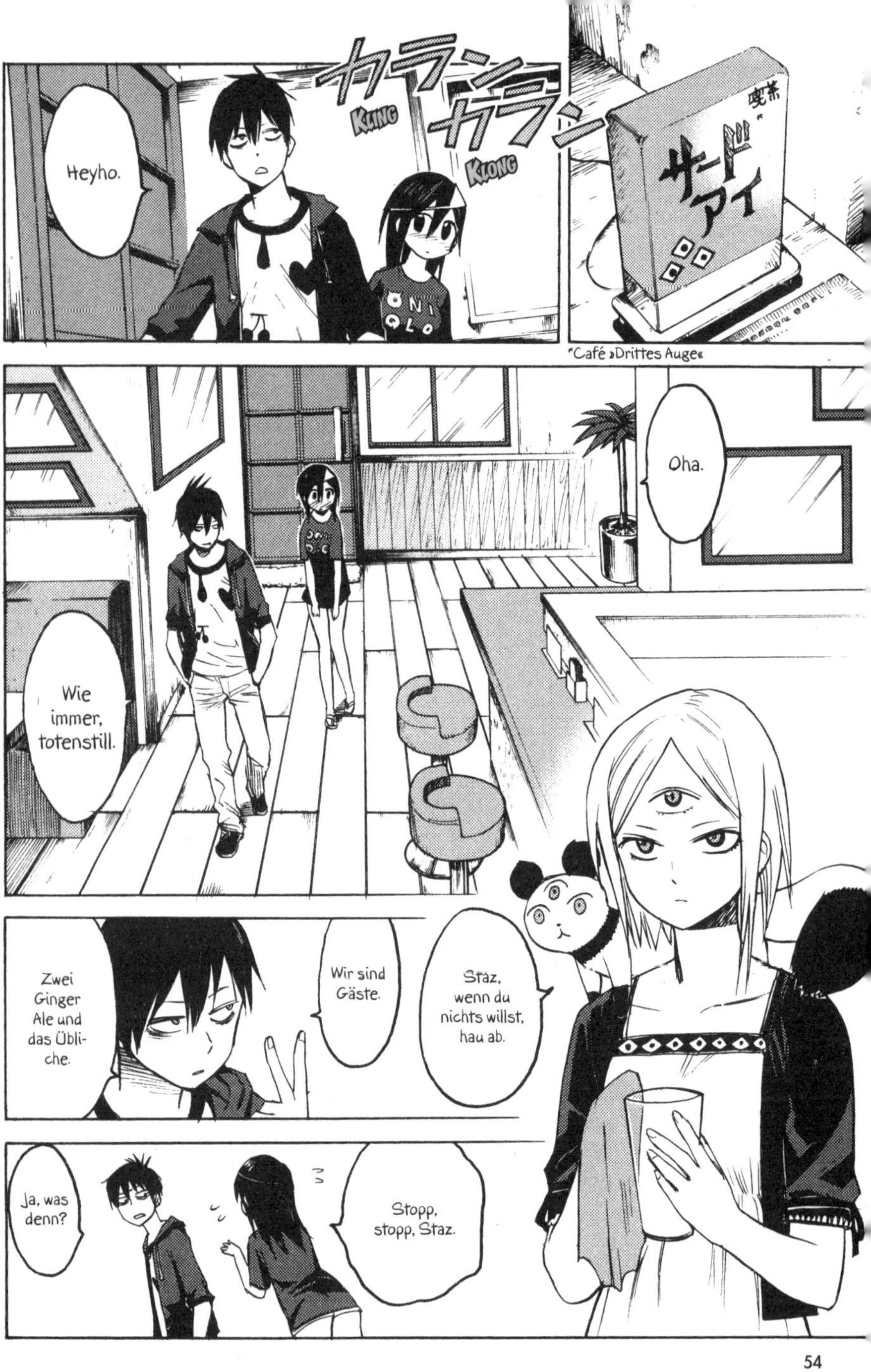
喫茶*
サードアイ
*Café »Drittes Auge«
カランカラン
KLING
KLONG
Heyho.
Oha.
Wie immer, totenstill.
Staz, wenn du nichts willst, hau ab.
Wir sind Gäste.
Zwei Ginger Ale und das Übliche.
Stopp, stopp, Staz.
Ja, was denn?

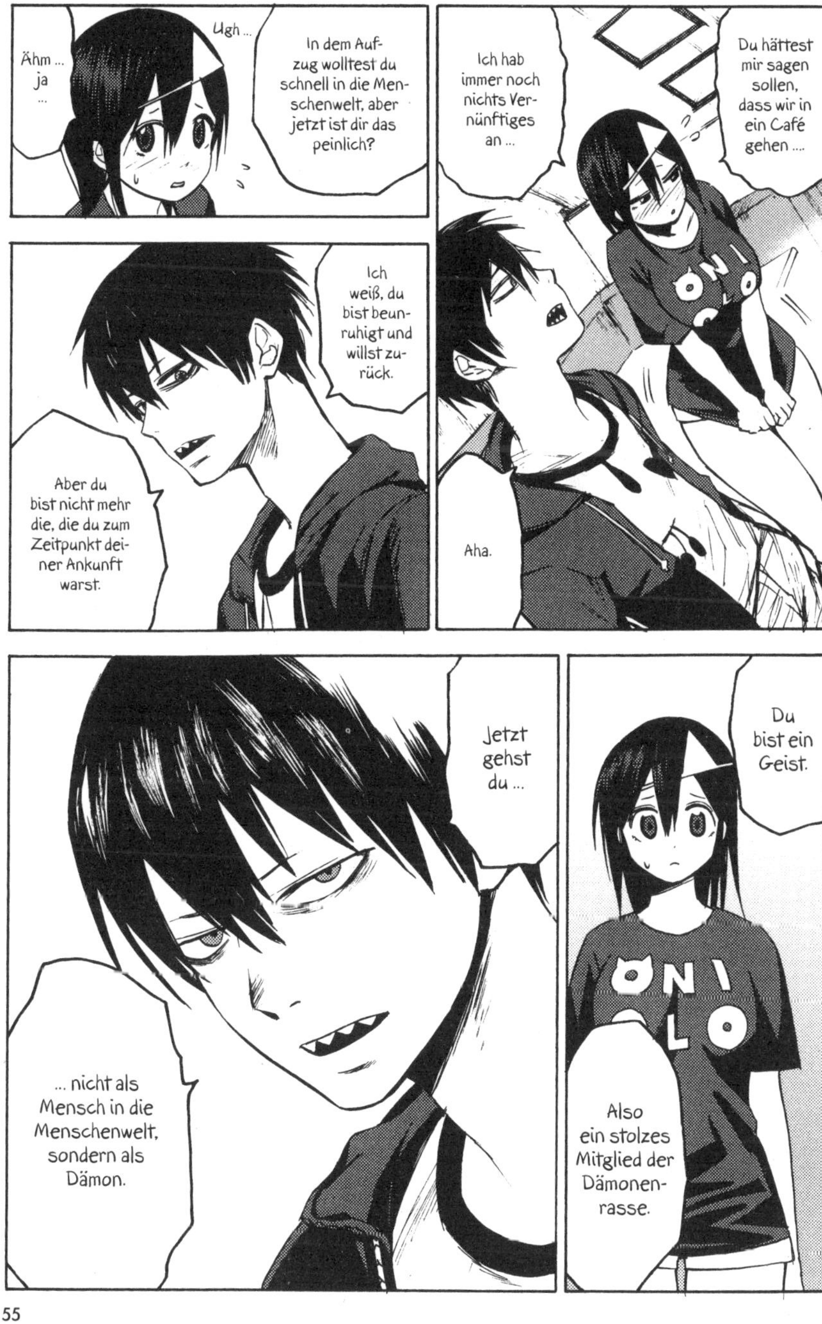
Du hättest mir sagen sollen, dass wir in ein Café gehen ....
Ich hab immer noch nichts Vernünftiges an ...
Aha.
In dem Aufzug wolltest du schnell in die Menschenwelt, aber jetzt ist dir das peinlich?
Ugh ...
Ähm ... ja ...
Ich weiß, du bist beunruhigt und willst zurück.
Aber du bist nicht mehr die, die du zum Zeitpunkt deiner Ankunft warst.
Du bist ein Geist.
Also ein stolzes Mitglied der Dämonenrasse.
Jetzt gehst du ...
... nicht als Mensch in die Menschenwelt, sondern als Dämon.

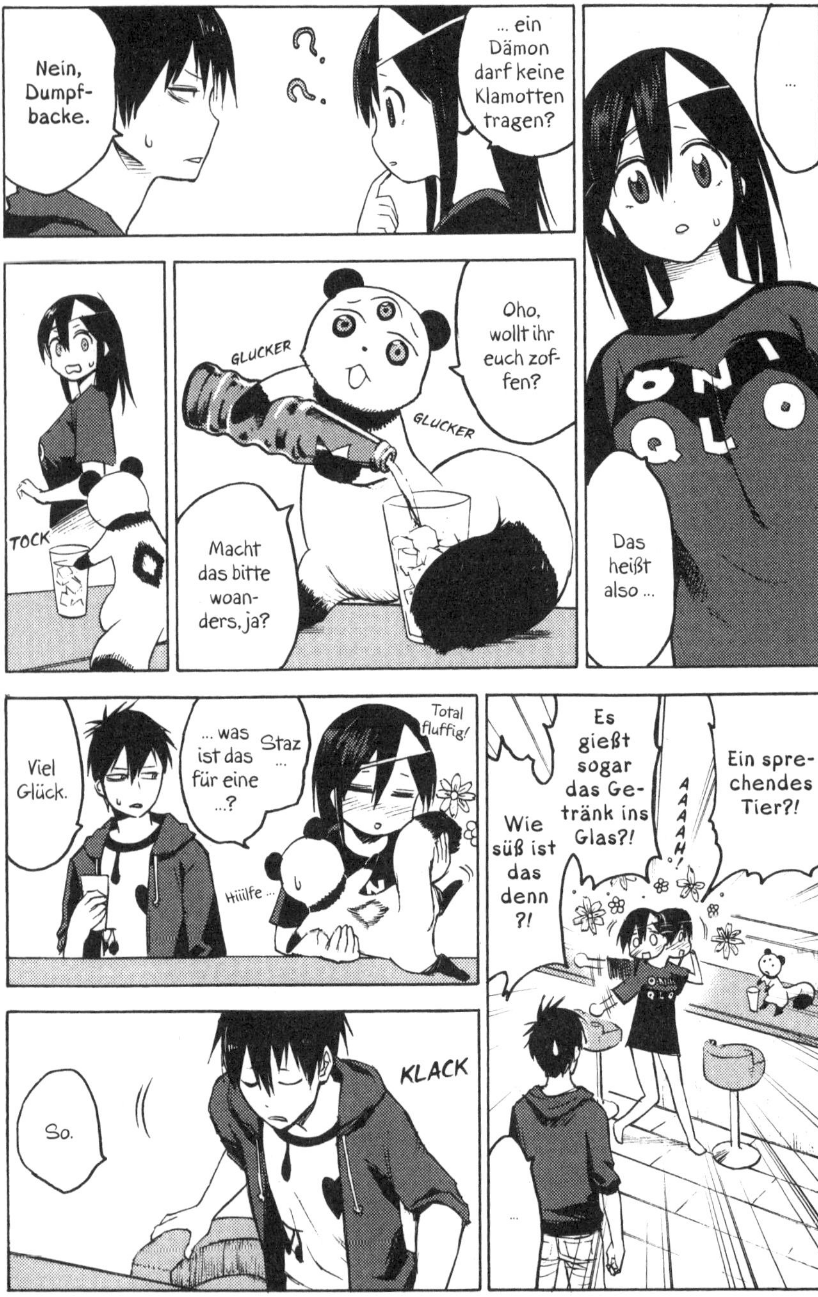
...
Das heißt also ...
... ein Dämon darf keine Klamotten tragen?
Nein, Dumpfbacke.
Oho, wollt ihr euch zoffen?
GLUCKER
GLUCKER
Macht das bitte woanders, ja?
TOCK
Ein sprechendes Tier?!
Es gießt sogar das Getränk ins Glas?!
AAAAAH!
Wie süß ist das denn?!
...
Total fluffig!
Staz ...
... was ist das für eine ...?
Hiiilfe ...
Viel Glück.
KLACK
So.

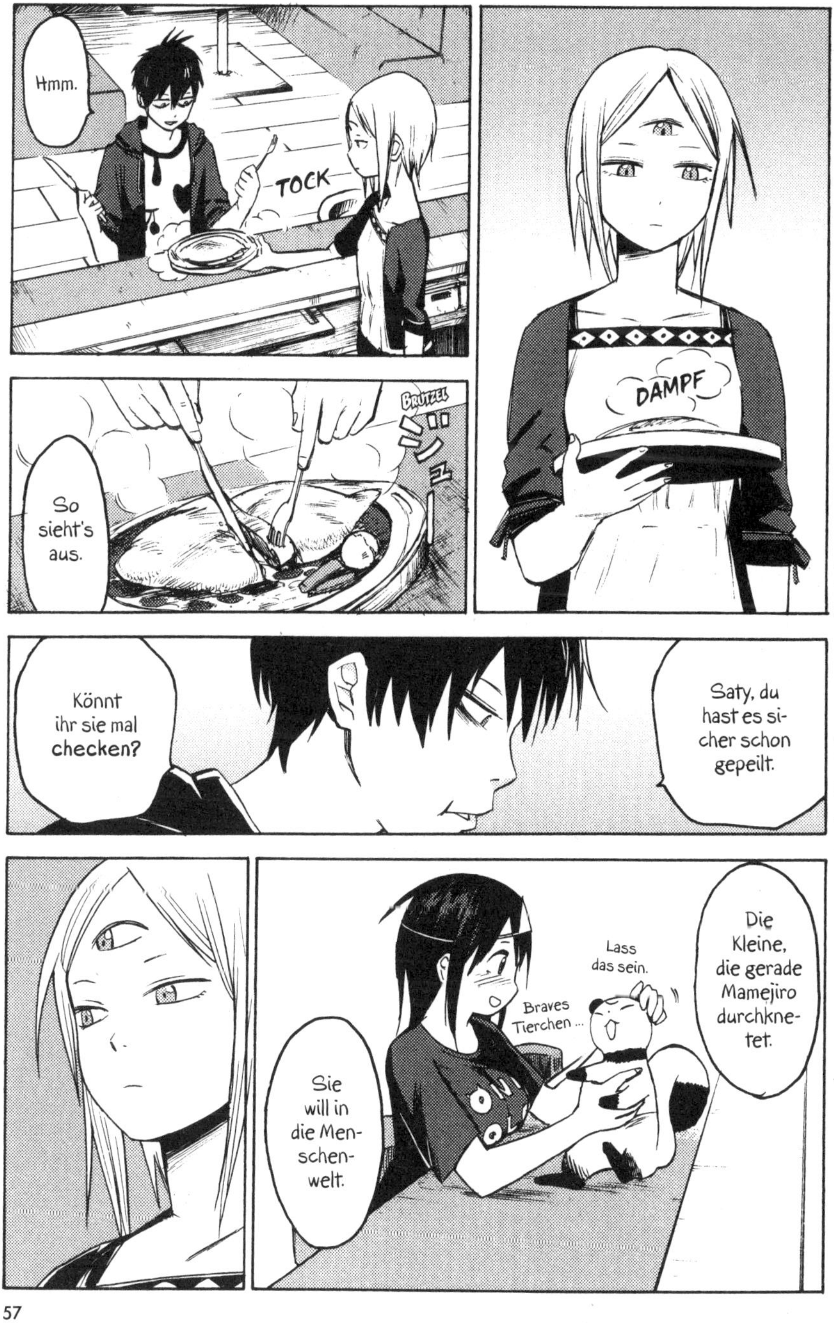
DAMPF
Hmm.
TOCK
BRUTZEL
So sieht's aus.
Saty, du hast es sicher schon gepeilt.
Könnt ihr sie mal checken?
Die Kleine, die gerade Mamejiro durchknetet.
Lass das sein.
Braves Tierchen ...
Sie will in die Menschenwelt.

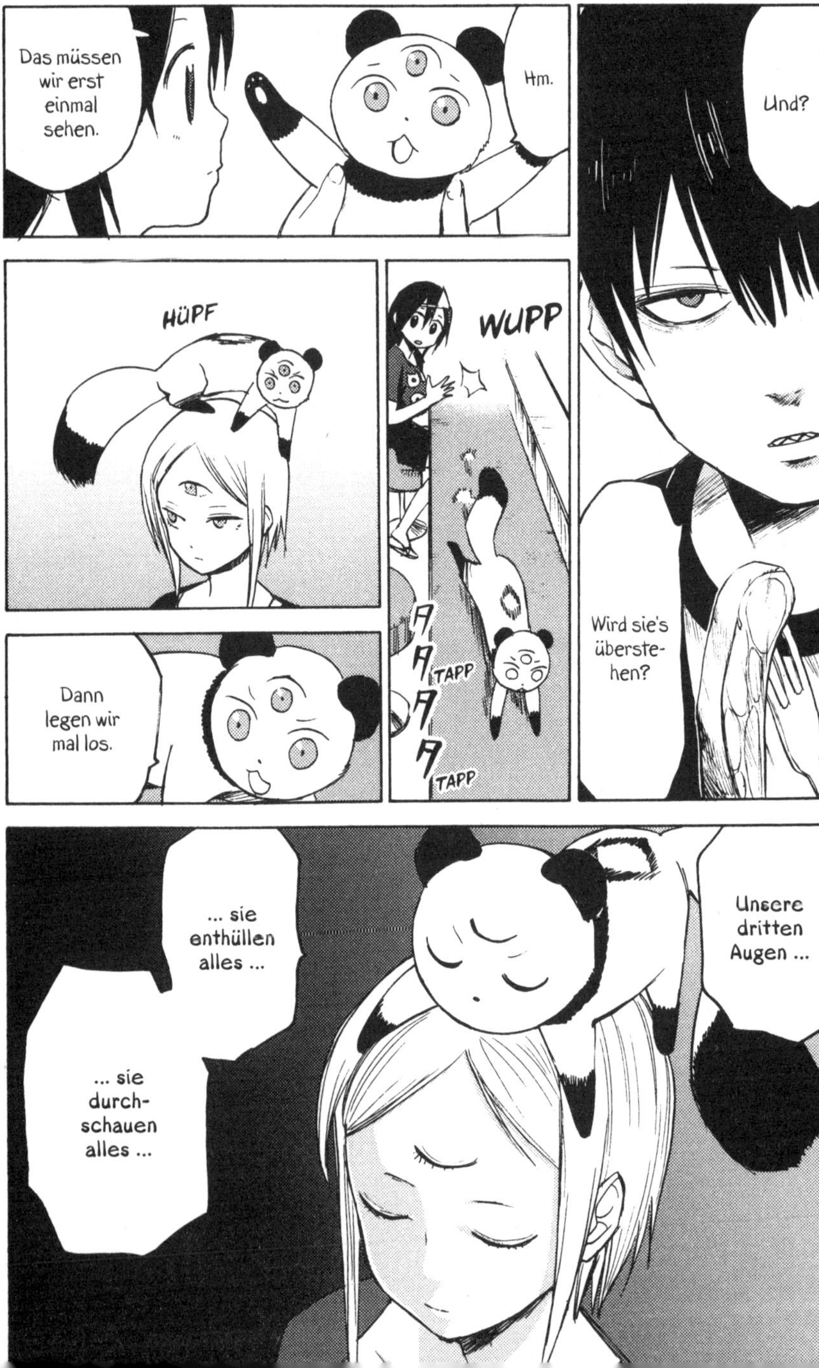
Und?
Wird sie's überstehen?
Hm.
Das müssen wir erst einmal sehen.
WUPP
TAPP
TAPP
HÜPF
Dann legen wir mal los.
Unsere dritten Augen ...
... sie enthüllen alles ...
... sie durchschauen alles ...

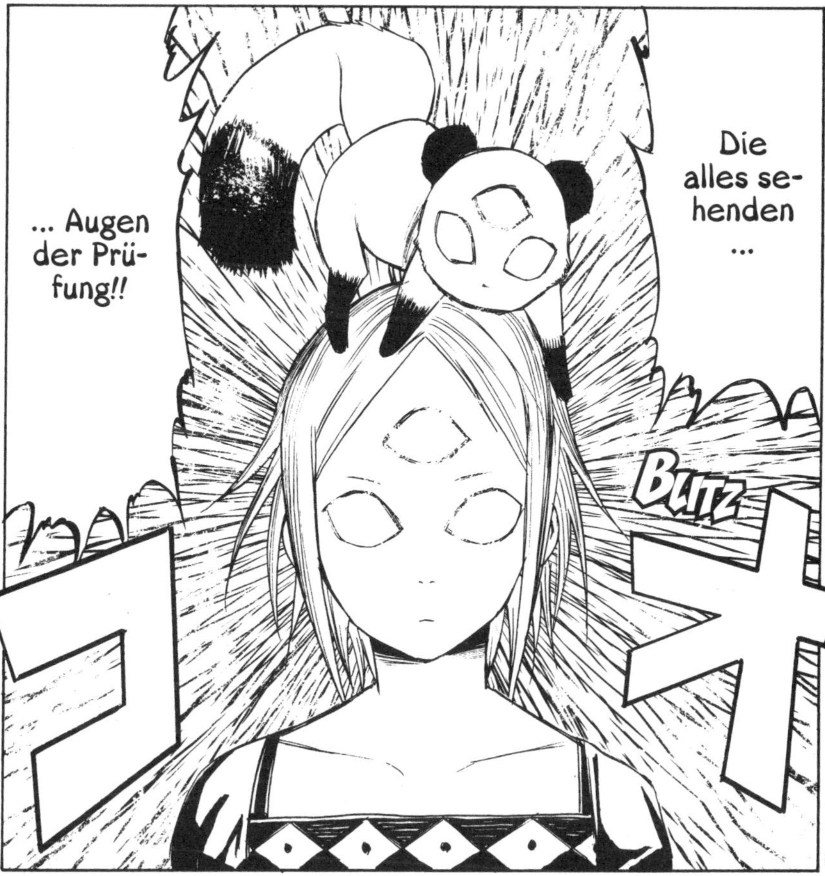
Die alles se-
henden ...
... Augen der Prü-
fung!!
BLITZ

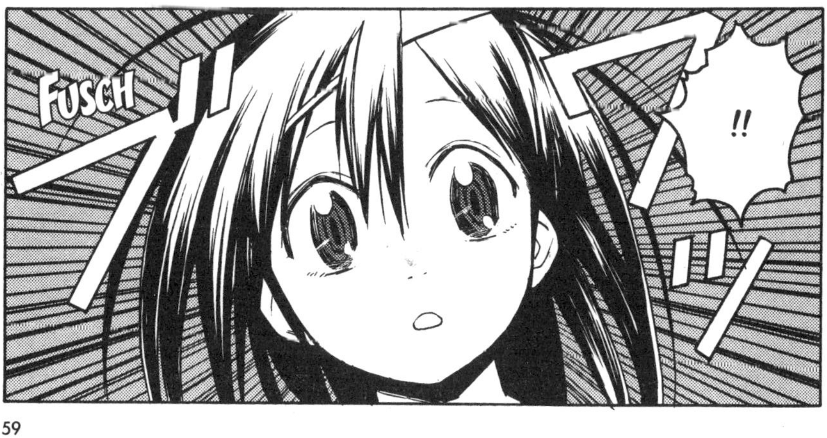
!!
FUSCH

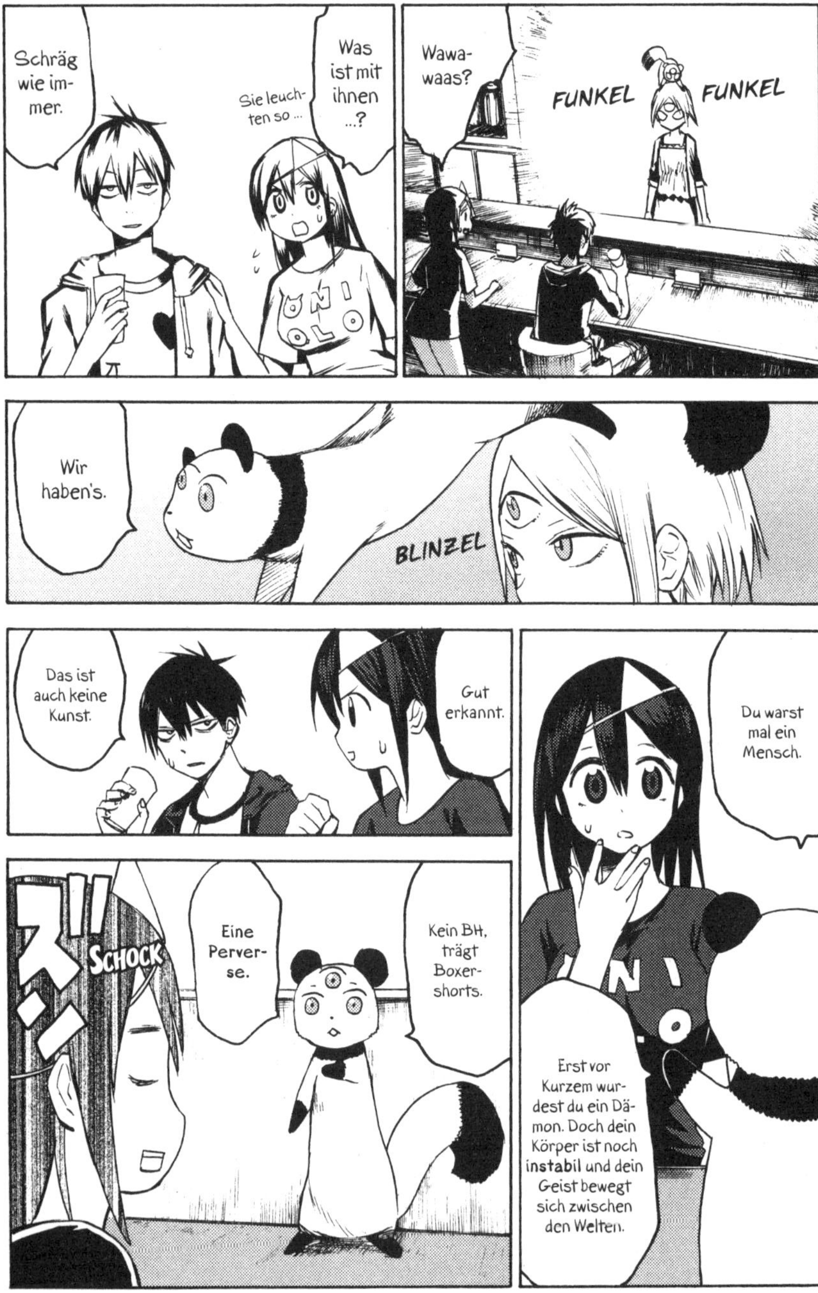

Wawa-waas?
FUNKEL FUNKEL
Was ist mit ihnen ...?
Sie leuchten so ...
Schräg wie immer.
BLINZEL
Wir haben's.
Du warst mal ein Mensch.
Gut erkannt.
Das ist auch keine Kunst.
Erst vor Kurzem wurdest du ein Dämon. Doch dein Körper ist noch **instabil** und dein Geist bewegt sich zwischen den Welten.
Kein BH, trägt Boxershorts.
Eine Perverse.
SCHOCK
ズーン

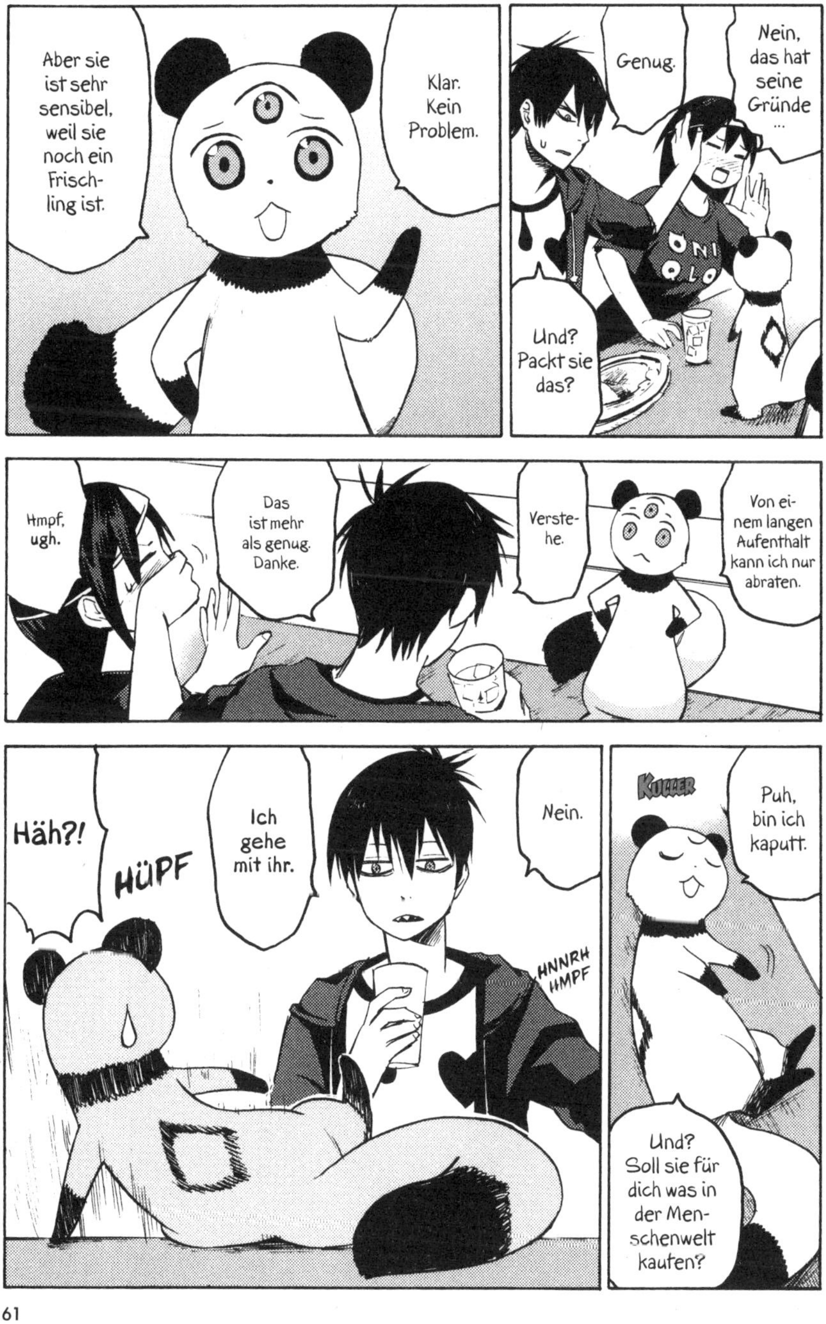
Nein, das hat seine Gründe ...
Genug.
Und? Packt sie das?
Klar. Kein Problem.
Aber sie ist sehr sensibel, weil sie noch ein Frischling ist.
Von einem langen Aufenthalt kann ich nur abraten.
Verstehe.
Das ist mehr als genug. Danke.
Hmpf, ugh.
KULLER
Puh, bin ich kaputt.
Und? Soll sie für dich was in der Menschenwelt kaufen?
Nein.
Ich gehe mit ihr.
HNNRH HMPF
Häh?!
HÜPF

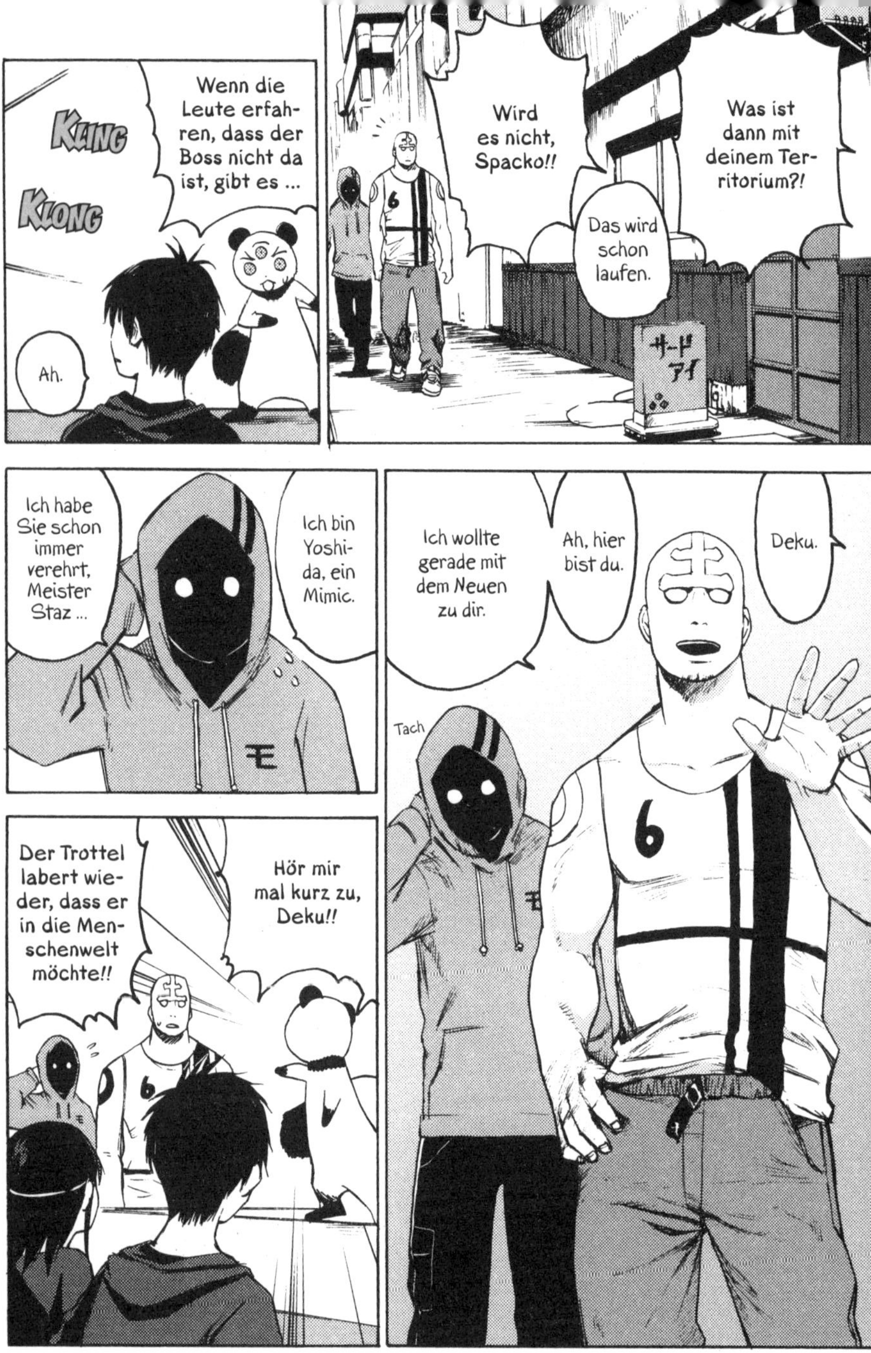
Was ist dann mit deinem Territorium?!
Wird es nicht, Spacko!!
Das wird schon laufen.
サード アイ
Wenn die Leute erfahren, dass der Boss nicht da ist, gibt es ...
KLING
KLONG
Ah.
Deku.
Ah, hier bist du.
Ich wollte gerade mit dem Neuen zu dir.
Tach
Ich bin Yoshida, ein Mimic.
Ich habe Sie schon immer verehrt, Meister Staz ...
Hör mir mal kurz zu, Deku!!
Der Trottel labert wieder, dass er in die Menschenwelt möchte!!

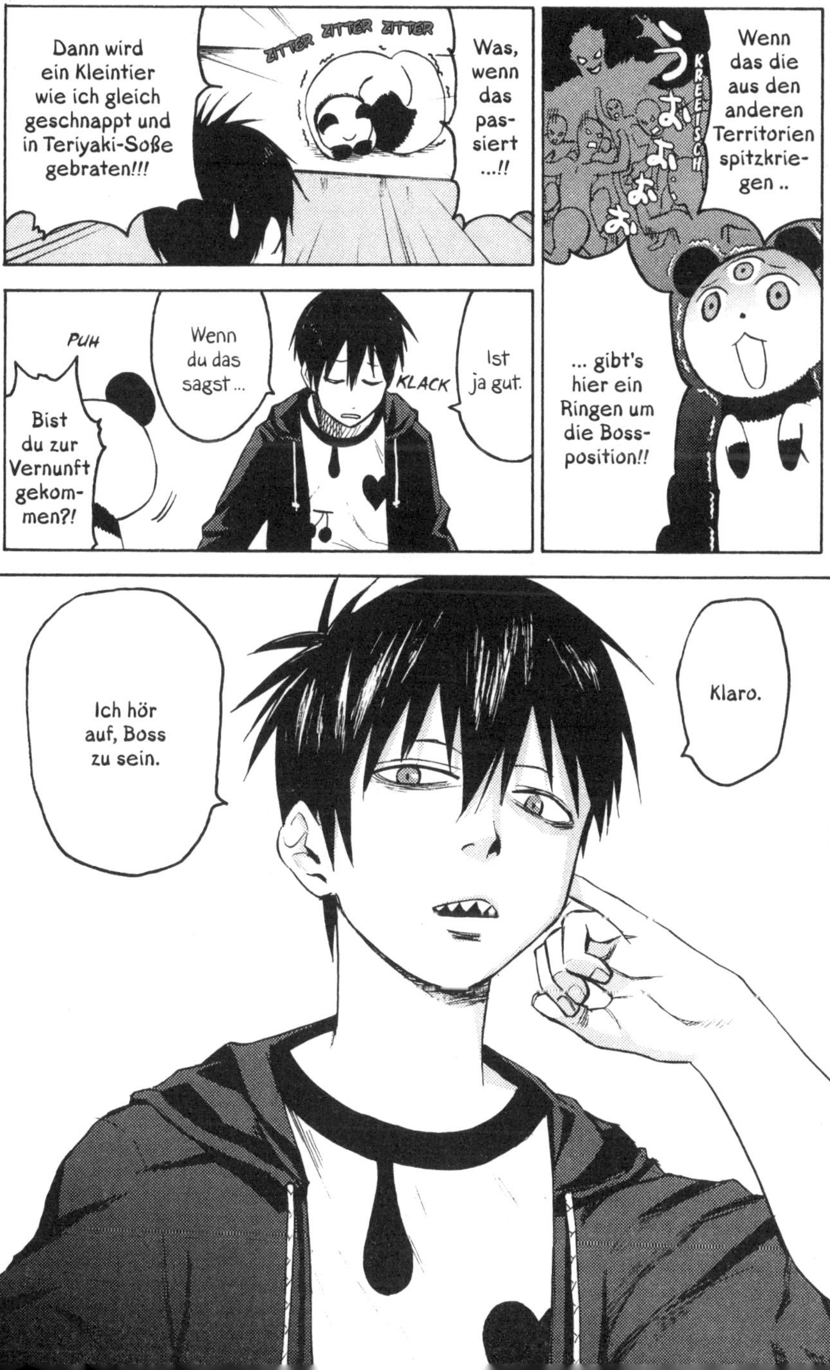

Wenn das die aus den anderen Territorien spitzkriegen ..
KREEISCH
... gibt's hier ein Ringen um die Boss-position!!
Was, wenn das passiert ...!!
ZITTER ZITTER ZITTER
Dann wird ein Kleintier wie ich gleich geschnappt und in Teriyaki-Soße gebraten!!!
Ist ja gut.
KLACK
Wenn du das sagst ...
PUH
Bist du zur Vernunft gekommen?!
Klaro.
Ich hör auf, Boss zu sein.

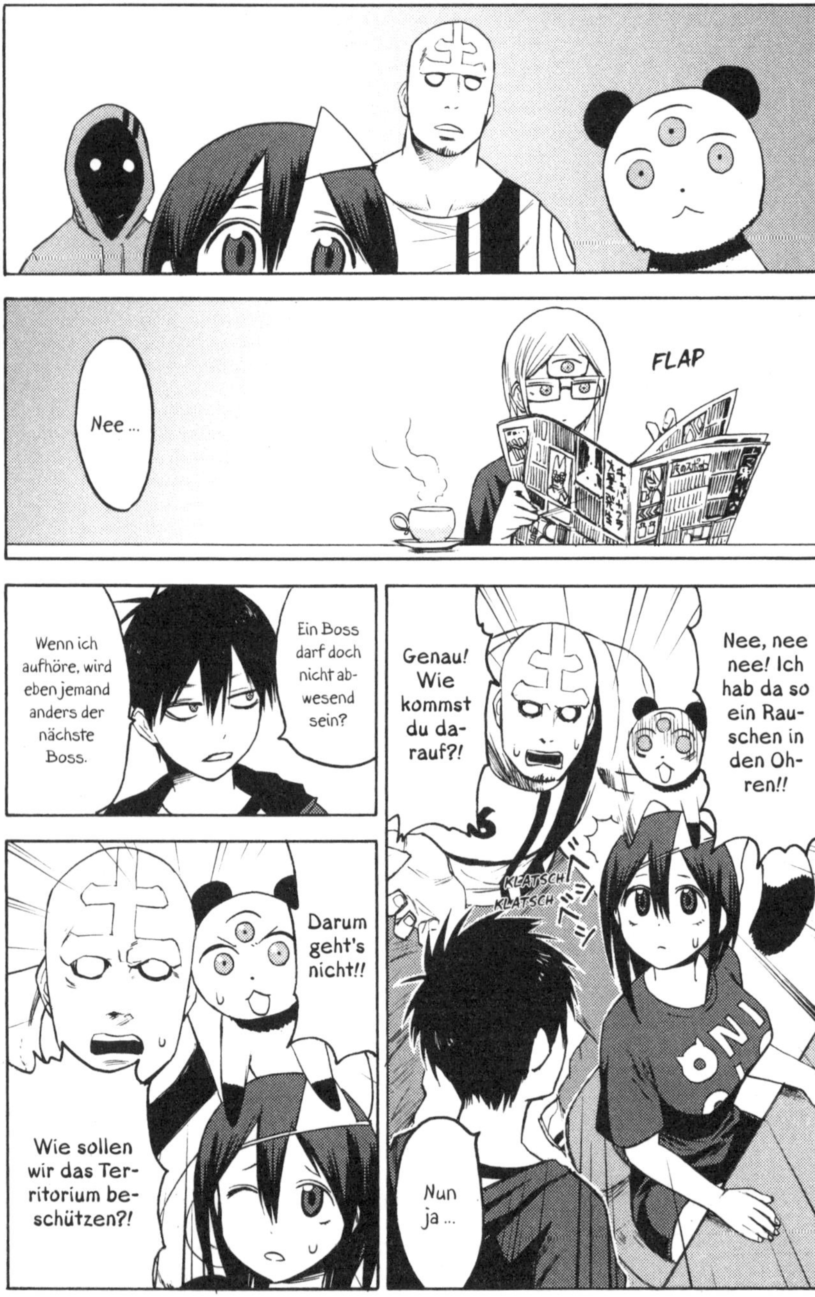
FLAP
Nee ...
Nee, nee nee! Ich hab da so ein Rauschen in den Ohren!!
Genau! Wie kommst du darauf?!
KLATSCH
KLATSCH
Nun ja ...
Ein Boss darf doch nicht abwesend sein?
Wenn ich aufhöre, wird eben jemand anders der nächste Boss.
Darum geht's nicht!!
Wie sollen wir das Territorium beschützen?!

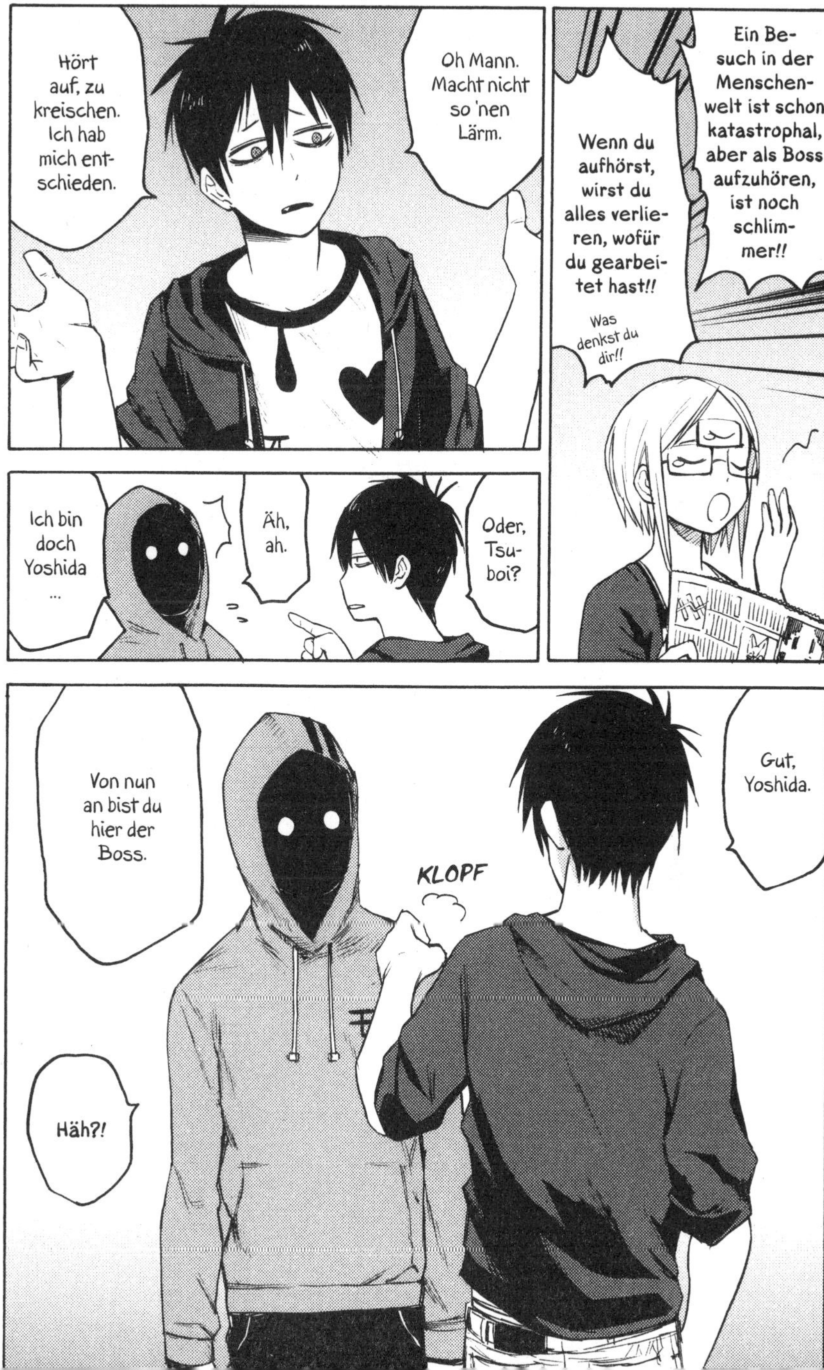

Ein Besuch in der Menschenwelt ist schon katastrophal, aber als Boss aufzuhören, ist noch schlimmer!!
Wenn du aufhörst, wirst du alles verlieren, wofür du gearbeitet hast!!
Was denkst du dir!!
Oh Mann. Macht nicht so 'nen Lärm.
Hört auf, zu kreischen. Ich hab mich entschieden.
Oder, Tsuboi?
Äh, ah.
Ich bin doch Yoshida …
Gut, Yoshida.
Von nun an bist du hier der Boss.
KLOPF
Häh?!

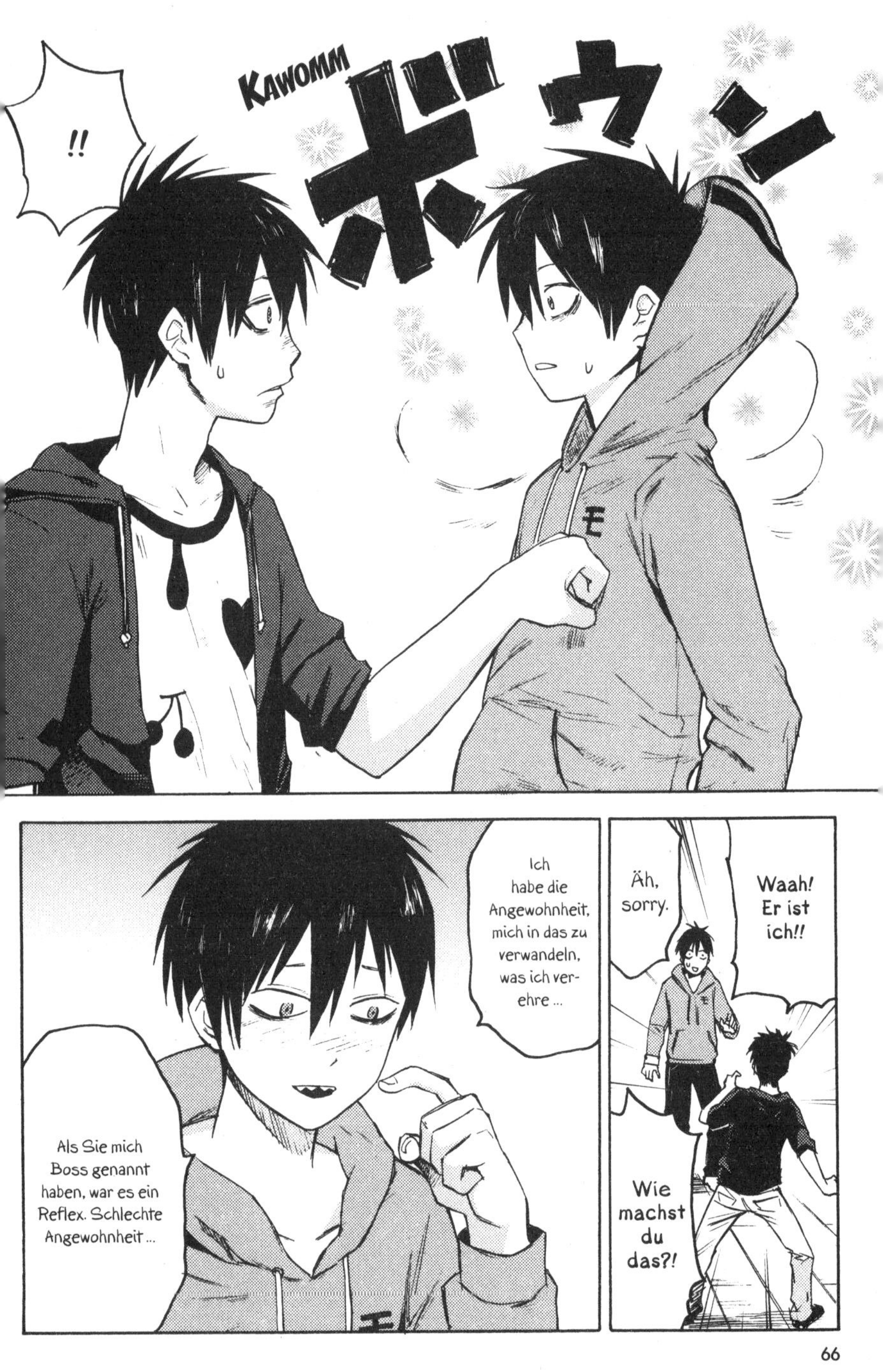

KAWOMM
!!
Waah! Er ist ich!!
Äh, sorry.
Wie machst du das?!
Ich habe die Angewohnheit, mich in das zu verwandeln, was ich verehre ...
Als Sie mich Boss genannt haben, war es ein Reflex. Schlechte Angewohnheit ...

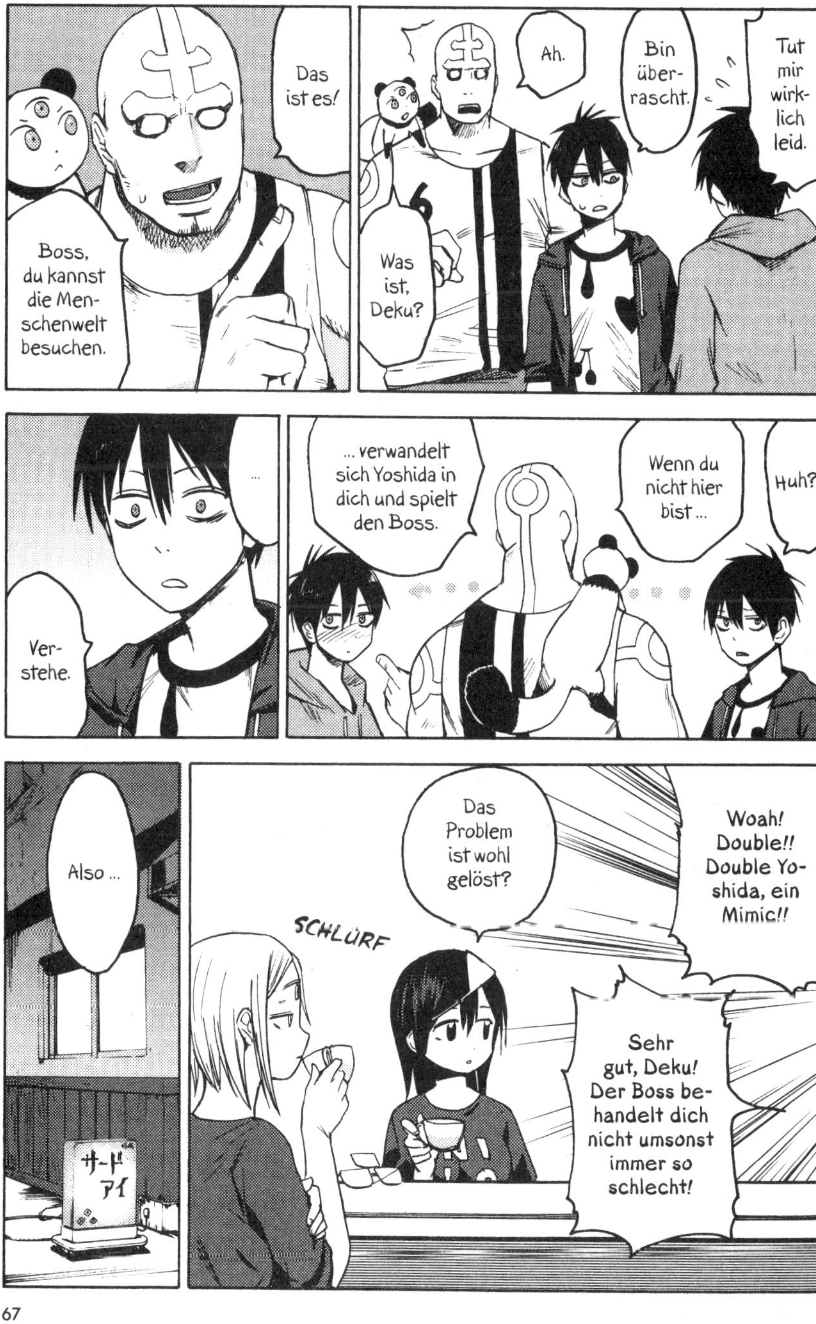
Tut mir wirklich leid.
Bin überrascht.
Ah.
Was ist, Deku?
Das ist es!
Boss, du kannst die Menschenwelt besuchen.
Huh?
Wenn du nicht hier bist ...
... verwandelt sich Yoshida in dich und spielt den Boss.
...
Verstehe.
Woah! Double!! Double Yoshida, ein Mimic!!
Das Problem ist wohl gelöst?
SCHLURF
Sehr gut, Deku! Der Boss behandelt dich nicht umsonst immer so schlecht!
Also ...
サード アイ

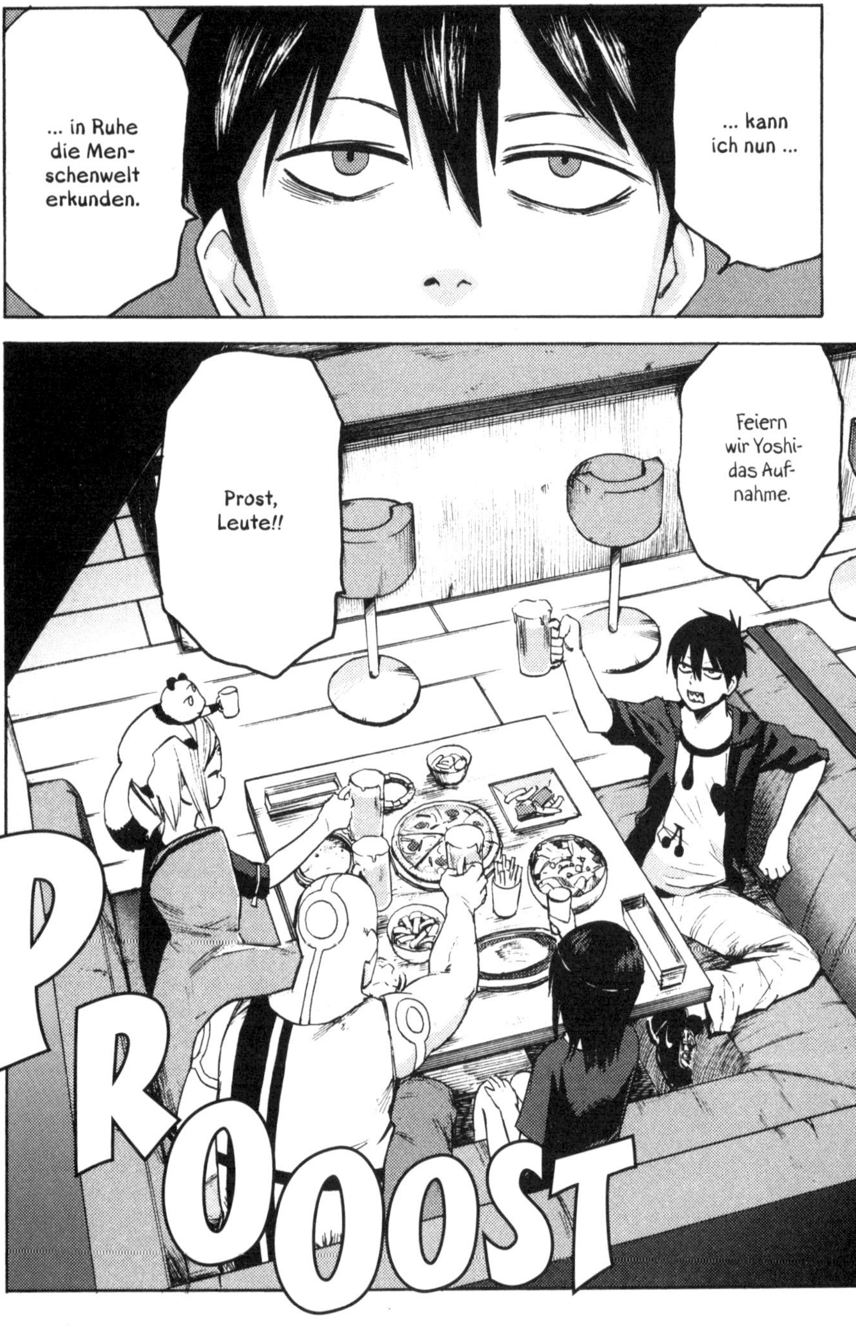

... kann ich nun ...
... in Ruhe die Menschenwelt erkunden.
Feiern wir Yoshidas Aufnahme.
Prost, Leute!!
PROOOST

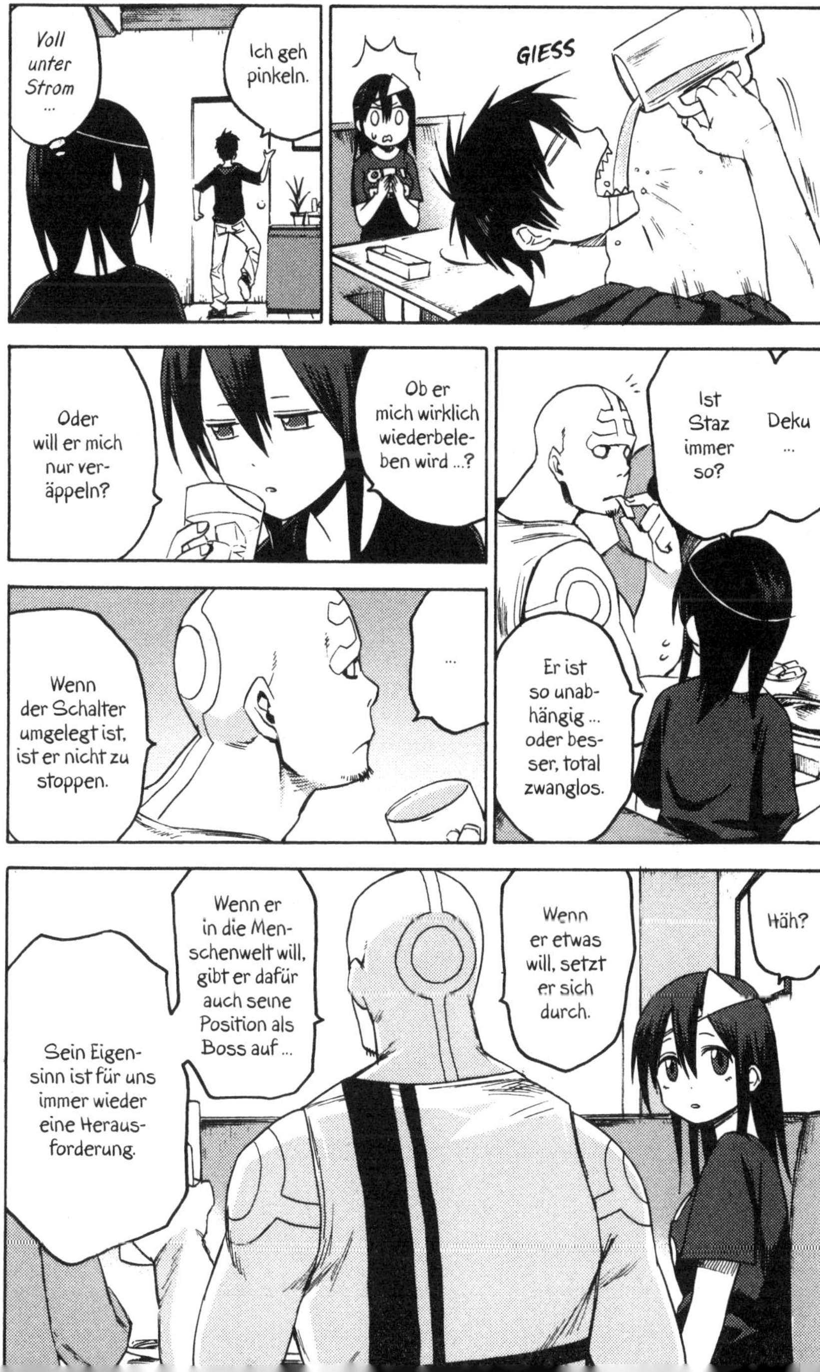
GIESS
Ich geh pinkeln.
Voll unter Strom ...
Ob er mich wirklich wiederbeleben wird ...?
Oder will er mich nur veräppeln?
Deku ...
Ist Staz immer so?
...
Wenn der Schalter umgelegt ist, ist er nicht zu stoppen.
Er ist so unabhängig ... oder besser, total zwanglos.
Häh?
Wenn er etwas will, setzt er sich durch.
Wenn er in die Menschenwelt will, gibt er dafür auch seine Position als Boss auf ...
Sein Eigensinn ist für uns immer wieder eine Herausforderung.

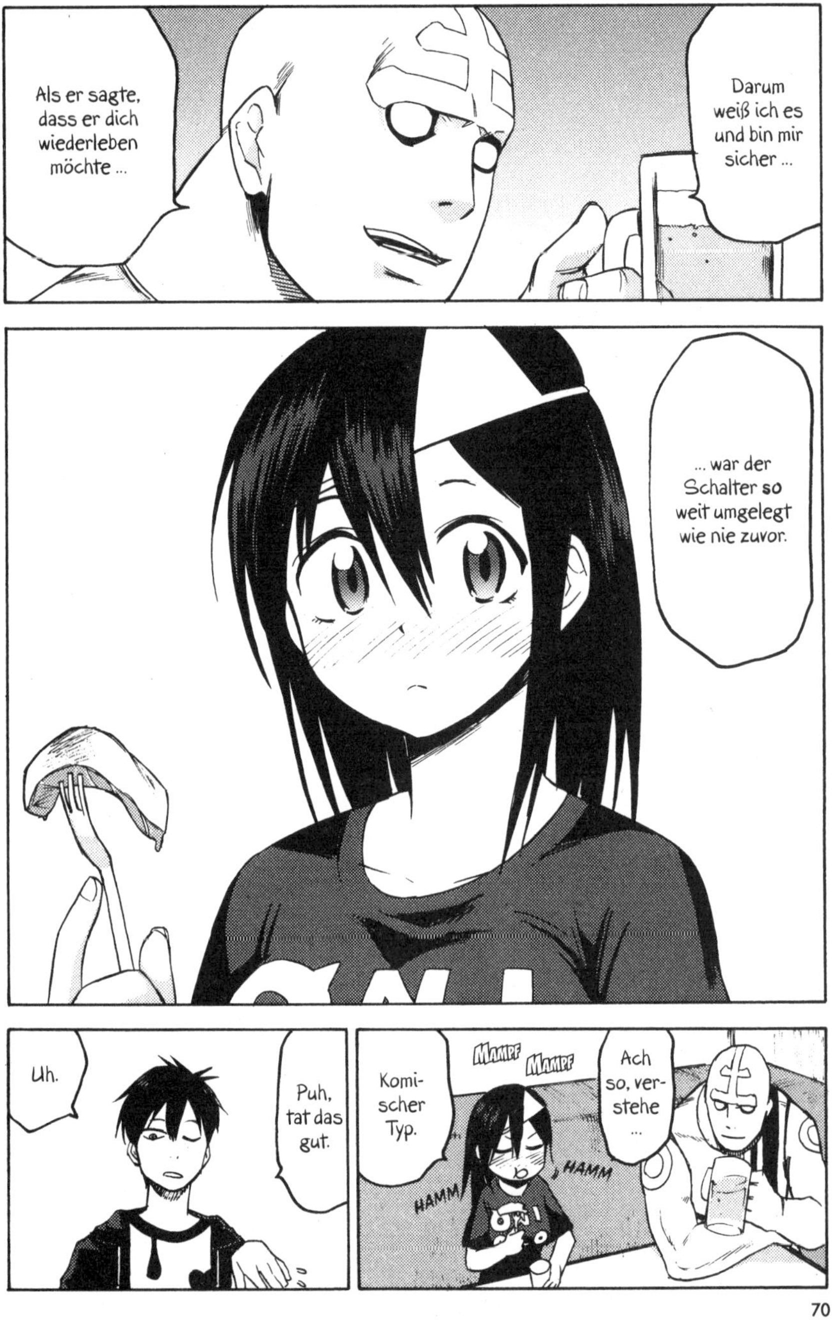
Darum weiß ich es und bin mir sicher ...
Als er sagte, dass er dich wiederleben möchte ...
... war der Schalter so weit umgelegt wie nie zuvor.
Ach so, verstehe ...
MAMPF MAMPF
Komischer Typ.
HAMM HAMM
Puh, tat das gut.
Uh.

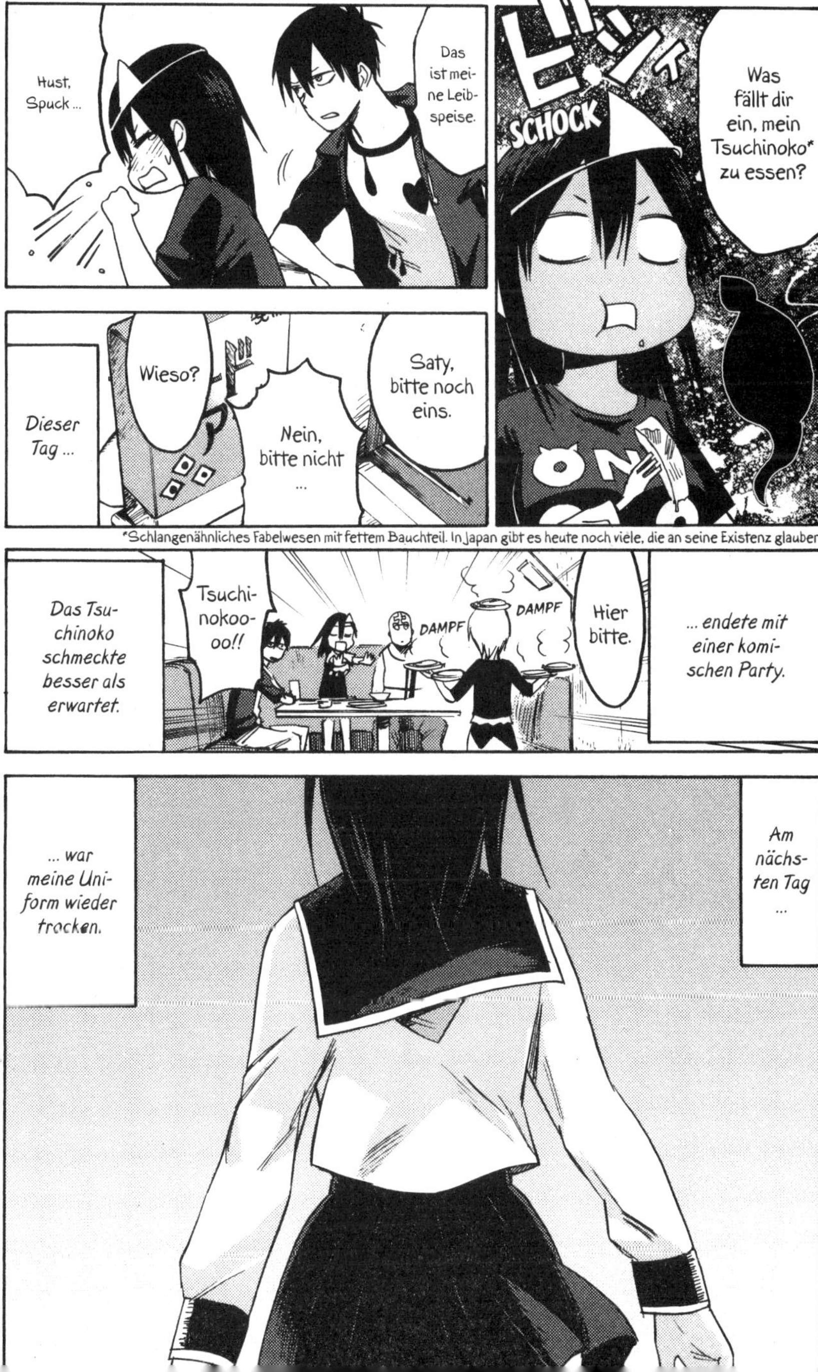


*Schlangenähnliches Fabelwesen mit fettem Bauchteil. In Japan gibt es heute noch viele, die an seine Existenz glauben.

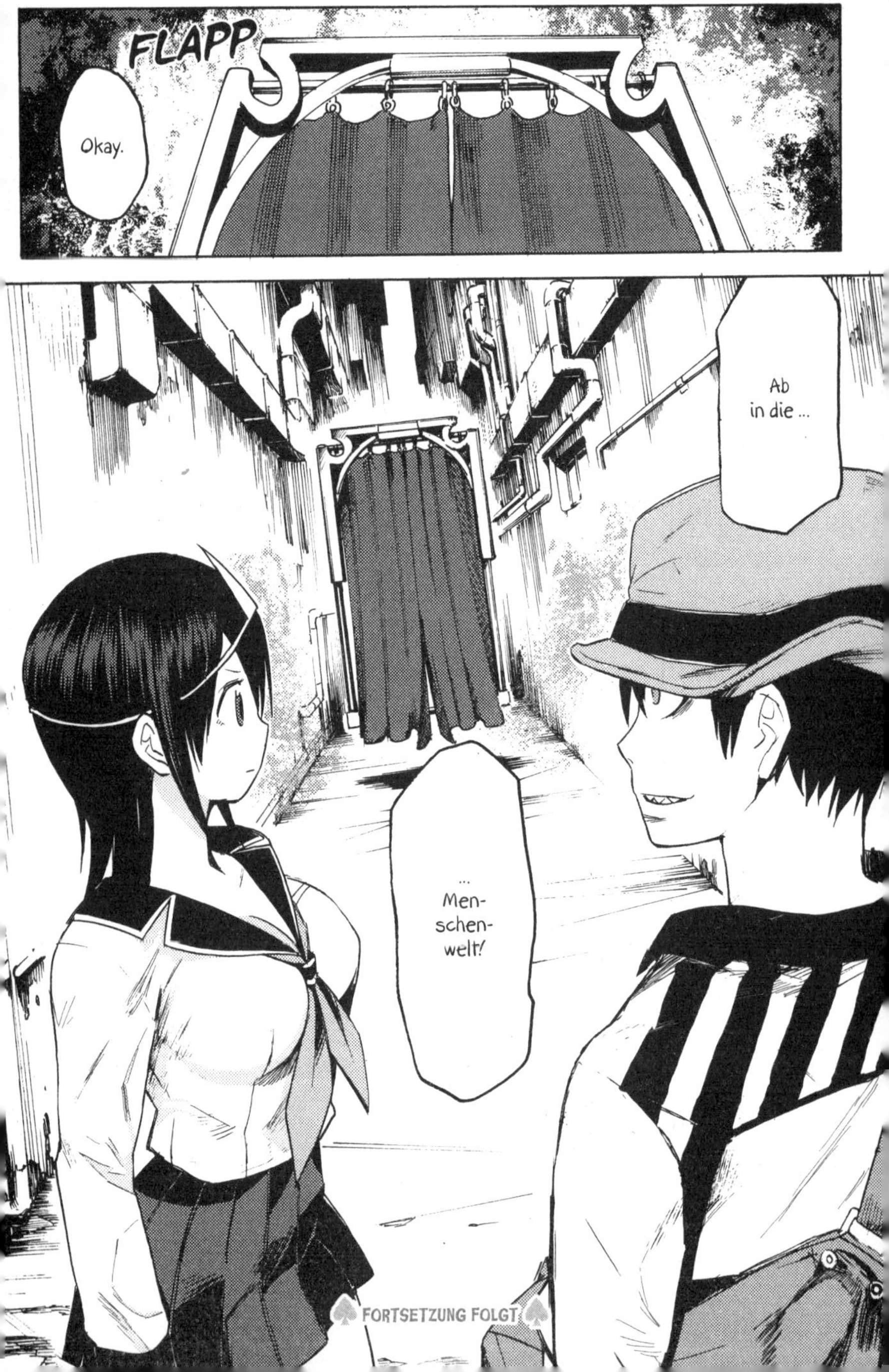
FLAPP
Okay.
Ab in die ...
... Menschenwelt!
FORTSETZUNG FOLGT

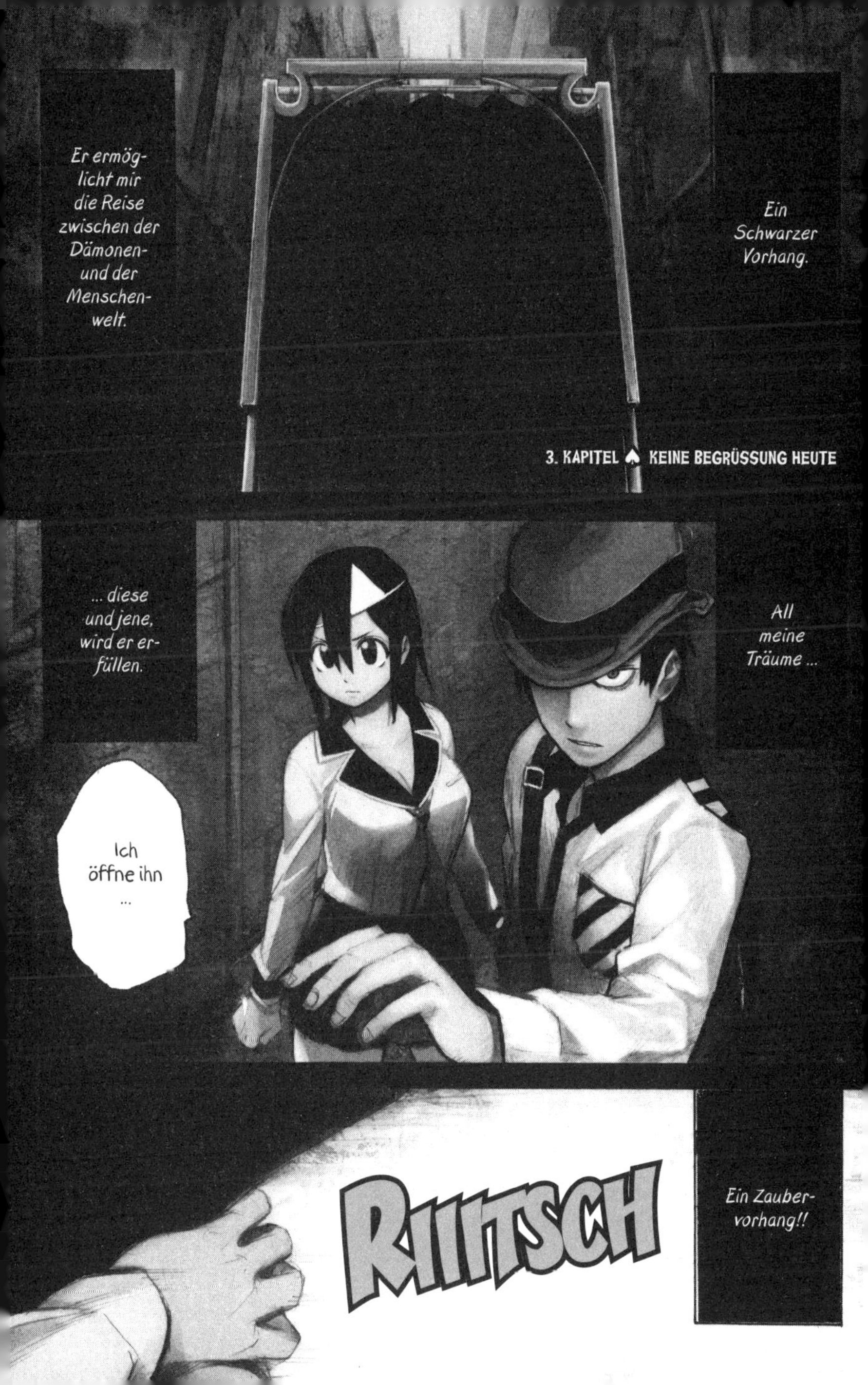
Ein Schwarzer Vorhang.
Er ermöglicht mir die Reise zwischen der Dämonen- und der Menschenwelt.
3. KAPITEL ♠ KEINE BEGRÜSSUNG HEUTE
All meine Träume ...
... diese und jene, wird er erfüllen.
Ich öffne ihn ...
Ein Zaubervorhang!!
RIIITSCH

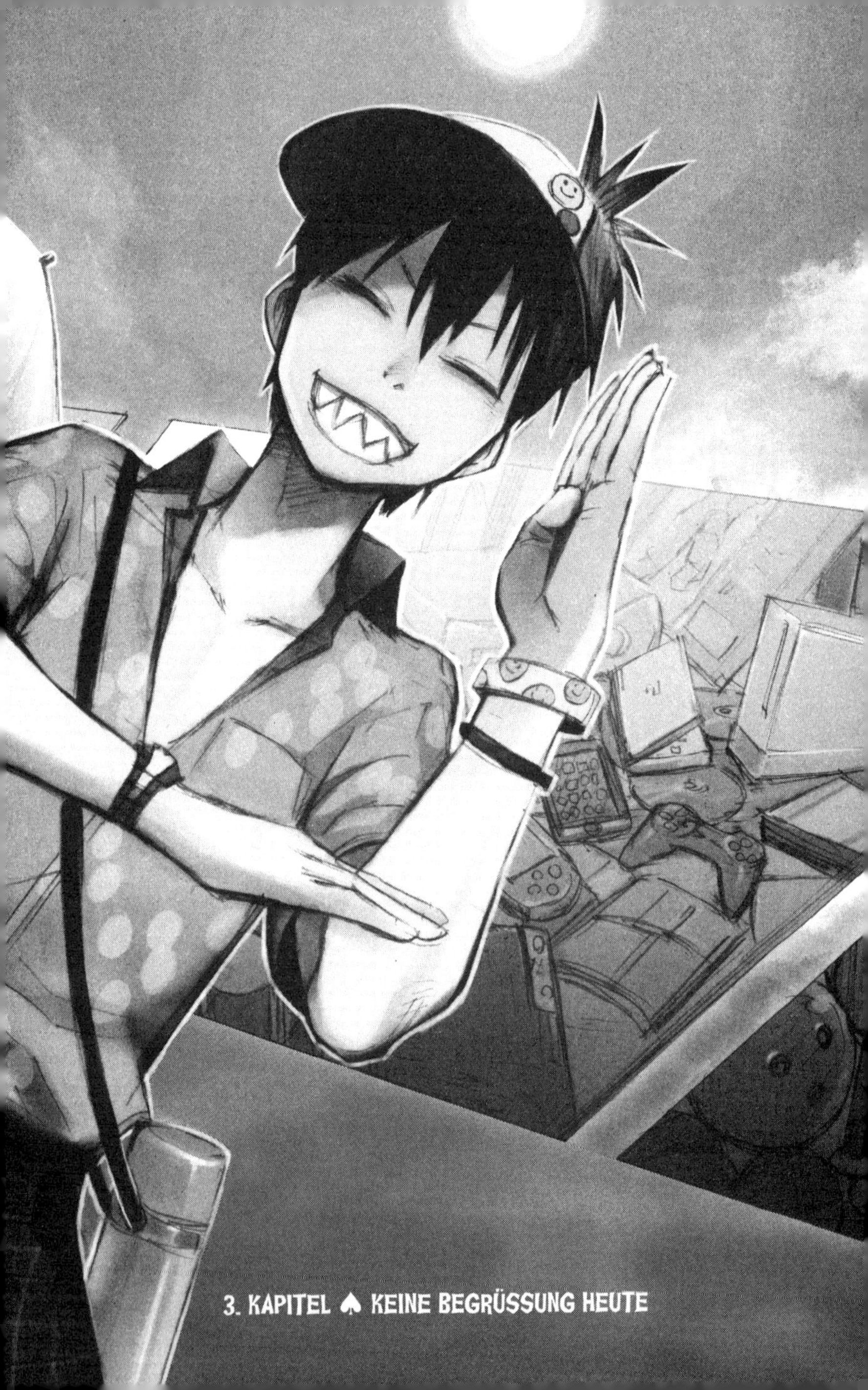
3. KAPITEL ♠ KEINE BEGRÜSSUNG HEUTE

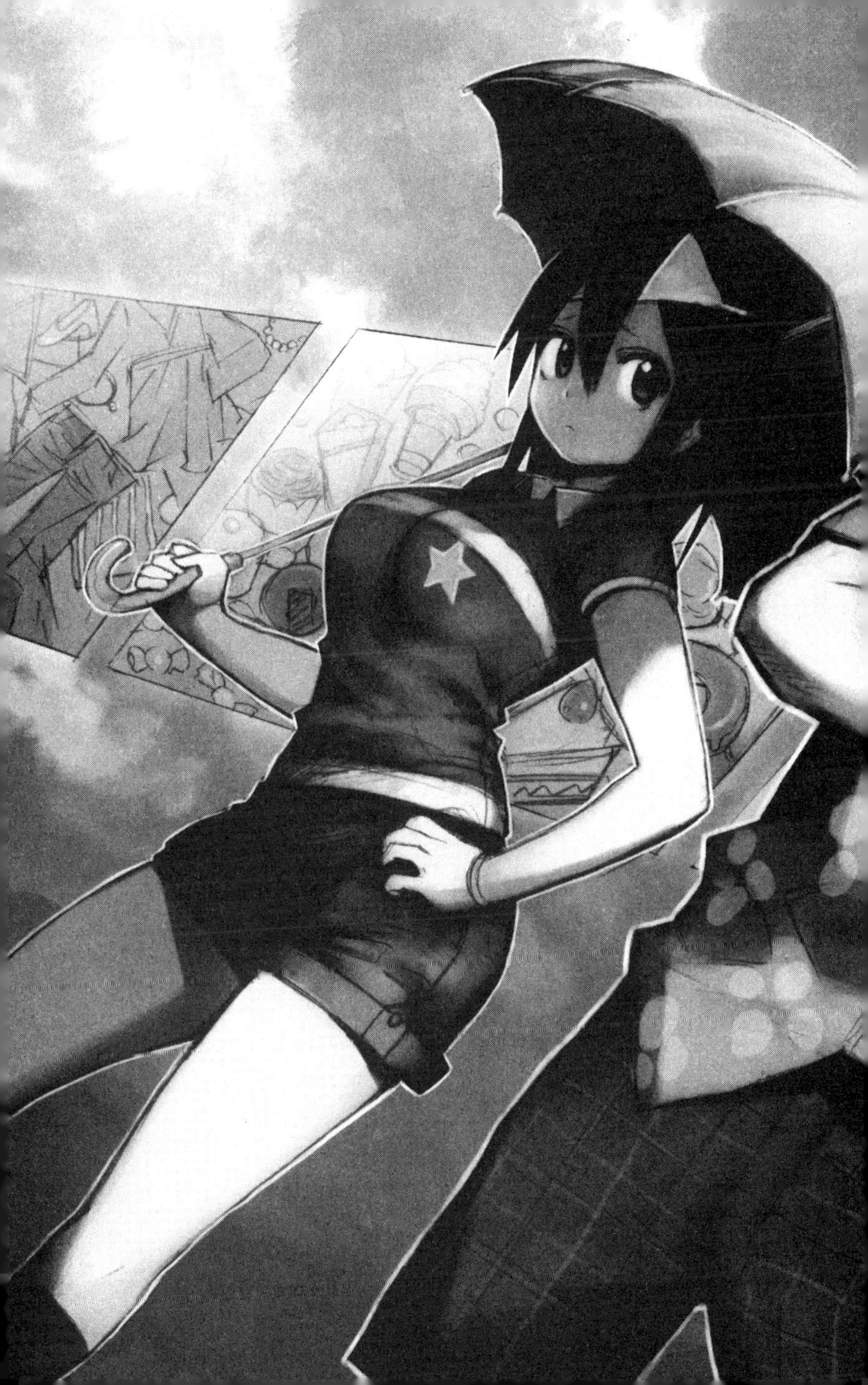

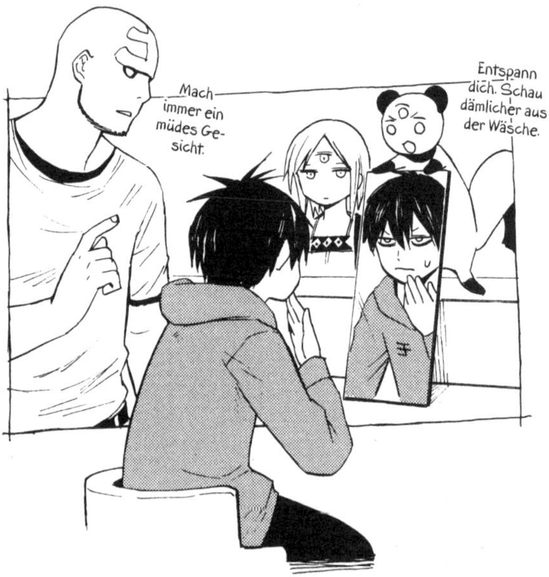
Entspann dich. Schau dämlicher aus der Wäsche.
Mach immer ein müdes Gesicht.

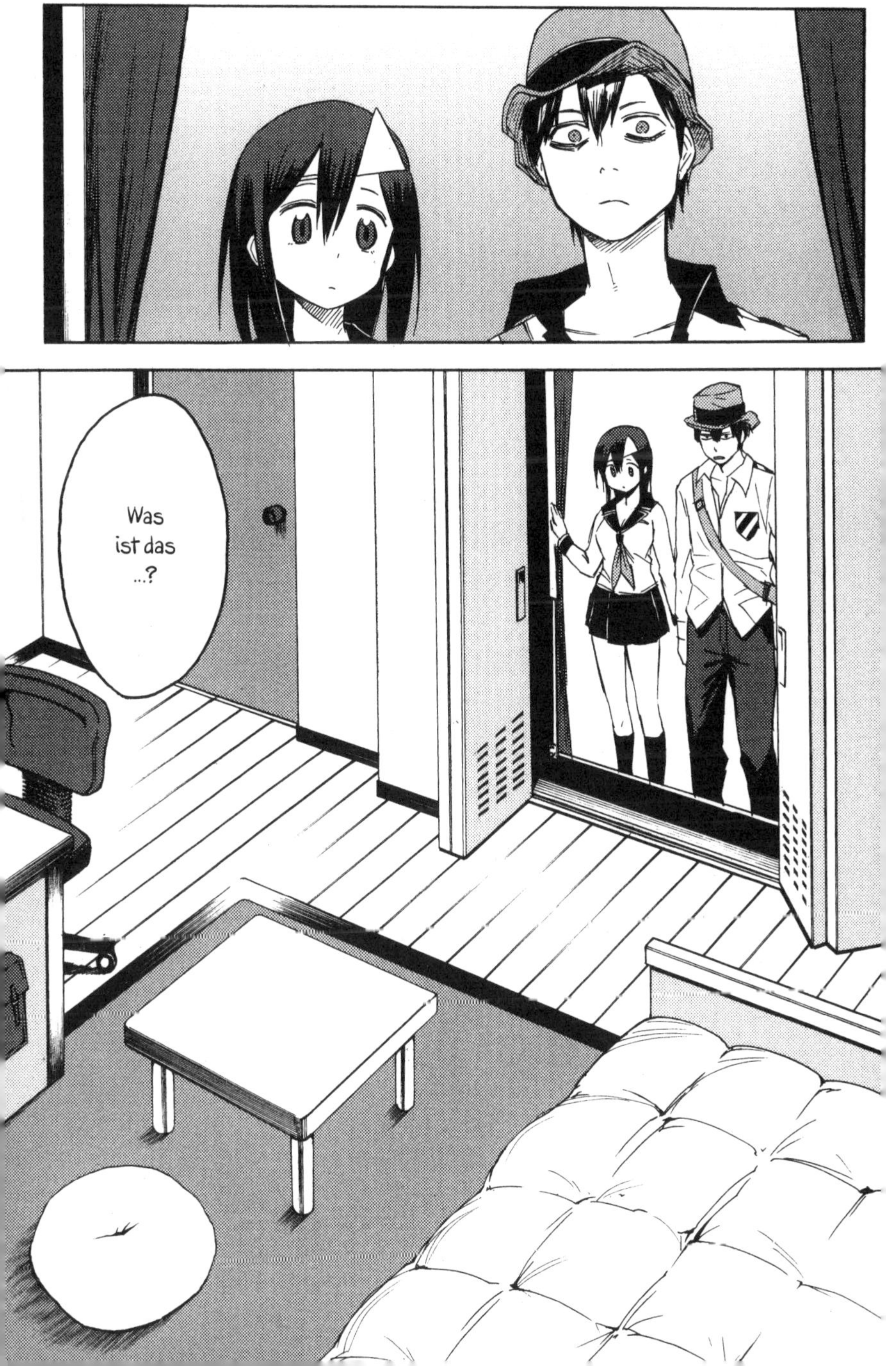
Was ist das ...?

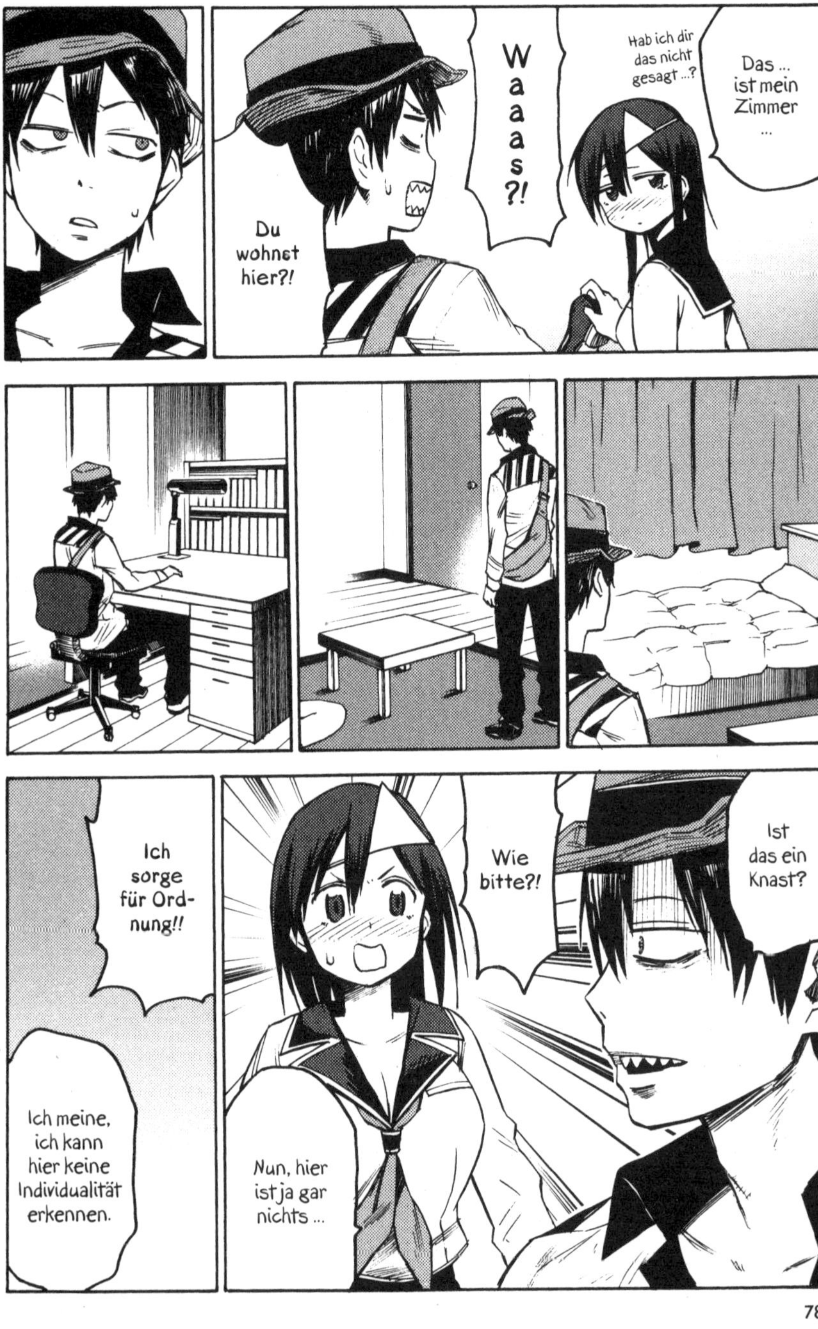

Das ... ist mein Zimmer ...
Hab ich dir das nicht gesagt ...?
Waaas?!
Du wohnst hier?!
Ist das ein Knast?
Wie bitte?!
Nun, hier ist ja gar nichts ...
Ich sorge für Ordnung!!
Ich meine, ich kann hier keine Individualität erkennen.

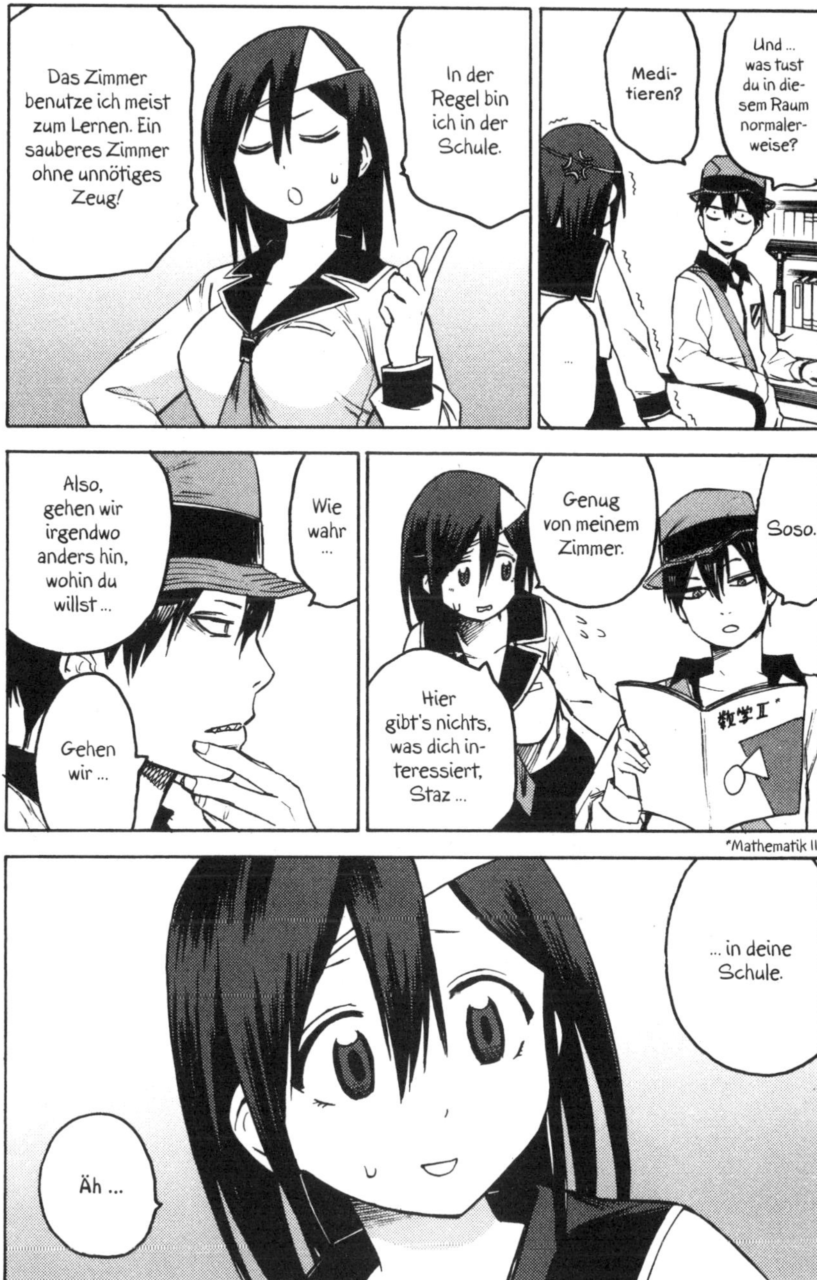


*Mathematik II

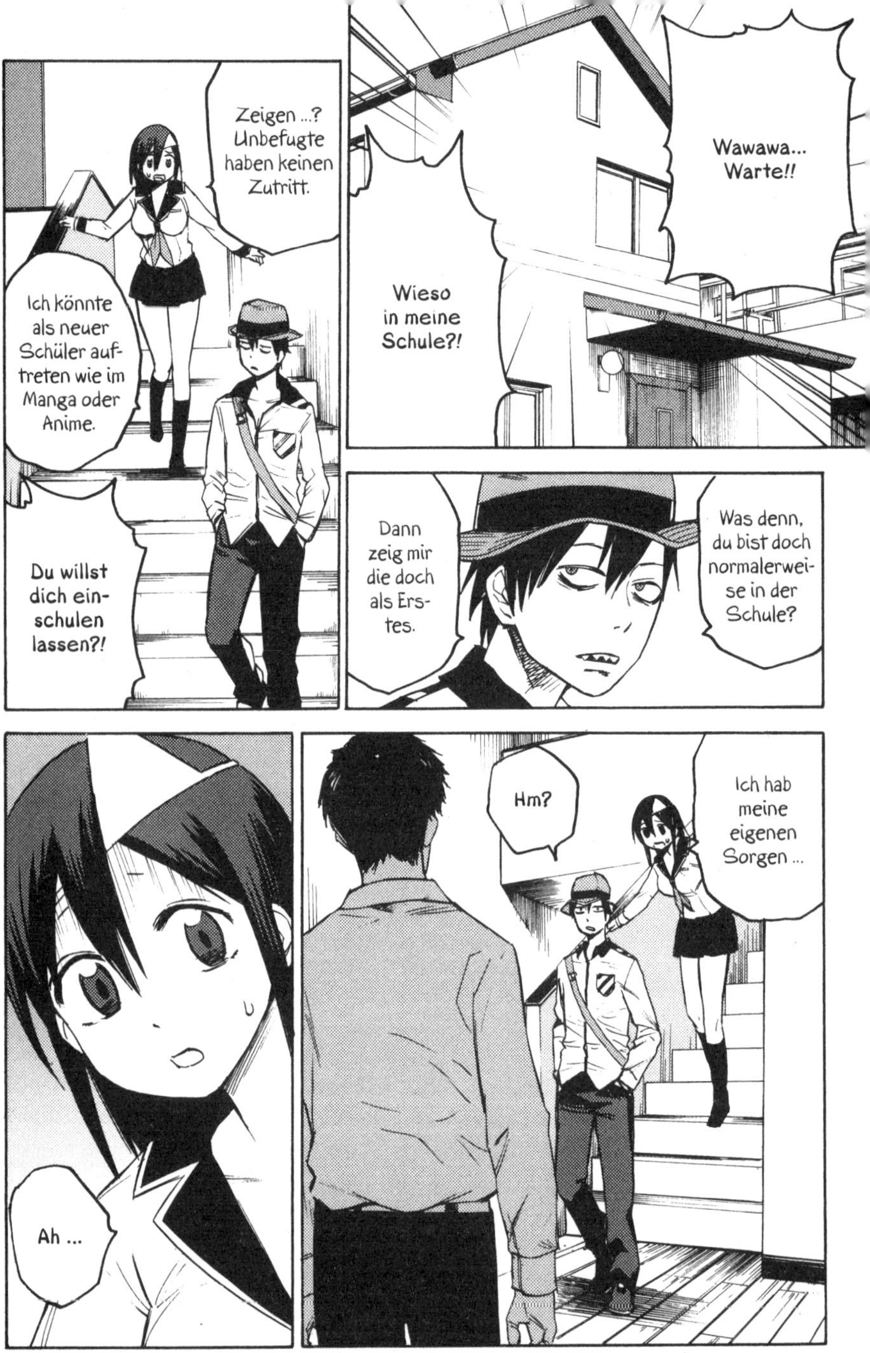

Wawawa... Warte!!
Wieso in meine Schule?!
Was denn, du bist doch normalerweise in der Schule?
Dann zeig mir die doch als Erstes.
Zeigen ...? Unbefugte haben keinen Zutritt.
Ich könnte als neuer Schüler auftreten wie im Manga oder Anime.
Du willst dich einschulen lassen?!
Ich hab meine eigenen Sorgen ...
Hm?
Ah ...

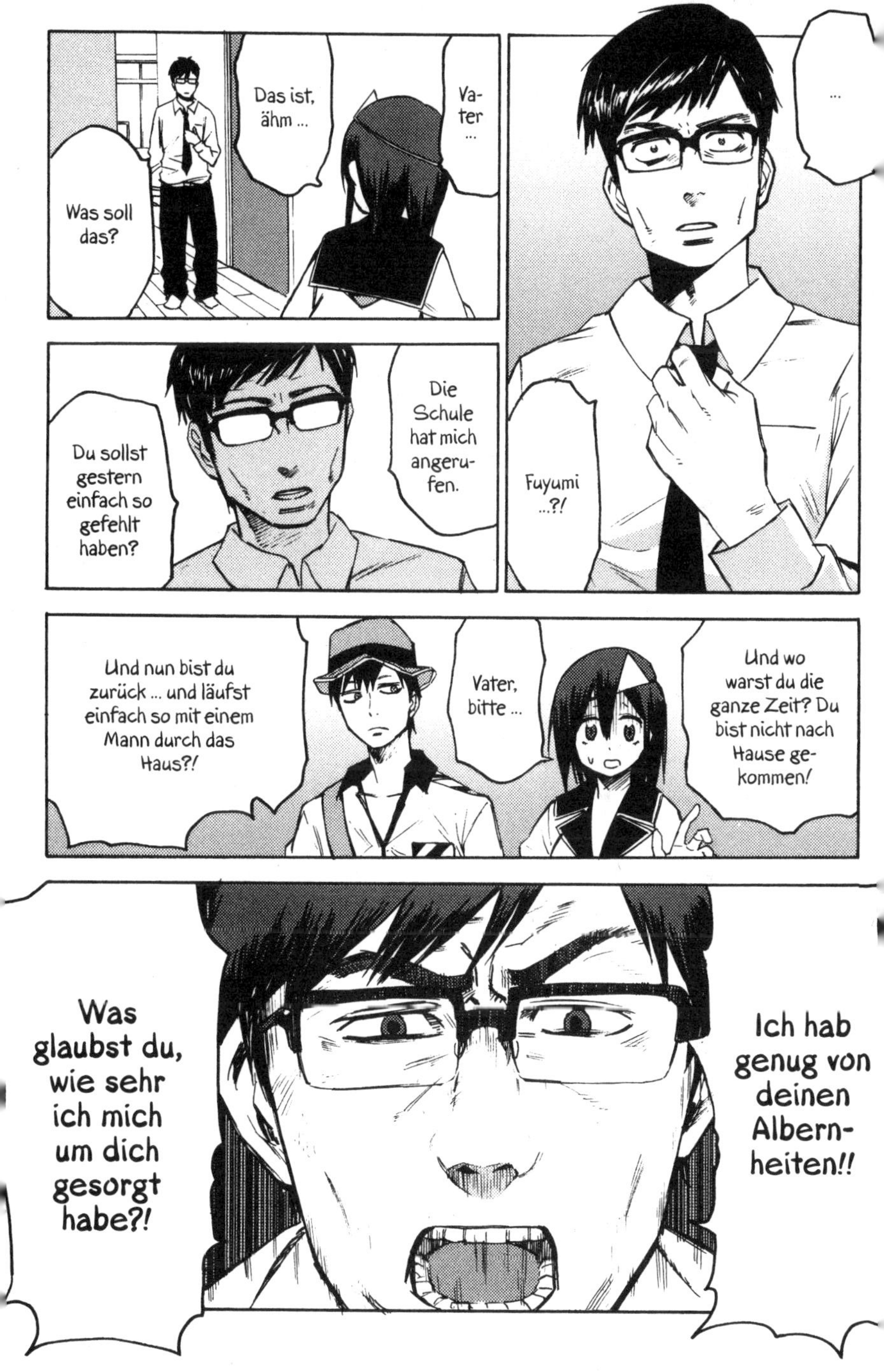

...
Fuyumi ...?!
Va-ter ...
Das ist, ähm ...
Was soll das?
Die Schule hat mich angeru-fen.
Du sollst gestern einfach so gefehlt haben?
Und wo warst du die ganze Zeit? Du bist nicht nach Hause ge-kommen!
Vater, bitte ...
Und nun bist du zurück ... und läufst einfach so mit einem Mann durch das Haus?!
Ich hab genug von deinen Albern-heiten!!
Was glaubst du, wie sehr ich mich um dich gesorgt habe?!

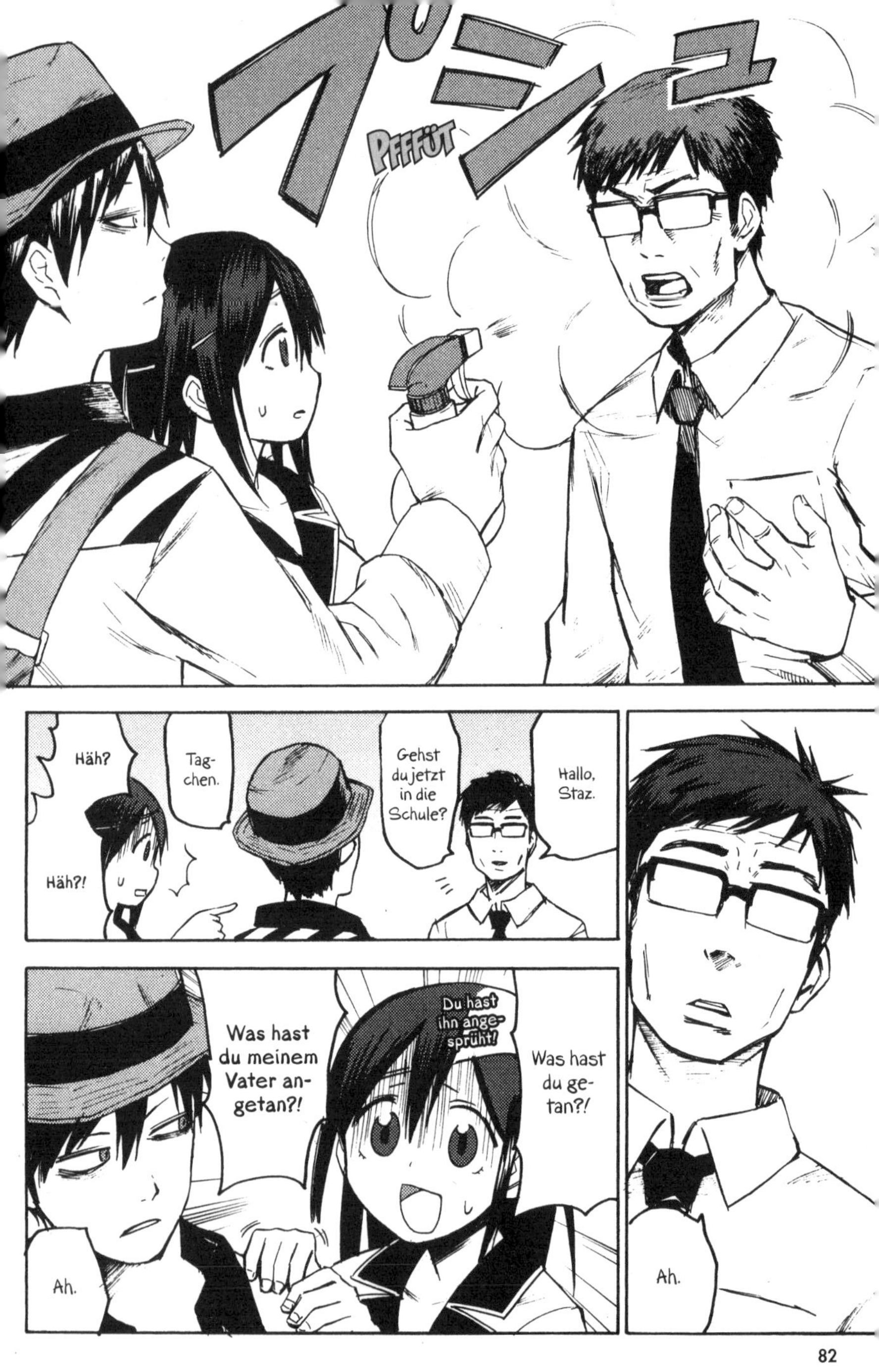
PFFFÜT
Ah.
Hallo, Staz.
Gehst du jetzt in die Schule?
Tag-chen.
Häh?
Häh?!
Was hast du ge-tan?!
Du hast ihn ange-sprüht!
Was hast du meinem Vater an-getan?!
Ah.

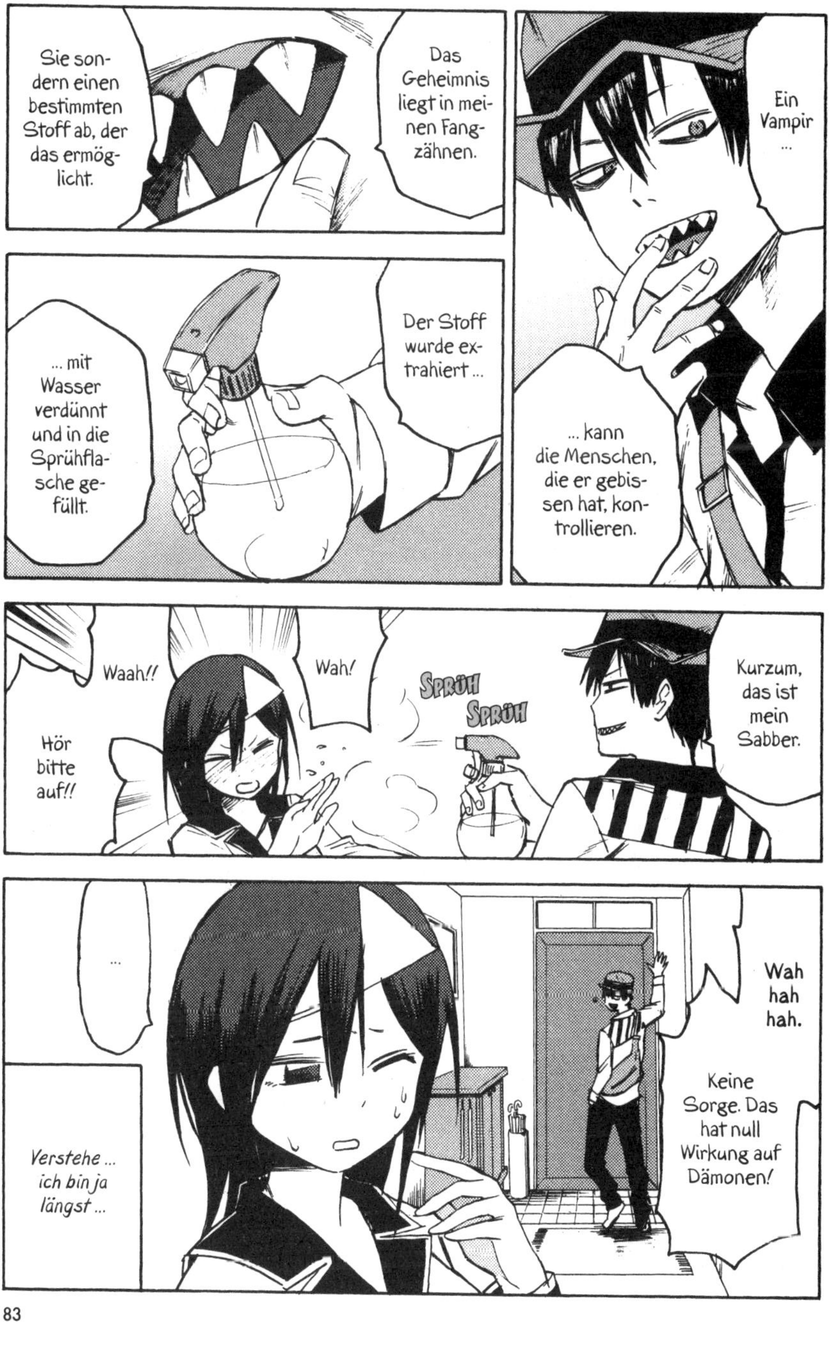
Ein Vampir ...
... kann die Menschen, die er gebissen hat, kontrollieren.
Das Geheimnis liegt in meinen Fangzähnen.
Sie sondern einen bestimmten Stoff ab, der das ermöglicht.
Der Stoff wurde extrahiert ...
... mit Wasser verdünnt und in die Sprühflasche gefüllt.
Kurzum, das ist mein Sabber.
SPRÜH
SPRÜH
Wah!
Waah!!
Hör bitte auf!!
Wah hah hah.
Keine Sorge. Das hat null Wirkung auf Dämonen!
...
*Verstehe ... ich bin ja längst ...*

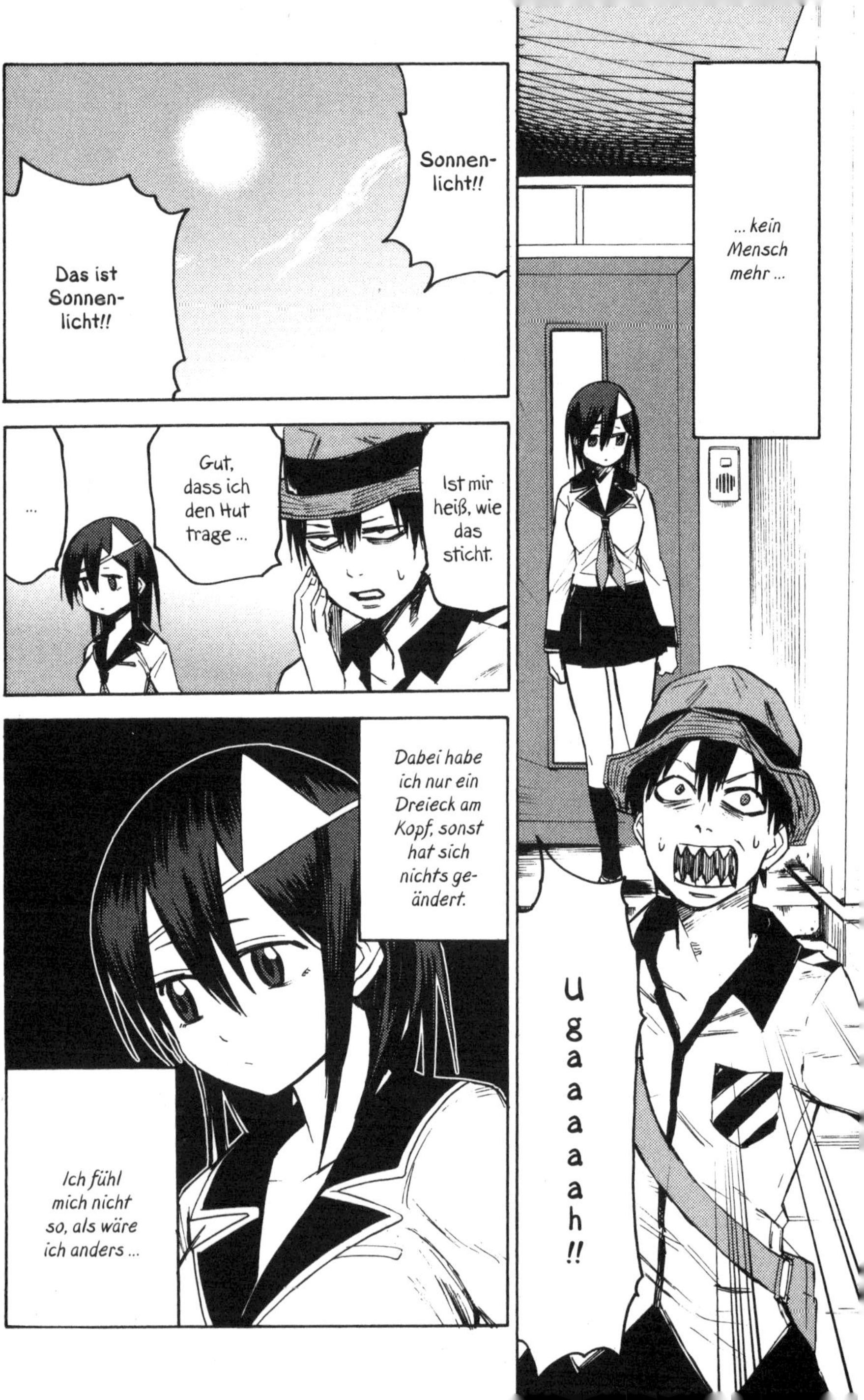
... kein Mensch mehr ...
Ugaaaaaaah!!
Sonnenlicht!!
Das ist Sonnenlicht!!
Ist mir heiß, wie das sticht.
Gut, dass ich den Hut trage ...
...
Dabei habe ich nur ein Dreieck am Kopf, sonst hat sich nichts geändert.
Ich fühl mich nicht so, als wäre ich anders ...

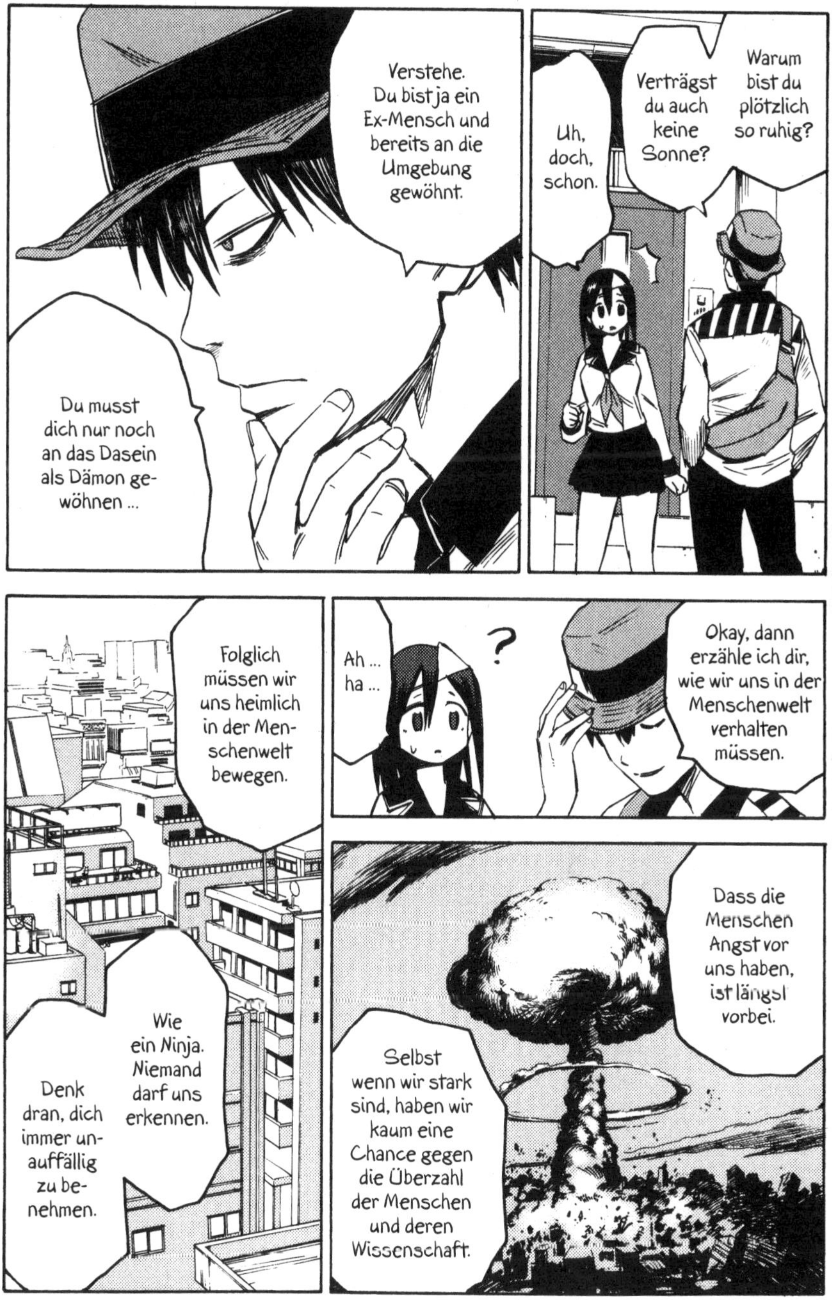

Warum bist du plötzlich so ruhig?
Verträgst du auch keine Sonne?
Uh, doch, schon.
Verstehe. Du bist ja ein Ex-Mensch und bereits an die Umgebung gewöhnt.
Du musst dich nur noch an das Dasein als Dämon gewöhnen ...
Okay, dann erzähle ich dir, wie wir uns in der Menschenwelt verhalten müssen.
?
Ah ... ha ...
Dass die Menschen Angst vor uns haben, ist längst vorbei.
Selbst wenn wir stark sind, haben wir kaum eine Chance gegen die Überzahl der Menschen und deren Wissenschaft.
Folglich müssen wir uns heimlich in der Menschenwelt bewegen.
Wie ein Ninja. Niemand darf uns erkennen.
Denk dran, dich immer unauffällig zu benehmen.

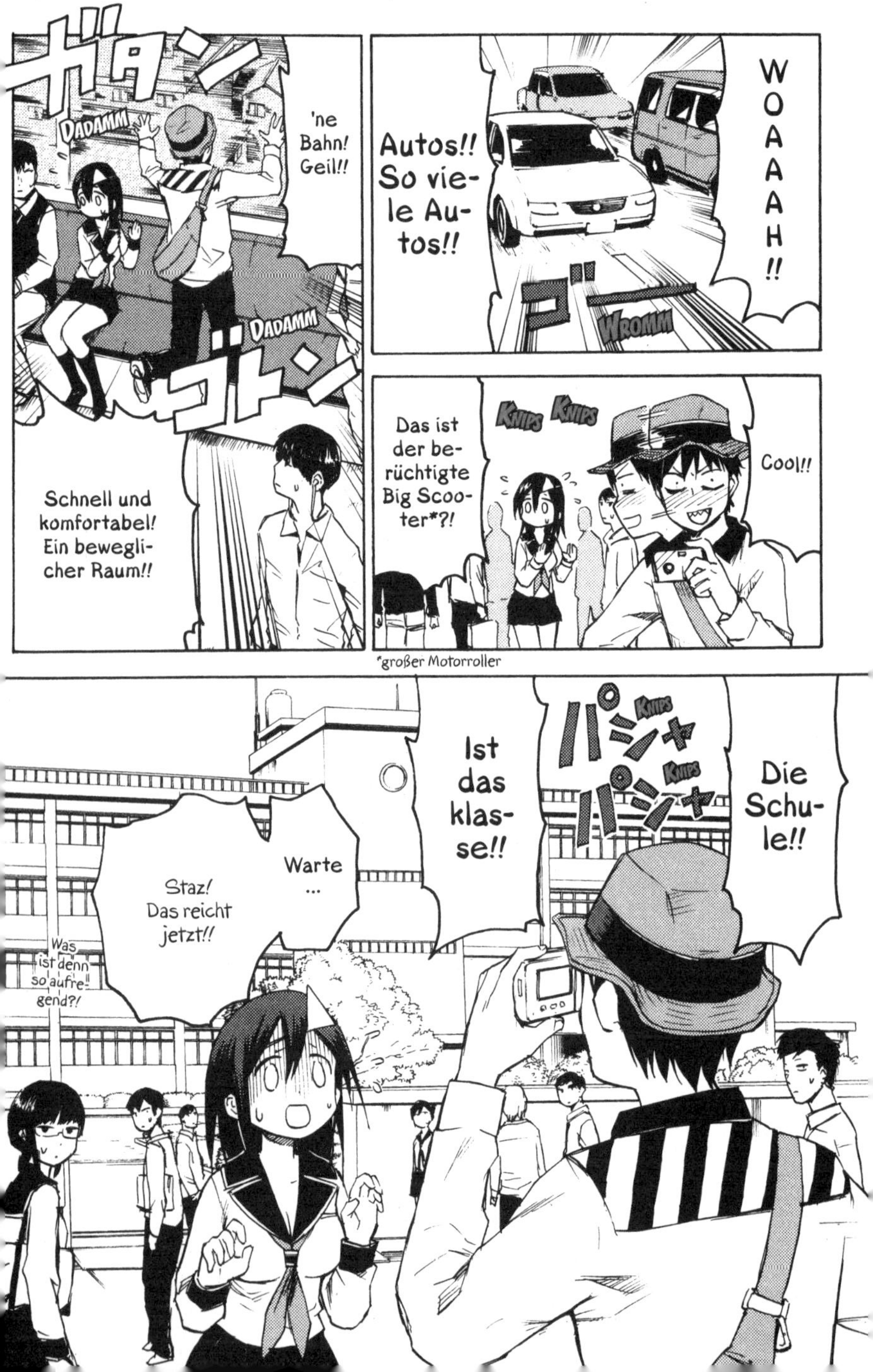


*großer Motorroller

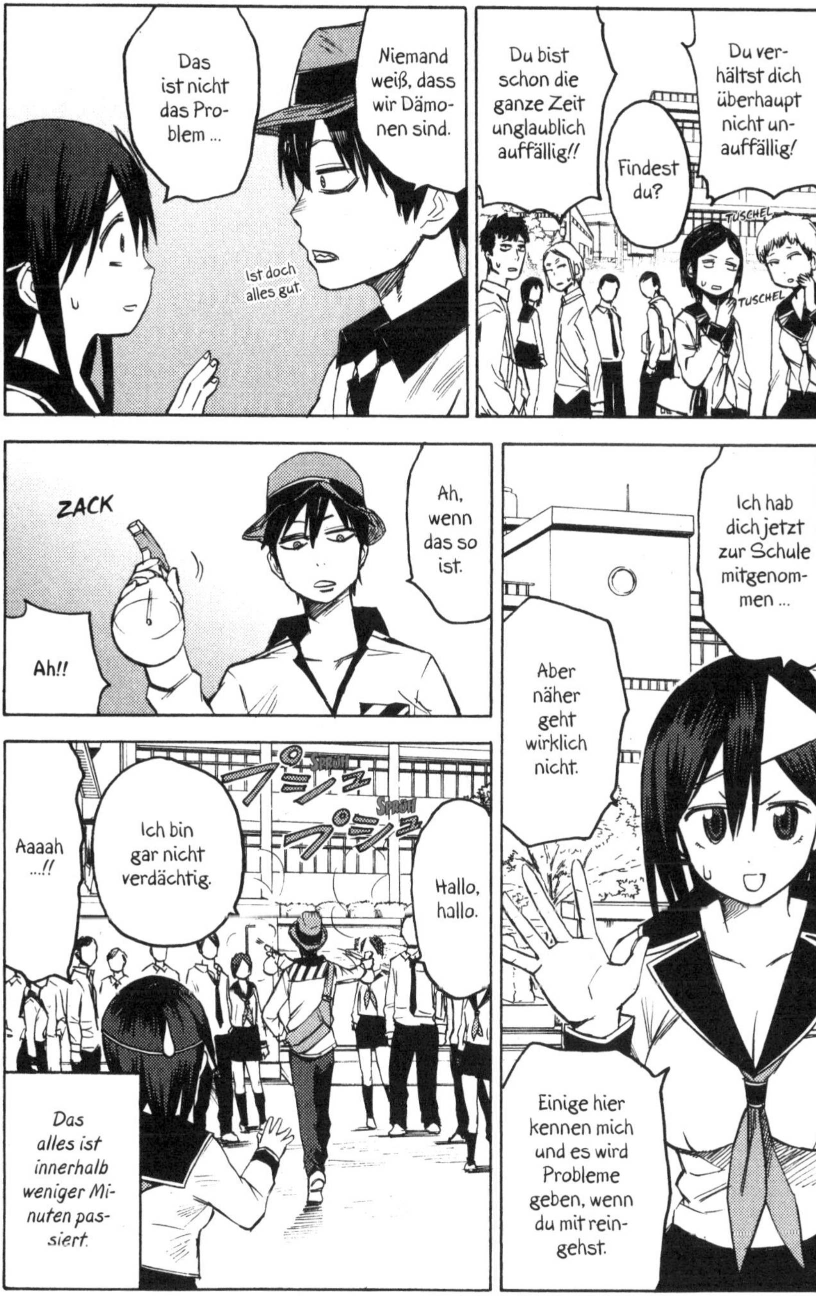
Du verhältst dich überhaupt nicht unauffällig!
Findest du?
Du bist schon die ganze Zeit unglaublich auffällig!!
TUSCHEL
TUSCHEL
Niemand weiß, dass wir Dämonen sind.
Das ist nicht das Problem ...
Ist doch alles gut.
Ich hab dich jetzt zur Schule mitgenommen ...
Aber näher geht wirklich nicht.
Einige hier kennen mich und es wird Probleme geben, wenn du mit reingehst.
Ah, wenn das so ist.
ZACK
Ah!!
SPRÜH
SPRÜH
Hallo, hallo.
Ich bin gar nicht verdächtig.
Aaaah ...!!
Das alles ist innerhalb weniger Minuten passiert.

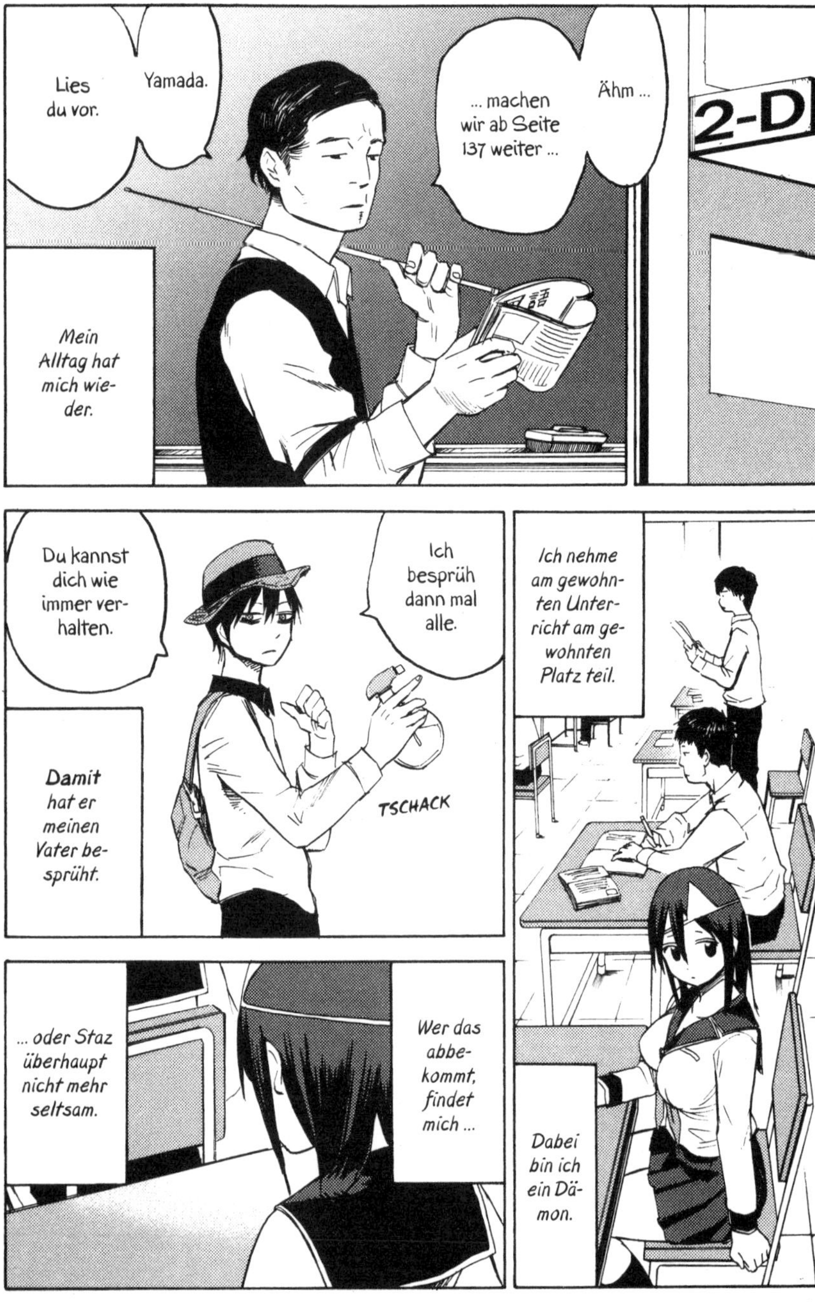
2-D
Ähm ...
... machen wir ab Seite 137 weiter ...
Yamada.
Lies du vor.
Mein Alltag hat mich wieder.
Ich nehme am gewohnten Unterricht am gewohnten Platz teil.
Ich besprüh dann mal alle.
Du kannst dich wie immer verhalten.
Damit hat er meinen Vater besprüht.
TSCHACK
Wer das abbekommt, findet mich ...
... oder Staz überhaupt nicht mehr seltsam.
Dabei bin ich ein Dämon.

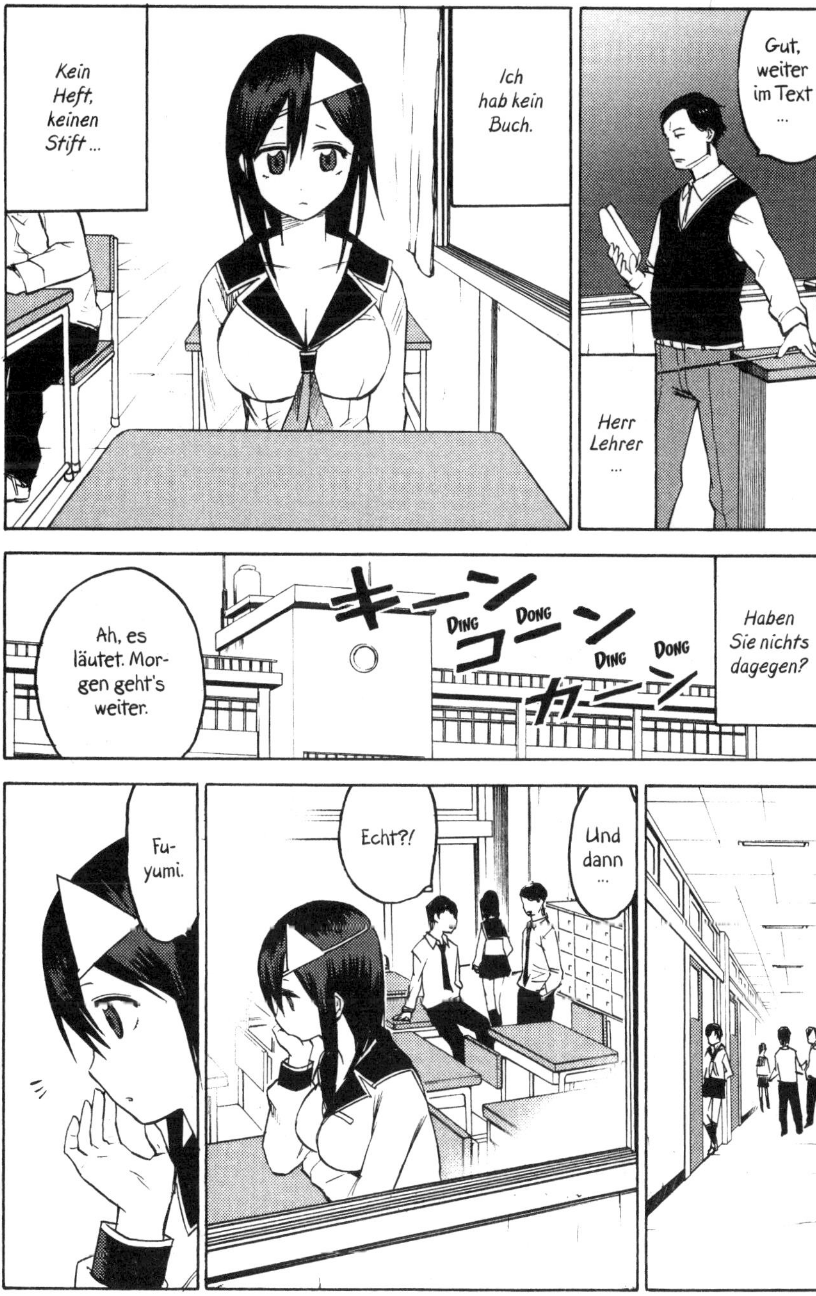
Gut, weiter im Text ...
Herr Lehrer ...
Ich hab kein Buch.
Kein Heft, keinen Stift ...
Haben Sie nichts dagegen?
キーンコーンカーン
DING DONG DING DONG
Ah, es läutet. Morgen geht's weiter.
Und dann ...
Echt?!
Fuyumi.

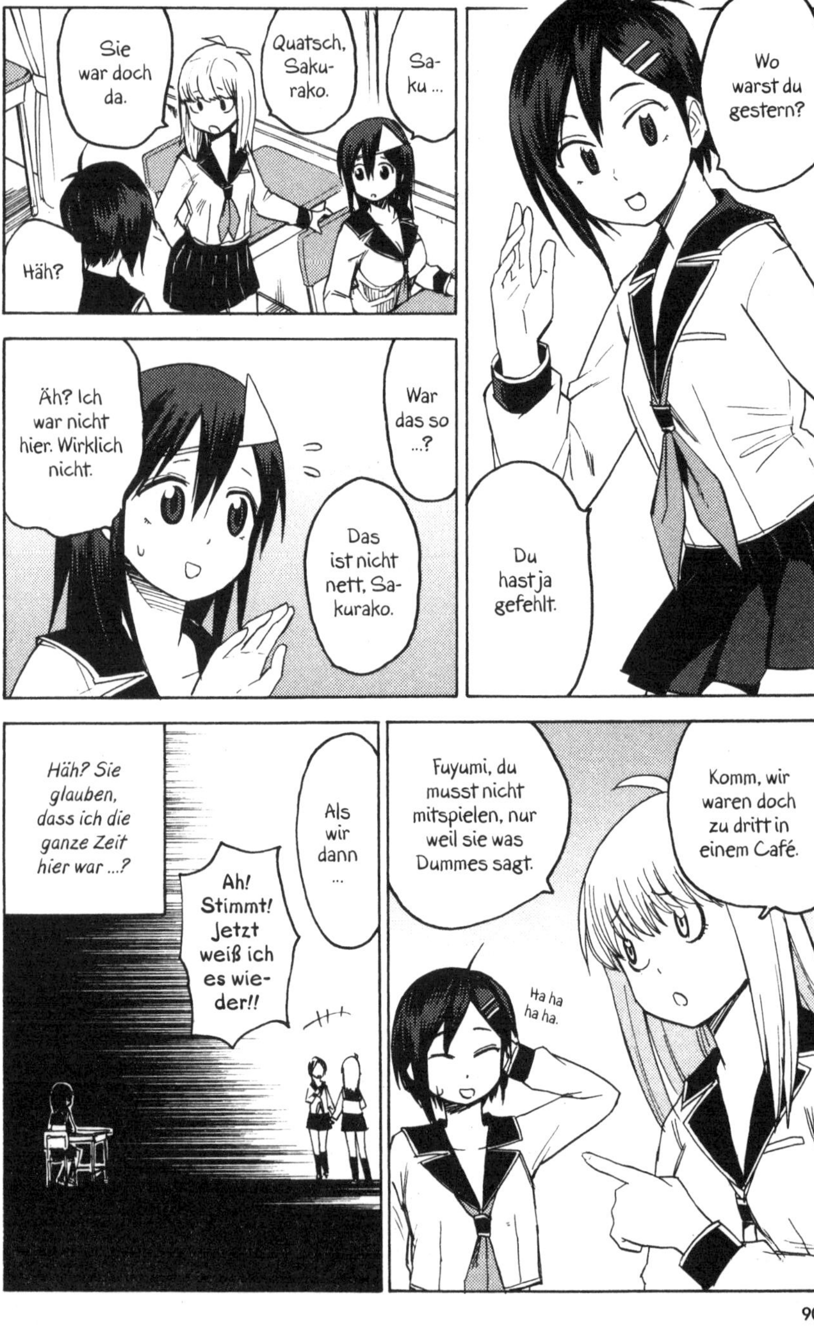
Wo warst du gestern?
Du hast ja gefehlt.
Sa-ku ...
Quatsch, Sakurako.
Sie war doch da.
Häh?
War das so ...?
Das ist nicht nett, Sakurako.
Äh? Ich war nicht hier. Wirklich nicht.
Komm, wir waren doch zu dritt in einem Café.
Fuyumi, du musst nicht mitspielen, nur weil sie was Dummes sagt.
Ha ha ha ha.
Als wir dann ...
Ah! Stimmt! Jetzt weiß ich es wieder!!
Häh? Sie glauben, dass ich die ganze Zeit hier war ...?

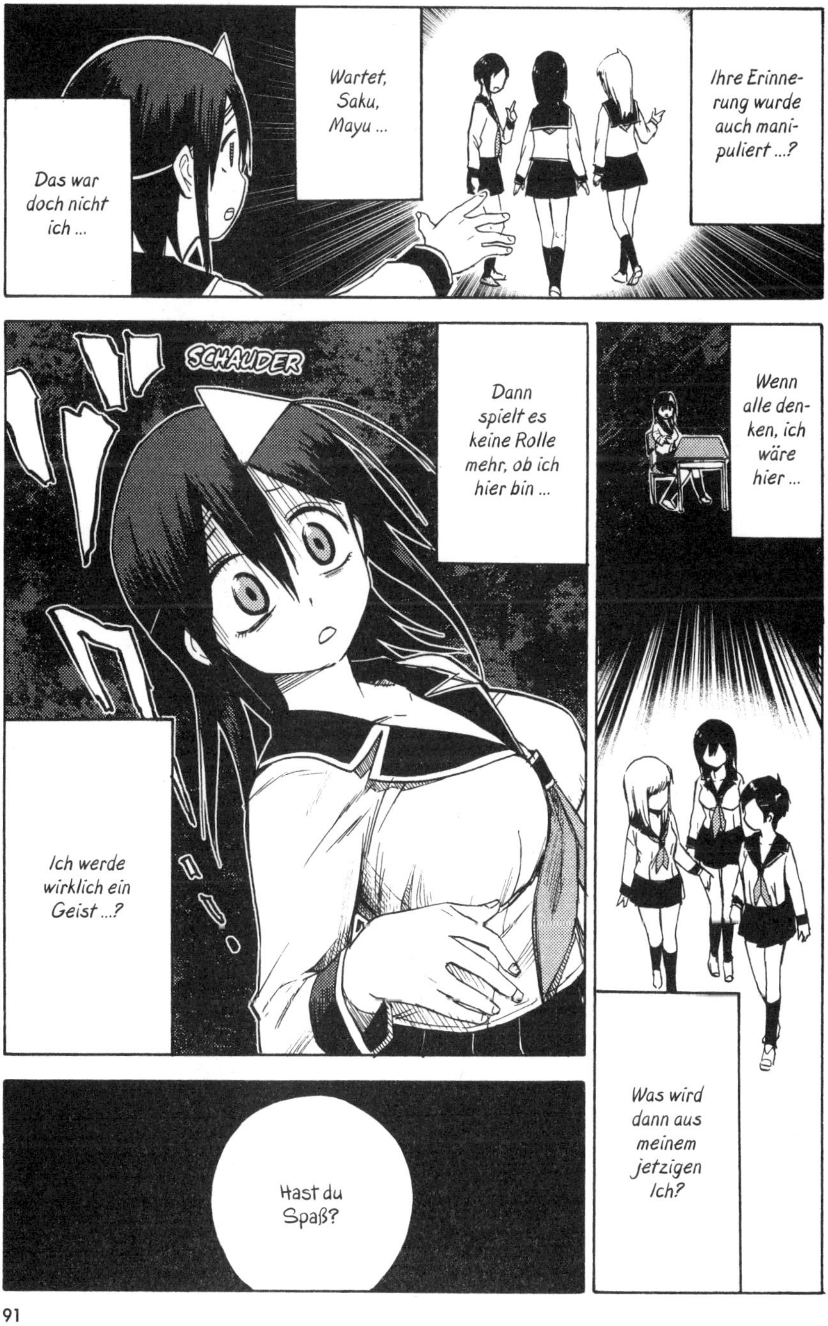
Ihre Erinnerung wurde auch manipuliert ...?
Wartet, Saku, Mayu ...
Das war doch nicht ich ...
Wenn alle denken, ich wäre hier ...
Was wird dann aus meinem jetzigen Ich?
SCHAUDER
Dann spielt es keine Rolle mehr, ob ich hier bin ...
Ich werde wirklich ein Geist ...?
Hast du Spaß?

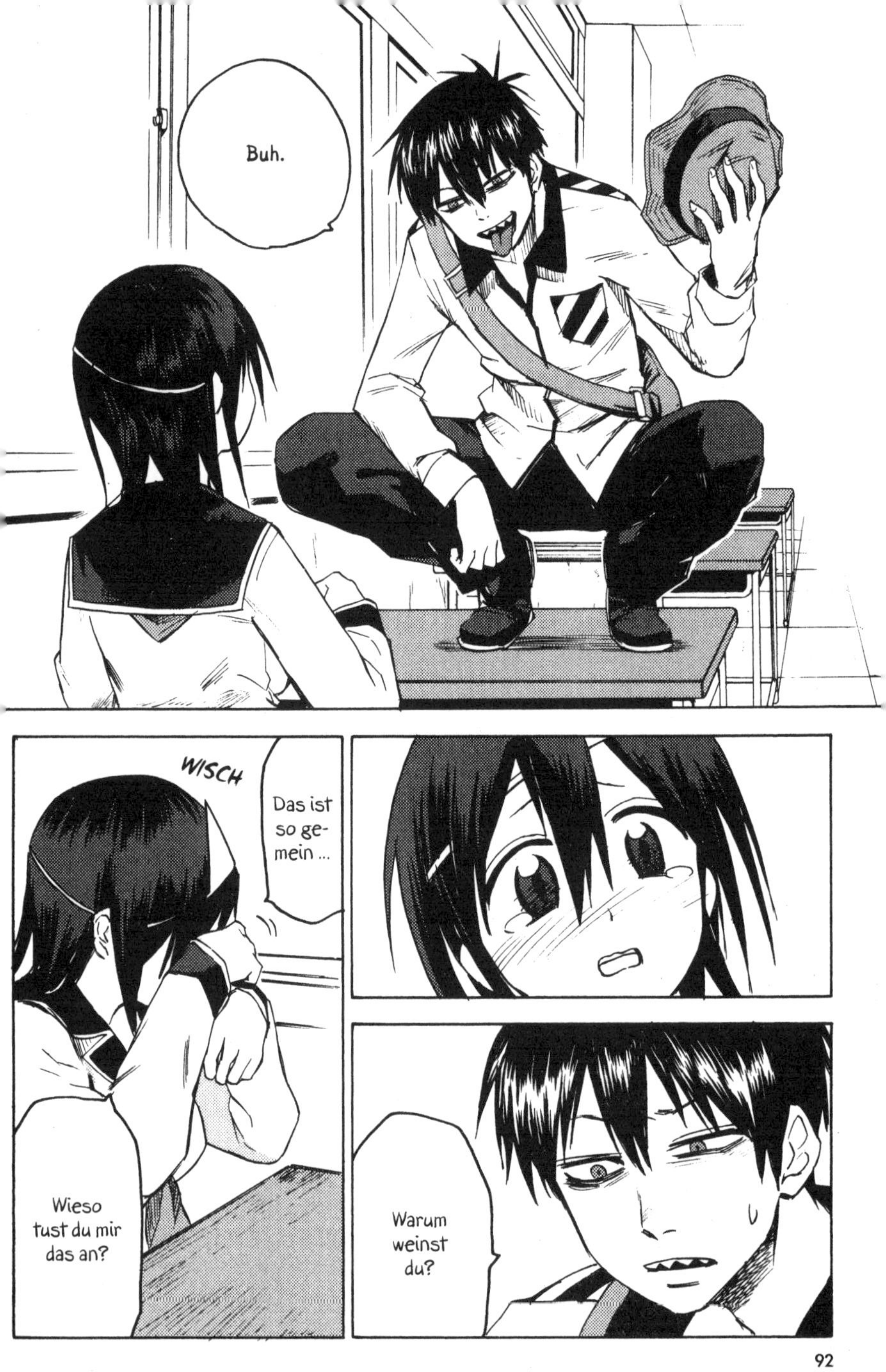
Buh.
WISCH
Das ist so gemein ...
Wieso tust du mir das an?
Warum weinst du?

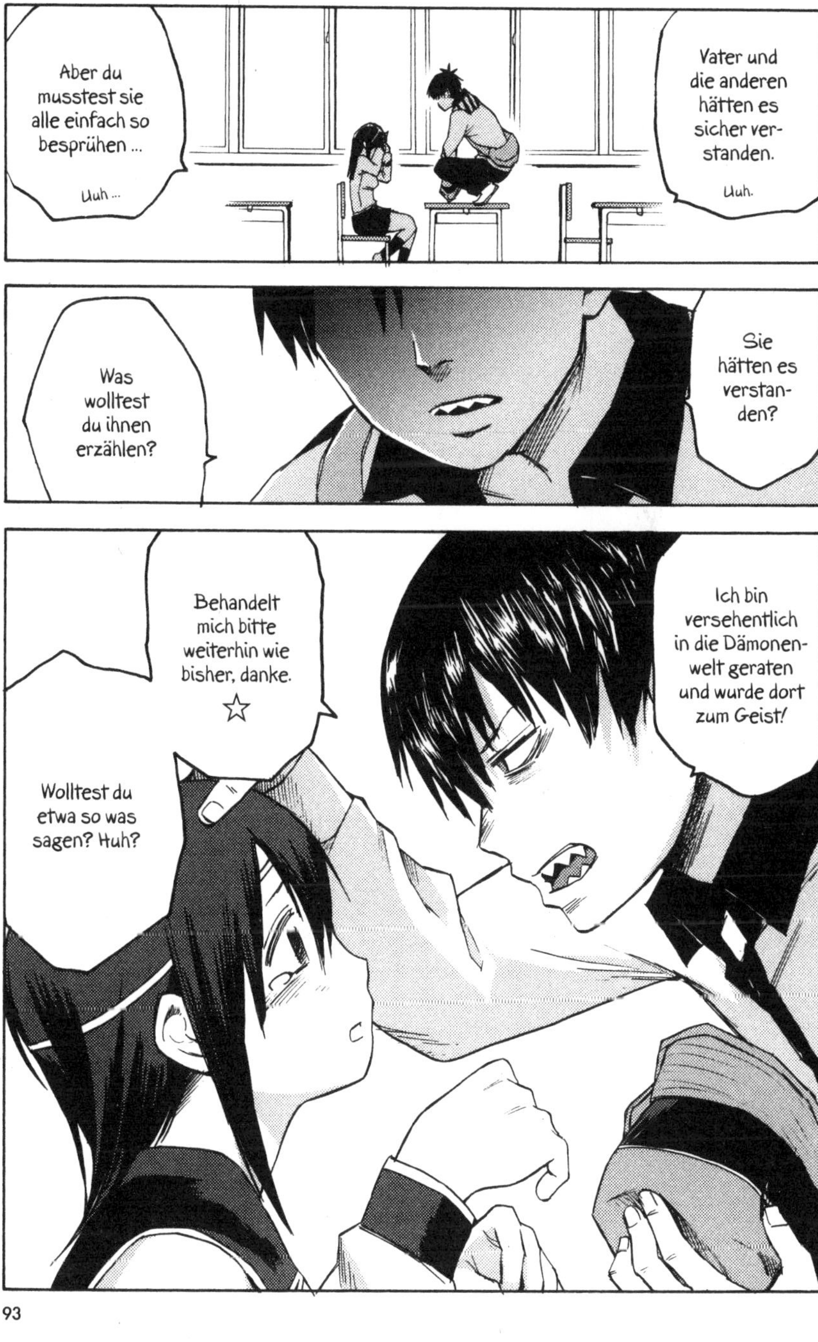
Vater und die anderen hätten es sicher verstanden.
Uuh.
Aber du musstest sie alle einfach so besprühen ...
Uuh ...
Sie hätten es verstanden?
Was wolltest du ihnen erzählen?
Ich bin versehentlich in die Dämonenwelt geraten und wurde dort zum Geist!
Behandelt mich bitte weiterhin wie bisher, danke. ☆
Wolltest du etwa so was sagen? Huh?

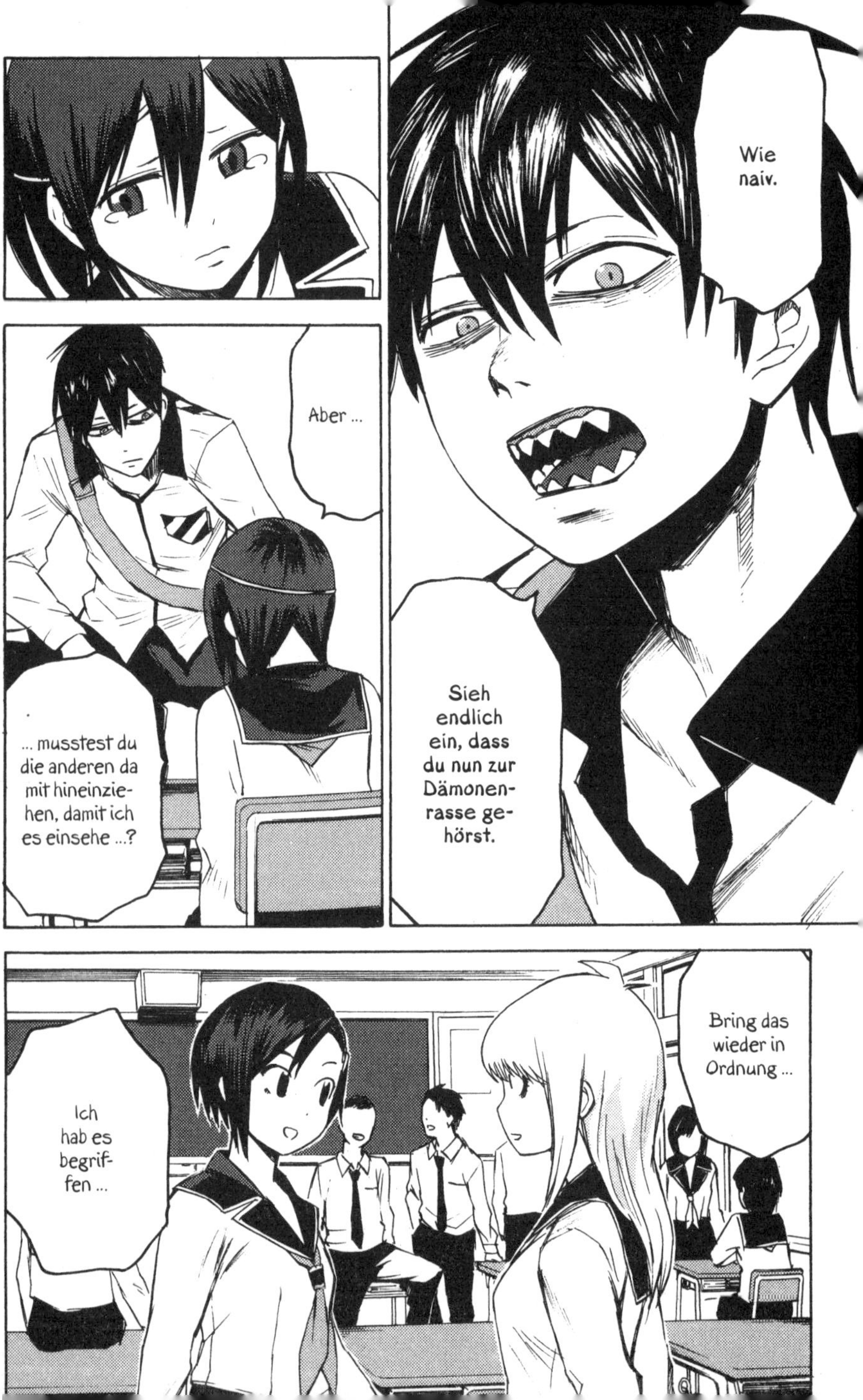
Wie naiv.
Sieh endlich ein, dass du nun zur Dämonenrasse gehörst.
Aber ...
... musstest du die anderen da mit hineinziehen, damit ich es einsehe ...?
Bring das wieder in Ordnung ...
Ich hab es begriffen ...

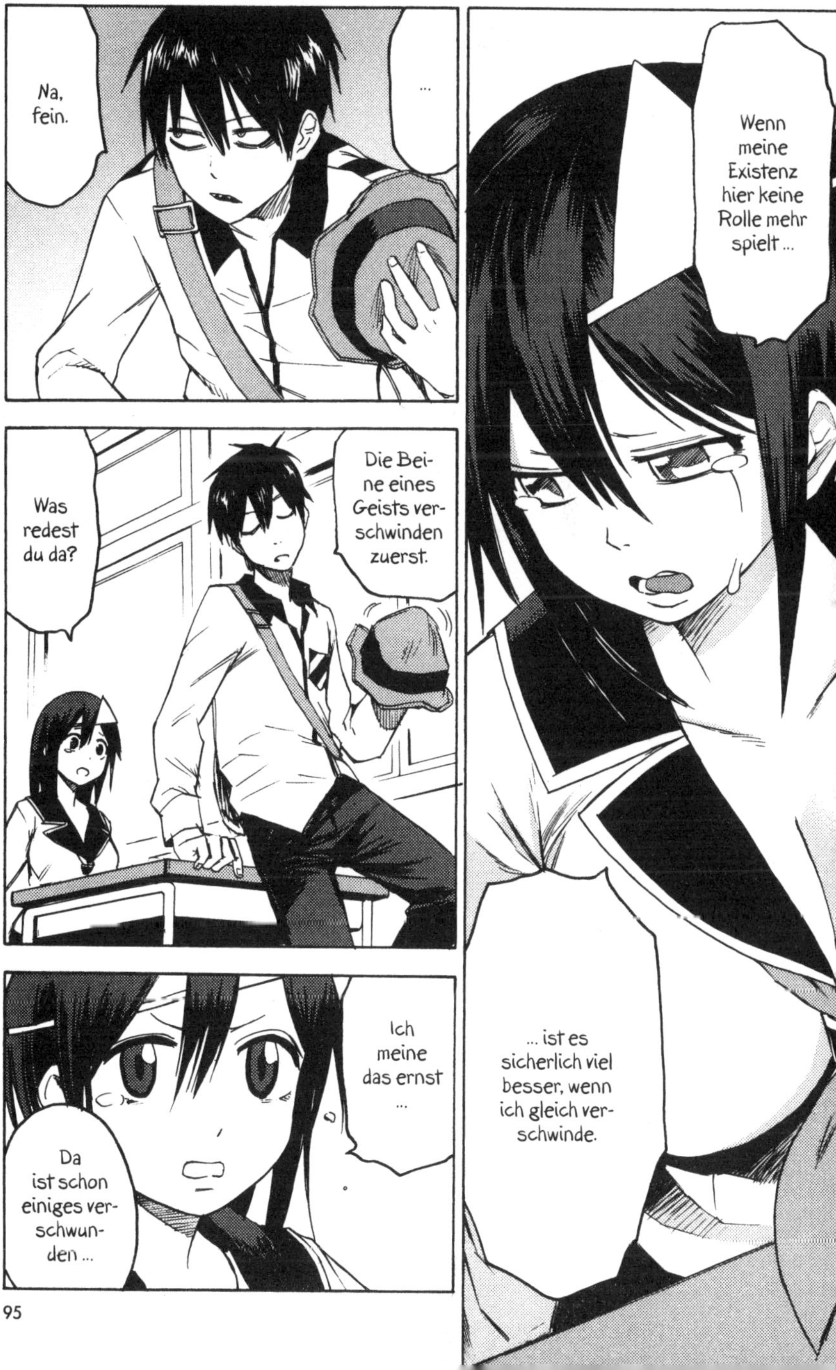
...
Na, fein.
Die Beine eines Geists verschwinden zuerst.
Was redest du da?
Ich meine das ernst ...
Da ist schon einiges verschwunden ...
Wenn meine Existenz hier keine Rolle mehr spielt ...
... ist es sicherlich viel besser, wenn ich gleich verschwinde.

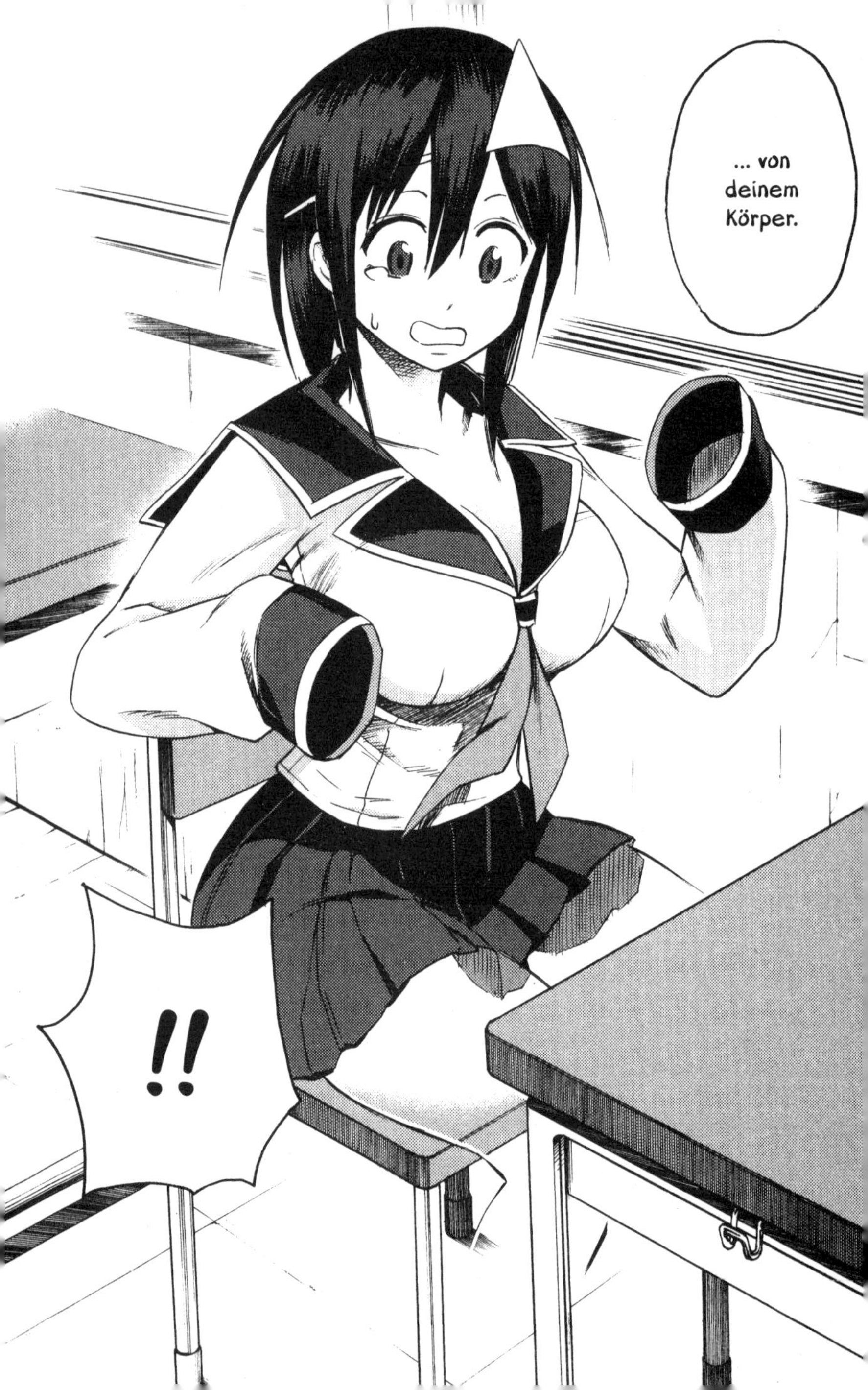
... von
deinem
Körper.
!!

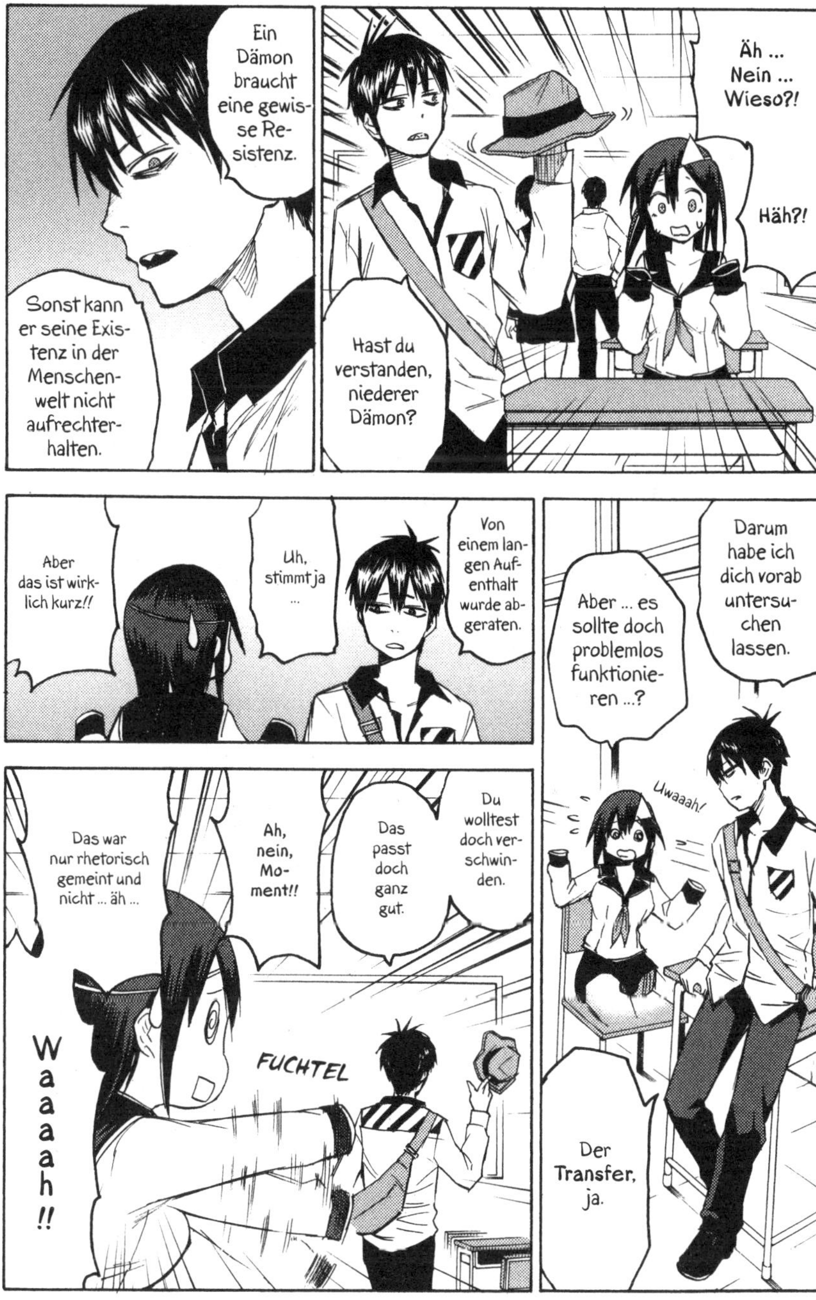
Äh ... Nein ... Wieso?!
Häh?!
Hast du verstanden, niederer Dämon?
Ein Dämon braucht eine gewisse Resistenz.
Sonst kann er seine Existenz in der Menschenwelt nicht aufrechterhalten.
Darum habe ich dich vorab untersuchen lassen.
Aber ... es sollte doch problemlos funktionieren ...?
Uwaaah!
Der Transfer, ja.
Von einem langen Aufenthalt wurde abgeraten.
Uh, stimmt ja ...
Aber das ist wirklich kurz!!
Du wolltest doch verschwinden.
Das passt doch ganz gut.
Ah, nein, Moment!!
Das war nur rhetorisch gemeint und nicht ... äh ...
FUCHTEL
Waaaaah!!

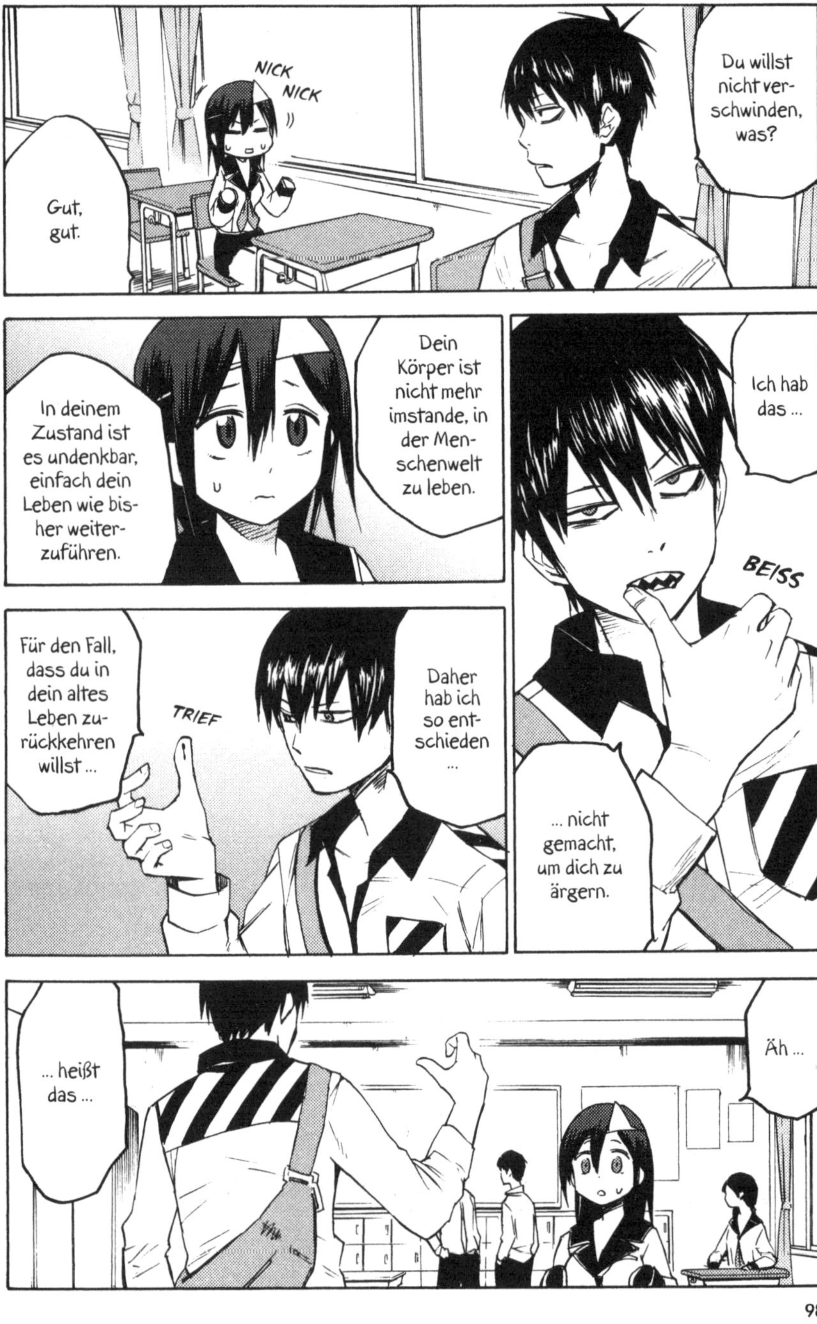
Du willst nicht verschwinden, was?
NICK NICK
Gut, gut.
Ich hab das ...
BEISS
... nicht gemacht, um dich zu ärgern.
Dein Körper ist nicht mehr imstande, in der Menschenwelt zu leben.
In deinem Zustand ist es undenkbar, einfach dein Leben wie bisher weiterzuführen.
Daher hab ich so entschieden ...
TRIEF
Für den Fall, dass du in dein altes Leben zurückkehren willst ...
... heißt das ...
Äh ...

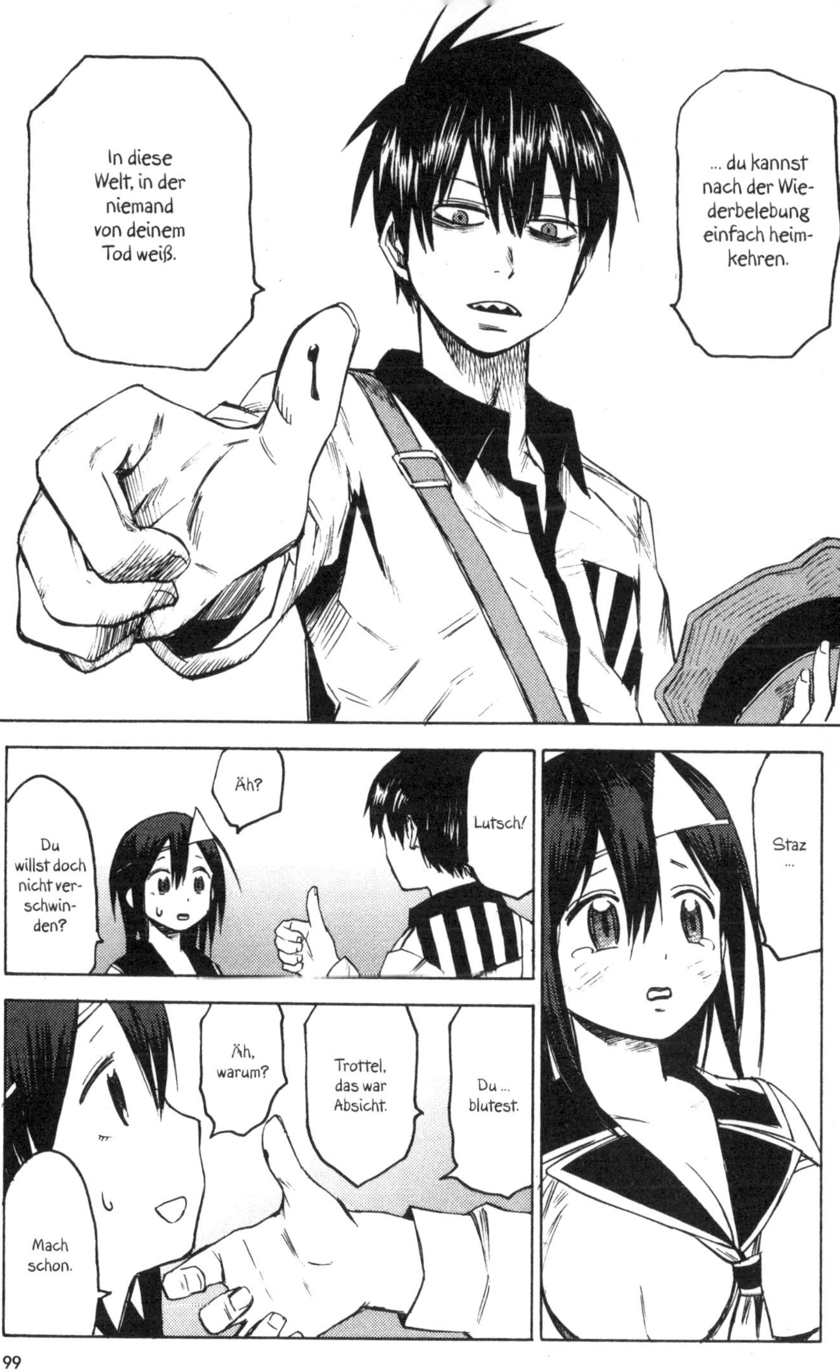
... du kannst nach der Wiederbelebung einfach heimkehren.
In diese Welt, in der niemand von deinem Tod weiß.
Staz ...
Lutsch!
Äh?
Du willst doch nicht verschwinden?
Du ... blutest.
Trottel, das war Absicht.
Äh, warum?
Mach schon.

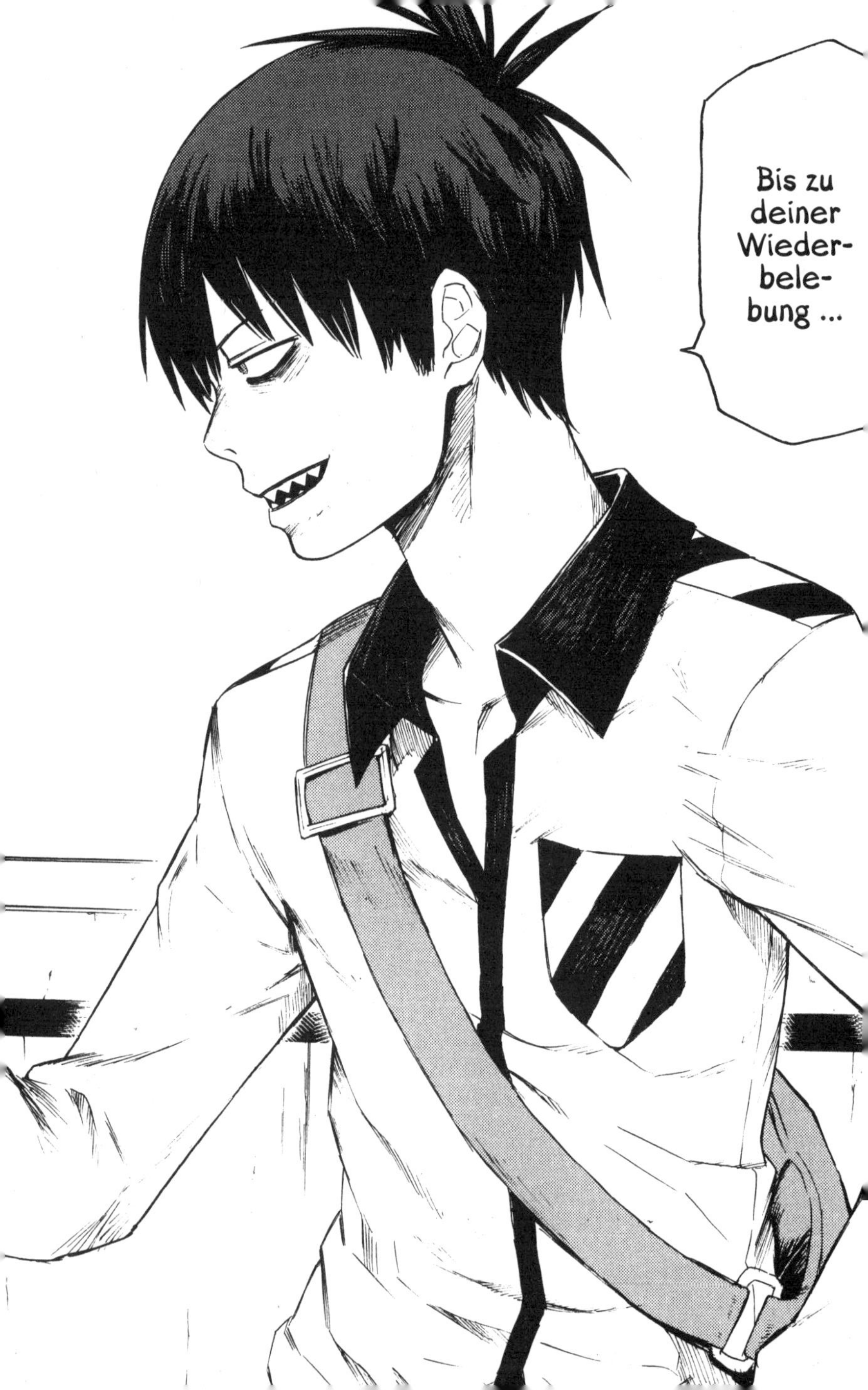
Bis zu deiner Wieder-belebung ...

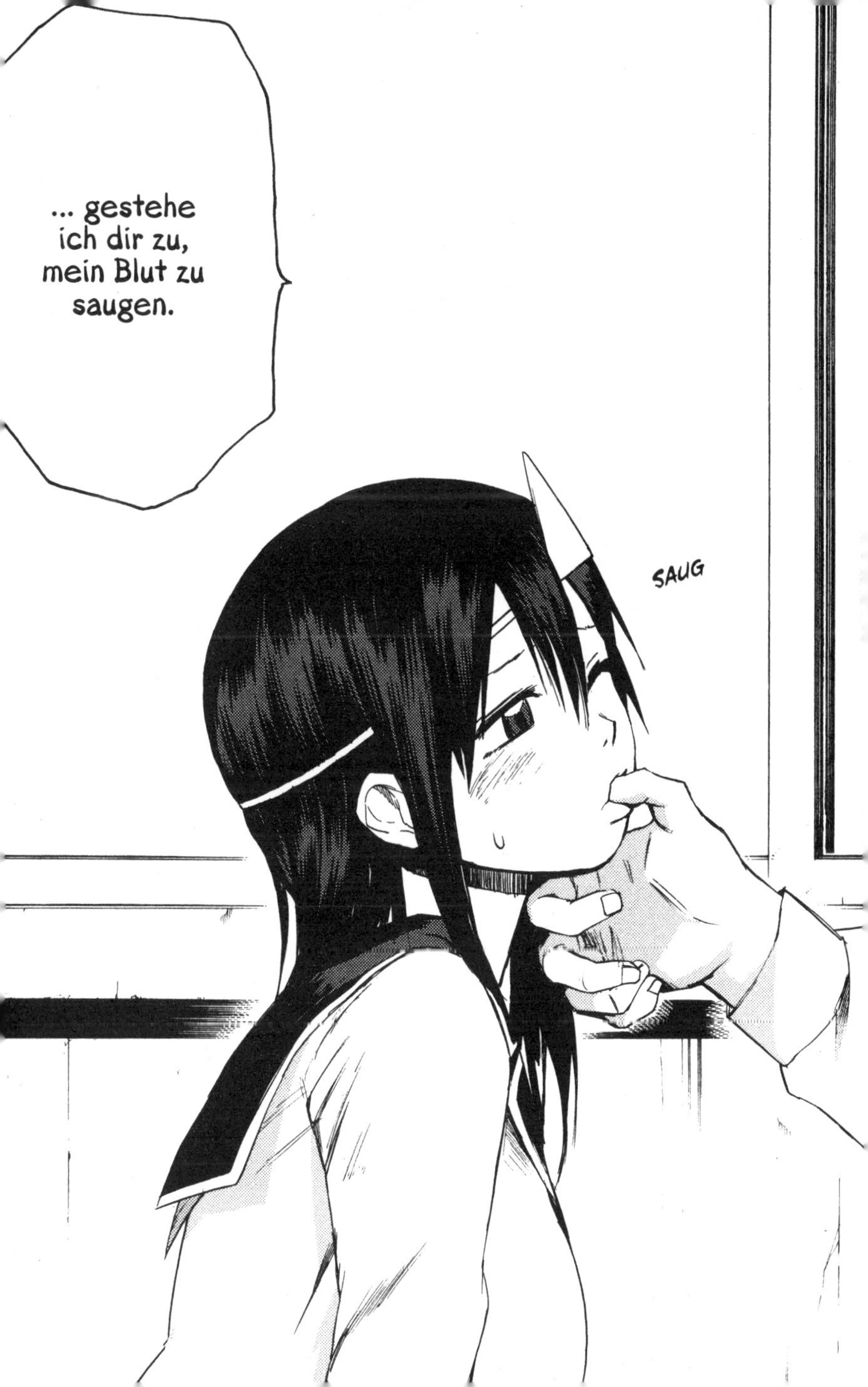
... gesteht ich dir zu, mein Blut zu saugen.
SAUG

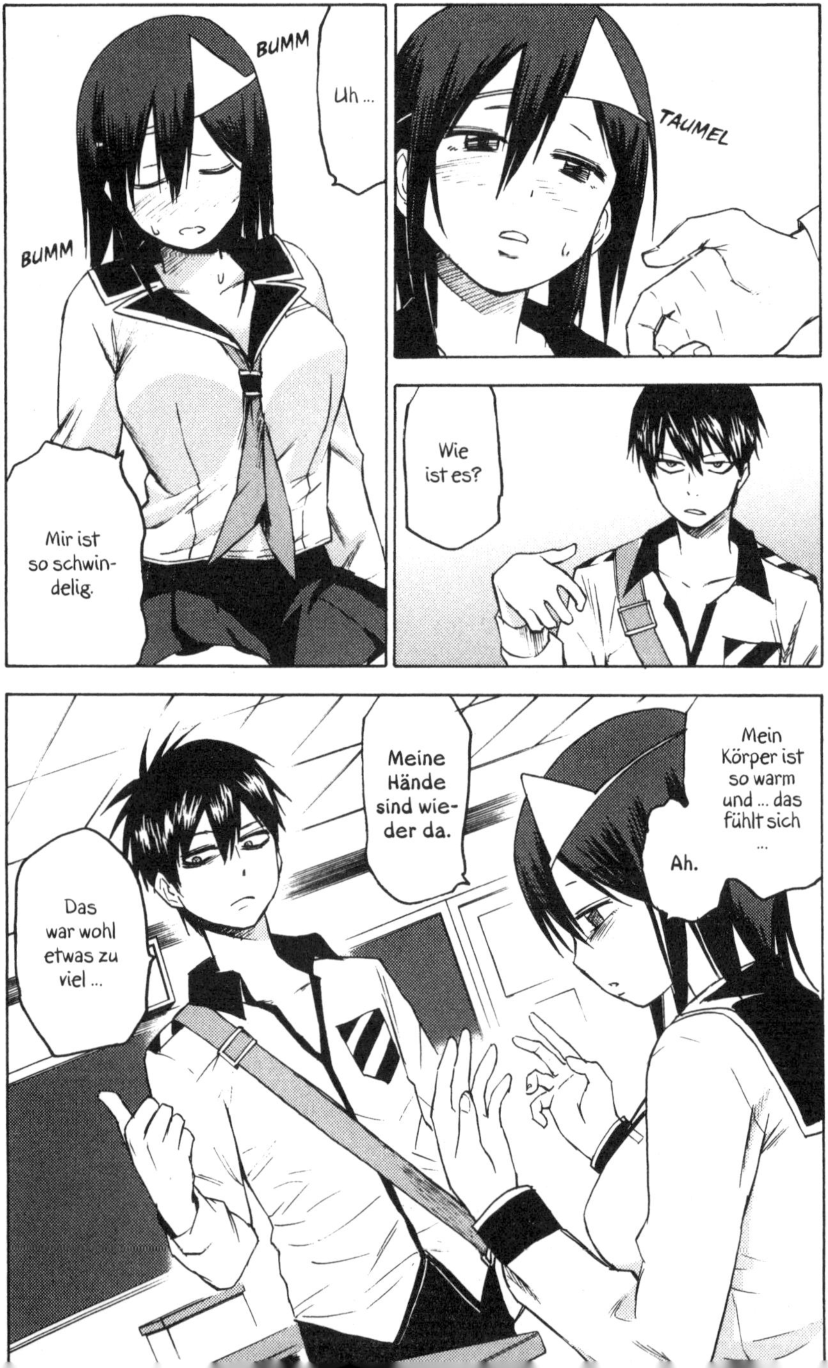
TAUMEL
Wie ist es?
BUMM
Uh ...
BUMM
Mir ist so schwindelig.
Mein Körper ist so warm und ... das fühlt sich ...
Ah.
Meine Hände sind wieder da.
Das war wohl etwas zu viel ...

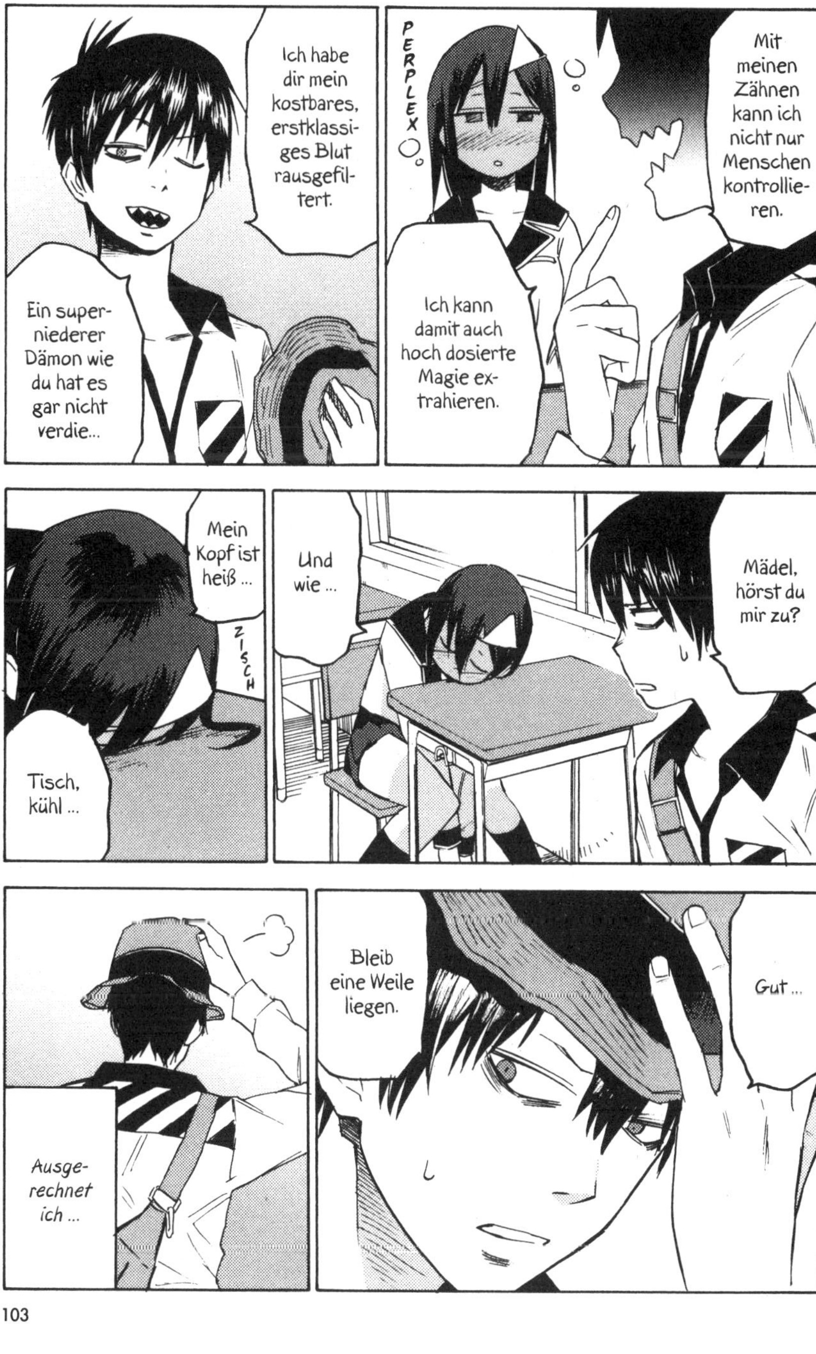

Mit meinen Zähnen kann ich nicht nur Menschen kontrollieren.
PERPLEX
Ich kann damit auch hoch dosierte Magie extrahieren.
Ich habe dir mein kostbares, erstklassiges Blut rausgefiltert.
Ein superniederer Dämon wie du hat es gar nicht verdie...
Mädel, hörst du mir zu?
Und wie ...
Mein Kopf ist heiß ...
ZISCH
Tisch, kühl ...
Gut ...
Bleib eine Weile liegen.
Ausgerechnet ich ...

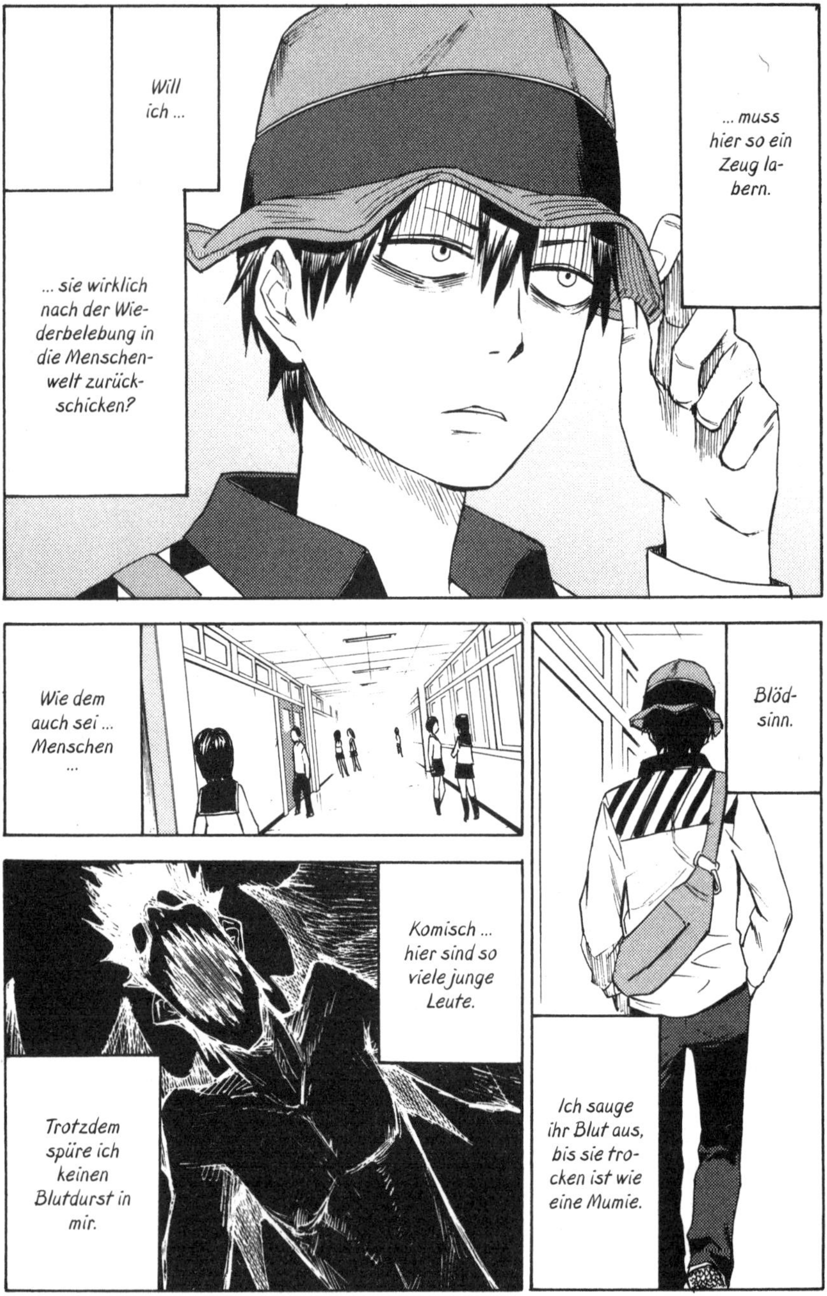
… muss hier so ein Zeug labern.
Will ich …
… sie wirklich nach der Wiederbelebung in die Menschenwelt zurückschicken?
Blödsinn.
Ich sauge ihr Blut aus, bis sie trocken ist wie eine Mumie.
Wie dem auch sei … Menschen …
Komisch … hier sind so viele junge Leute.
Trotzdem spüre ich keinen Blutdurst in mir.

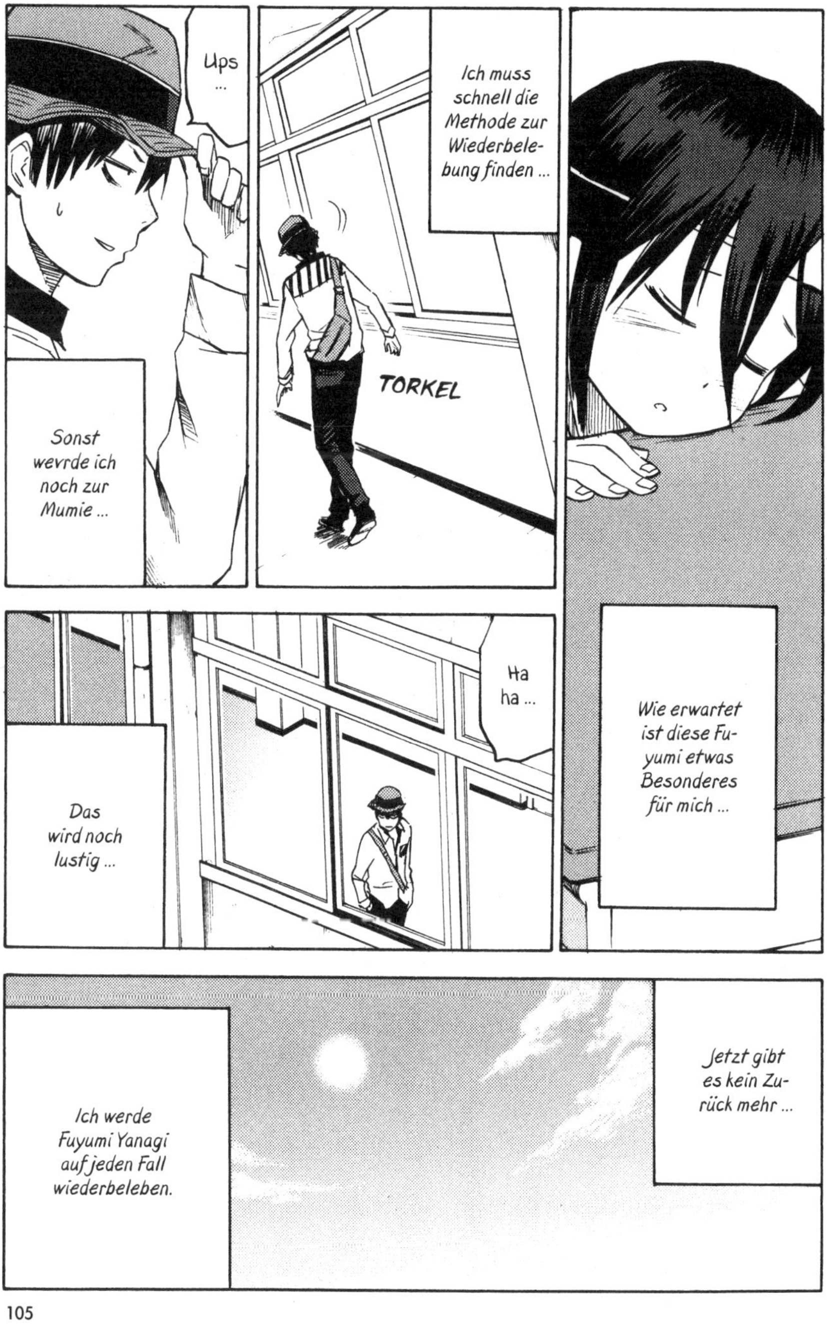
Ups …
Sonst werde ich noch zur Mumie …
Ich muss schnell die Methode zur Wiederbelebung finden …
TORKEL
Wie erwartet ist diese Fuyumi etwas Besonderes für mich …
Das wird noch lustig …
Ha ha …
Ich werde Fuyumi Yanagi auf jeden Fall wiederbeleben.
Jetzt gibt es kein Zurück mehr …

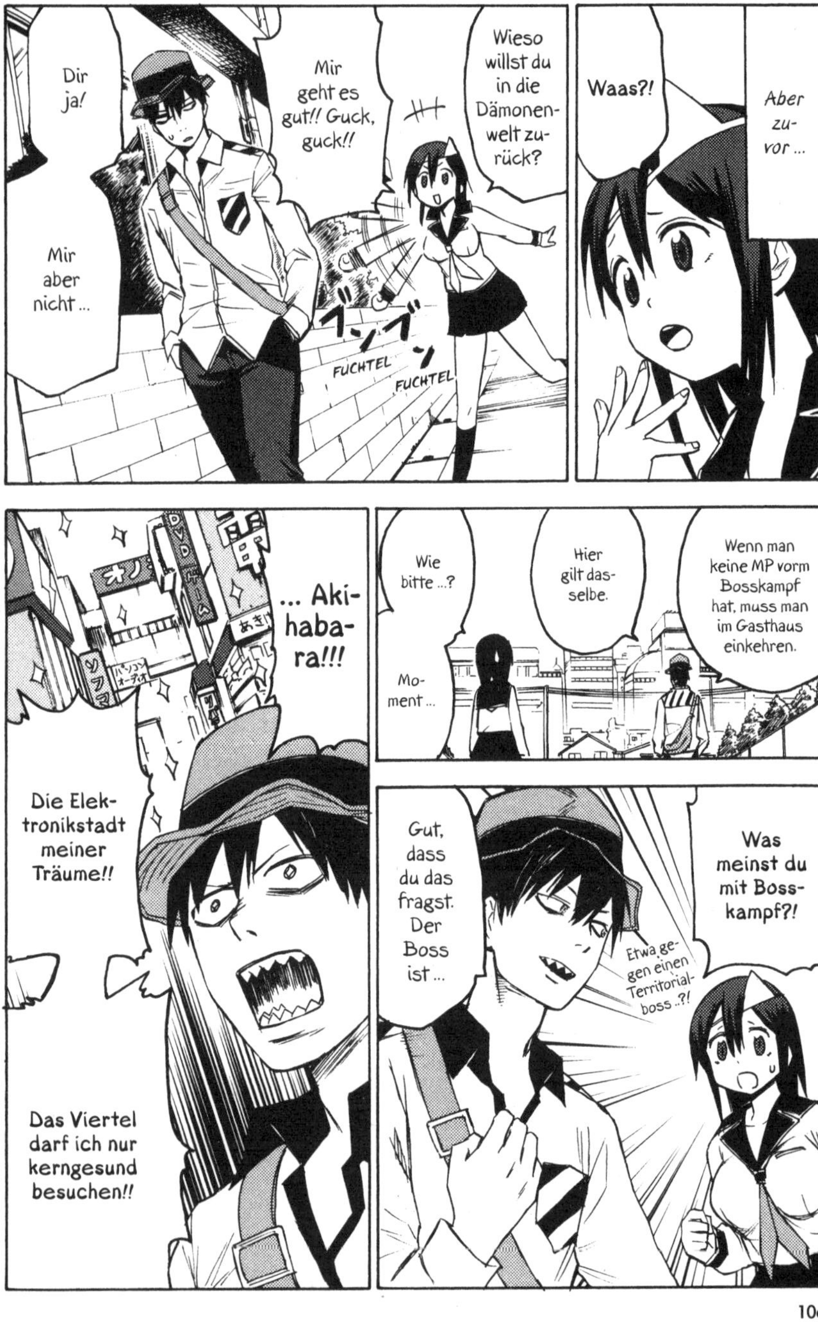

Aber zuvor ...
Waas?!
Wieso willst du in die Dämonenwelt zurück?
Mir geht es gut!! Guck, guck!!
Dir ja!
Mir aber nicht ...
FUCHTEL
FUCHTEL
Wenn man keine MP vorm Bosskampf hat, muss man im Gasthaus einkehren.
Hier gilt dasselbe.
Wie bitte ...?
Moment ...
Was meinst du mit Bosskampf?!
Etwa gegen einen Territorialboss ..?!
Gut, dass du das fragst. Der Boss ist ...
... Akihabara!!!
Die Elektronikstadt meiner Träume!!
Das Viertel darf ich nur kerngesund besuchen!!

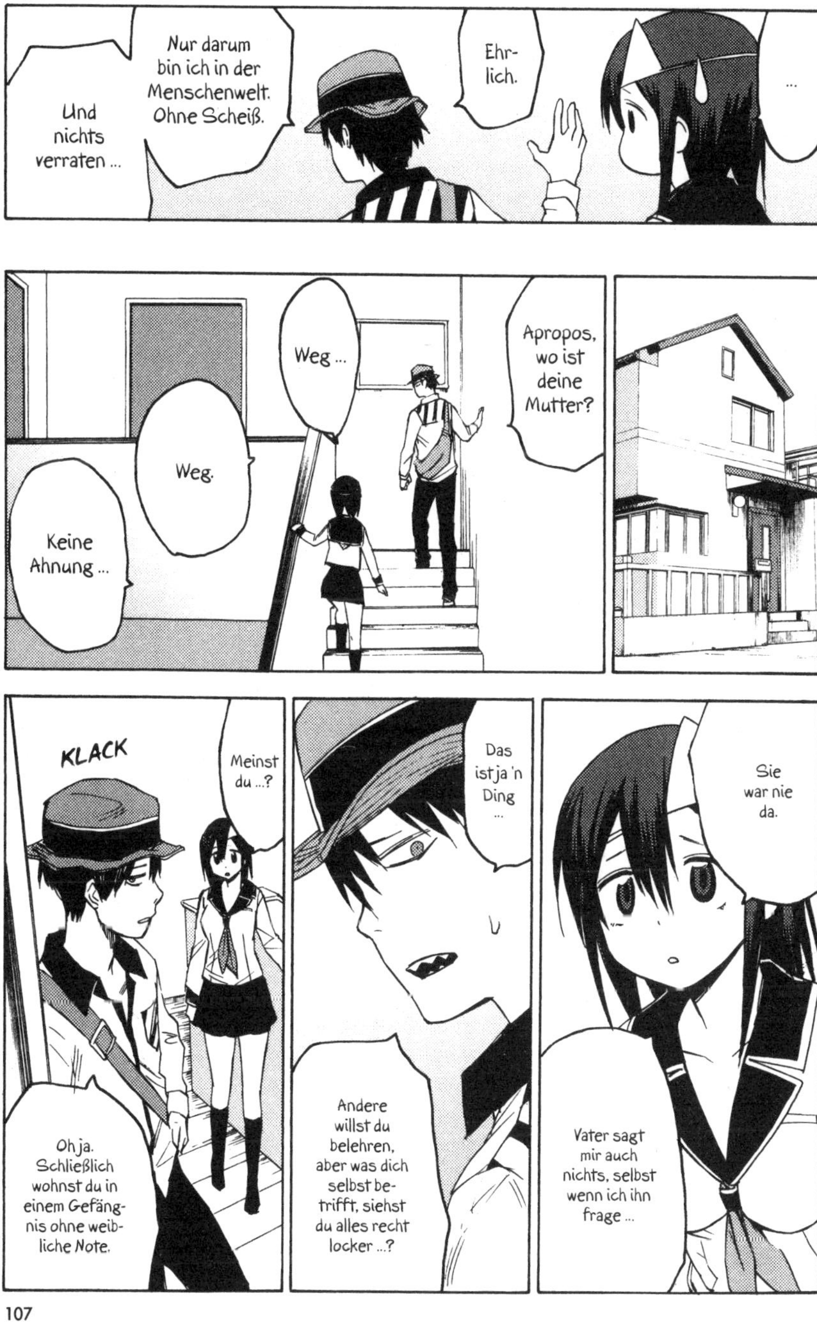
...
Ehrlich.
Nur darum bin ich in der Menschenwelt. Ohne Scheiß.
Und nichts verraten ...
Apropos, wo ist deine Mutter?
Weg ...
Weg.
Keine Ahnung ...
Sie war nie da.
Vater sagt mir auch nichts, selbst wenn ich ihn frage ...
Das ist ja 'n Ding ...
Andere willst du belehren, aber was dich selbst betrifft, siehst du alles recht locker ...?
KLACK
Meinst du ...?
Oh ja. Schließlich wohnst du in einem Gefängnis ohne weibliche Note.

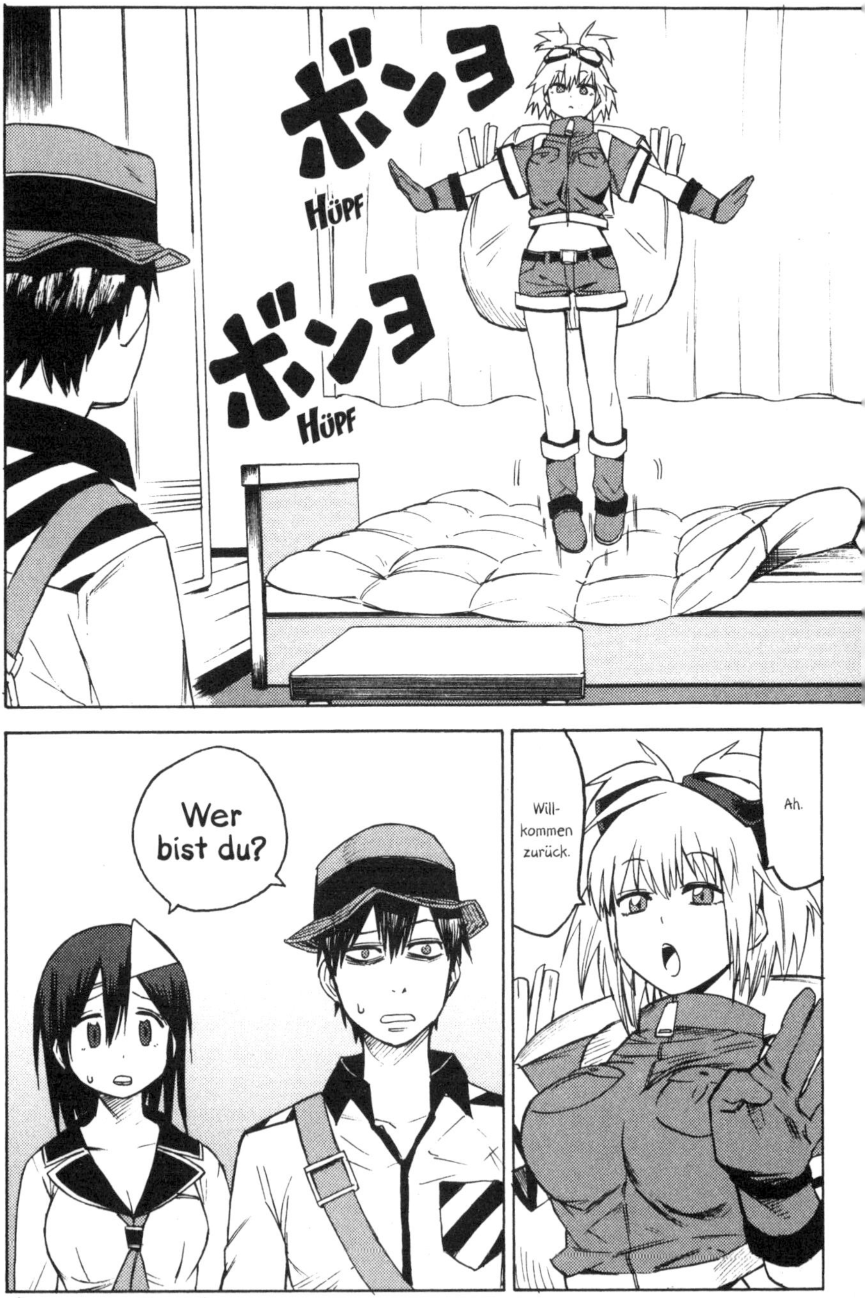


FORTSETZUNG FOLGT

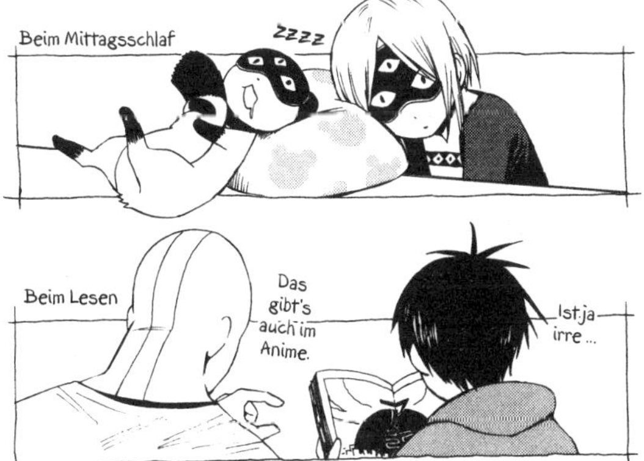
Beim Mittagsschlaf
ZZZZ
Beim Lesen
Das gibt's auch im Anime.
Ist ja irre ...

blood lad

EXTREME

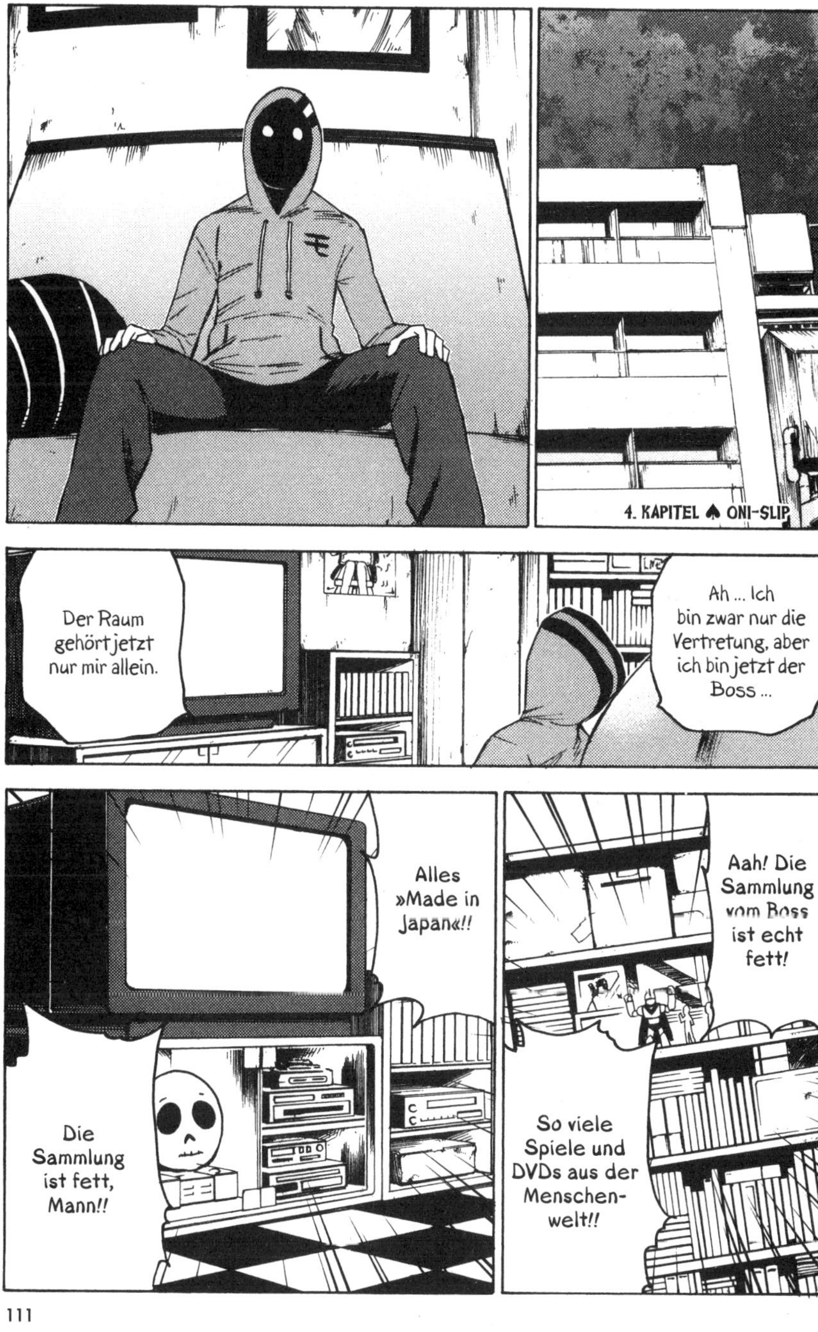
4. KAPITEL ♠ ONI-SLIP
Ah ... Ich bin zwar nur die Vertretung, aber ich bin jetzt der Boss ...
Der Raum gehört jetzt nur mir allein.
Aah! Die Sammlung vom Boss ist echt fett!
So viele Spiele und DVDs aus der Menschenwelt!!
Alles »Made in Japan«!!
Die Sammlung ist fett, Mann!!

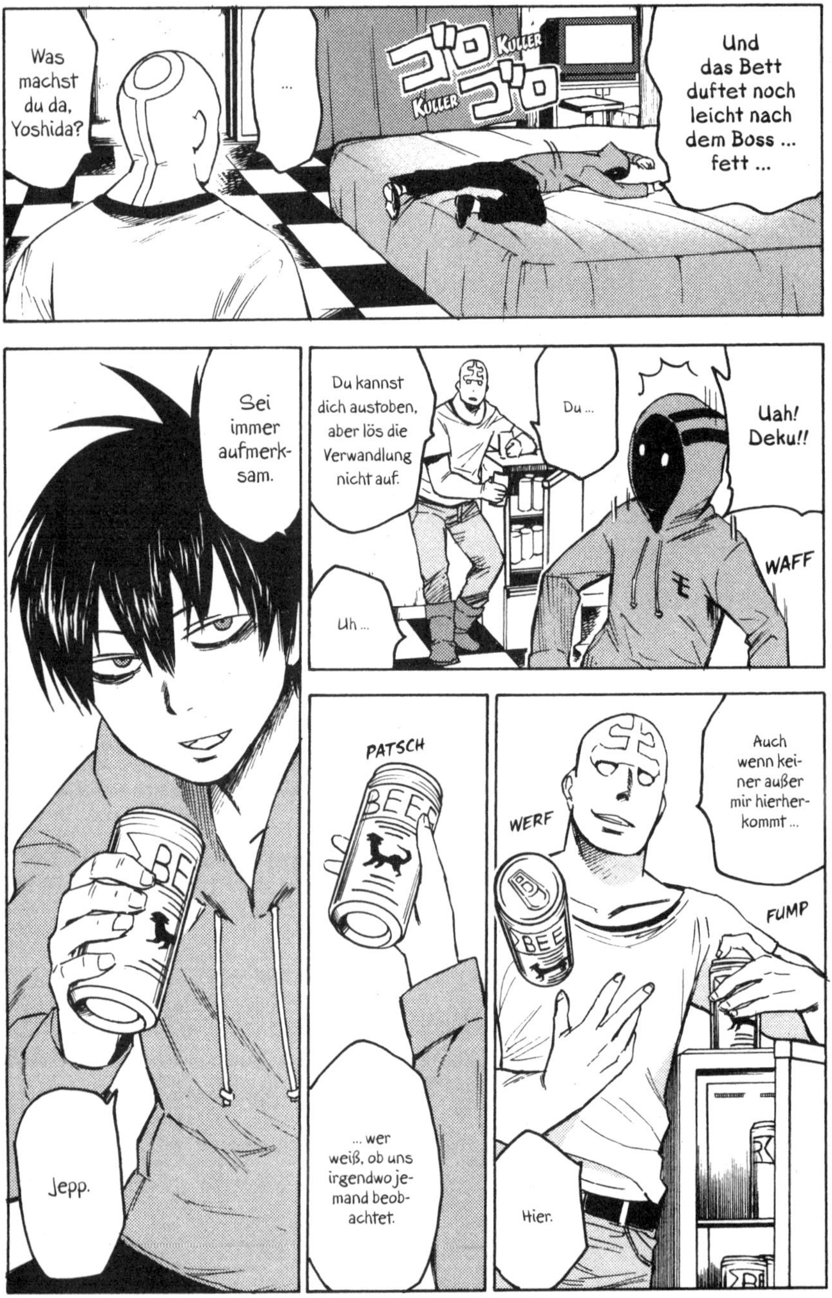
Und das Bett duftet noch leicht nach dem Boss ... fett ...
Kuller
Kuller
...
Was machst du da, Yoshida?
Uah! Deku!!
WAFF
Du ...
Uh ...
Du kannst dich austoben, aber lös die Verwandlung nicht auf.
Auch wenn keiner außer mir hierherkommt ...
FUMP
WERF
Hier.
PATSCH
... wer weiß, ob uns irgendwo jemand beobachtet.
Sei immer aufmerksam.
Jepp.

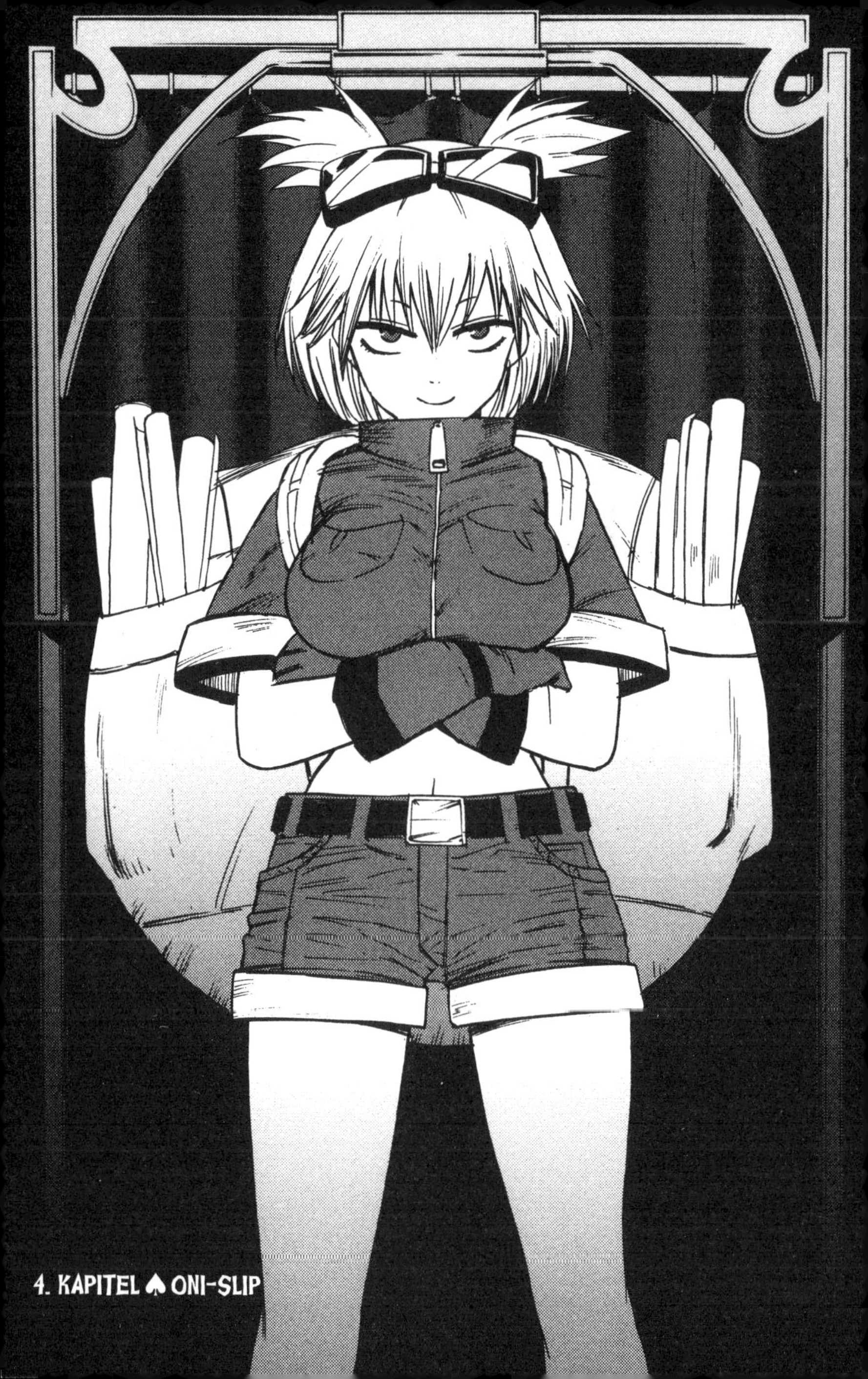
4. KAPITEL ♠ ONI-SLIP

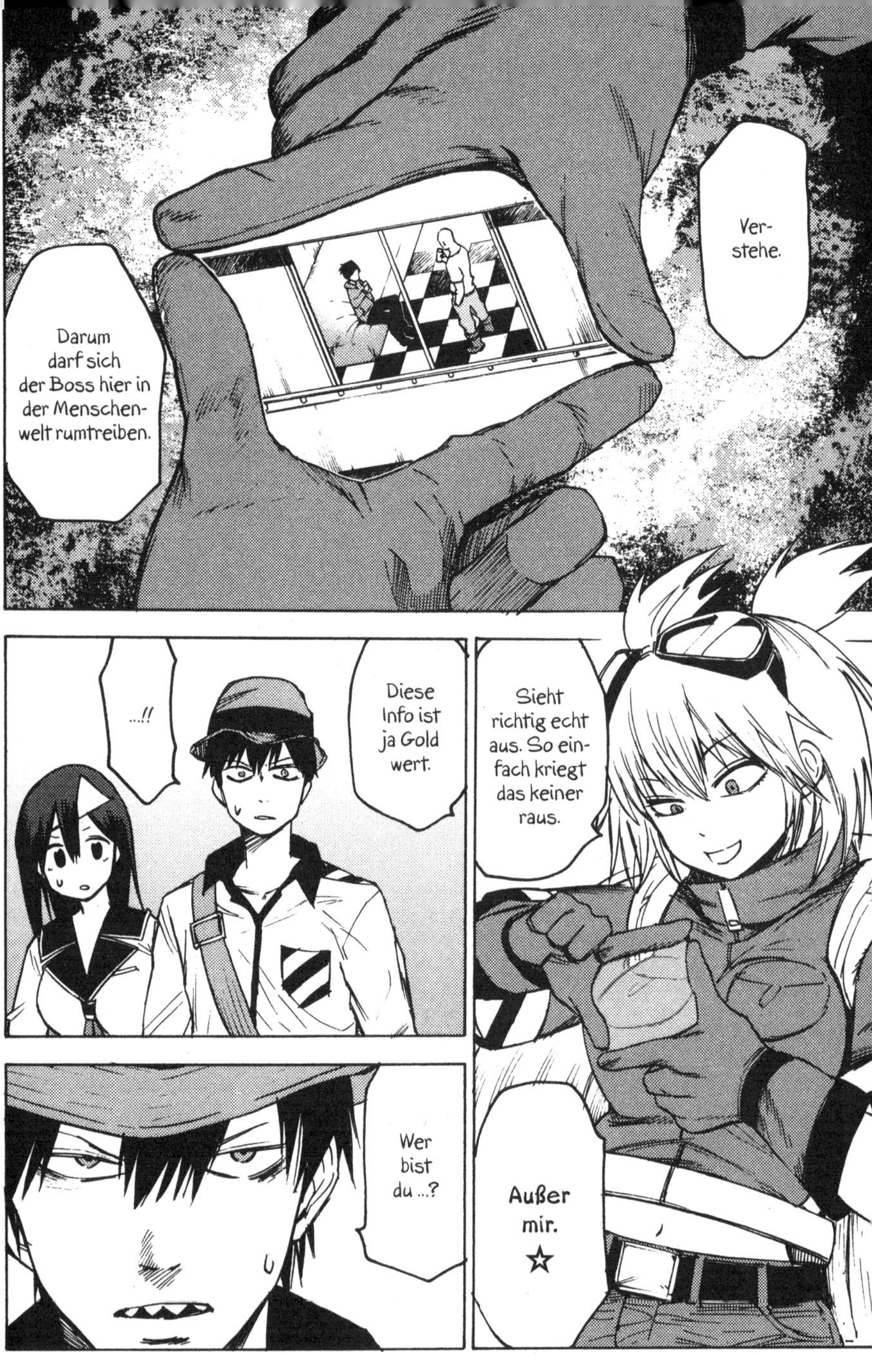

Ver-
stehe.
Darum darf sich der Boss hier in der Menschenwelt rumtreiben.
Sieht richtig echt aus. So einfach kriegt das keiner raus.
Außer mir. ☆
Diese Info ist ja Gold wert.
...!!
Wer bist du ...?

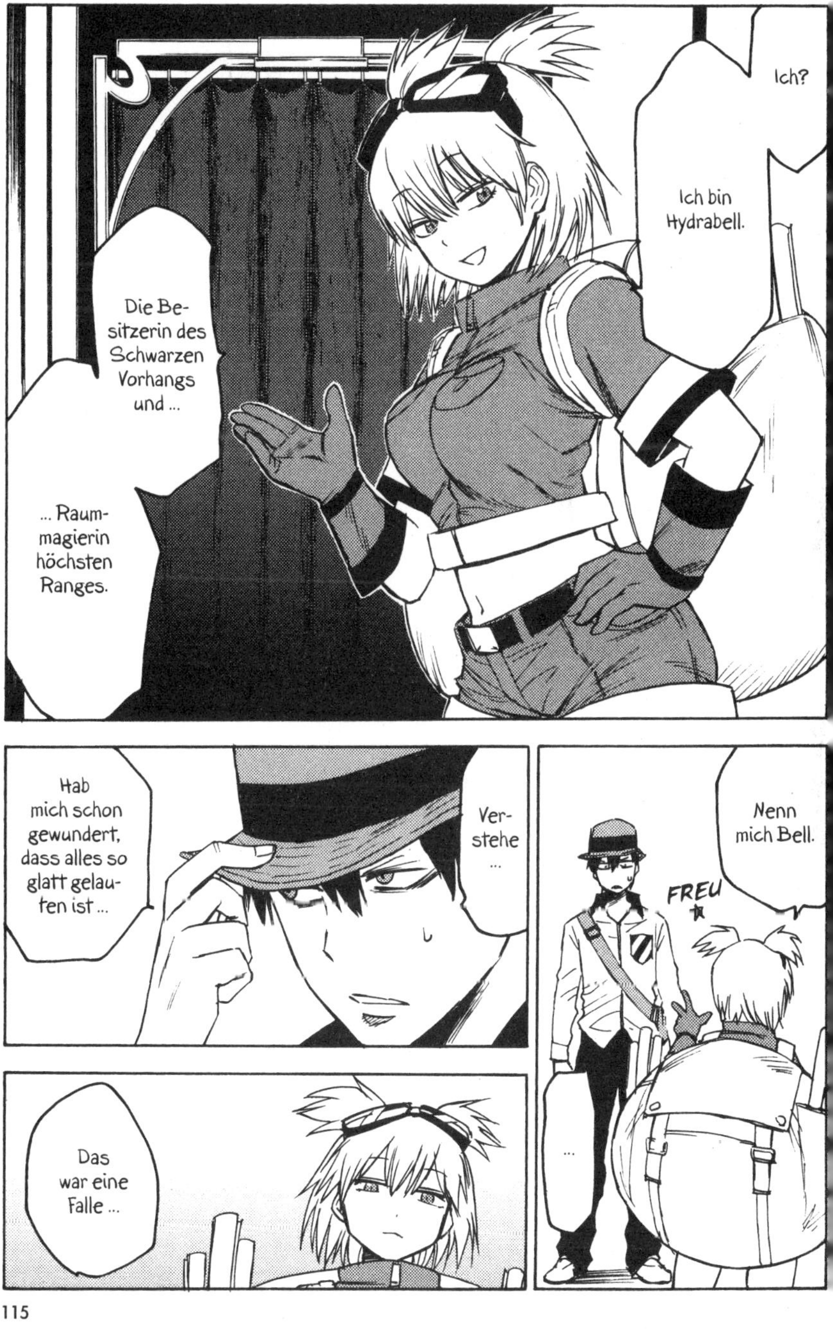
Ich?
Ich bin Hydrabell.
Die Be-
sitzerin des
Schwarzen
Vorhangs
und ...
... Raum-
magierin
höchsten
Ranges.
Nenn
mich Bell.
FREU
...
Ver-
stehe
...
Hab
mich schon
gewundert,
dass alles so
glatt gelau-
fen ist ...
Das
war eine
Falle ...

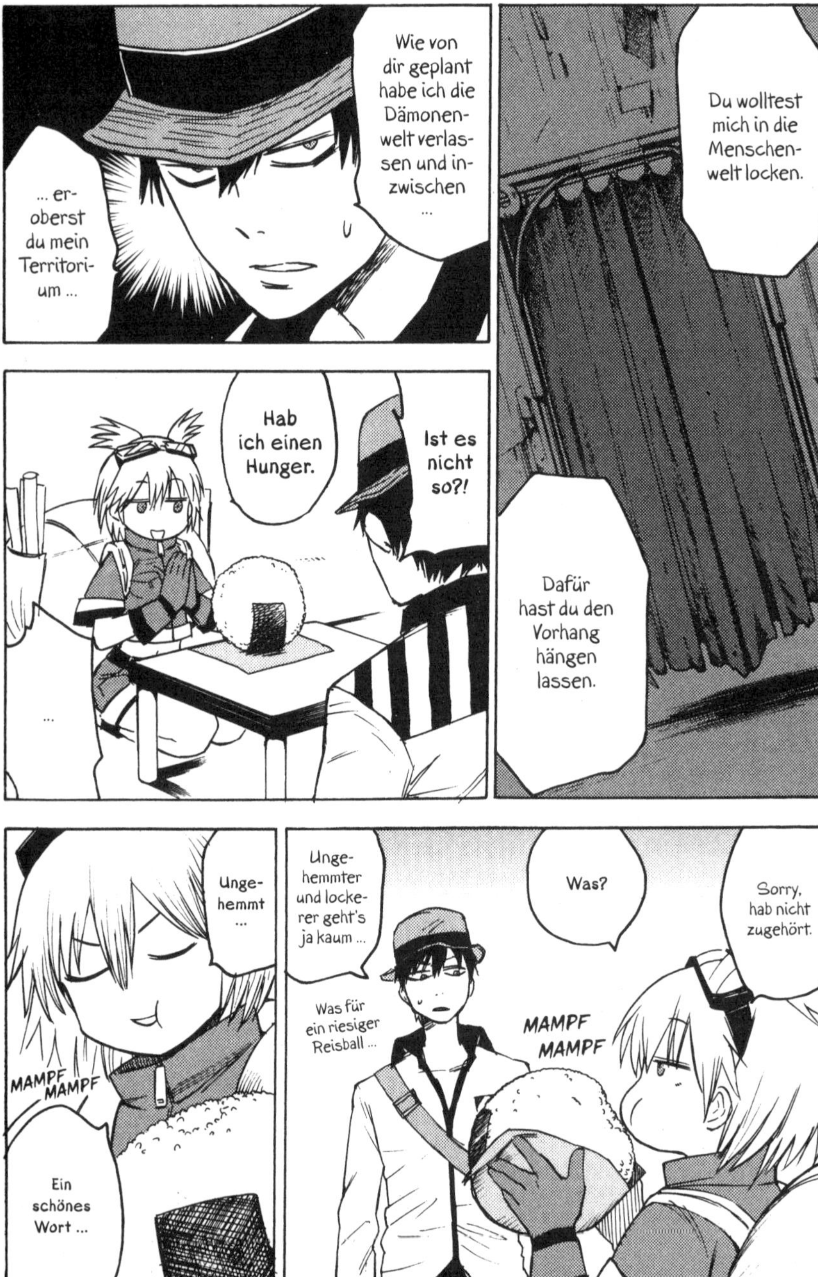

Du wolltest mich in die Menschenwelt locken.
Dafür hast du den Vorhang hängen lassen.
Wie von dir geplant habe ich die Dämonenwelt verlassen und inzwischen ...
... eroberst du mein Territorium ...
Ist es nicht so?!
Hab ich einen Hunger.
...
Sorry, hab nicht zugehört.
Was?
MAMPF MAMPF
Ungehemmter und lockerer geht's ja kaum ...
Was für ein riesiger Reisball ...
Ungehemmt ...
MAMPF MAMPF
Ein schönes Wort ...

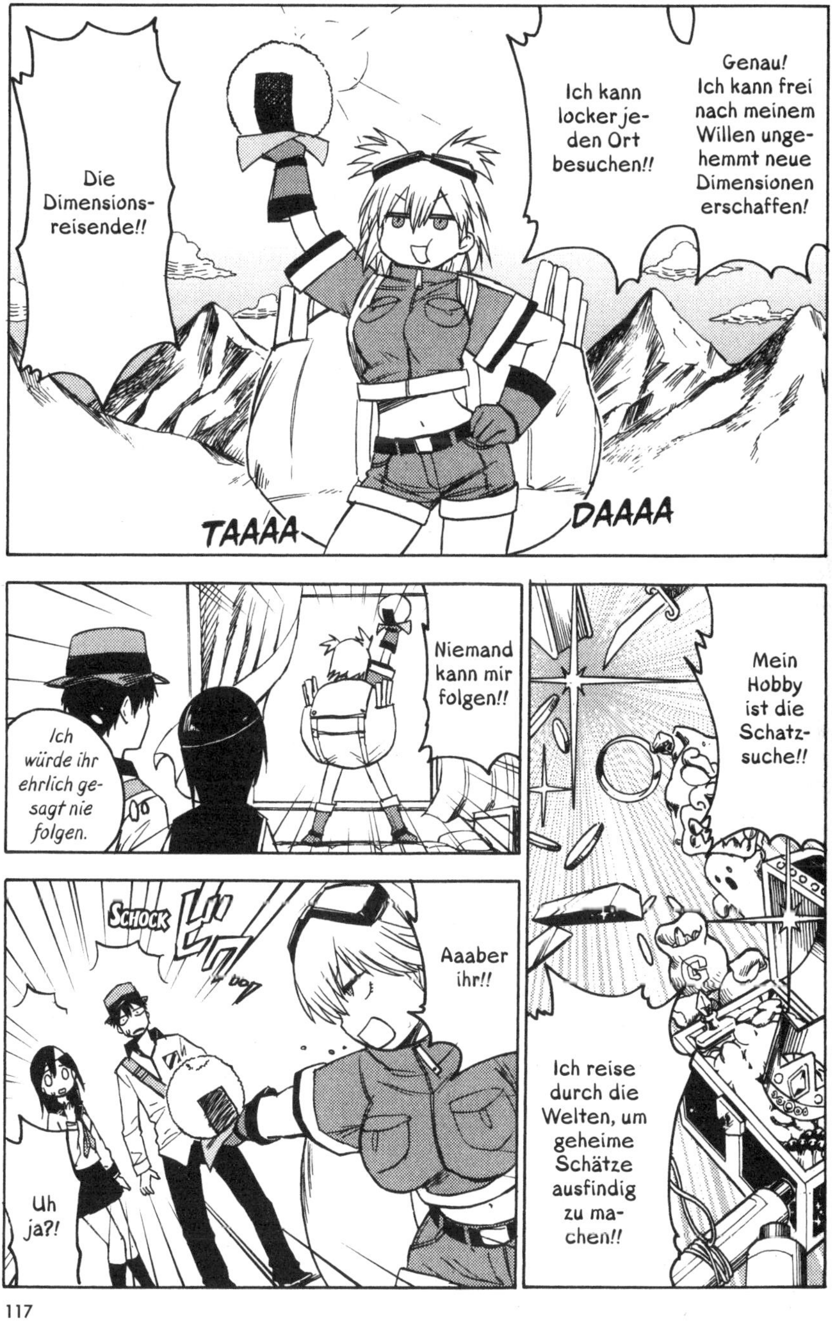
Genau! Ich kann frei nach meinem Willen ungehemmt neue Dimensionen erschaffen!
Ich kann locker jeden Ort besuchen!!
Die Dimensionsreisende!!
TAAAA
DAAAA
Mein Hobby ist die Schatzsuche!!
Ich reise durch die Welten, um geheime Schätze ausfindig zu machen!!
Niemand kann mir folgen!!
Ich würde ihr ehrlich gesagt nie folgen.
Aaaber ihr!!
SCHOCK
Uh ja?!

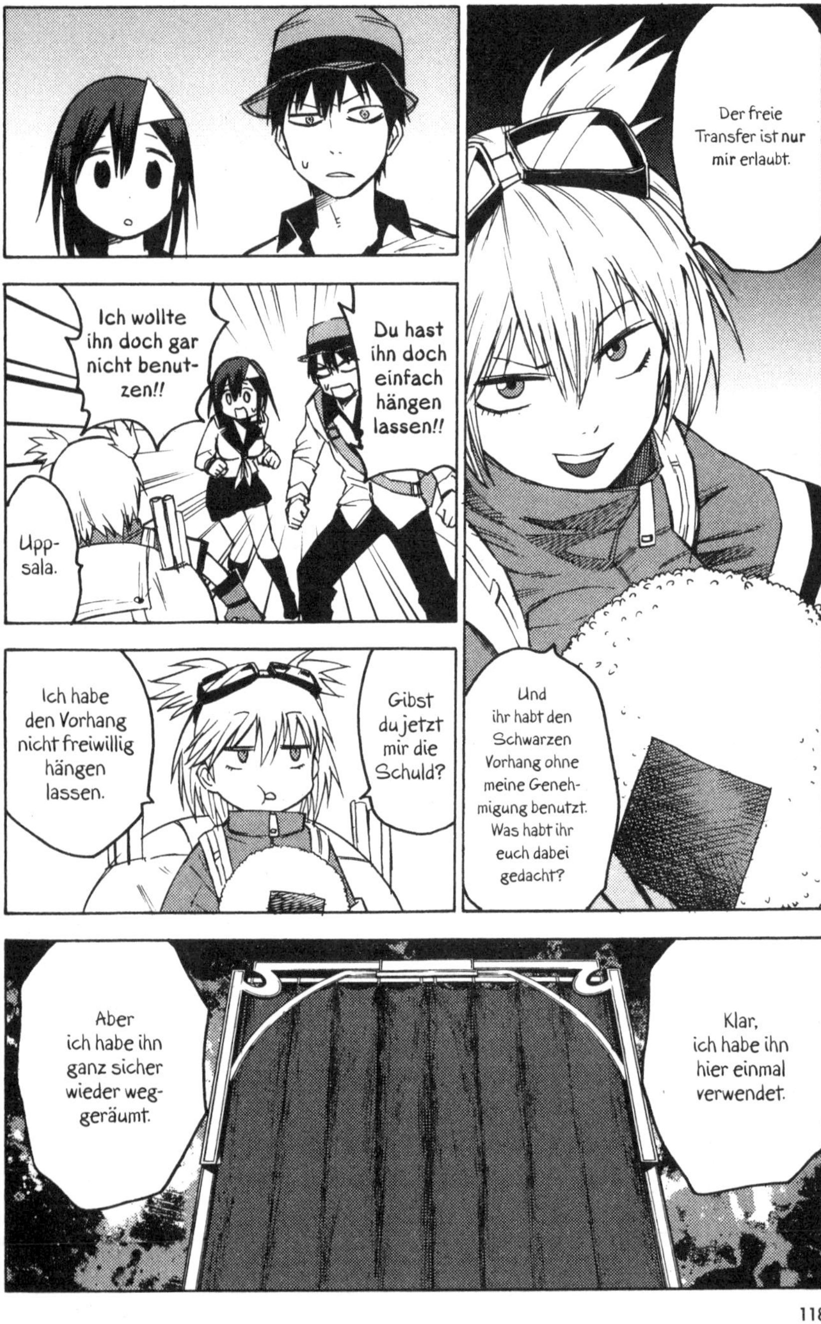
Der freie Transfer ist nur mir erlaubt.
Und ihr habt den Schwarzen Vorhang ohne meine Genehmigung benutzt. Was habt ihr euch dabei gedacht?
Du hast ihn doch einfach hängen lassen!!
Ich wollte ihn doch gar nicht benutzen!!
Uppsala.
Gibst du jetzt mir die Schuld?
Ich habe den Vorhang nicht freiwillig hängen lassen.
Klar, ich habe ihn hier einmal verwendet.
Aber ich habe ihn ganz sicher wieder weggeräumt.

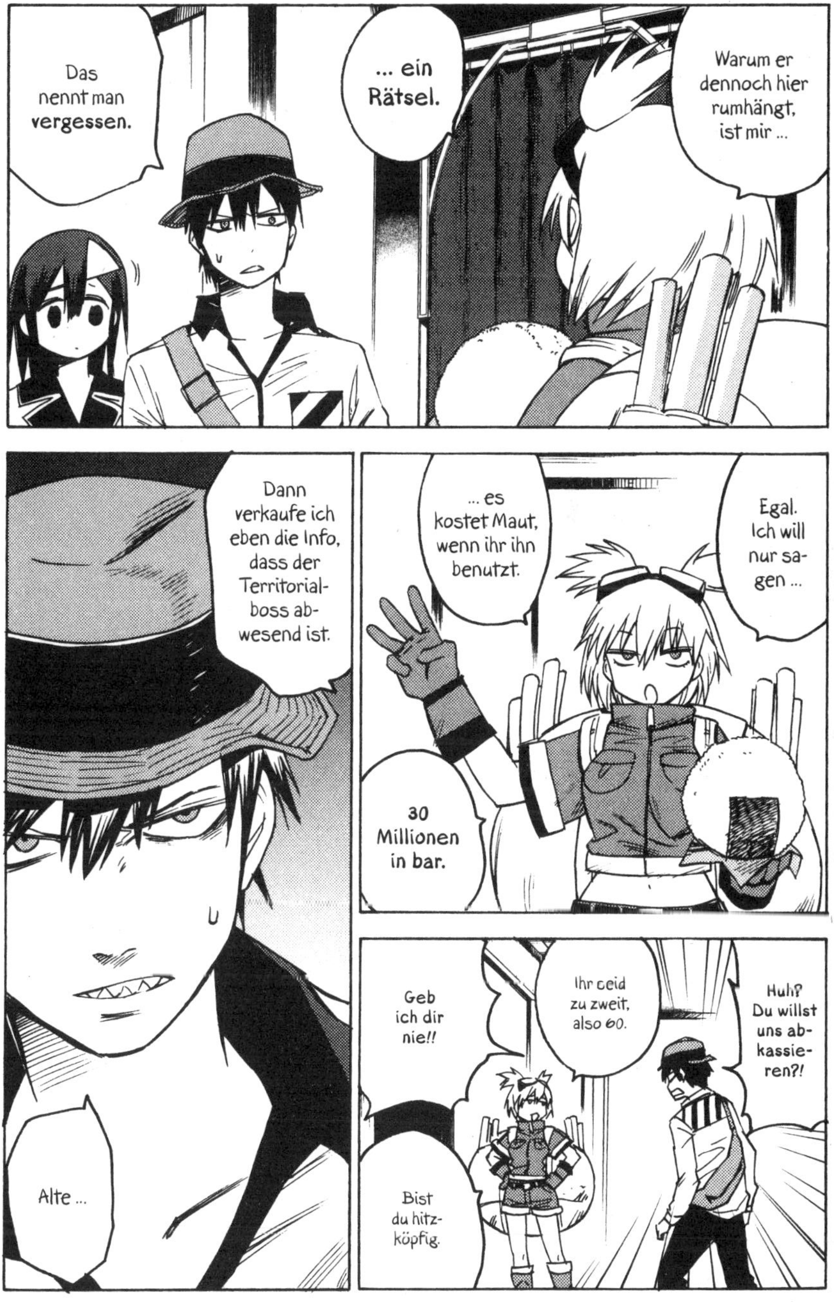
Warum er dennoch hier rumhängt, ist mir ...
... ein Rätsel.
Das nennt man vergessen.
Egal. Ich will nur sagen ...
... es kostet Maut, wenn ihr ihn benutzt.
30 Millionen in bar.
Huh? Du willst uns abkassieren?!
Ihr seid zu zweit, also 60.
Geb ich dir nie!!
Bist du hitzköpfig.
Dann verkaufe ich eben die Info, dass der Territorialboss abwesend ist.
Alte ...

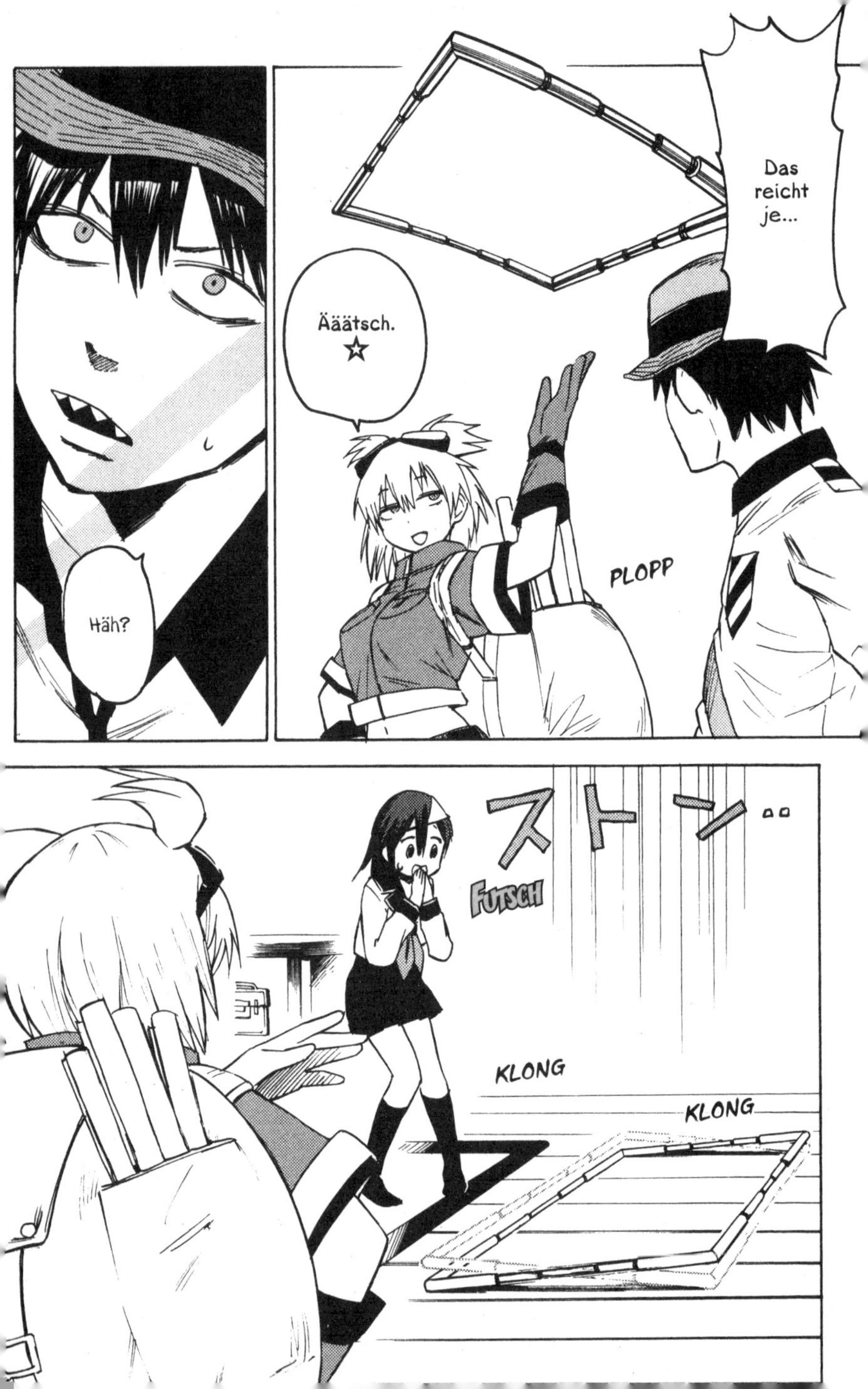
Das reicht je...
Ääätsch. ☆
PLOPP
Häh?
ストン..
FUTSCH
KLONG
KLONG

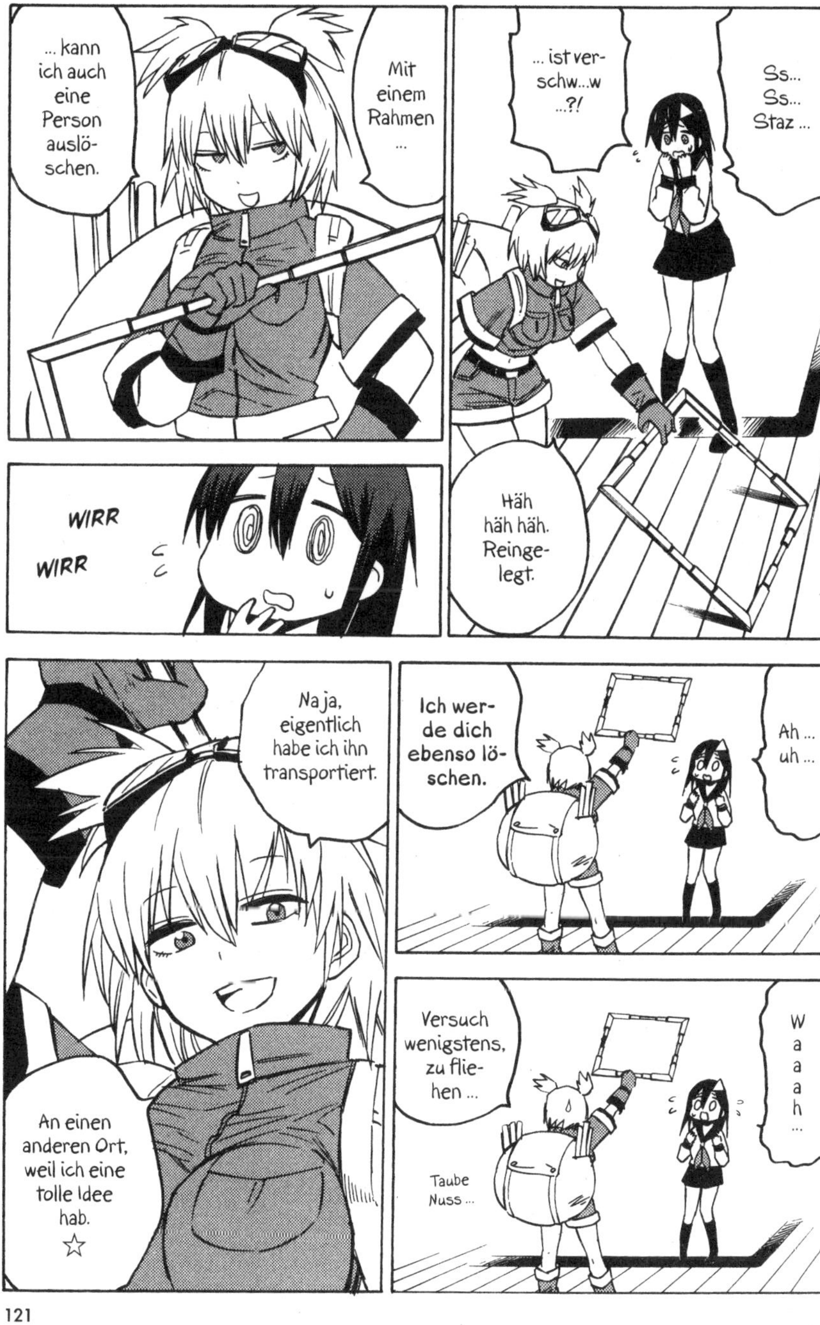
Ss...
Ss...
Staz ...
... ist verschw...w ...?!
Häh häh häh. Reingelegt.
Mit einem Rahmen ...
... kann ich auch eine Person auslöschen.
WIRR
WIRR
Ah ... uh ...
Ich werde dich ebenso löschen.
Naja, eigentlich habe ich ihn transportiert.
W a a a h ...
Versuch wenigstens, zu fliehen ...
Taube Nuss ...
An einen anderen Ort, weil ich eine tolle Idee hab. ☆

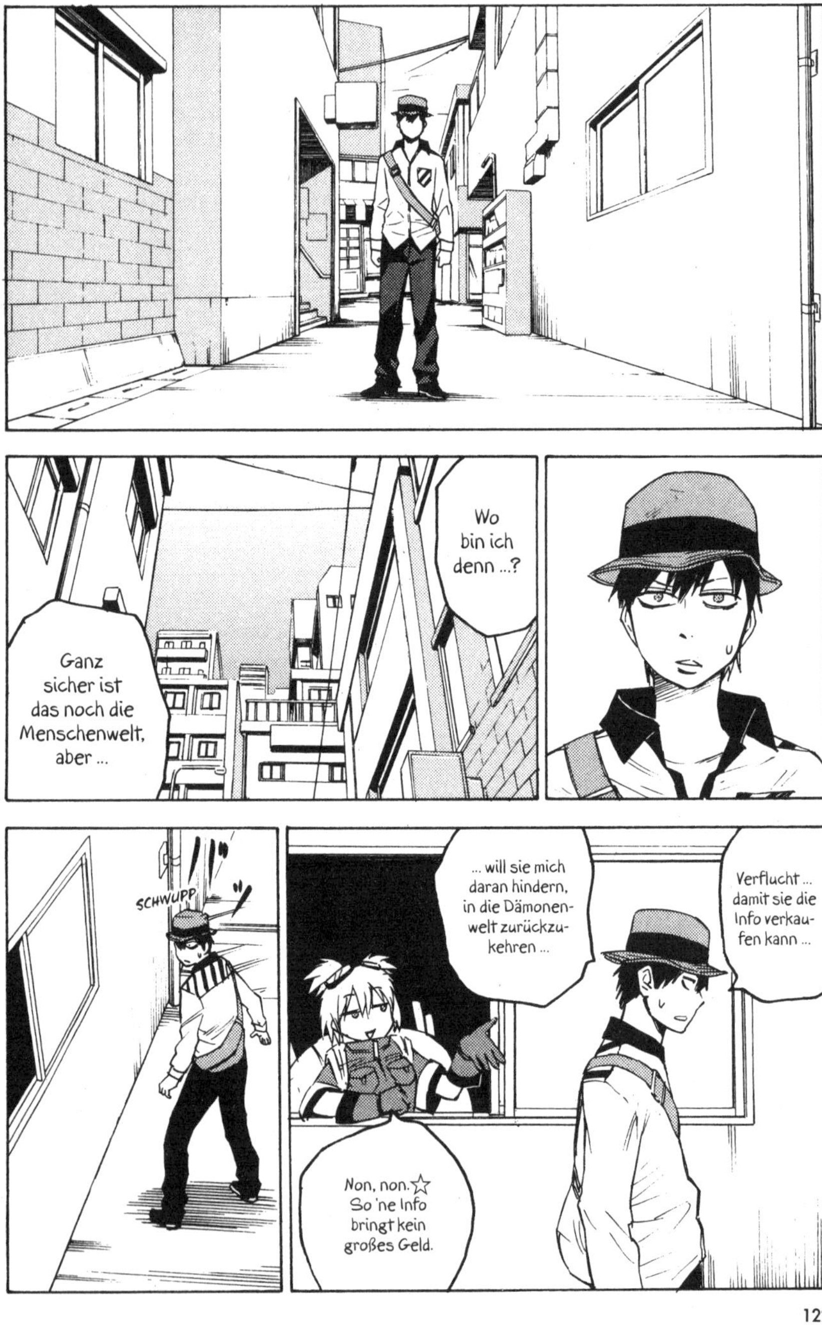
Wo bin ich denn ...?
Ganz sicher ist das noch die Menschenwelt, aber ...
Verflucht ... damit sie die Info verkaufen kann ...
... will sie mich daran hindern, in die Dämonenwelt zurückzukehren ...
Non, non.☆ So 'ne Info bringt kein großes Geld.
SCHWUPP

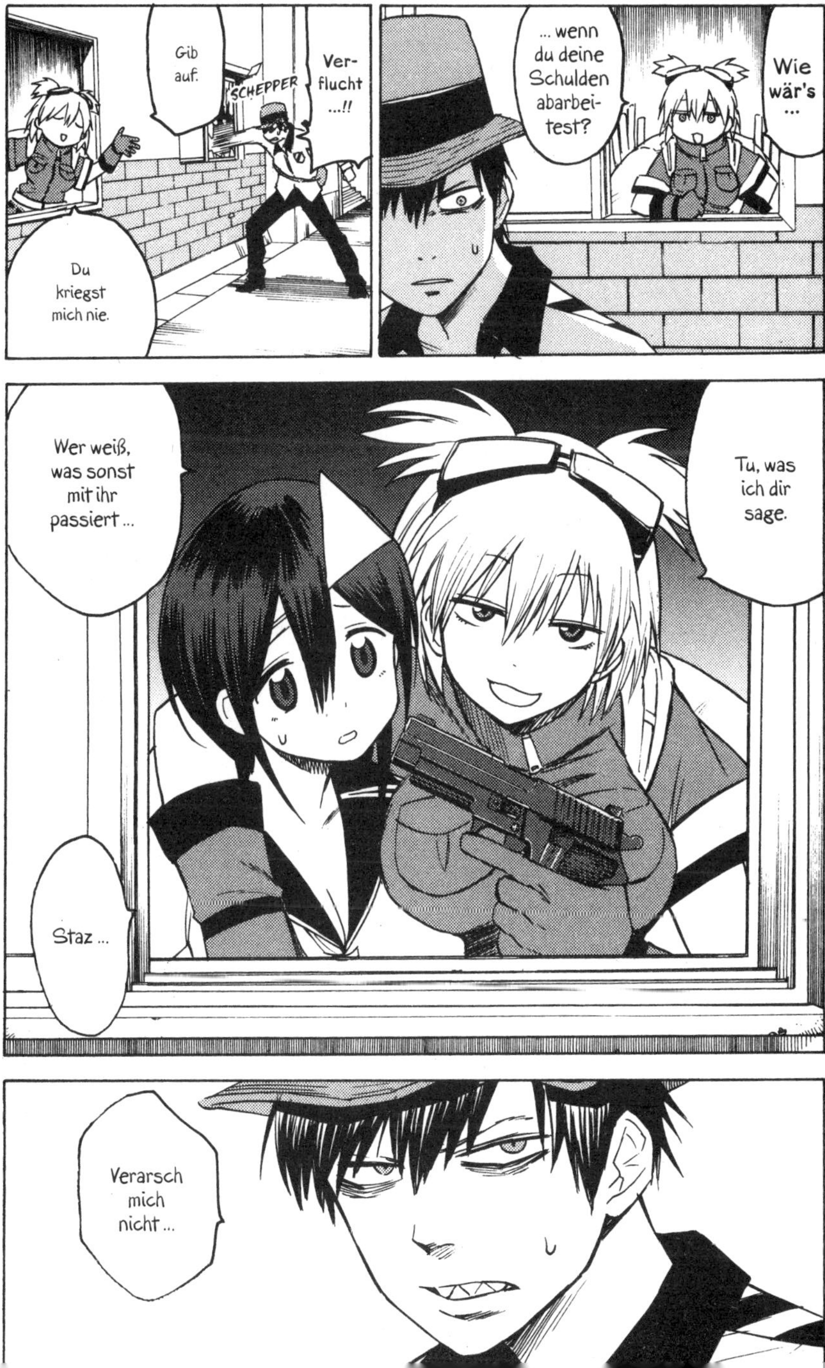
Wie wär's ...
... wenn du deine Schulden abarbeitest?
Verflucht ...!!
SCHEPPER
Gib auf.
Du kriegst mich nie.
Tu, was ich dir sage.
Wer weiß, was sonst mit ihr passiert ...
Staz ...
Verarsch mich nicht ...

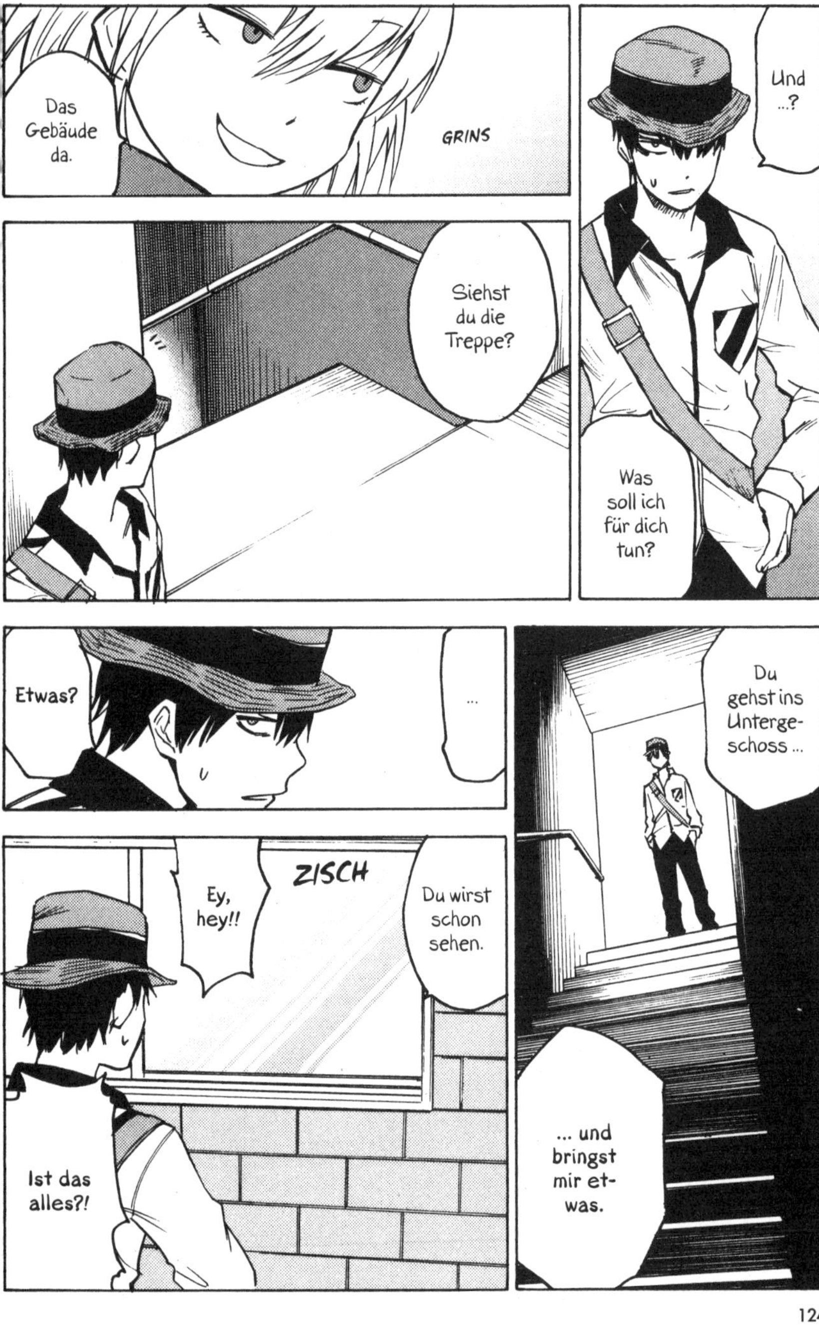

Und ...?
Was soll ich für dich tun?
Das Gebäude da.
GRINS
Siehst du die Treppe?
Du gehst ins Unterge-schoss ...
... und bringst mir et-was.
...
Etwas?
Du wirst schon sehen.
ZISCH
Ey, hey!!
Ist das alles?!

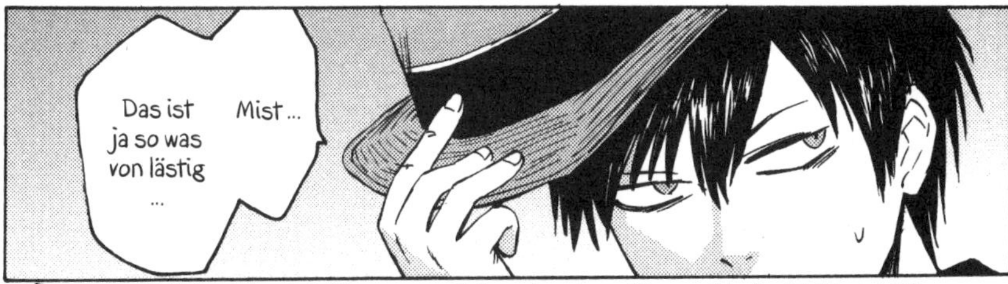


*Oni: bekannte japanische Dämonenrasse mit einem oder mehreren Hörnern auf dem Kopf. Meist sehr kräftig.

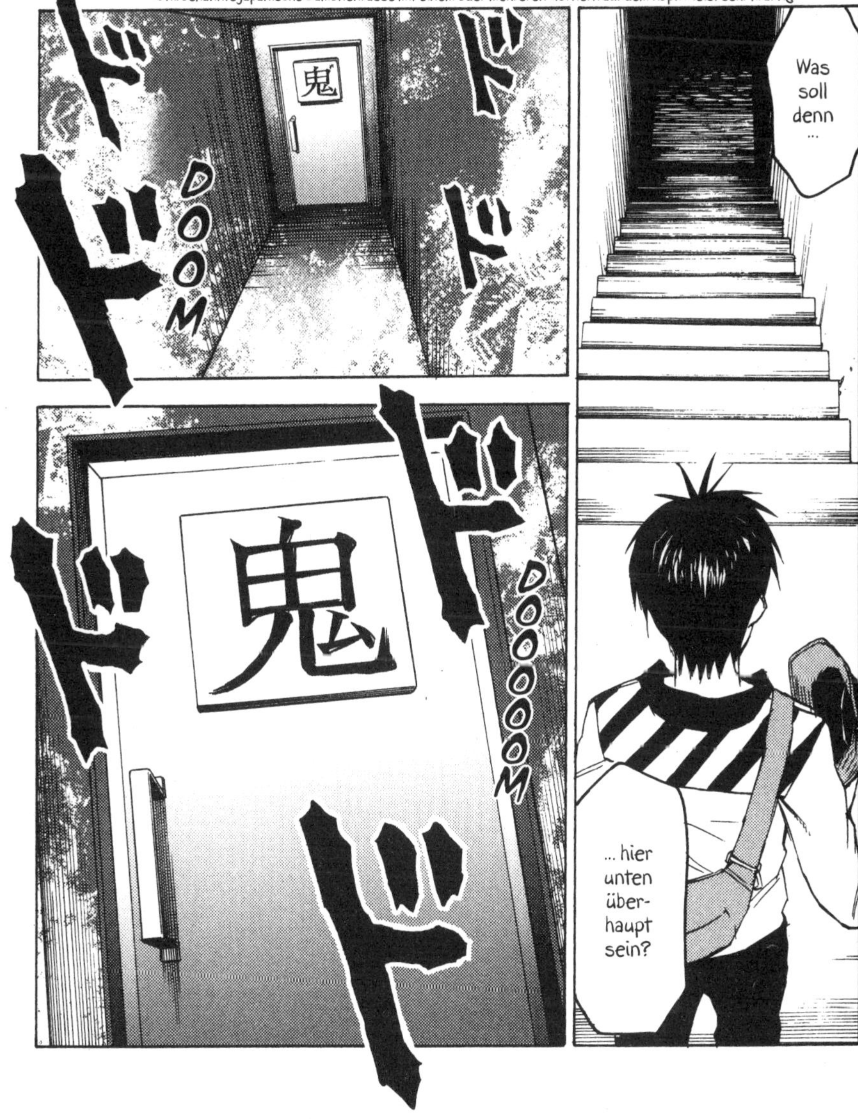

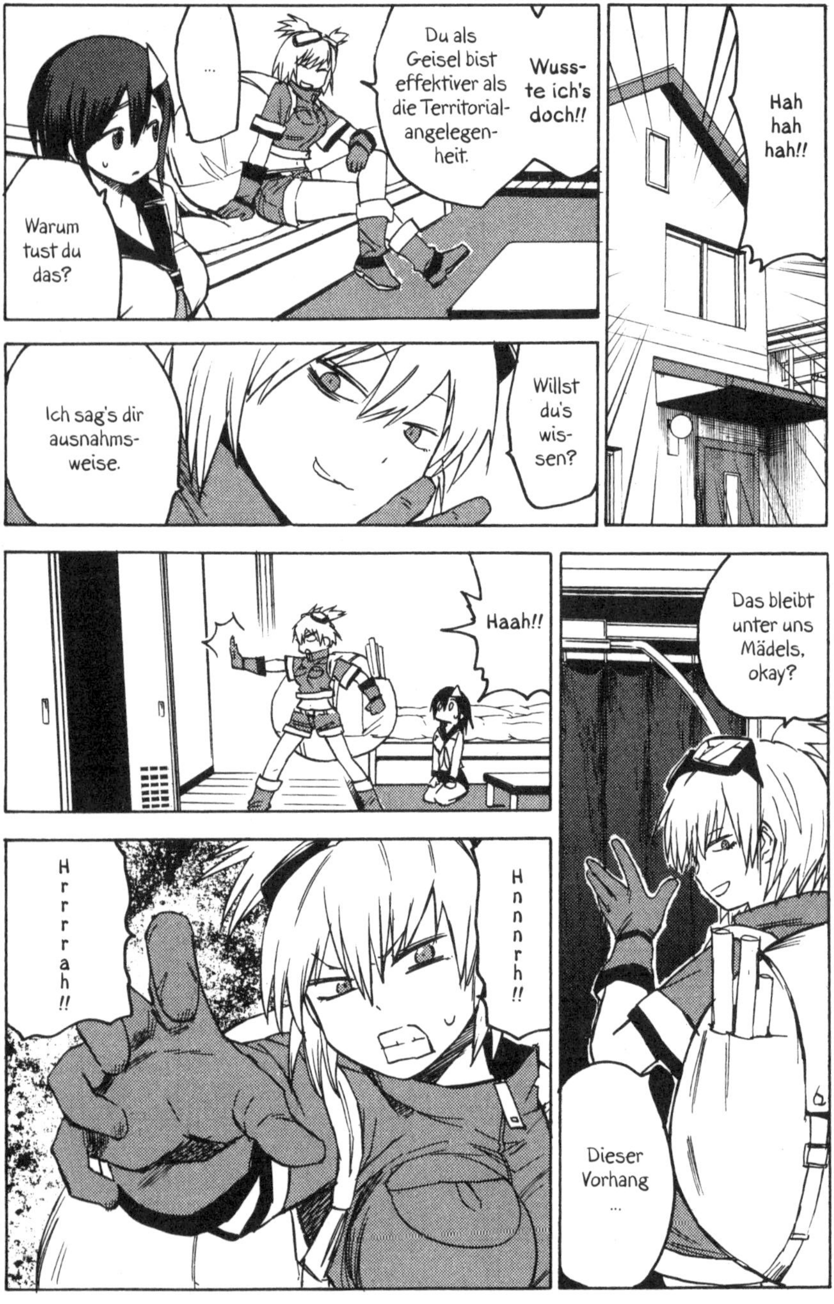
Hah hah hah!!
Wusste ich's doch!!
Du als Geisel bist effektiver als die Territorialangelegenheit.
...
Warum tust du das?
Willst du's wissen?
Ich sag's dir ausnahmsweise.
Das bleibt unter uns Mädels, okay?
Haah!!
Hnnnrh!!
Hrrrrah!!
Dieser Vorhang ...

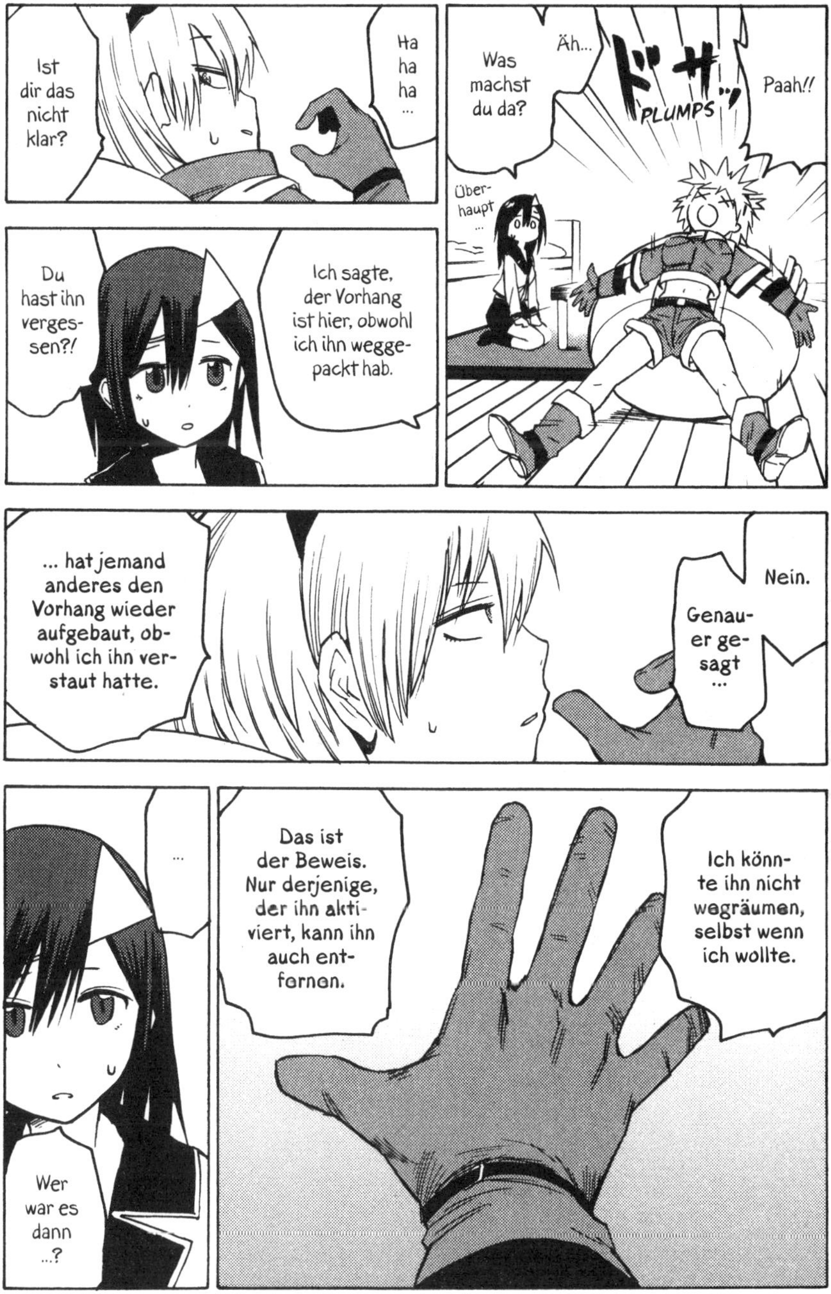
Paah!!
ドサッ
PLUMPS
Äh... Was machst du da?
Überhaupt ...
Ha ha ha ...
Ist dir das nicht klar?
Ich sagte, der Vorhang ist hier, obwohl ich ihn weggepackt hab.
Du hast ihn vergessen?!
Nein.
Genauer gesagt ...
... hat jemand anderes den Vorhang wieder aufgebaut, obwohl ich ihn verstaut hatte.
Ich könnte ihn nicht wegräumen, selbst wenn ich wollte.
Das ist der Beweis. Nur derjenige, der ihn aktiviert, kann ihn auch entfernen.
...
Wer war es dann ...?

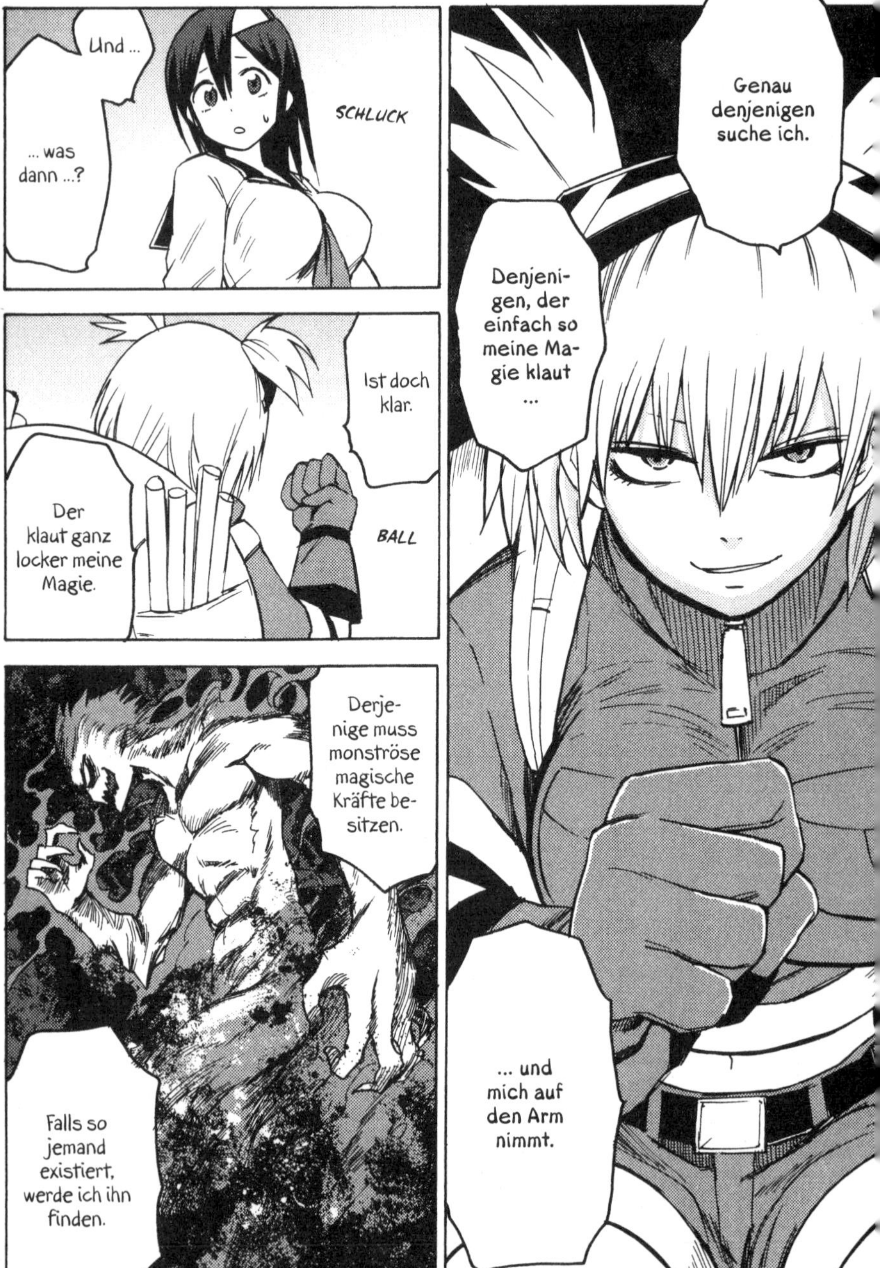

Und ...
SCHLUCK
... was dann ...?
Ist doch klar.
BALL
Der klaut ganz locker meine Magie.
Derjenige muss monströse magische Kräfte besitzen.
Falls so jemand existiert, werde ich ihn finden.
Genau denjenigen suche ich.
Denjenigen, der einfach so meine Magie klaut ...
... und mich auf den Arm nimmt.

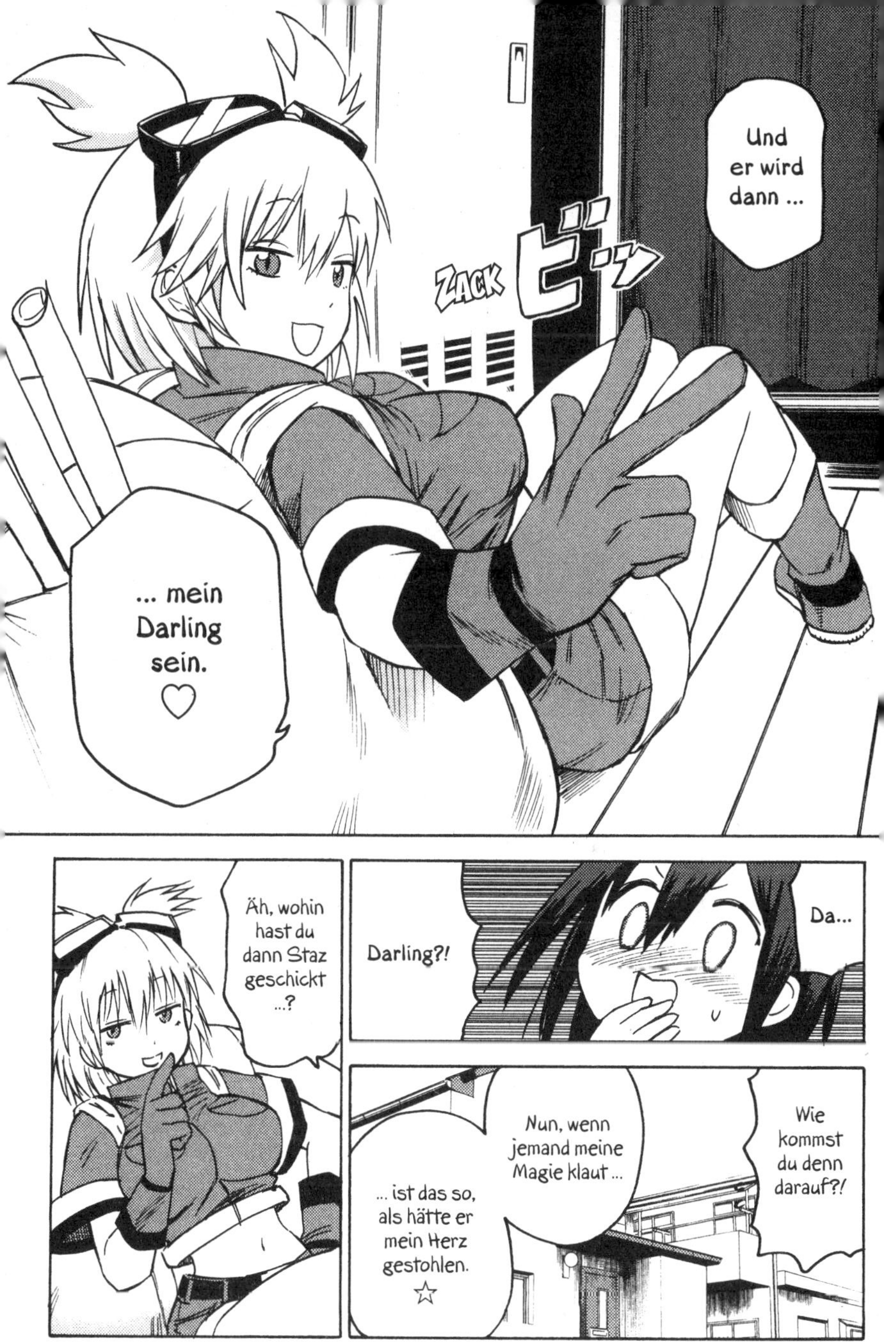
Und er wird dann ...
ZACK
... mein Darling sein. ♡
Da...
Darling?!
Äh, wohin hast du dann Staz geschickt ...?
Wie kommst du denn darauf?!
Nun, wenn jemand meine Magie klaut ...
... ist das so, als hätte er mein Herz gestohlen. ☆

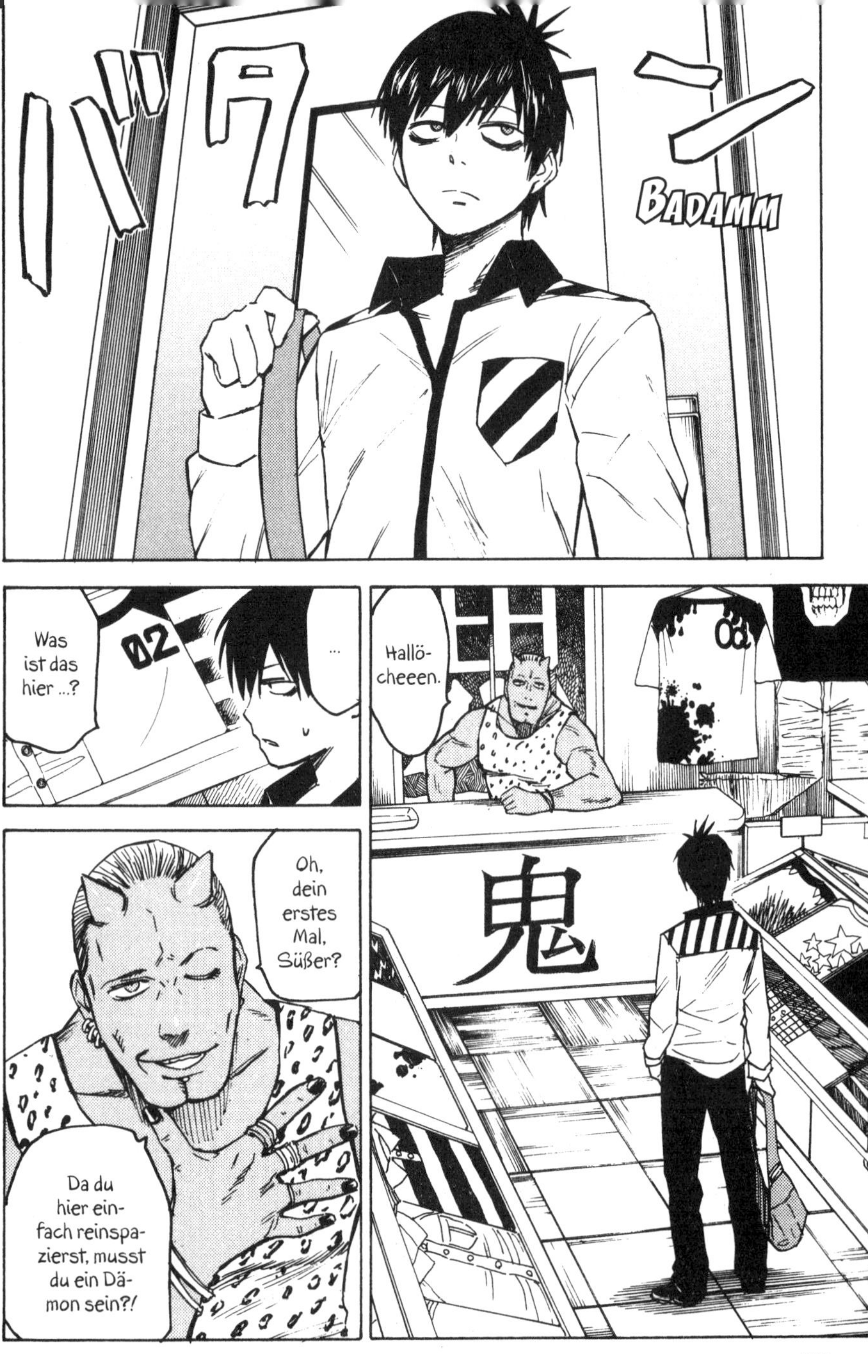
バターン
BADAMM
Hallöcheeen.
...
Was ist das hier ...?
02
鬼
Oh, dein erstes Mal, Süßer?
Da du hier einfach reinspazierst, musst du ein Dämon sein?!

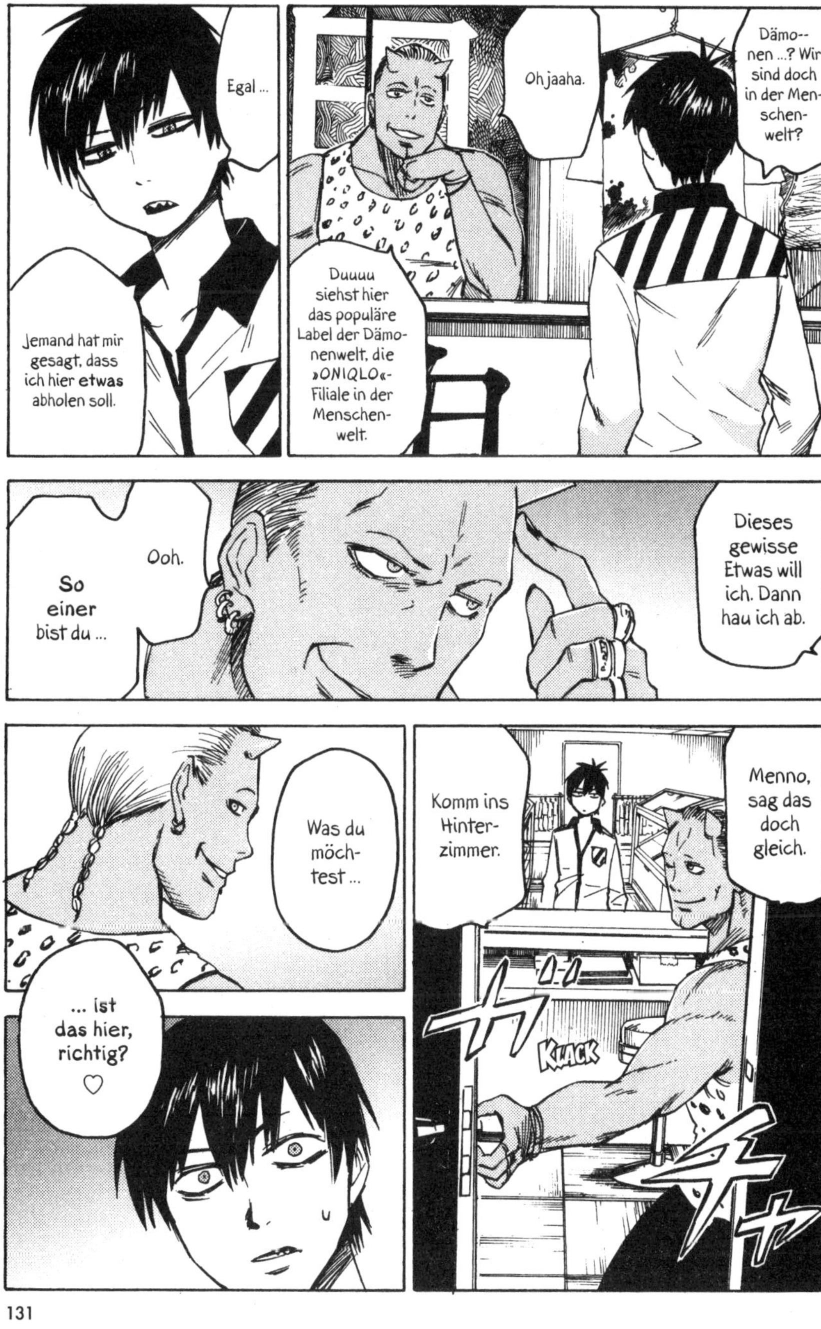
Duuuu siehst hier das populäre Label der Dämonenwelt, die »ONIQLO«-Filiale in der Menschenwelt.
Dämo--nen ...? Wir sind doch in der Menschenwelt?
Oh jaaha.
Egal ...
Jemand hat mir gesagt, dass ich hier **etwas** abholen soll.
Dieses gewisse Etwas will ich. Dann hau ich ab.
Ooh.
**So einer** bist du ...
Menno, sag das doch gleich.
Komm ins Hinterzimmer.
KLACK
Was du möchtest ...
... ist das hier, richtig? ♡

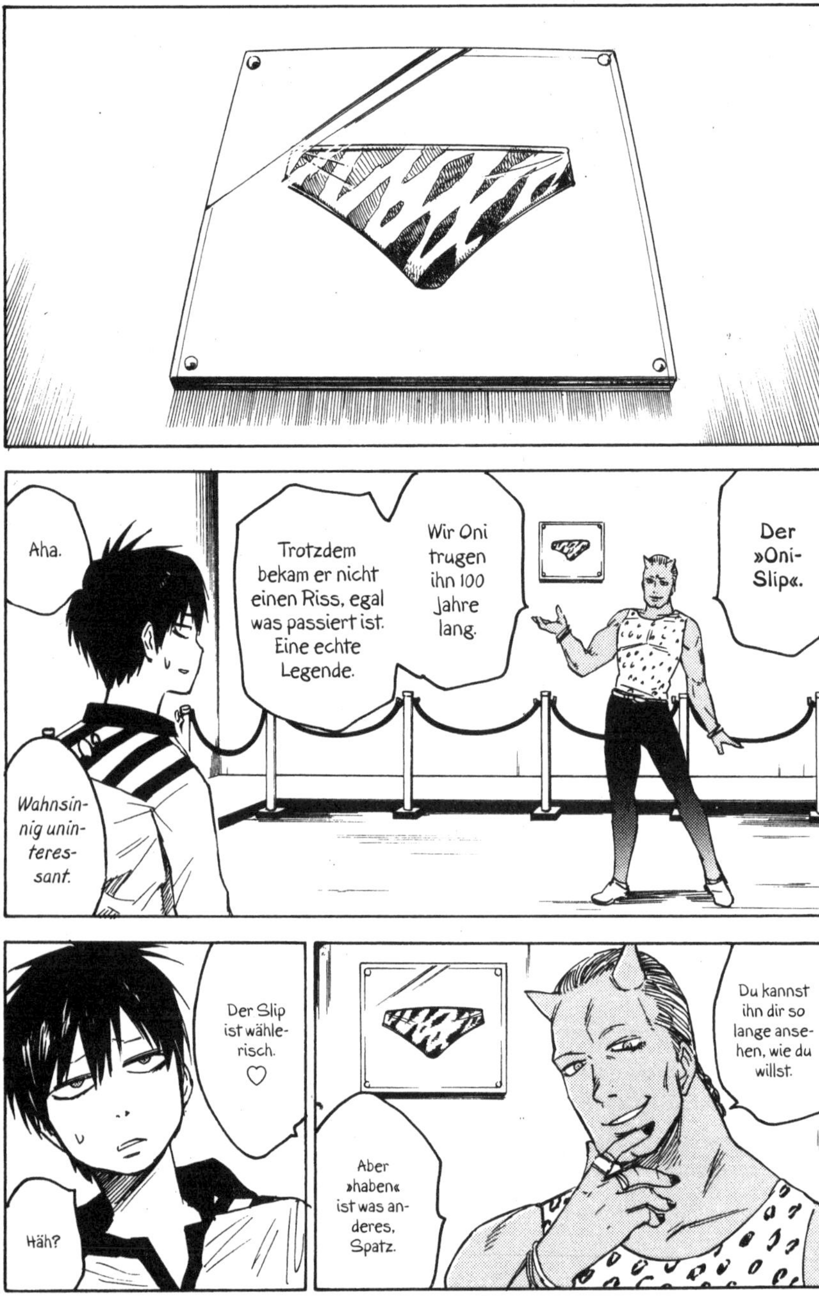
Der »Oni-Slip«.
Wir Oni trugen ihn 100 Jahre lang.
Trotzdem bekam er nicht einen Riss, egal was passiert ist. Eine echte Legende.
Aha.
Wahnsinnig uninteressant.
Du kannst ihn dir so lange ansehen, wie du willst.
Aber »haben« ist was anderes, Spatz.
Der Slip ist wählerisch. ♡
Häh?

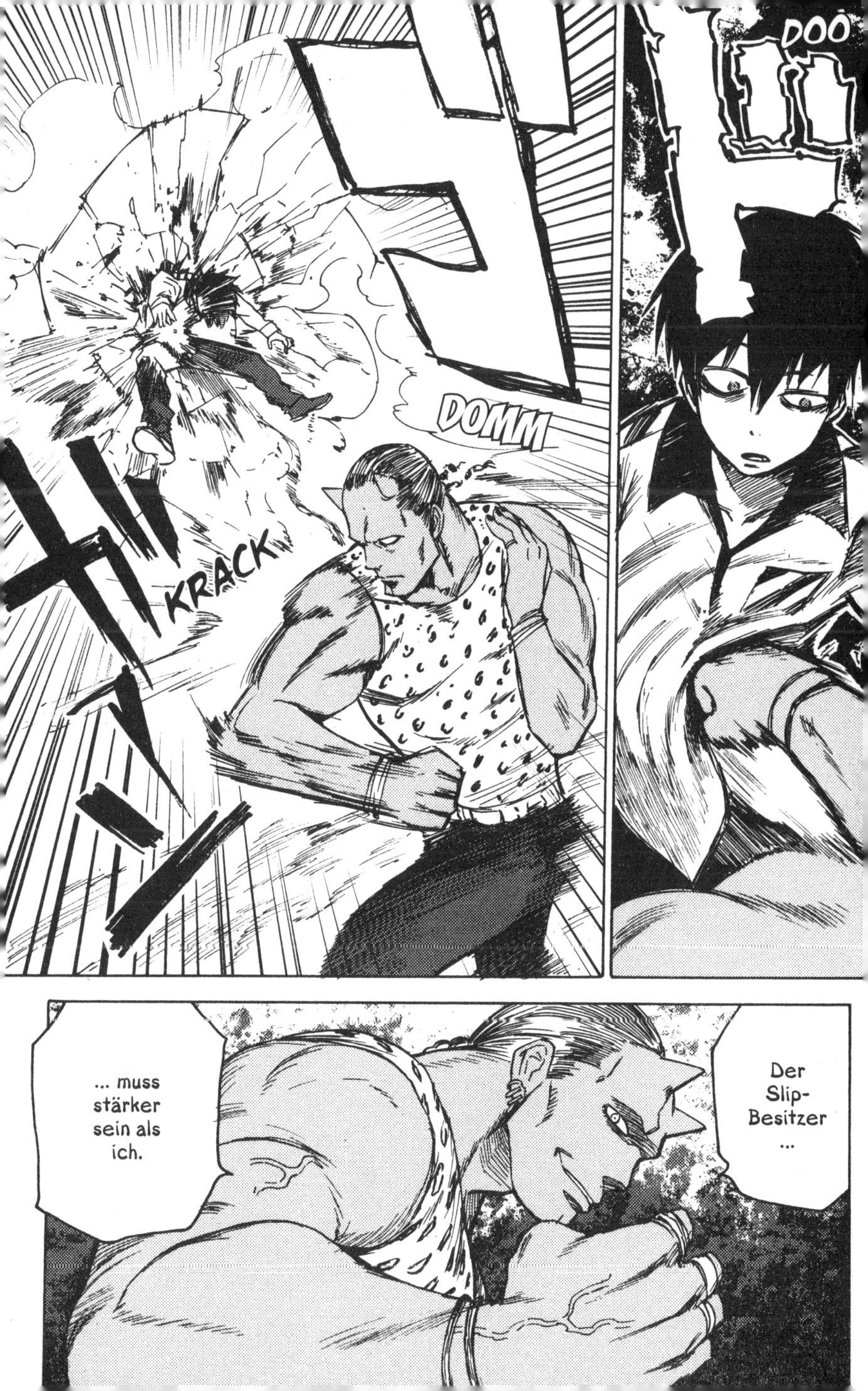
DOO
DOMM
KRACK
Der Slip-Besitzer ...
... muss stärker sein als ich.

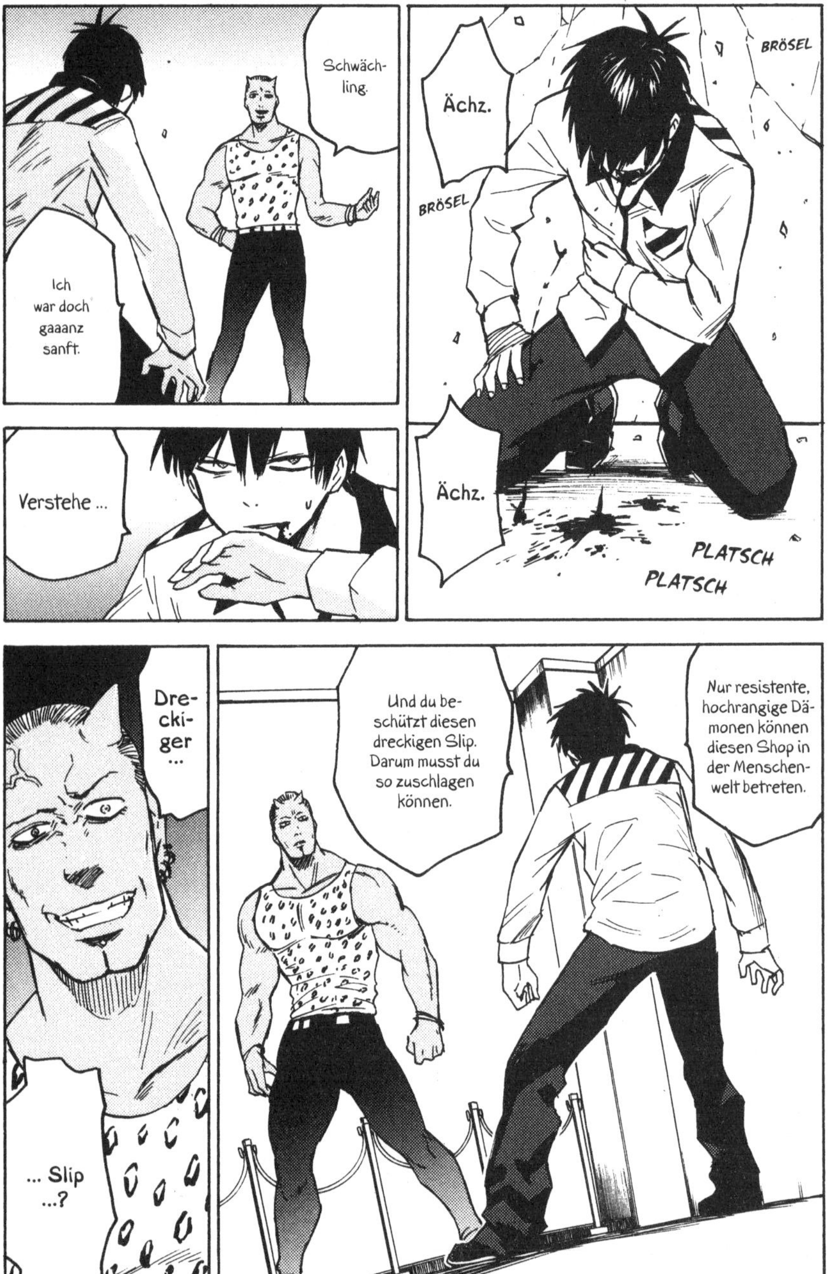
Ächz.
BRÖSEL
BRÖSEL
Ächz.
PLATSCH
PLATSCH
Schwächling.
Ich war doch gaaanz sanft.
Verstehe ...
Nur resistente, hochrangige Dämonen können diesen Shop in der Menschenwelt betreten.
Und du beschützt diesen dreckigen Slip. Darum musst du so zuschlagen können.
Dreckiger ...
... Slip ...?

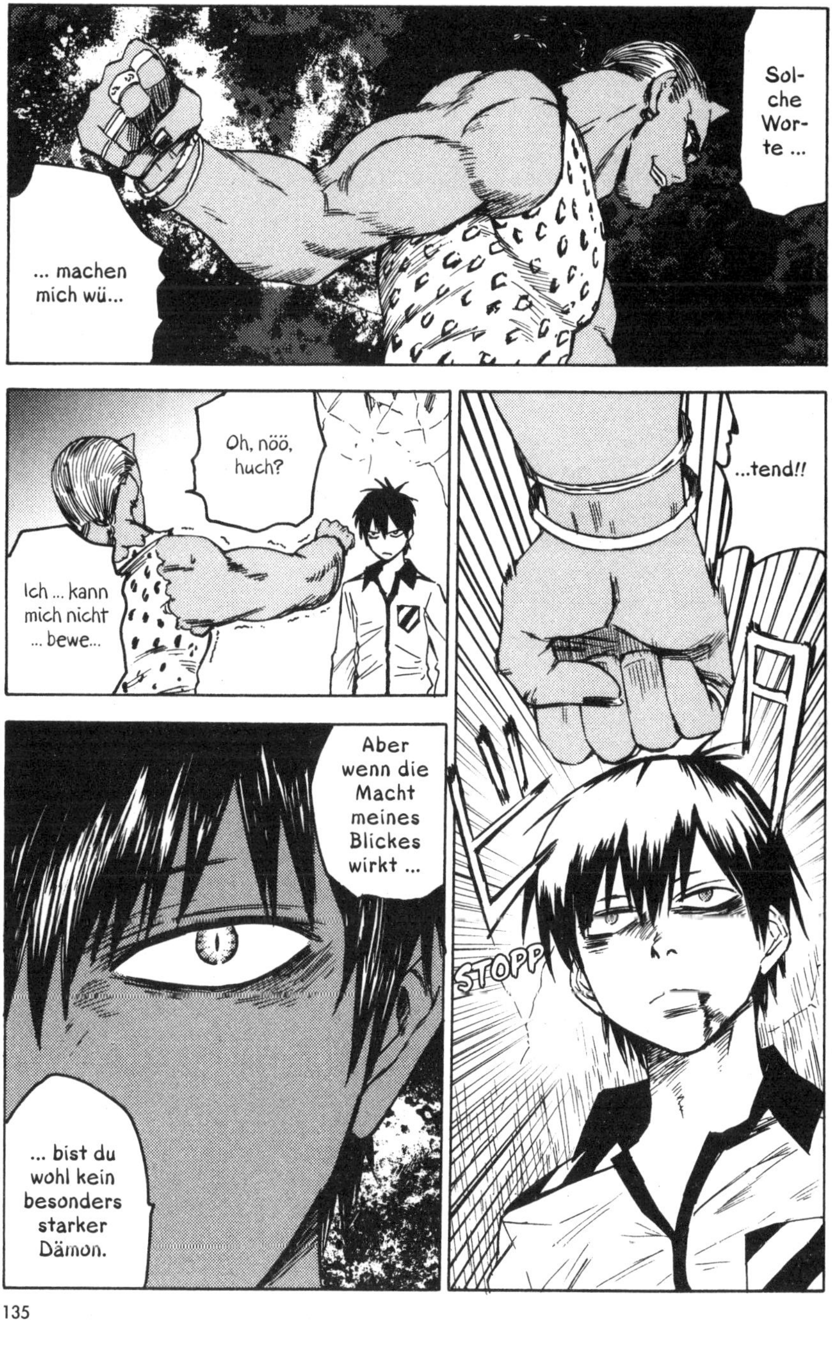
Solche Worte ...
... machen mich wü...
...tend!!
Oh, nöö, huch?
Ich ... kann mich nicht ... bewe...
STOPP
Aber wenn die Macht meines Blickes wirkt ...
... bist du wohl kein besonders starker Dämon.

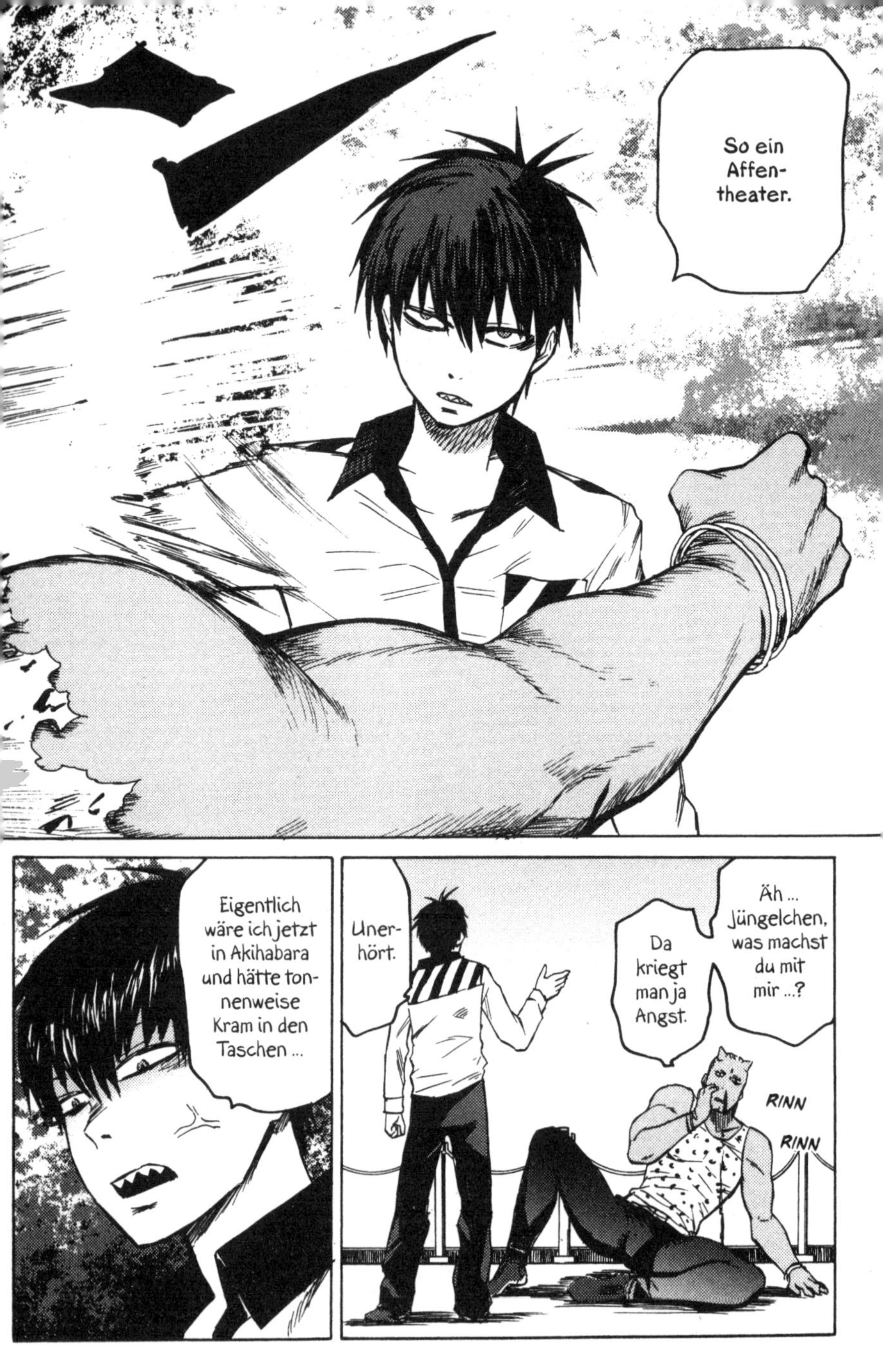
So ein Affentheater.
Äh ... Jüngelchen, was machst du mit mir ...?
Da kriegt man ja Angst.
Unerhört.
RINN
RINN
Eigentlich wäre ich jetzt in Akihabara und hätte tonnenweise Kram in den Taschen ...

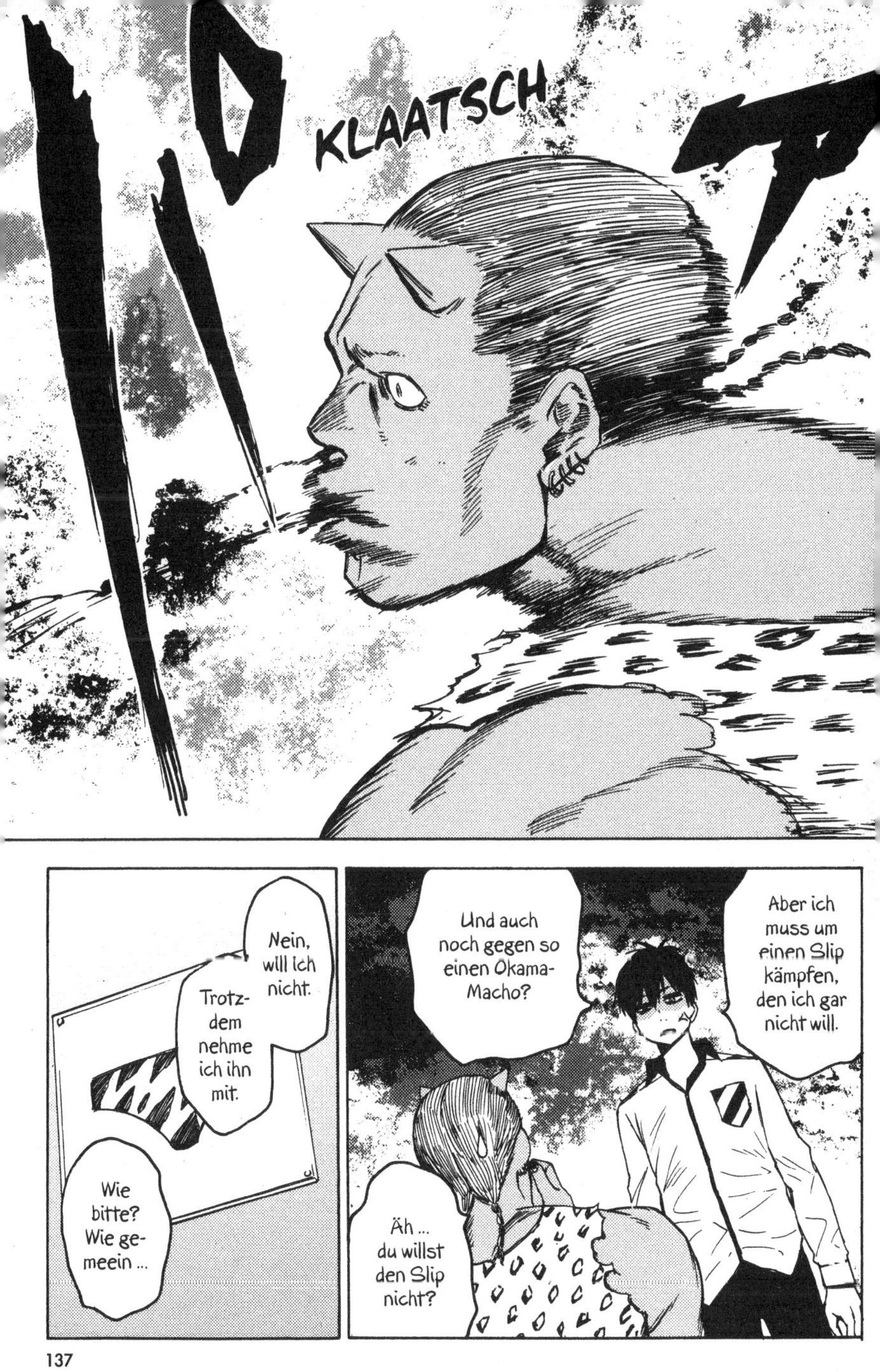
KLAATSCH
Aber ich muss um einen Slip kämpfen, den ich gar nicht will.
Und auch noch gegen so einen Okama-Macho?
Äh ... du willst den Slip nicht?
Nein, will ich nicht.
Trotz-dem nehme ich ihn mit.
Wie bitte? Wie ge-meein ...

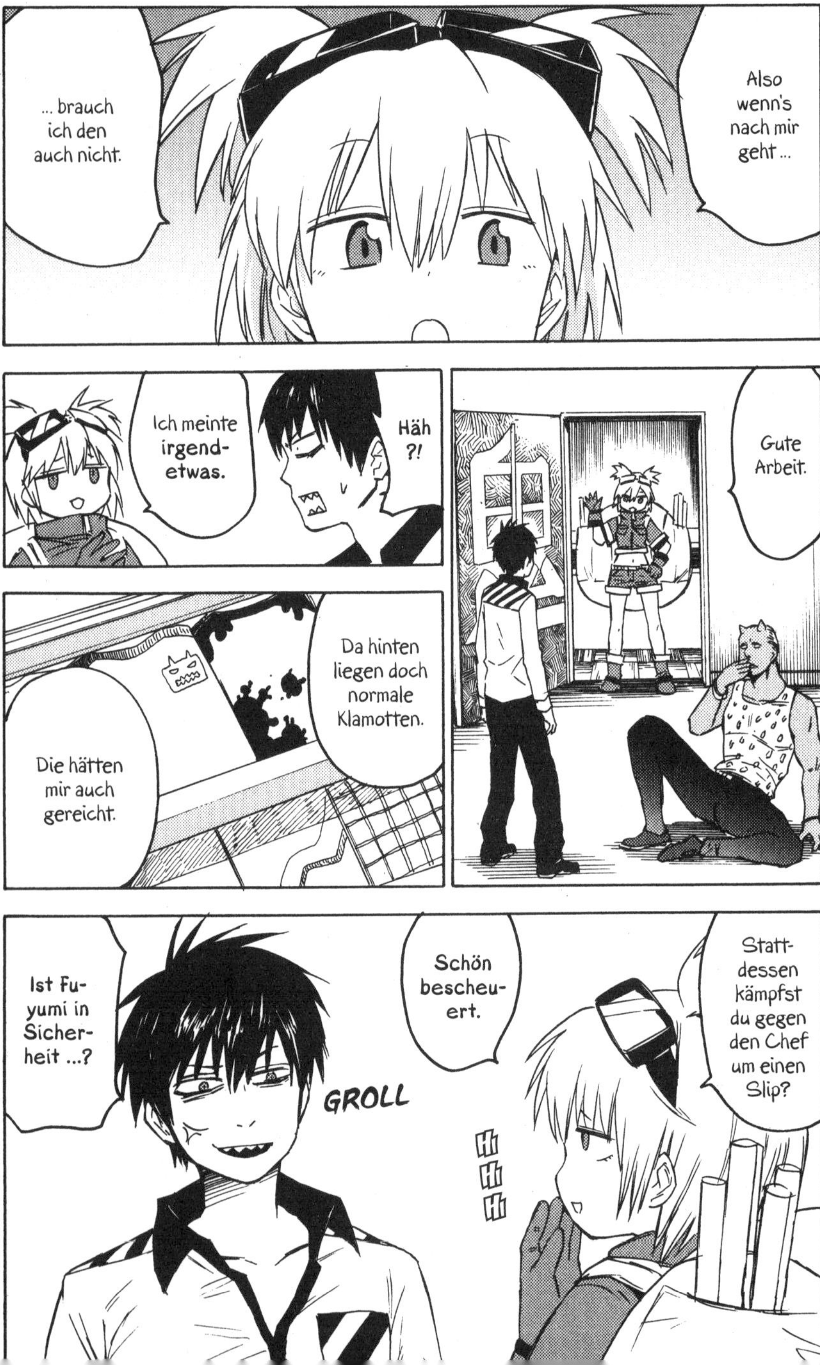
Also wenn's nach mir geht ...
... brauch ich den auch nicht.
Gute Arbeit.
Häh ?!
Ich meinte irgend-etwas.
Da hinten liegen doch normale Klamotten.
Die hätten mir auch gereicht.
Statt-dessen kämpfst du gegen den Chef um einen Slip?
Schön bescheu-ert.
Hi Hi Hi
GROLL
Ist Fu-yumi in Sicher-heit ...?

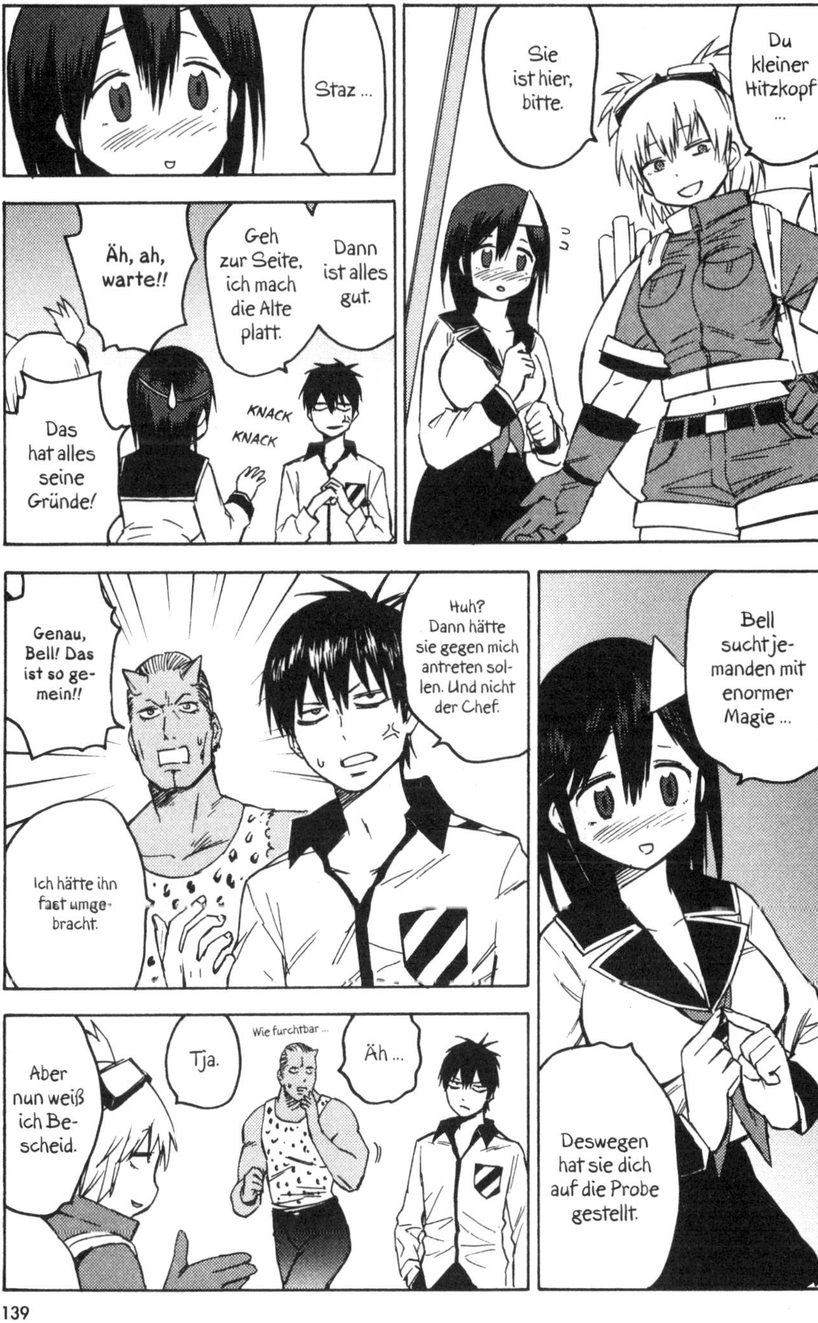

Du kleiner Hitzkopf ...
Sie ist hier, bitte.
Staz ...
Dann ist alles gut.
Geh zur Seite, ich mach die Alte platt.
Äh, ah, warte!!
KNACK
KNACK
Das hat alles seine Gründe!
Bell sucht jemanden mit enormer Magie ...
Deswegen hat sie dich auf die Probe gestellt.
Huh? Dann hätte sie gegen mich antreten sollen. Und nicht der Chef.
Genau, Bell! Das ist so gemein!!
Ich hätte ihn fast umgebracht.
Äh ...
Wie furchtbar ...
Tja.
Aber nun weiß ich Bescheid.

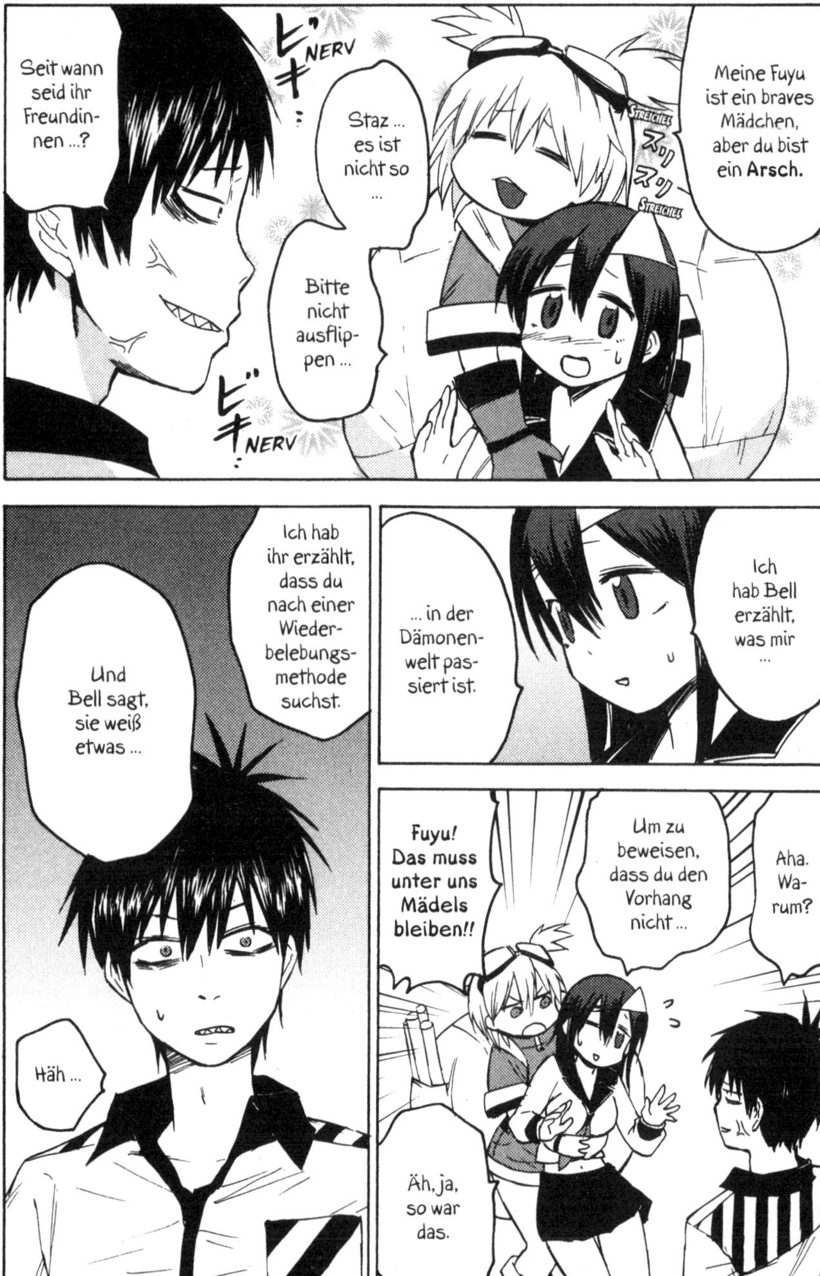
Meine Fuyu ist ein braves Mädchen, aber du bist ein **Arsch.**
STREICHEL
STREICHEL
Staz ... es ist nicht so ...
Bitte nicht ausflippen ...
NERV
NERV
Seit wann seid ihr Freundinnen ...?
Ich hab Bell erzählt, was mir ...
... in der Dämonenwelt passiert ist.
Ich hab ihr erzählt, dass du nach einer Wiederbelebungsmethode suchst.
Und Bell sagt, sie weiß etwas ...
Häh ...
Aha. Warum?
Um zu beweisen, dass du den Vorhang nicht ...
**Fuyu! Das muss unter uns Mädels bleiben!!**
Äh, ja, so war das.

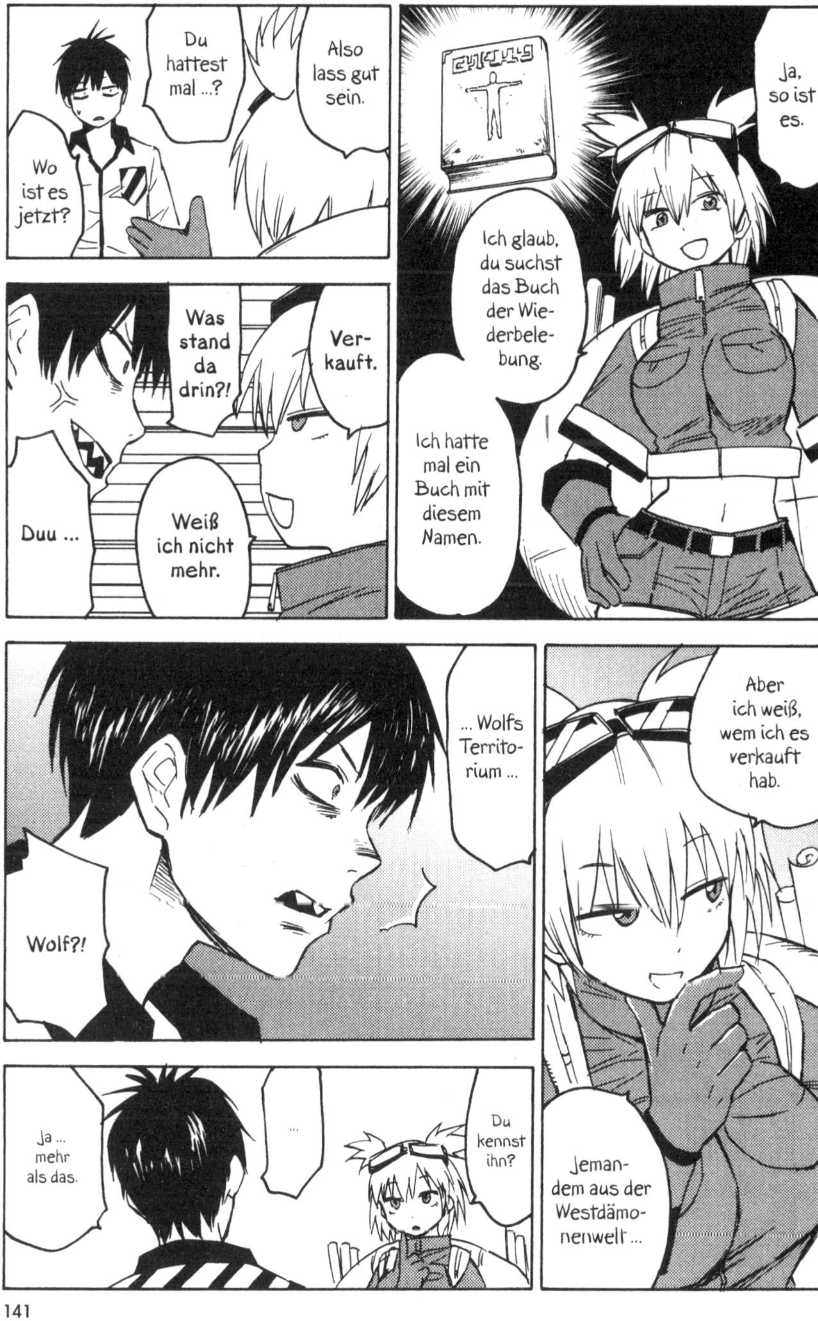
Ja, so ist es.
Ich glaub, du suchst das Buch der Wiederbelebung.
Ich hatte mal ein Buch mit diesem Namen.
Also lass gut sein.
Du hattest mal ...?
Wo ist es jetzt?
Verkauft.
Was stand da drin?!
Weiß ich nicht mehr.
Duu ...
Aber ich weiß, wem ich es verkauft hab.
Jemandem aus der Westdämonenwelt ...
... Wolfs Territorium ...
Wolf?!
Du kennst ihn?
...
Ja ... mehr als das.

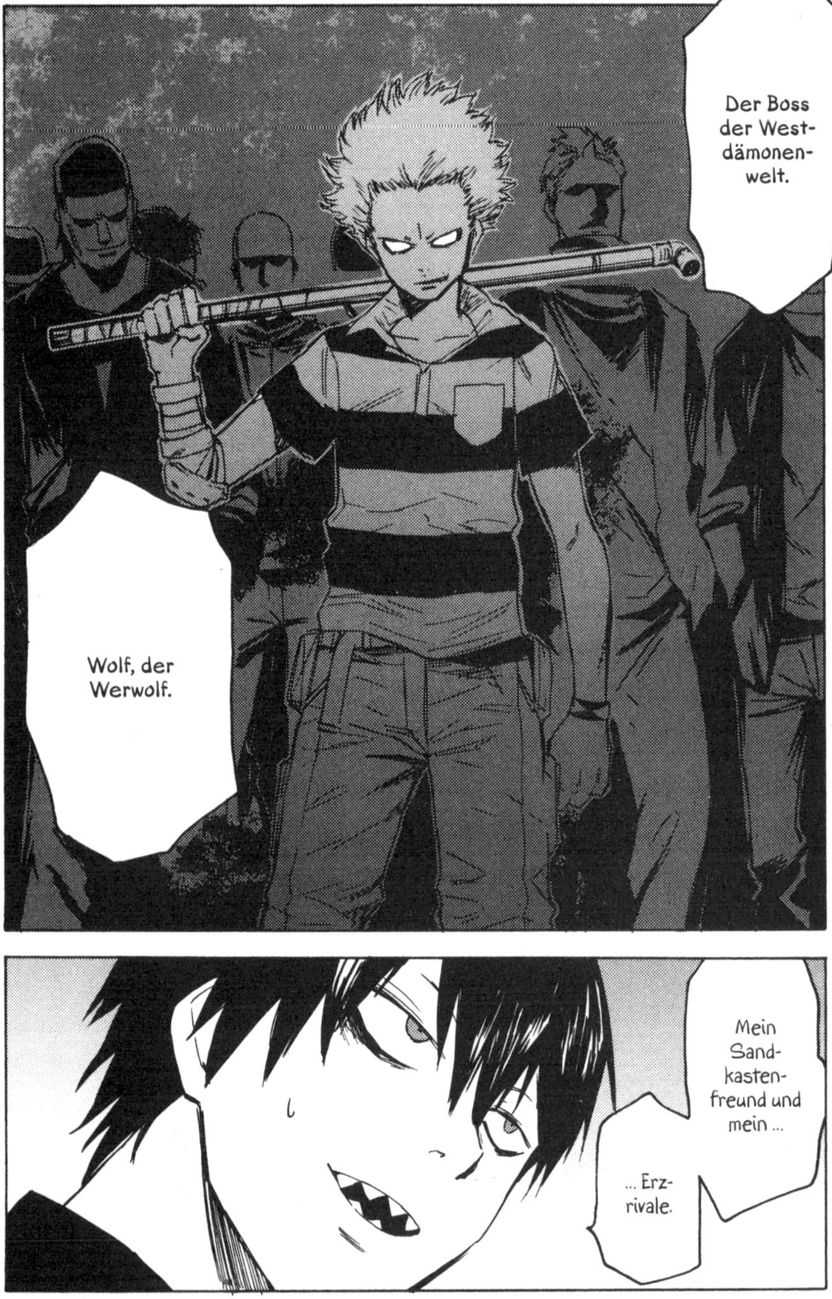


FORTSETZUNG FOLGT

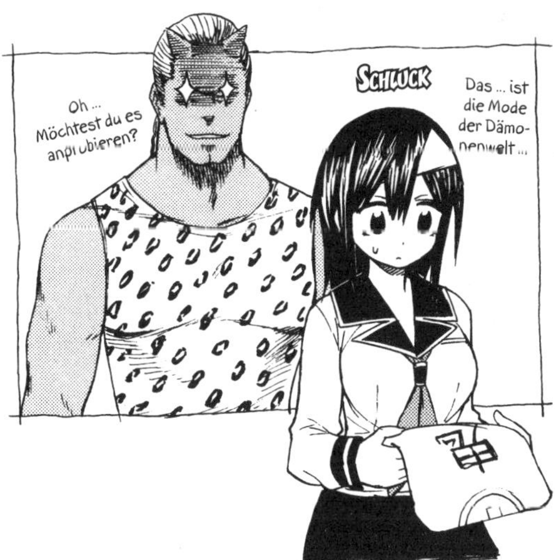
Das ... ist die Mode der Dämonenwelt ...
SCHLUCK
Oh ... Möchtest du es anprobieren?

blood lad

EXTREME

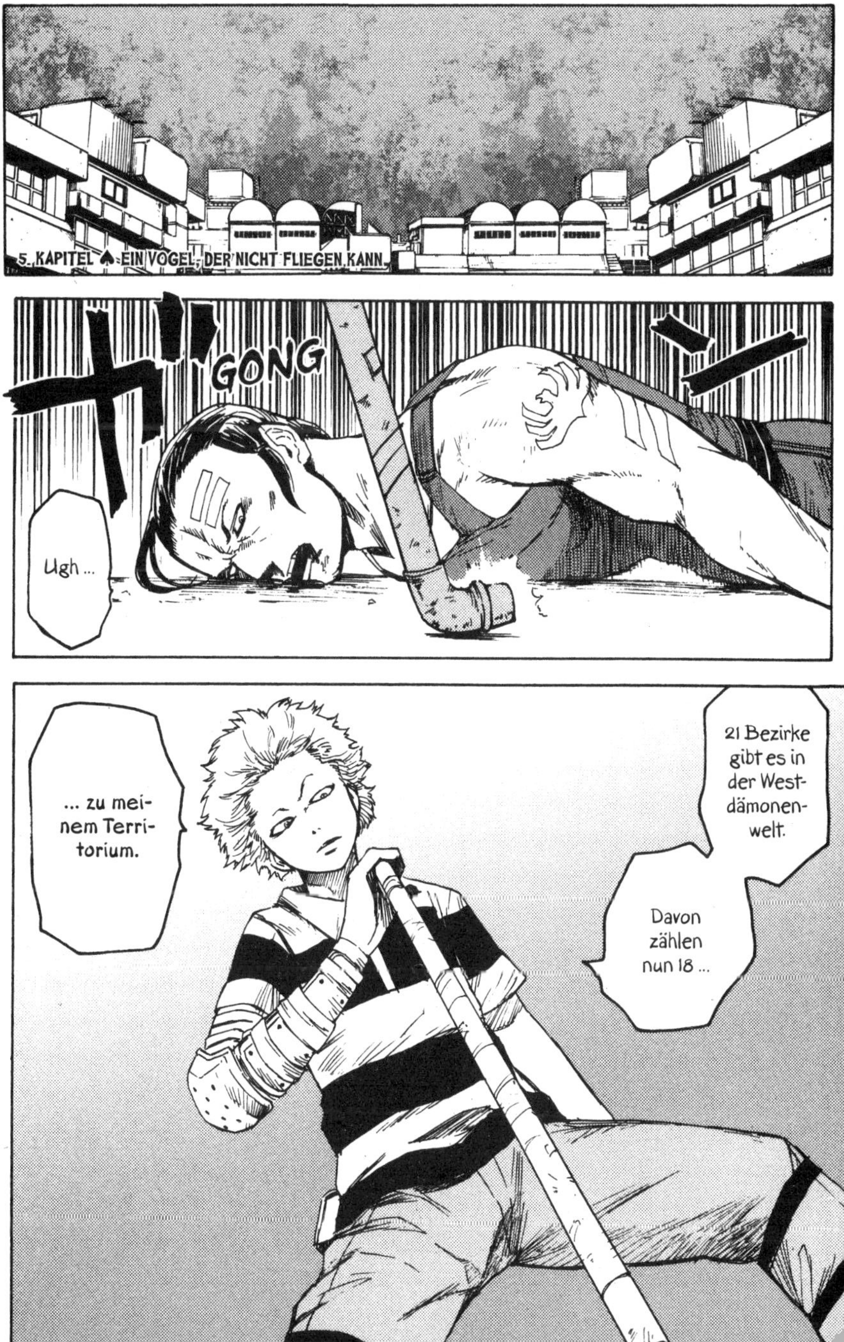
5. KAPITEL ♠ EIN VOGEL, DER NICHT FLIEGEN KANN
GONG
Ugh ...
21 Bezirke gibt es in der Westdämonenwelt.
Davon zählen nun 18 ...
... zu meinem Territorium.

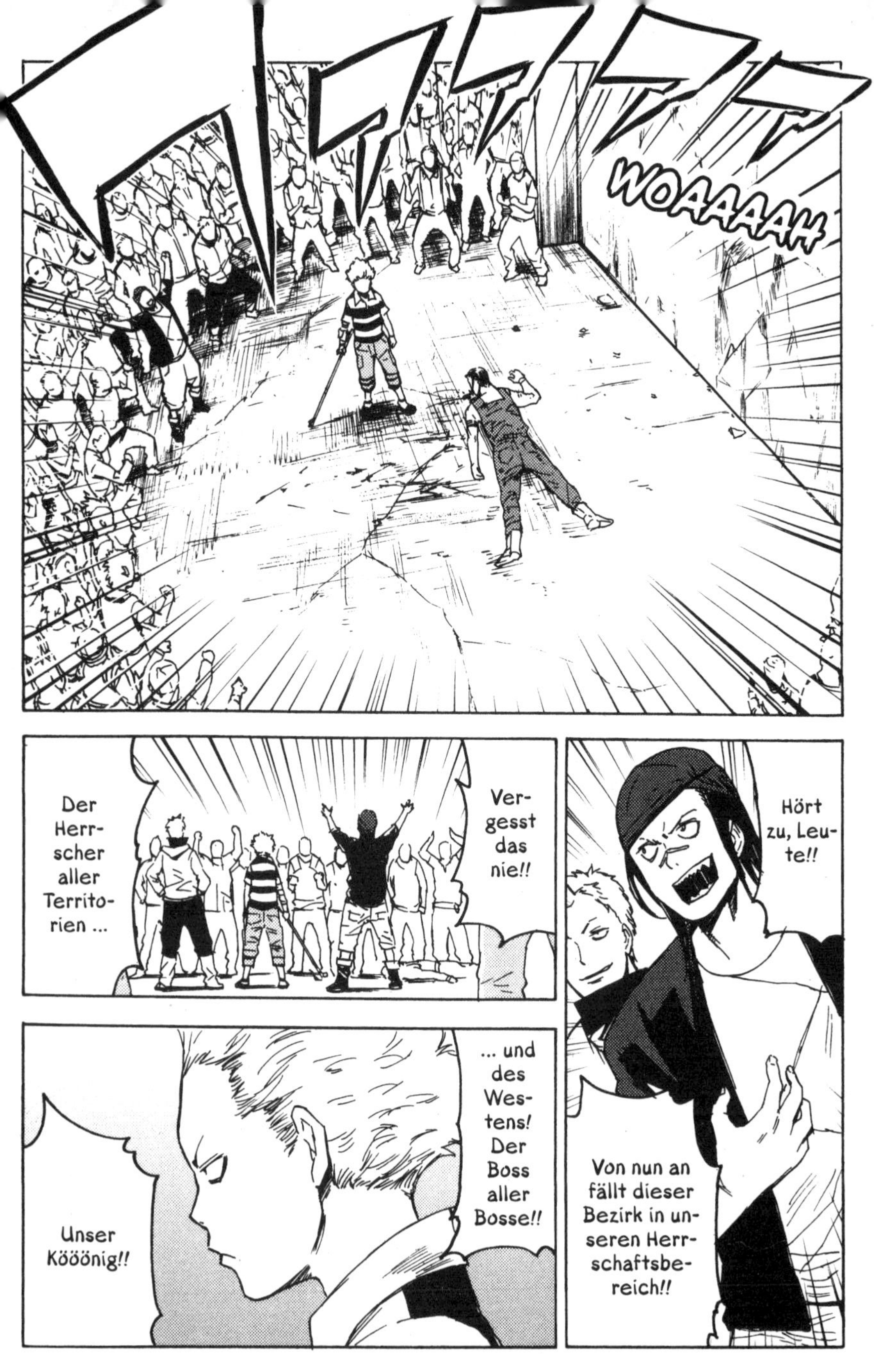
WOAAAAH
Hört zu, Leute!!
Von nun an fällt dieser Bezirk in unseren Herrschaftsbereich!!
Vergesst das nie!!
Der Herrscher aller Territorien ...
... und des Westens! Der Boss aller Bosse!!
Unser Kööönig!!

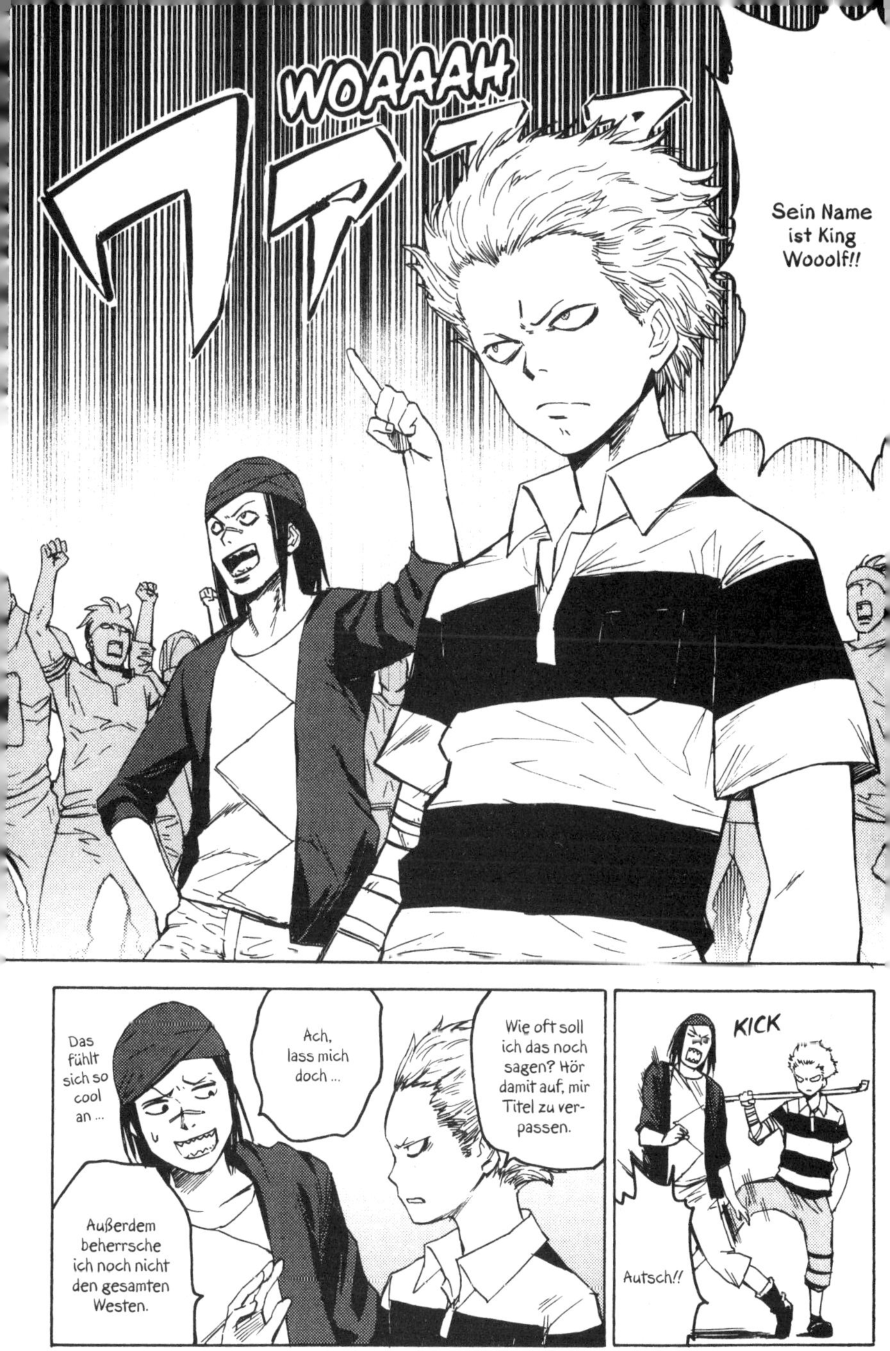
WOAAAH
Sein Name ist King Wooolf!!
Das fühlt sich so cool an ...
Ach, lass mich doch ...
Wie oft soll ich das noch sagen? Hör damit auf, mir Titel zu verpassen.
Außerdem beherrsche ich noch nicht den gesamten Westen.
KICK
Autsch!!

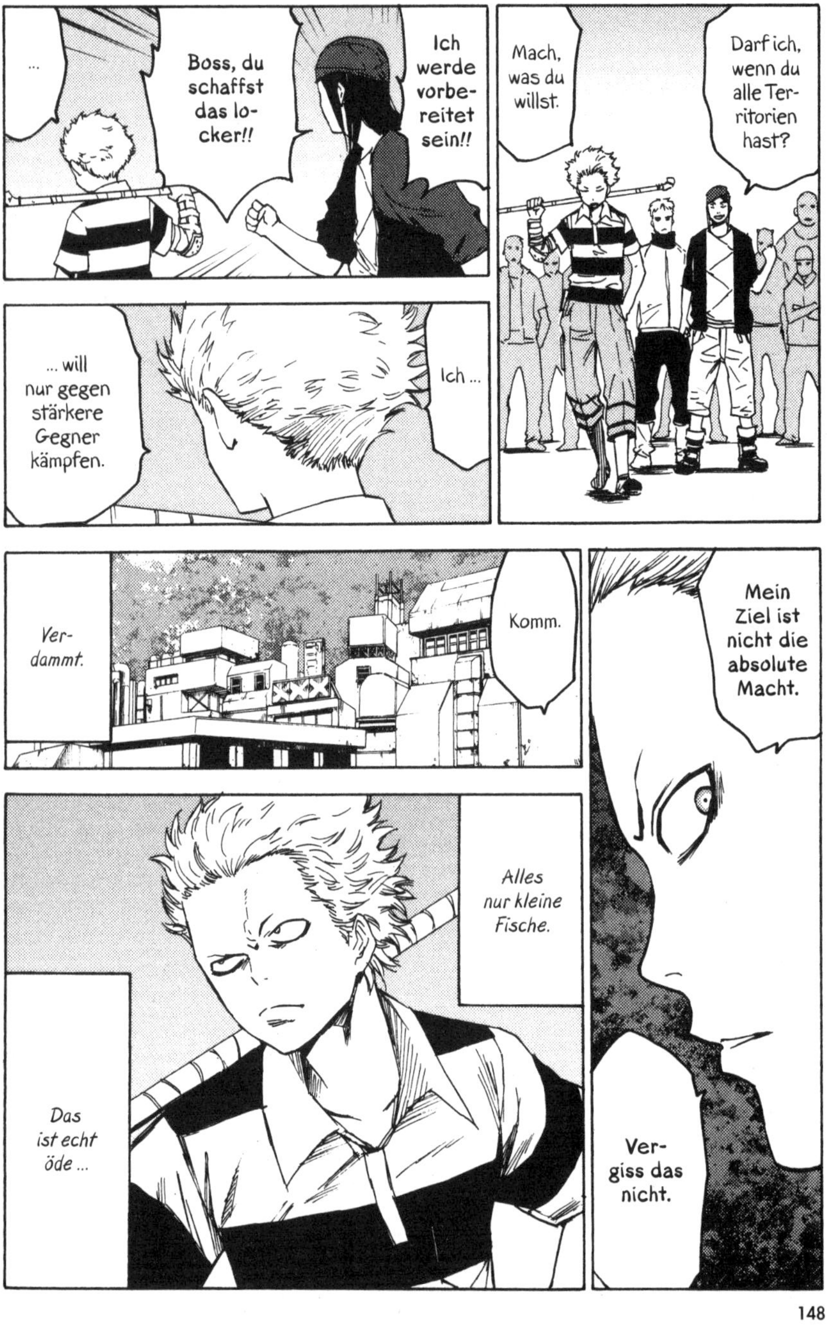
Darf ich, wenn du alle Territorien hast?
Mach, was du willst.
Ich werde vorbereitet sein!!
Boss, du schaffst das locker!!
...
Ich ...
... will nur gegen stärkere Gegner kämpfen.
Mein Ziel ist nicht die absolute Macht.
Komm.
Verdammt.
Alles nur kleine Fische.
Das ist echt öde ...
Vergiss das nicht.

## 5. KAPITEL ♠ EIN VOGEL, DER NICHT FLIEGEN KANN

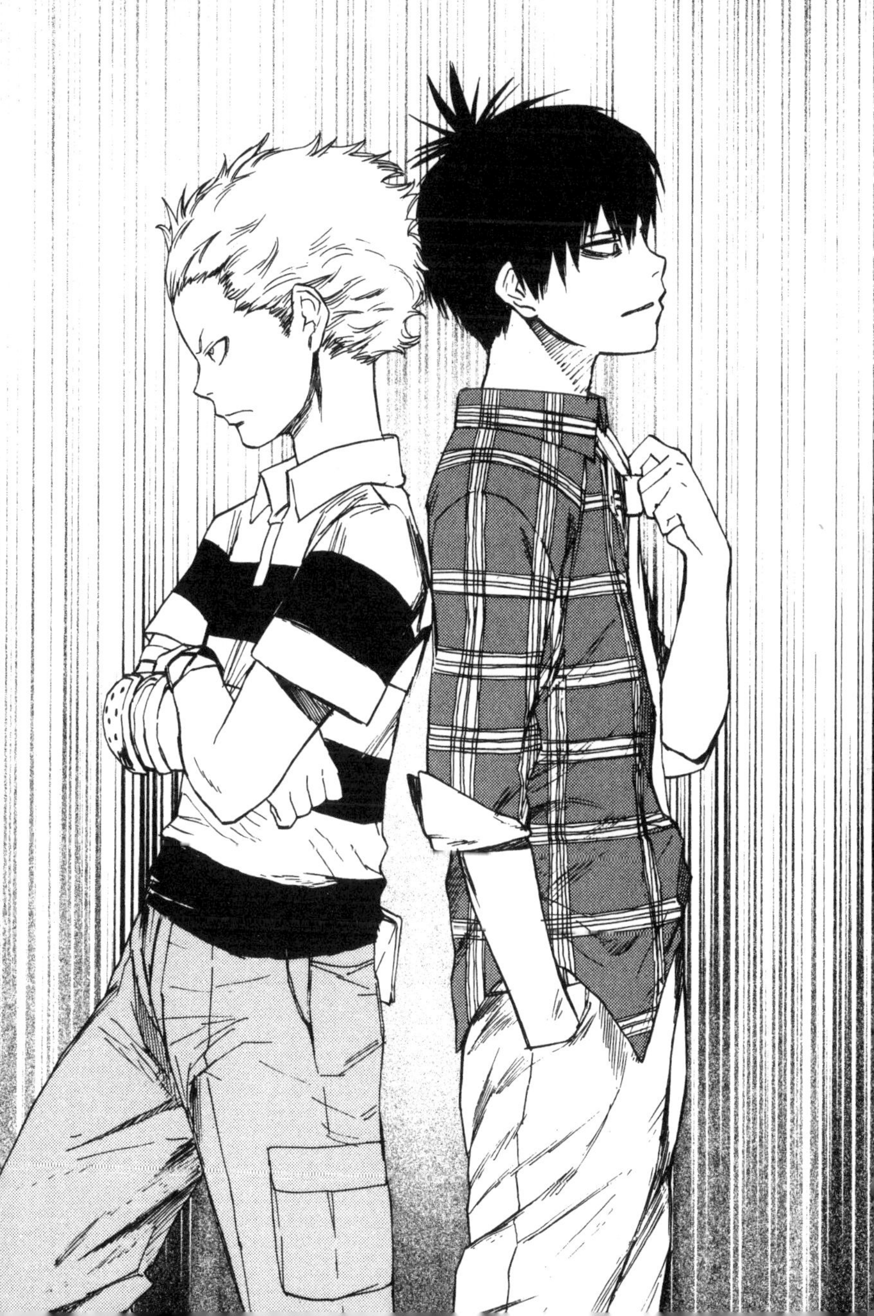

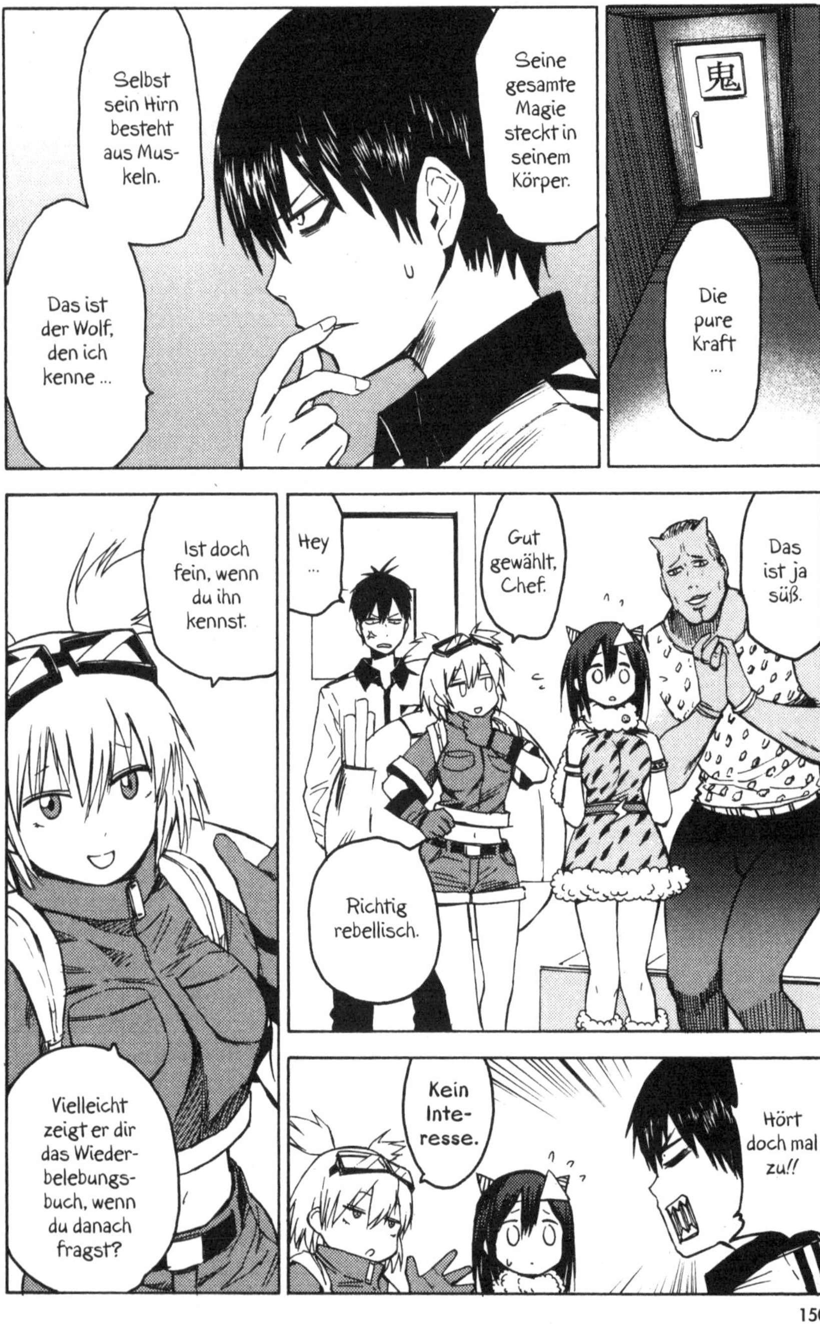
Die pure Kraft ...
Seine gesamte Magie steckt in seinem Körper.
Selbst sein Hirn besteht aus Muskeln.
Das ist der Wolf, den ich kenne ...
Das ist ja süß.
Gut gewählt, Chef.
Hey ...
Richtig rebellisch.
Ist doch fein, wenn du ihn kennst.
Vielleicht zeigt er dir das Wiederbelebungsbuch, wenn du danach fragst?
Kein Interesse.
Hört doch mal zu!!

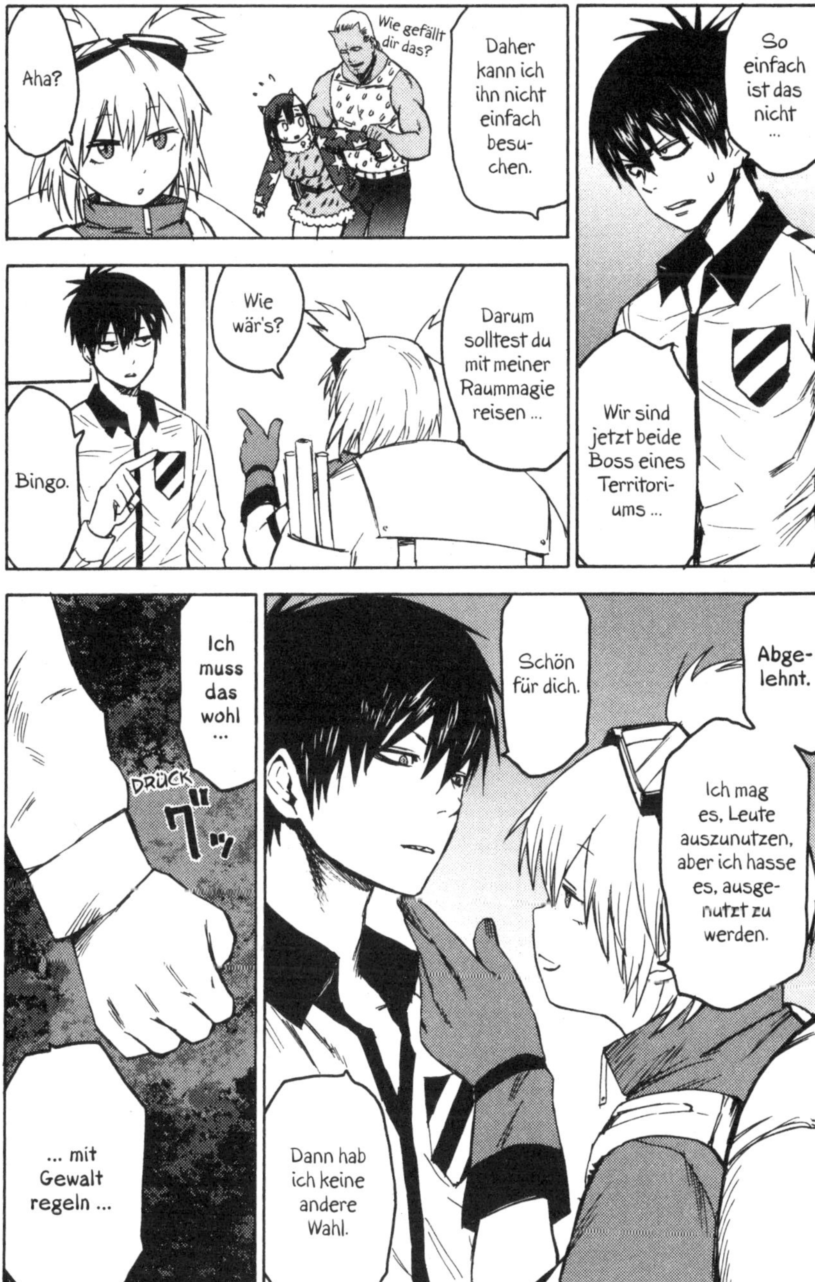
So einfach ist das nicht ...
Wir sind jetzt beide Boss eines Territoriums ...
Daher kann ich ihn nicht einfach besuchen.
Wie gefällt dir das?
Aha?
Darum solltest du mit meiner Raummagie reisen ...
Wie wär's?
Bingo.
Abgelehnt.
Ich mag es, Leute auszunutzen, aber ich hasse es, ausgenutzt zu werden.
Schön für dich.
Dann hab ich keine andere Wahl.
Ich muss das wohl ...
DRÜCK
... mit Gewalt regeln ...

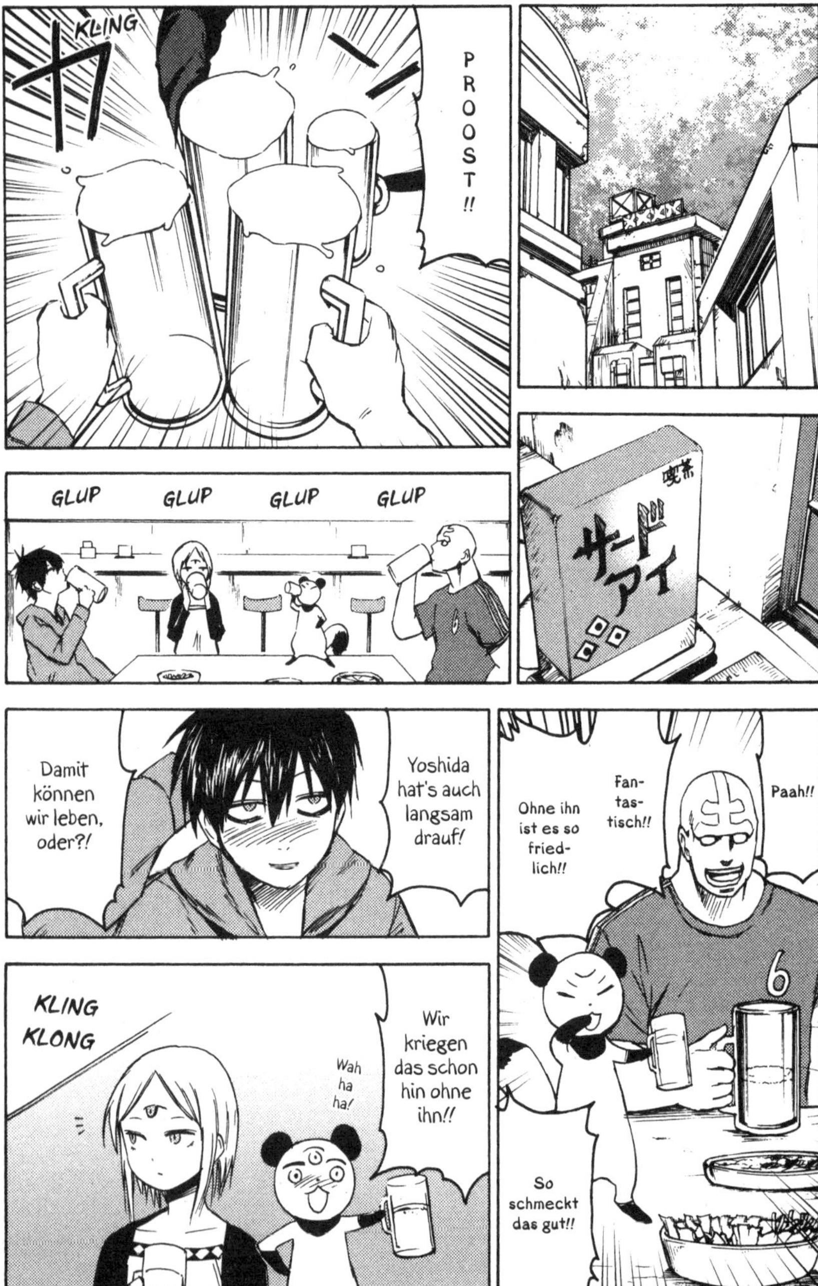
KLING
PROOST!!
喫茶
サードアイ
GLUP GLUP GLUP GLUP
Paah!!
Fantastisch!!
Ohne ihn ist es so friedlich!!
So schmeckt das gut!!
Yoshida hat's auch langsam drauf!
Damit können wir leben, oder?!
Wir kriegen das schon hin ohne ihn!!
Wah ha ha!
KLING KLONG

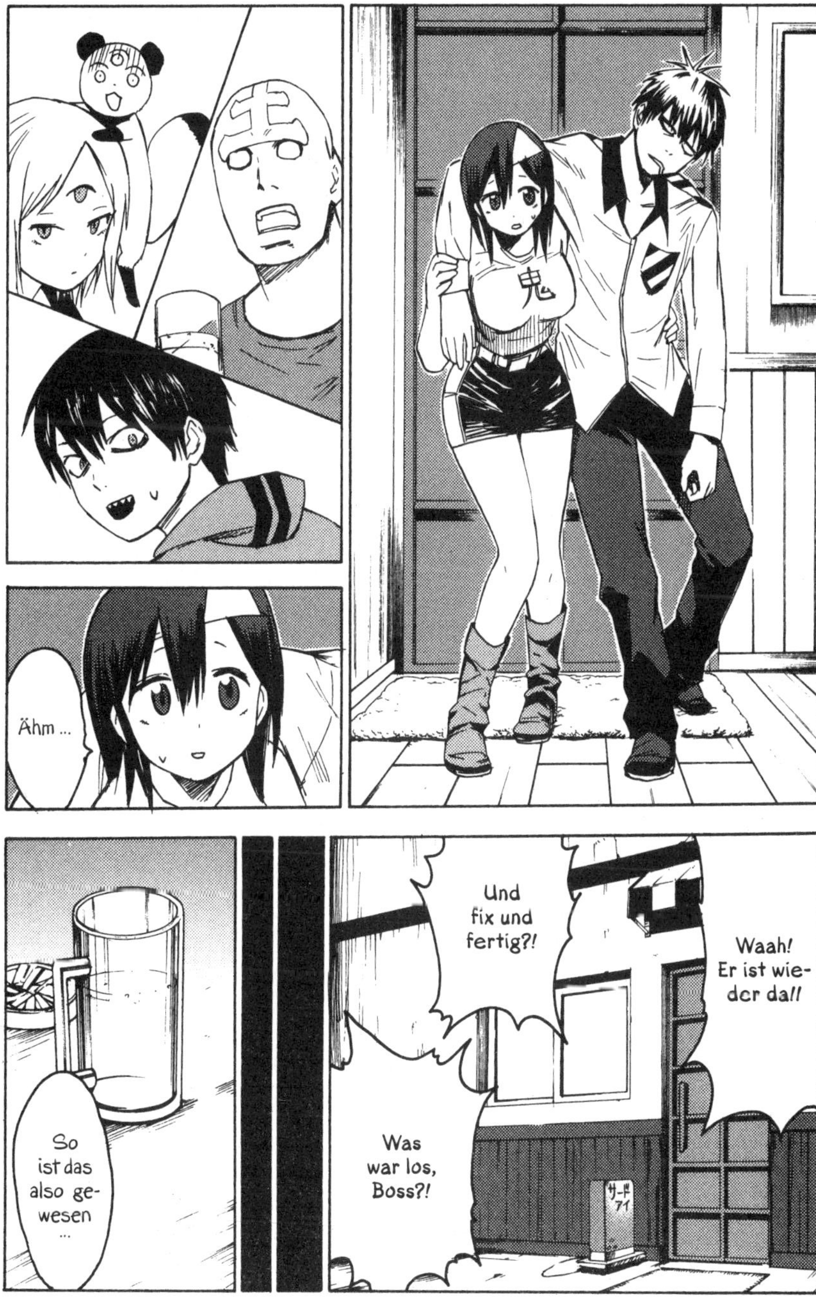
Ähm ...
Waah! Er ist wie-der da!!
Und fix und fertig?!
Was war los, Boss?!
So ist das also ge-wesen ...

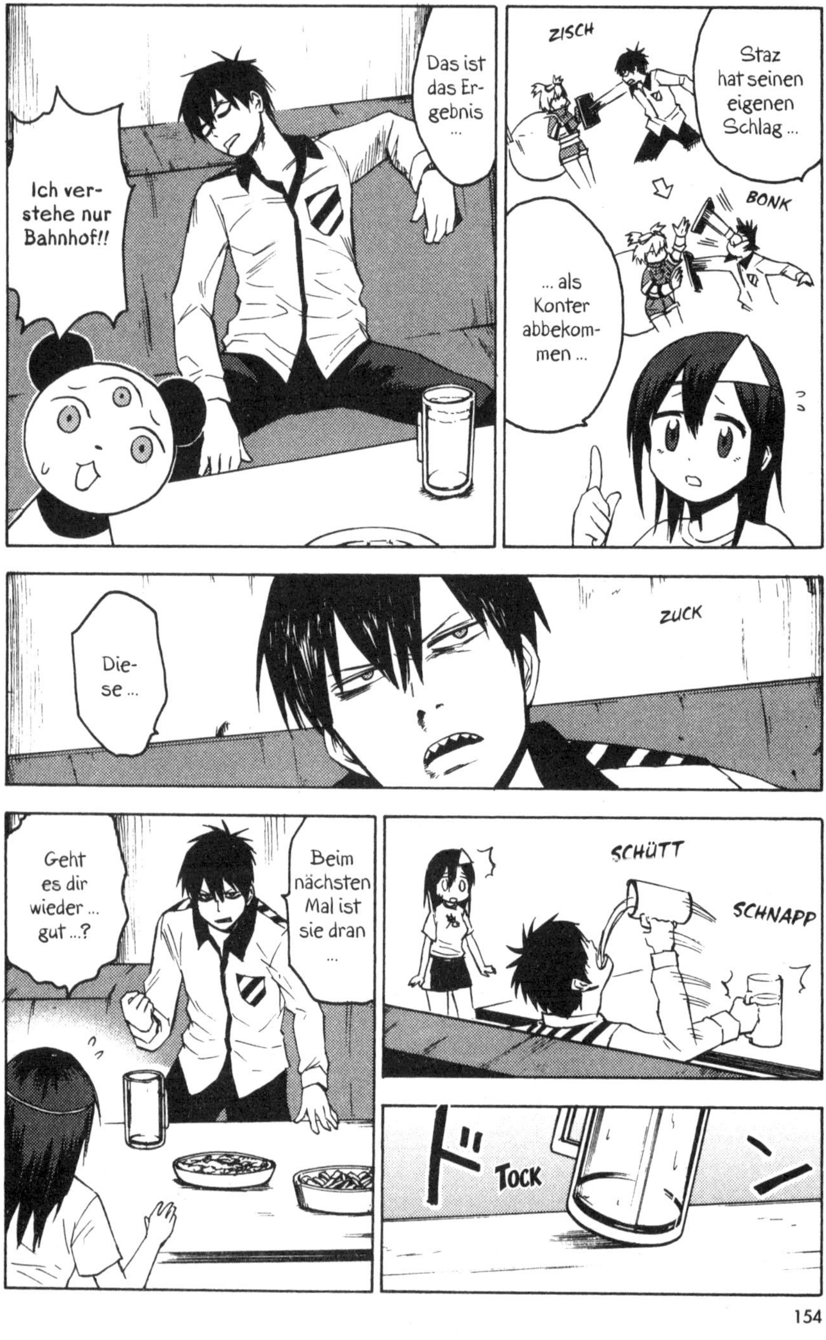
ZISCH
Staz hat seinen eigenen Schlag ...
BONK
... als Konter abbekommen ...
Das ist das Ergebnis ...
Ich verstehe nur Bahnhof!!
ZUCK
Diese ...
SCHÜTT
SCHNAPP
TOCK
Beim nächsten Mal ist sie dran ...
Geht es dir wieder ... gut ...?

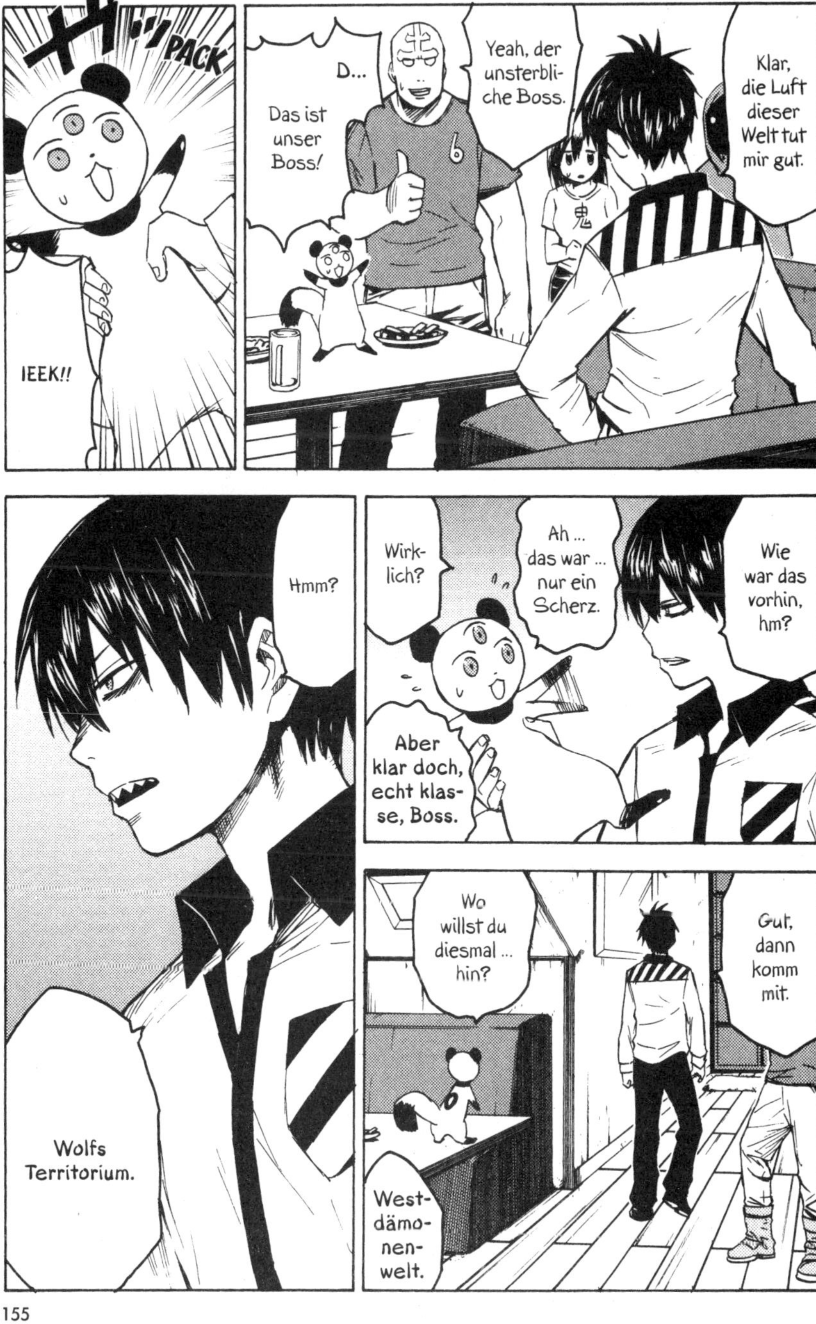
Klar, die Luft dieser Welt tut mir gut.
Yeah, der unsterbliche Boss.
D...
Das ist unser Boss!
PACK
IEEK!!
Wie war das vorhin, hm?
Ah ... das war ... nur ein Scherz.
Wirk-lich?
Aber klar doch, echt klas-se, Boss.
Gut, dann komm mit.
Wo willst du diesmal ... hin?
West-dämo-nen-welt.
Hmm?
Wolfs Territorium.

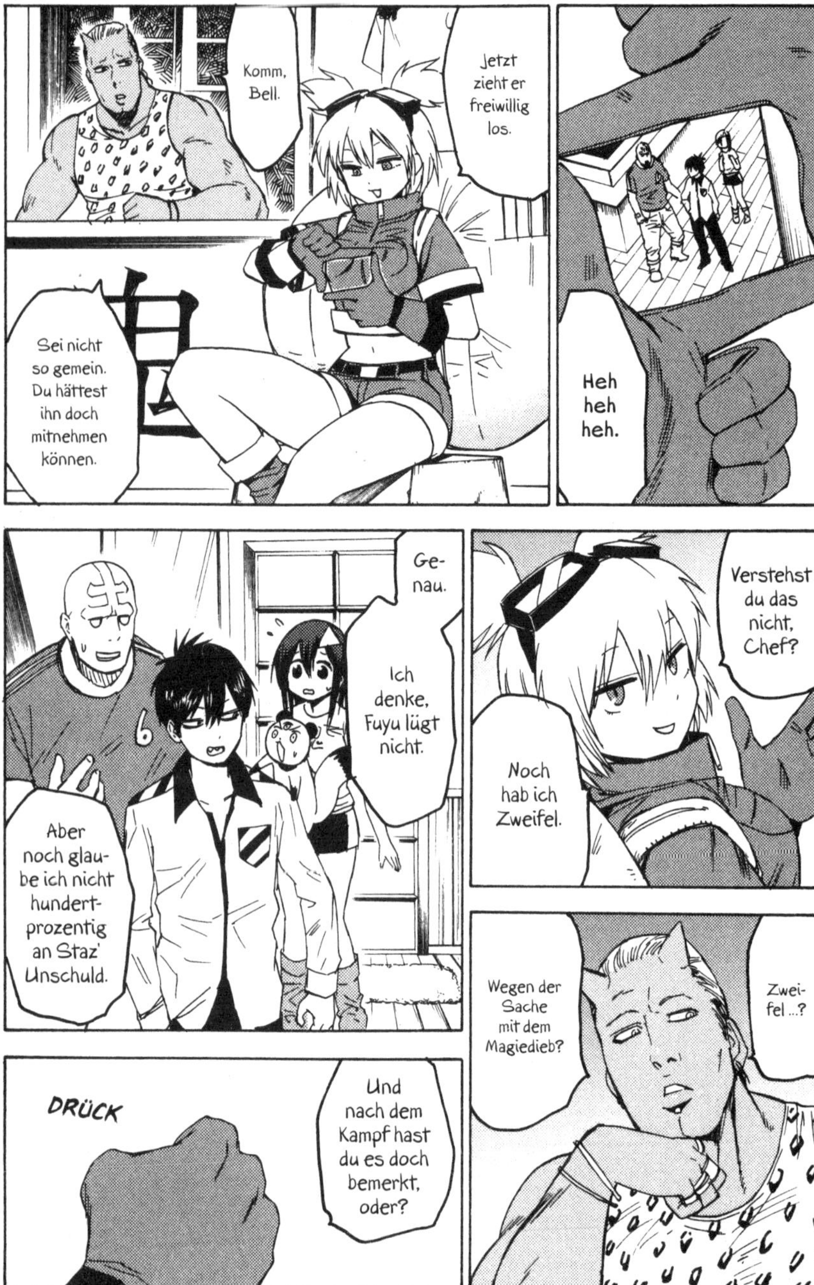
Heh heh heh.
Jetzt zieht er freiwillig los.
Komm, Bell.
Sei nicht so gemein. Du hättest ihn doch mitnehmen können.
Verstehst du das nicht, Chef?
Noch hab ich Zweifel.
Ge-nau.
Ich denke, Fuyu lügt nicht.
Aber noch glau-be ich nicht hundert-prozentig an Staz' Unschuld.
Zwei-fel ...?
Wegen der Sache mit dem Magiedieb?
DRÜCK
Und nach dem Kampf hast du es doch bemerkt, oder?

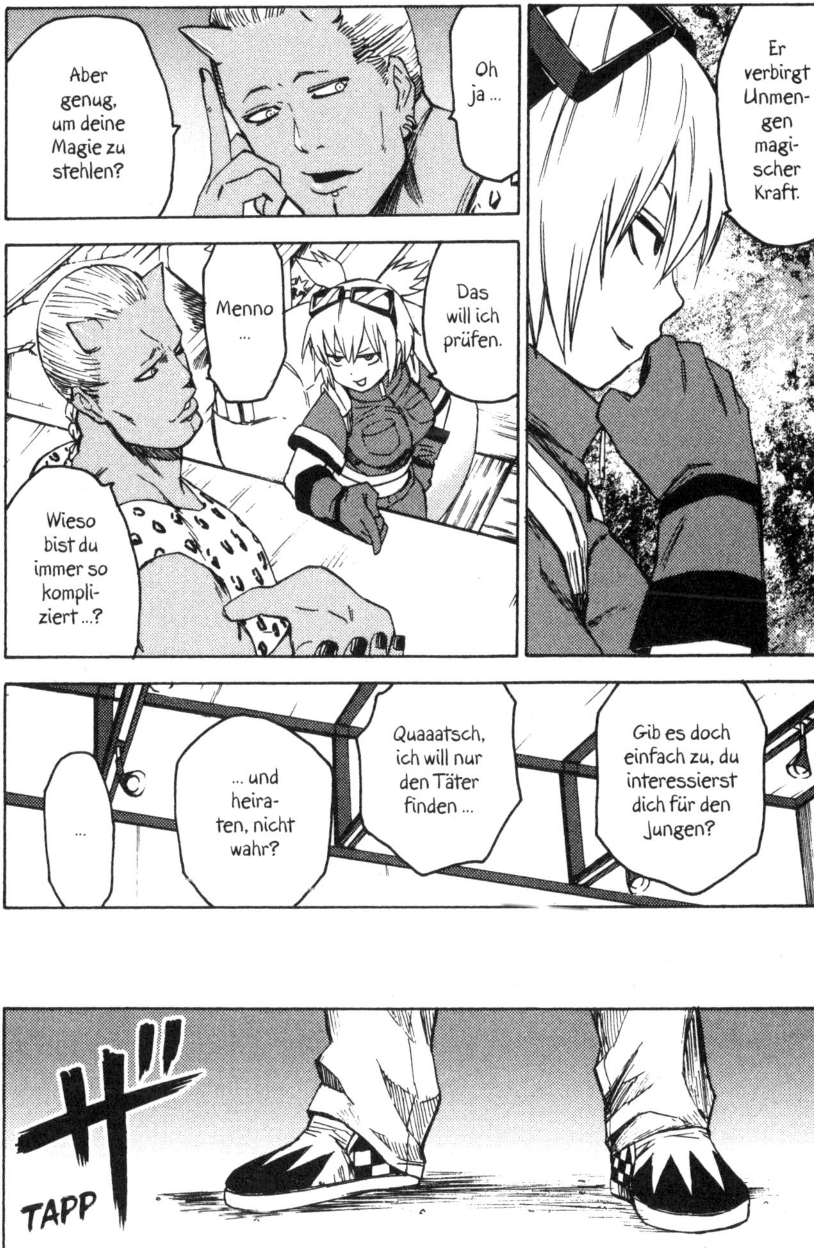
Er verbirgt Unmengen magischer Kraft.
Oh ja ...
Aber genug, um deine Magie zu stehlen?
Das will ich prüfen.
Menno ...
Wieso bist du immer so kompliziert ...?
Gib es doch einfach zu, du interessierst dich für den Jungen?
Quaaatsch, ich will nur den Täter finden ...
... und heiraten, nicht wahr?
...
TAPP

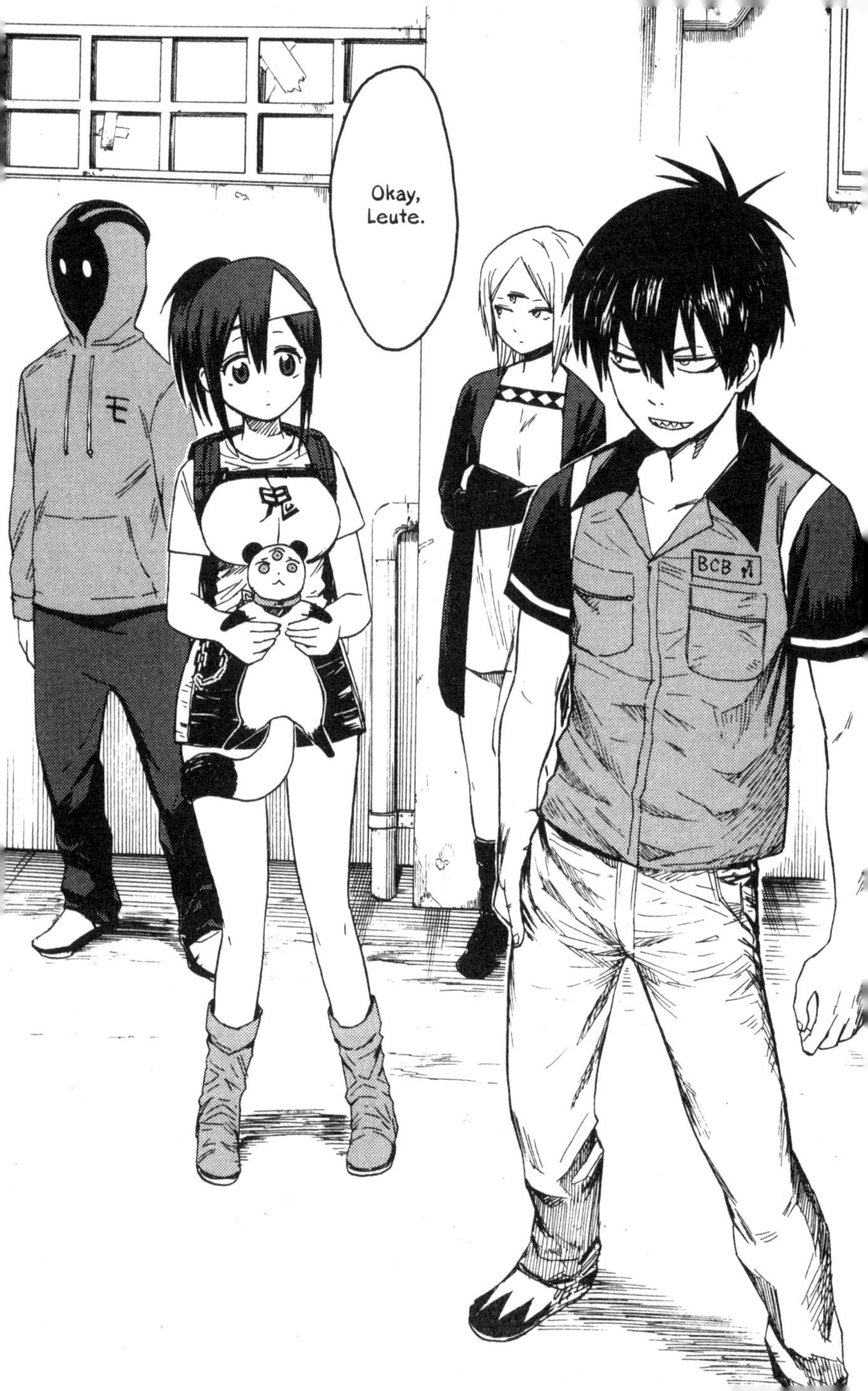
Okay, Leute.

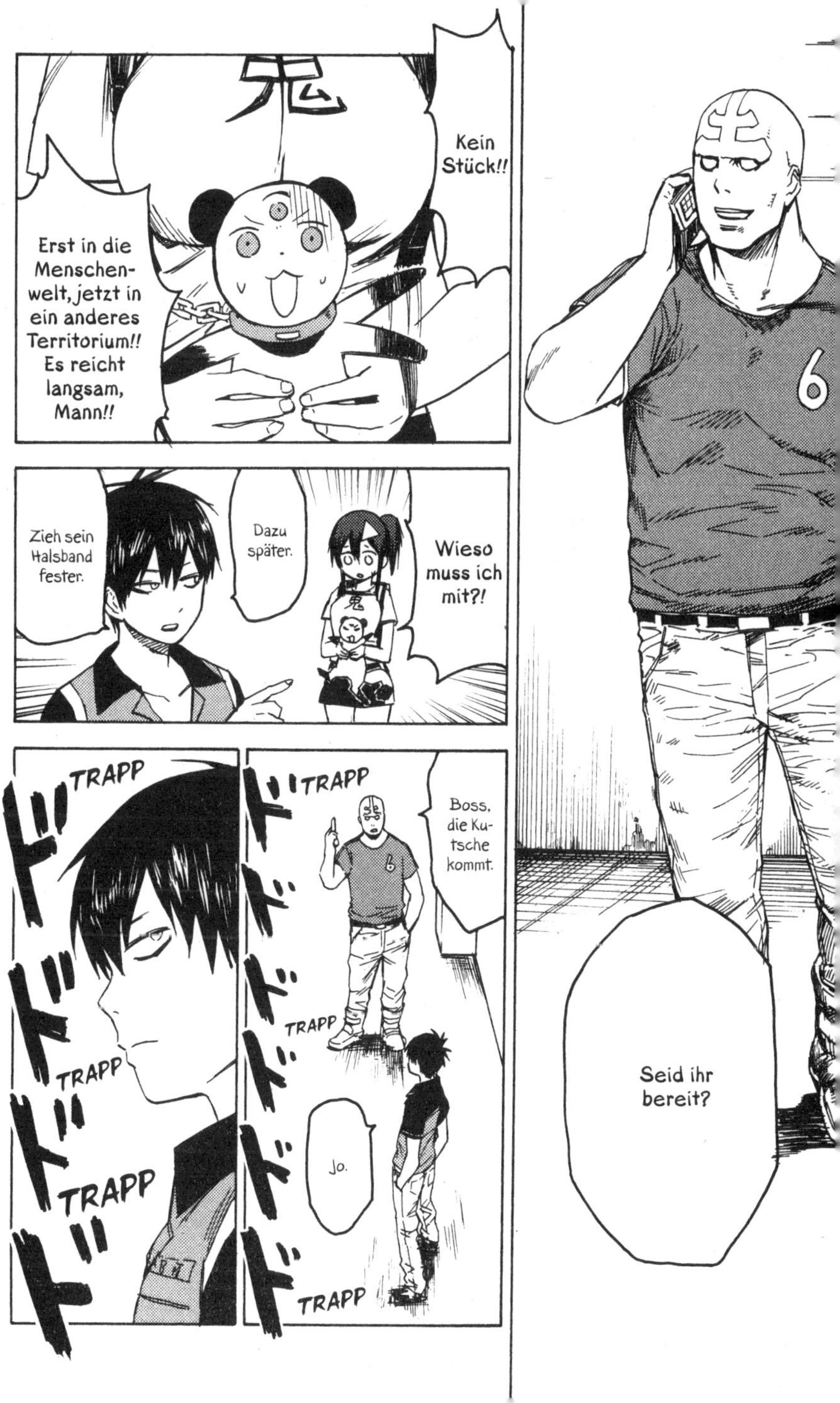
Kein Stück!!
Erst in die Menschenwelt, jetzt in ein anderes Territorium!! Es reicht langsam, Mann!!
Wieso muss ich mit?!
Dazu später.
Zieh sein Halsband fester.
TRAPP
Boss, die Kutsche kommt.
TRAPP
Jo.
TRAPP
TRAPP
TRAPP
TRAPP
Seid ihr bereit?

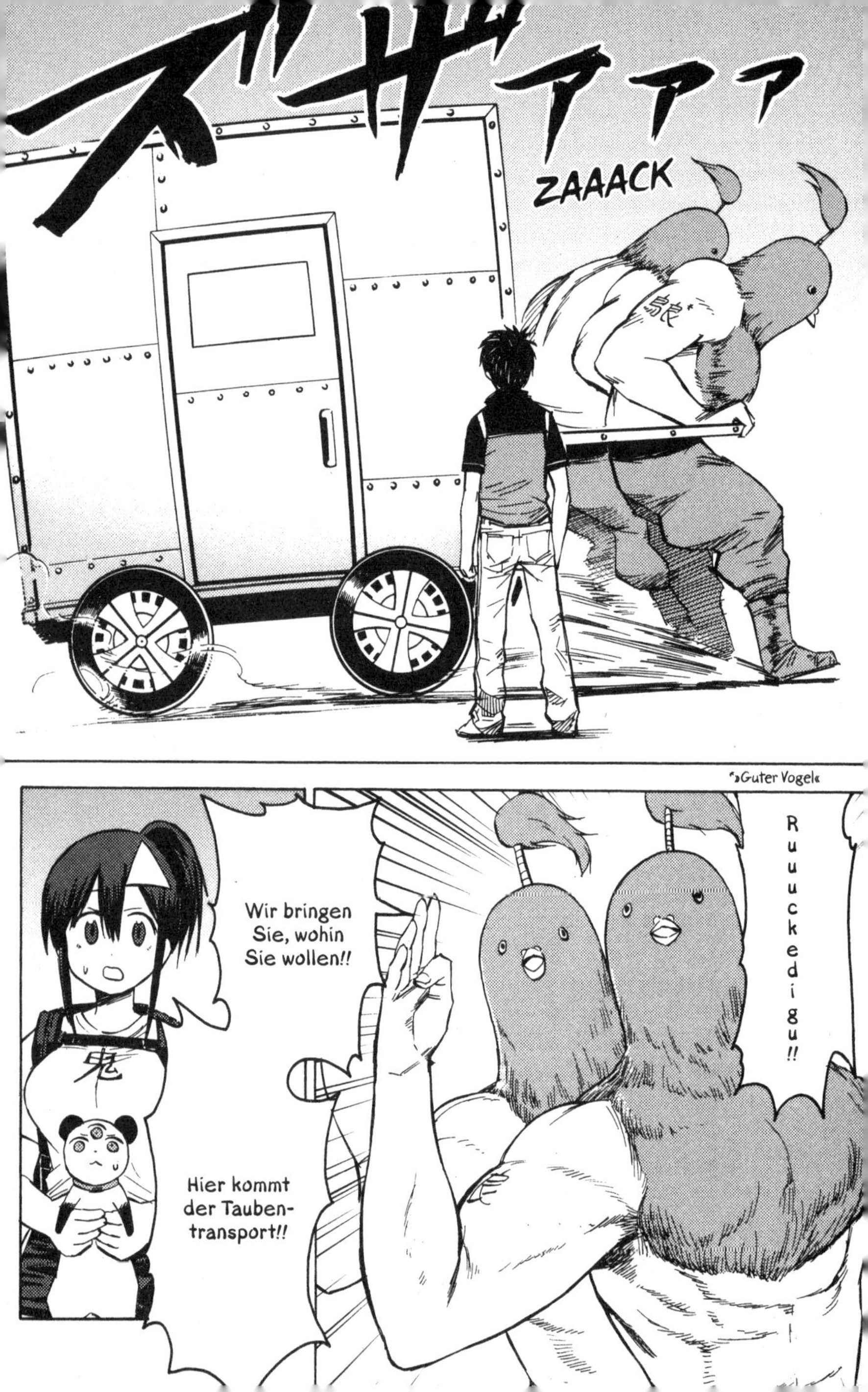
ZAAACK
*»Guter Vogel«
Ruuuckedigu!!
Wir bringen Sie, wohin Sie wollen!!
Hier kommt der Tauben-transport!!

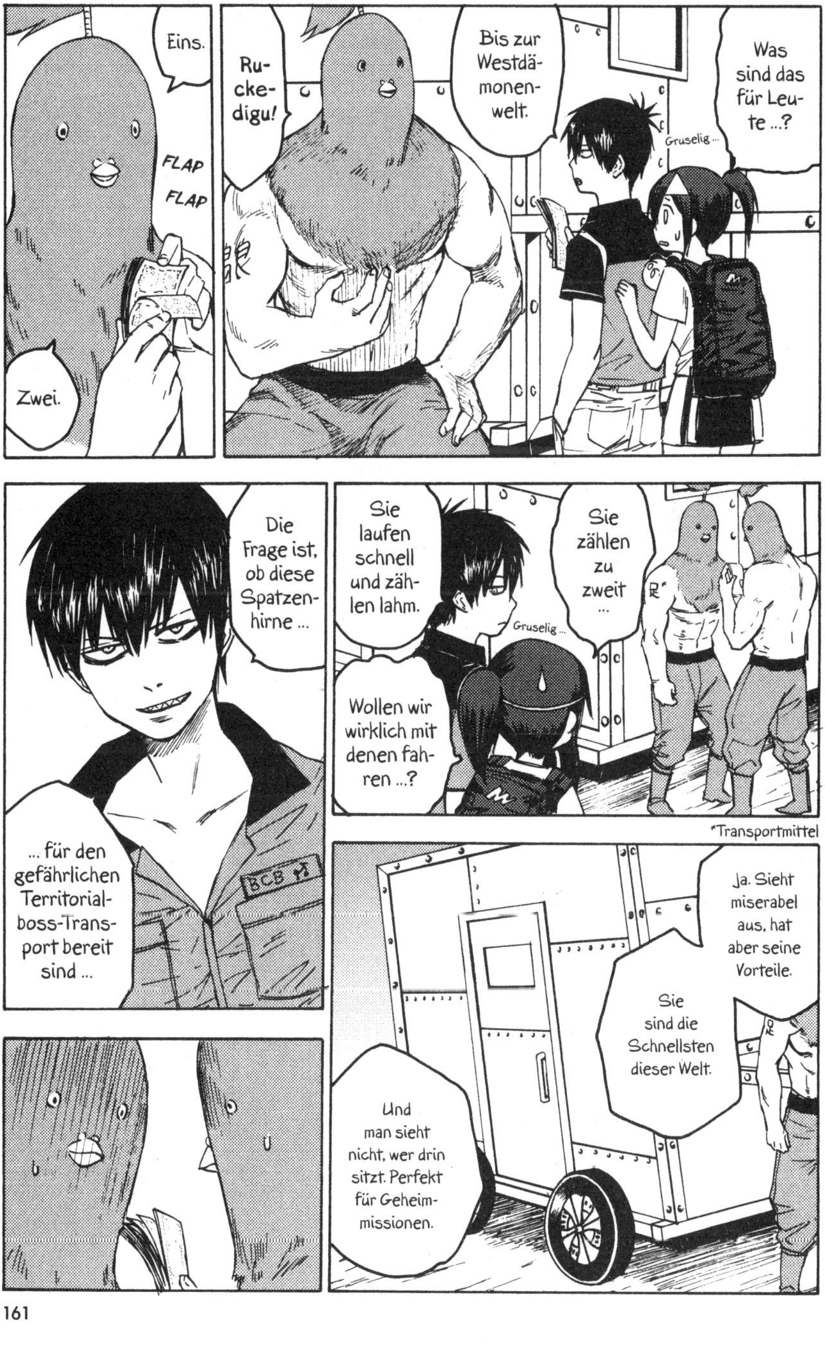


*Transportmittel

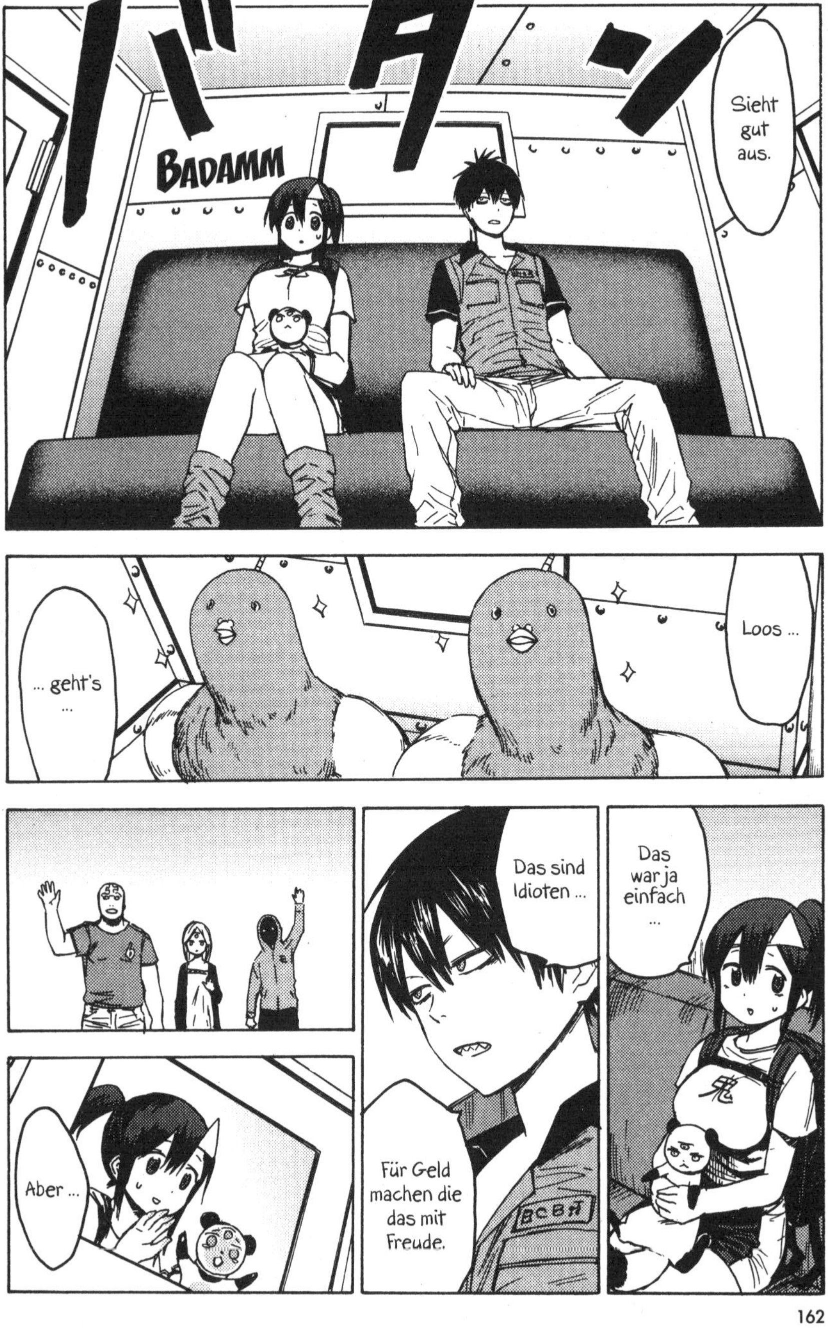
バタン
BADAMM
Sieht gut aus.
Loos ...
... geht's ...
Das war ja einfach ...
Das sind Idioten ...
Für Geld machen die das mit Freude.
Aber ...

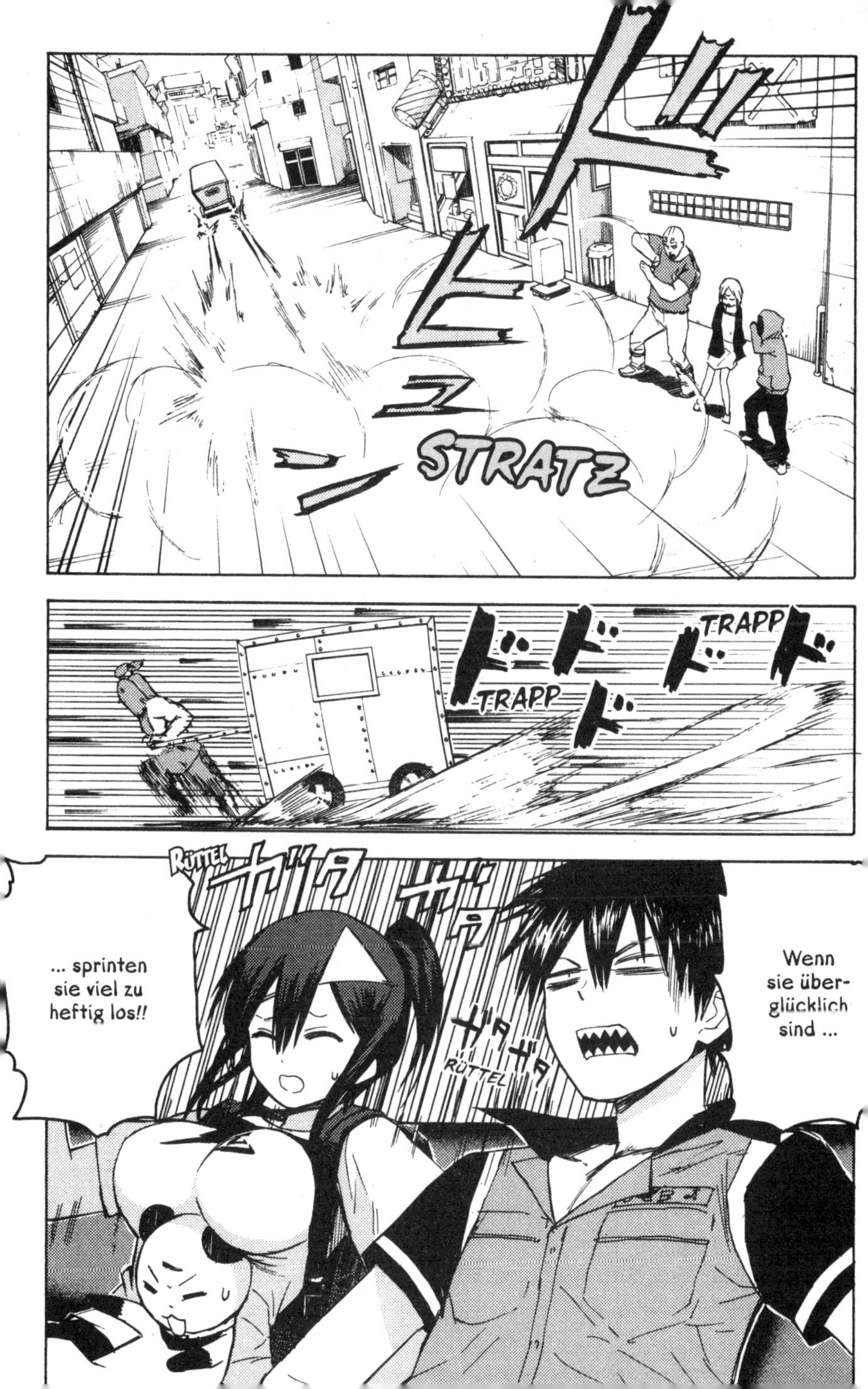
STRATZ
TRAPP
TRAPP
RÜTTEL
Wenn sie überglücklich sind ...
... sprinten sie viel zu heftig los!!
RÜTTEL

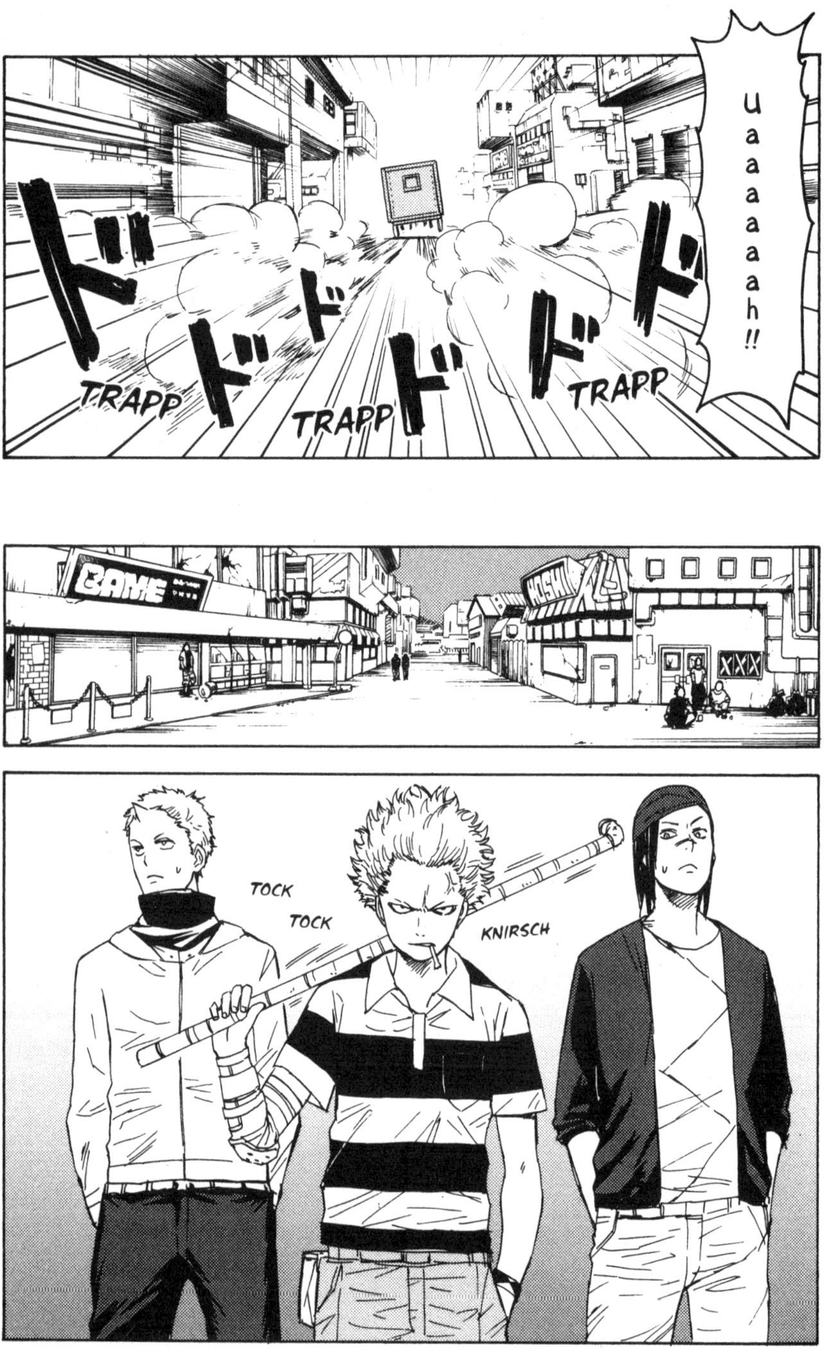
Uaaaaaaah!!
TRAPP
TRAPP
TRAPP
GAME
HOSHI
KNIRSCH
TOCK
TOCK

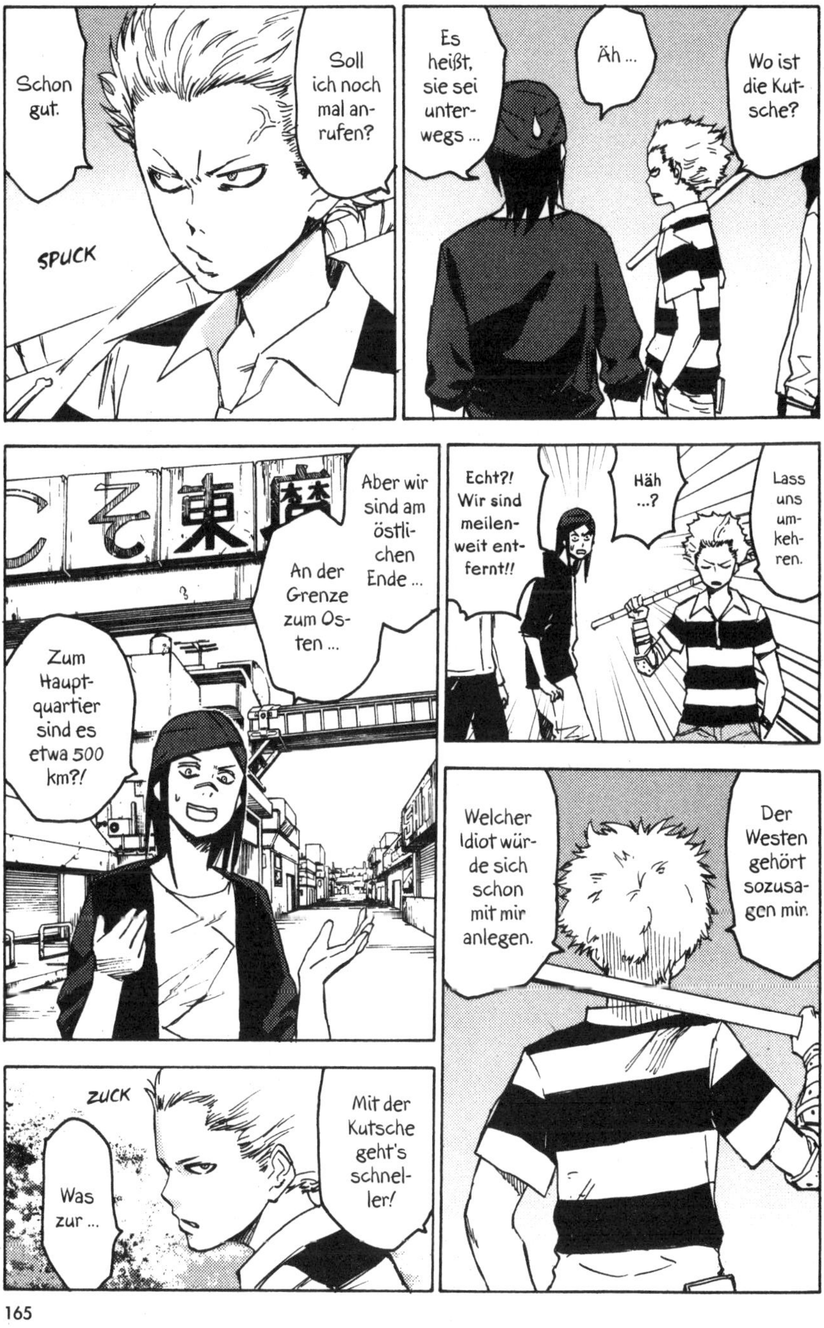
Wo ist die Kutsche?
Äh ...
Es heißt, sie sei unterwegs ...
Soll ich noch mal anrufen?
Schon gut.
SPUCK
Lass uns umkehren.
Häh ...?
Echt?! Wir sind meilenweit entfernt!!
Aber wir sind am östlichen Ende ...
An der Grenze zum Osten ...
Zum Hauptquartier sind es etwa 500 km?!
Der Westen gehört sozusagen mir.
Welcher Idiot würde sich schon mit mir anlegen.
Mit der Kutsche geht's schneller!
ZUCK
Was zur ...

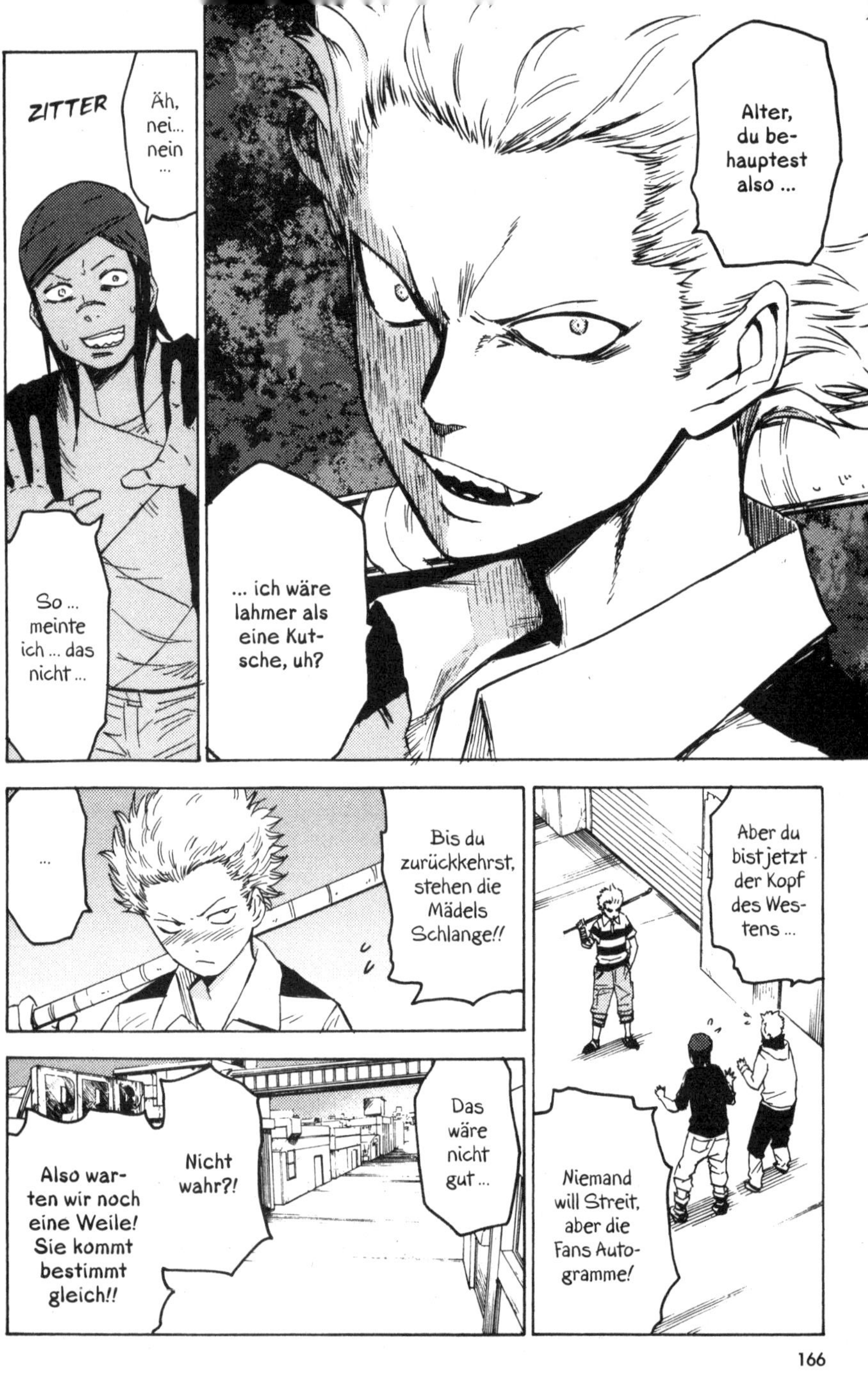

Alter, du behauptest also ...
... ich wäre lahmer als eine Kutsche, uh?
ZITTER
Äh, nei... nein ...
So ... meinte ich ... das nicht ...
Aber du bist jetzt der Kopf des Westens ...
Niemand will Streit, aber die Fans Autogramme!
Bis du zurückkehrst, stehen die Mädels Schlange!!
...
Das wäre nicht gut ...
Nicht wahr?!
Also warten wir noch eine Weile! Sie kommt bestimmt gleich!!

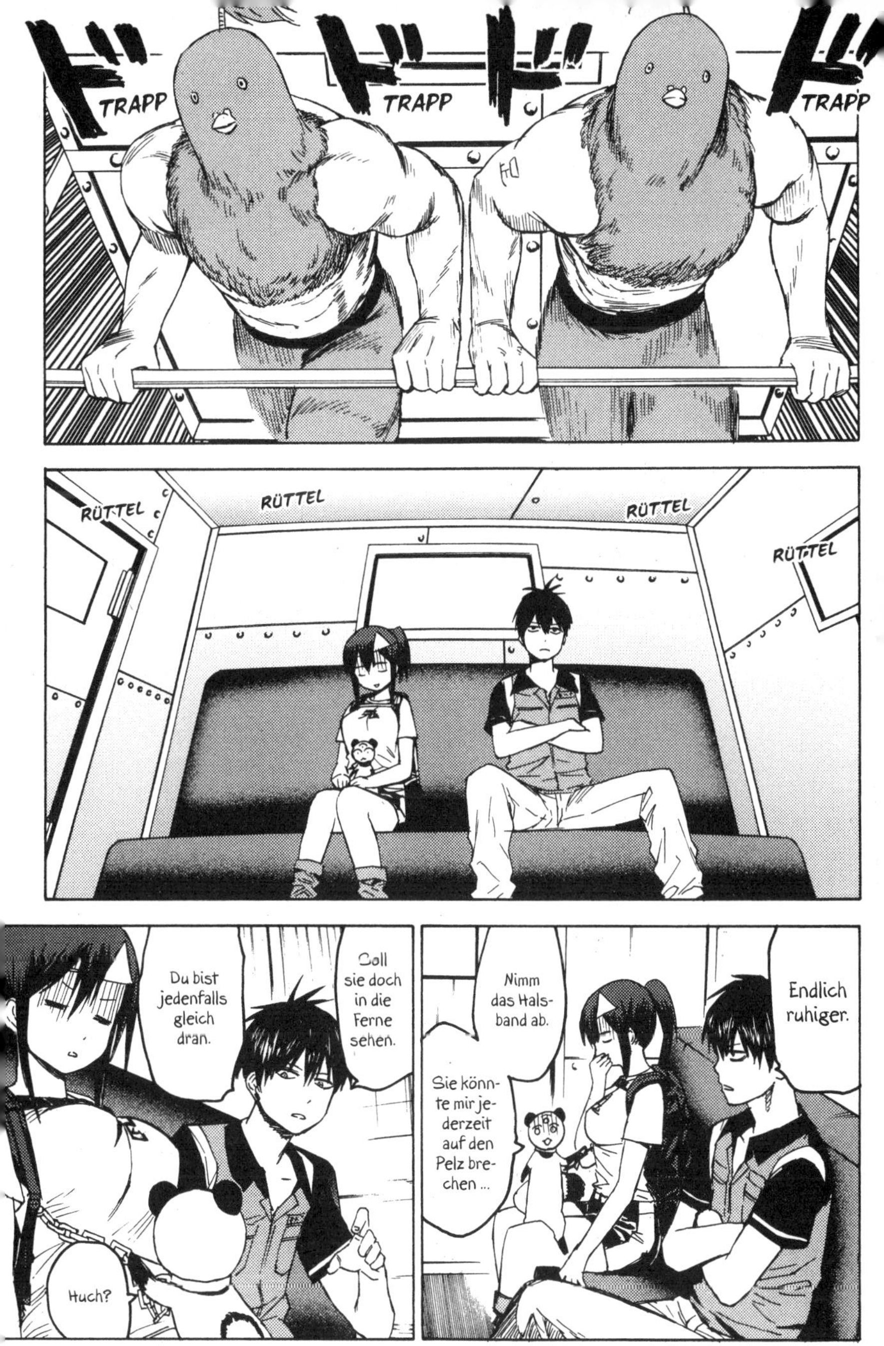
TRAPP
TRAPP
TRAPP
RÜTTEL
RÜTTEL
RÜTTEL
RÜTTEL
Endlich ruhiger.
Nimm das Halsband ab.
Sie könnte mir jederzeit auf den Pelz brechen ...
Soll sie doch in die Ferne sehen.
Du bist jedenfalls gleich dran.
Huch?

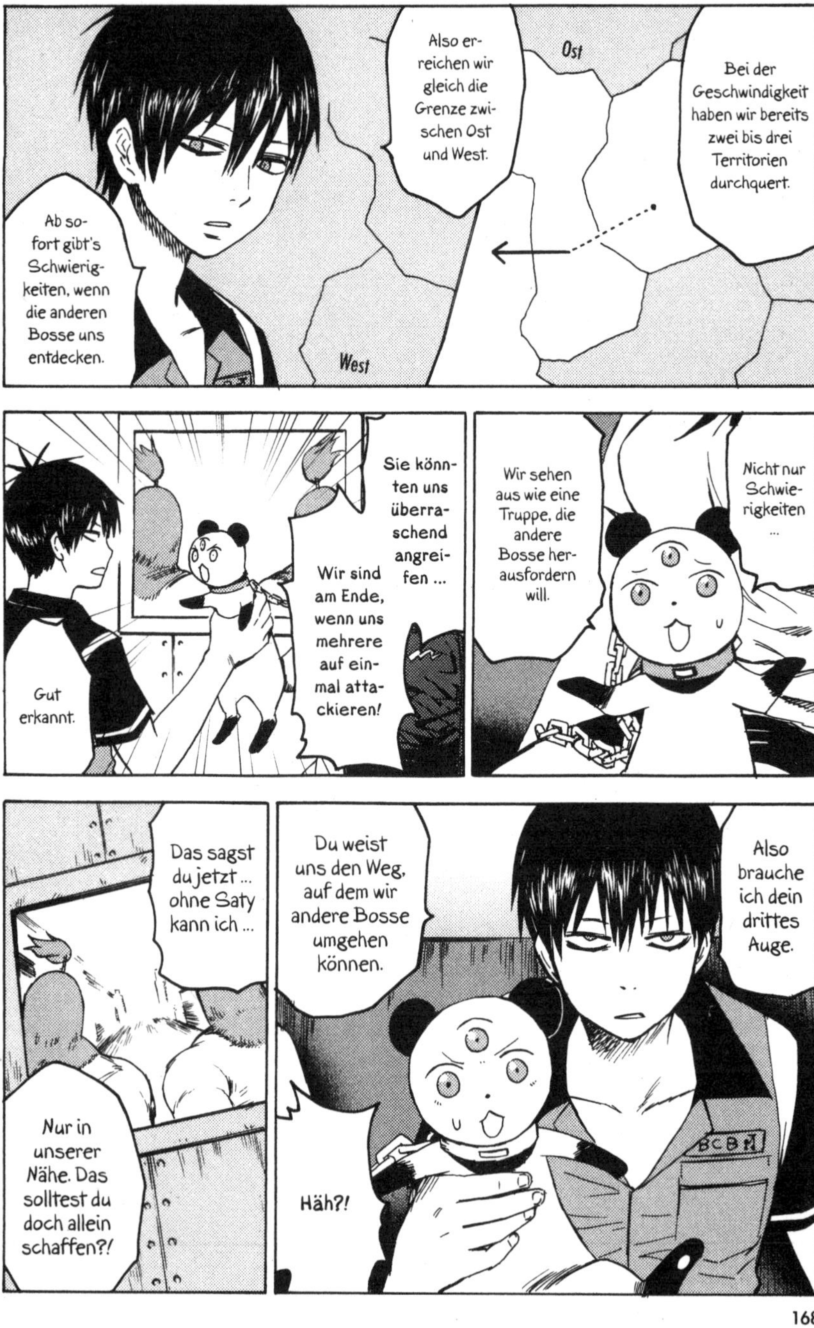

Bei der Geschwindigkeit haben wir bereits zwei bis drei Territorien durchquert.
Ost
Also erreichen wir gleich die Grenze zwischen Ost und West.
West
Ab sofort gibt's Schwierigkeiten, wenn die anderen Bosse uns entdecken.
Nicht nur Schwierigkeiten ...
Wir sehen aus wie eine Truppe, die andere Bosse herausfordern will.
Sie könnten uns überraschend angreifen ...
Wir sind am Ende, wenn uns mehrere auf einmal attackieren!
Gut erkannt.
Also brauche ich dein drittes Auge.
Du weist uns den Weg, auf dem wir andere Bosse umgehen können.
Häh?!
BCBM
Das sagst du jetzt ... ohne Saty kann ich ...
Nur in unserer Nähe. Das solltest du doch allein schaffen?!

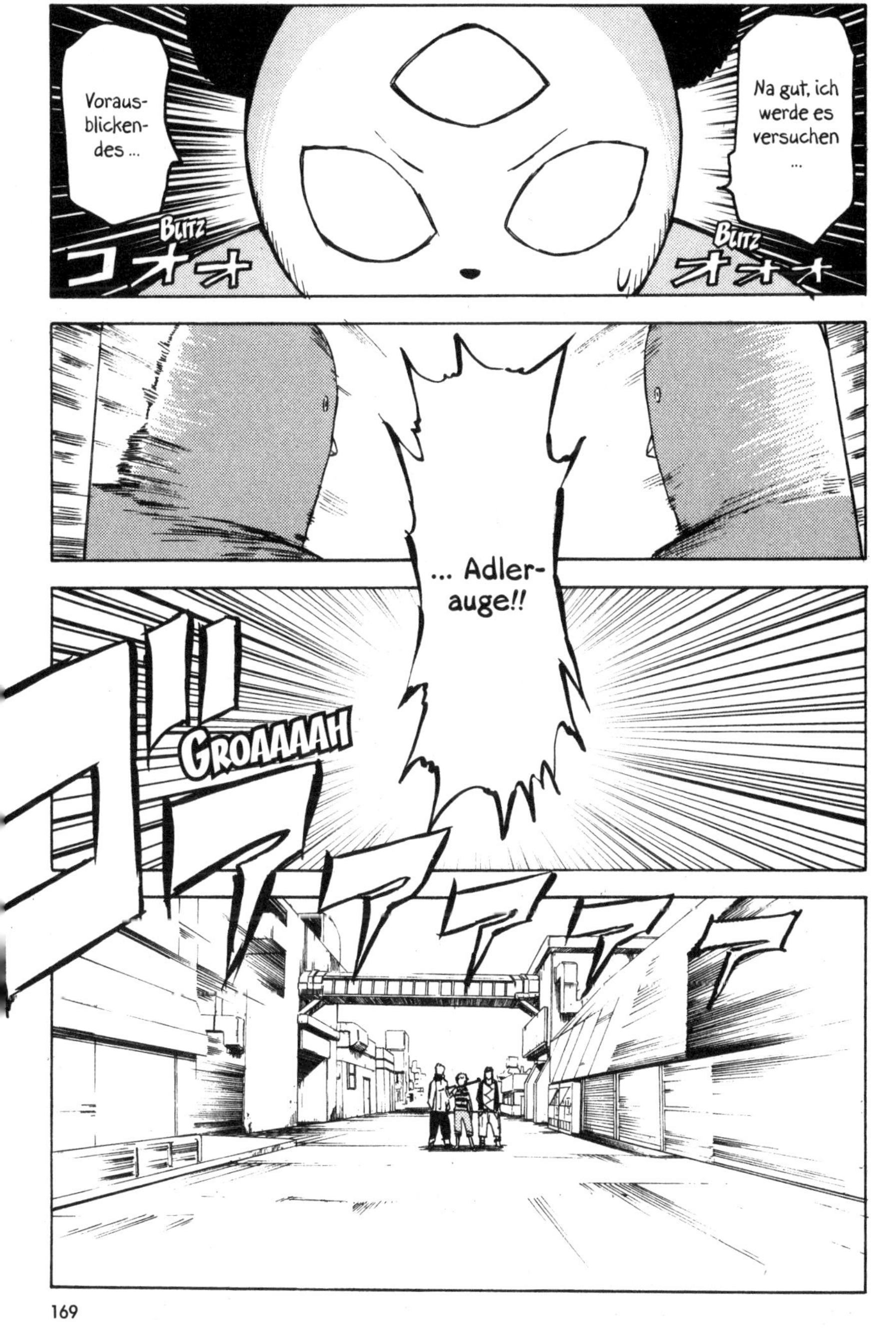
Na gut, ich werde es versuchen ...
Voraus-blicken-des ...
Blitz
Blitz
... Adler-auge!!
Groaaaah

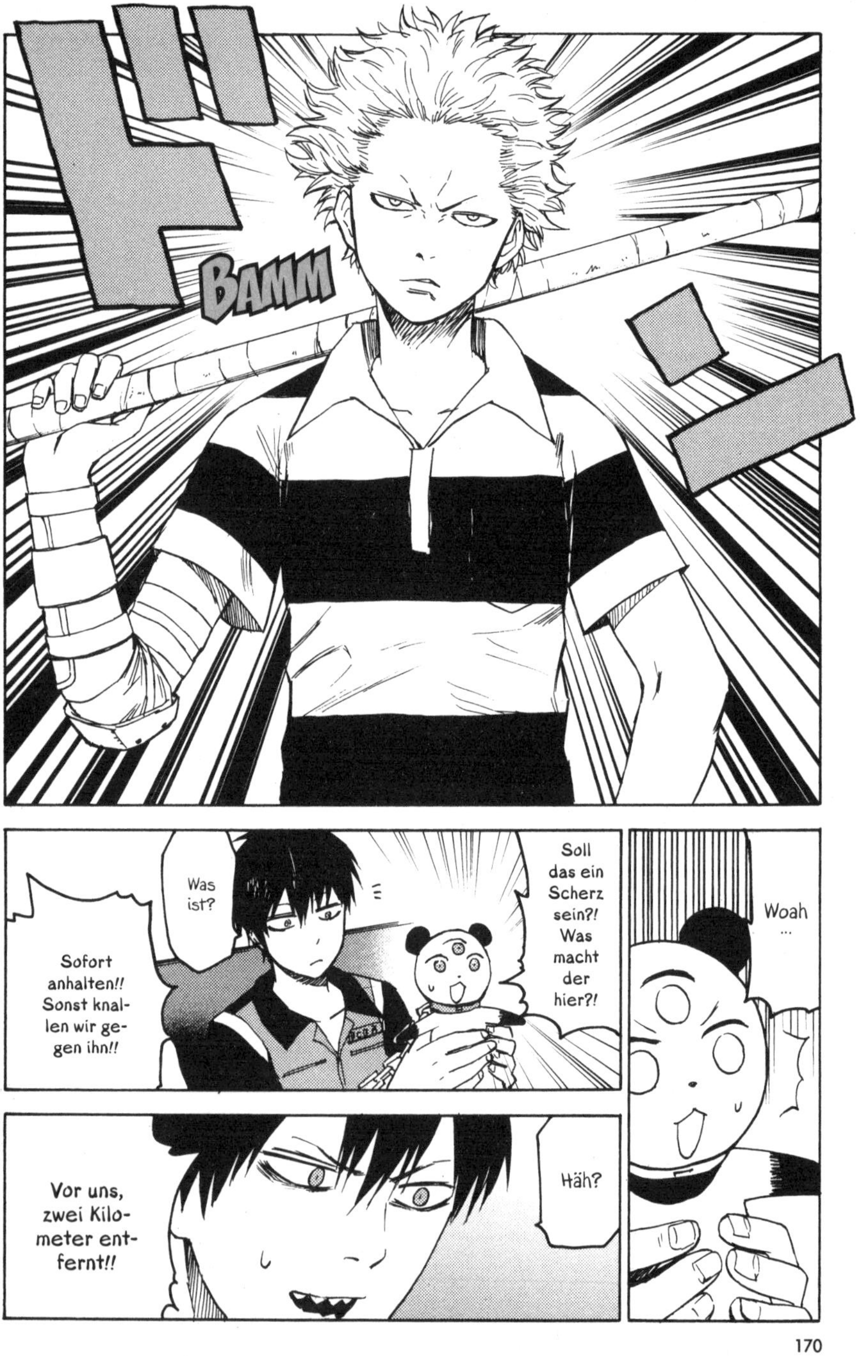
BAMM
Soll das ein Scherz sein?! Was macht der hier?!
Was ist?
Sofort anhalten!! Sonst knallen wir gegen ihn!!
Woah ...
Häh?
Vor uns, zwei Kilometer entfernt!!

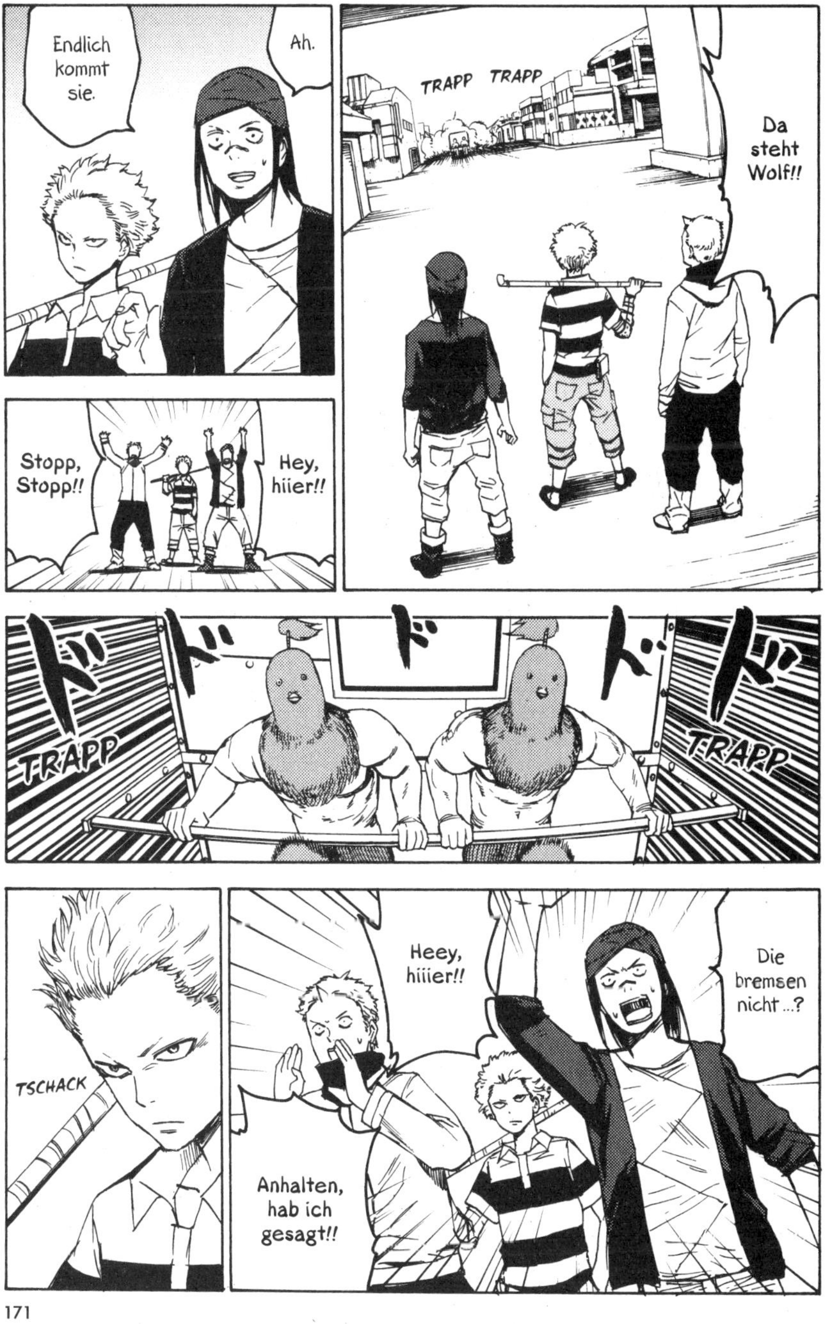
Ah.
Endlich kommt sie.
TRAPP TRAPP
Da steht Wolf!!
Hey, hiier!!
Stopp, Stopp!!
ド ド ド ド ド
TRAPP
TRAPP
Die bremsen nicht ...?
Heey, hiiier!!
Anhalten, hab ich gesagt!!
TSCHACK

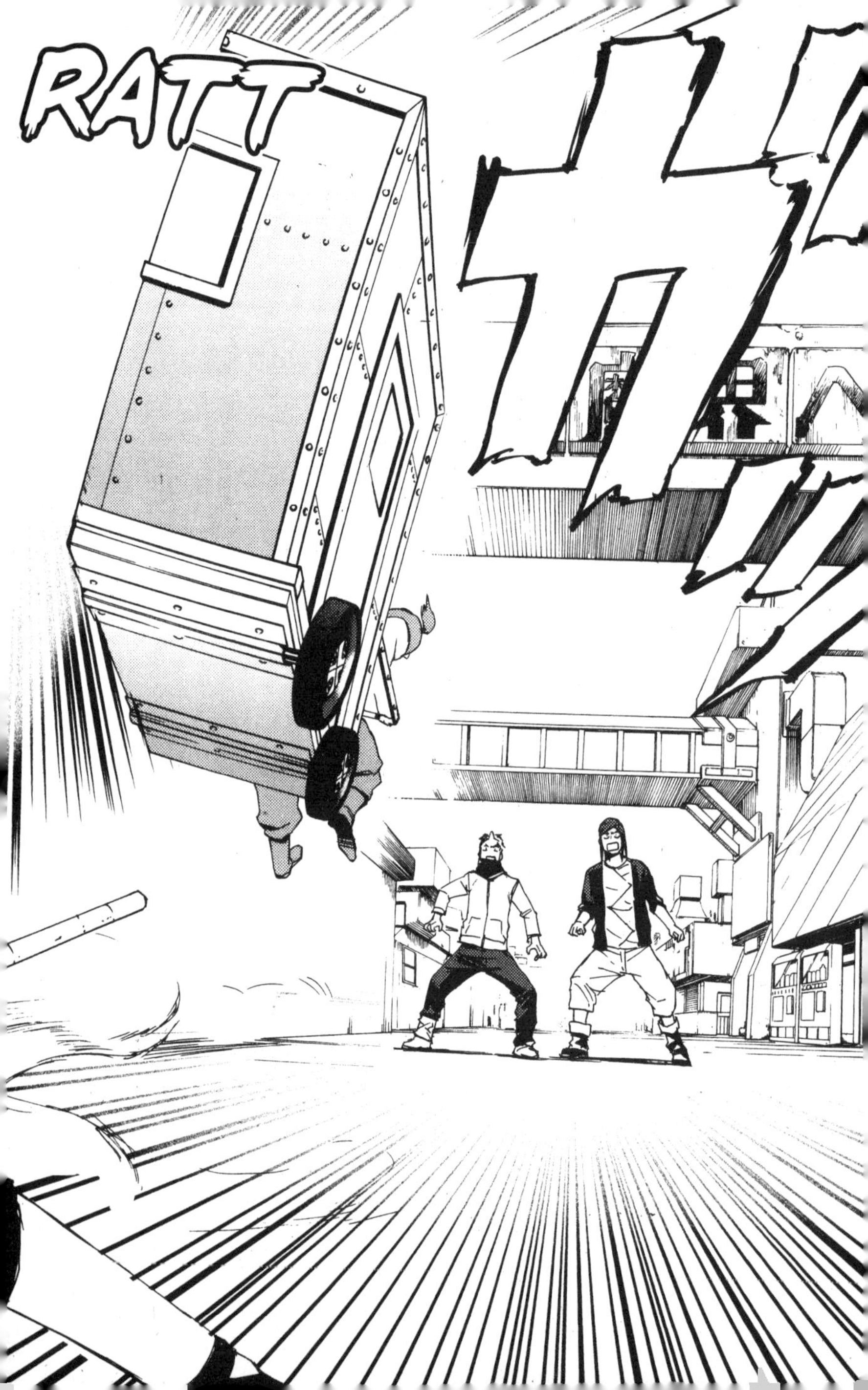
RATT

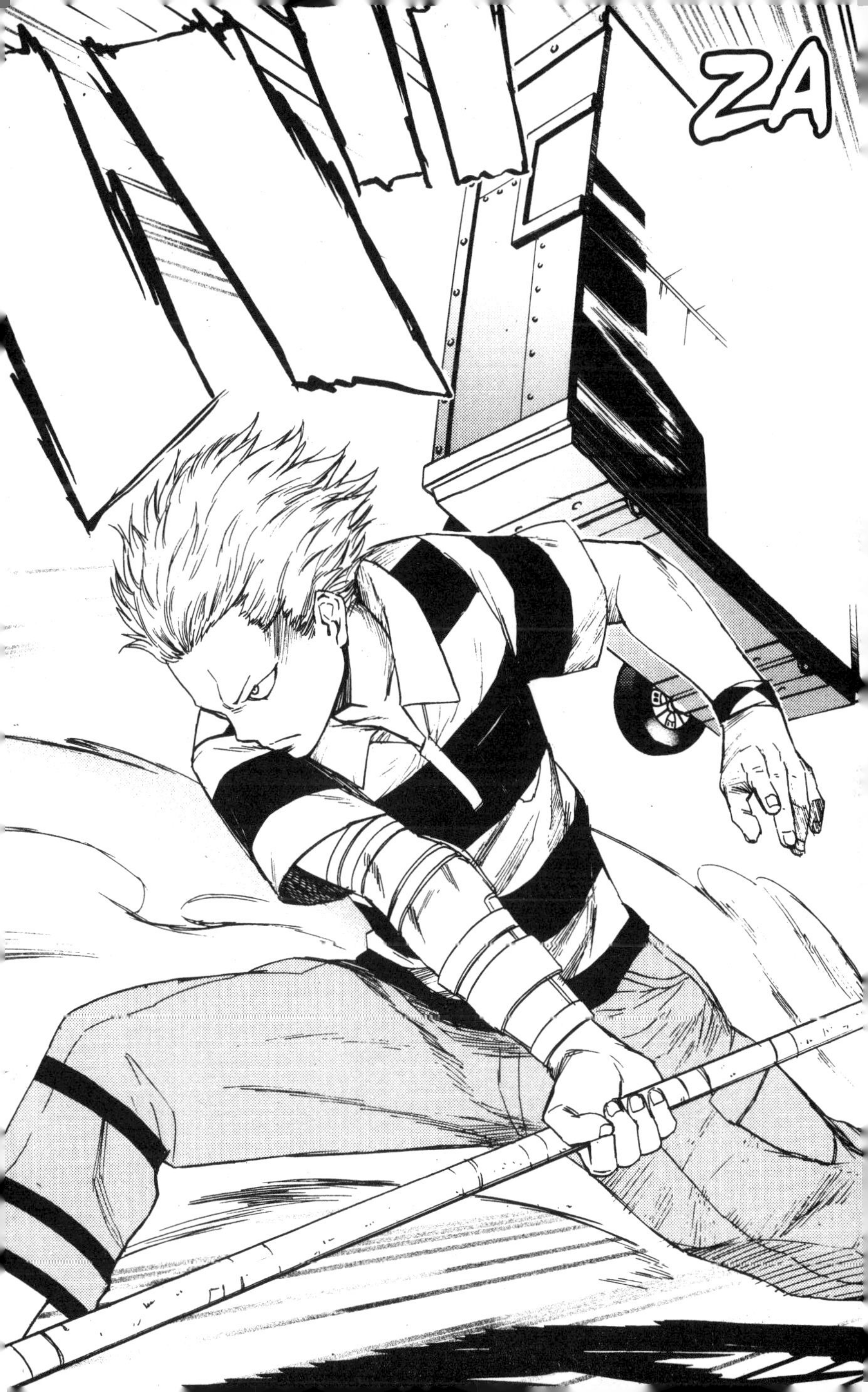
ZA

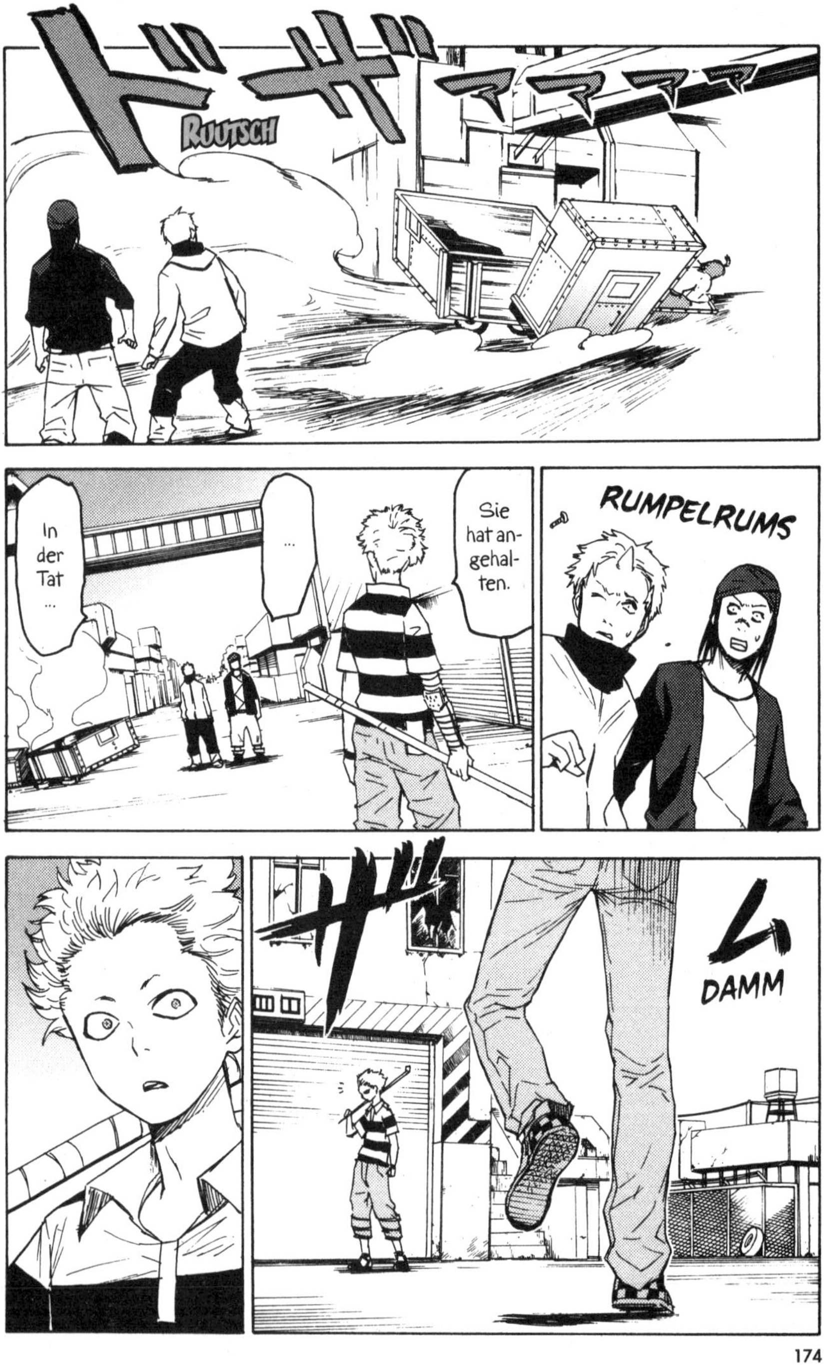
RUUTSCH
RUMPELRUMS
Sie hat angehalten.
...
In der Tat ...
DAMM

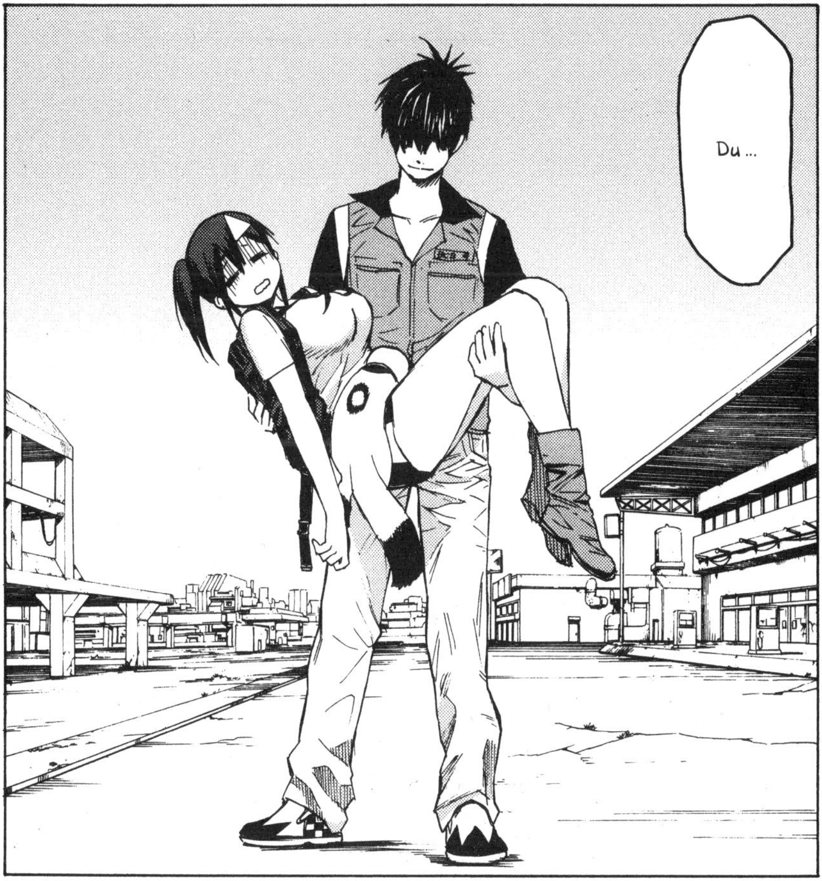
Du …

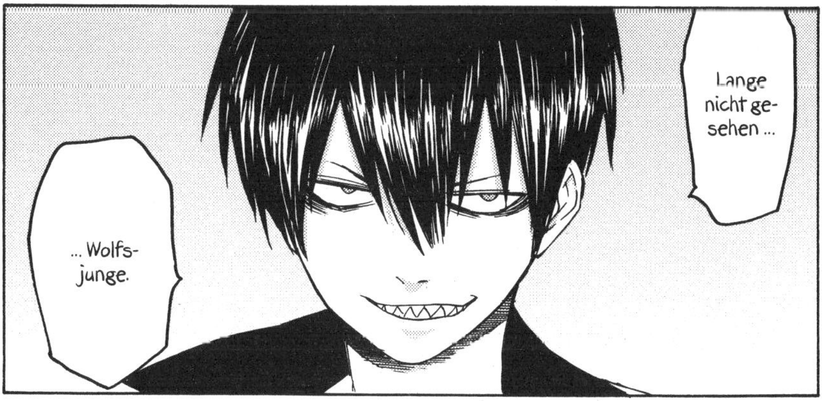
Lange nicht gesehen …
… Wolfsjunge.

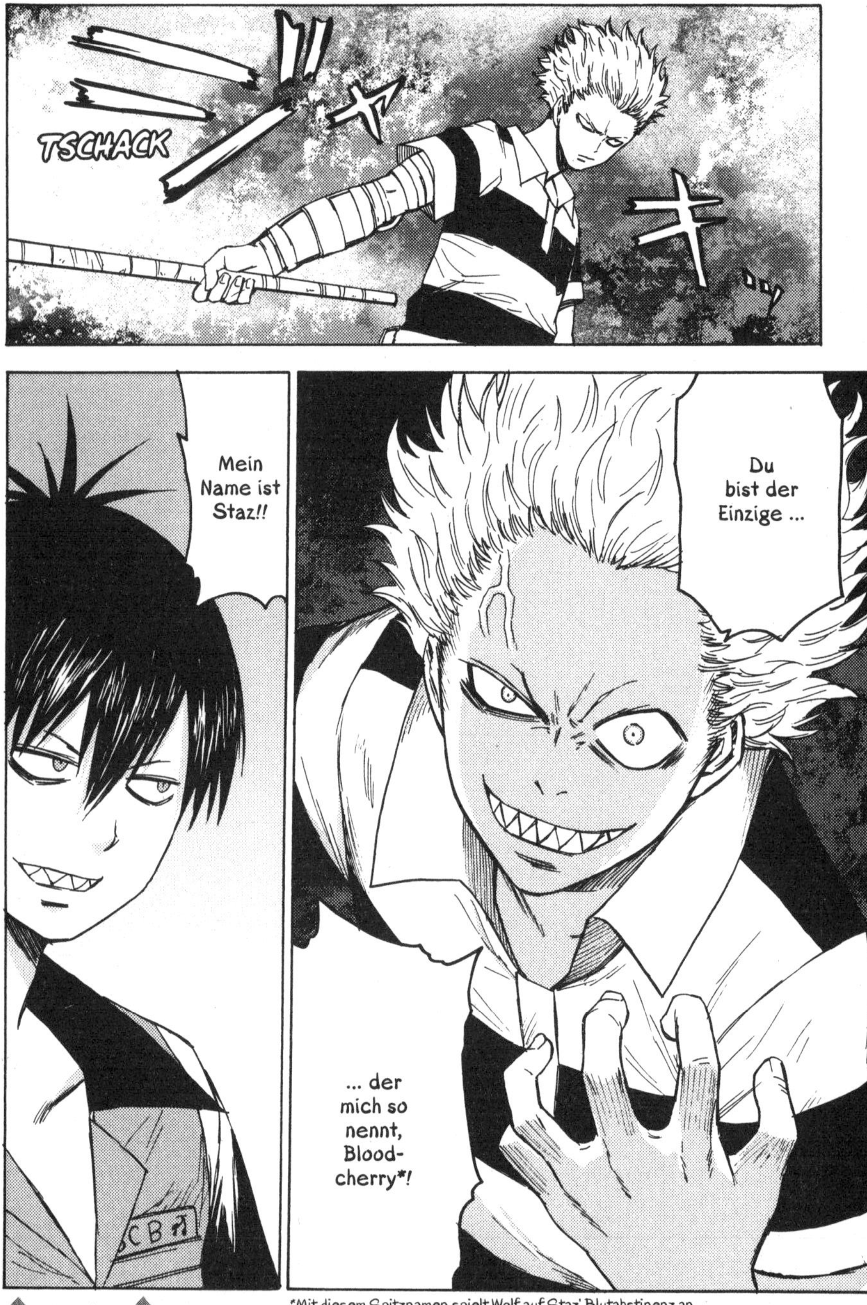


ENDE BAND 1

*Mit diesem Spitznamen spielt Wolf auf Staz' Blutabstinenz an. Bedeutet so viel wie „Blutjungfrau".

blood lad

EXTREME

blood lad
EXTREME

# Leben in der Dämonenwelt

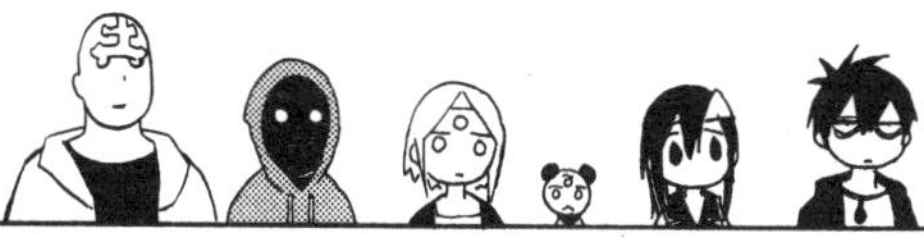

## Staz' Alltag

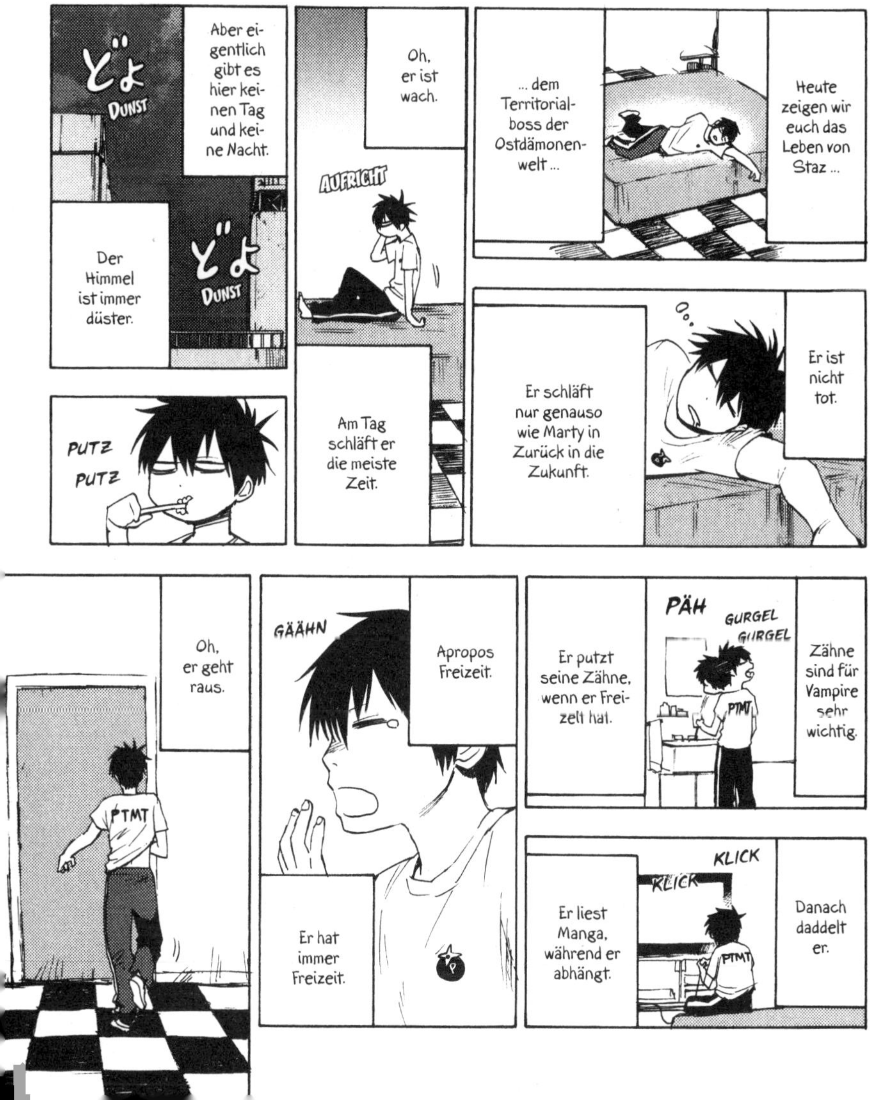

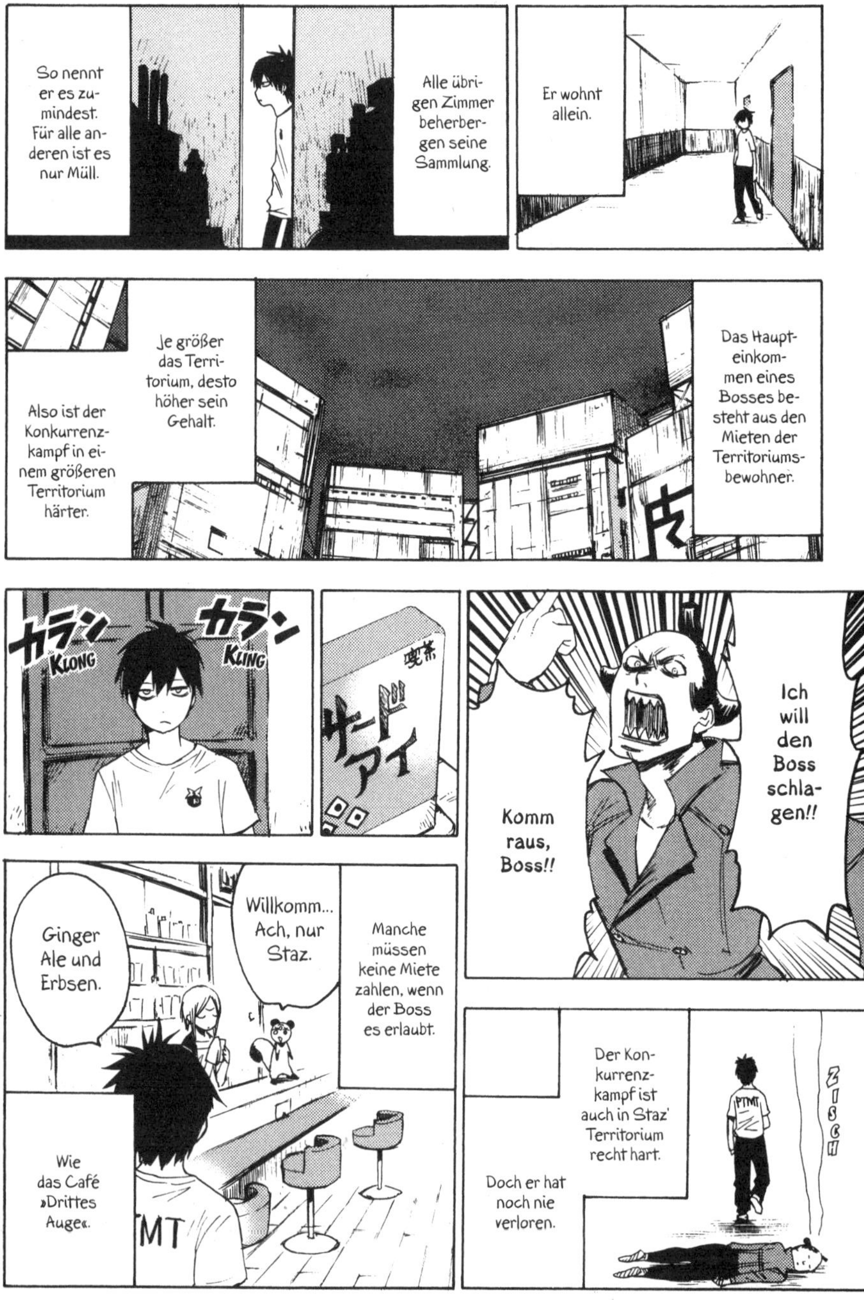

Er wohnt allein.
Alle übrigen Zimmer beherbergen seine Sammlung.
So nennt er es zumindest. Für alle anderen ist es nur Müll.
Das Haupteinkommen eines Bosses besteht aus den Mieten der Territoriumsbewohner.
Je größer das Territorium, desto höher sein Gehalt.
Also ist der Konkurrenzkampf in einem größeren Territorium härter.
Ich will den Boss schlagen!!
Komm raus, Boss!!
喫茶
サードアイ
カラン KLING
カラン KLONG
Manche müssen keine Miete zahlen, wenn der Boss es erlaubt.
Willkomm... Ach, nur Staz.
Ginger Ale und Erbsen.
Wie das Café »Drittes Auge«.
Der Konkurrenzkampf ist auch in Staz' Territorium recht hart.
ZISCH
Doch er hat noch nie verloren.

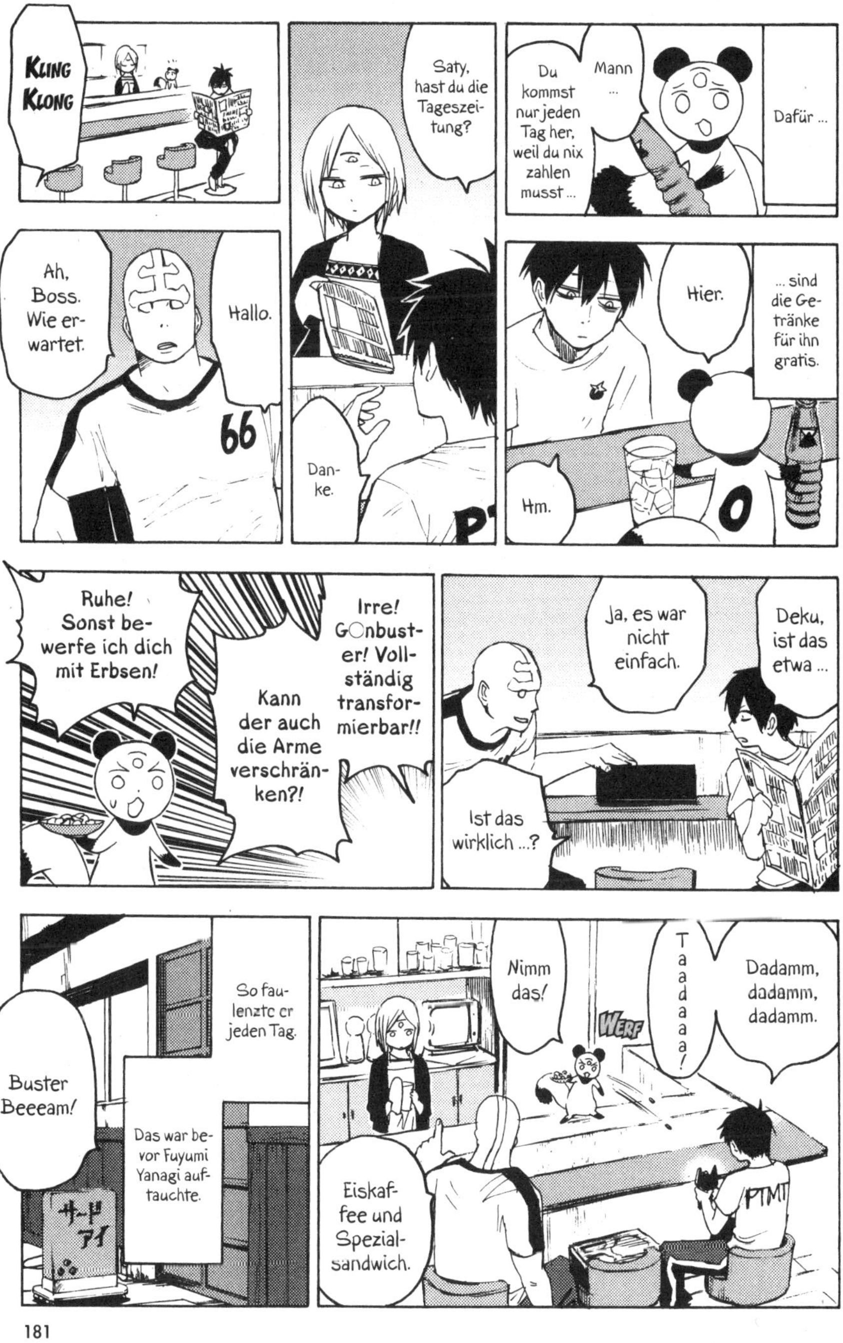
Mann ...
Du kommst nur jeden Tag her, weil du nix zahlen musst ...
Dafür ...
... sind die Getränke für ihn gratis.
Hier.
Hm.
Saty, hast du die Tageszeitung?
Danke.
KLING KLONG
Hallo.
Ah, Boss. Wie erwartet.
Deku, ist das etwa ...
Ja, es war nicht einfach.
Ist das wirklich ...?
Irre! G○nbuster! Vollständig transformierbar!!
Kann der auch die Arme verschränken?!
Ruhe! Sonst bewerfe ich dich mit Erbsen!
Dadamm, dadamm, dadamm.
Taadaaaa!
Nimm das!
WERF
Eiskaffee und Spezialsandwich.
So faulenzte er jeden Tag.
Das war bevor Fuyumi Yanagi auftauchte.
Buster Beeeam!

blood lad
EXTREME

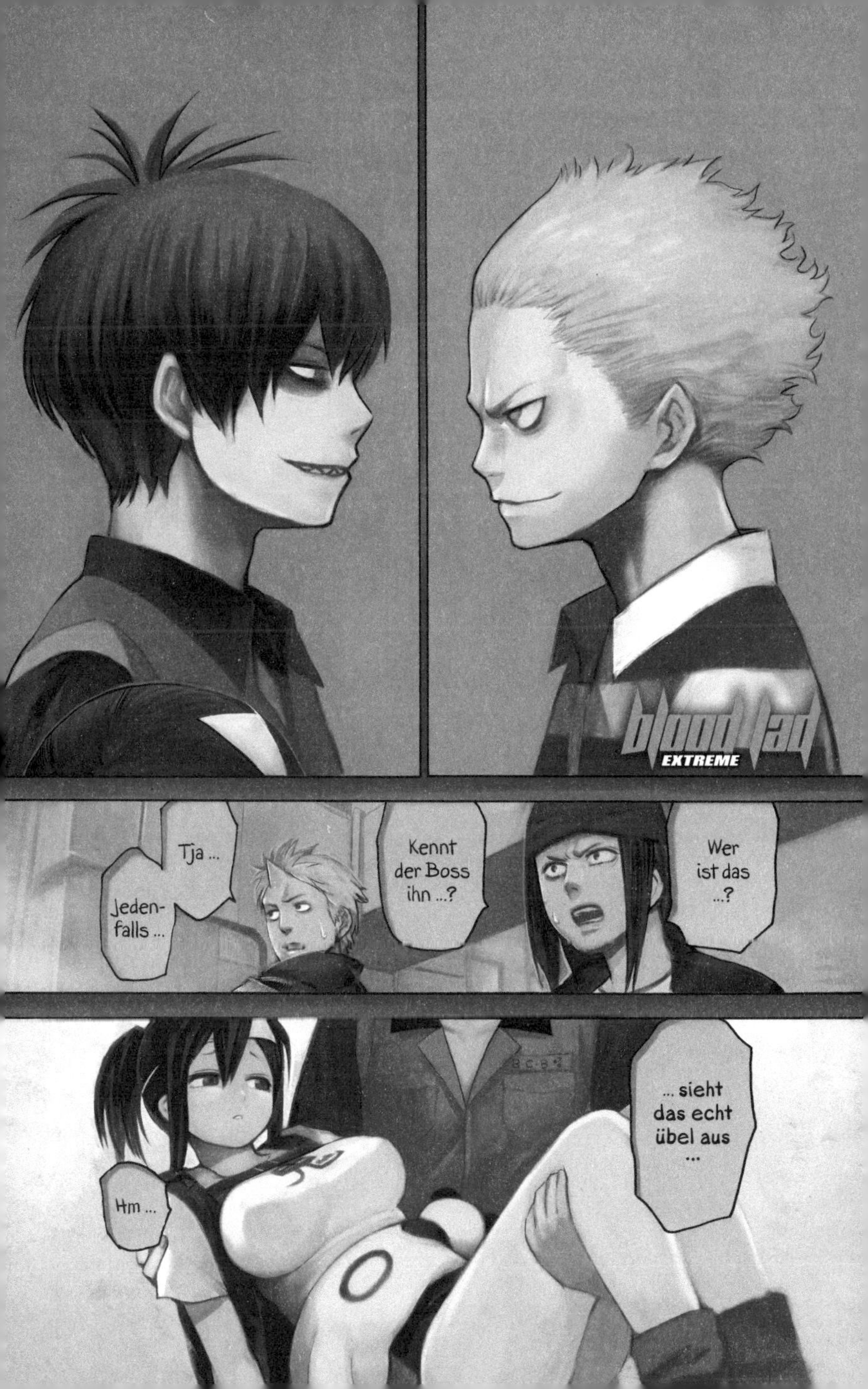
Wer ist das ...?
Kennt der Boss ihn ...?
Tja ...
Jedenfalls ...
... sieht das echt übel aus ...
Hm ...

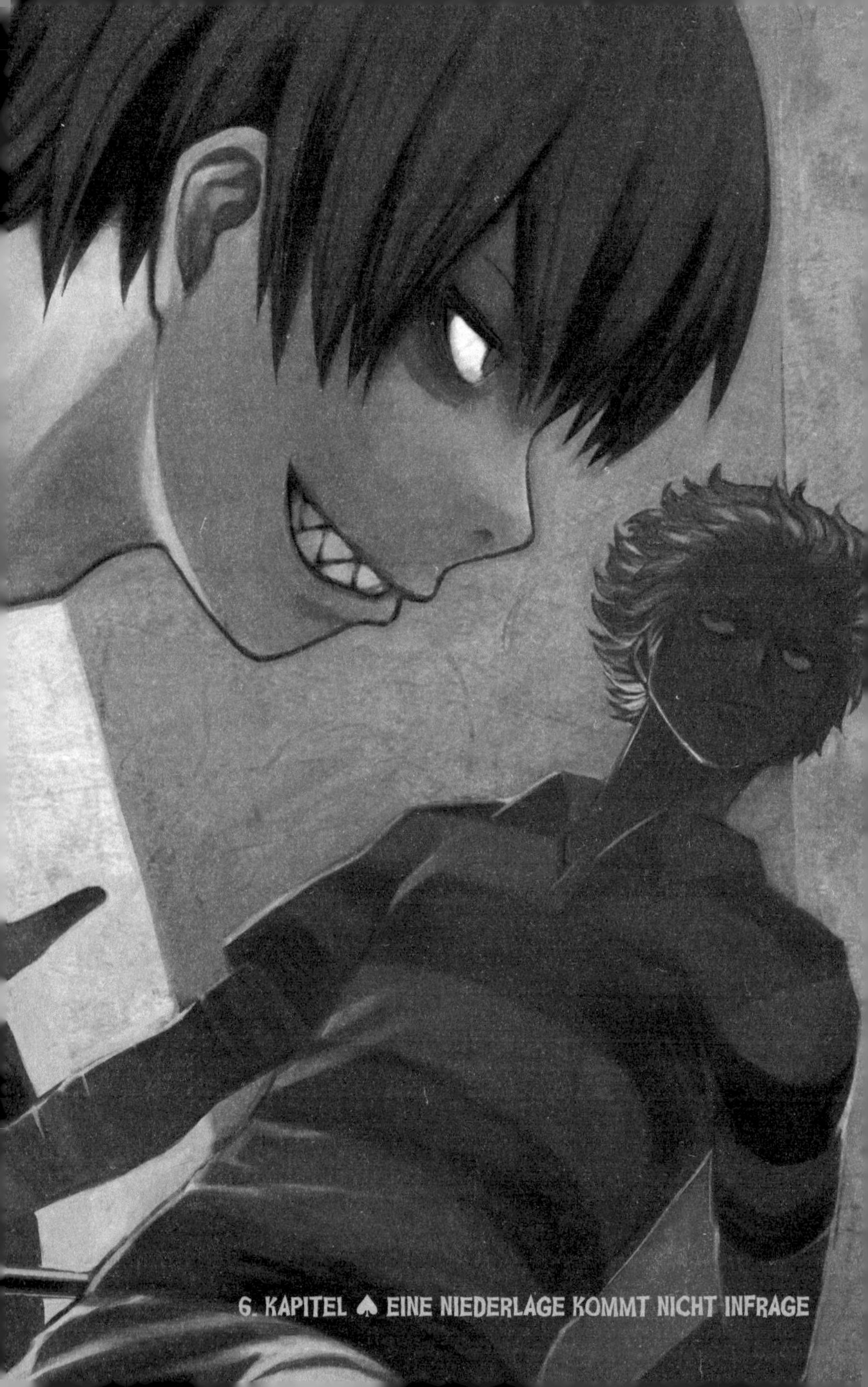

6. KAPITEL ♠ EINE NIEDERLAGE KOMMT NICHT INFRAGE

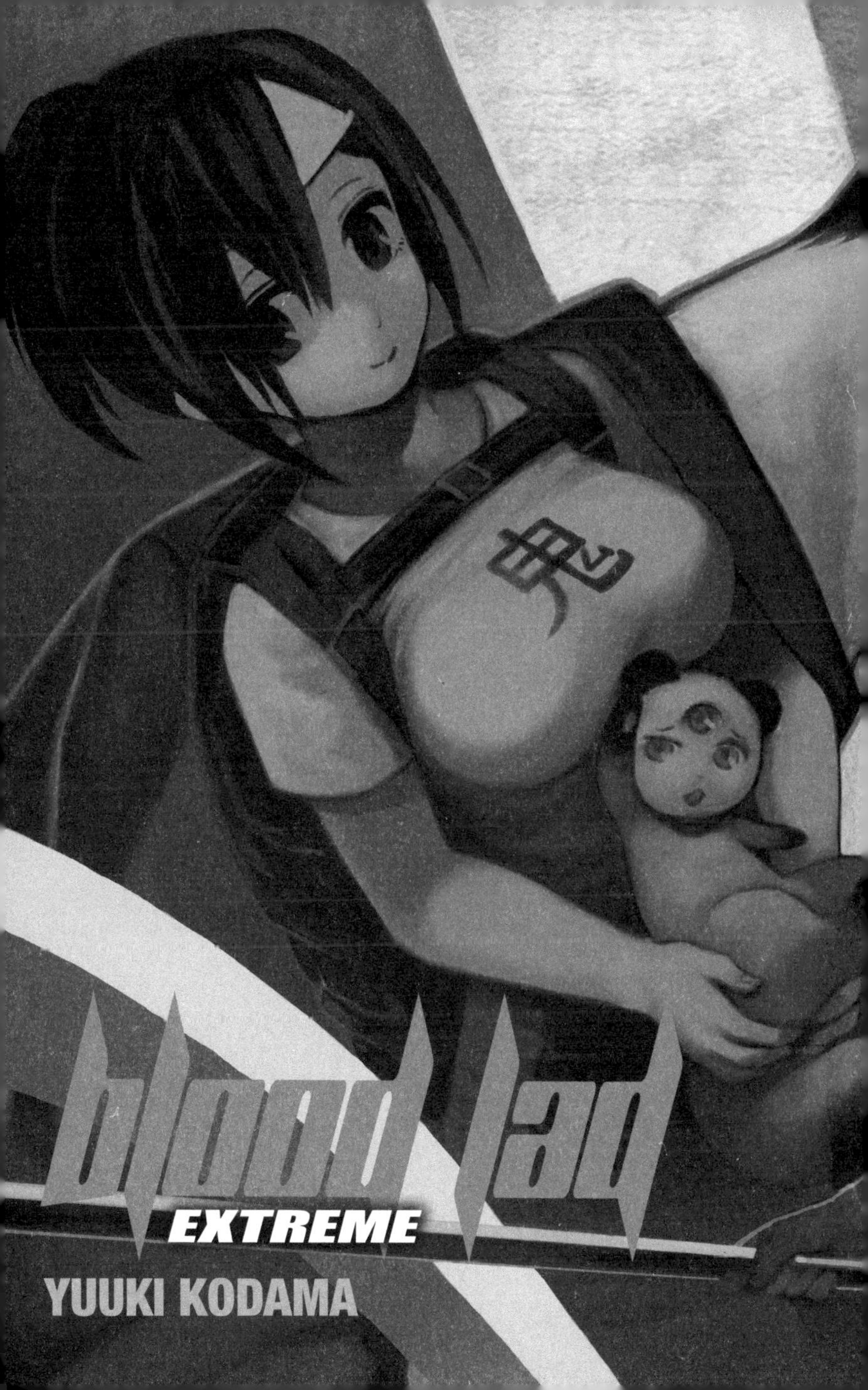
blood lad
EXTREME
YUUKI KODAMA

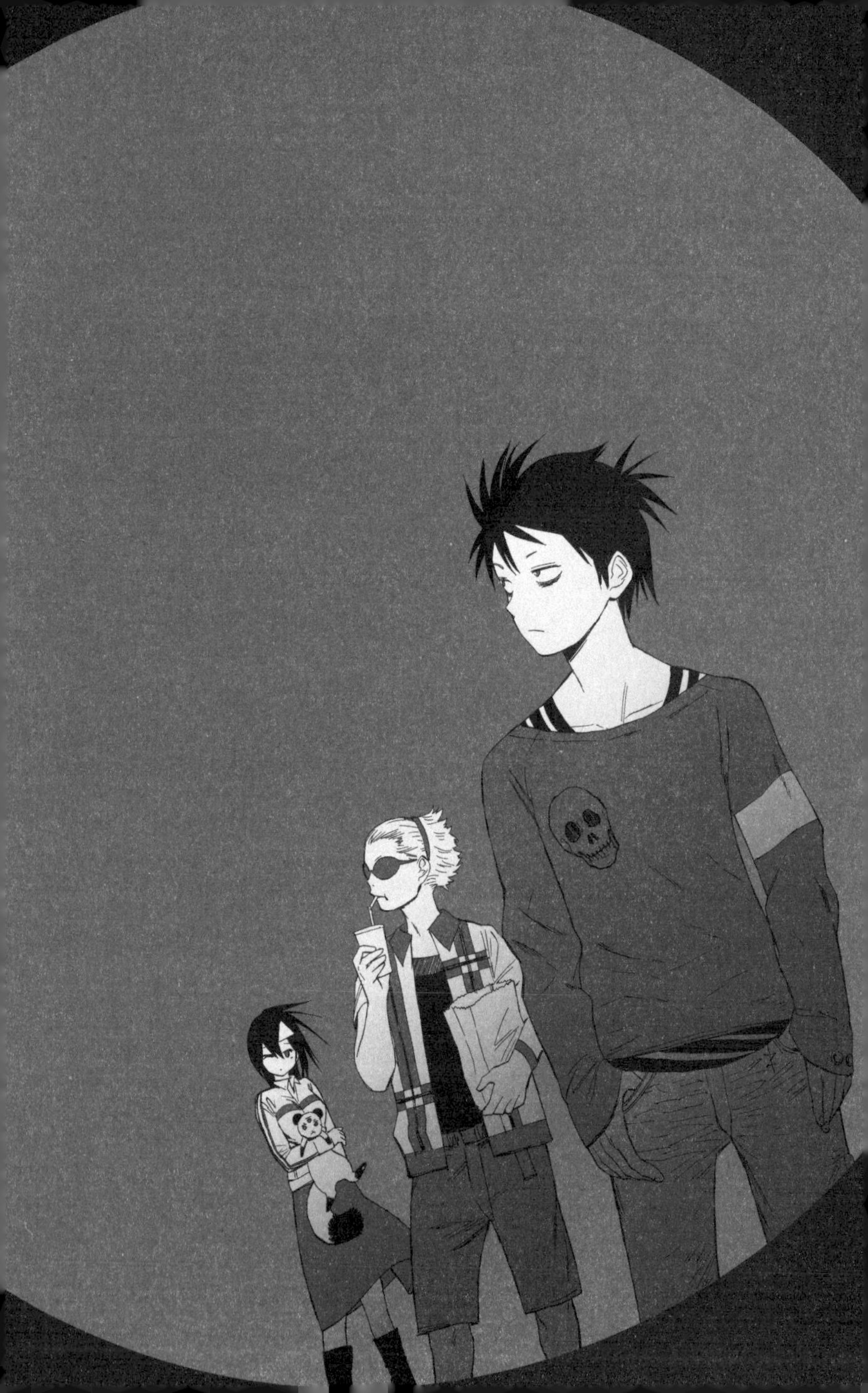

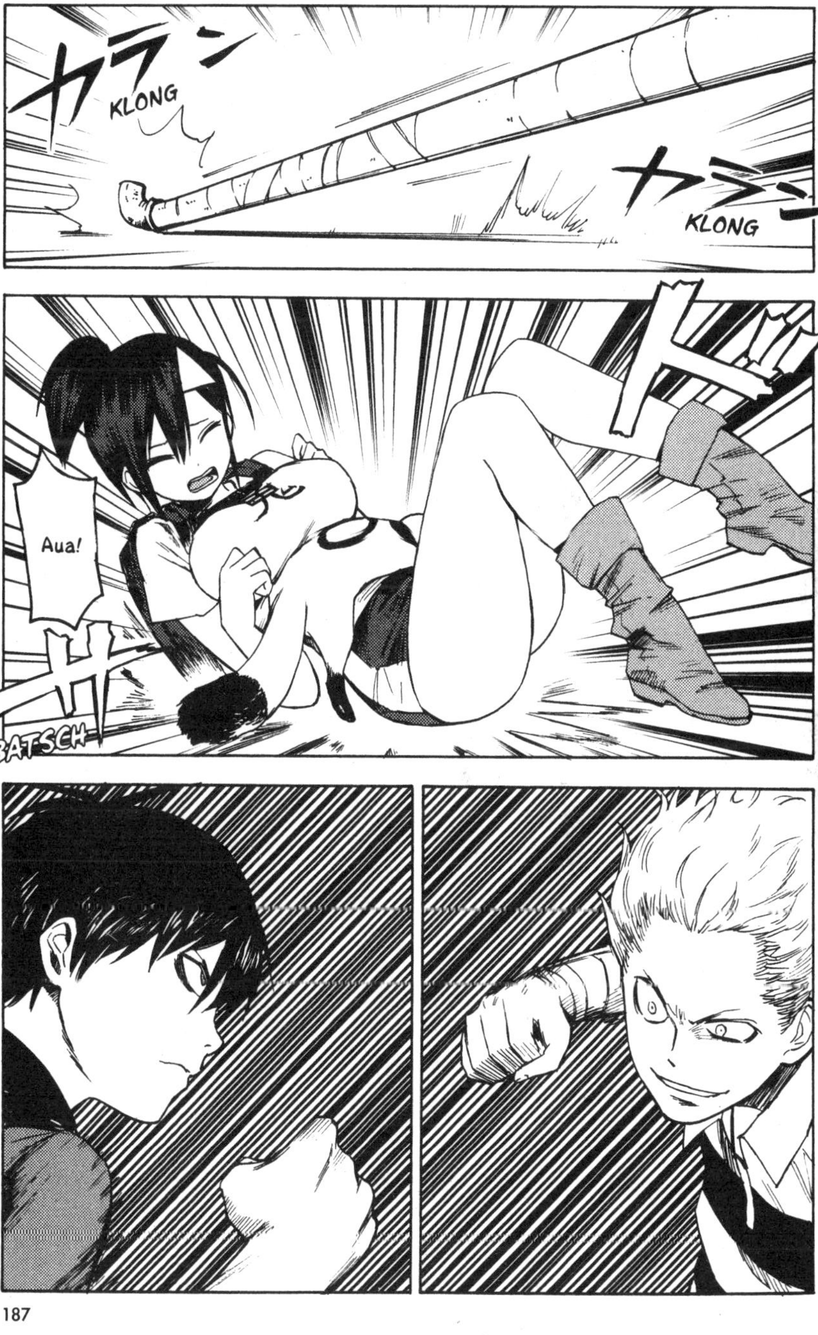
KLONG
カラン
KLONG
Aua!
BATSCH

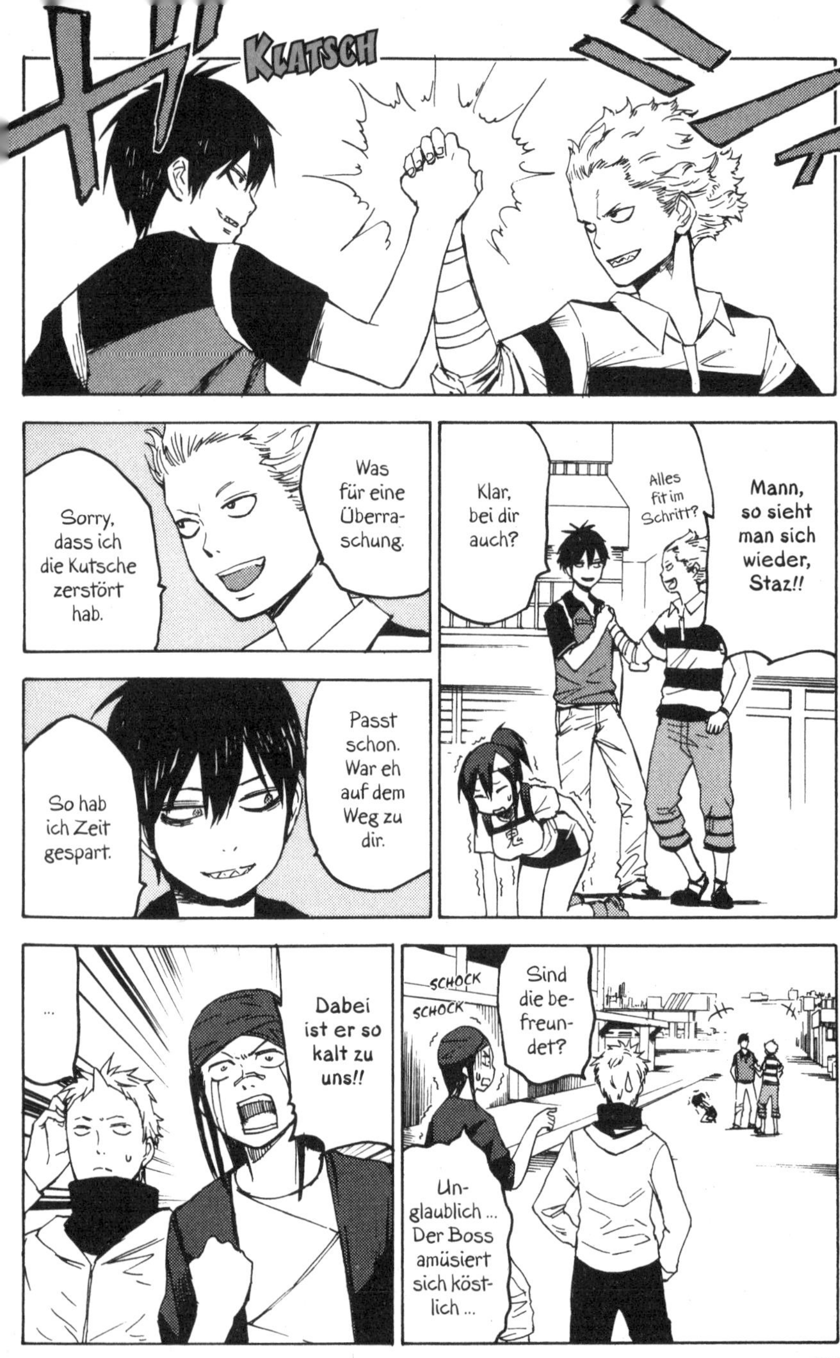
KLATSCH
Mann, so sieht man sich wieder, Staz!!
Alles fit im Schritt?
Klar, bei dir auch?
Was für eine Überraschung.
Sorry, dass ich die Kutsche zerstört hab.
Passt schon. War eh auf dem Weg zu dir.
So hab ich Zeit gespart.
SCHOCK
SCHOCK
Sind die befreundet?
Unglaublich ... Der Boss amüsiert sich köstlich ...
Dabei ist er so kalt zu uns!!
...

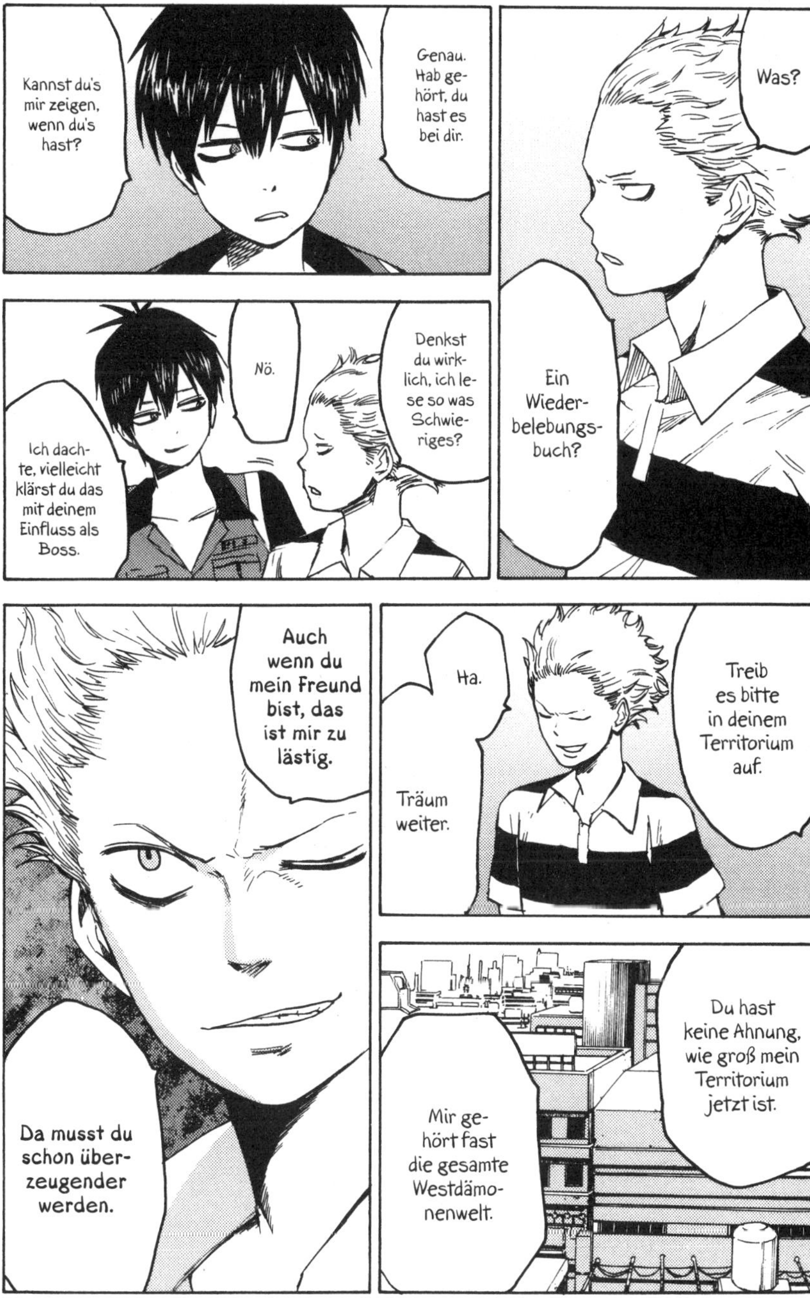
Was?
Ein Wiederbelebungsbuch?
Genau. Hab gehört, du hast es bei dir.
Kannst du's mir zeigen, wenn du's hast?
Denkst du wirklich, ich lese so was Schwieriges?
Nö.
Ich dachte, vielleicht klärst du das mit deinem Einfluss als Boss.
Treib es bitte in deinem Territorium auf.
Ha.
Träum weiter.
Du hast keine Ahnung, wie groß mein Territorium jetzt ist.
Mir gehört fast die gesamte Westdämonenwelt.
Auch wenn du mein Freund bist, das ist mir zu lästig.
Da musst du schon überzeugender werden.

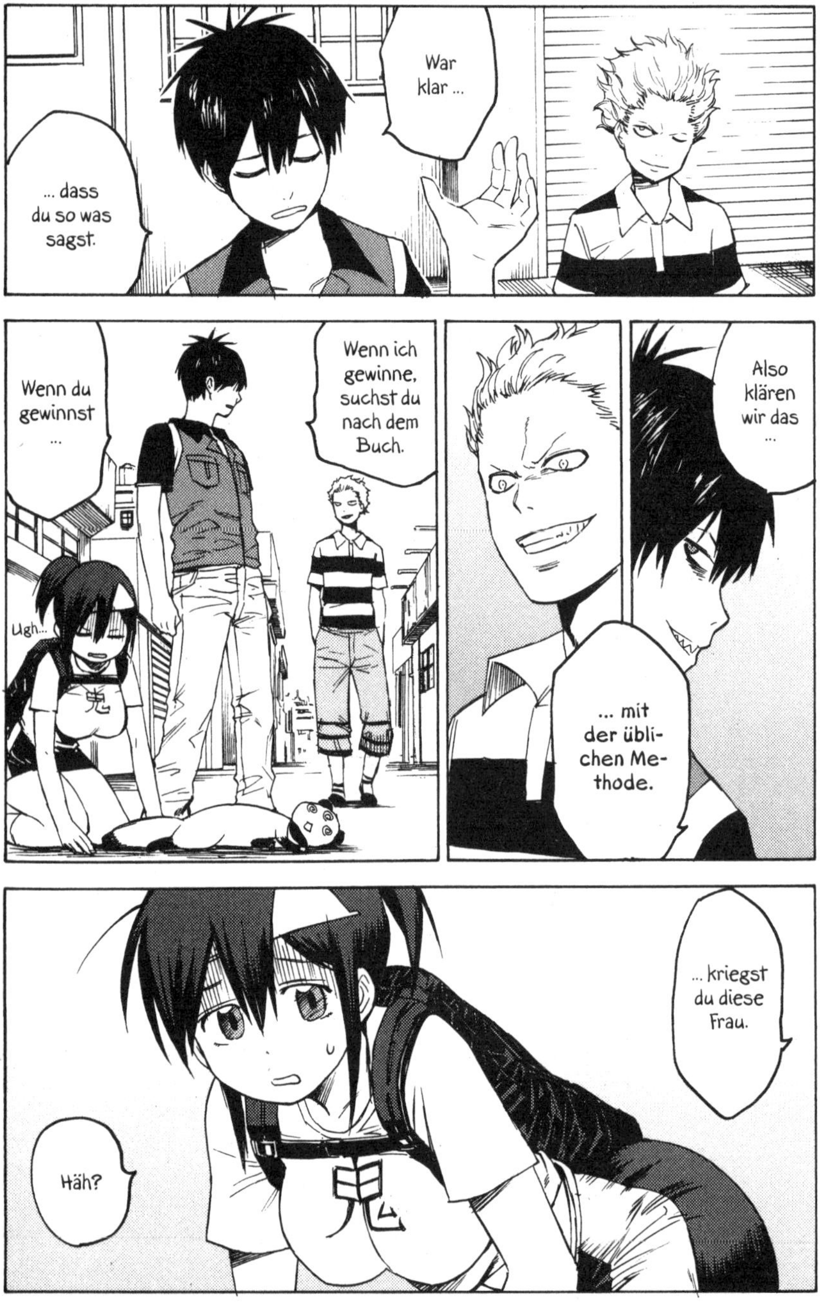
War klar ...
... dass du so was sagst.
Also klären wir das ...
... mit der üblichen Methode.
Wenn ich gewinne, suchst du nach dem Buch.
Wenn du gewinnst ...
Ugh...
... kriegst du diese Frau.
Häh?

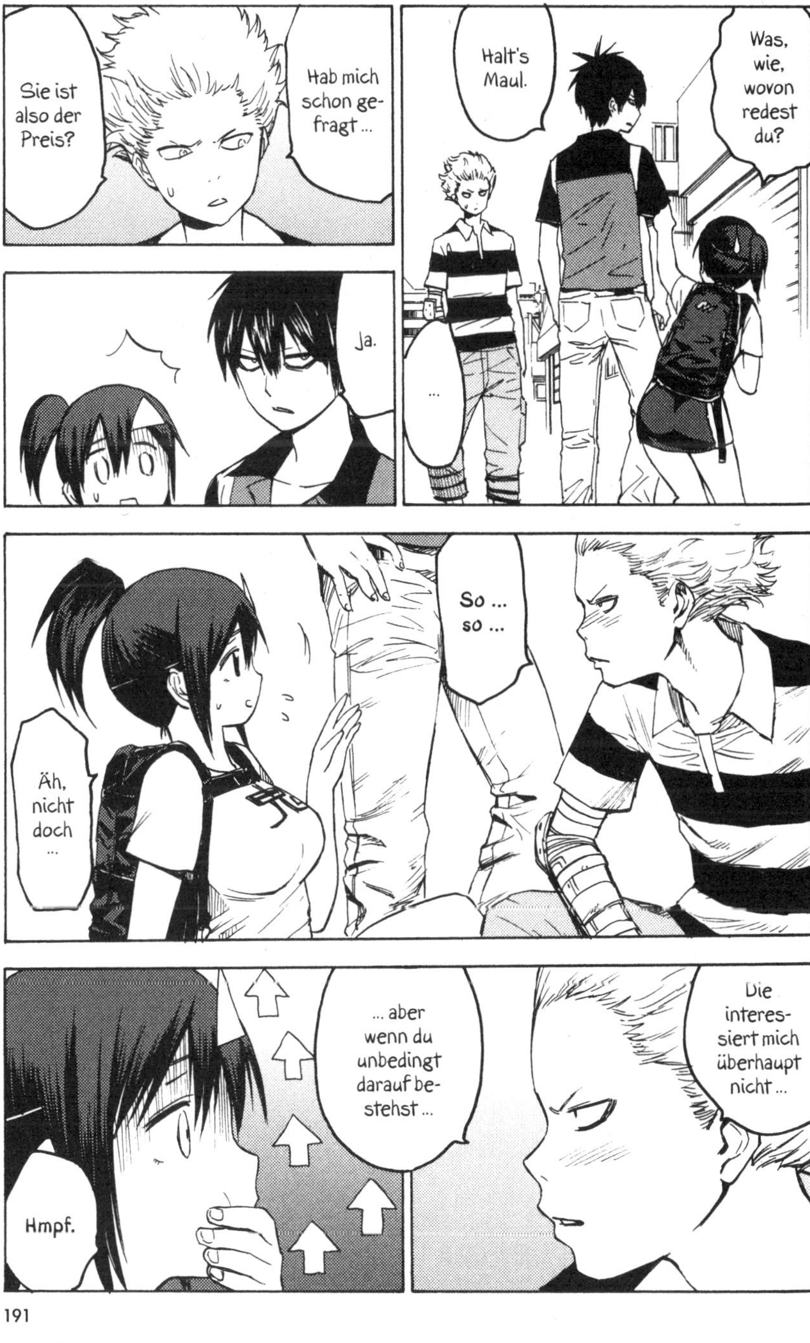
Was, wie, wovon redest du?
Halt's Maul.
...
Hab mich schon gefragt ...
Sie ist also der Preis?
Ja.
So ... so ...
Äh, nicht doch ...
Die interessiert mich überhaupt nicht ...
... aber wenn du unbedingt darauf bestehst ...
Hmpf.

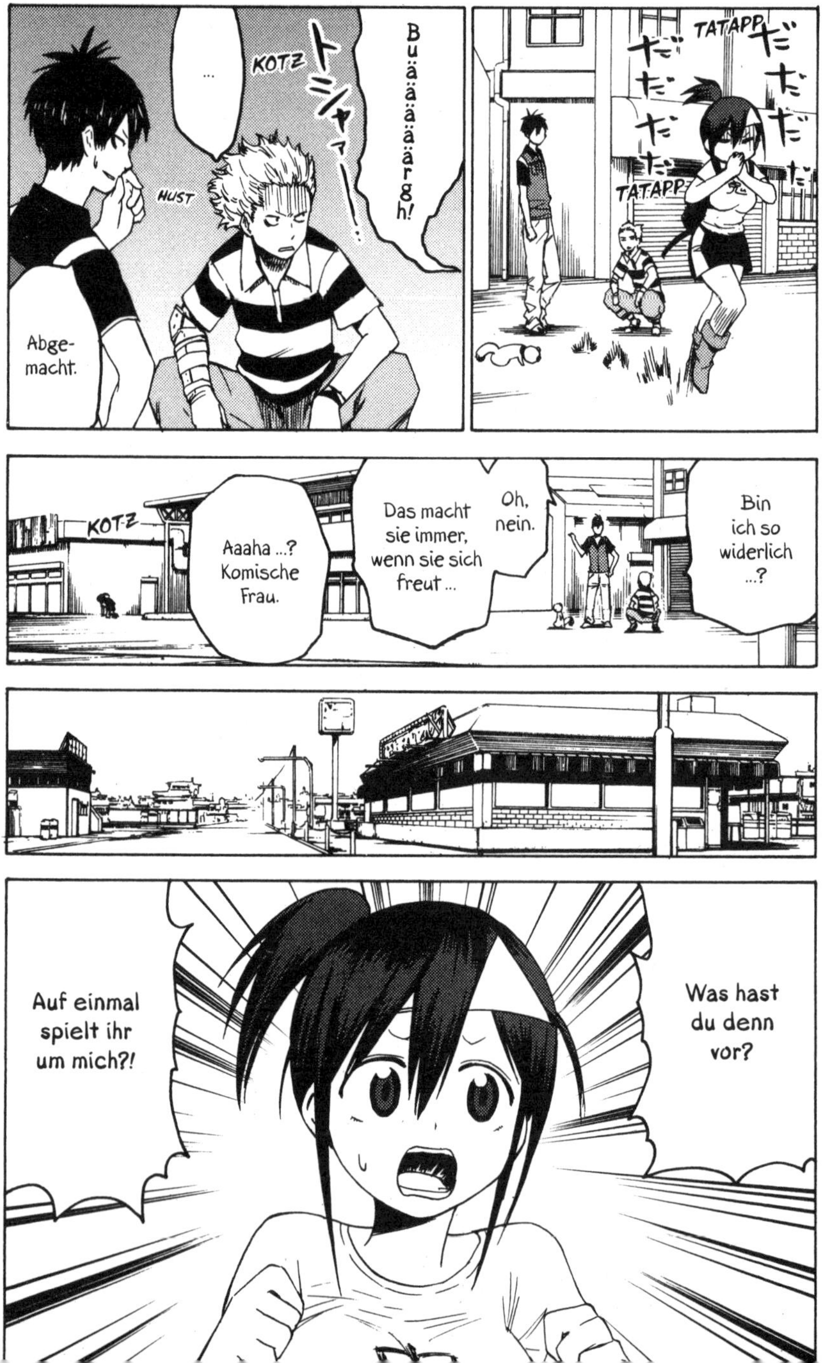
TATAPP
だだだだだ
TATAPP
だだだだだ
Buäääääärgh!
トシャァー!!
KOTZ
...
HUST
Abgemacht.
Bin ich so widerlich ...?
Oh, nein.
Das macht sie immer, wenn sie sich freut ...
Aaaha ...? Komische Frau.
KOTZ
Was hast du denn vor?
Auf einmal spielt ihr um mich?!

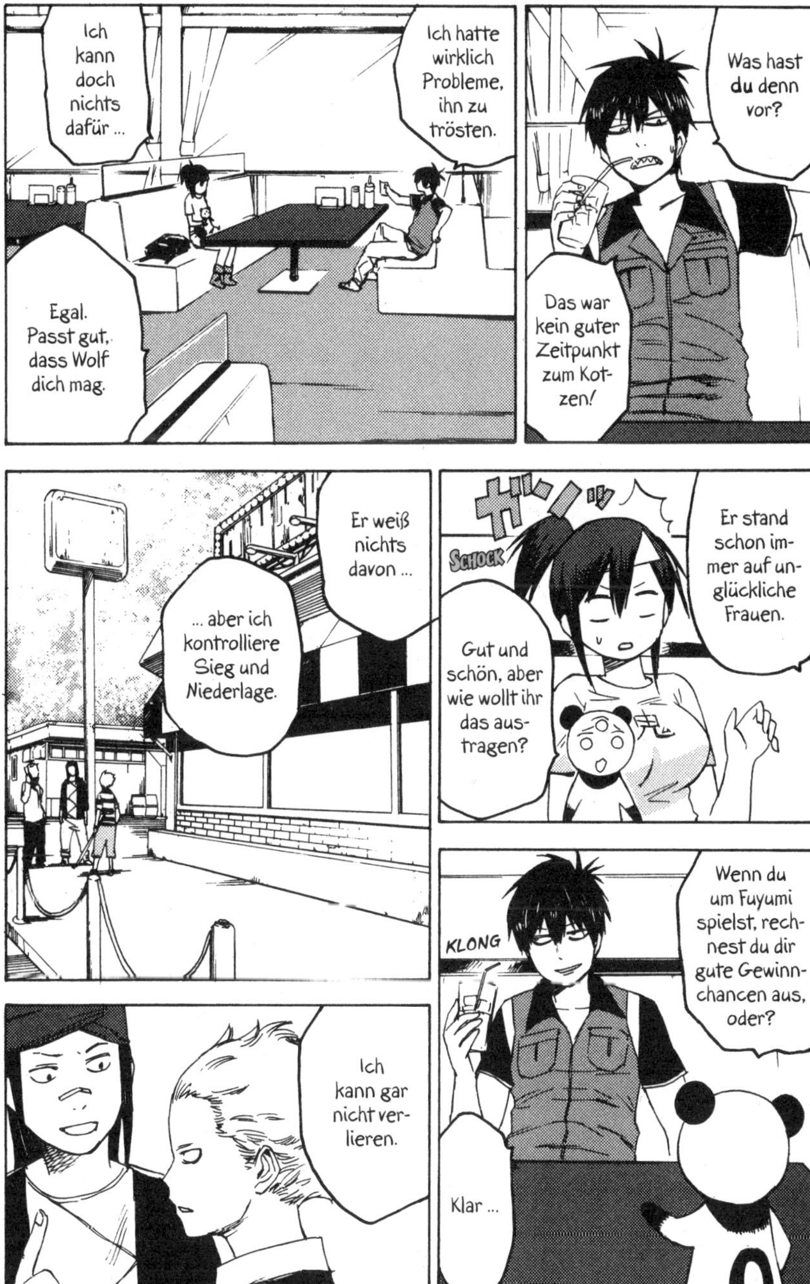

Was hast du denn vor?
Das war kein guter Zeitpunkt zum Kotzen!
Ich hatte wirklich Probleme, ihn zu trösten.
Ich kann doch nichts dafür ...
Egal. Passt gut, dass Wolf dich mag.
SCHOCK
Er stand schon immer auf unglückliche Frauen.
Gut und schön, aber wie wollt ihr das austragen?
KLONG
Wenn du um Fuyumi spielst, rechnest du dir gute Gewinnchancen aus, oder?
Klar ...
Er weiß nichts davon ...
... aber ich kontrolliere Sieg und Niederlage.
Ich kann gar nicht verlieren.

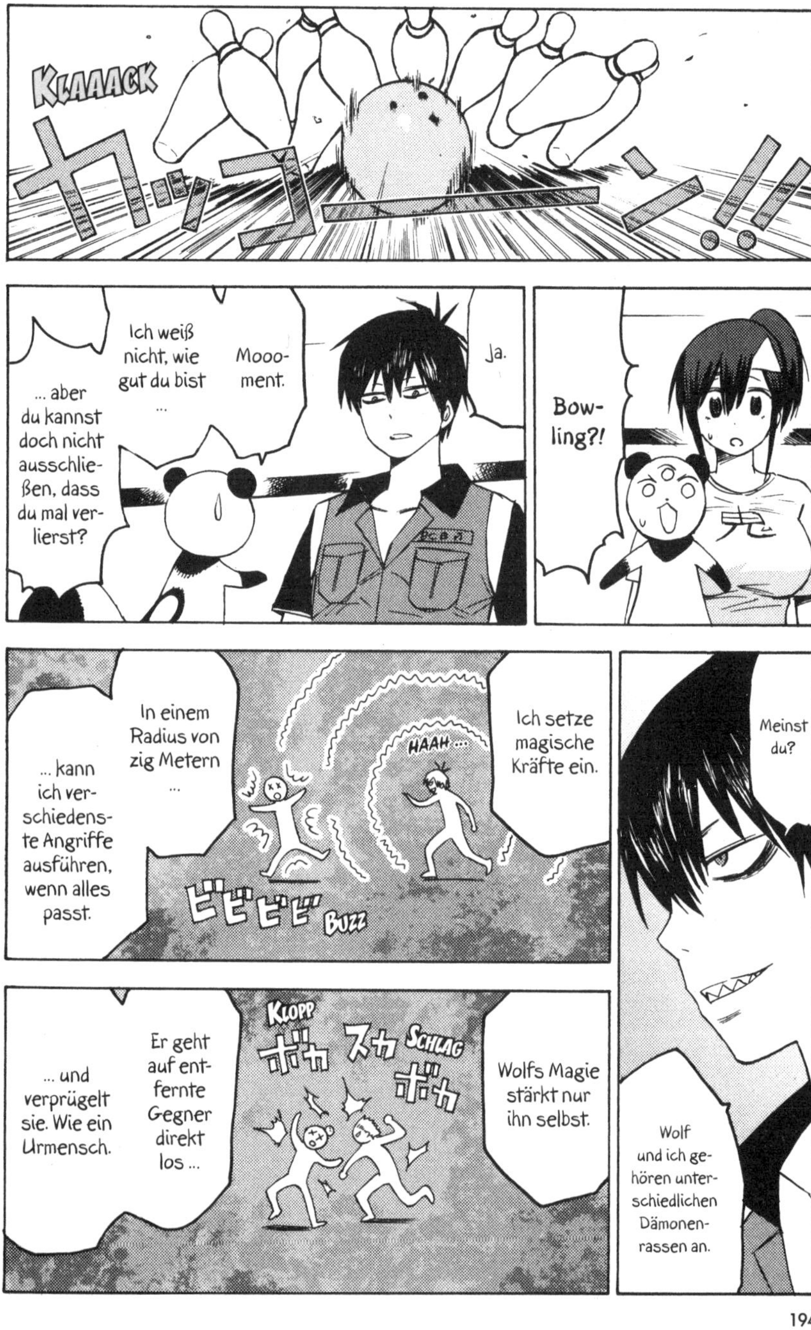
KLAAACK
カッコーン!!
Bow-
ling?!
Ja.
Mooo-
ment.
Ich weiß
nicht, wie
gut du bist
...
... aber
du kannst
doch nicht
ausschlie-
ßen, dass
du mal ver-
lierst?
Meinst
du?
Ich setze
magische
Kräfte ein.
HAAH ...
In einem
Radius von
zig Metern
...
... kann
ich ver-
schiedens-
te Angriffe
ausführen,
wenn alles
passt.
ビビビビ
BUZZ
Wolfs Magie
stärkt nur
ihn selbst.
KLOPP
ボカ
スカ
SCHLAG
ボカ
Er geht
auf ent-
fernte
Gegner
direkt
los ...
... und
verprügelt
sie. Wie ein
Urmensch.
Wolf
und ich ge-
hören unter-
schiedlichen
Dämonen-
rassen an.

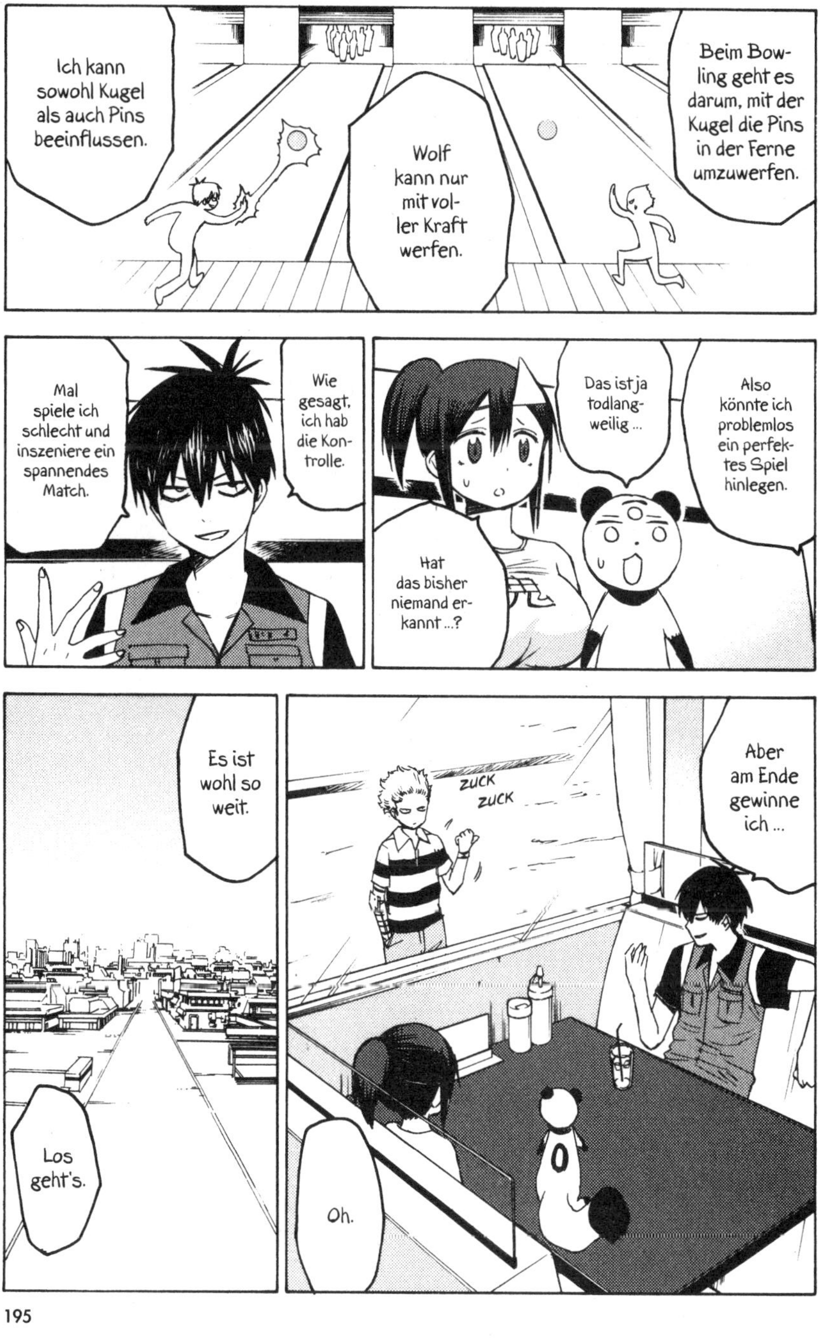
Beim Bowling geht es darum, mit der Kugel die Pins in der Ferne umzuwerfen.
Wolf kann nur mit voller Kraft werfen.
Ich kann sowohl Kugel als auch Pins beeinflussen.
Also könnte ich problemlos ein perfektes Spiel hinlegen.
Das ist ja todlangweilig ...
Hat das bisher niemand erkannt ...?
Wie gesagt, ich hab die Kontrolle.
Mal spiele ich schlecht und inszeniere ein spannendes Match.
Aber am Ende gewinne ich ...
ZUCK
ZUCK
Oh.
Es ist wohl so weit.
Los geht's.

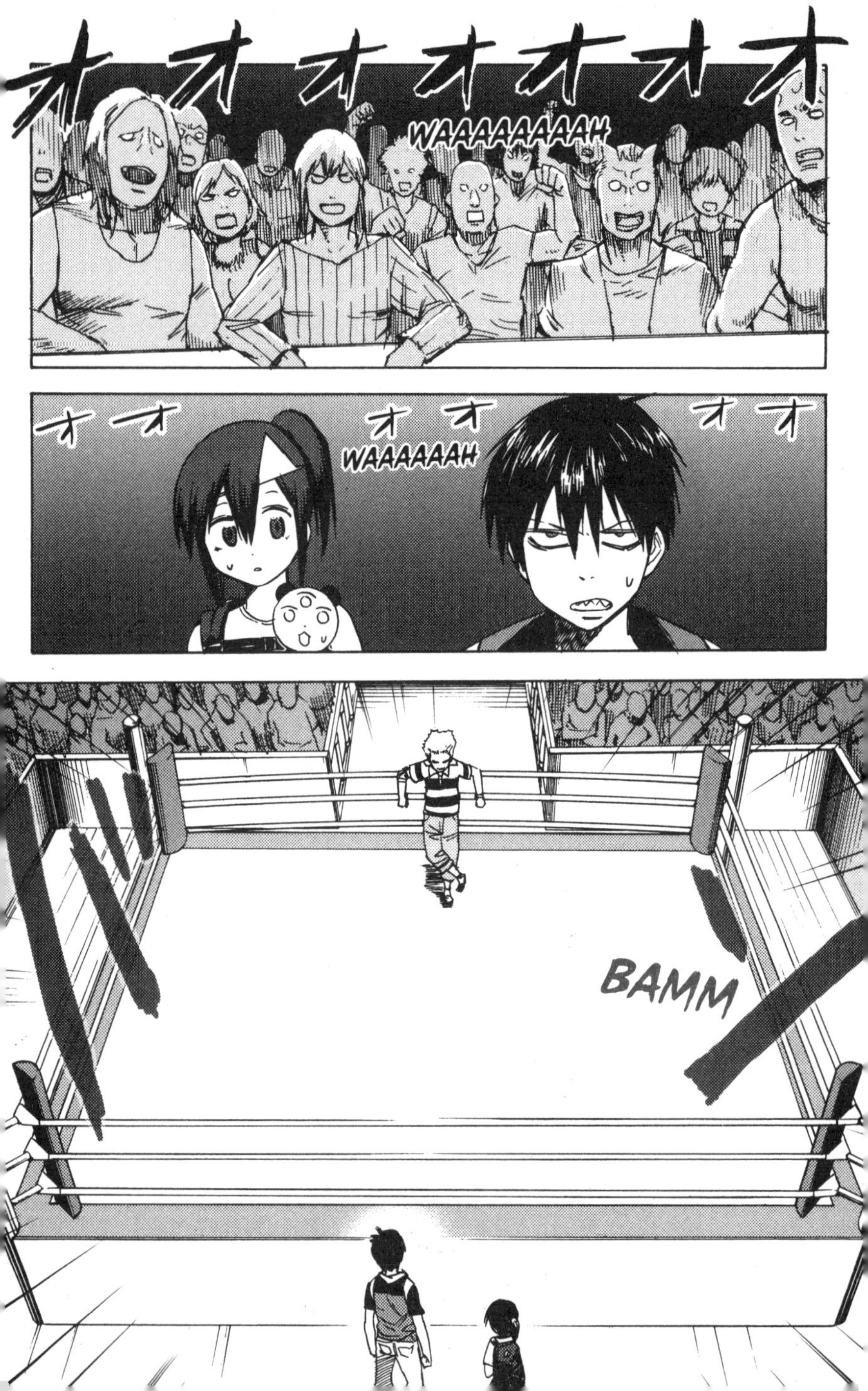

オオオオオオオ
WAAAAAAAAH
オオオオオオ
WAAAAAAH
BAMM

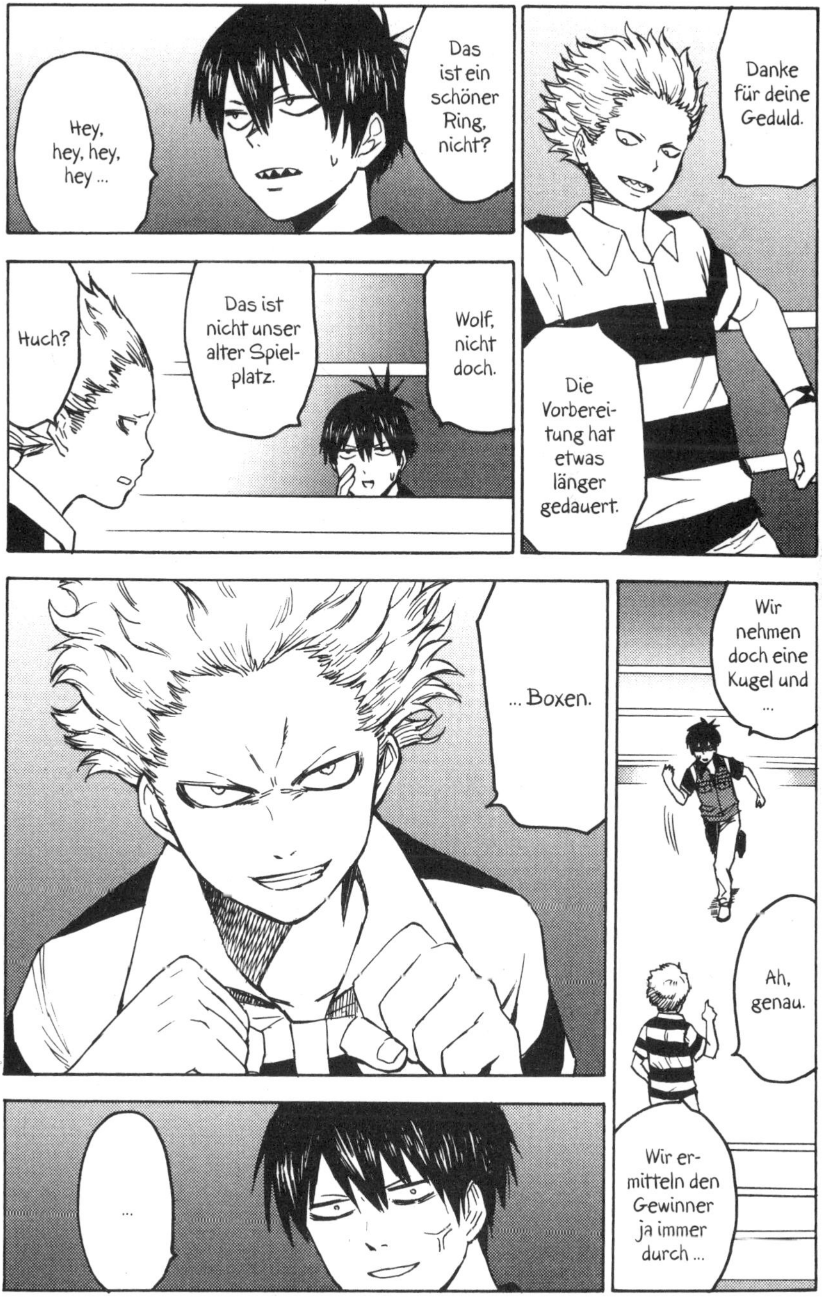
Danke für deine Geduld.
Die Vorberei-tung hat etwas länger gedauert.
Das ist ein schöner Ring, nicht?
Hey, hey, hey, hey ...
Wolf, nicht doch.
Das ist nicht unser alter Spiel-platz.
Huch?
Wir nehmen doch eine Kugel und ...
Ah, genau.
Wir er-mitteln den Gewinner ja immer durch ...
... Boxen.
...

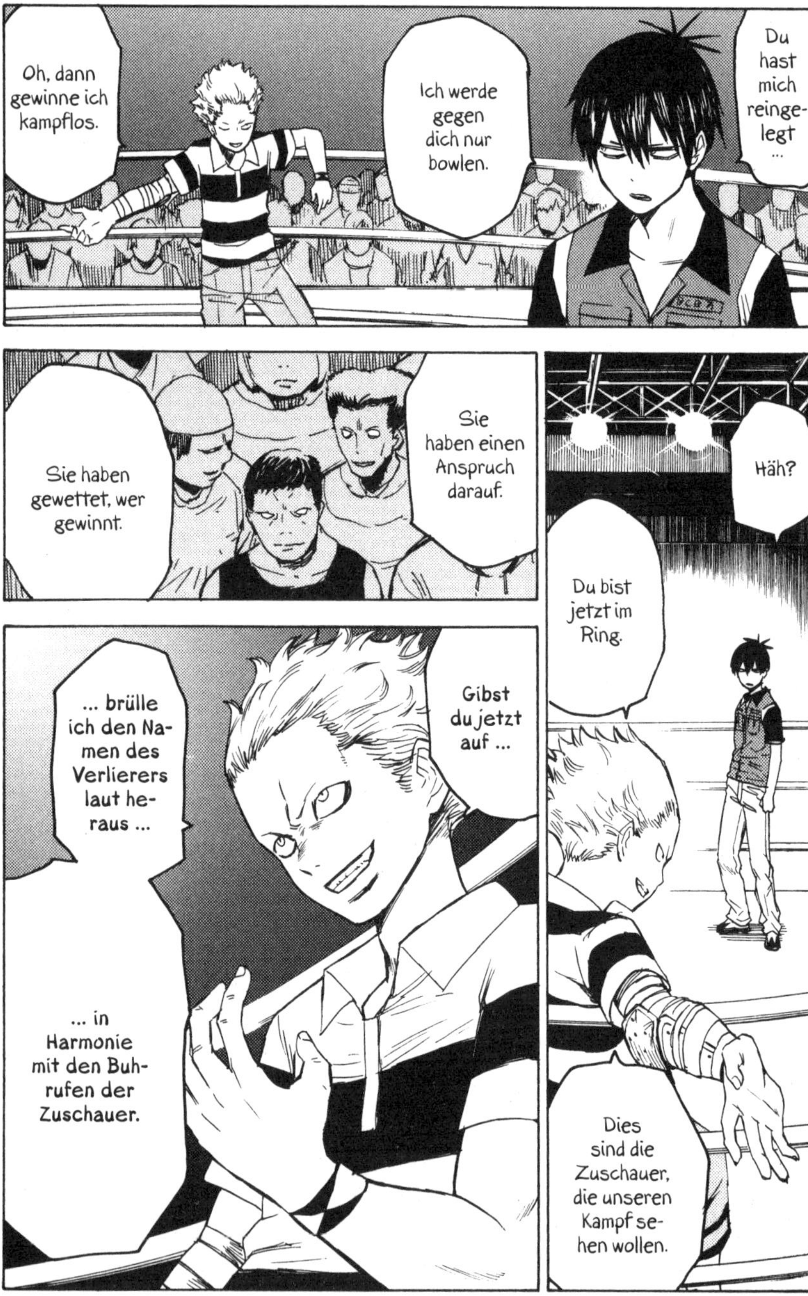
Du hast mich reingelegt ...
Ich werde gegen dich nur bowlen.
Oh, dann gewinne ich kampflos.
Häh?
Du bist jetzt im Ring.
Dies sind die Zuschauer, die unseren Kampf sehen wollen.
Sie haben einen Anspruch darauf.
Sie haben gewettet, wer gewinnt.
Gibst du jetzt auf ...
... brülle ich den Namen des Verlierers laut heraus ...
... in Harmonie mit den Buhrufen der Zuschauer.

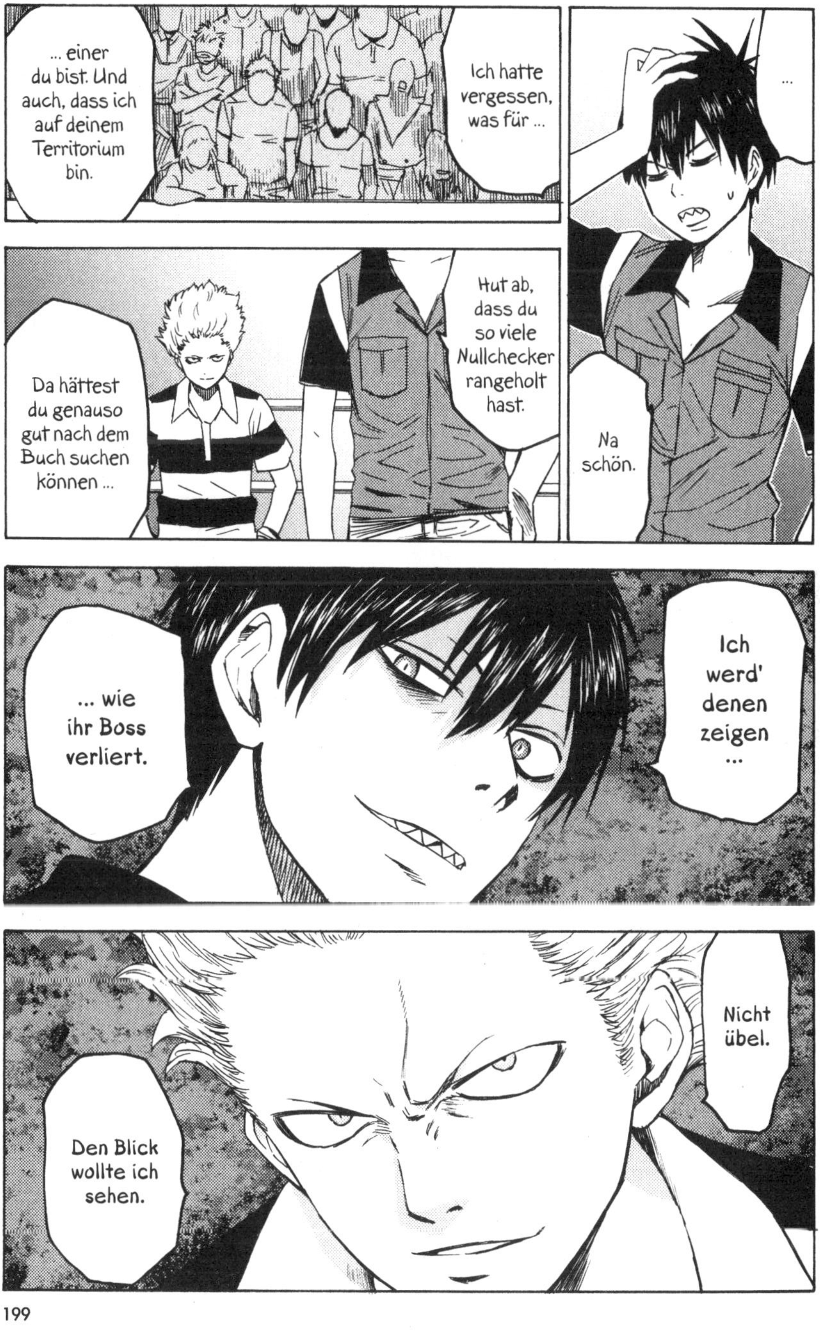
...
Ich hatte vergessen, was für ...
... einer du bist. Und auch, dass ich auf deinem Territorium bin.
Na schön.
Hut ab, dass du so viele Nullchecker rangeholt hast.
Da hättest du genauso gut nach dem Buch suchen können ...
Ich werd' denen zeigen ...
... wie ihr Boss verliert.
Nicht übel.
Den Blick wollte ich sehen.

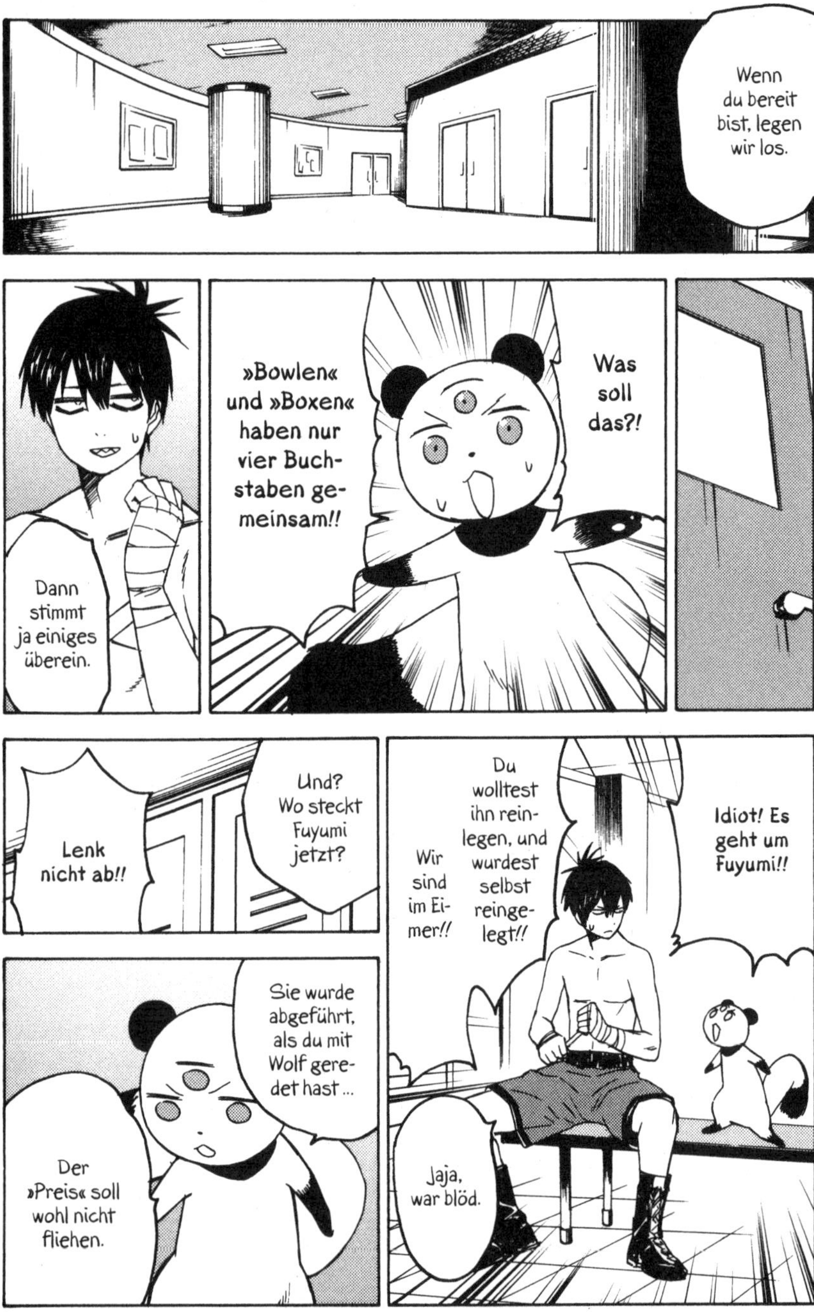

Wenn du bereit bist, legen wir los.
Was soll das?!
»Bowlen« und »Boxen« haben nur vier Buchstaben gemeinsam!!
Dann stimmt ja einiges überein.
Idiot! Es geht um Fuyumi!!
Du wolltest ihn reinlegen, und wurdest selbst reingelegt!!
Wir sind im Eimer!!
Jaja, war blöd.
Und? Wo steckt Fuyumi jetzt?
Lenk nicht ab!!
Sie wurde abgeführt, als du mit Wolf geredet hast ...
Der »Preis« soll wohl nicht fliehen.

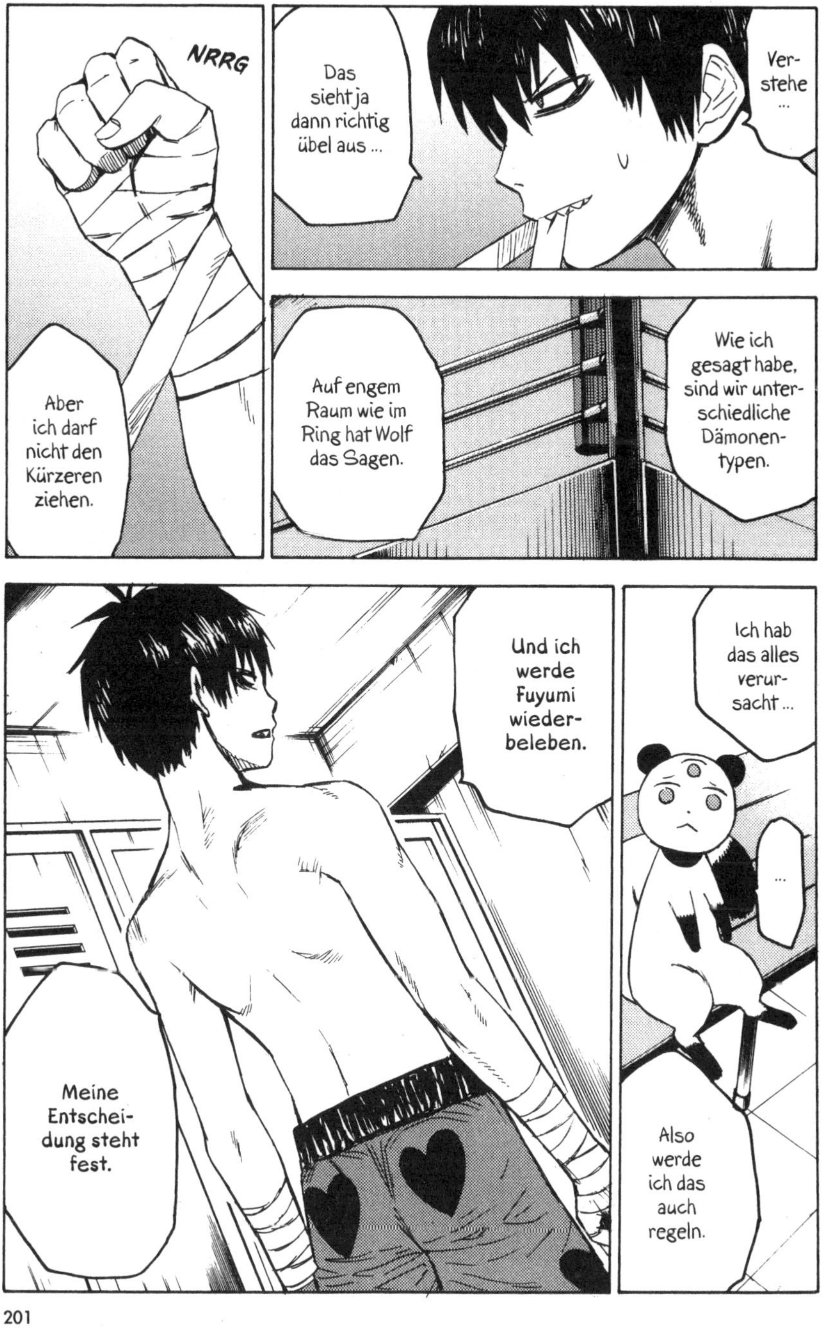
Verstehe ...
Das sieht ja dann richtig übel aus ...
Wie ich gesagt habe, sind wir unterschiedliche Dämonentypen.
Auf engem Raum wie im Ring hat Wolf das Sagen.
NRRG
Aber ich darf nicht den Kürzeren ziehen.
Ich hab das alles verursacht ...
...
Also werde ich das auch regeln.
Und ich werde Fuyumi wiederbeleben.
Meine Entscheidung steht fest.

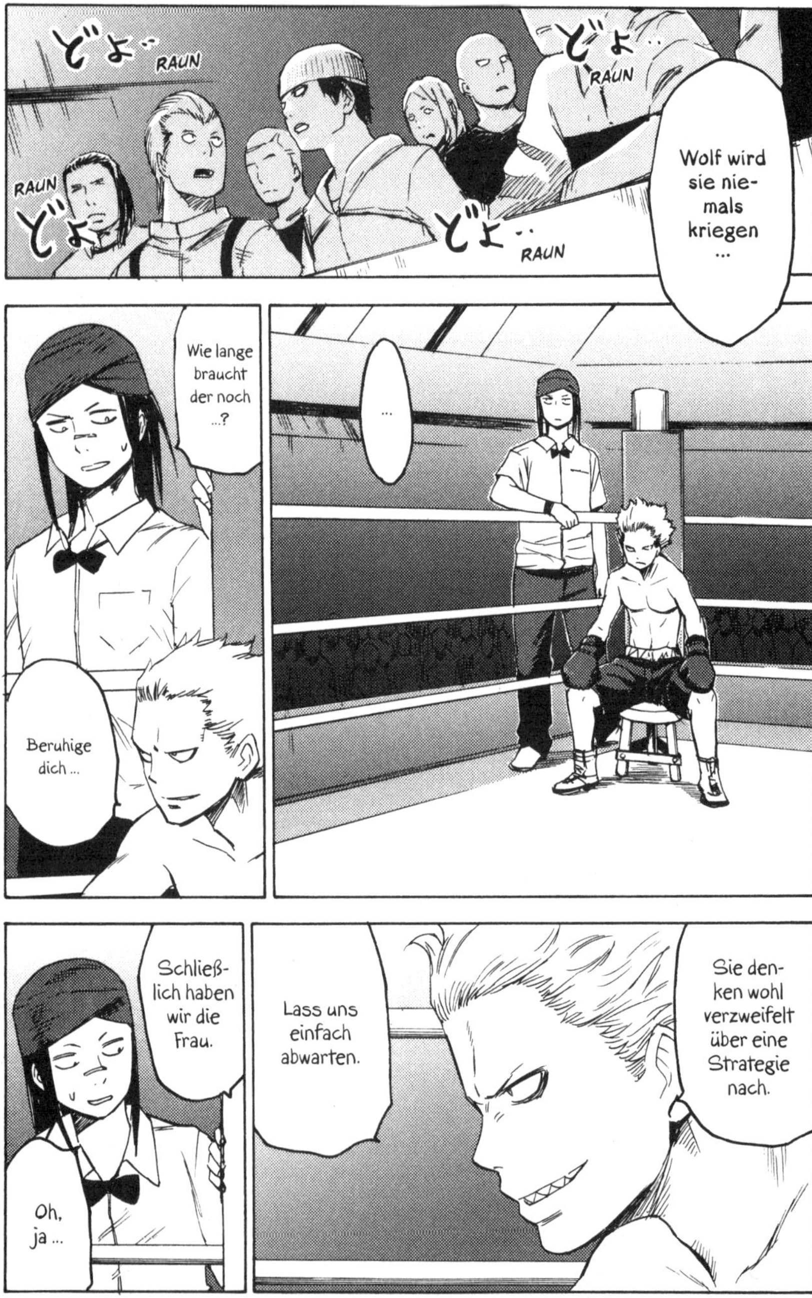
どよ… RAUN
どよ… RAUN
どよ… RAUN
どよ… RAUN
Wolf wird sie nie-mals kriegen …
…
Wie lange braucht der noch …?
Beruhige dich …
Sie den-ken wohl verzweifelt über eine Strategie nach.
Lass uns einfach abwarten.
Schließ-lich haben wir die Frau.
Oh, ja …

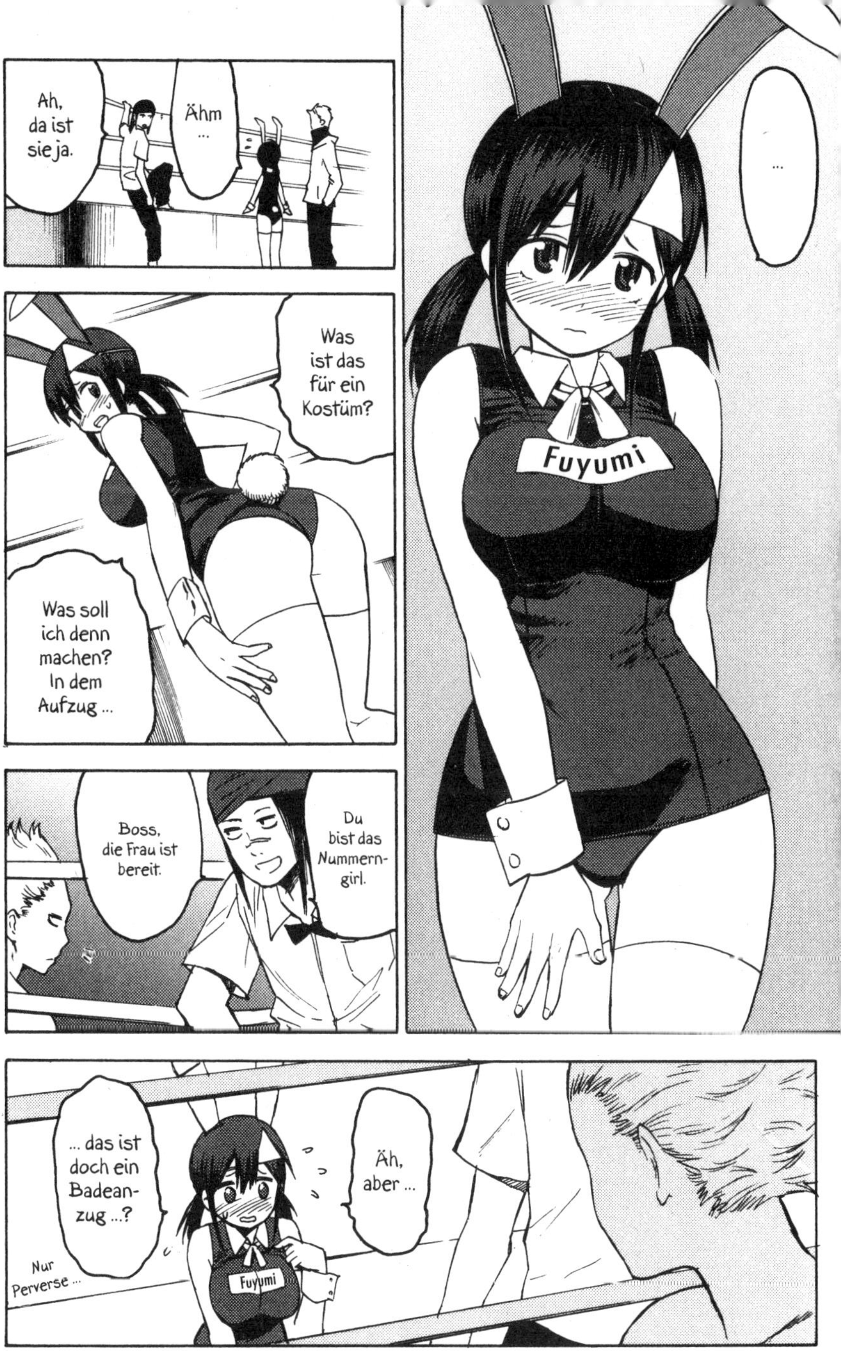
Ähm ...
Ah, da ist sie ja.
...
Fuyumi
Was ist das für ein Kostüm?
Was soll ich denn machen? In dem Aufzug ...
Du bist das Nummerngirl.
Boss, die Frau ist bereit.
Äh, aber ...
... das ist doch ein Badeanzug ...?
Fuyumi
Nur Perverse ...

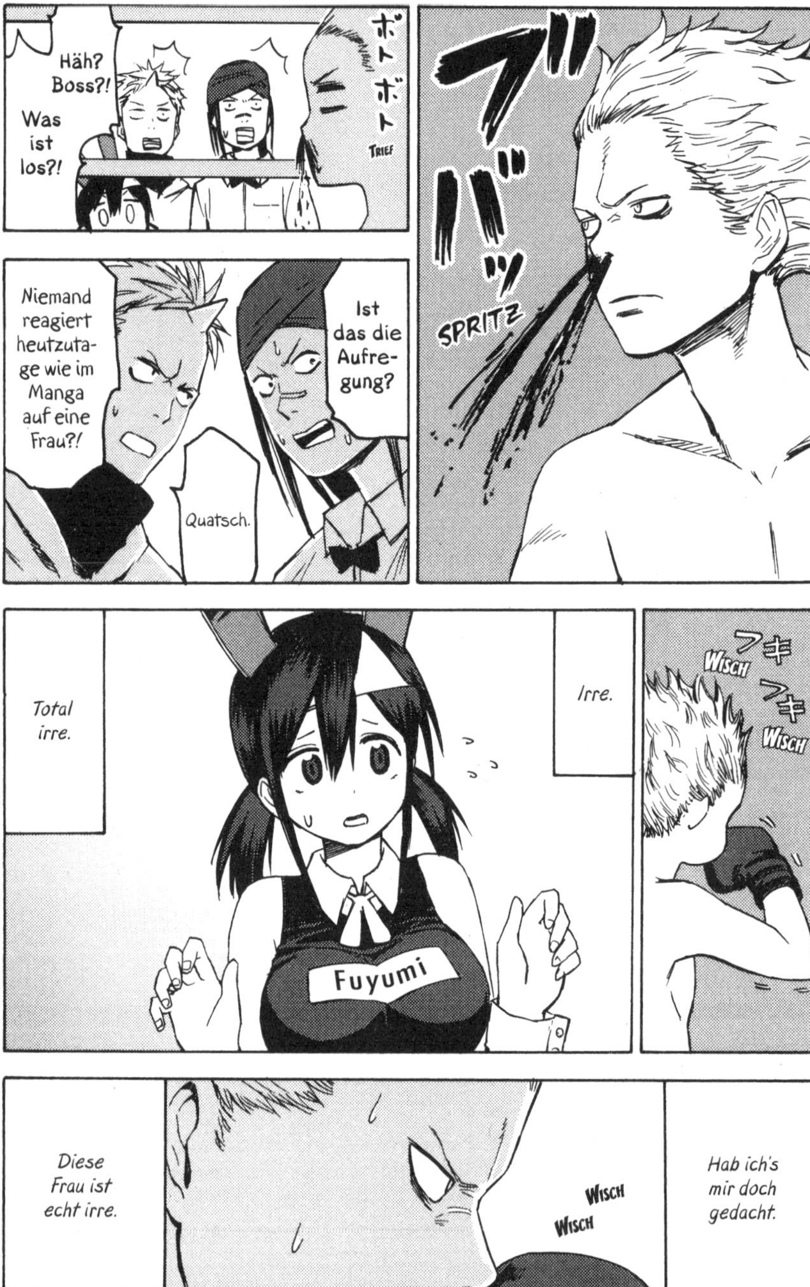
ブバッ
SPRITZ
ポトポト
TRIEF
Häh? Boss?!
Was ist los?!
Ist das die Aufregung?
Niemand reagiert heutzutage wie im Manga auf eine Frau?!
Quatsch.
フキ WISCH
フキ WISCH
Irre.
Total irre.
Fuyumi
Hab ich's mir doch gedacht.
WISCH
WISCH
Diese Frau ist echt irre.

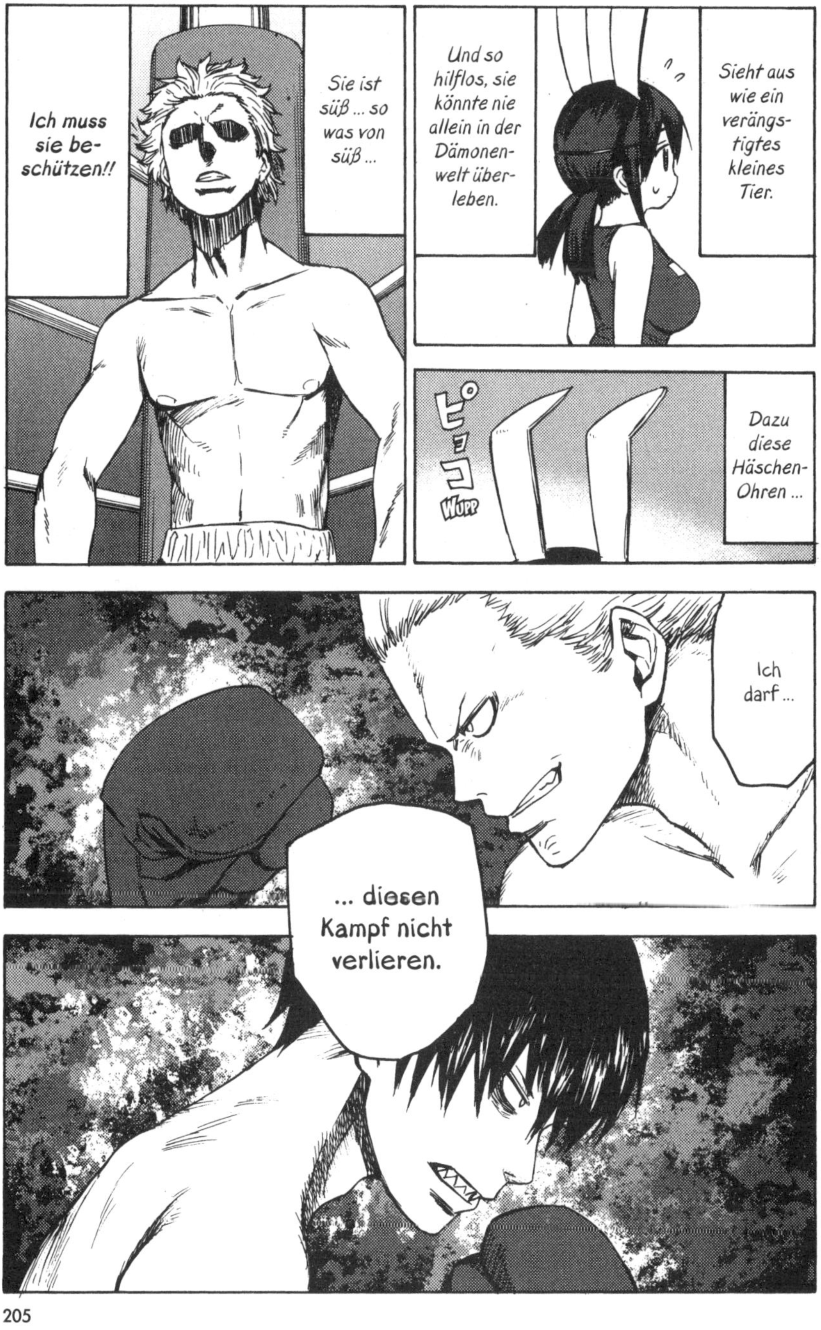
Sieht aus wie ein verängstigtes kleines Tier.
Und so hilflos, sie könnte nie allein in der Dämonenwelt überleben.
ピョコ
WUPP
Dazu diese Häschen-Ohren ...
Sie ist süß ... so was von süß ...
Ich muss sie beschützen!!
Ich darf ...
... diesen Kampf nicht verlieren.

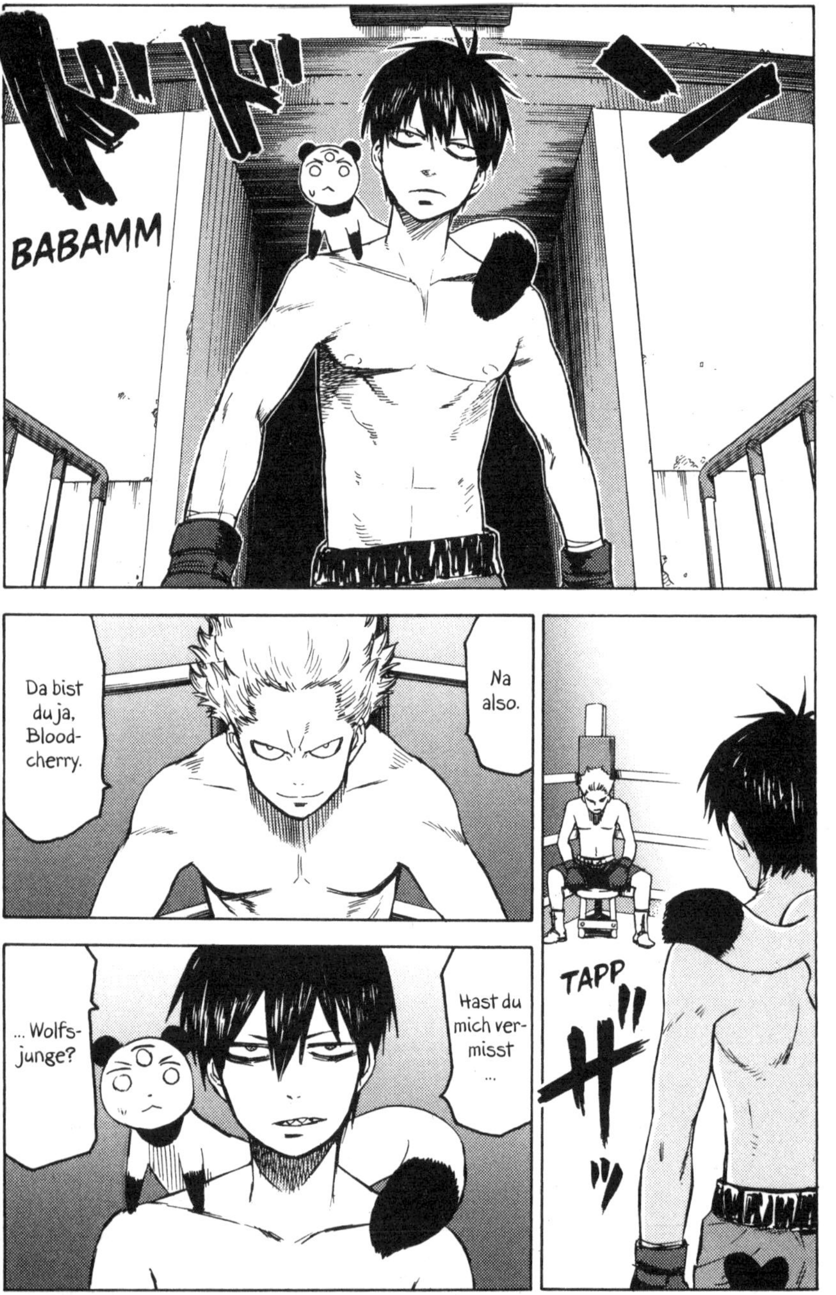

BABAMM
Na also.
Da bist du ja, Blood-cherry.
TAPP
Hast du mich vermisst …
… Wolfsjunge?

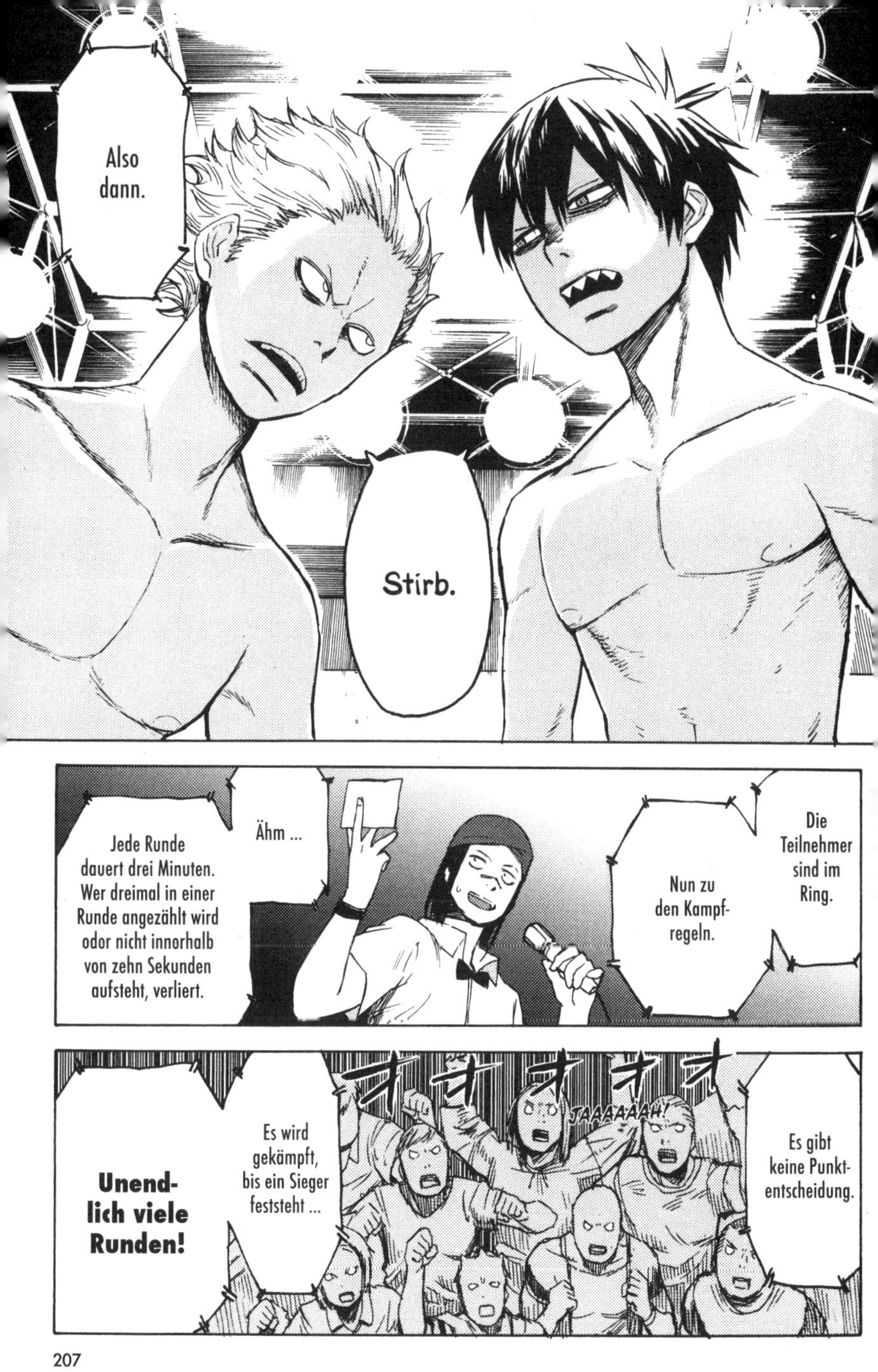
Also dann.
Stirb.
Die Teilnehmer sind im Ring.
Nun zu den Kampfregeln.
Ähm ...
Jede Runde dauert drei Minuten. Wer dreimal in einer Runde angezählt wird odor nicht innorhalb von zehn Sekunden aufsteht, verliert.
Es gibt keine Punktentscheidung.
JAAAAAAH!
Es wird gekämpft, bis ein Sieger feststeht ...
**Unendlich viele Runden!**

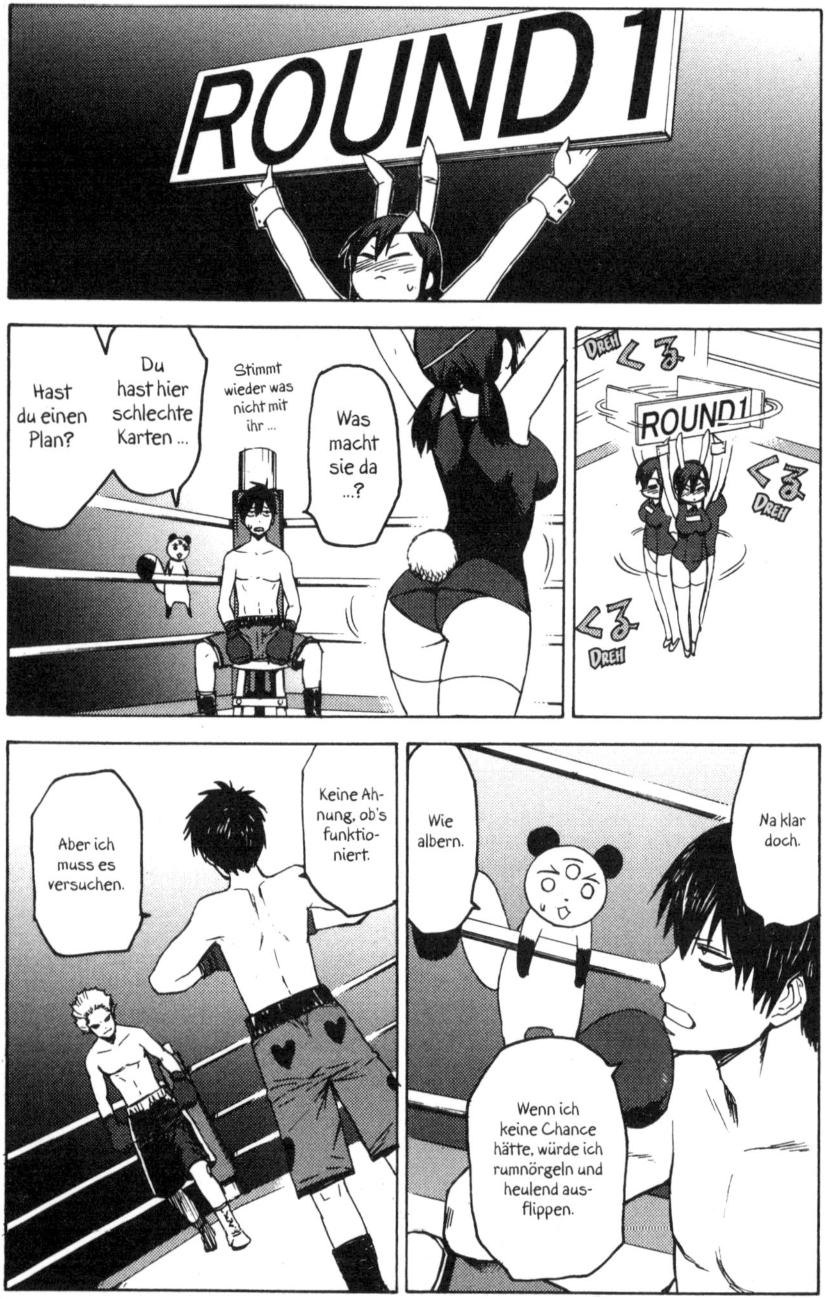
ROUND 1
Hast du einen Plan?
Du hast hier schlechte Karten ...
Stimmt wieder was nicht mit ihr ...
Was macht sie da ...?
DREH
ROUND1
DREH
DREH
Keine Ahnung, ob's funktioniert.
Aber ich muss es versuchen.
Na klar doch.
Wie albern.
Wenn ich keine Chance hätte, würde ich rumnörgeln und heulend ausflippen.

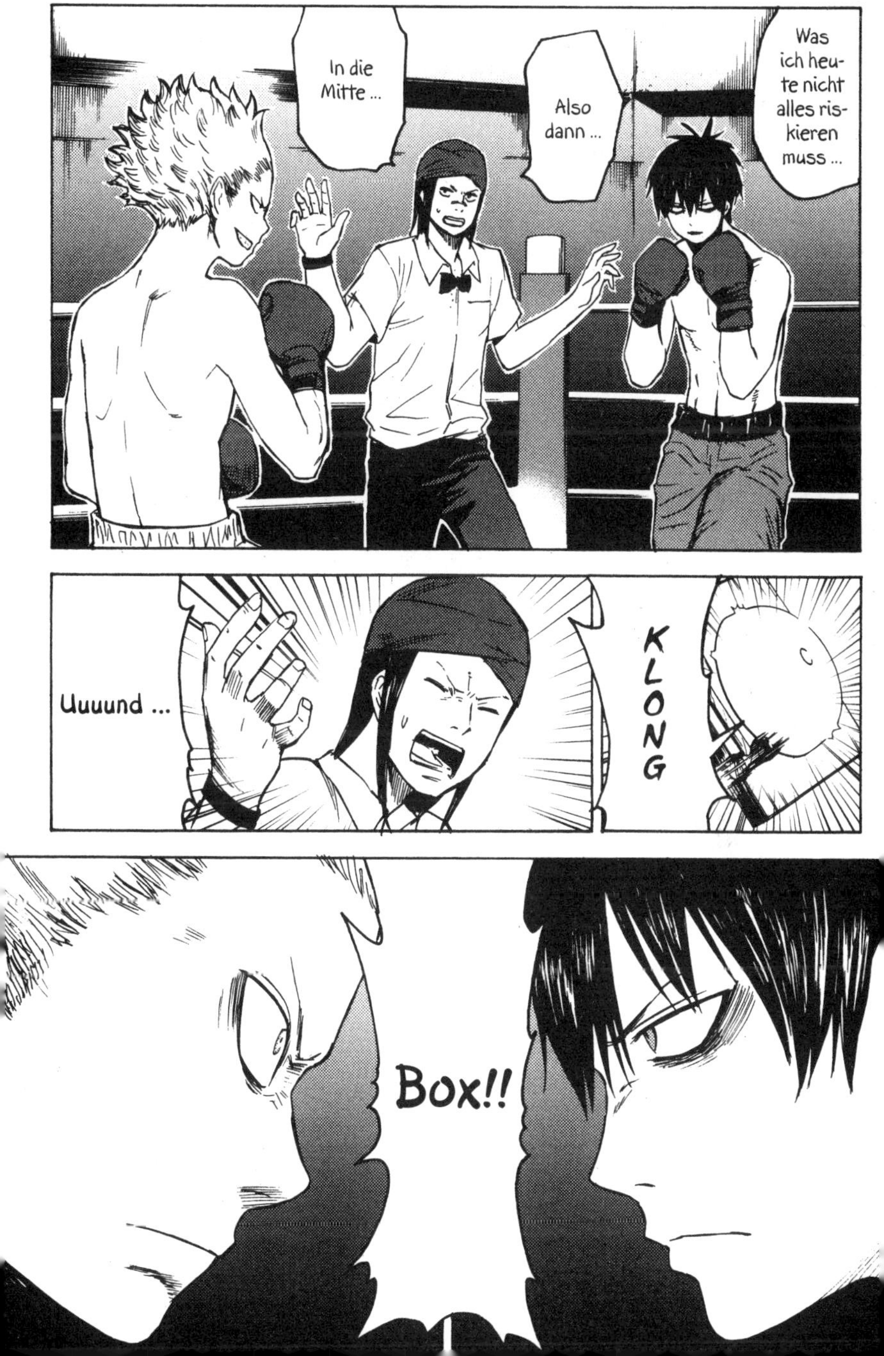
Was ich heute nicht alles riskieren muss ...
Also dann ...
In die Mitte ...
KLONG
Uuuund ...
Box!!

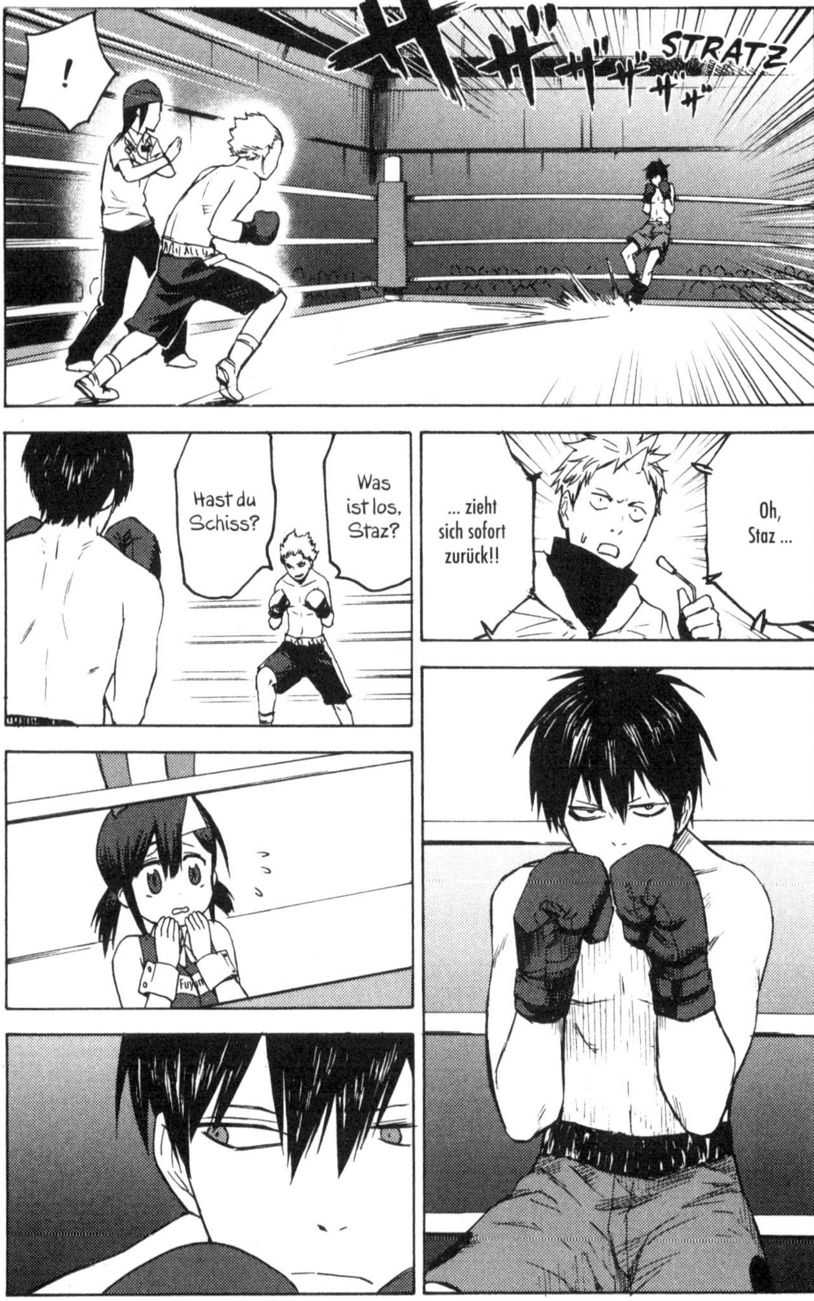
STRATZ
!
Oh, Staz ...
... zieht sich sofort zurück!!
Was ist los, Staz?
Hast du Schiss?

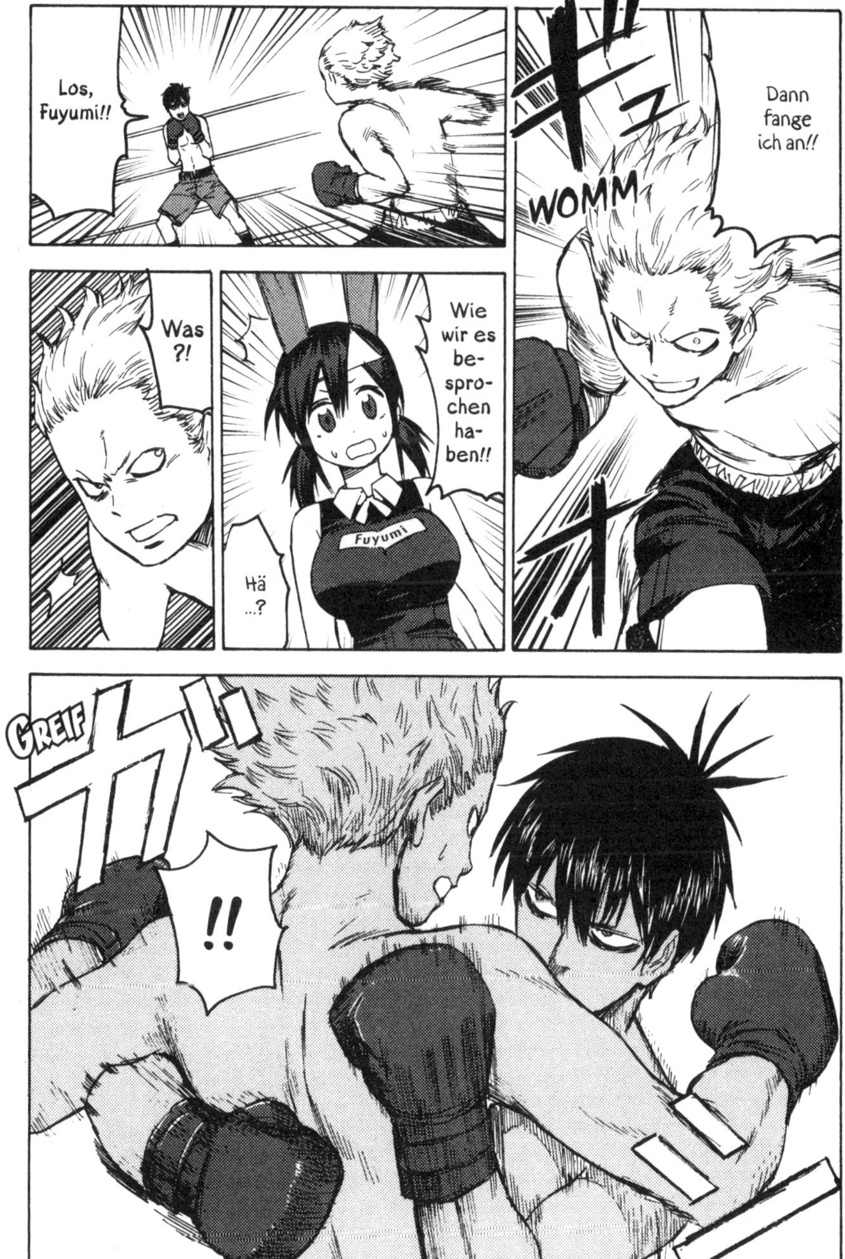
Dann fange ich an!!
WOMM
Los, Fuyumi!!
Wie wir es besprochen haben!!
Fuyumi
Hä ...?
Was ?!
GREIF
!!

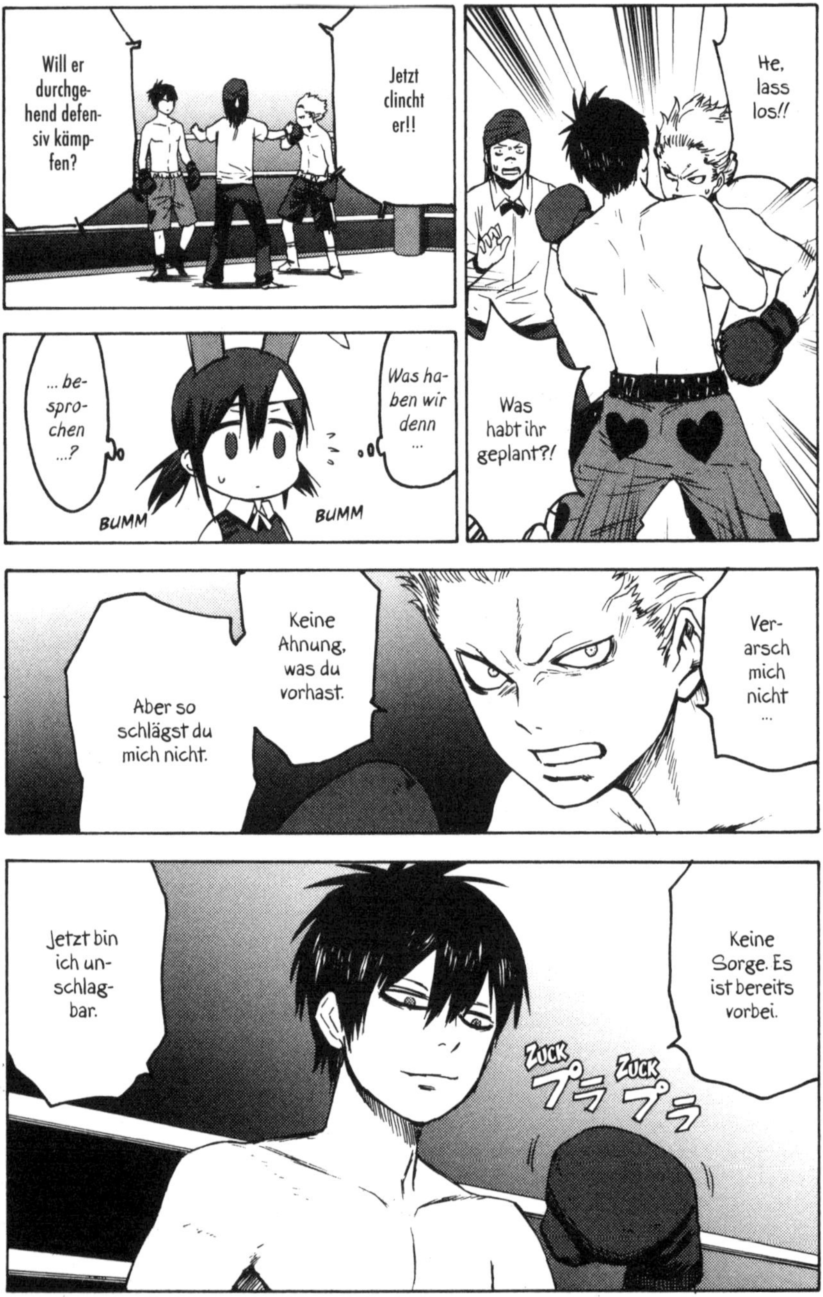
Jetzt clincht er!!
Will er durchgehend defensiv kämpfen?
He, lass los!!
Was habt ihr geplant?!
Was haben wir denn …
… besprochen …?
BUMM
BUMM
Verarsch mich nicht …
Keine Ahnung, was du vorhast.
Aber so schlägst du mich nicht.
Keine Sorge. Es ist bereits vorbei.
Jetzt bin ich unschlagbar.
ZUCK
プラ
ZUCK
プラ

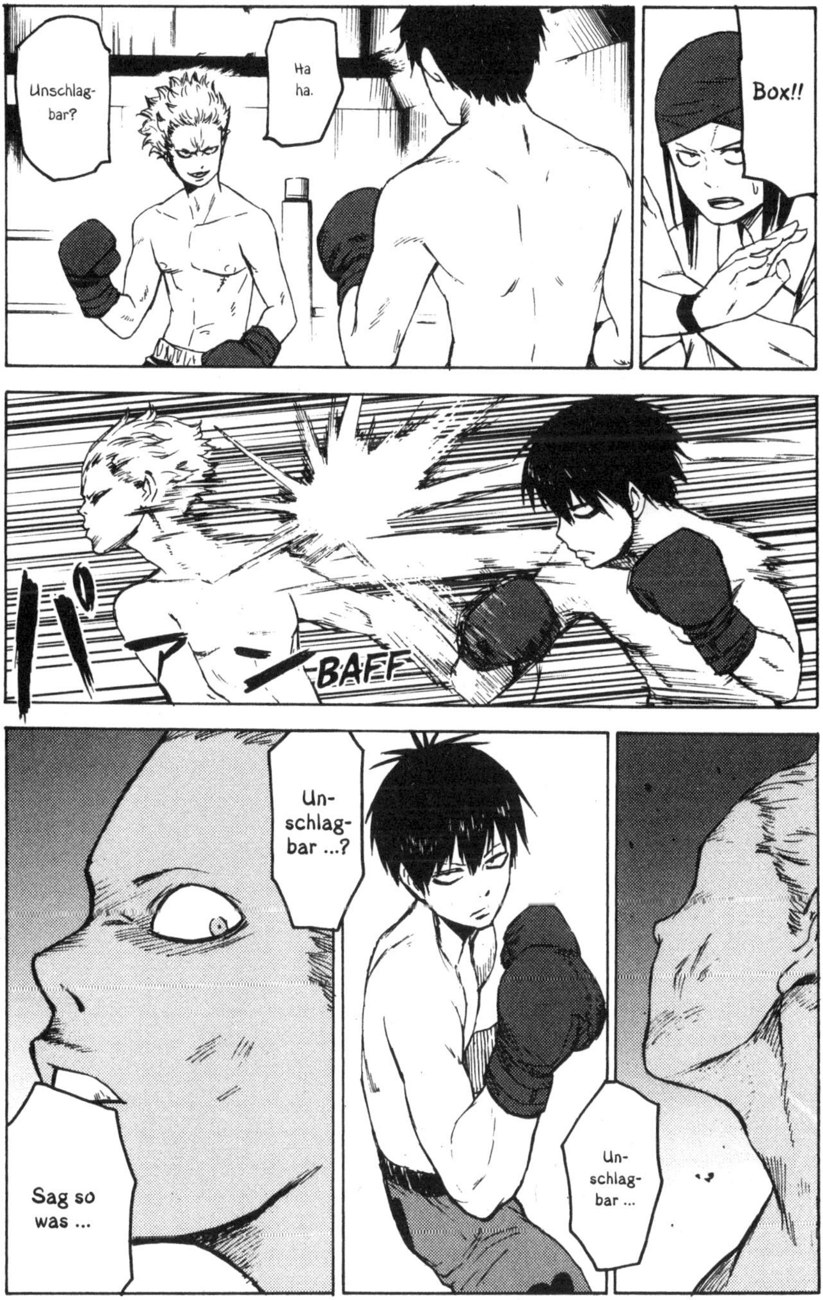
Box!!
Ha ha.
Unschlag- bar?
BAFF
Un- schlag- bar ...
Un- schlag- bar ...?
Sag so was ...

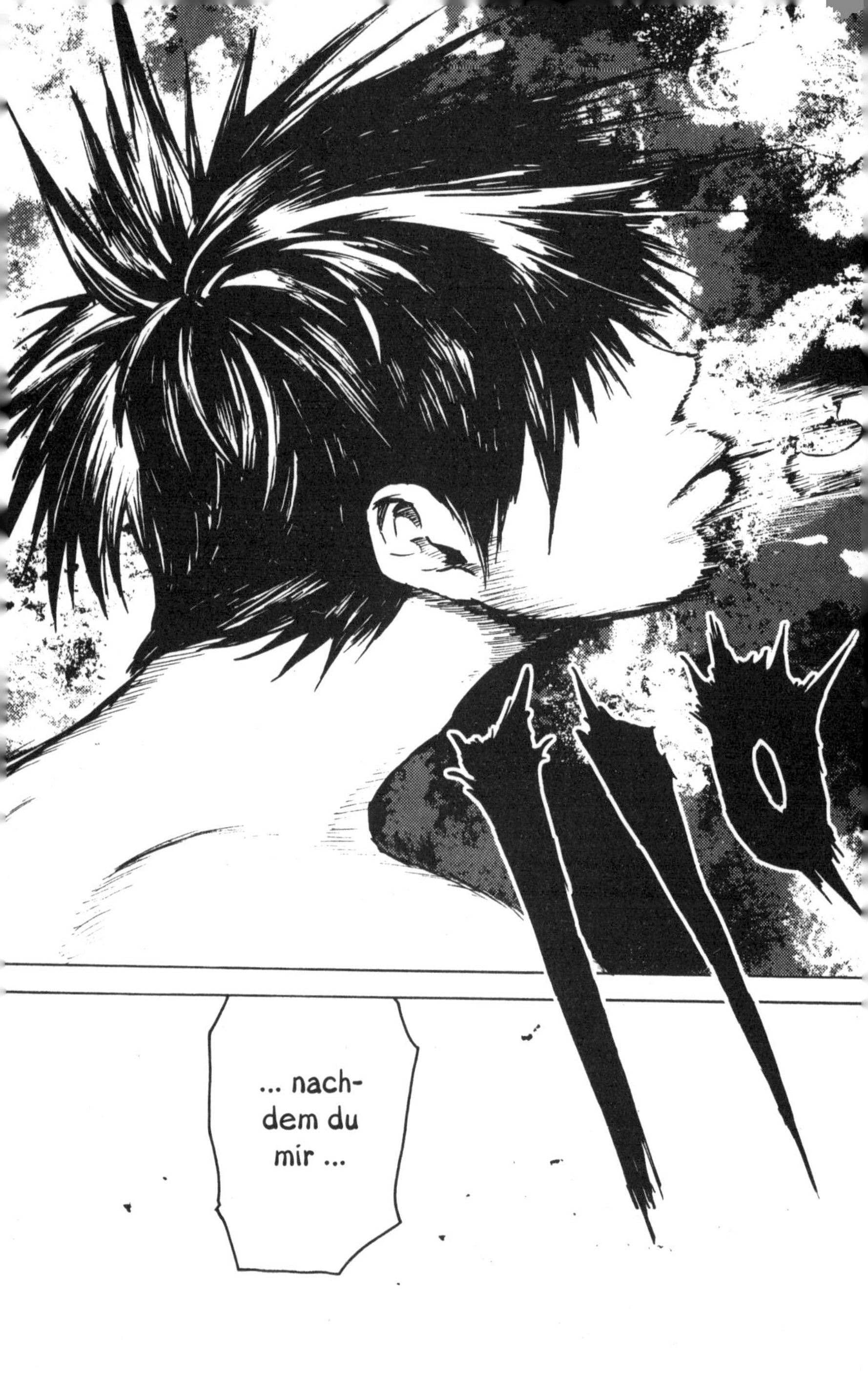
... nach-
dem du
mir ...

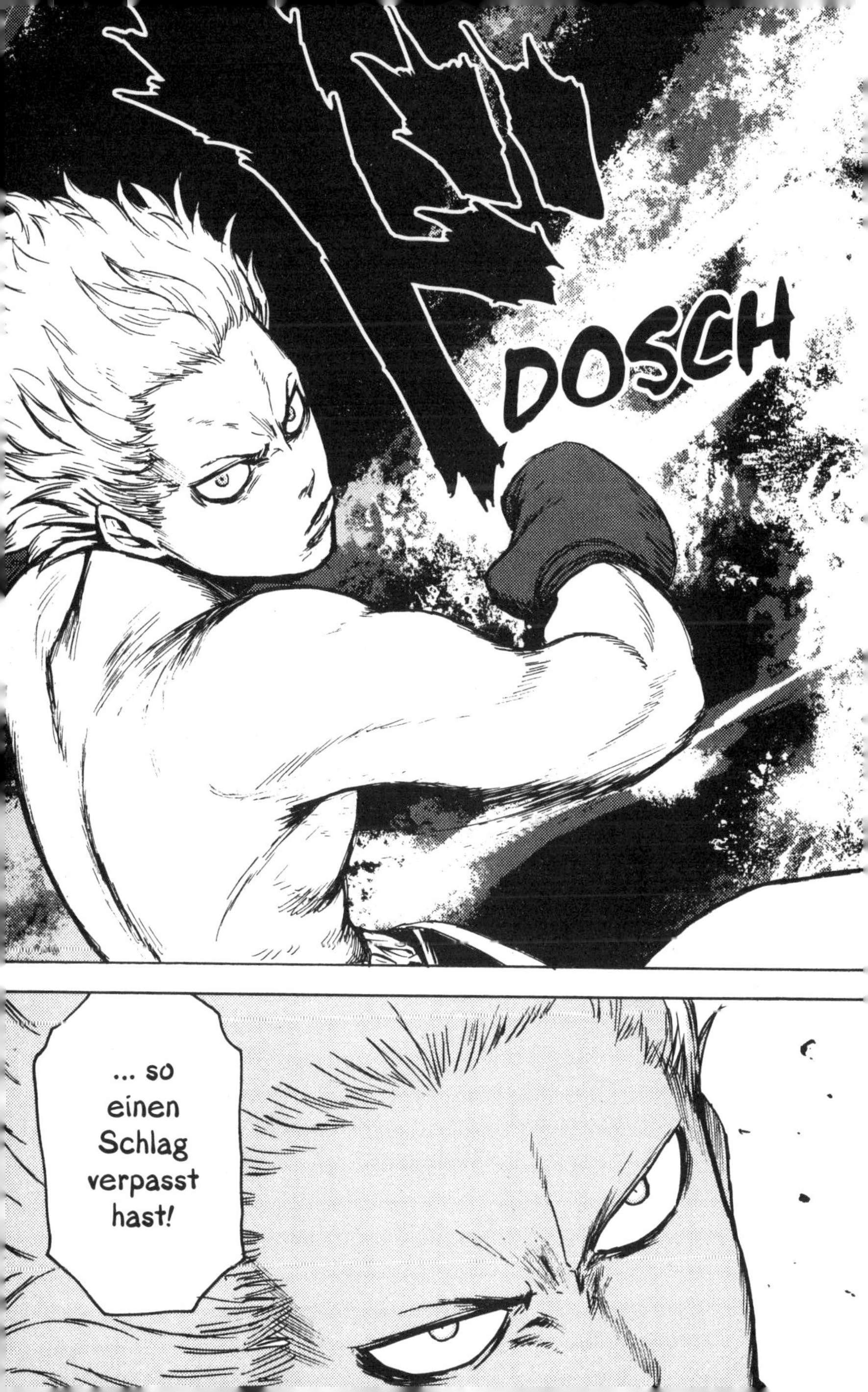
DOSCH
... so einen Schlag verpasst hast!

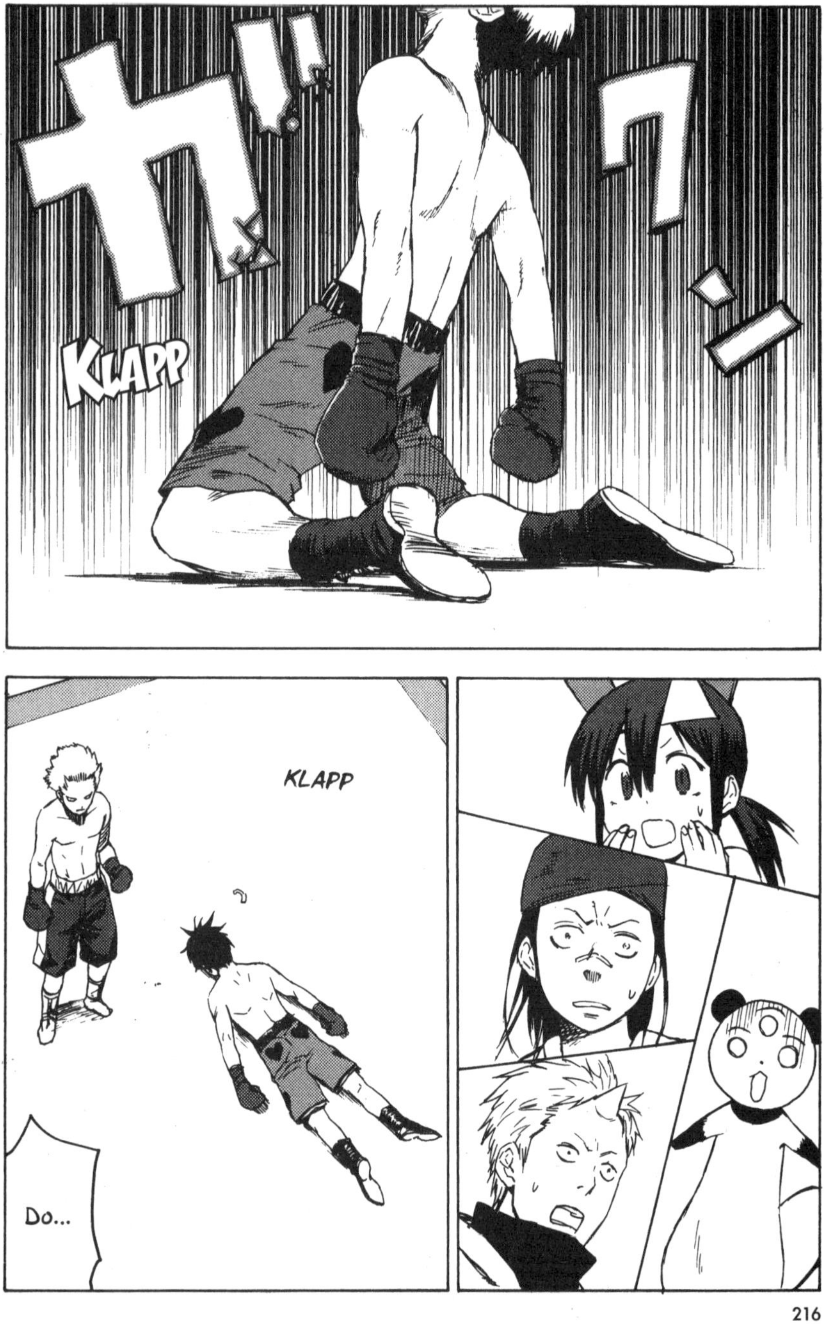
KLAPP
KLAPP
Do...

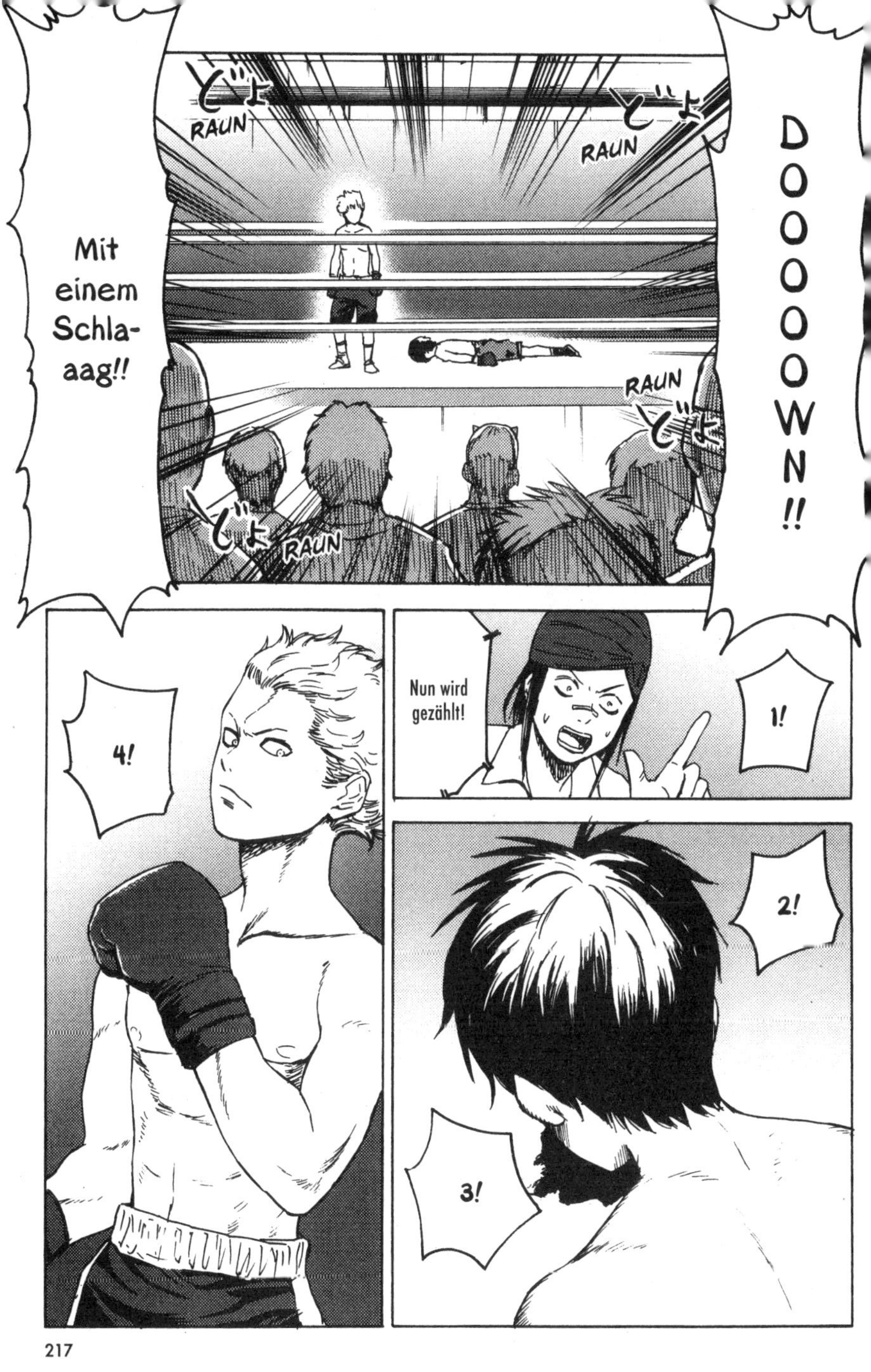

RAUN
RAUN
Mit einem Schlaaag!!
DOOOOOOWN!!
RAUN
RAUN
Nun wird gezählt!
1!
2!
3!
4!

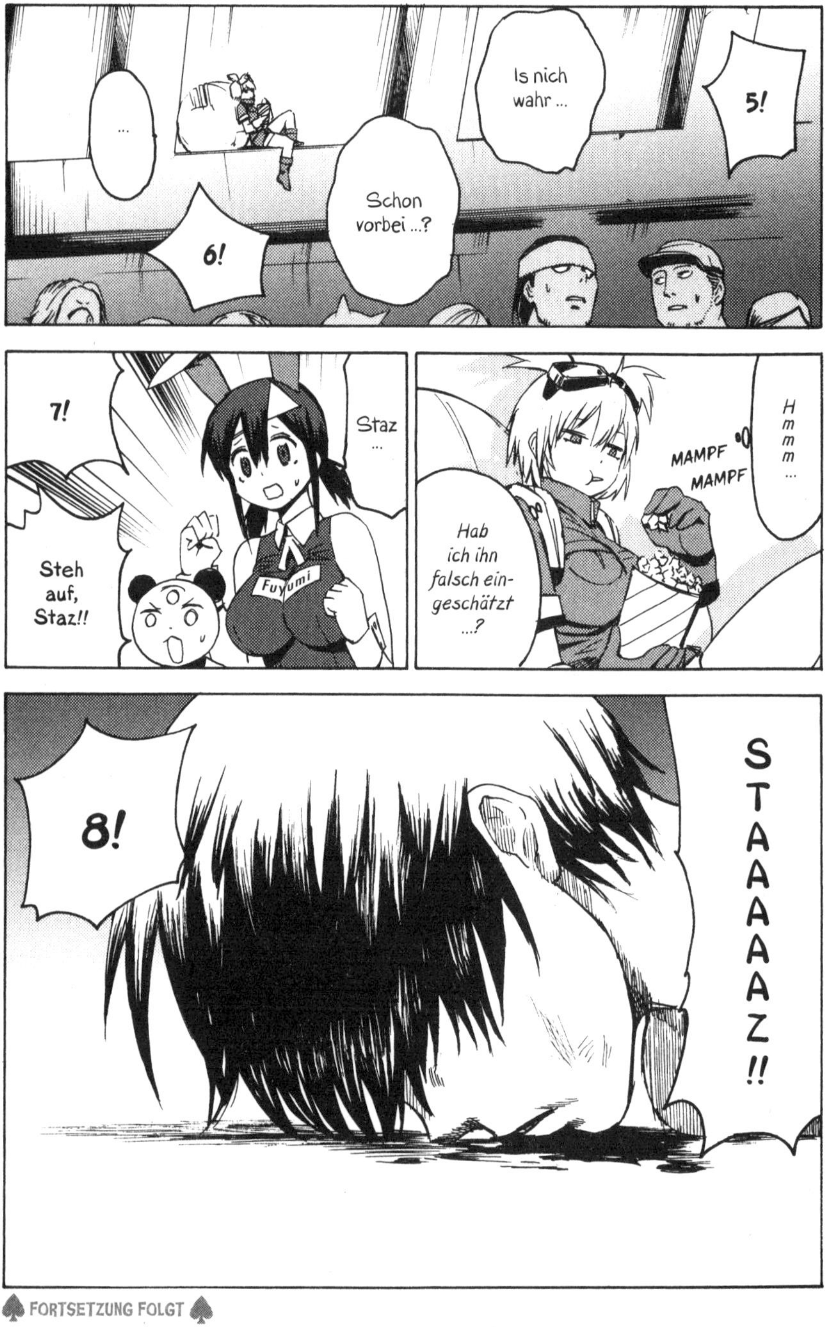


FORTSETZUNG FOLGT

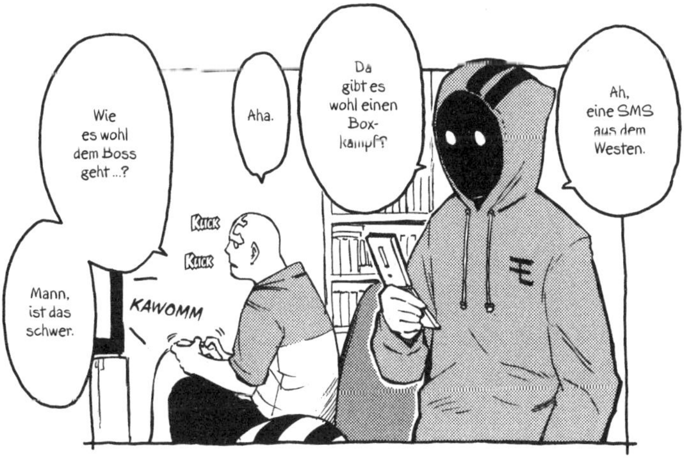
Ah, eine SMS aus dem Westen.
Da gibt es wohl einen Boxkampf?
Aha.
Wie es wohl dem Boss geht ...?
KLICK
KLICK
KAWOMM
Mann, ist das schwer.

blood lad EXTREME

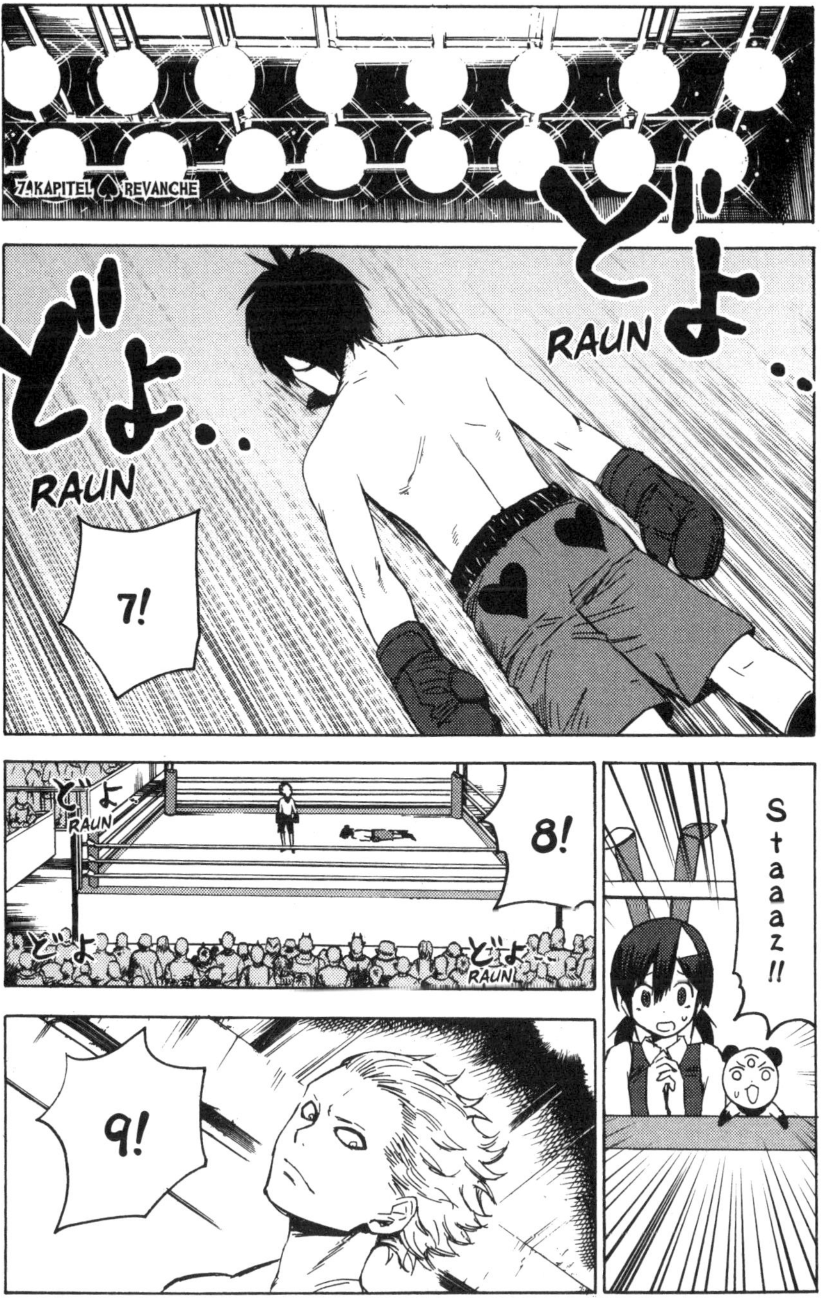
7. KAPITEL
REVANCHE
どよ
RAUN
どよ..
RAUN
7!
どよ
RAUN
8!
どよ
どよ
RAUN
Staaaz!!
9!

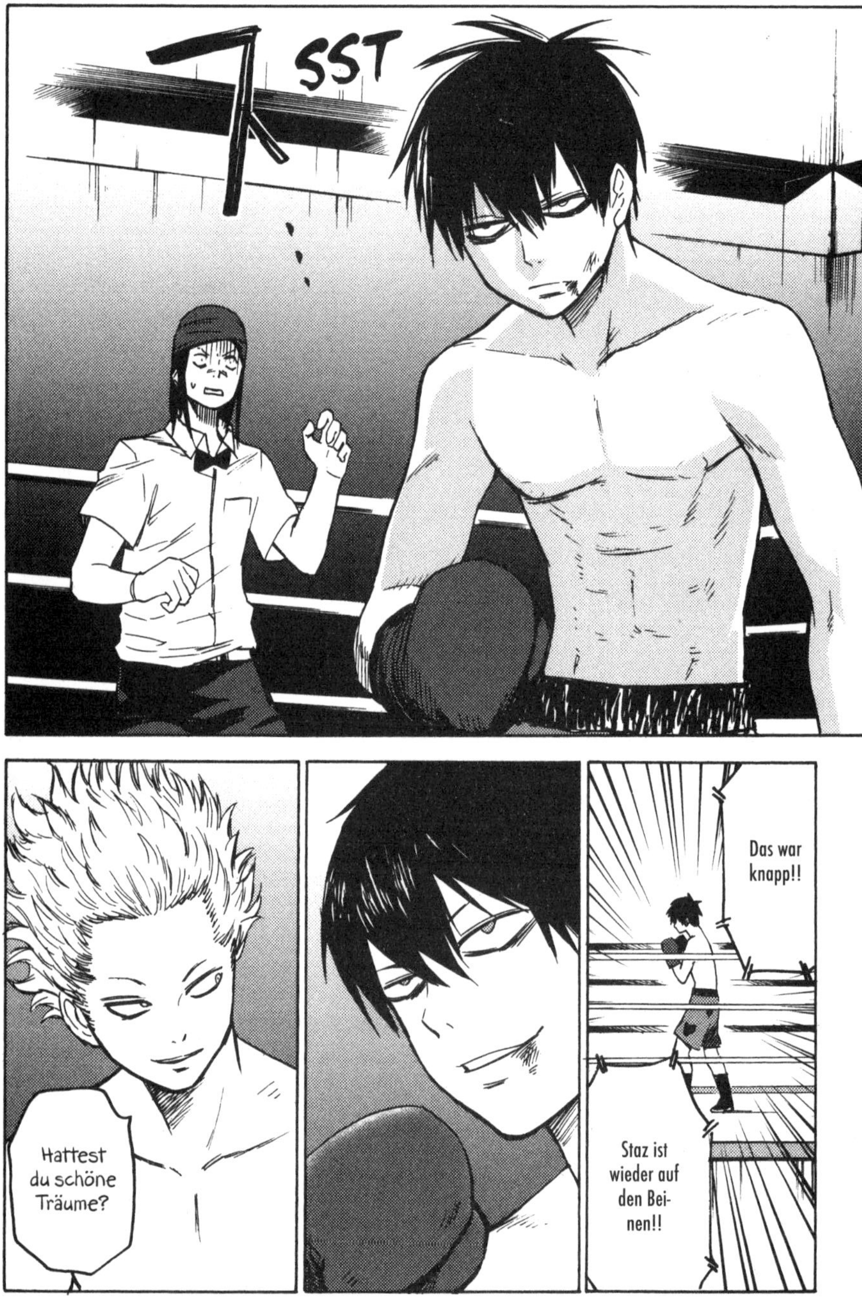
SST
Das war knapp!!
Staz ist wieder auf den Beinen!!
Hattest du schöne Träume?

## 7. KAPITEL ♠ REVANCHE

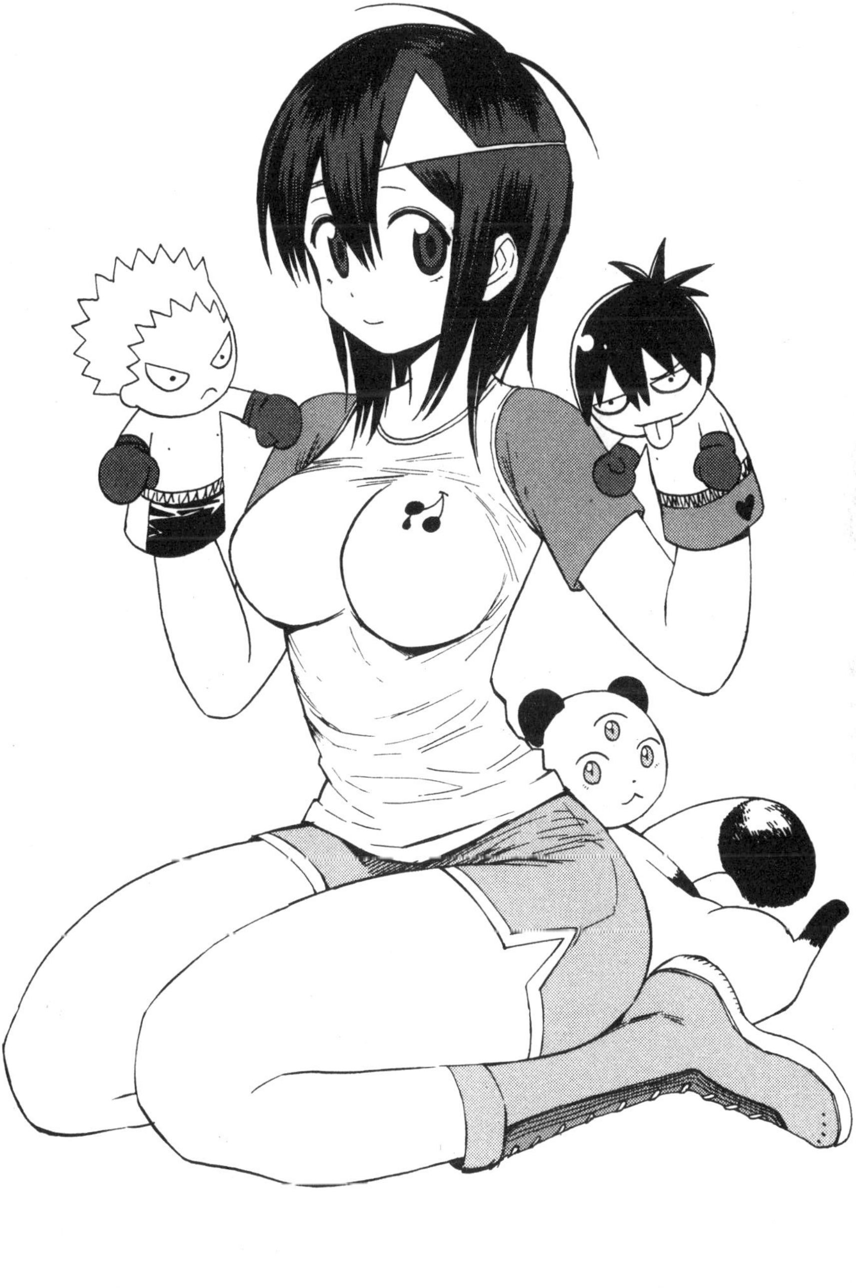

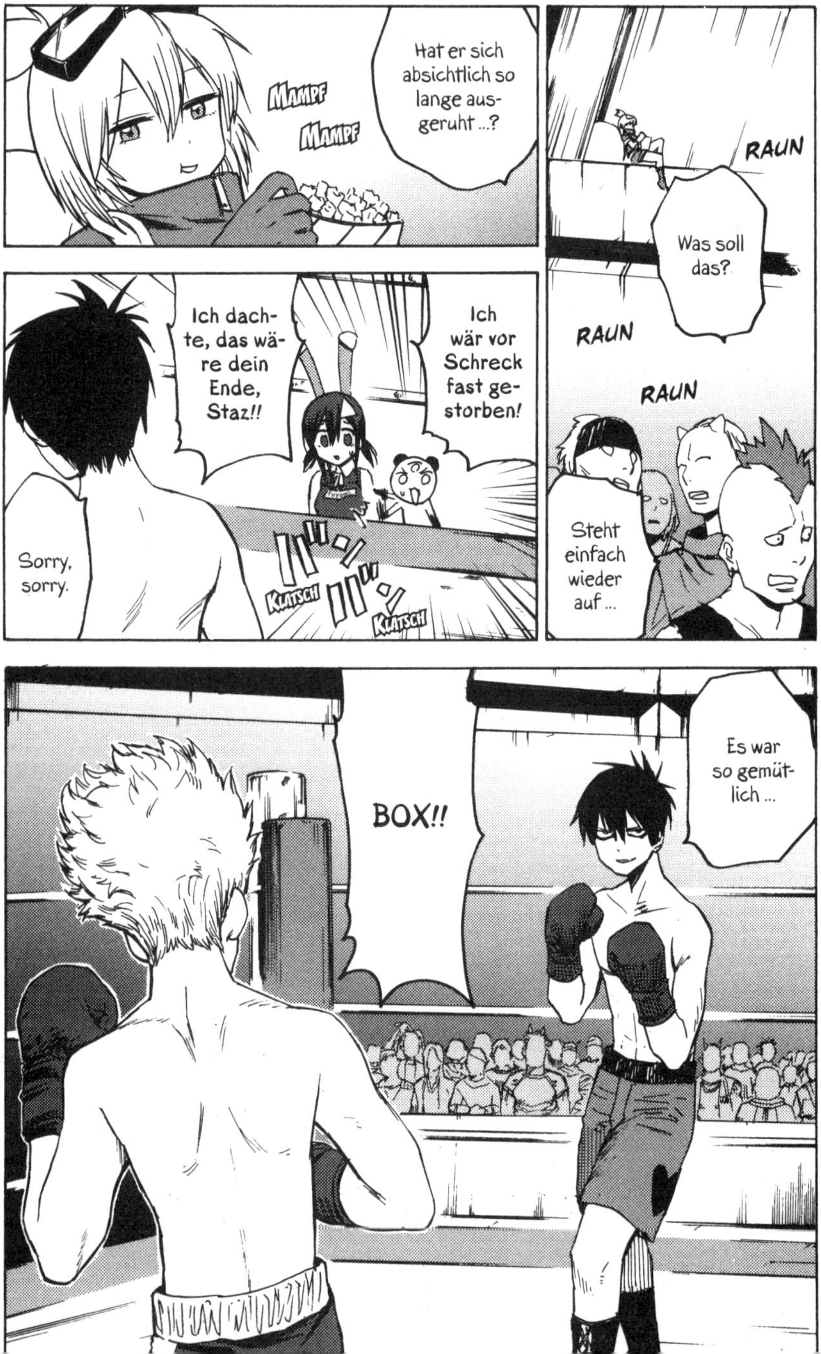
RAUN
Was soll das?
RAUN
RAUN
Steht einfach wieder auf ...
MAMPF
MAMPF
Hat er sich absichtlich so lange ausgeruht ...?
Ich wär vor Schreck fast gestorben!
Ich dachte, das wäre dein Ende, Staz!!
KLATSCH
KLATSCH
Sorry, sorry.
Es war so gemütlich ...
BOX!!

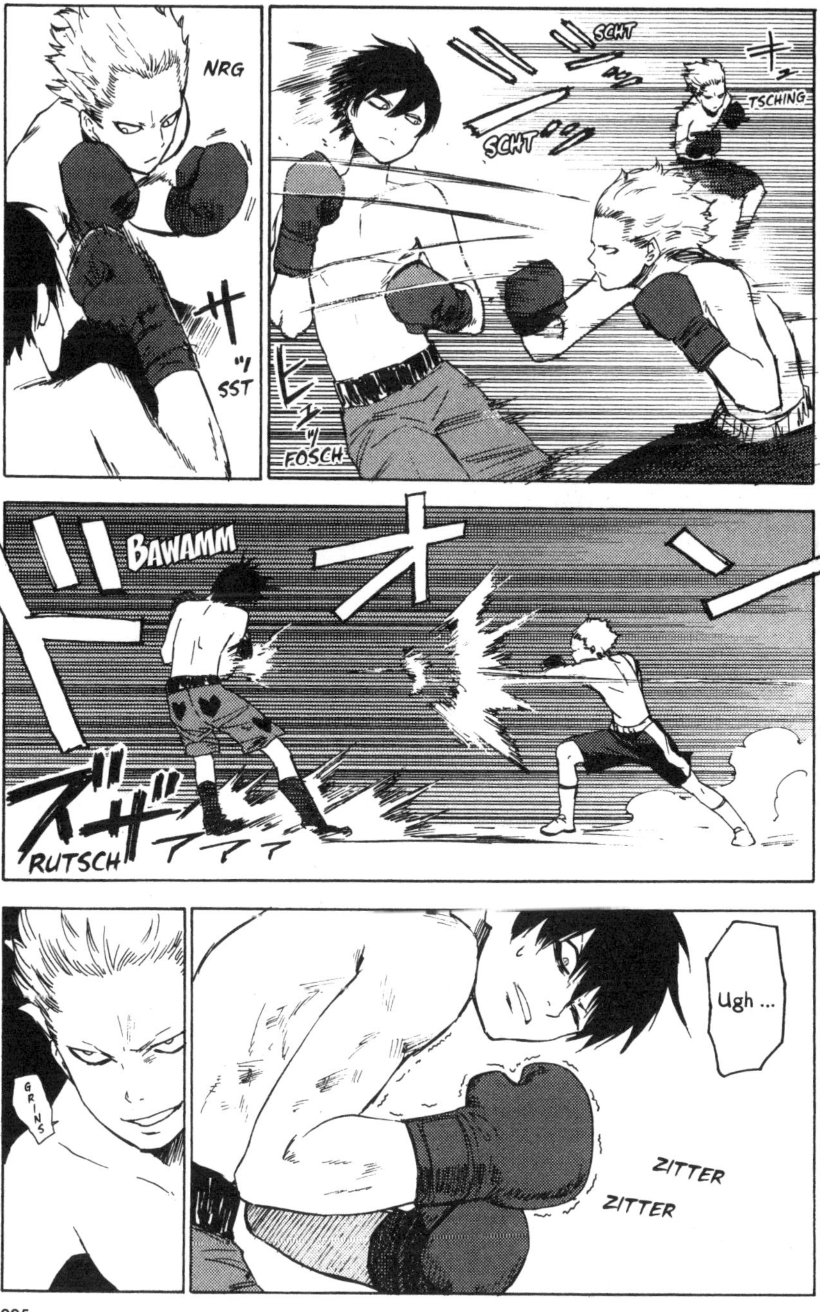
NRG
SST
SCHT
TSCHING
SCHT
FOSCH
BAWAMM
RUTSCH
Ugh ...
GRINS
ZITTER
ZITTER

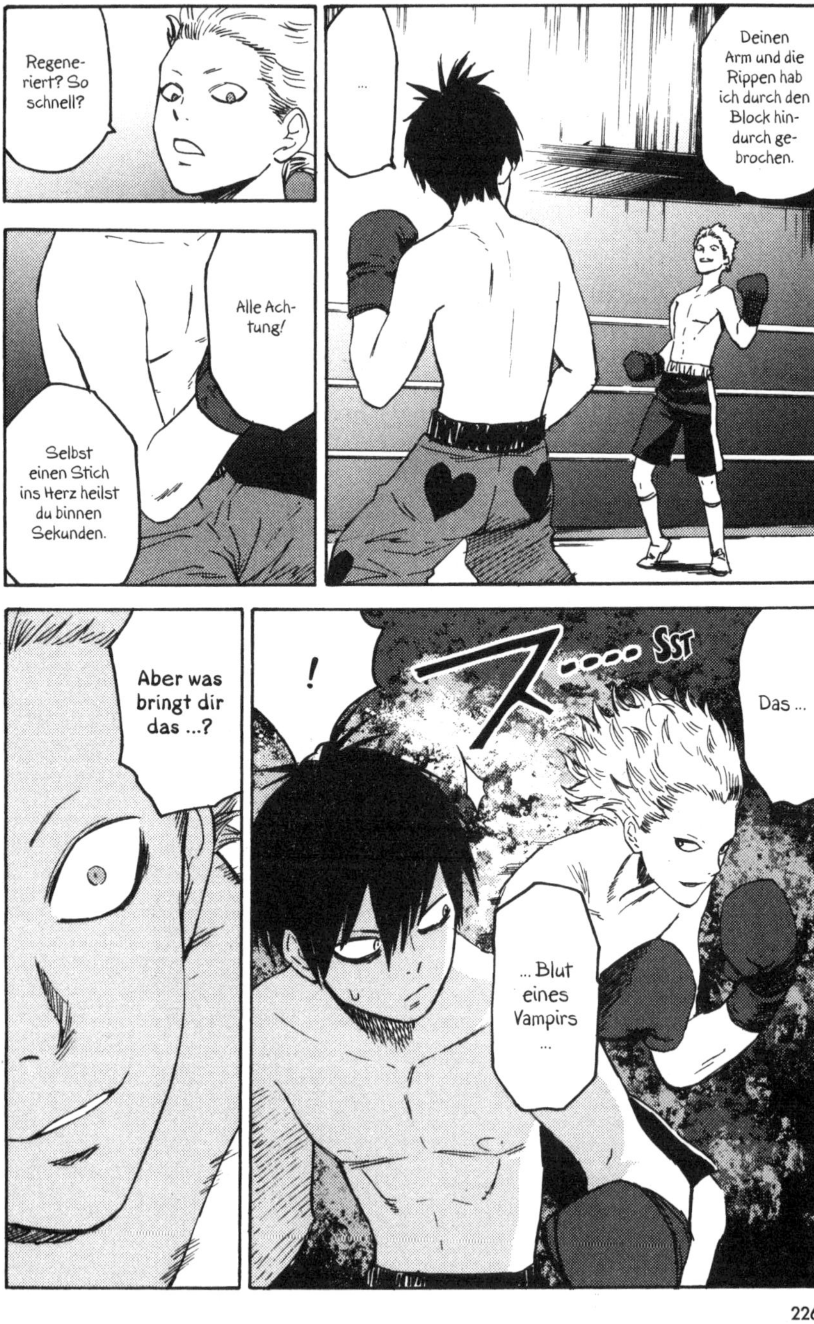
Deinen Arm und die Rippen hab ich durch den Block hindurch gebrochen.
...
Regeneriert? So schnell?
Alle Achtung!
Selbst einen Stich ins Herz heilst du binnen Sekunden.
Das ...
SST
!
... Blut eines Vampirs ...
Aber was bringt dir das ...?

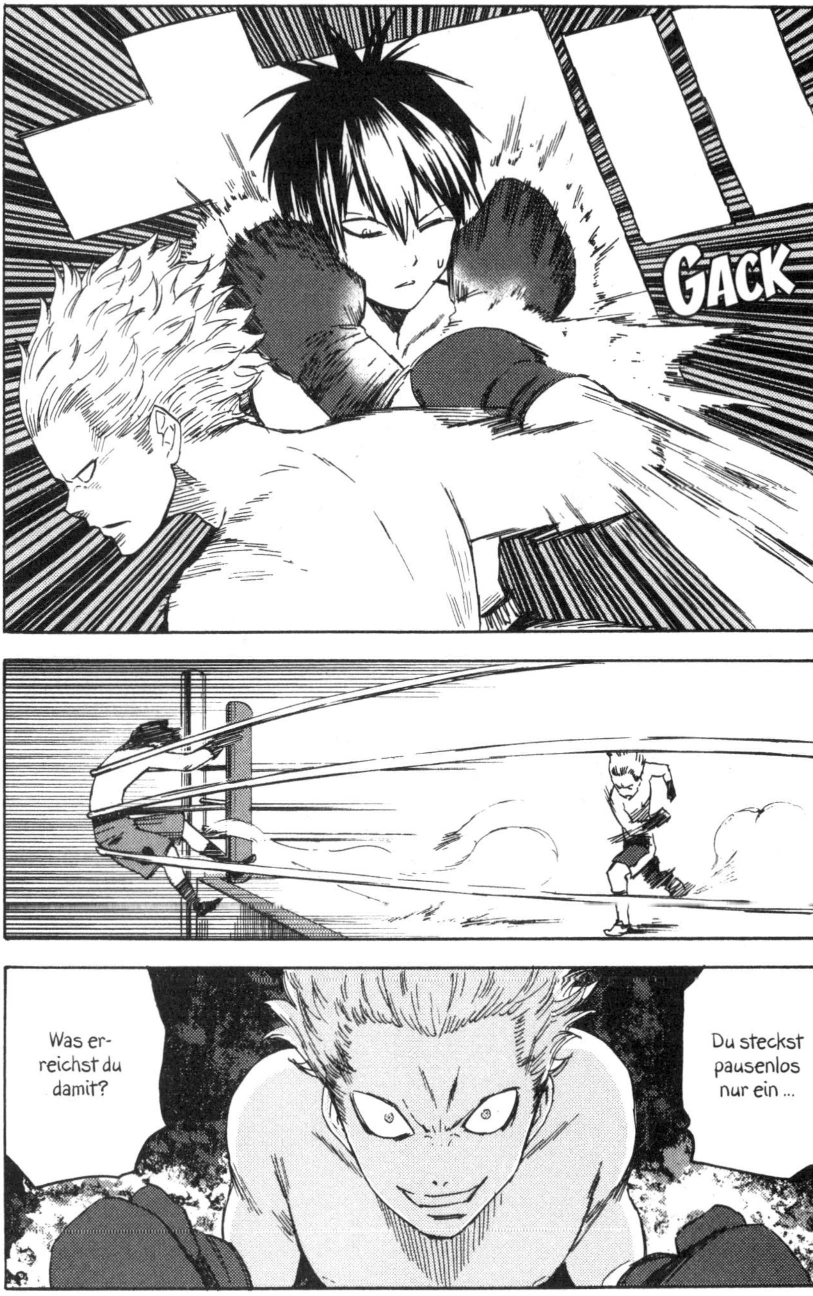
GACK
Du steckst pausenlos nur ein ...
Was er-
reichst du
damit?

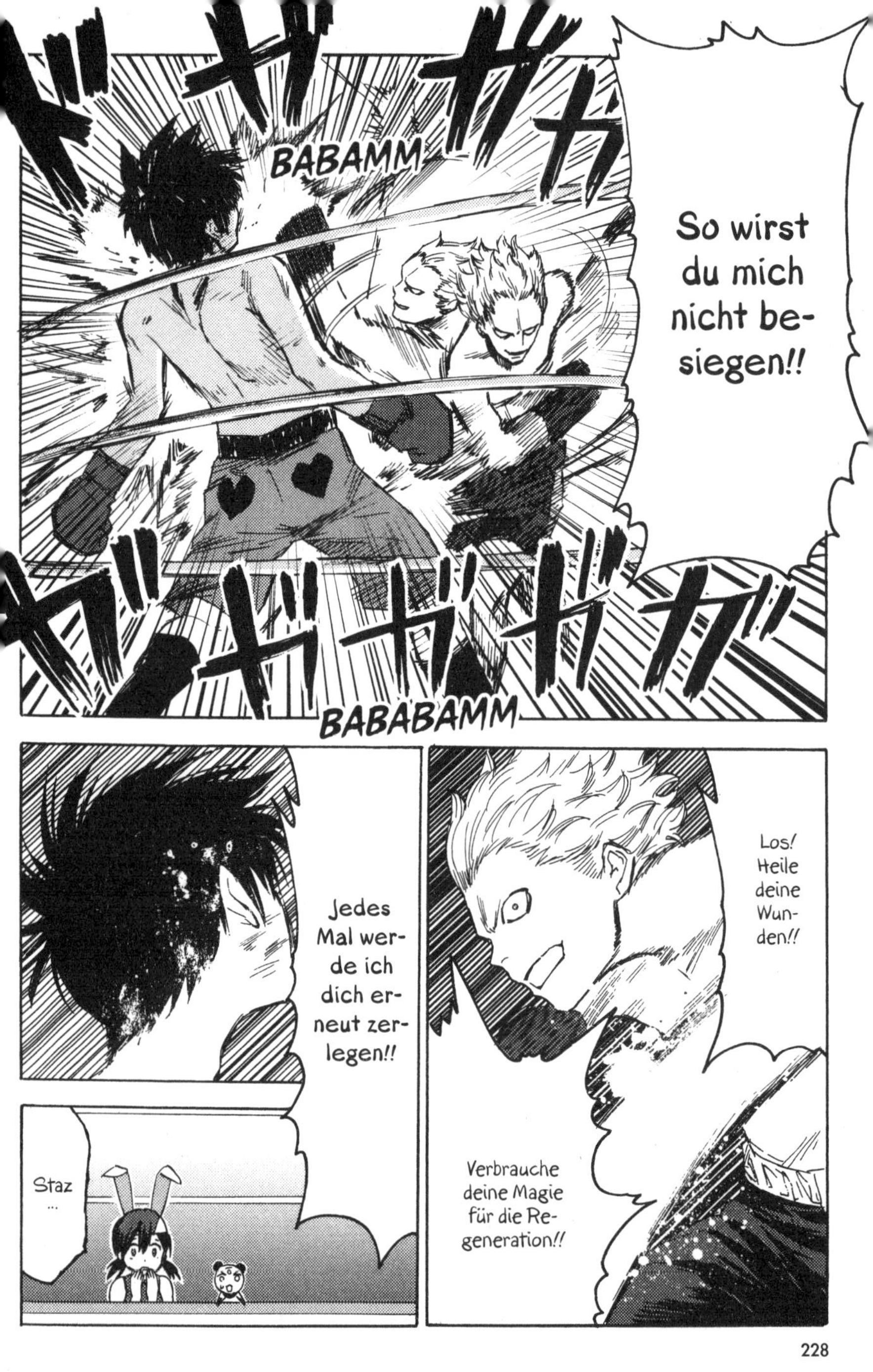
BABAMM
So wirst du mich nicht besiegen!!
BABABAMM
Los! Heile deine Wunden!!
Verbrauche deine Magie für die Regeneration!!
Jedes Mal werde ich dich erneut zerlegen!!
Staz …

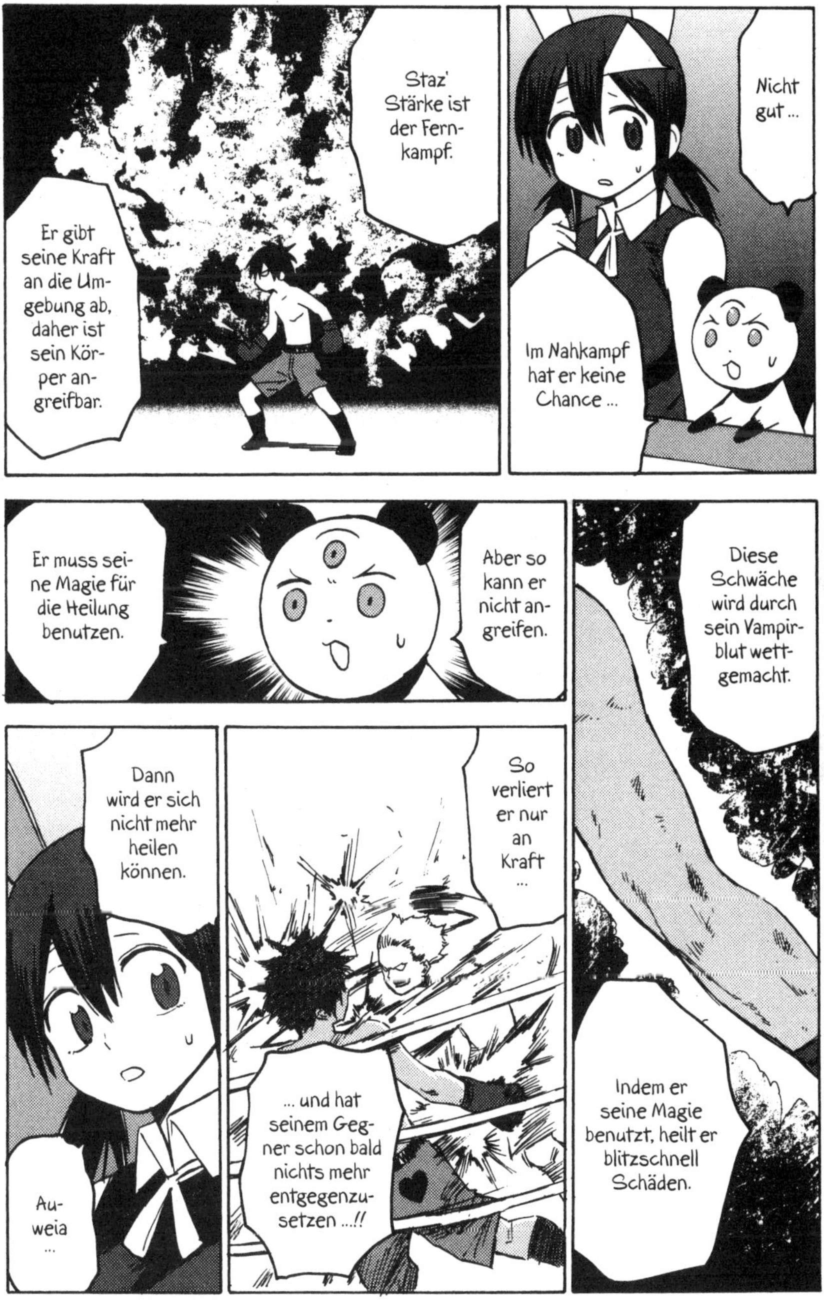
Nicht gut ...
Im Nahkampf hat er keine Chance ...
Staz' Stärke ist der Fernkampf.
Er gibt seine Kraft an die Umgebung ab, daher ist sein Körper angreifbar.
Diese Schwäche wird durch sein Vampirblut wettgemacht.
Indem er seine Magie benutzt, heilt er blitzschnell Schäden.
Aber so kann er nicht angreifen.
Er muss seine Magie für die Heilung benutzen.
So verliert er nur an Kraft ...
... und hat seinem Gegner schon bald nichts mehr entgegenzusetzen ...!!
Dann wird er sich nicht mehr heilen können.
Auweia ...

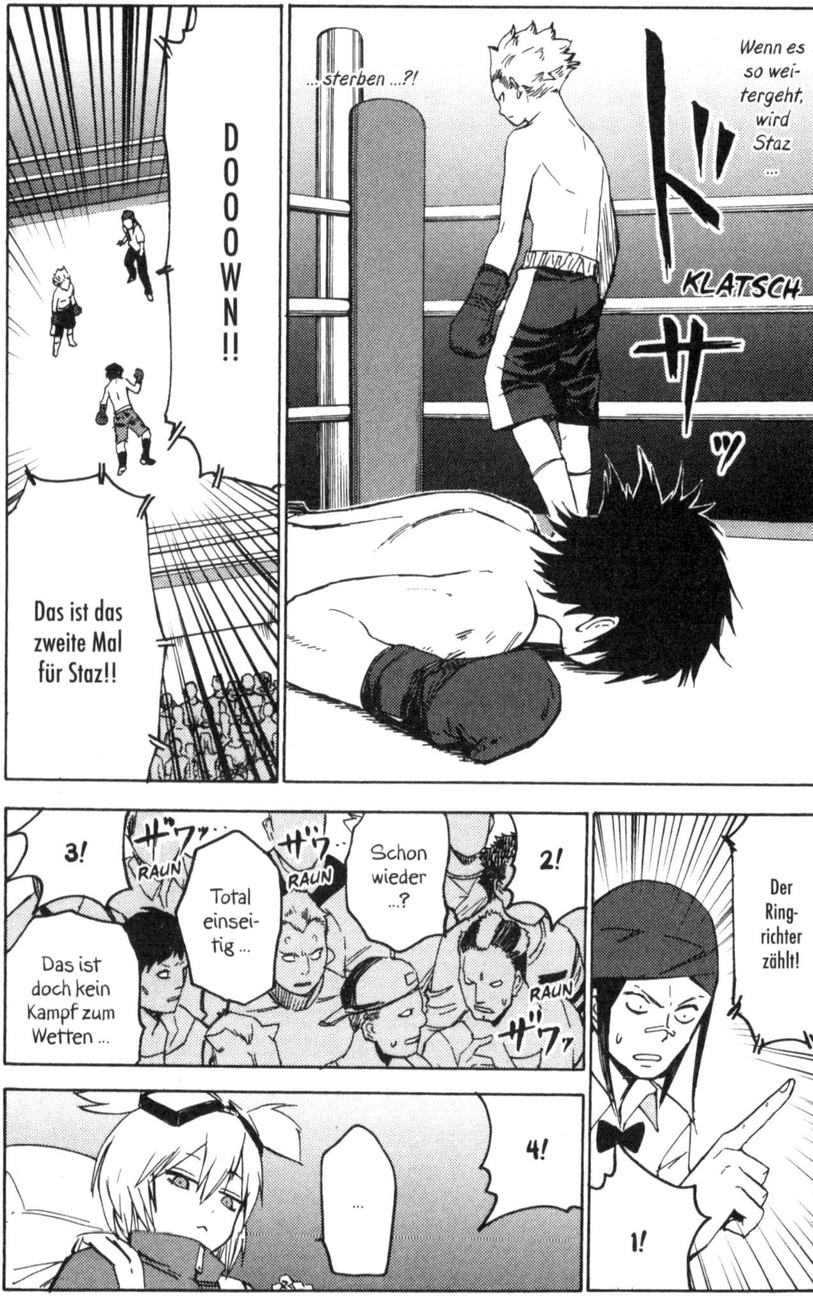

Wenn es so weitergeht, wird Staz ...
... sterben ...?!
KLATSCH
DOOOOWN!!
Das ist das zweite Mal für Staz!!
Der Ringrichter zählt!
1!
2!
Schon wieder ...?
RAUN
RAUN
Total einseitig ...
RAUN
3!
Das ist doch kein Kampf zum Wetten ...
4!
...

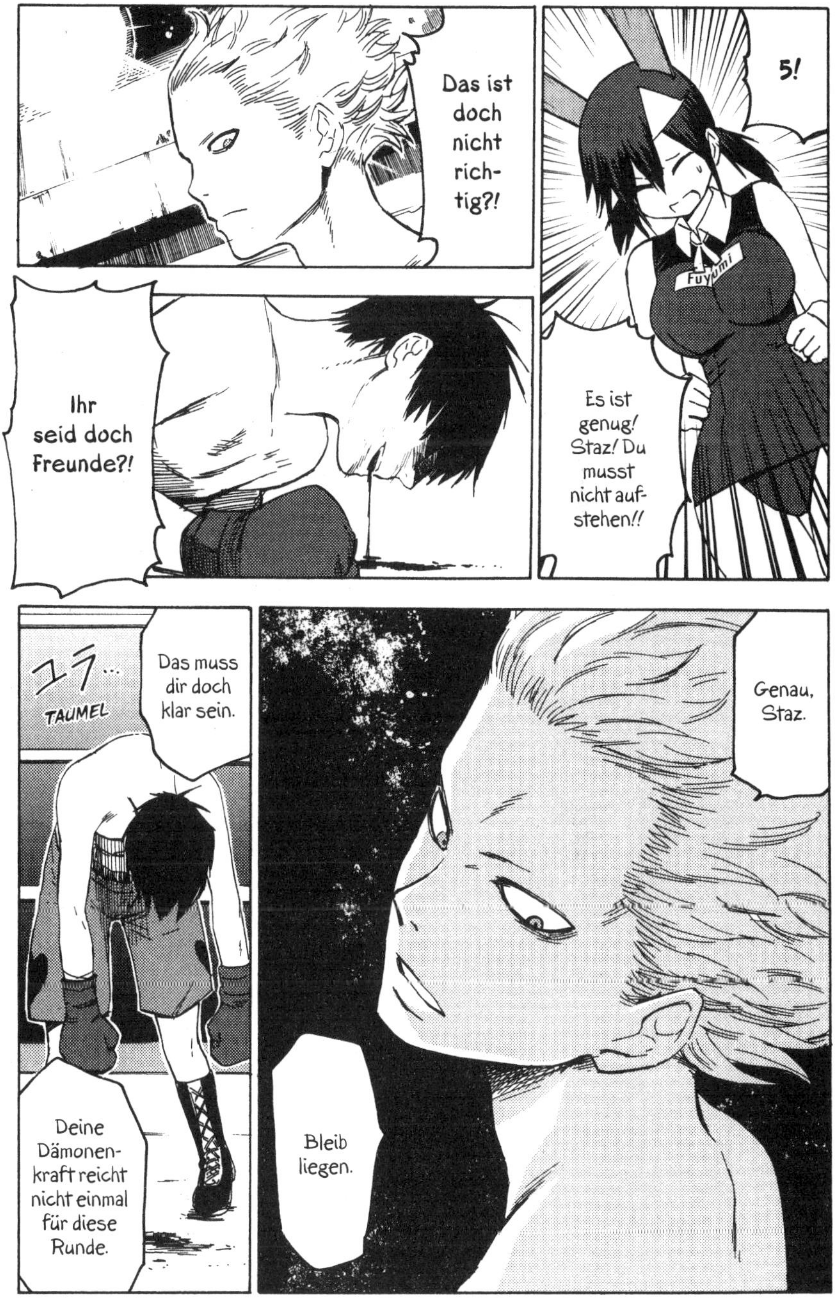
5!
Fuyumi
Es ist genug! Staz! Du musst nicht aufstehen!!
Das ist doch nicht richtig?!
Ihr seid doch Freunde?!
Genau, Staz.
Bleib liegen.
Das muss dir doch klar sein.
ユラ…
TAUMEL
Deine Dämonenkraft reicht nicht einmal für diese Runde.

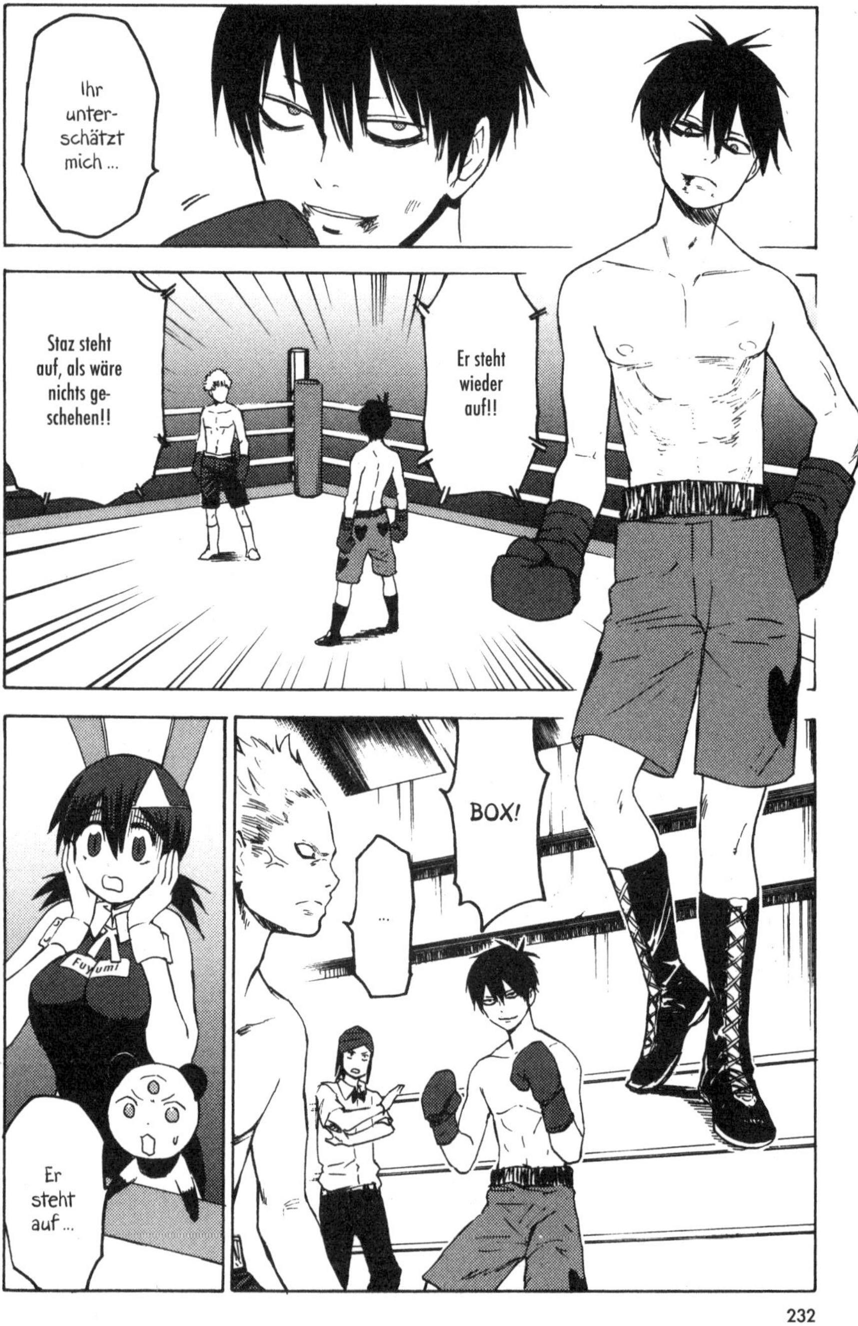
Ihr unter-schätzt mich ...
Er steht wieder auf!!
Staz steht auf, als wäre nichts ge-schehen!!
BOX!
...
Fuyumi
Er steht auf ...

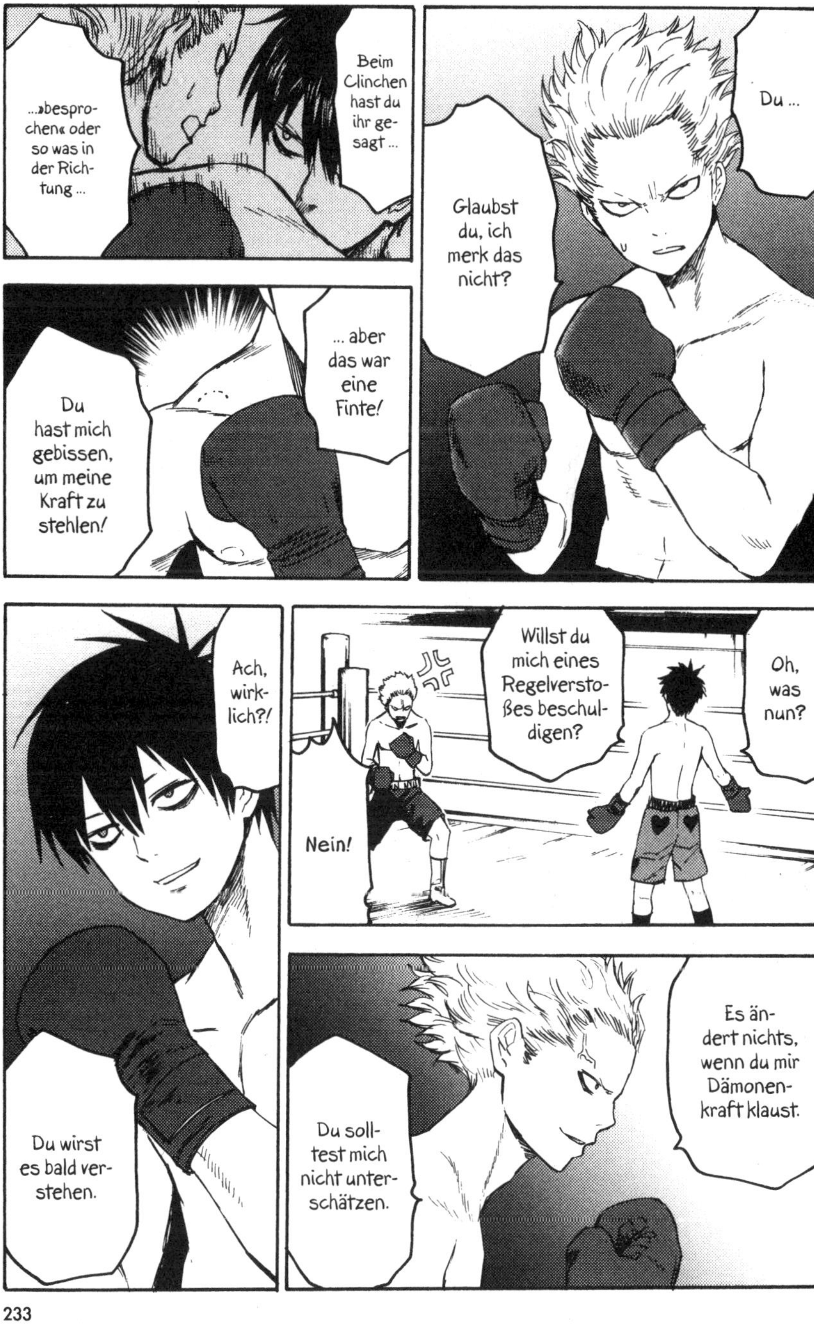

Du ...
Glaubst du, ich merk das nicht?
Beim Clinchen hast du ihr gesagt ...
...»besprochen« oder so was in der Richtung ...
... aber das war eine Finte!
Du hast mich gebissen, um meine Kraft zu stehlen!
Oh, was nun?
Willst du mich eines Regelverstoßes beschuldigen?
Nein!
Es ändert nichts, wenn du mir Dämonenkraft klaust.
Du solltest mich nicht unterschätzen.
Ach, wirklich?!
Du wirst es bald verstehen.

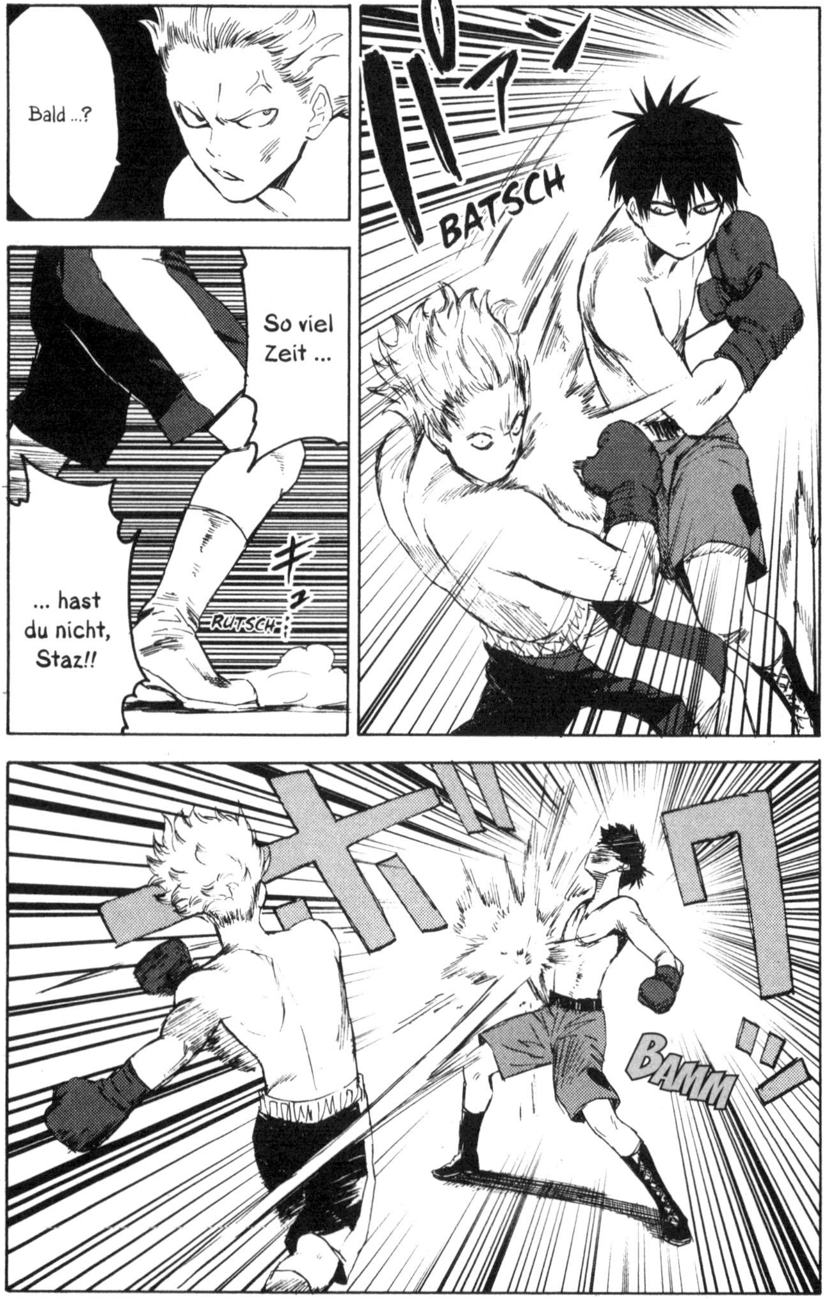
BATSCH
Bald ...?
So viel Zeit ...
... hast du nicht, Staz!!
RUTSCH
BAMM

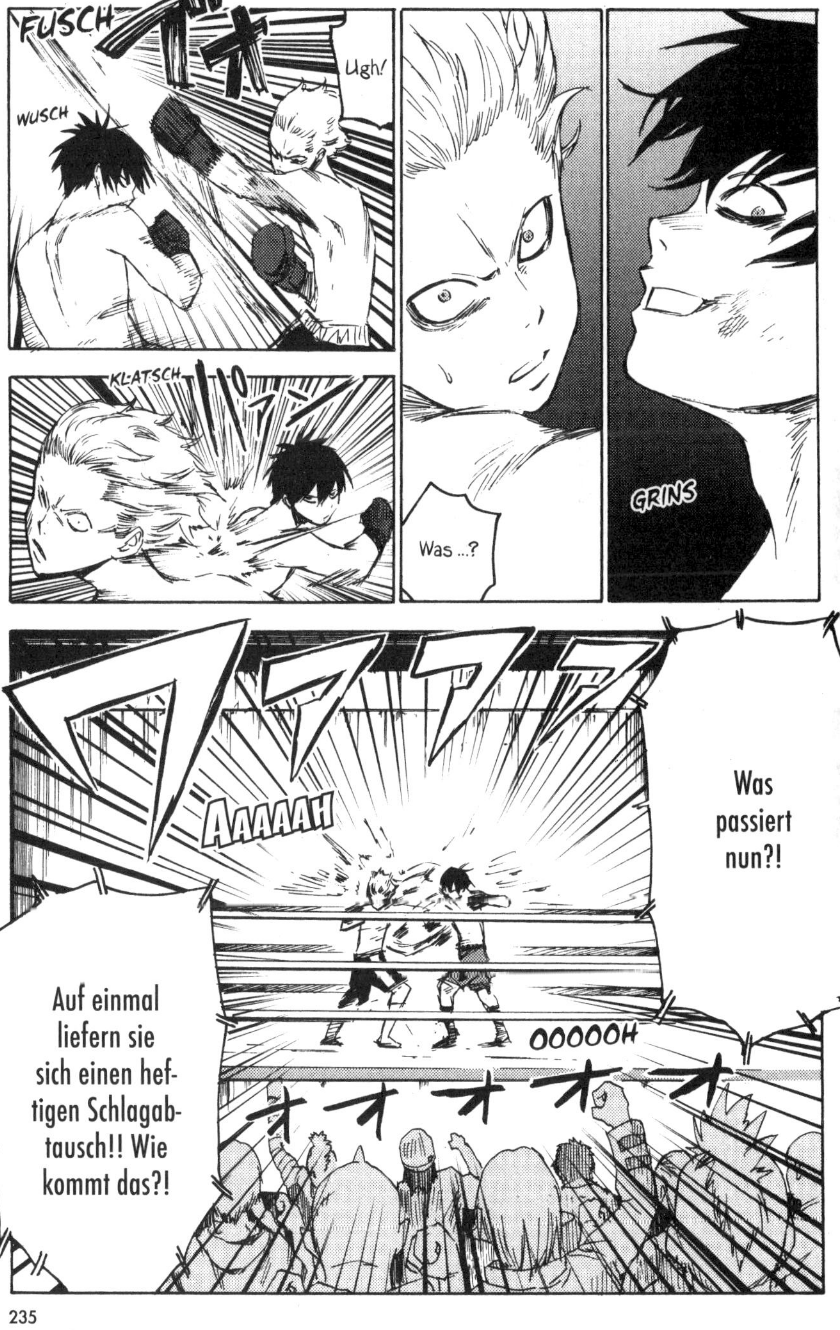
FUSCH
Ugh!
WUSCH
KLATSCH
Was ...?
GRINS
AAAAAH
Was passiert nun?!
Auf einmal liefern sie sich einen heftigen Schlagabtausch!! Wie kommt das?!
OOOOOH

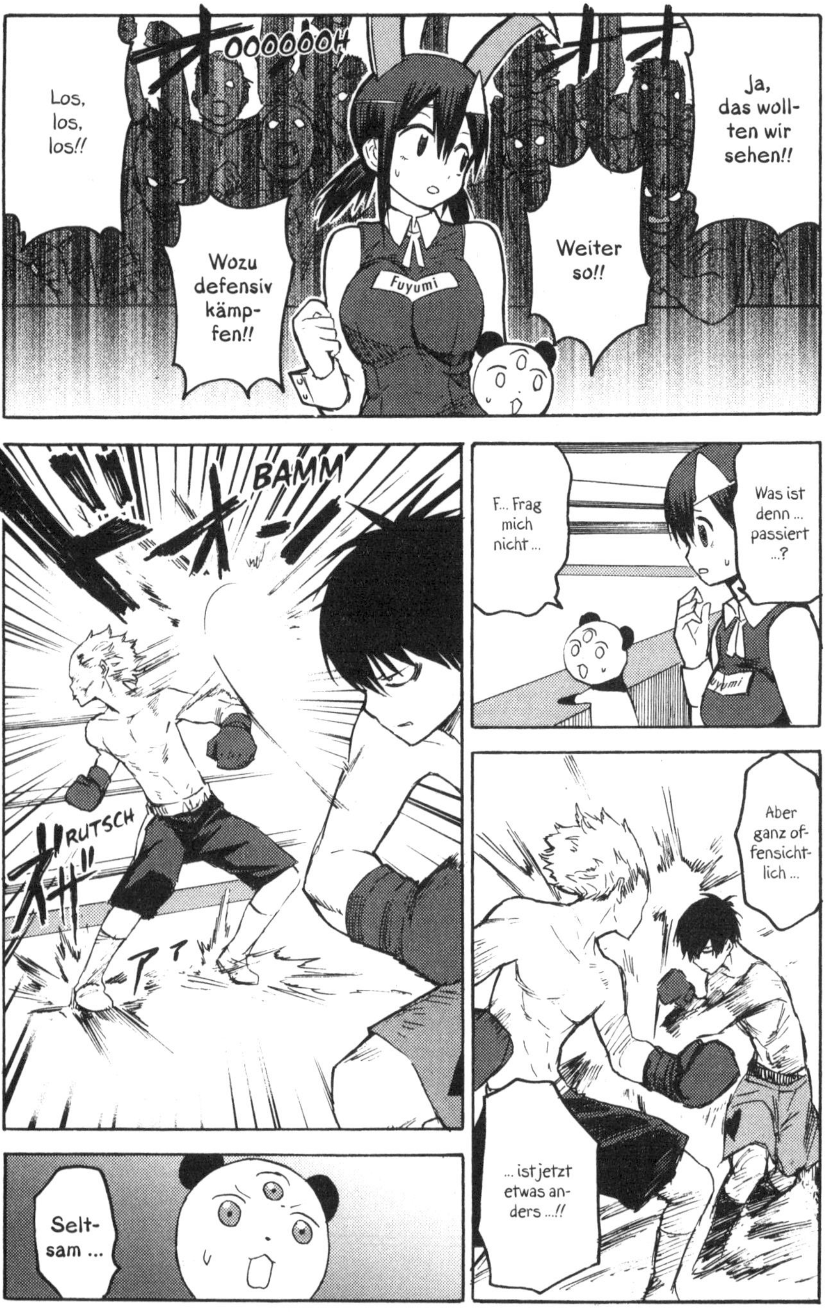
OOOOOOH
Ja, das wollten wir sehen!!
Los, los, los!!
Weiter so!!
Wozu defensiv kämpfen!!
Fuyumi
Was ist denn ... passiert ...?
F... Frag mich nicht ...
BAMM
RUTSCH
Aber ganz offensichtlich ...
... ist jetzt etwas anders ...!!
Seltsam ...

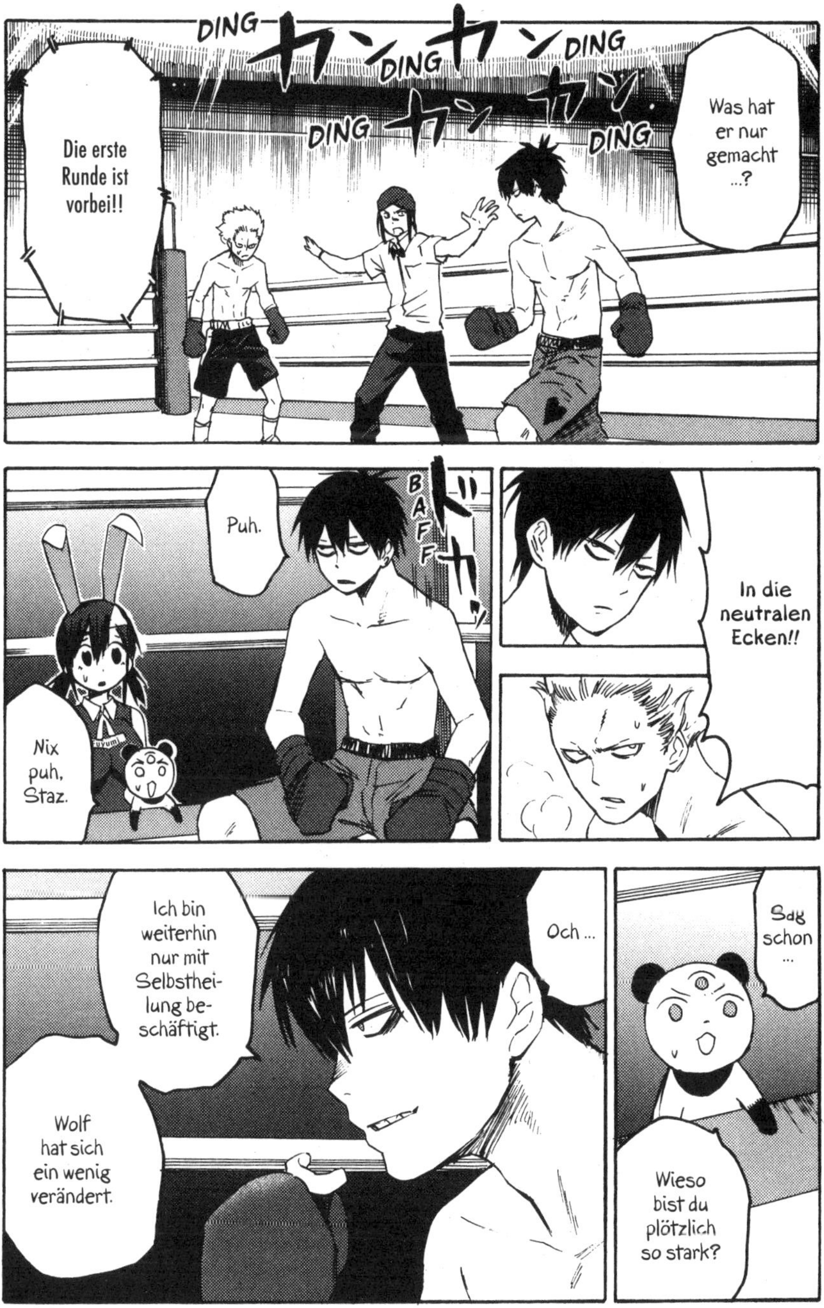
DING カン DING カン DING
DING カン カン DING
Was hat er nur gemacht ...?
Die erste Runde ist vorbei!!
In die neutralen Ecken!!
BAFF
Puh.
Nix puh, Staz.
Sag schon ...
Wieso bist du plötzlich so stark?
Och ...
Ich bin weiterhin nur mit Selbstheilung beschäftigt.
Wolf hat sich ein wenig verändert.

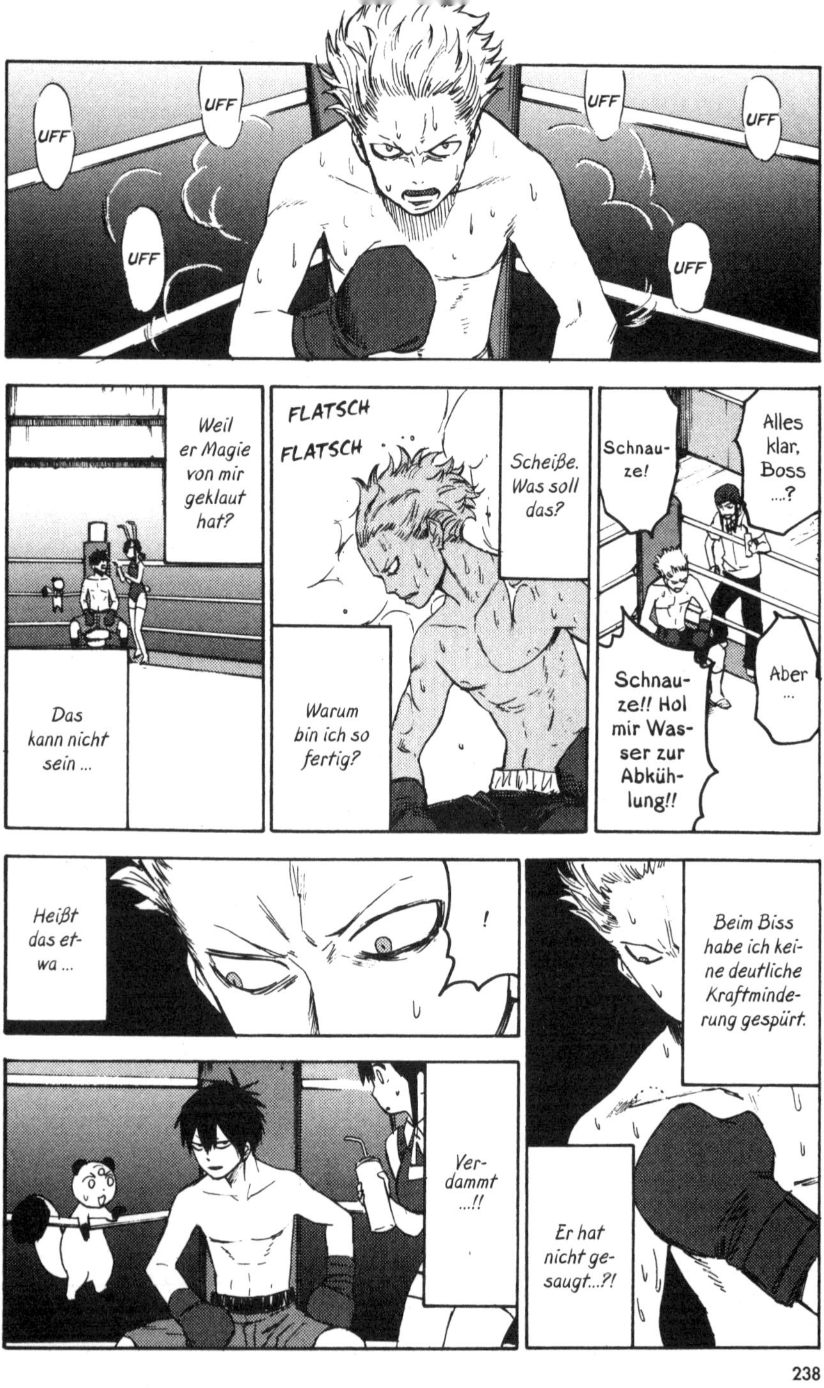

UFF
UFF
UFF
UFF
UFF
UFF
Alles klar, Boss ...?
Schnauze!
Aber ...
Schnauze!! Hol mir Wasser zur Abkühlung!!
Scheiße. Was soll das?
FLATSCH
FLATSCH
Warum bin ich so fertig?
Weil er Magie von mir geklaut hat?
Das kann nicht sein ...
Beim Biss habe ich keine deutliche Kraftminderung gespürt.
!
Heißt das etwa ...
Er hat nicht gesaugt...?!
Verdammt ...!!

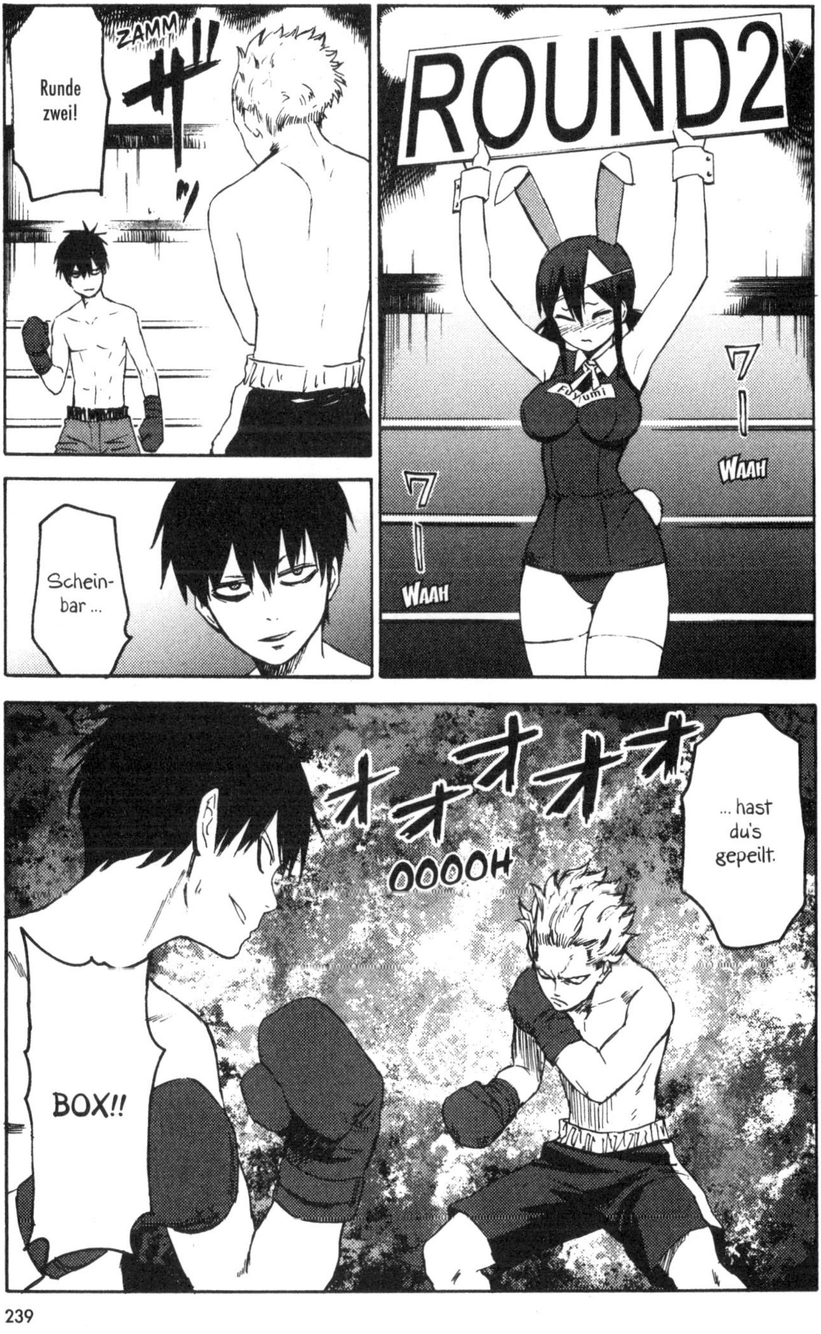
ROUND2
ZAMM
Runde zwei!
ワー
WAAH
ワー
WAAH
FUYUMI
Schein- bar ...
オオオオオ
OOOOH
... hast du's gepeilt.
BOX!!

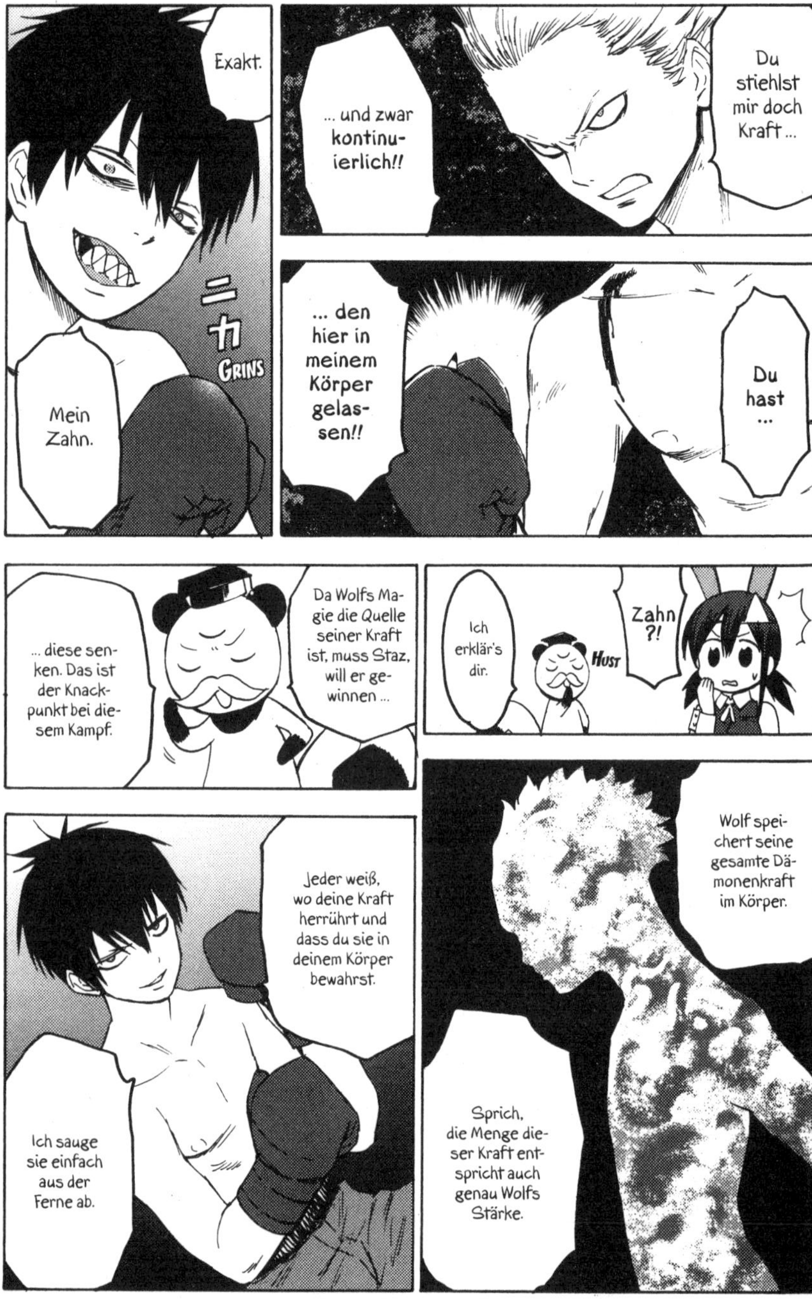
Du stiehlst mir doch Kraft ...
... und zwar kontinuierlich!!
Du hast ...
... den hier in meinem Körper gelassen!!
Exakt.
ニカ
GRINS
Mein Zahn.
Zahn?!
HUST
Ich erklär's dir.
Da Wolfs Magie die Quelle seiner Kraft ist, muss Staz, will er gewinnen ...
... diese senken. Das ist der Knackpunkt bei diesem Kampf.
Wolf speichert seine gesamte Dämonenkraft im Körper.
Sprich, die Menge dieser Kraft entspricht auch genau Wolfs Stärke.
Jeder weiß, wo deine Kraft herrührt und dass du sie in deinem Körper bewahrst.
Ich sauge sie einfach aus der Ferne ab.

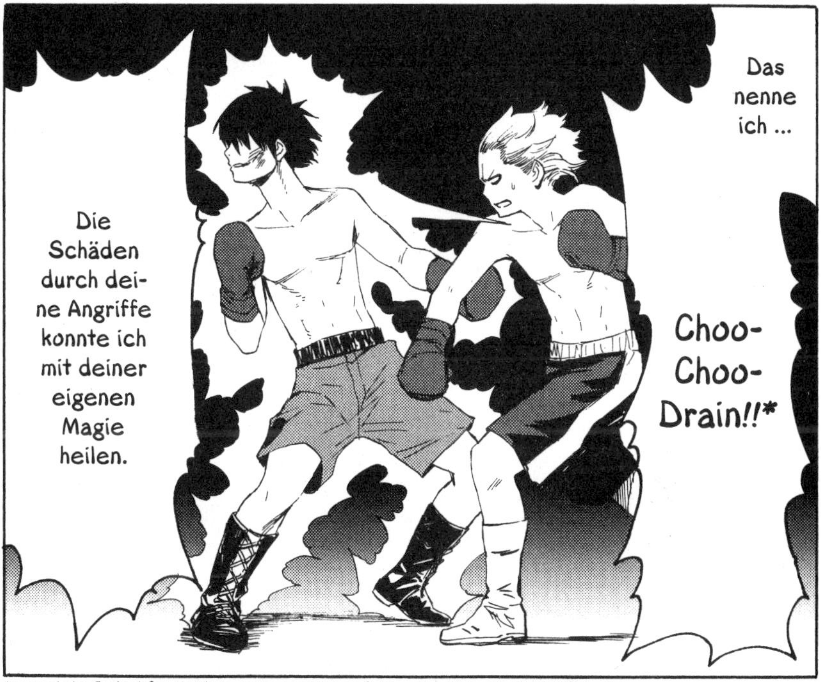


*von »to drain«, Englisch für »abziehen«, zudem Anspielung auf »Choo Choo Train«, die »Tuff-Tuff-Eisenbahn«

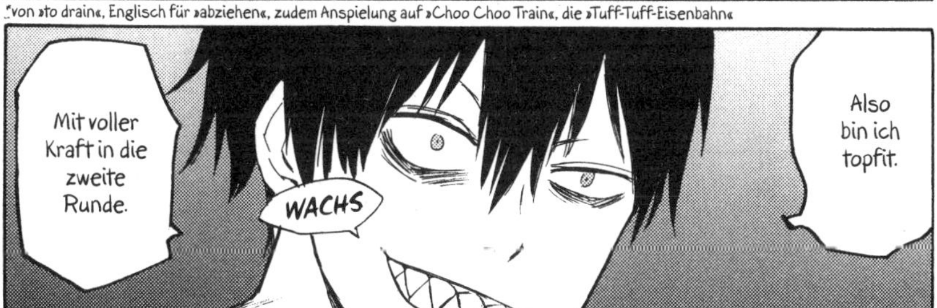


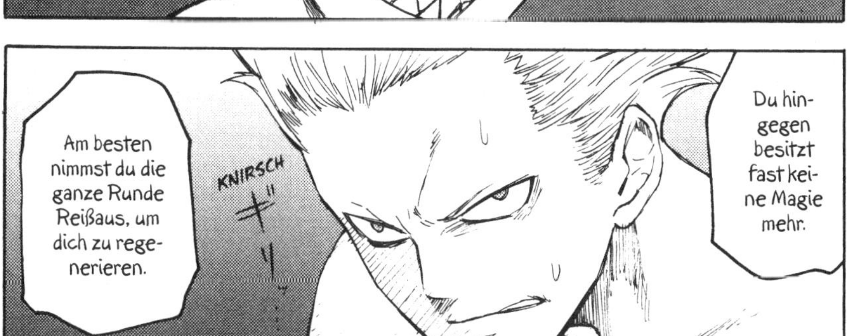

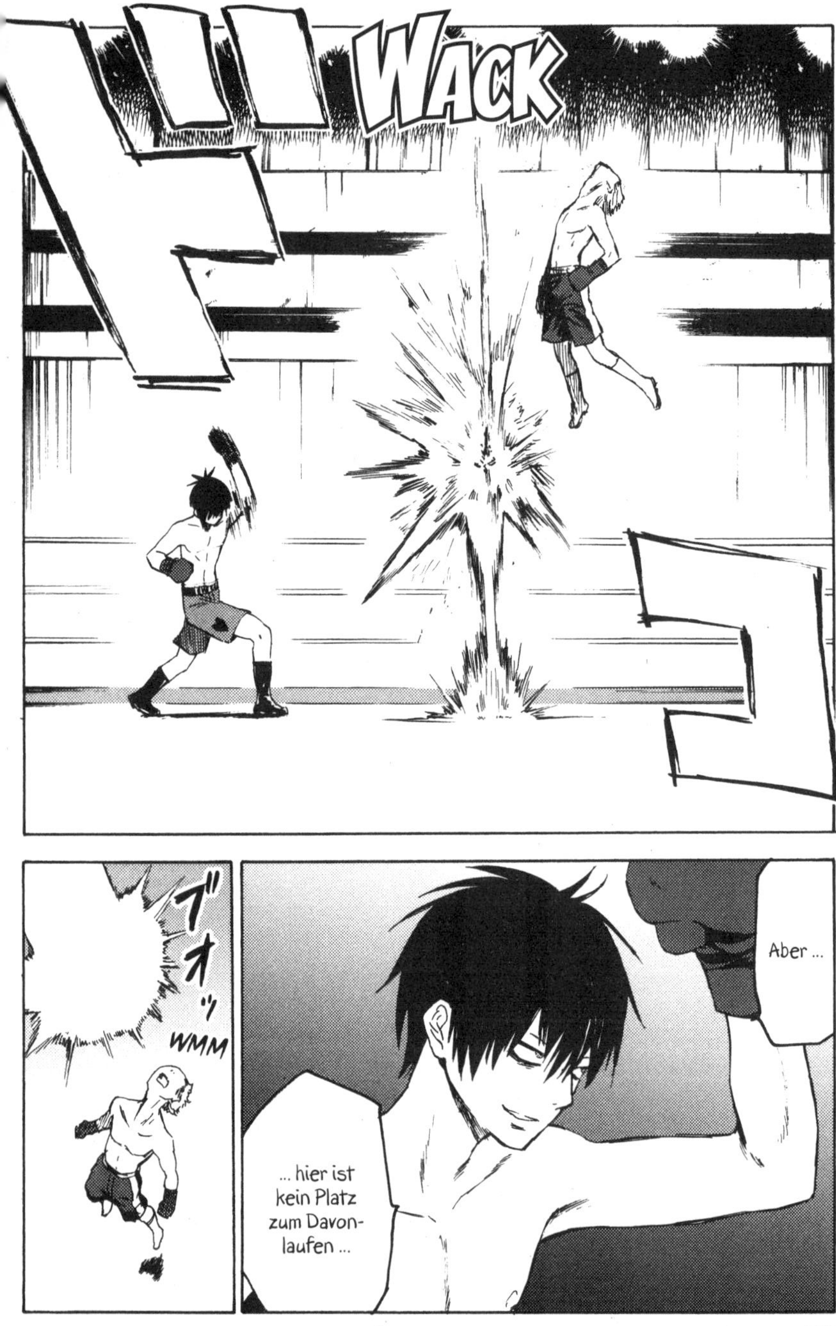
WACK
ブオッ
WMM
Aber ...
... hier ist kein Platz zum Davonlaufen ...

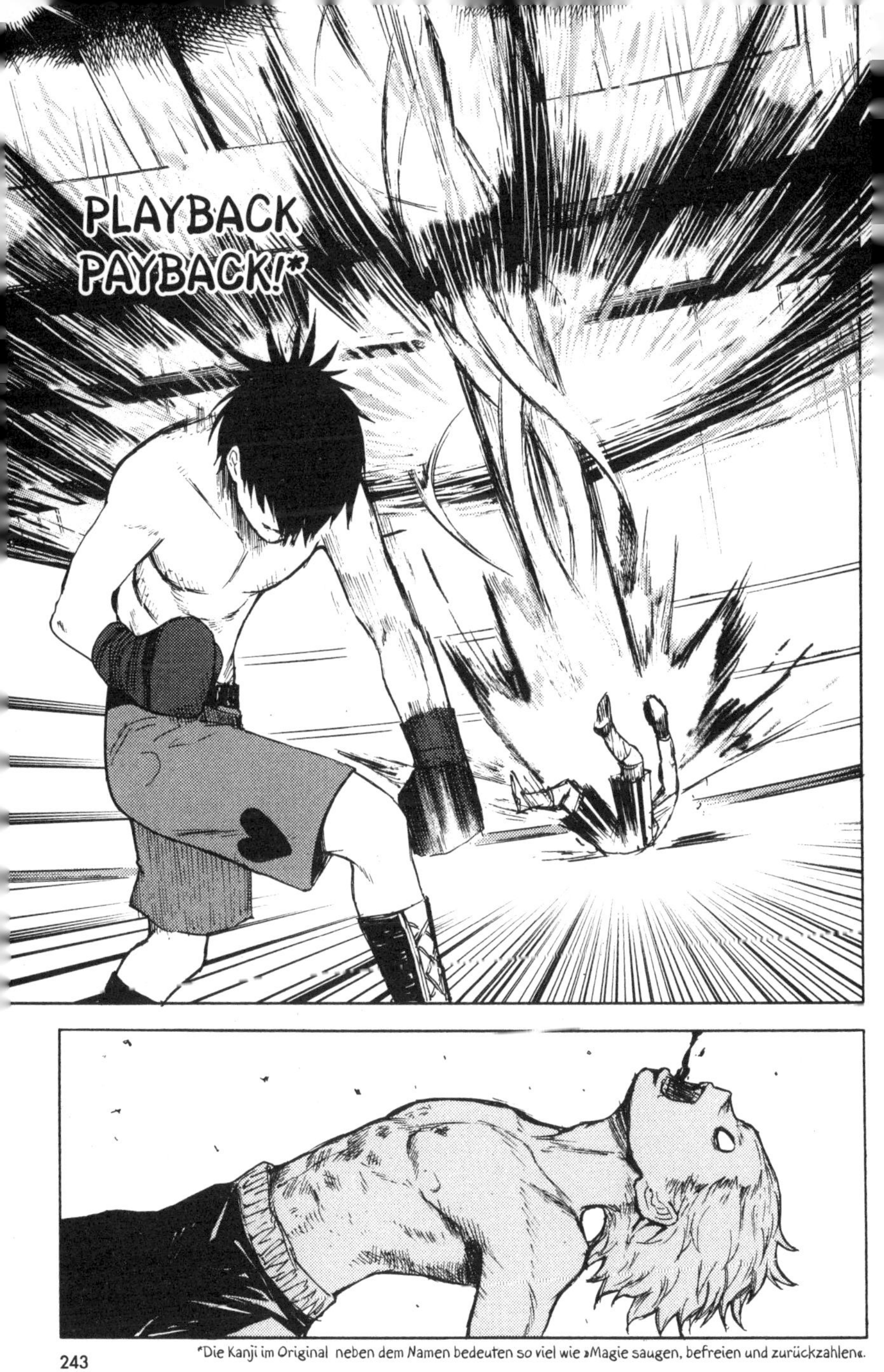


*Die Kanji im Original neben dem Namen bedeuten so viel wie »Magie saugen, befreien und zurückzahlen«.

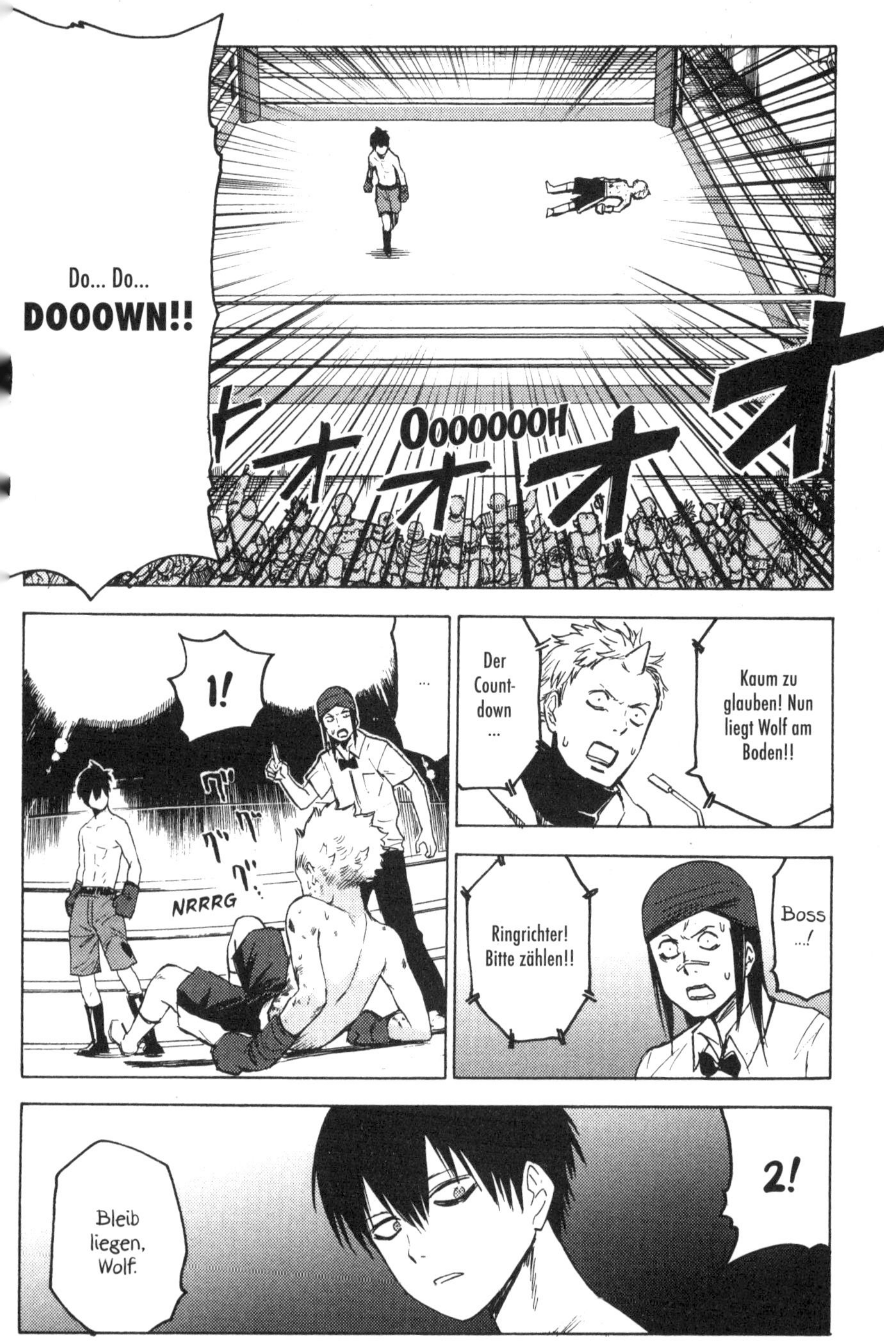
Do... Do...
DOOOWN!!
OOOOOOOH
1!
...
NRRRG
Kaum zu glauben! Nun liegt Wolf am Boden!!
Der Countdown ...
Boss ...!
Ringrichter! Bitte zählen!!
2!
Bleib liegen, Wolf.

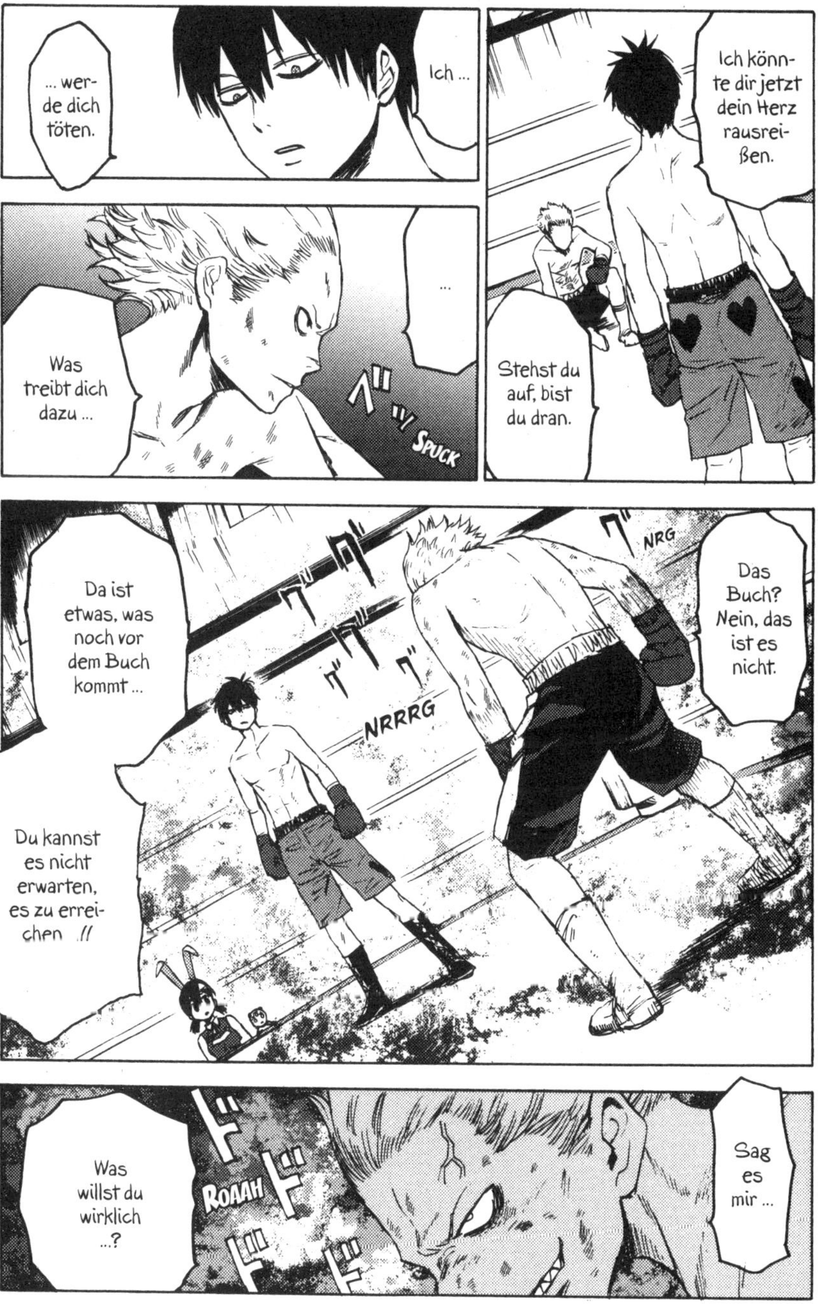
Ich könnte dir jetzt dein Herz rausreißen.
Stehst du auf, bist du dran.
Ich ...
... werde dich töten.
...
Was treibt dich dazu ...
SPUCK
NRG
Das Buch? Nein, das ist es nicht.
Da ist etwas, was noch vor dem Buch kommt ...
NRRRG
Du kannst es nicht erwarten, es zu erreichen !!
Sag es mir ...
ROAAH
Was willst du wirklich ...?

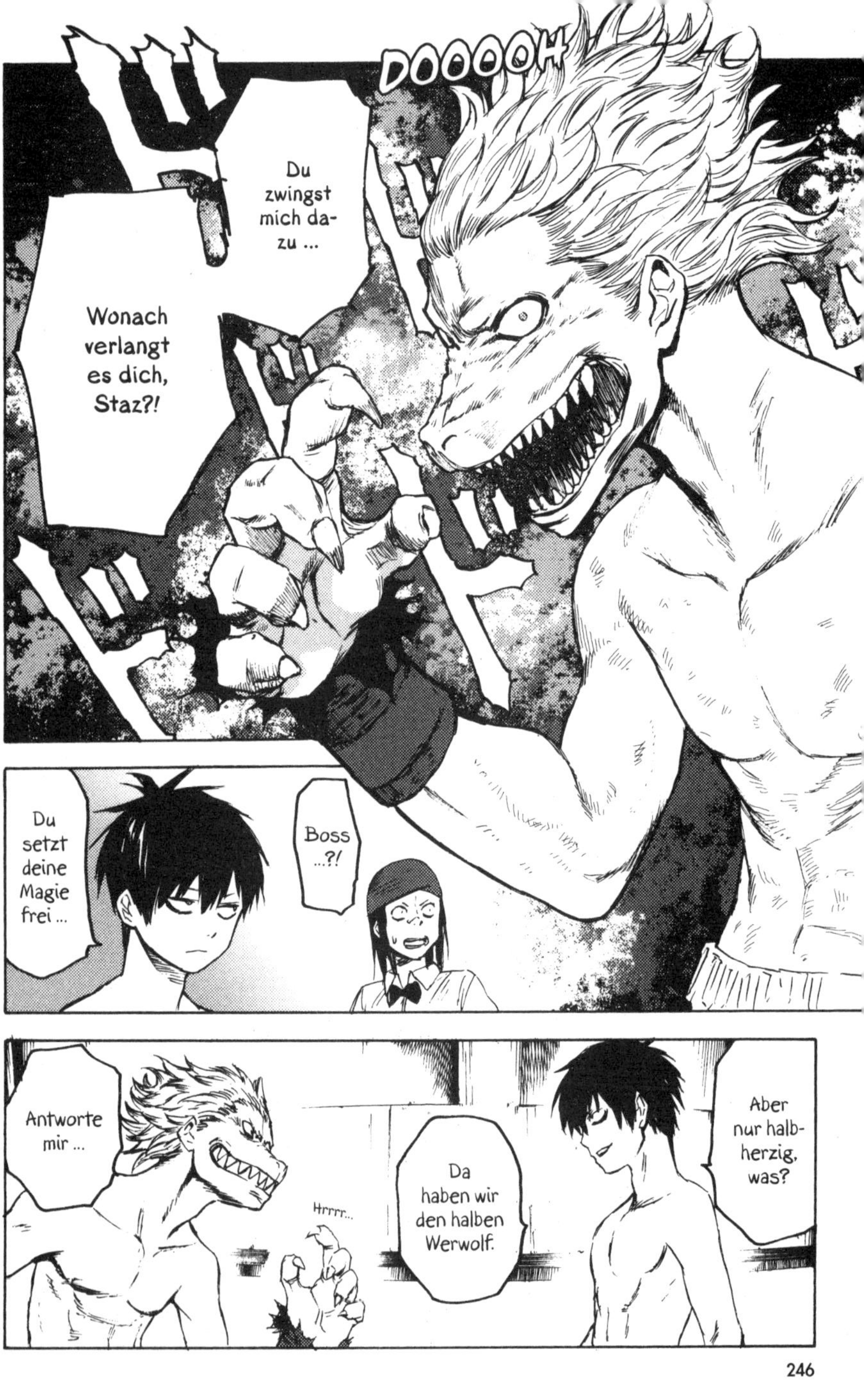
DOOOOH
Du zwingst mich da-zu ...
Wonach verlangt es dich, Staz?!
Boss ...?!
Du setzt deine Magie frei ...
Aber nur halb-herzig, was?
Da haben wir den halben Werwolf.
Hrrrr...
Antworte mir ...

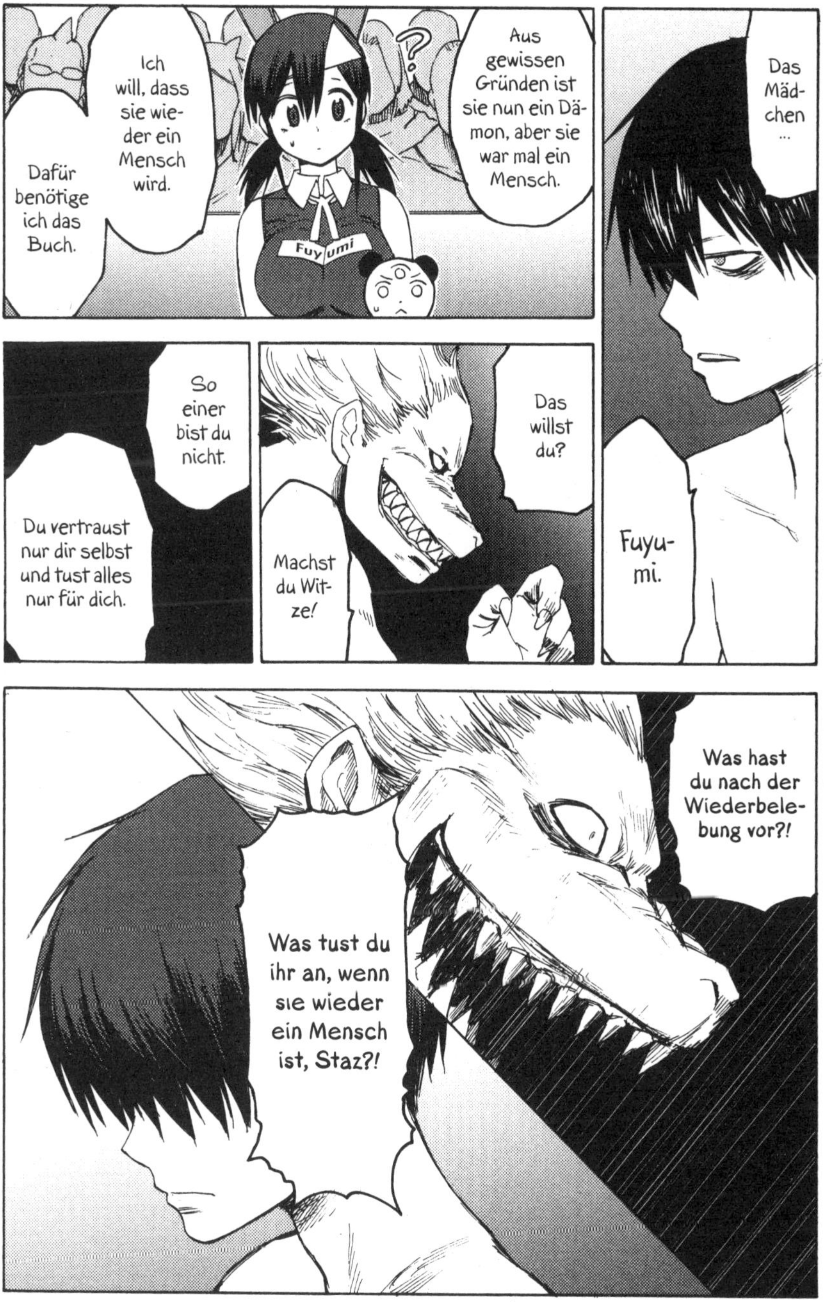
Das Mädchen ...
Fuyumi.
Aus gewissen Gründen ist sie nun ein Dämon, aber sie war mal ein Mensch.
Ich will, dass sie wieder ein Mensch wird.
Dafür benötige ich das Buch.
Fuyumi
Das willst du?
Machst du Witze!
So einer bist du nicht.
Du vertraust nur dir selbst und tust alles nur für dich.
Was hast du nach der Wiederbelebung vor?!
Was tust du ihr an, wenn sie wieder ein Mensch ist, Staz?!

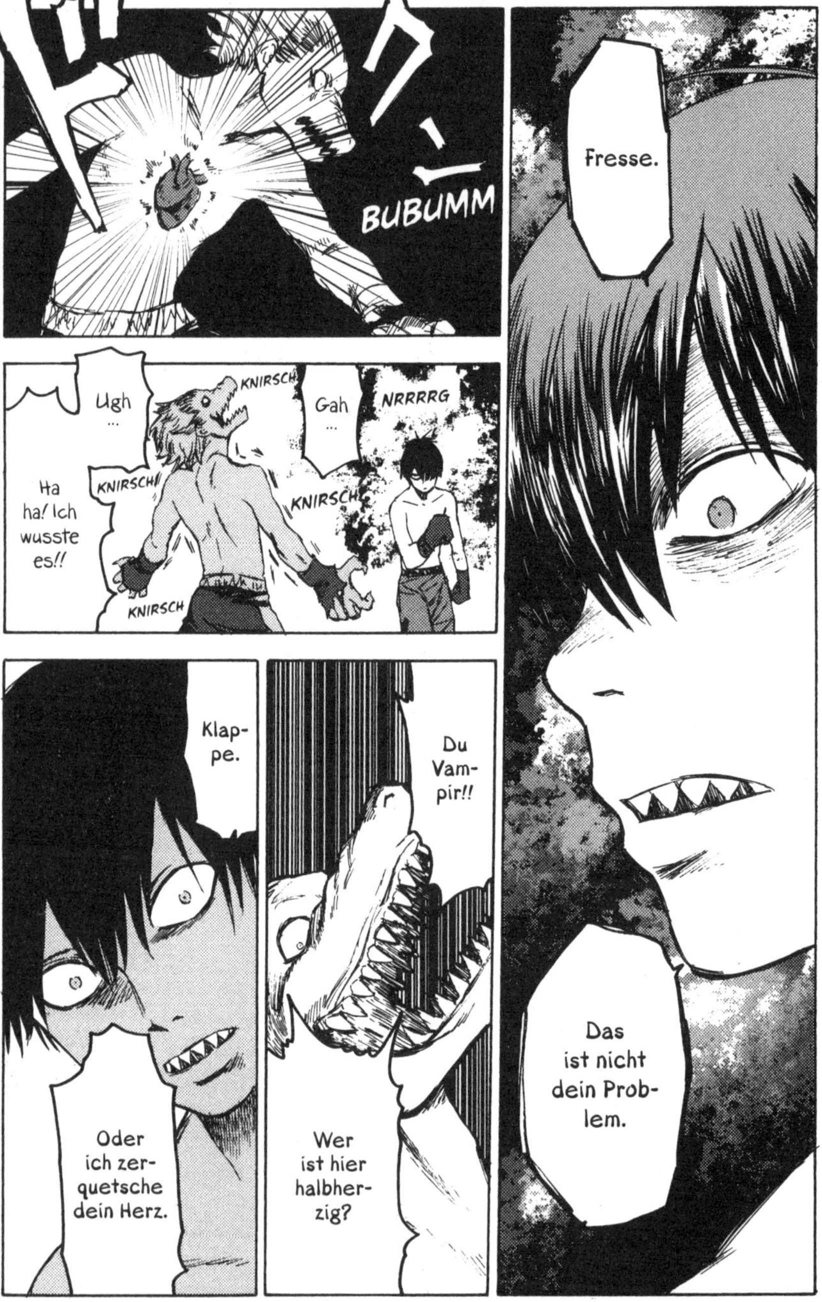
BUBUMM
KNIRSCH
NRRRRG
Gah ...
Ugh ...
KNIRSCH
KNIRSCH
KNIRSCH
Ha ha! Ich wusste es!!
Du Vampir!!
Wer ist hier halbherzig?
Klappe.
Oder ich zerquetsche dein Herz.
Fresse.
Das ist nicht dein Problem.

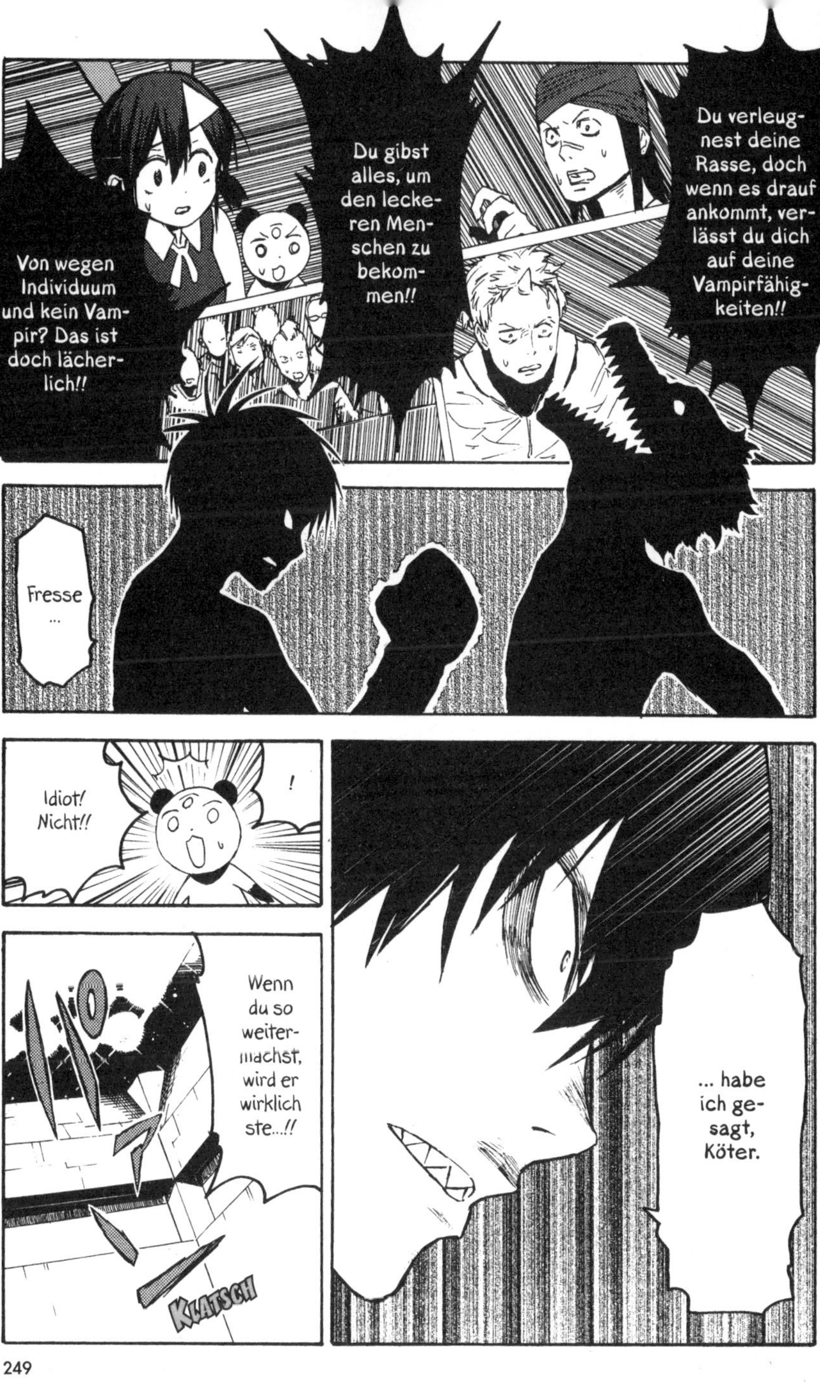
Du verleugnest deine Rasse, doch wenn es drauf ankommt, verlässt du dich auf deine Vampirfähigkeiten!!
Du gibst alles, um den leckeren Menschen zu bekommen!!
Von wegen Individuum und kein Vampir? Das ist doch lächerlich!!
Fresse ...
!
Idiot! Nicht!!
... habe ich gesagt, Köter.
Wenn du so weitermachst, wird er wirklich ste...!!
KLATSCH

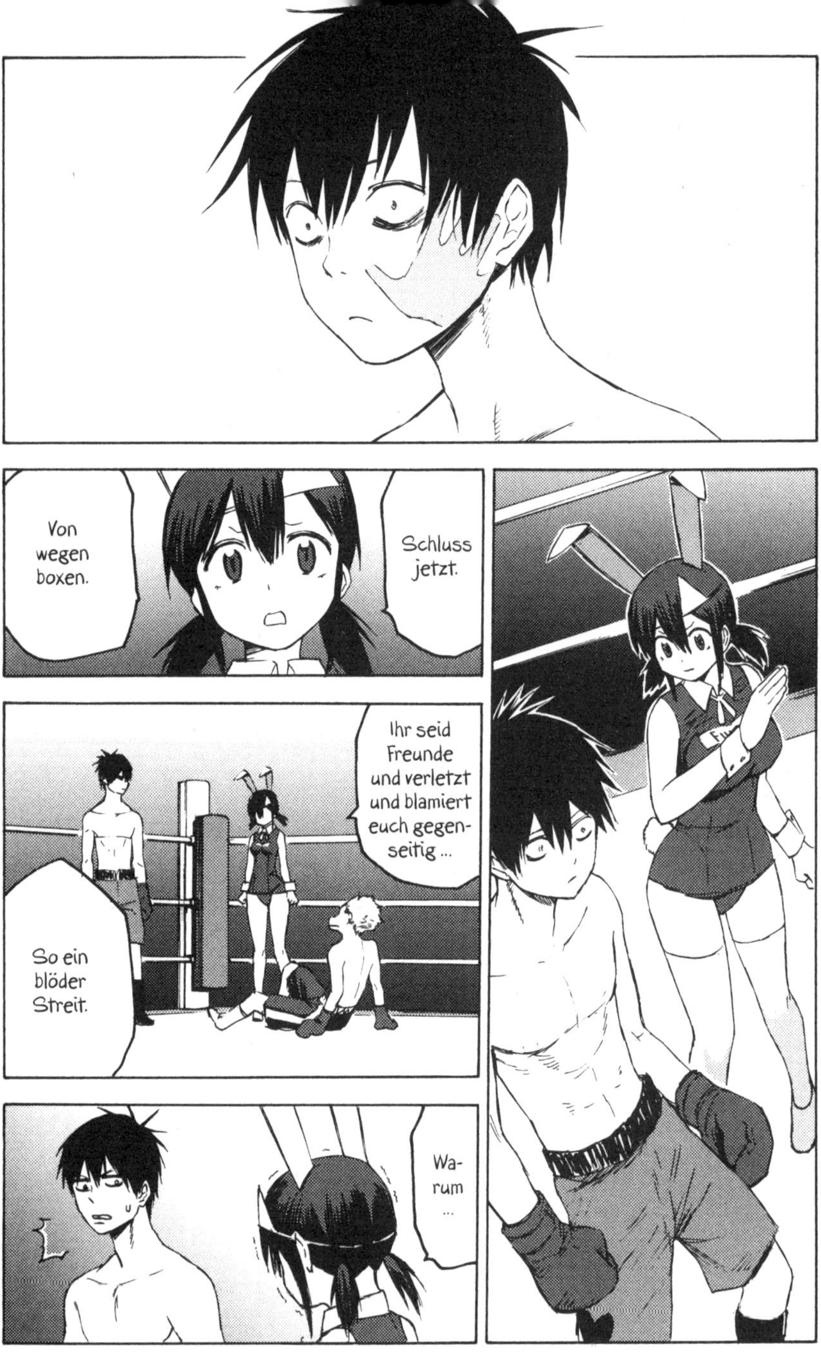
Schluss jetzt.
Von wegen boxen.
Ihr seid Freunde und verletzt und blamiert euch gegenseitig ...
So ein blöder Streit.
Warum ...

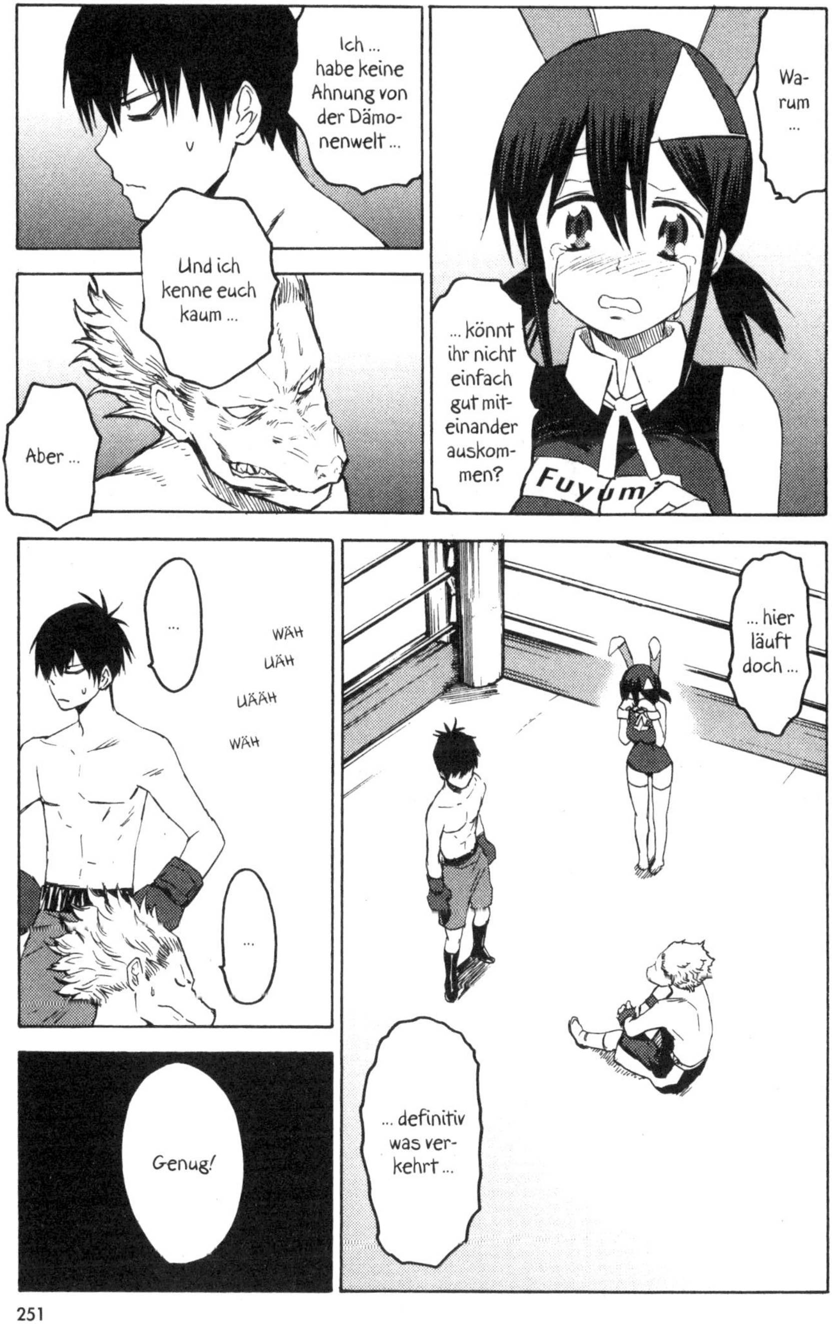
Warum ...
... könnt ihr nicht einfach gut miteinander auskommen?
Fuyumi
Ich ... habe keine Ahnung von der Dämonenwelt ...
Und ich kenne euch kaum ...
Aber ...
... hier läuft doch ...
... definitiv was verkehrt ...
...
WÄH
UÄH
UÄÄH
WÄH
...
Genug!

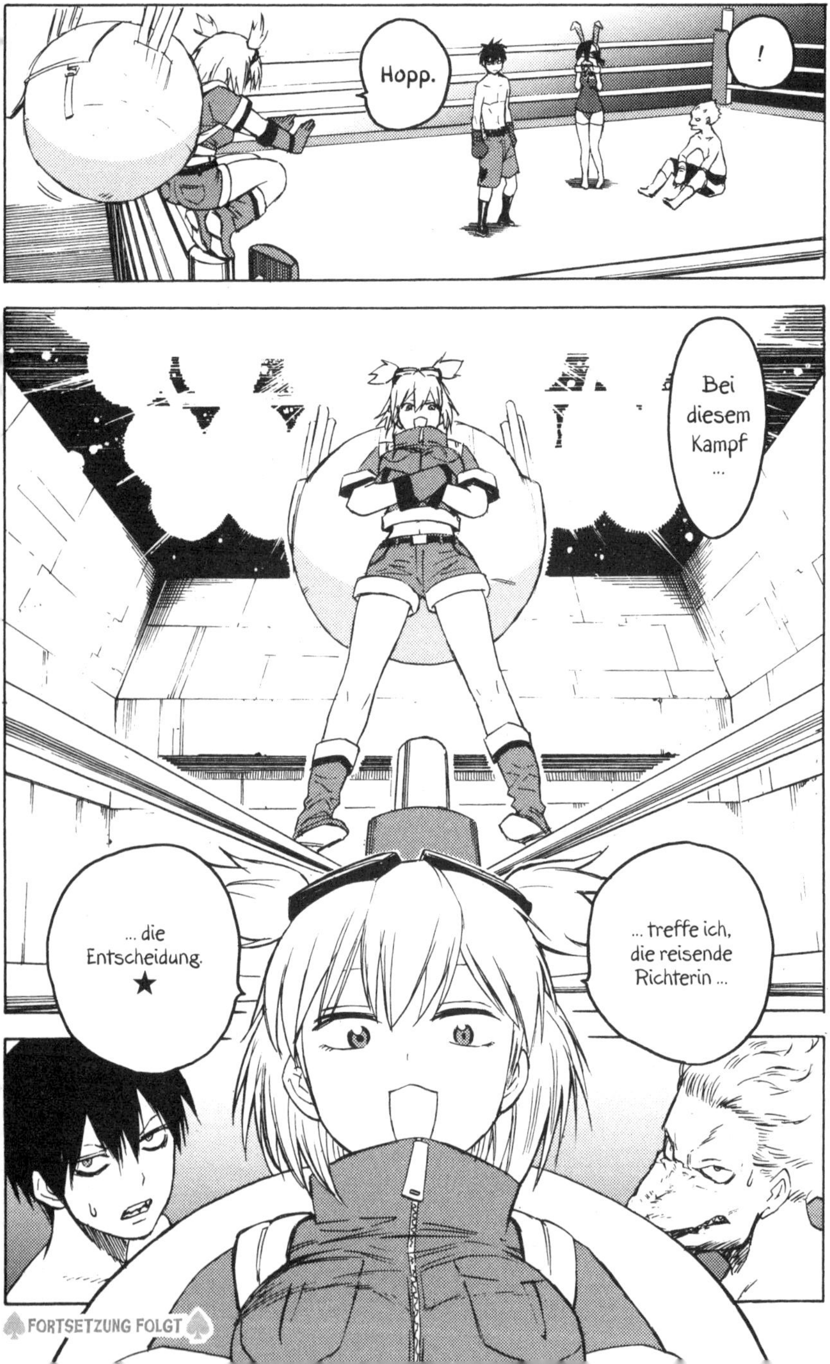
!
Hopp.
Bei diesem Kampf ...
... treffe ich, die reisende Richterin ...
... die Entscheidung. ★
FORTSETZUNG FOLGT

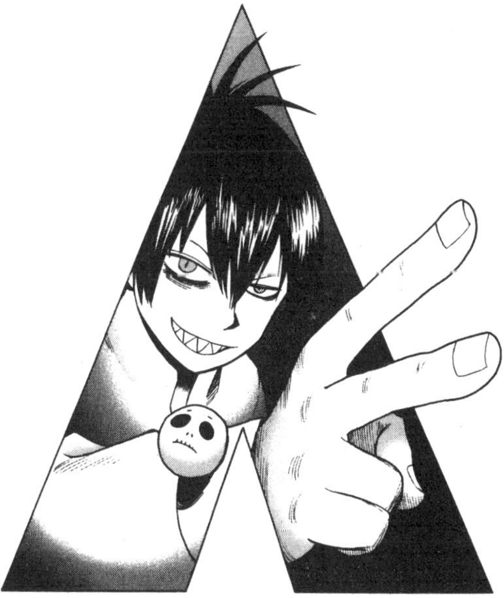

blood lad

EXTREME

# 8. KAPITEL ♠ DIE WELT DES RUHMS DER DÄMONEN

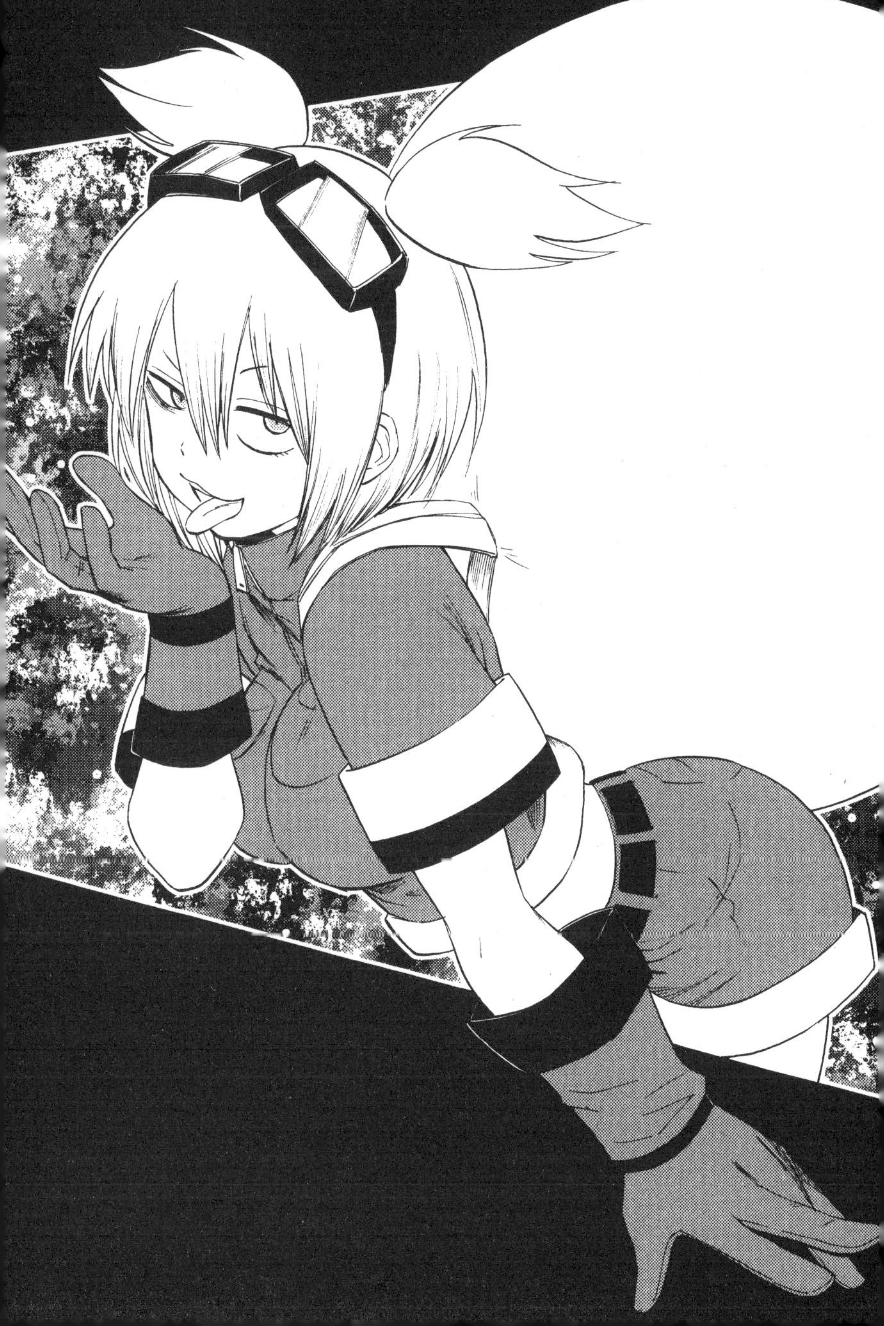

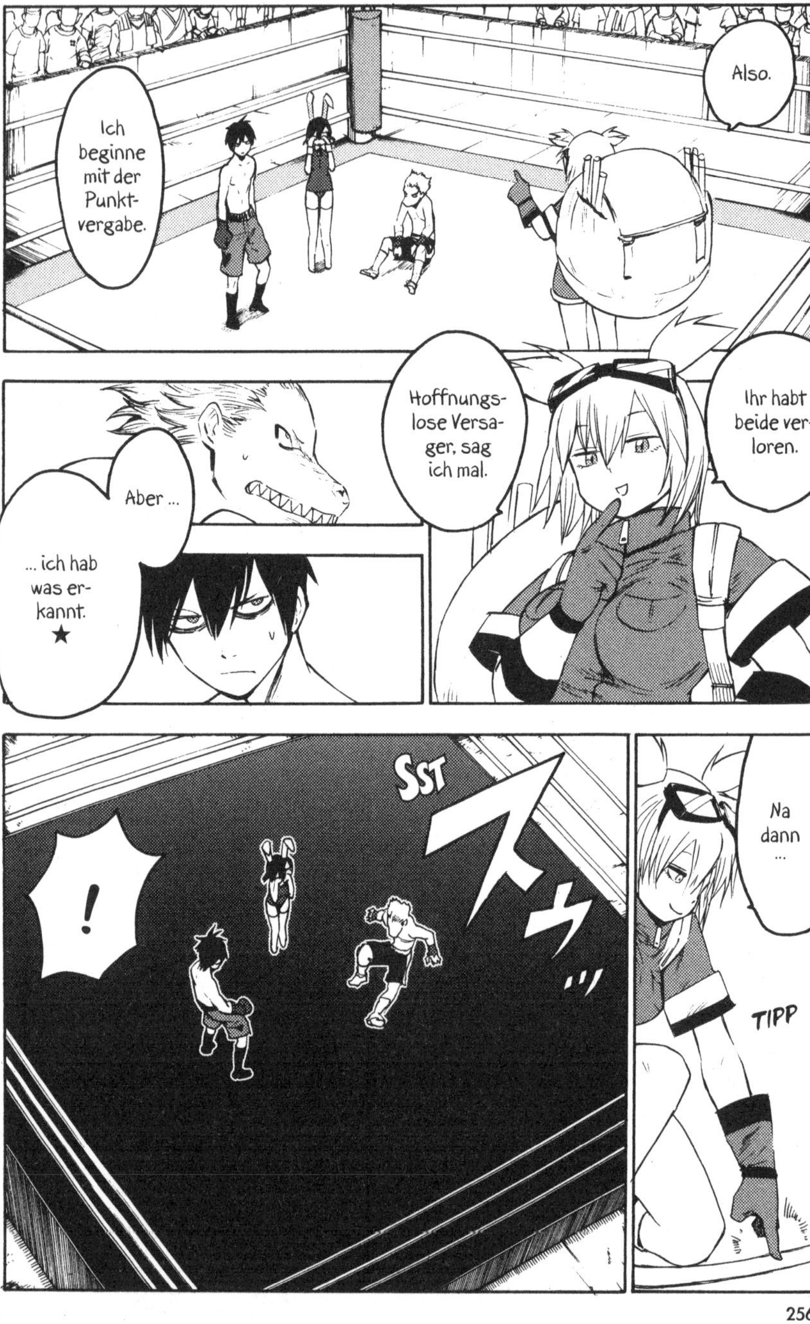
Also.
Ich beginne mit der Punktvergabe.
Ihr habt beide verloren.
Hoffnungslose Versager, sag ich mal.
Aber ...
... ich hab was erkannt. ★
Na dann ...
TIPP
SST
!

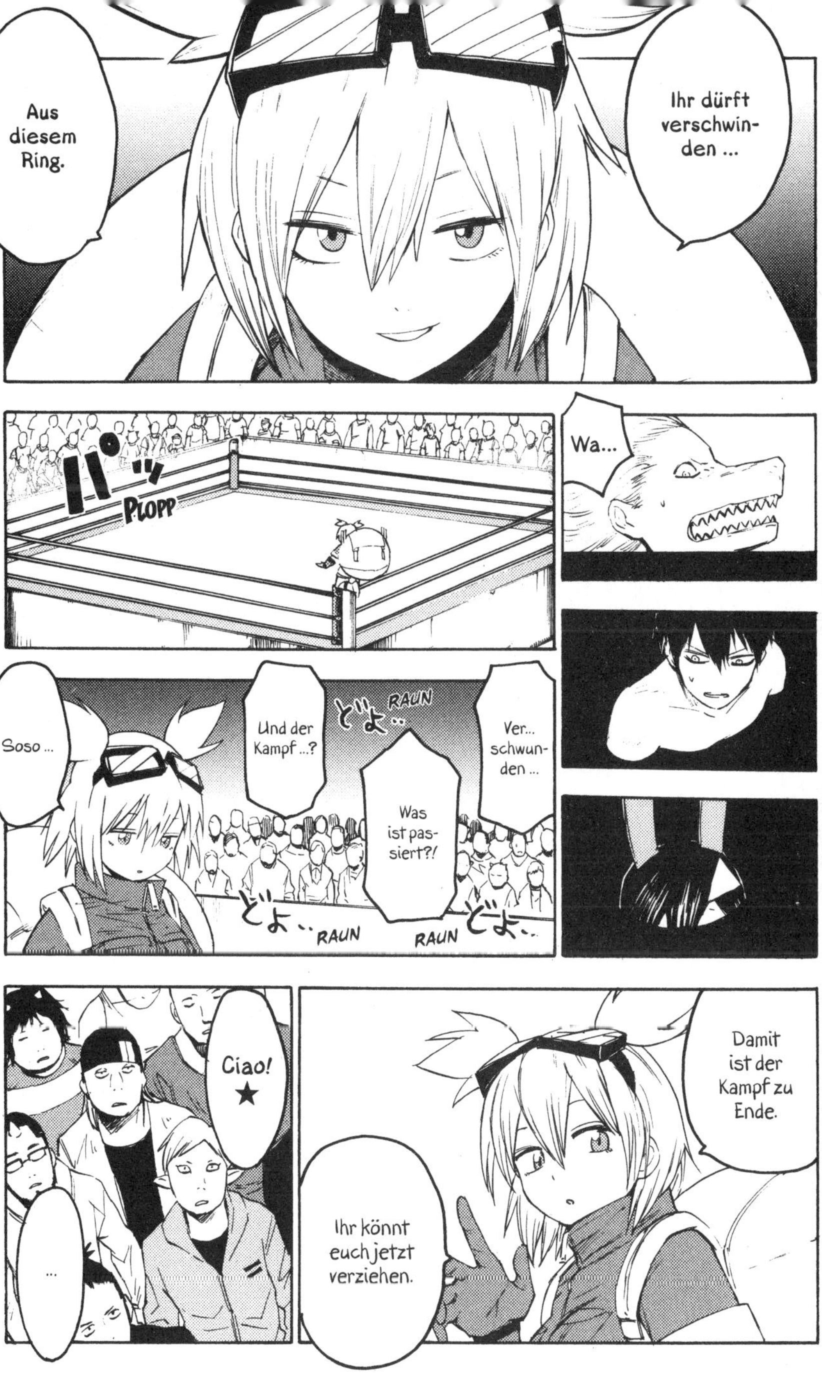
Ihr dürft verschwinden ...
Aus diesem Ring.
Wa...
PLOPP
Ver... schwunden ...
RAUN
Und der Kampf ...?
Was ist passiert?!
Soso ...
RAUN
RAUN
Damit ist der Kampf zu Ende.
Ihr könnt euch jetzt verziehen.
Ciao! ★
...

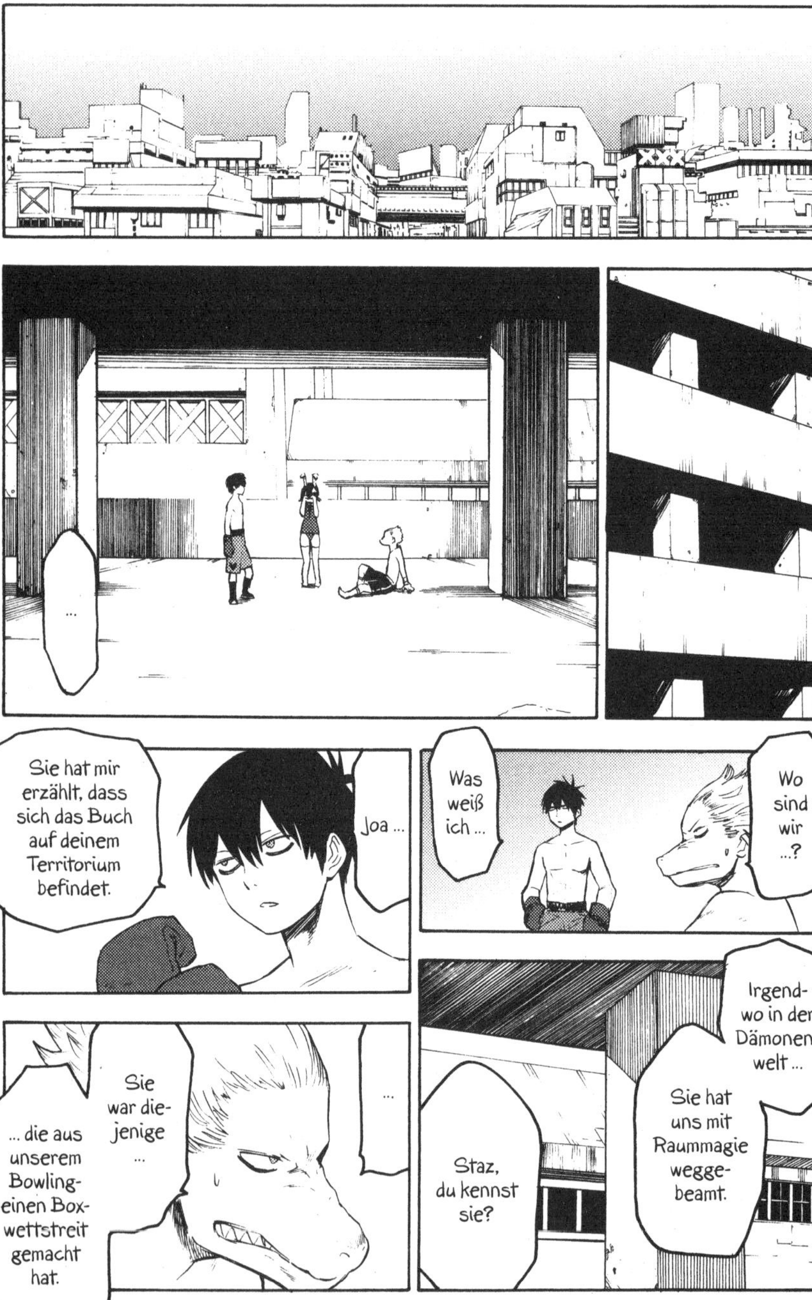
...
Wo sind wir ...?
Was weiß ich ...
Joa ...
Sie hat mir erzählt, dass sich das Buch auf deinem Territorium befindet.
Irgendwo in der Dämonenwelt ...
Sie hat uns mit Raummagie weggebeamt.
Staz, du kennst sie?
...
Sie war diejenige ...
... die aus unserem Bowling- einen Boxwettstreit gemacht hat.

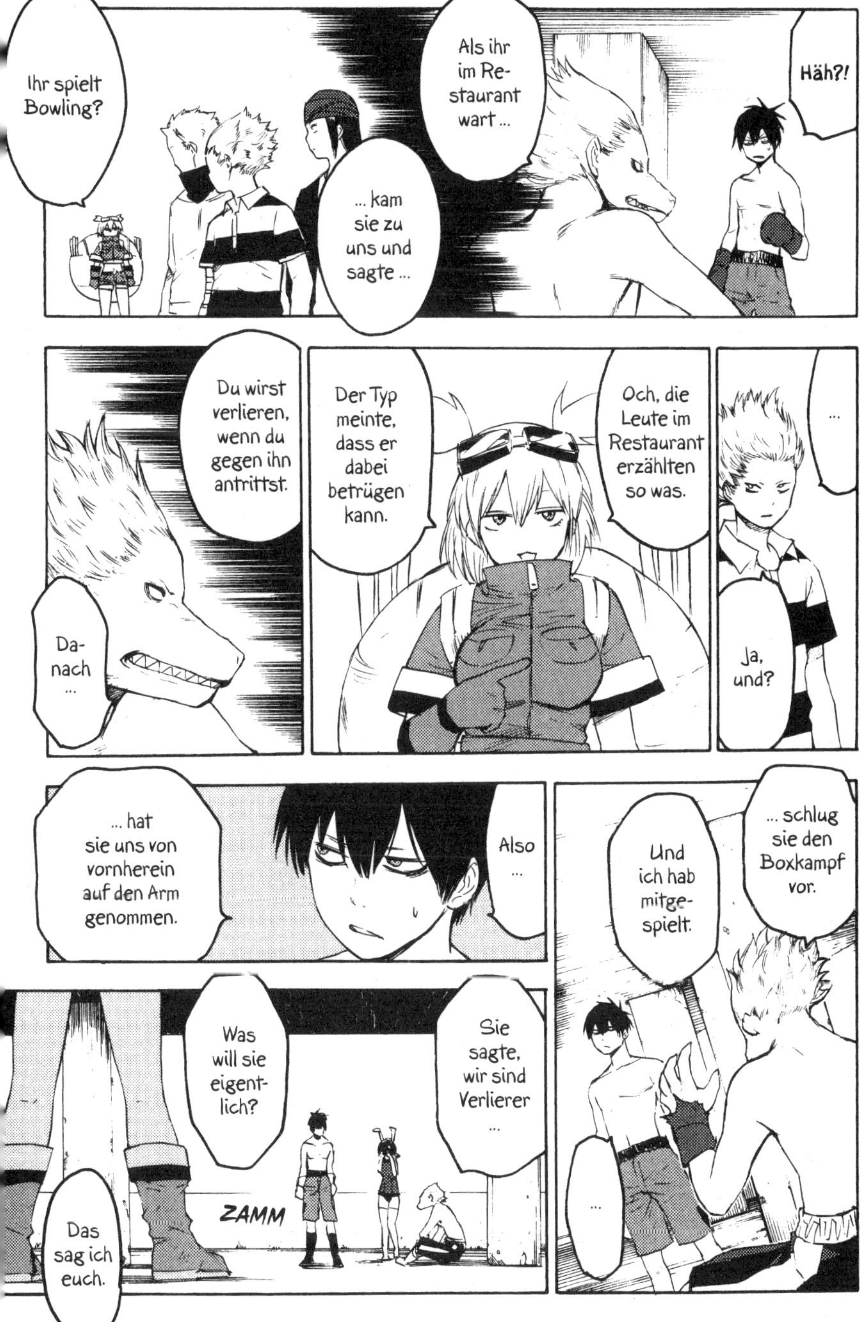
Häh?!
Als ihr im Restaurant wart ...
... kam sie zu uns und sagte ...
Ihr spielt Bowling?
...
Ja, und?
Och, die Leute im Restaurant erzählten so was.
Der Typ meinte, dass er dabei betrügen kann.
Du wirst verlieren, wenn du gegen ihn antrittst.
Danach ...
... schlug sie den Boxkampf vor.
Und ich hab mitgespielt.
...
Also ...
... hat sie uns von vornherein auf den Arm genommen.
Sie sagte, wir sind Verlierer ...
Was will sie eigentlich?
ZAMM
Das sag ich euch.

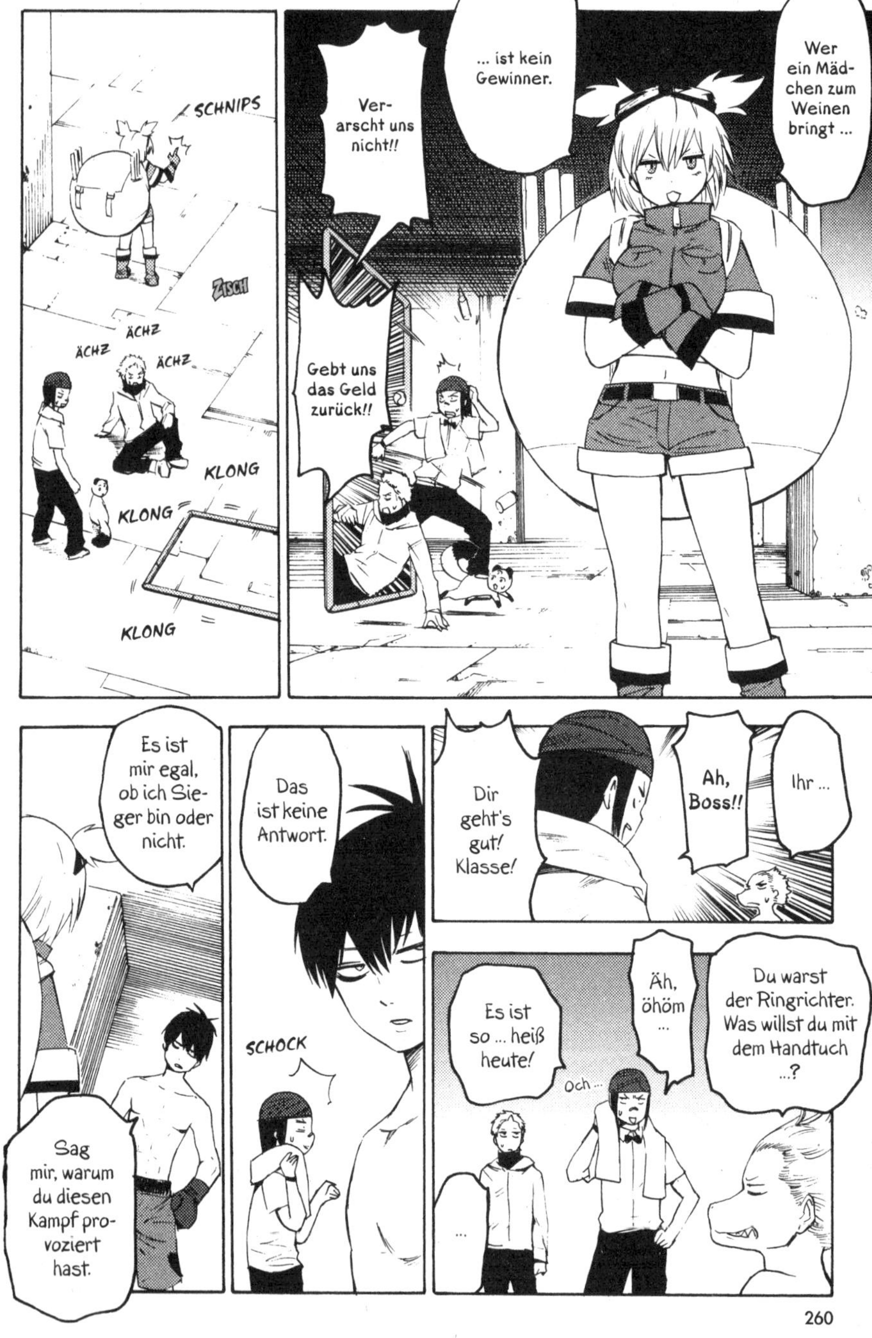
Wer ein Mädchen zum Weinen bringt ...
... ist kein Gewinner.
Verarscht uns nicht!!
Gebt uns das Geld zurück!!
SCHNIPS
ZISCH
ÄCHZ
ÄCHZ
ÄCHZ
KLONG
KLONG
KLONG
Ihr ...
Ah, Boss!!
Dir geht's gut! Klasse!
Du warst der Ringrichter. Was willst du mit dem Handtuch ...?
Äh, öhöm ...
Es ist so ... heiß heute!
Och ...
...
Das ist keine Antwort.
SCHOCK
Es ist mir egal, ob ich Sieger bin oder nicht.
Sag mir, warum du diesen Kampf provoziert hast.

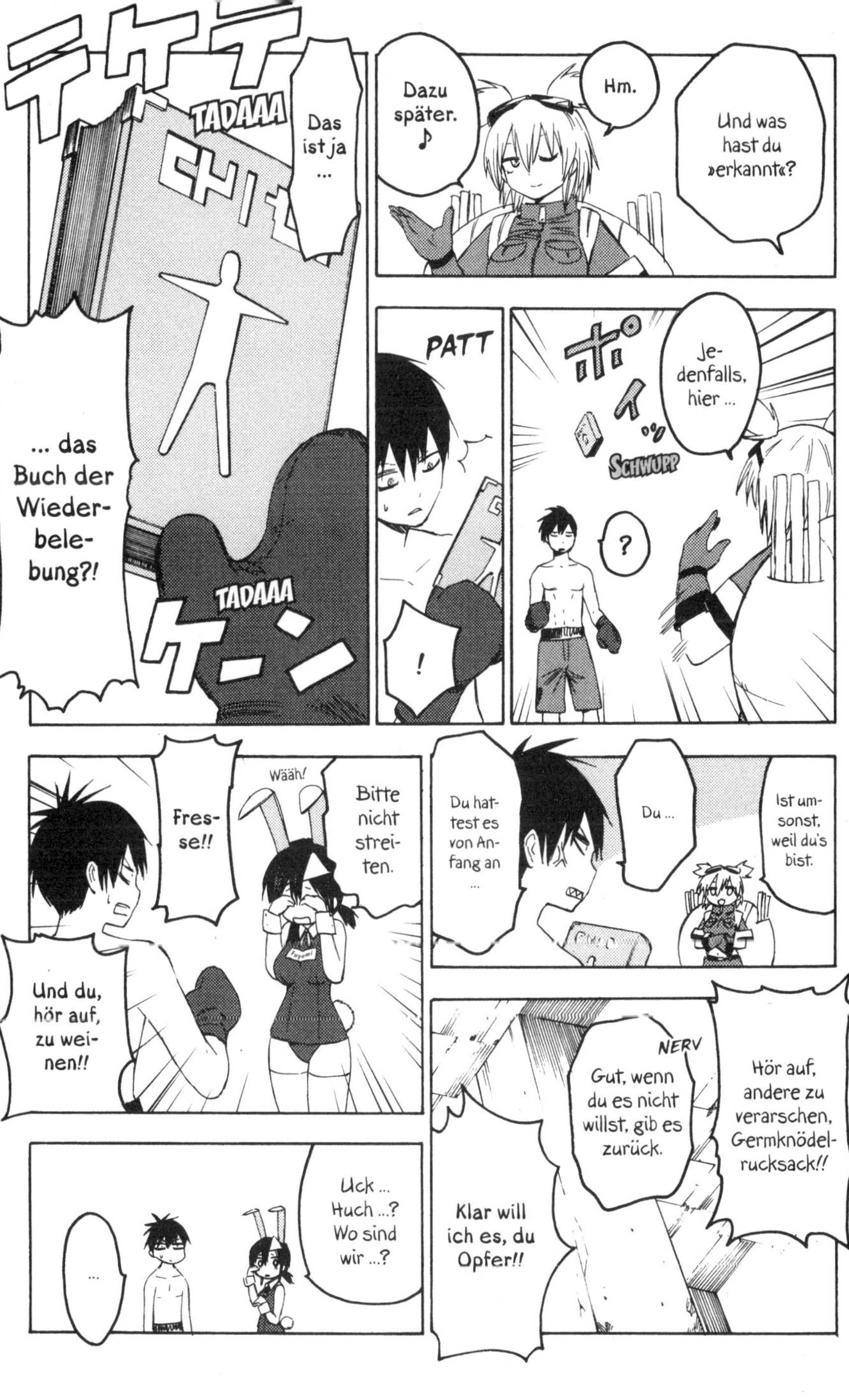
Und was hast du »erkannt«?
Hm.
Dazu später. ♪
Das ist ja ...
TADAAA
... das Buch der Wiederbelebung?!
TADAAA
Jedenfalls, hier ...
SCHWUPP
?
PATT
!
Ist umsonst, weil du's bist.
Du ...
Du hattest es von Anfang an ...
Wääh!
Bitte nicht streiten.
Fresse!!
Und du, hör auf, zu weinen!!
Hör auf, andere zu verarschen, Germknödelrucksack!!
NERV
Gut, wenn du es nicht willst, gib es zurück.
Klar will ich es, du Opfer!!
Uck ... Huch ...? Wo sind wir ...?
...

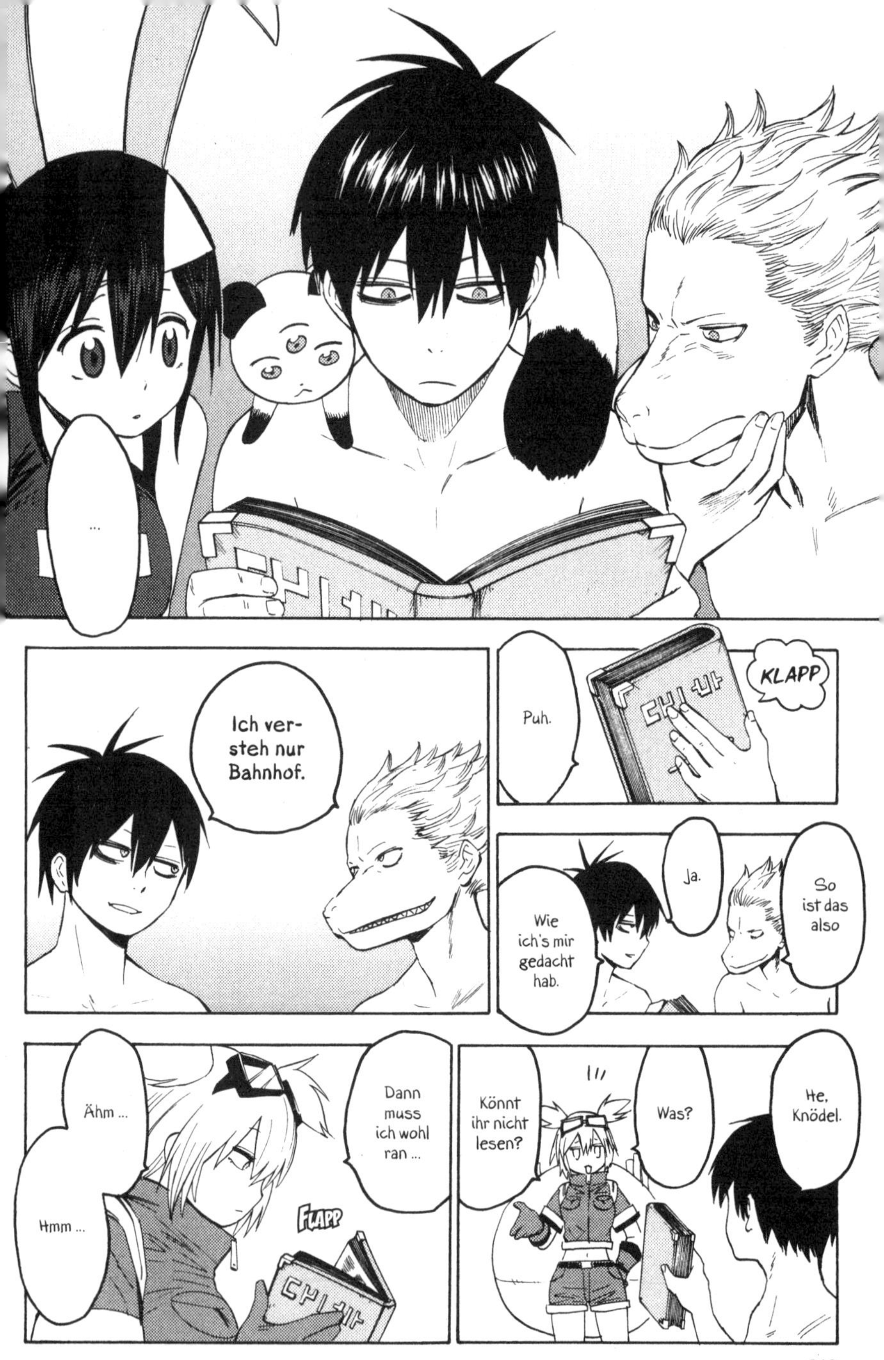

...
KLAPP
Puh.
So ist das also
Ja.
Wie ich's mir gedacht hab.
Ich versteh nur Bahnhof.
He, Knödel.
Was?
Könnt ihr nicht lesen?
Dann muss ich wohl ran ...
FLAPP
Ähm ...
Hmm ...

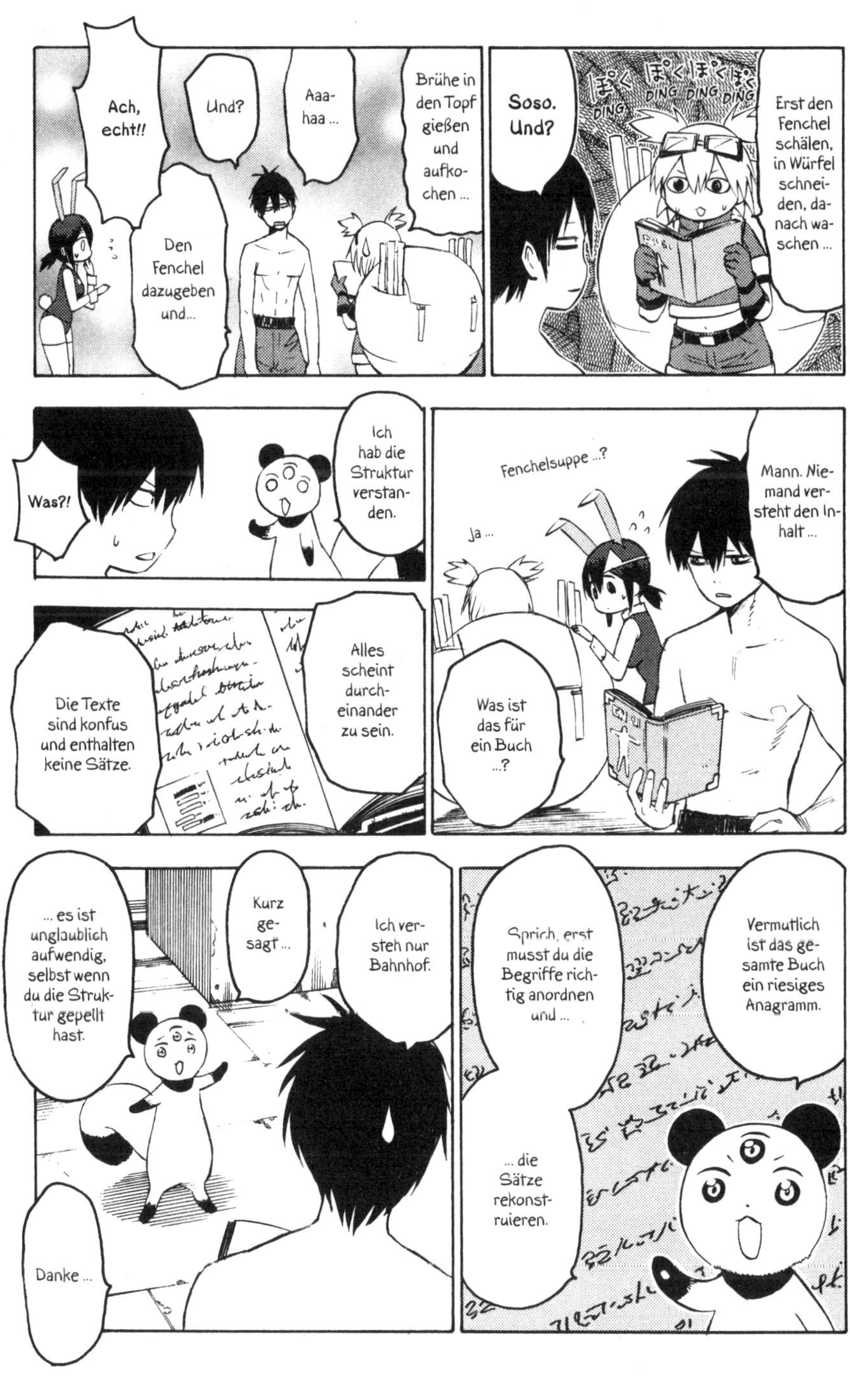

Erst den Fenchel schälen, in Würfel schneiden, danach waschen ...
DING DING DING DING
Soso. Und?
Brühe in den Topf gießen und aufkochen ...
Aaa-haa ...
Und?
Den Fenchel dazugeben und...
Ach, echt!!
Mann. Niemand versteht den Inhalt ...
Fenchelsuppe ...?
Ja ...
Was ist das für ein Buch ...?
Ich hab die Struktur verstanden.
Was?!
Alles scheint durcheinander zu sein.
Die Texte sind konfus und enthalten keine Sätze.
Vermutlich ist das gesamte Buch ein riesiges Anagramm.
Sprich, erst musst du die Begriffe richtig anordnen und ...
... die Sätze rekonstruieren.
Ich versteh nur Bahnhof.
Kurz gesagt ...
... es ist unglaublich aufwendig, selbst wenn du die Struktur gepellt hast.
Danke ...

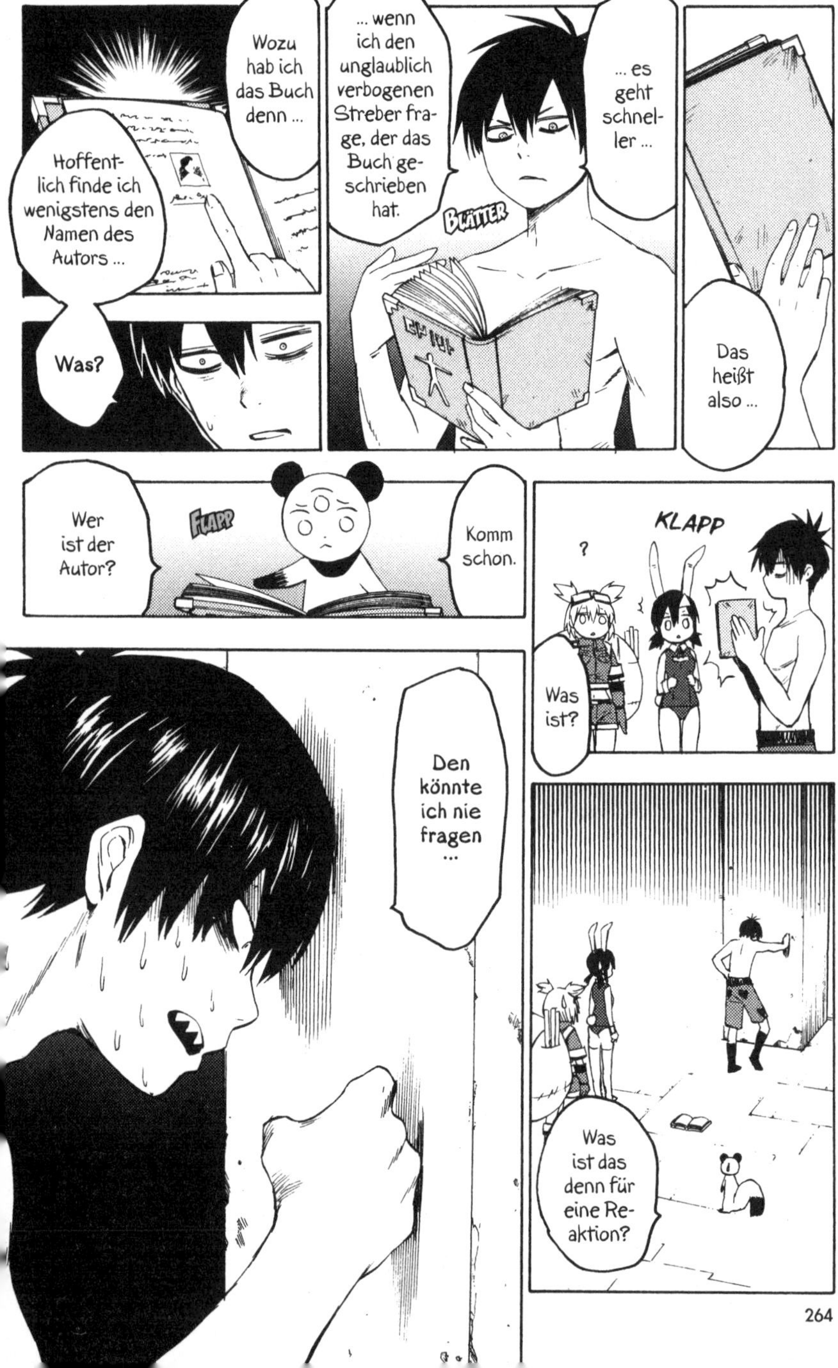

Das heißt also ...
... es geht schneller ...
... wenn ich den unglaublich verbogenen Streber frage, der das Buch geschrieben hat.
BLÄTTER
Wozu hab ich das Buch denn ...
Hoffentlich finde ich wenigstens den Namen des Autors ...
Was?
KLAPP
?
Was ist?
Komm schon.
FLAPP
Wer ist der Autor?
Was ist das denn für eine Reaktion?
Den könnte ich nie fragen ...

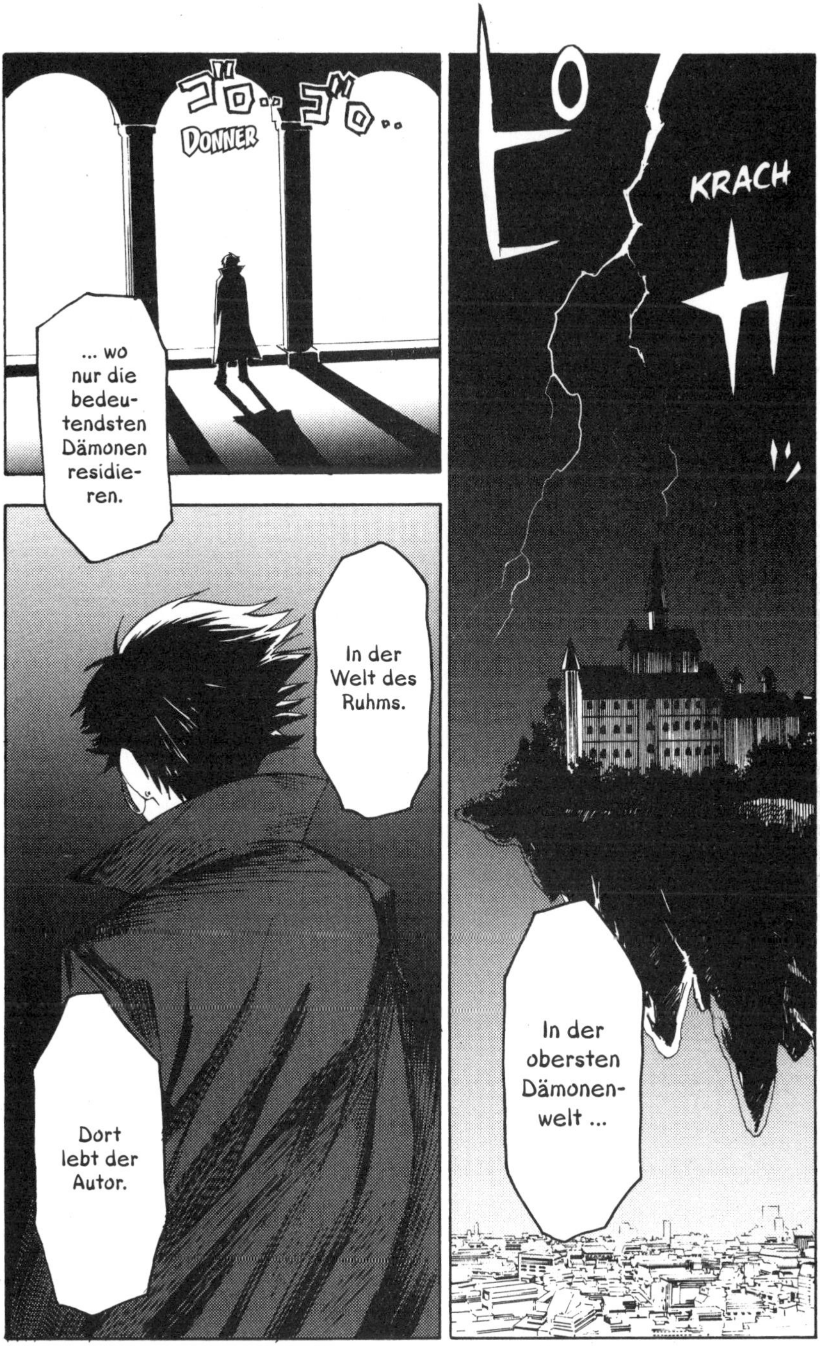
KRACH
In der obersten Dämonenwelt ...
DONNER
... wo nur die bedeutendsten Dämonen residieren.
In der Welt des Ruhms.
Dort lebt der Autor.

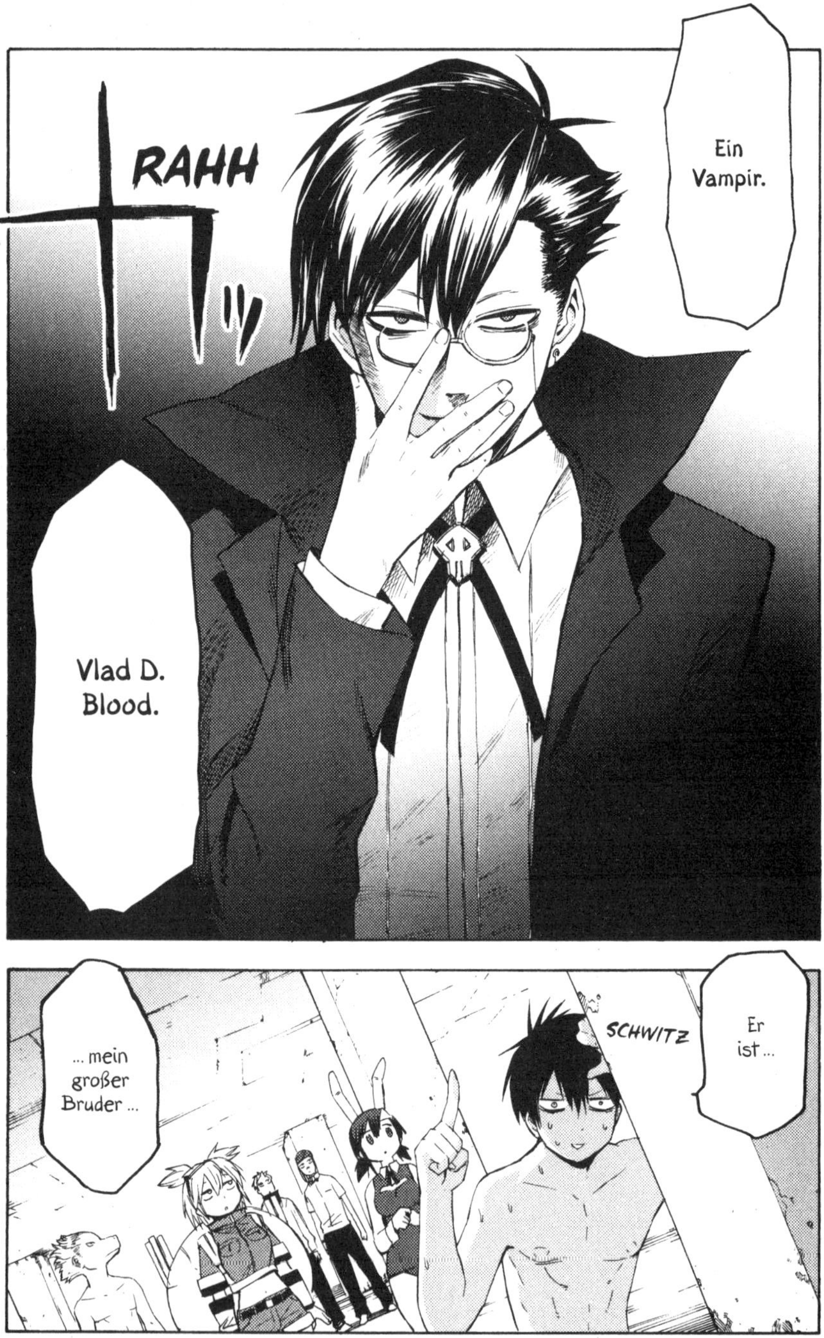
Ein Vampir.
RAHH
Vlad D. Blood.
Er ist ...
SCHWITZ
... mein großer Bruder ...

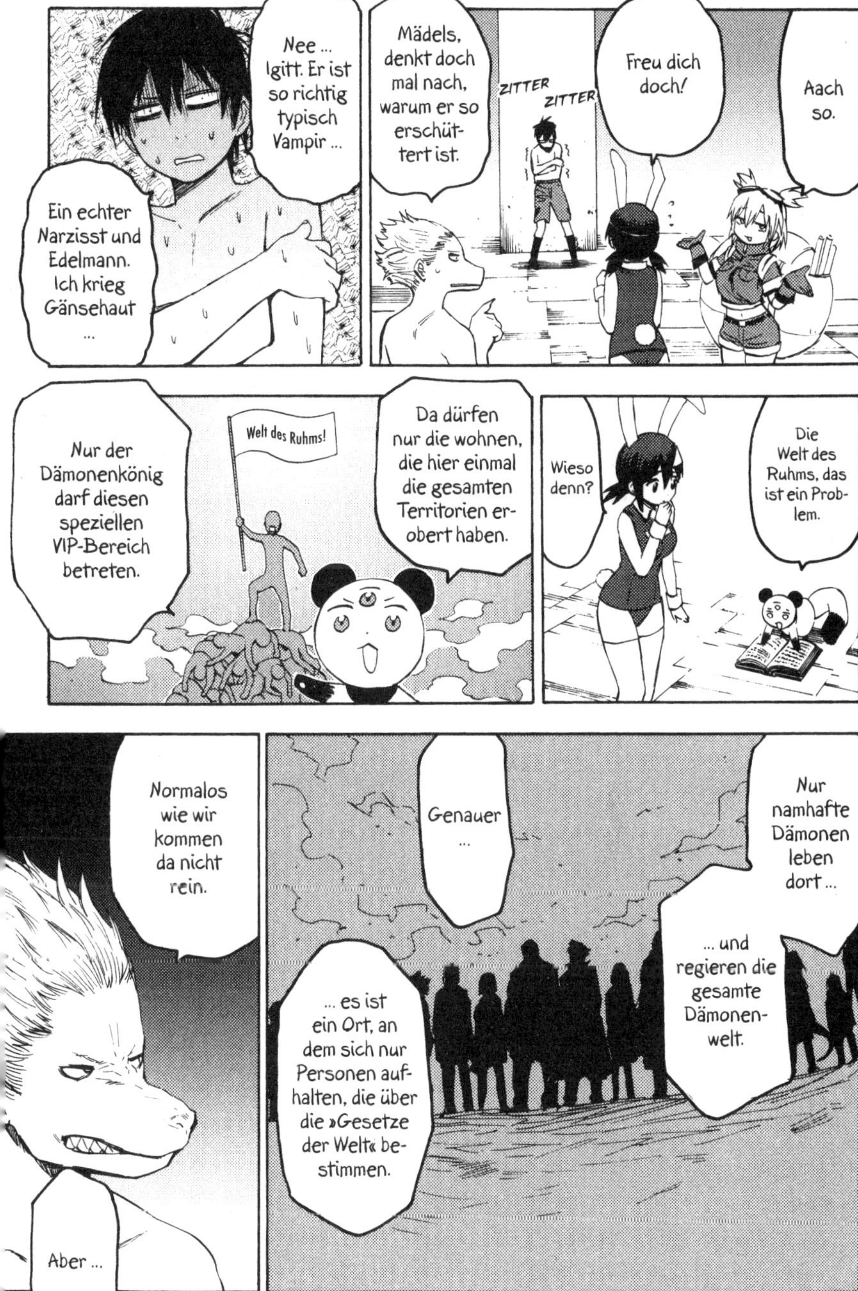

Aach so.
Freu dich doch!
ZITTER ZITTER
Mädels, denkt doch mal nach, warum er so erschüttert ist.
Nee ... Igitt. Er ist so richtig typisch Vampir ...
Ein echter Narzisst und Edelmann. Ich krieg Gänsehaut ...
Die Welt des Ruhms, das ist ein Problem.
Wieso denn?
Da dürfen nur die wohnen, die hier einmal die gesamten Territorien erobert haben.
Welt des Ruhms!
Nur der Dämonenkönig darf diesen speziellen VIP-Bereich betreten.
Nur namhafte Dämonen leben dort ...
Genauer ...
... und regieren die gesamte Dämonenwelt.
... es ist ein Ort, an dem sich nur Personen aufhalten, die über die »Gesetze der Welt« bestimmen.
Normalos wie wir kommen da nicht rein.
Aber ...

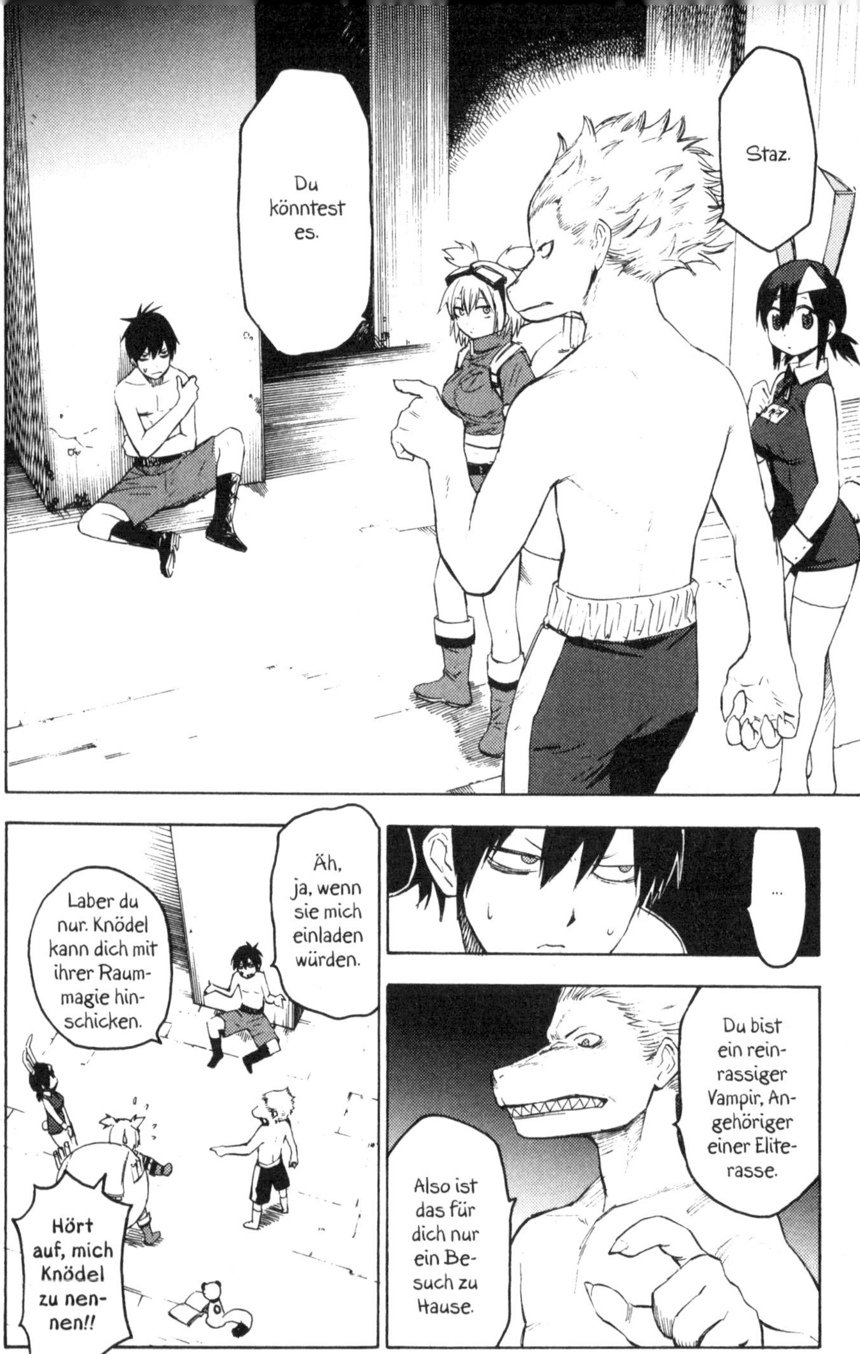
Staz.
Du könntest es.
...
Du bist ein reinrassiger Vampir, Angehöriger einer Eliterasse.
Also ist das für dich nur ein Besuch zu Hause.
Äh, ja, wenn sie mich einladen würden.
Laber du nur. Knödel kann dich mit ihrer Raummagie hinschicken.
Hört auf, mich Knödel zu nennen!!

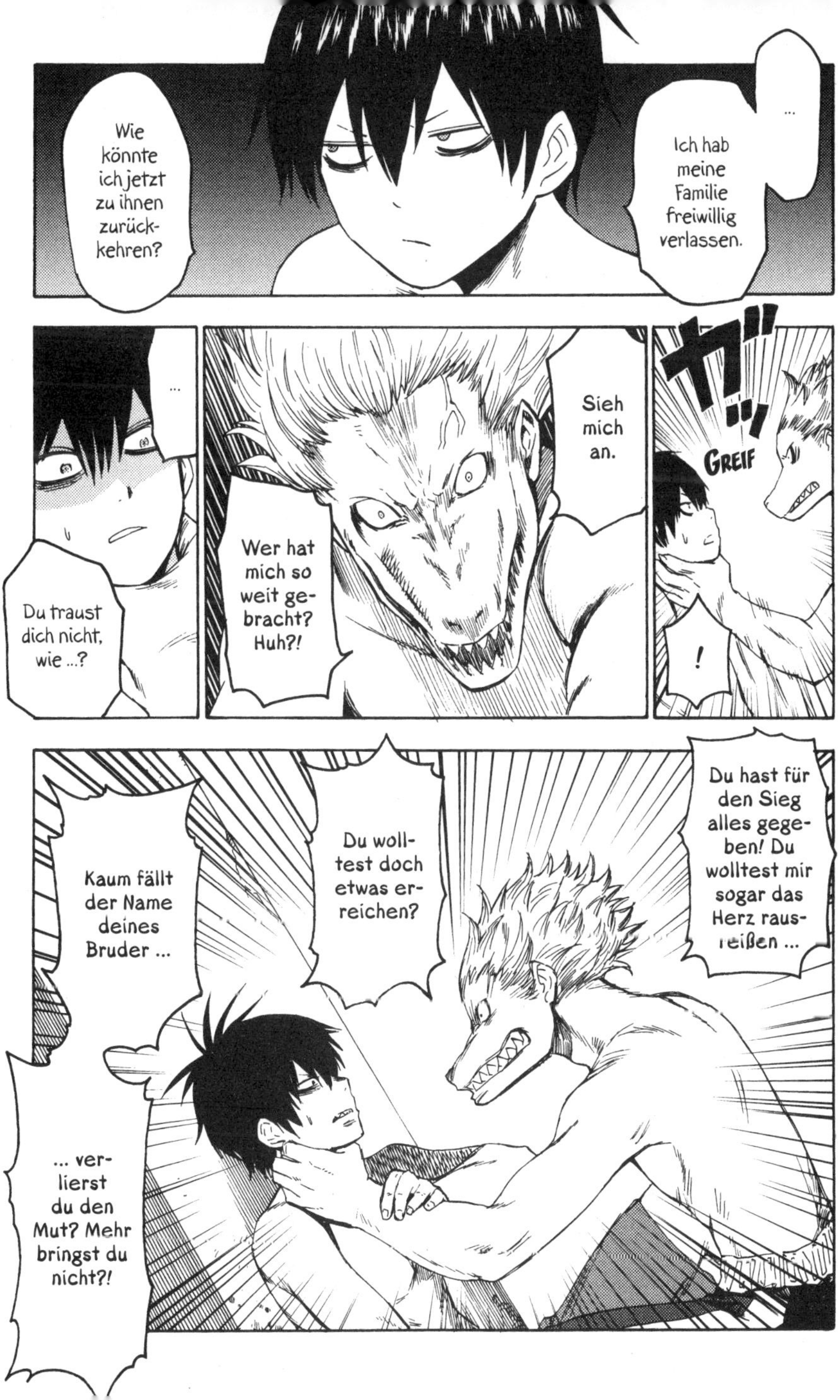
...
Ich hab meine Familie freiwillig verlassen.
Wie könnte ich jetzt zu ihnen zurückkehren?
ガッ!!
GREIF
!
Sieh mich an.
Wer hat mich so weit gebracht? Huh?!
...
Du traust dich nicht, wie ...?
Du hast für den Sieg alles gegeben! Du wolltest mir sogar das Herz rausreißen ...
Du wolltest doch etwas erreichen?
Kaum fällt der Name deines Bruder ...
... verlierst du den Mut? Mehr bringst du nicht?!

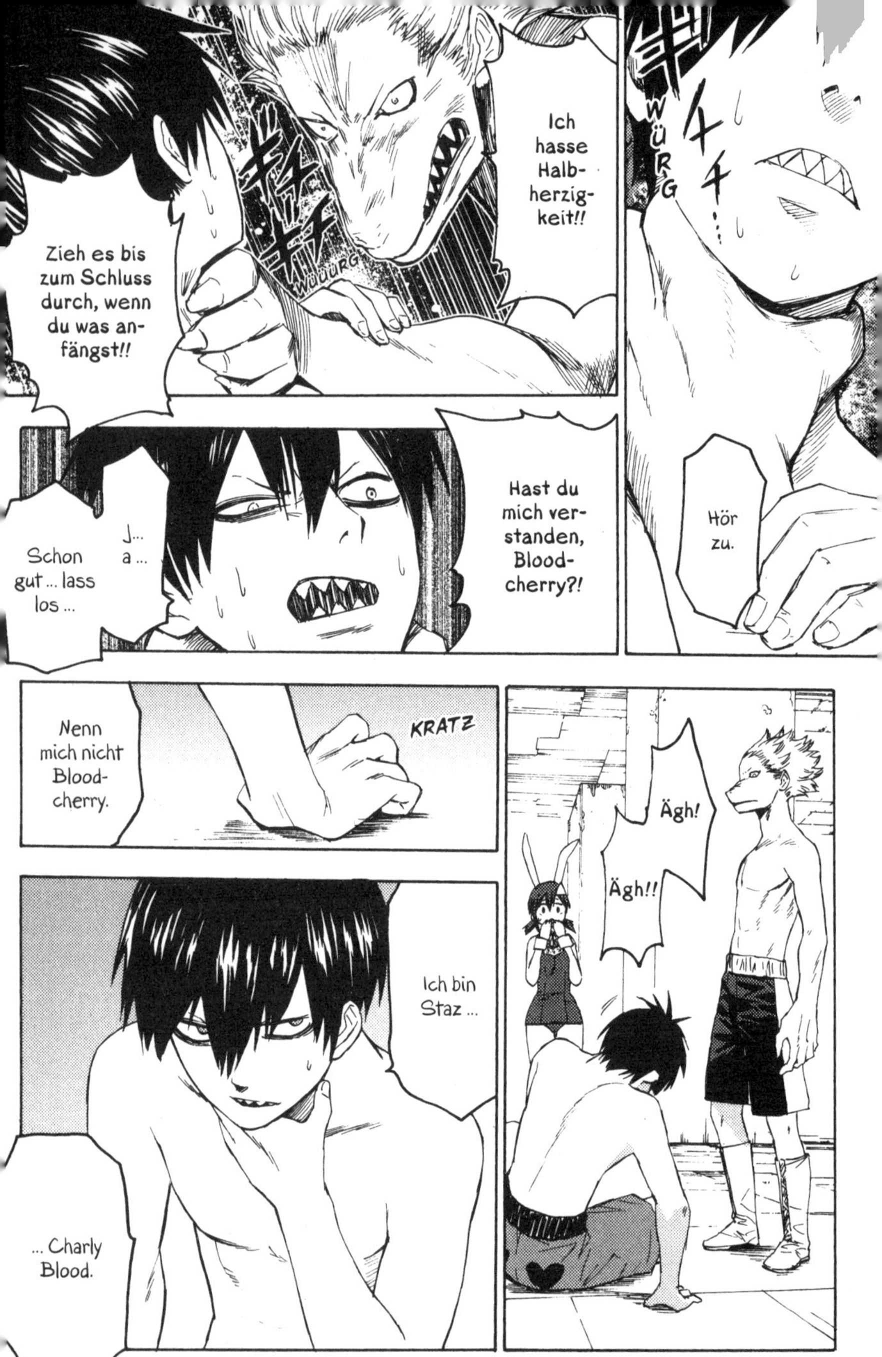
WÜRG
Hör zu.
Ich hasse Halbherzigkeit!!
WÜÜÜRG
Zieh es bis zum Schluss durch, wenn du was anfängst!!
Hast du mich verstanden, Bloodcherry?!
J... a ...
Schon gut ... lass los ...
Ägh!
Ägh!!
KRATZ
Nenn mich nicht Bloodcherry.
Ich bin Staz ...
... Charly Blood.

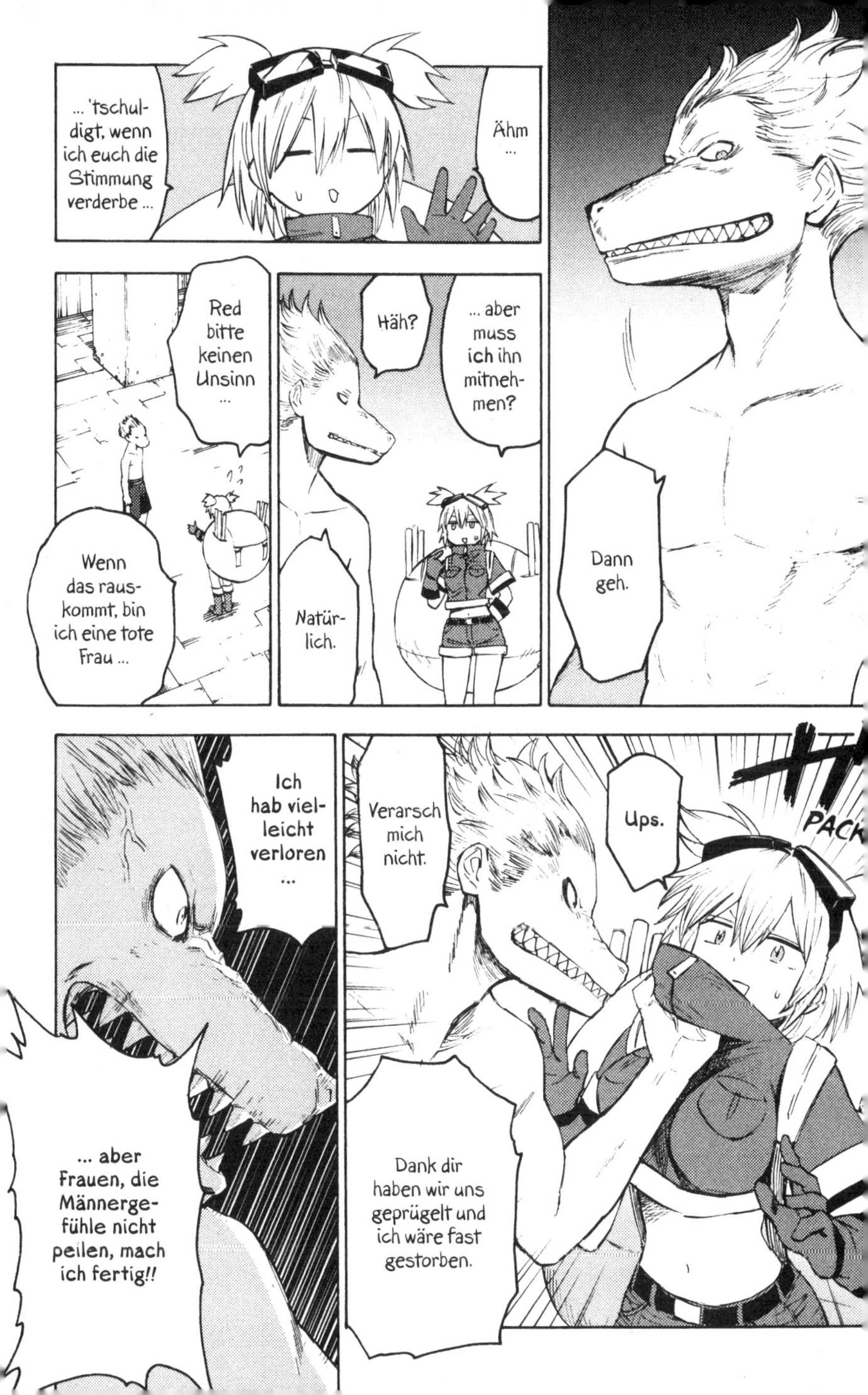

Ähm ...
... 'tschuldigt, wenn ich euch die Stimmung verderbe ...
... aber muss ich ihn mitnehmen?
Häh?
Natürlich.
Red bitte keinen Unsinn ...
Wenn das rauskommt, bin ich eine tote Frau ...
Dann geh.
PACK
Ups.
Verarsch mich nicht.
Dank dir haben wir uns geprügelt und ich wäre fast gestorben.
Ich hab vielleicht verloren ...
... aber Frauen, die Männergefühle nicht peilen, mach ich fertig!!

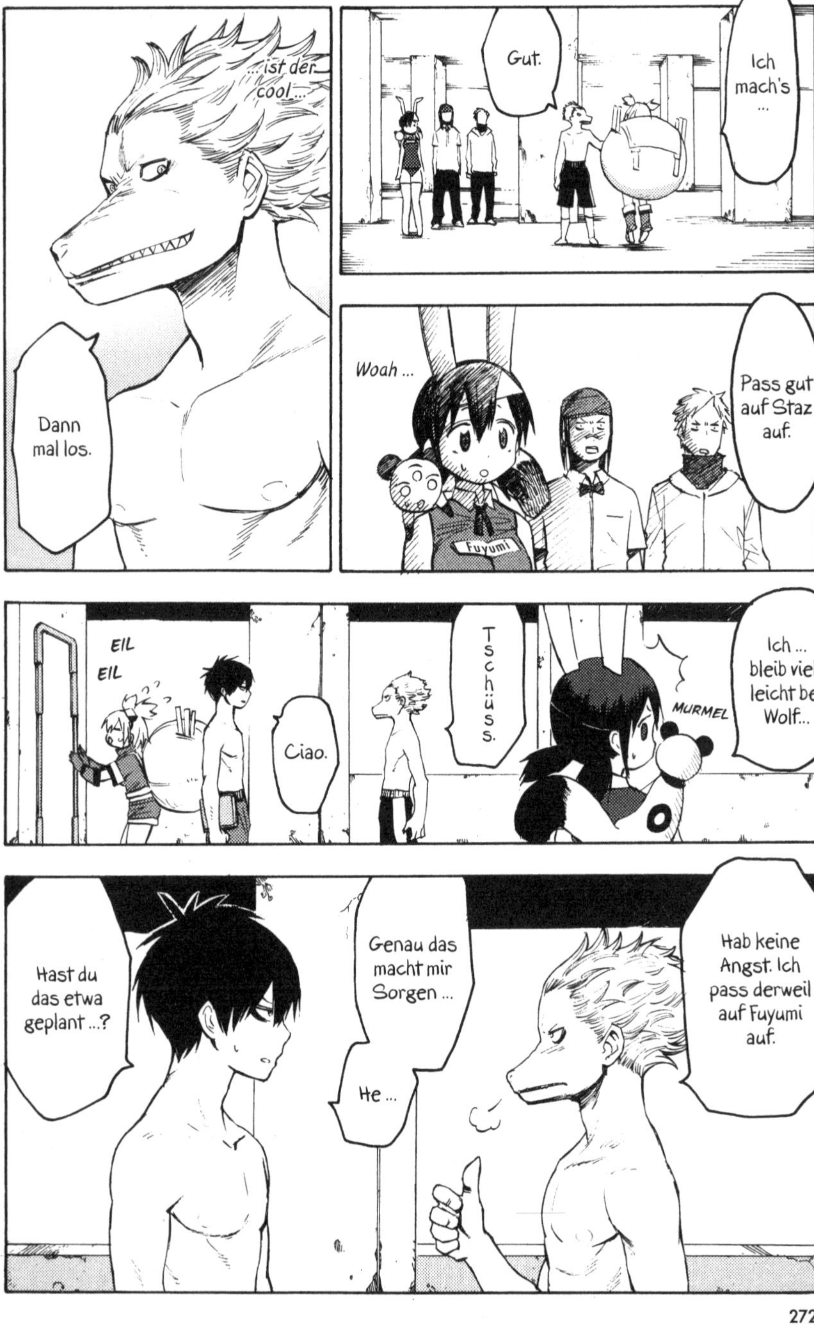
Ich mach's ...
Gut.
Pass gut auf Staz auf.
Woah ...
Fuyumi
... ist der cool ...
Dann mal los.
Ich ... bleib vielleicht bei Wolf ...
MURMEL
Tschüss.
Ciao.
EIL
EIL
Hab keine Angst. Ich pass derweil auf Fuyumi auf.
He ...
Genau das macht mir Sorgen ...
Hast du das etwa geplant ...?

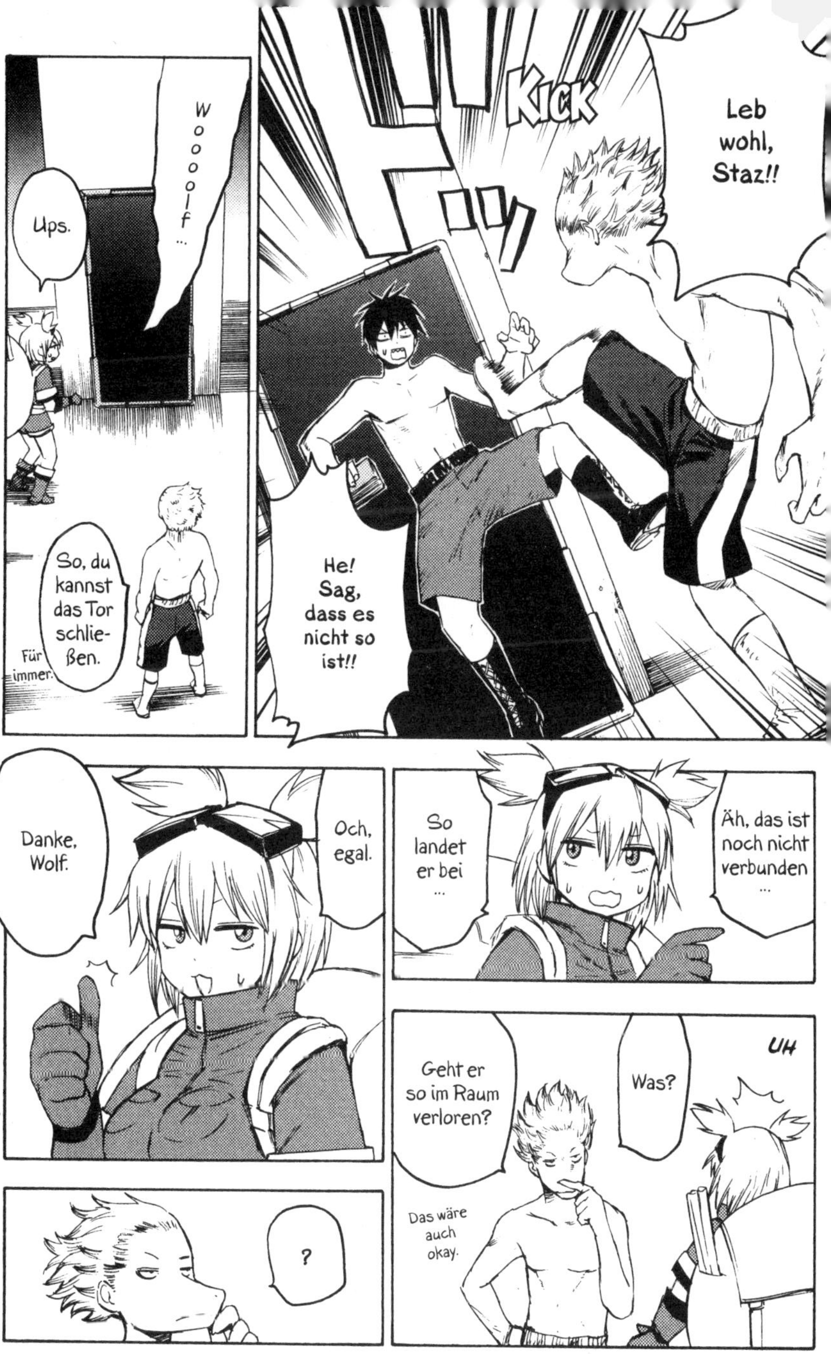
Leb wohl, Staz!!
KICK
He! Sag, dass es nicht so ist!!
Wooooolf ...
Ups.
So, du kannst das Tor schließen.
Für immer.
Äh, das ist noch nicht verbunden ...
So landet er bei ...
Och, egal.
Danke, Wolf.
UH
Was?
Geht er so im Raum verloren?
Das wäre auch okay.
?

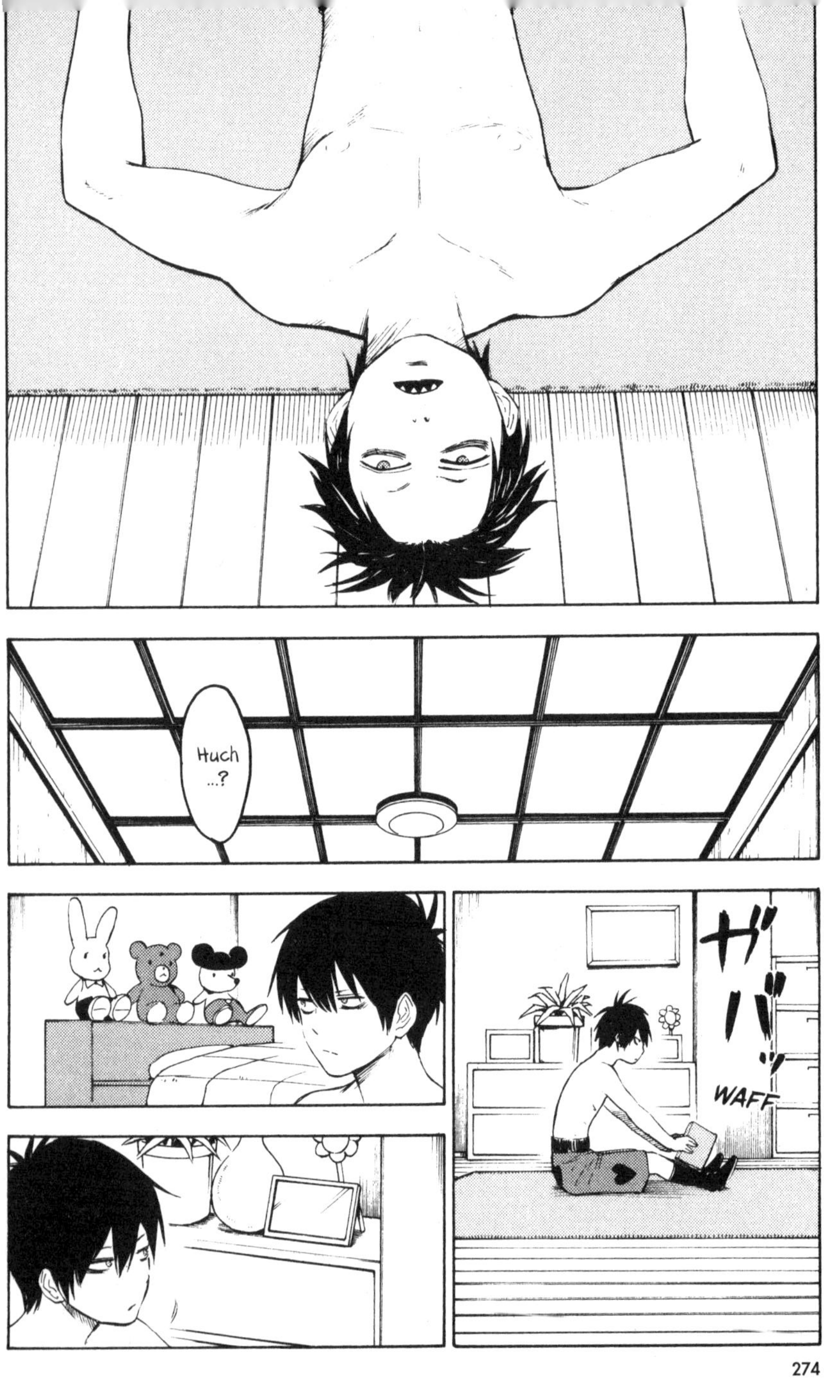
Huch
...?
ザバッ
WAFF

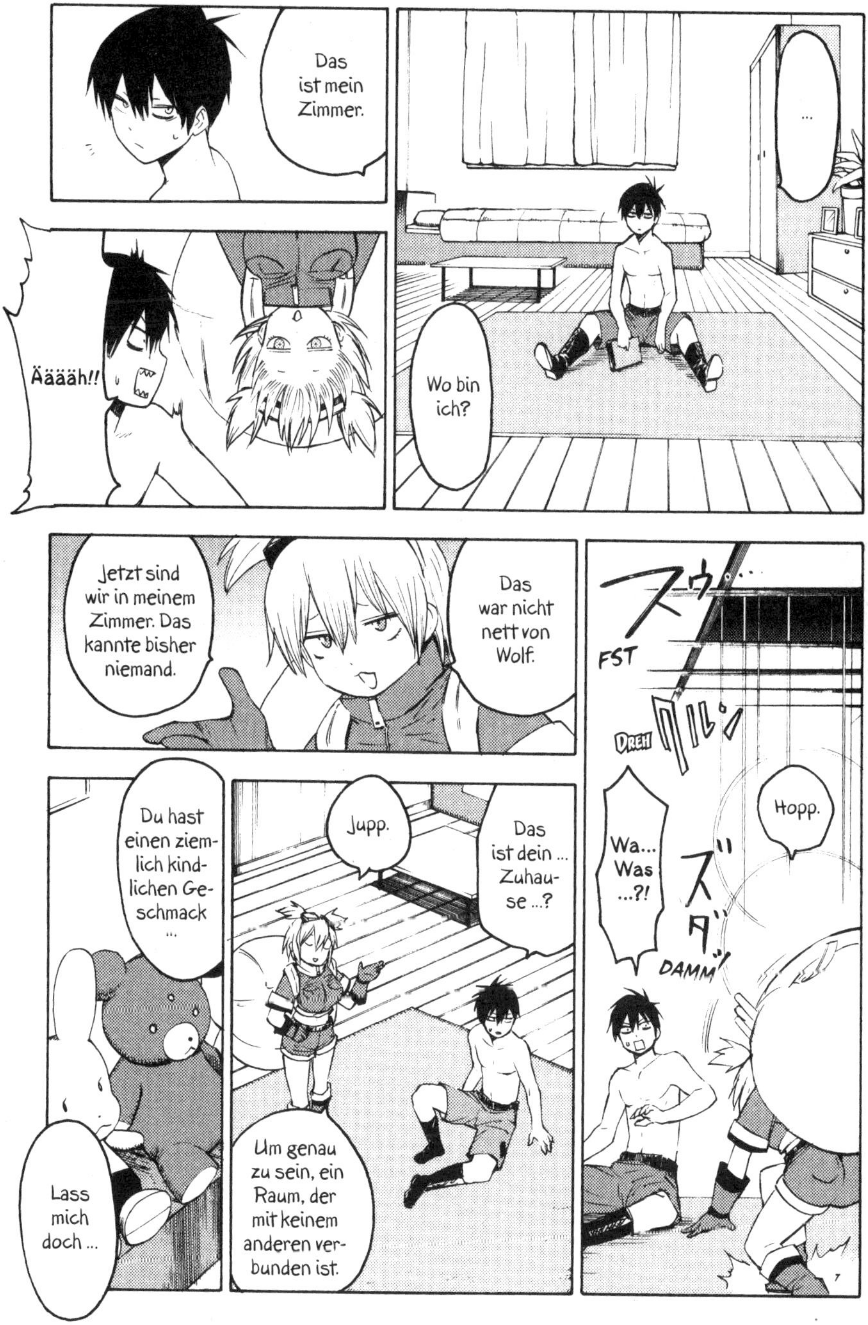

...
Wo bin ich?
Das ist mein Zimmer.
Äääh!!
FST
DREH
Hopp.
Wa... Was ...?!
DAMM
Das war nicht nett von Wolf.
Jetzt sind wir in meinem Zimmer. Das kannte bisher niemand.
Das ist dein ... Zuhause ...?
Jupp.
Um genau zu sein, ein Raum, der mit keinem anderen verbunden ist.
Du hast einen ziemlich kindlichen Geschmack ...
Lass mich doch ...

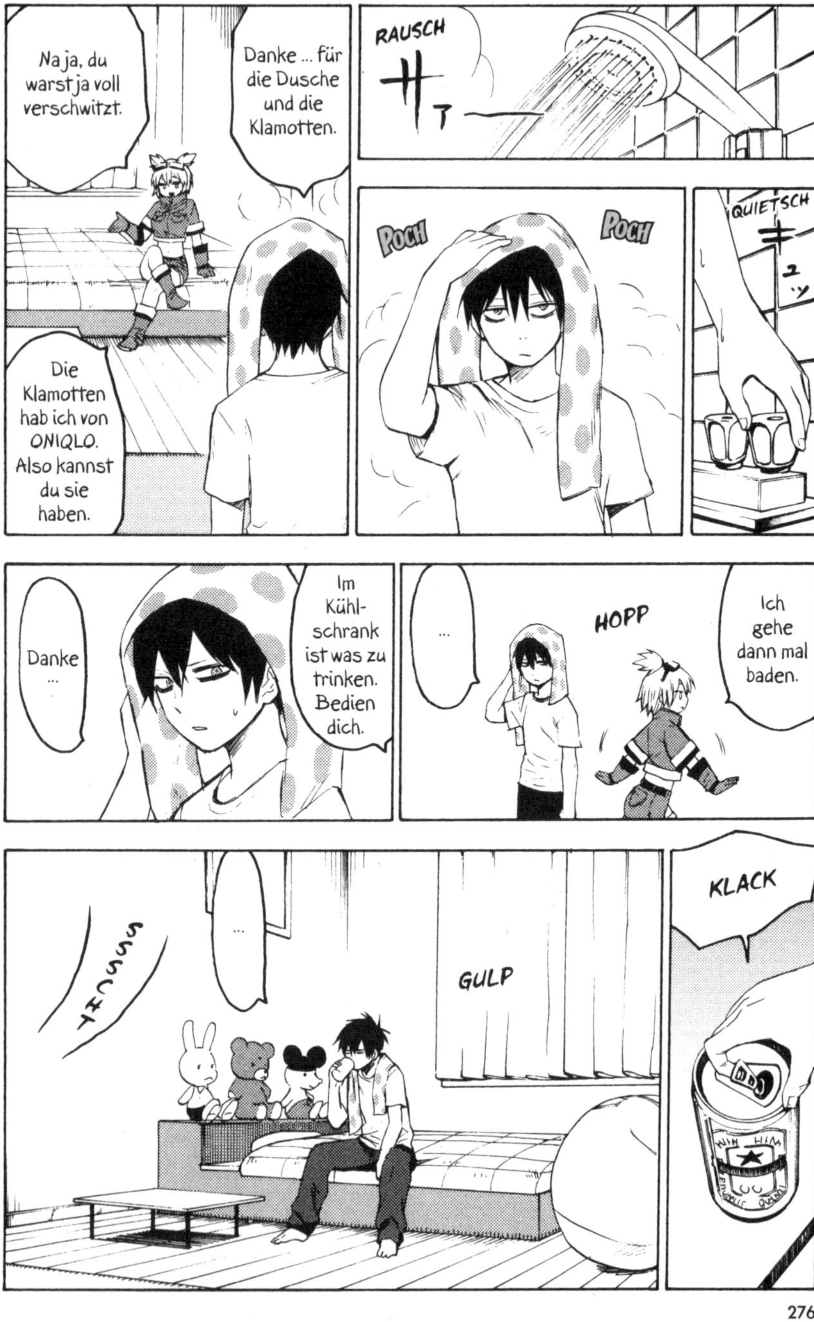
RAUSCH
サァー
Danke ... für die Dusche und die Klamotten.
Na ja, du warst ja voll verschwitzt.
Die Klamotten hab ich von ONIQLO. Also kannst du sie haben.
QUIETSCH
キュッ
POCH
POCH
Ich gehe dann mal baden.
HOPP
...
Im Kühlschrank ist was zu trinken. Bedien dich.
Danke ...
KLACK
GULP
...

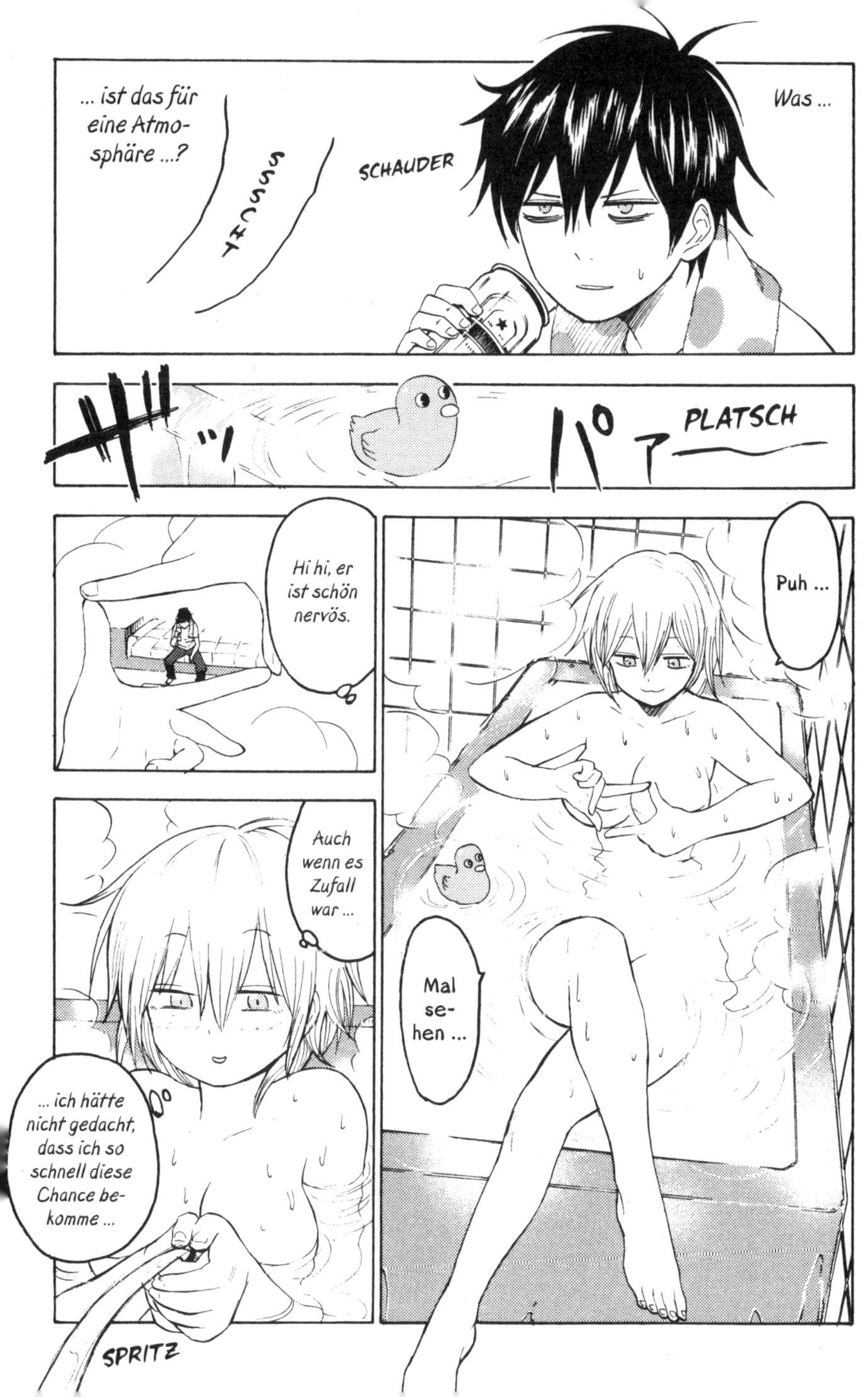
Was ...
SCHAUDER
SSSSCHT
... ist das für eine Atmosphäre ...?
ザッ
パァ
PLATSCH
Puh ...
Mal sehen ...
Hi hi, er ist schön nervös.
Auch wenn es Zufall war ...
... ich hätte nicht gedacht, dass ich so schnell diese Chance bekomme ...
SPRITZ

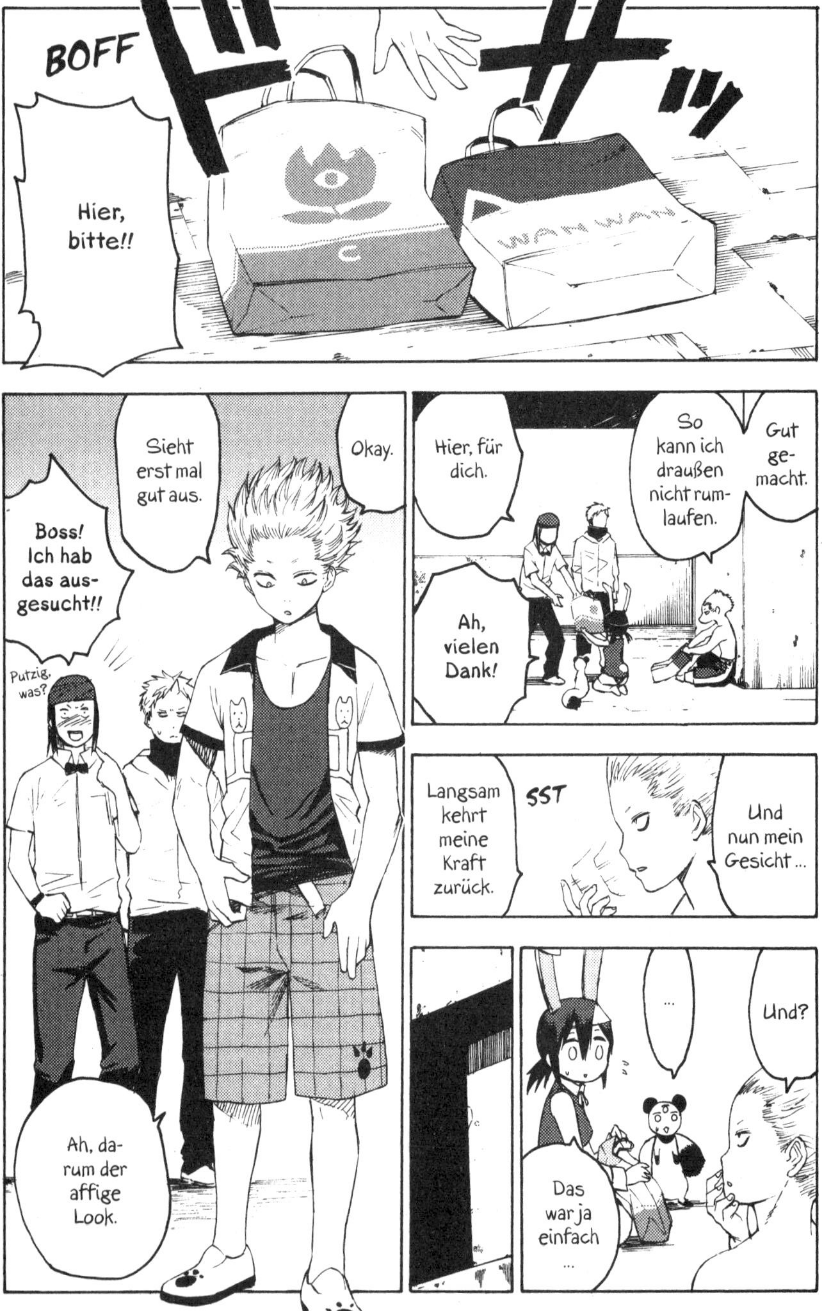
BOFF
Hier, bitte!!
Gut gemacht.
So kann ich draußen nicht rumlaufen.
Hier, für dich.
Ah, vielen Dank!
Und nun mein Gesicht ...
SST
Langsam kehrt meine Kraft zurück.
Und?
...
Das war ja einfach ...
Okay.
Sieht erst mal gut aus.
Boss! Ich hab das ausgesucht!!
Putzig, was?
Ah, darum der affige Look.

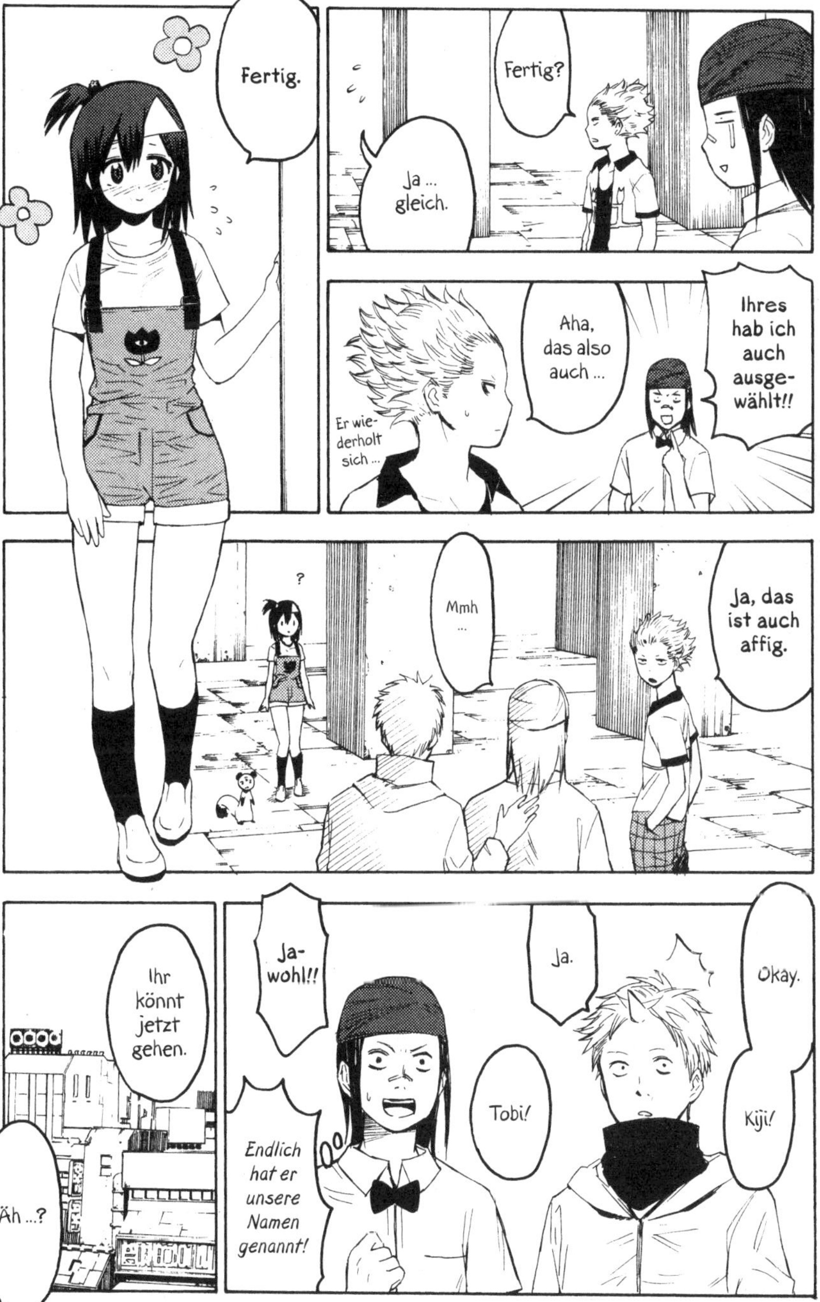
Fertig?
Ja ... gleich.
Ihres hab ich auch ausgewählt!!
Aha, das also auch ...
Er wiederholt sich ...
Fertig.
Ja, das ist auch affig.
Mmh ...
?
Okay.
Kiji!
Ja.
Tobi!
Jawohl!!
Endlich hat er unsere Namen genannt!
Ihr könnt jetzt gehen.
Äh ...?

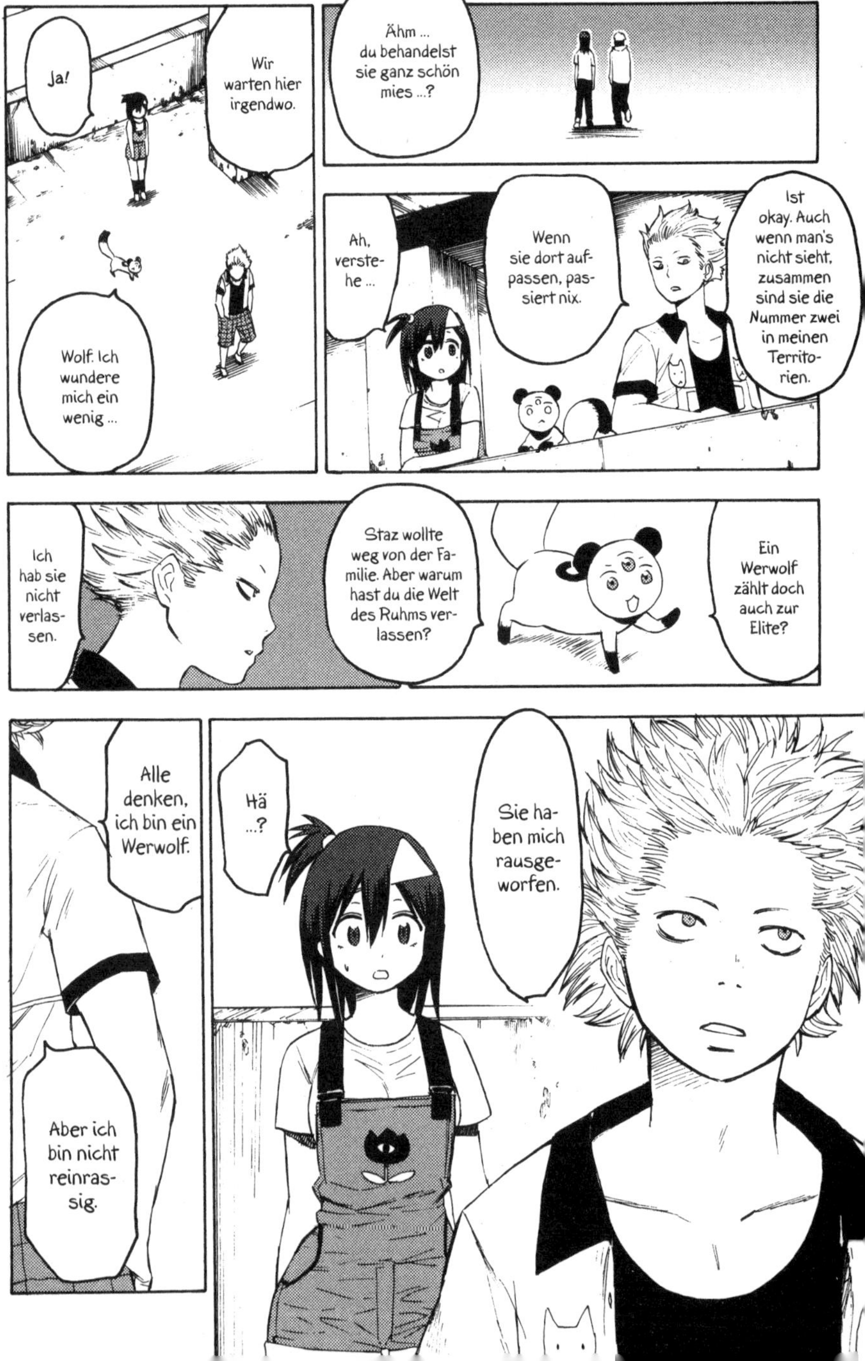
Wir warten hier irgendwo.
Ja!
Ähm ... du behandelst sie ganz schön mies ...?
Ist okay. Auch wenn man's nicht sieht, zusammen sind sie die Nummer zwei in meinen Territorien.
Wenn sie dort aufpassen, passiert nix.
Ah, verstehe ...
Wolf. Ich wundere mich ein wenig ...
Ein Werwolf zählt doch auch zur Elite?
Staz wollte weg von der Familie. Aber warum hast du die Welt des Ruhms verlassen?
Ich hab sie nicht verlassen.
Sie haben mich rausgeworfen.
Hä ...?
Alle denken, ich bin ein Werwolf.
Aber ich bin nicht reinrassig.

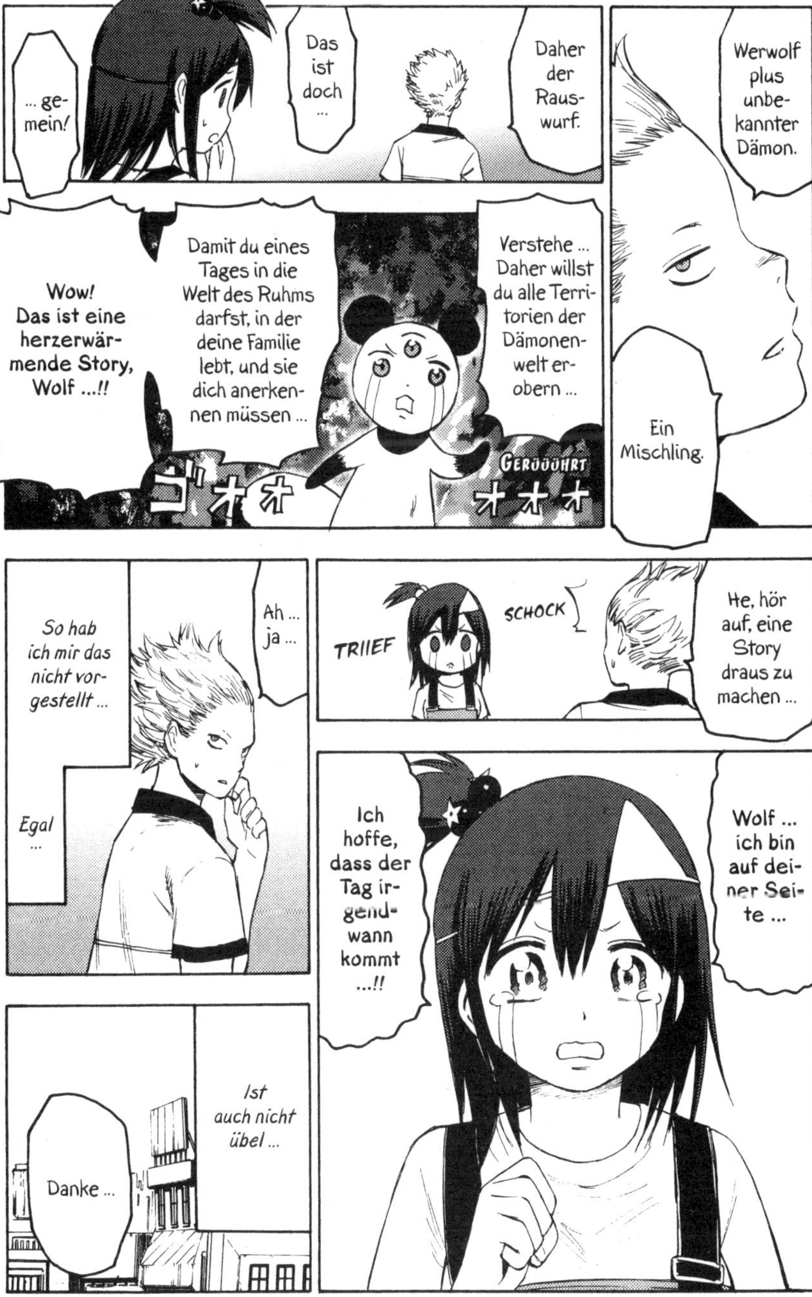
Werwolf plus unbekannter Dämon.
Ein Mischling.
Daher der Rauswurf.
Das ist doch …
… gemein!
Verstehe … Daher willst du alle Territorien der Dämonenwelt erobern …
Damit du eines Tages in die Welt des Ruhms darfst, in der deine Familie lebt, und sie dich anerkennen müssen …
Wow! Das ist eine herzerwärmende Story, Wolf …!!
GERÜÜÜHRT
He, hör auf, eine Story draus zu machen …
SCHOCK
TRIIEF
Ah … ja …
So hab ich mir das nicht vorgestellt …
Egal …
Wolf … ich bin auf deiner Seite …
Ich hoffe, dass der Tag irgendwann kommt …!!
Ist auch nicht übel …
Danke …

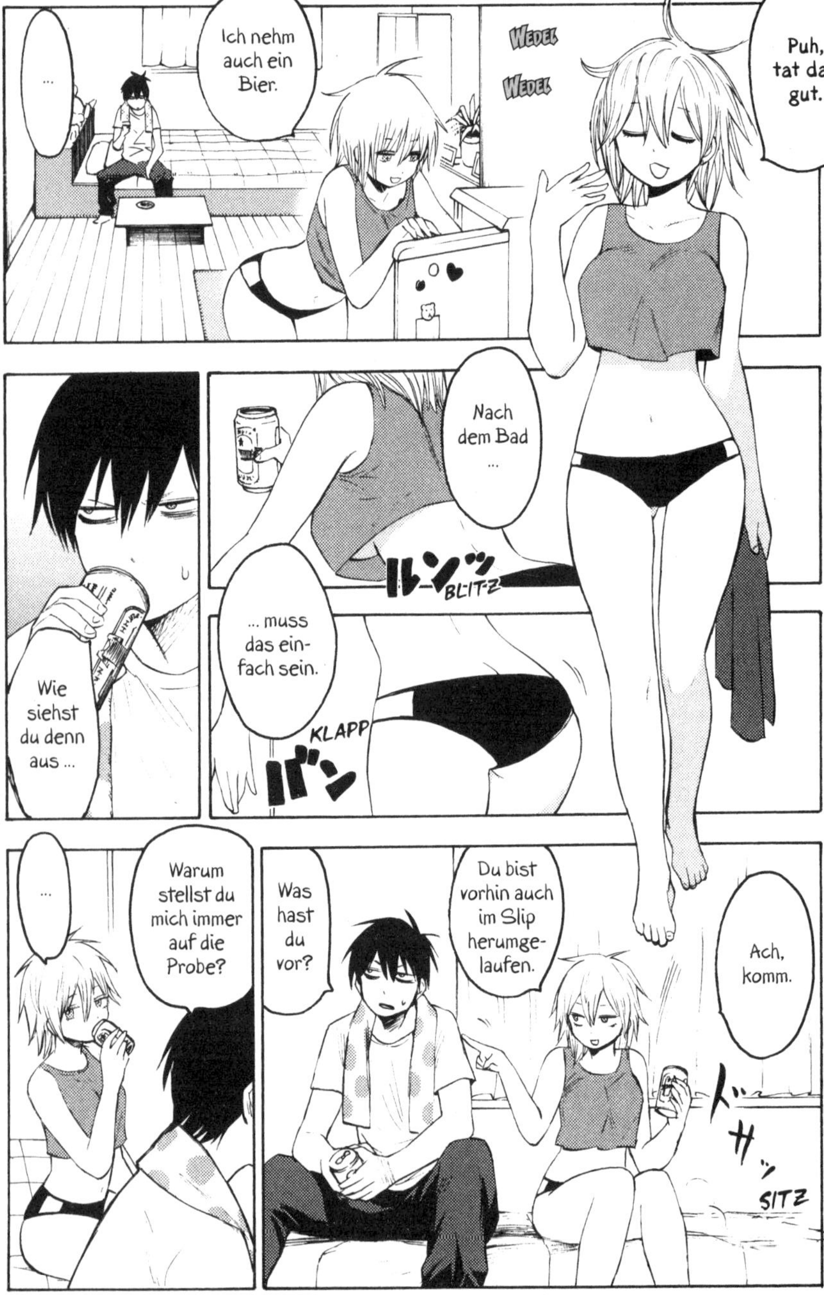
WEDEL
WEDEL
Puh, tat das gut.
Ich nehm auch ein Bier.
...
Nach dem Bad ...
BLITZ
... muss das ein-fach sein.
KLAPP
Wie siehst du denn aus ...
Ach, komm.
SITZ
Du bist vorhin auch im Slip herumgelaufen.
Was hast du vor?
Warum stellst du mich immer auf die Probe?
...

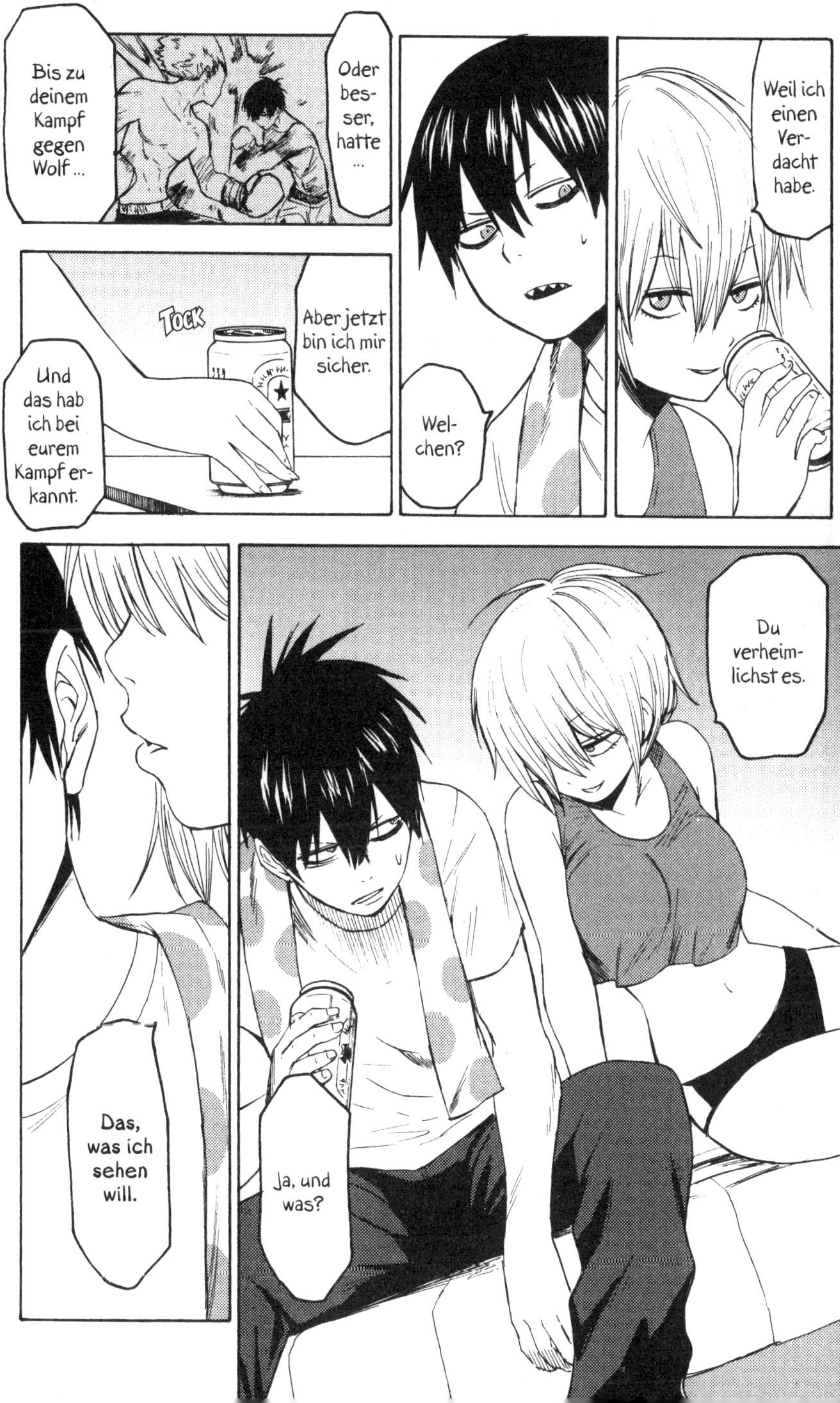
Weil ich einen Verdacht habe.
Welchen?
Oder besser, hatte ...
Bis zu deinem Kampf gegen Wolf ...
Aber jetzt bin ich mir sicher.
TOCK
Und das hab ich bei eurem Kampf erkannt.
Du verheimlichst es.
Ja, und was?
Das, was ich sehen will.

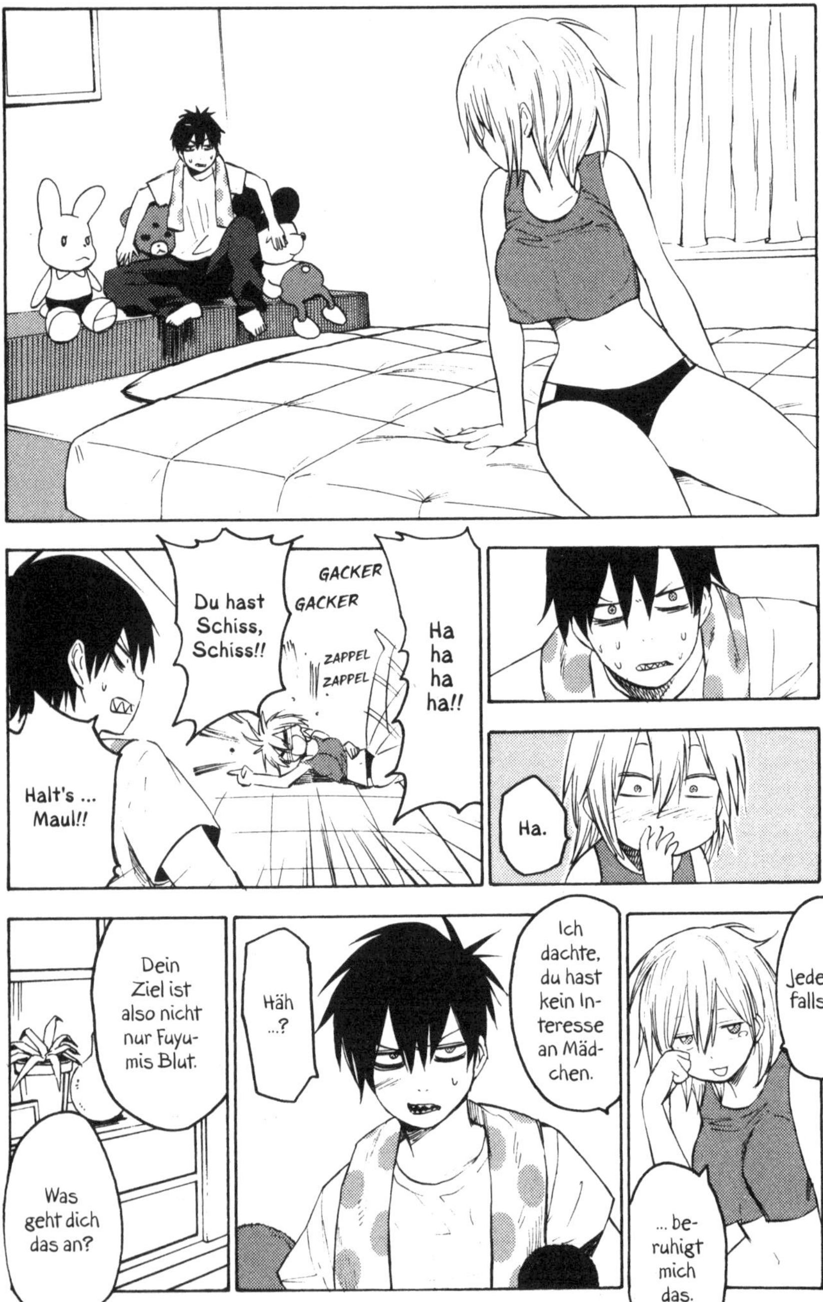

Ha.
Du hast Schiss, Schiss!!
GACKER
GACKER
ZAPPEL
ZAPPEL
Ha ha ha ha!!
Halt's ... Maul!!
Jedenfalls ...
... beruhigt mich das.
Ich dachte, du hast kein Interesse an Mädchen.
Häh ...?
Dein Ziel ist also nicht nur Fuyumis Blut.
Was geht dich das an?

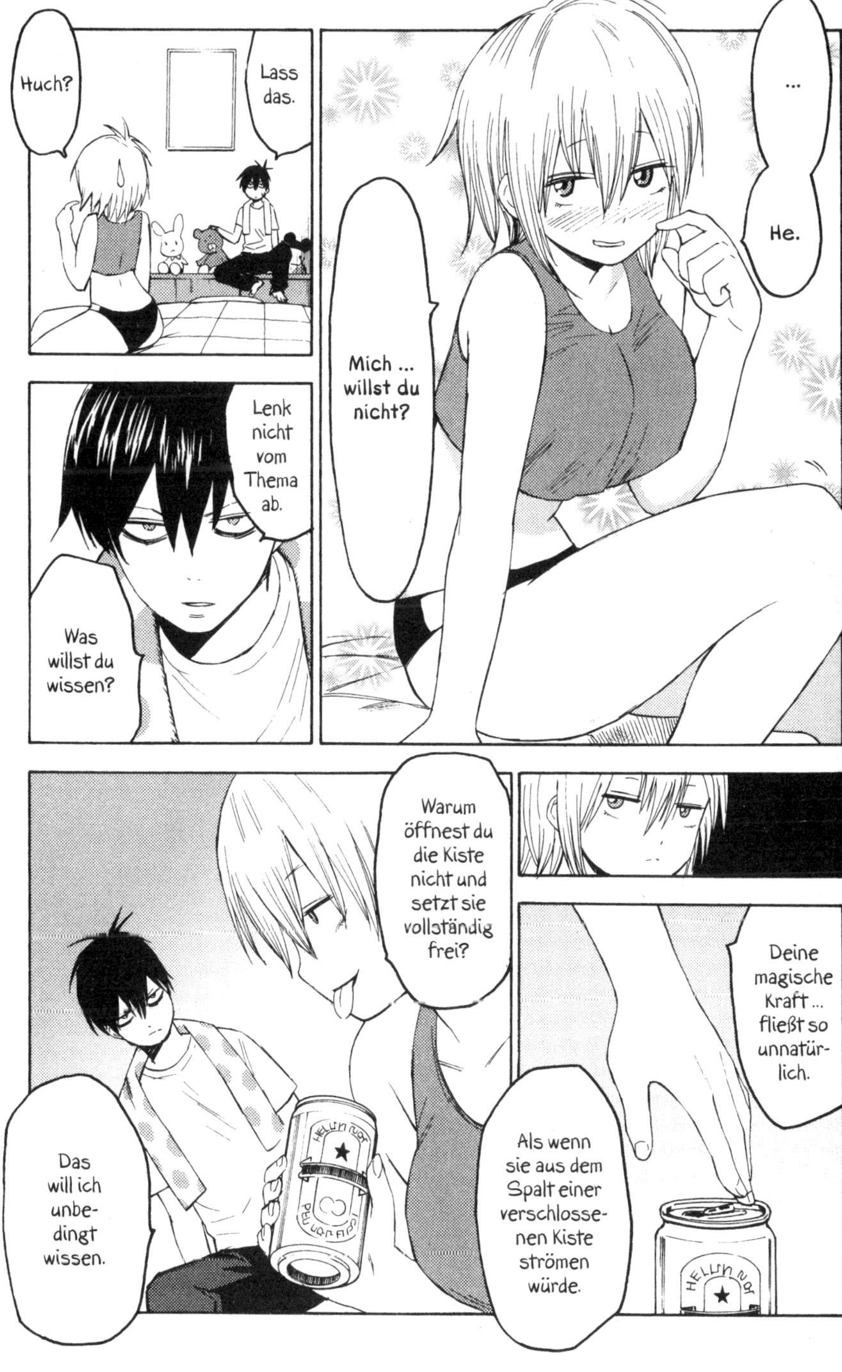
...
He.
Mich ... willst du nicht?
Lass das.
Huch?
Lenk nicht vom Thema ab.
Was willst du wissen?
Deine magische Kraft ... fließt so unnatürlich.
Als wenn sie aus dem Spalt einer verschlossenen Kiste strömen würde.
Warum öffnest du die Kiste nicht und setzt sie vollständig frei?
Das will ich unbedingt wissen.

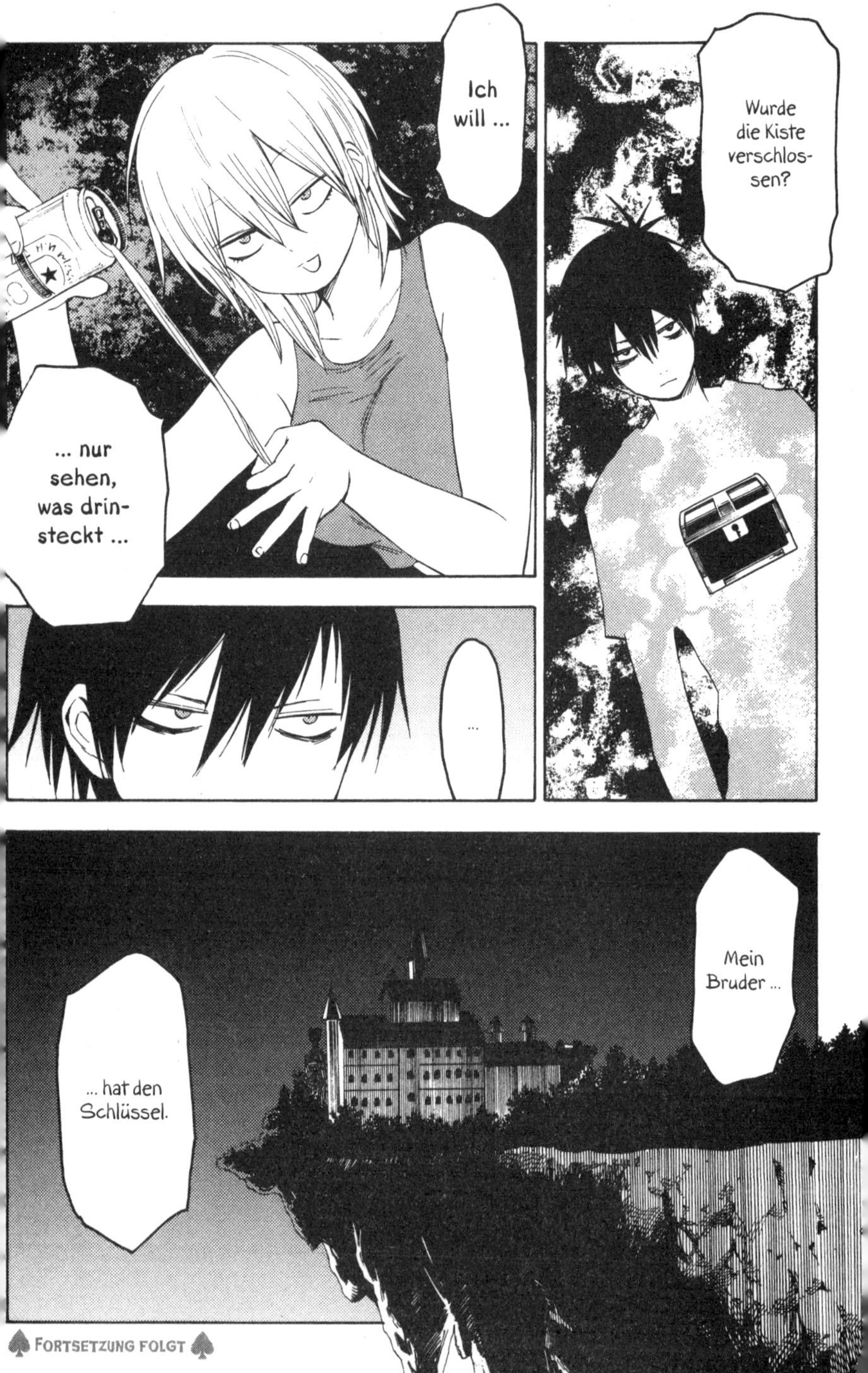
Wurde die Kiste verschlossen?
Ich will ...
... nur sehen, was drinsteckt ...
...
Mein Bruder ...
... hat den Schlüssel.
FORTSETZUNG FOLGT

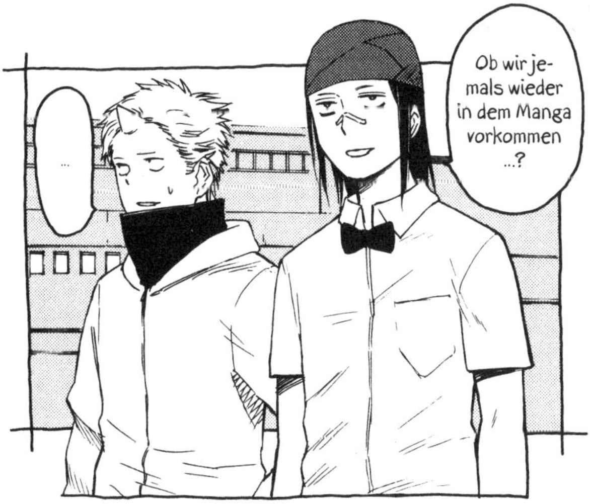
...
Ob wir je-
mals wieder
in dem Manga
vorkommen
...?

blood lad

EXTREME

# 9. Kapitel ♠ Die drei Bloods

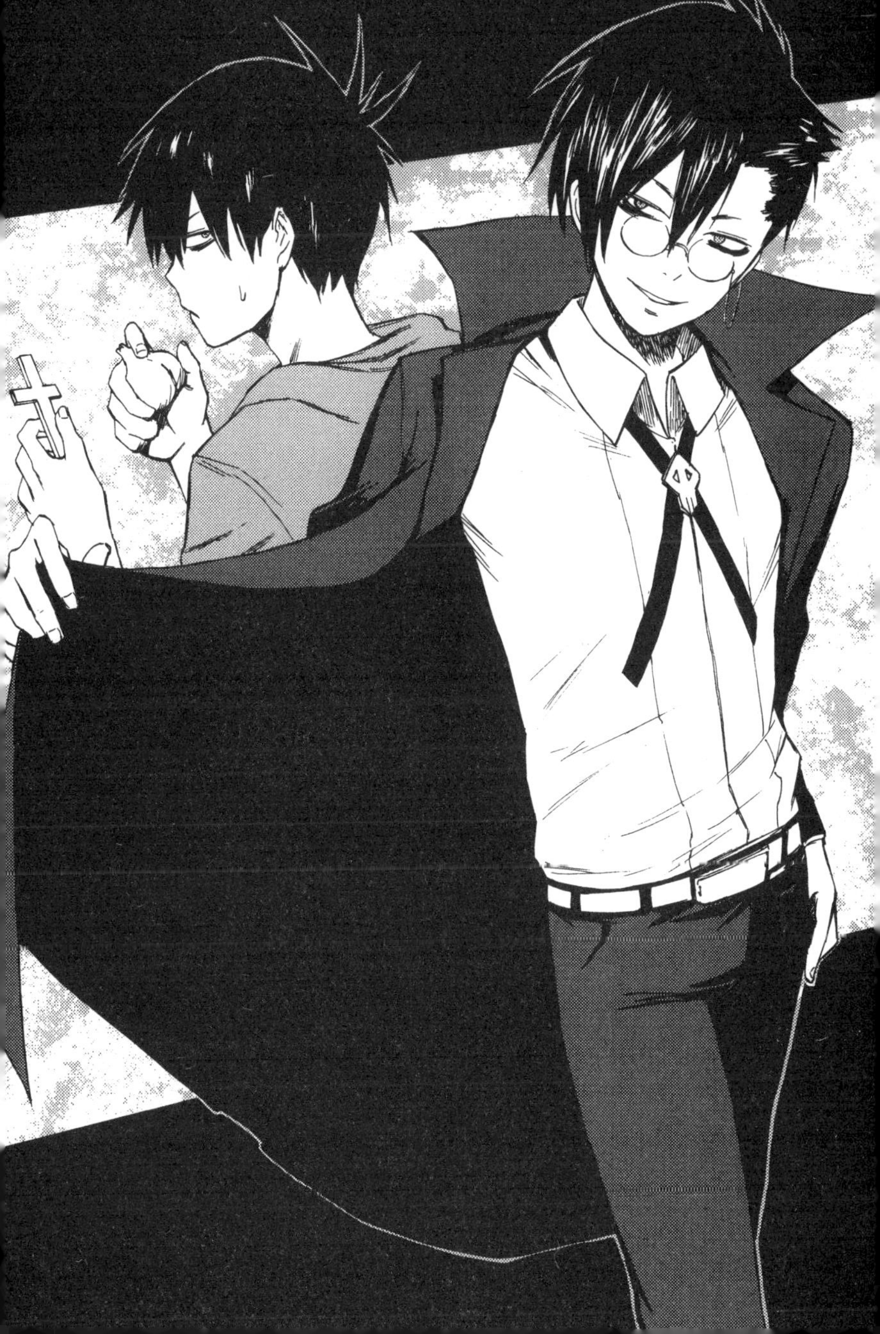

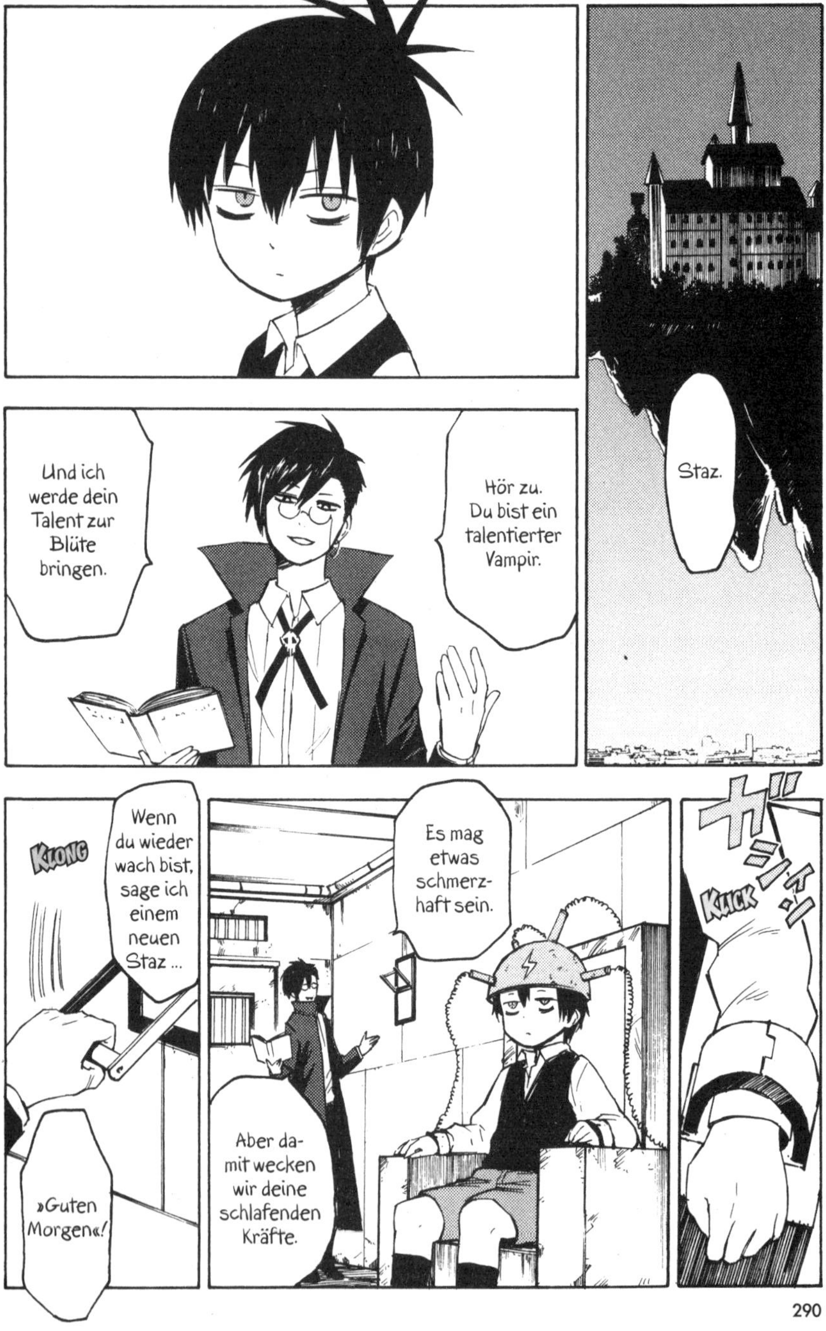
Staz.
Hör zu. Du bist ein talentierter Vampir.
Und ich werde dein Talent zur Blüte bringen.
KLICK
Es mag etwas schmerzhaft sein.
Aber damit wecken wir deine schlafenden Kräfte.
KLONG
Wenn du wieder wach bist, sage ich einem neuen Staz ...
»Guten Morgen«!

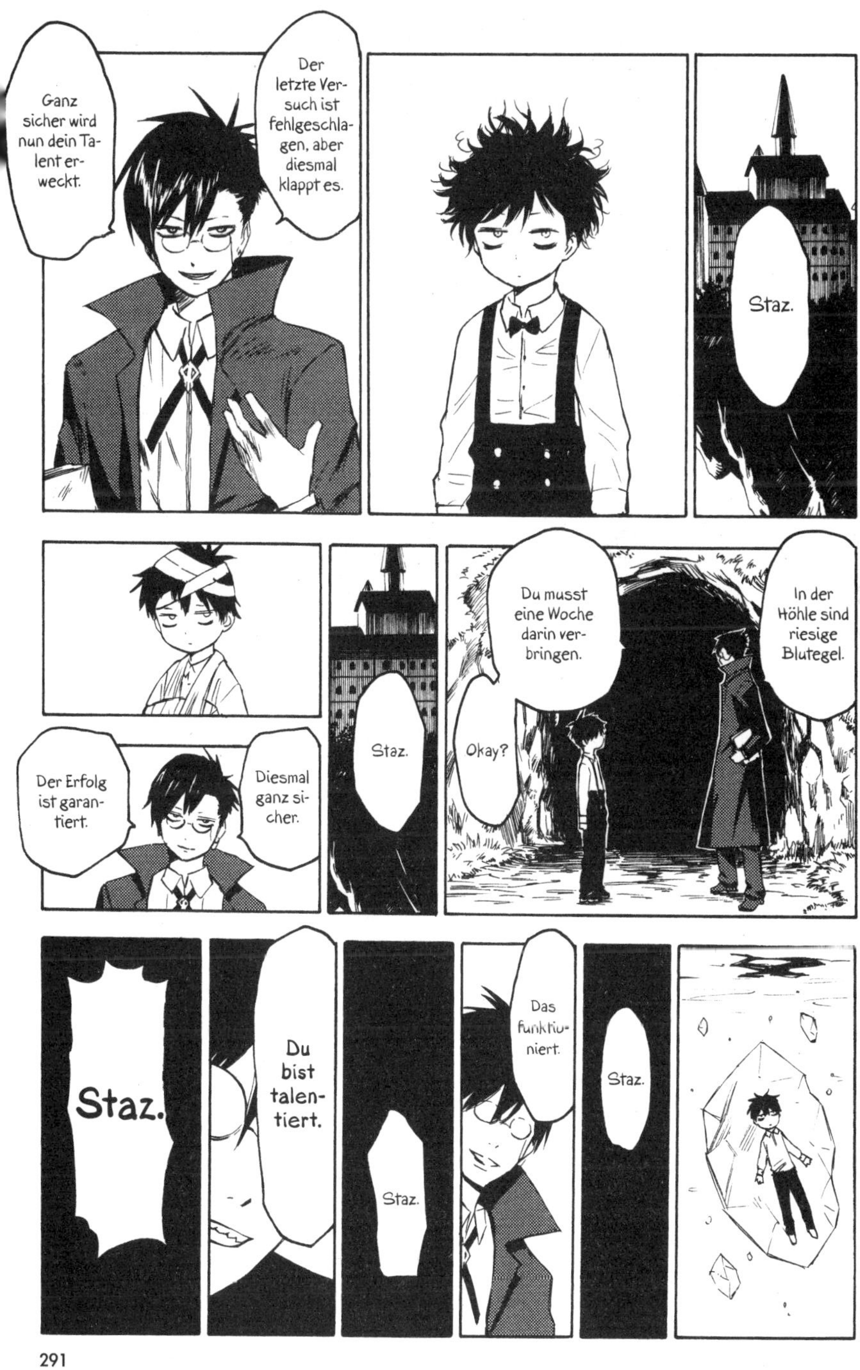
Staz.
Der letzte Versuch ist fehlgeschlagen, aber diesmal klappt es.
Ganz sicher wird nun dein Talent erweckt.
In der Höhle sind riesige Blutegel.
Du musst eine Woche darin verbringen.
Okay?
Staz.
Diesmal ganz sicher.
Der Erfolg ist garantiert.
Staz.
Das funktioniert.
Staz.
Du bist talentiert.
Staz.

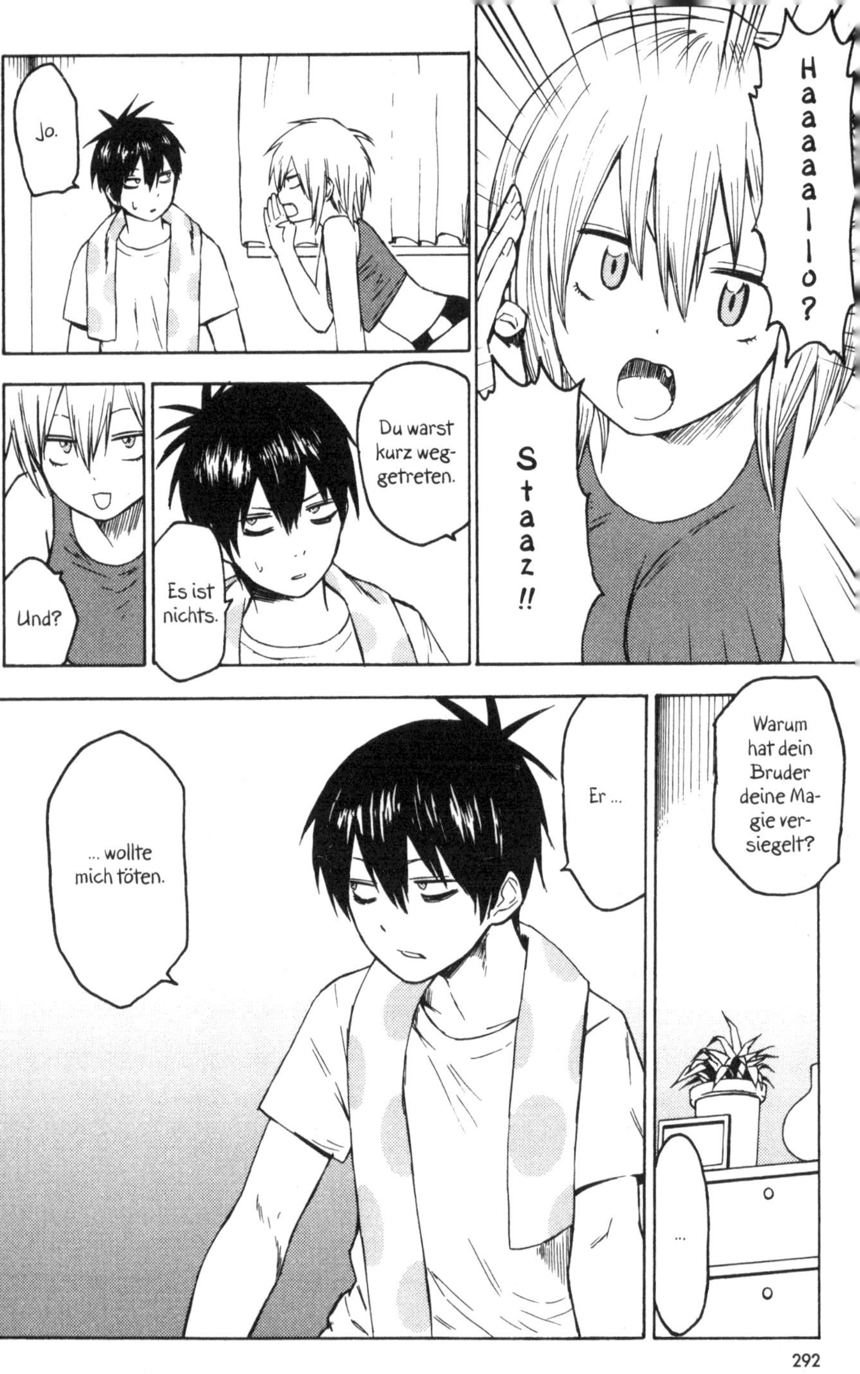
Haaaaallo?
Staaz!!
Jo.
Du warst kurz weggetreten.
Es ist nichts.
Und?
Warum hat dein Bruder deine Magie versiegelt?
Er ...
... wollte mich töten.
...

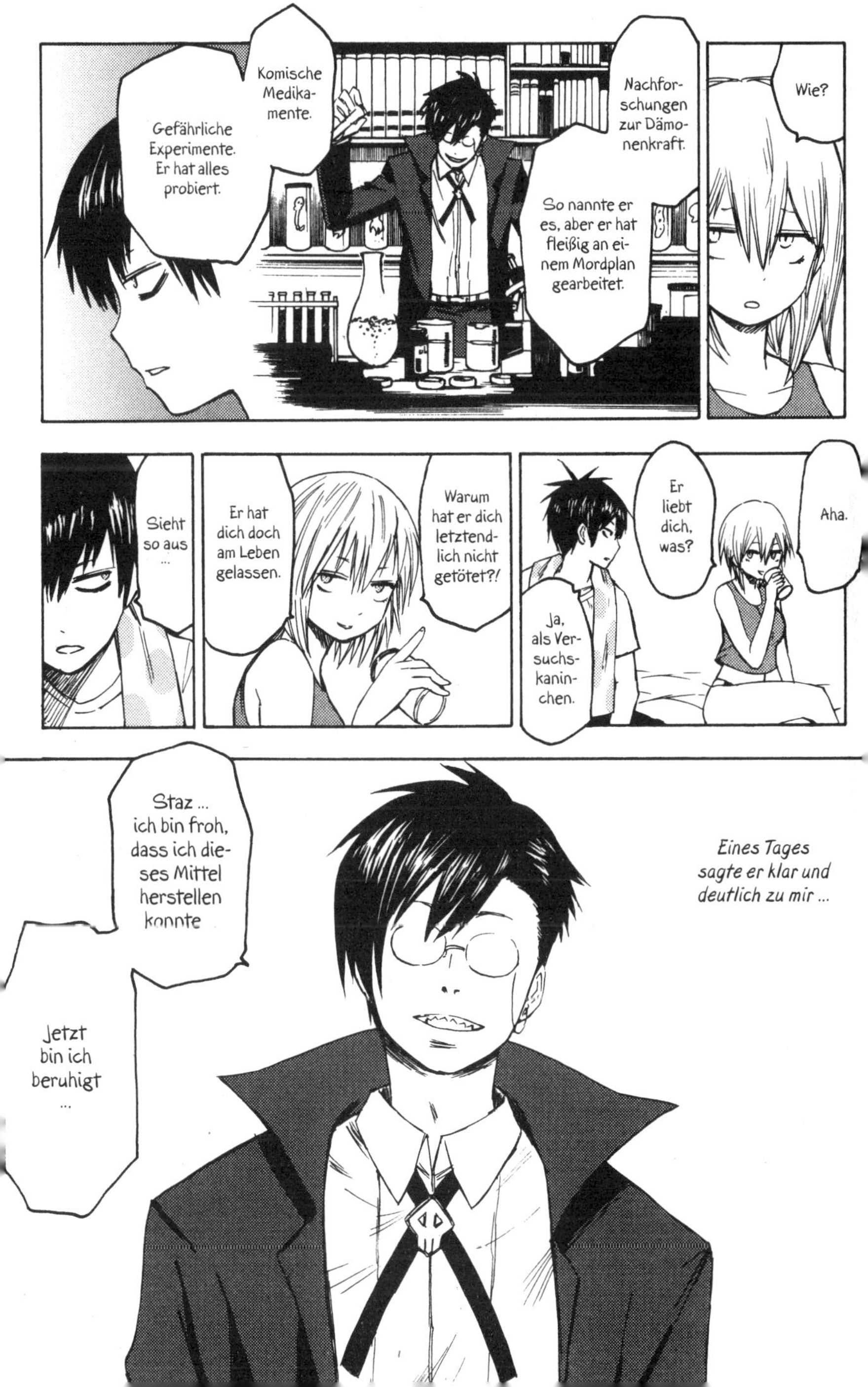
Wie?
Nachforschungen zur Dämonenkraft.
So nannte er es, aber er hat fleißig an einem Mordplan gearbeitet.
Komische Medikamente.
Gefährliche Experimente. Er hat alles probiert.
Aha.
Er liebt dich, was?
Ja, als Versuchskaninchen.
Warum hat er dich letztendlich nicht getötet?!
Er hat dich doch am Leben gelassen.
Sieht so aus ...
Eines Tages sagte er klar und deutlich zu mir ...
Staz ... ich bin froh, dass ich dieses Mittel herstellen konnte
Jetzt bin ich beruhigt ...

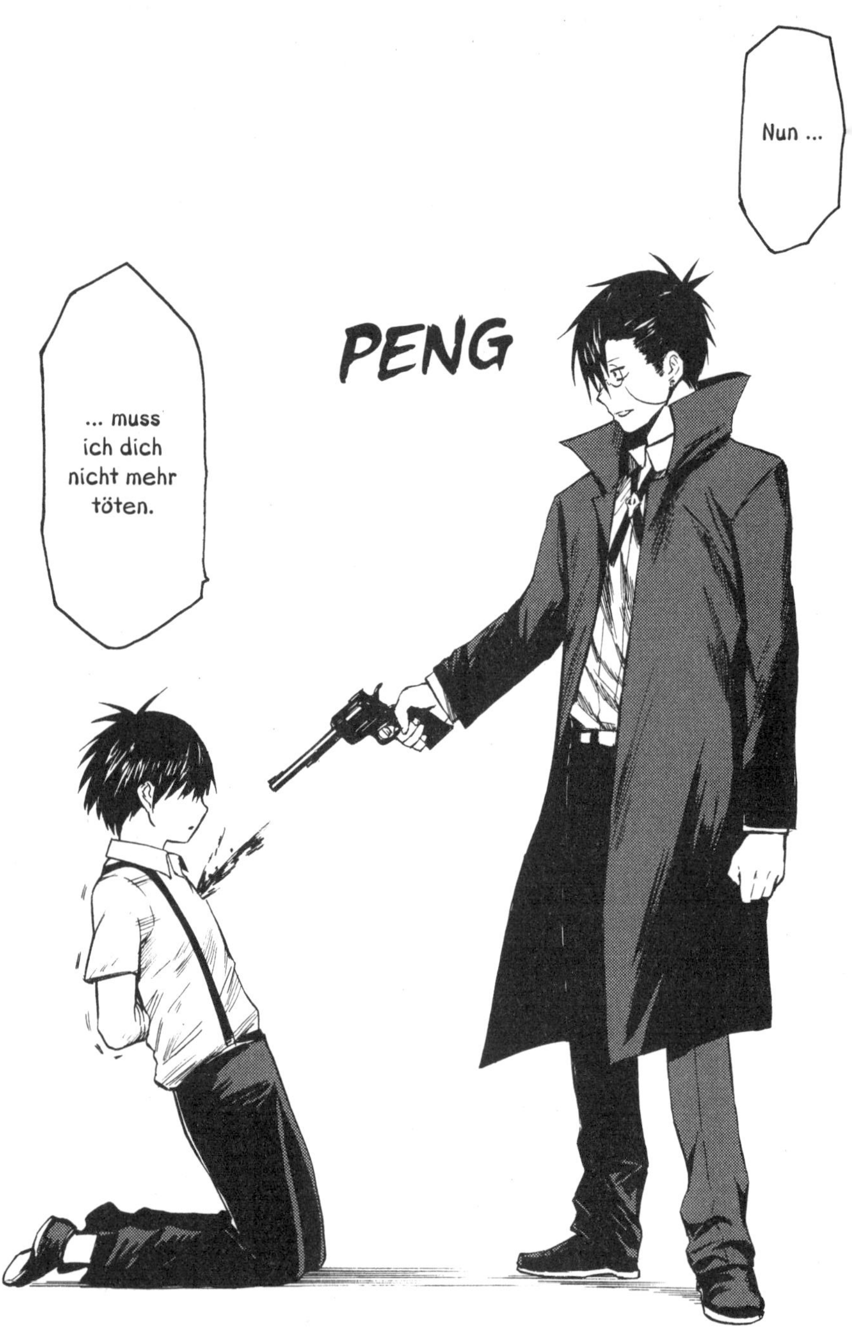
Nun ...
PENG
... muss ich dich nicht mehr töten.

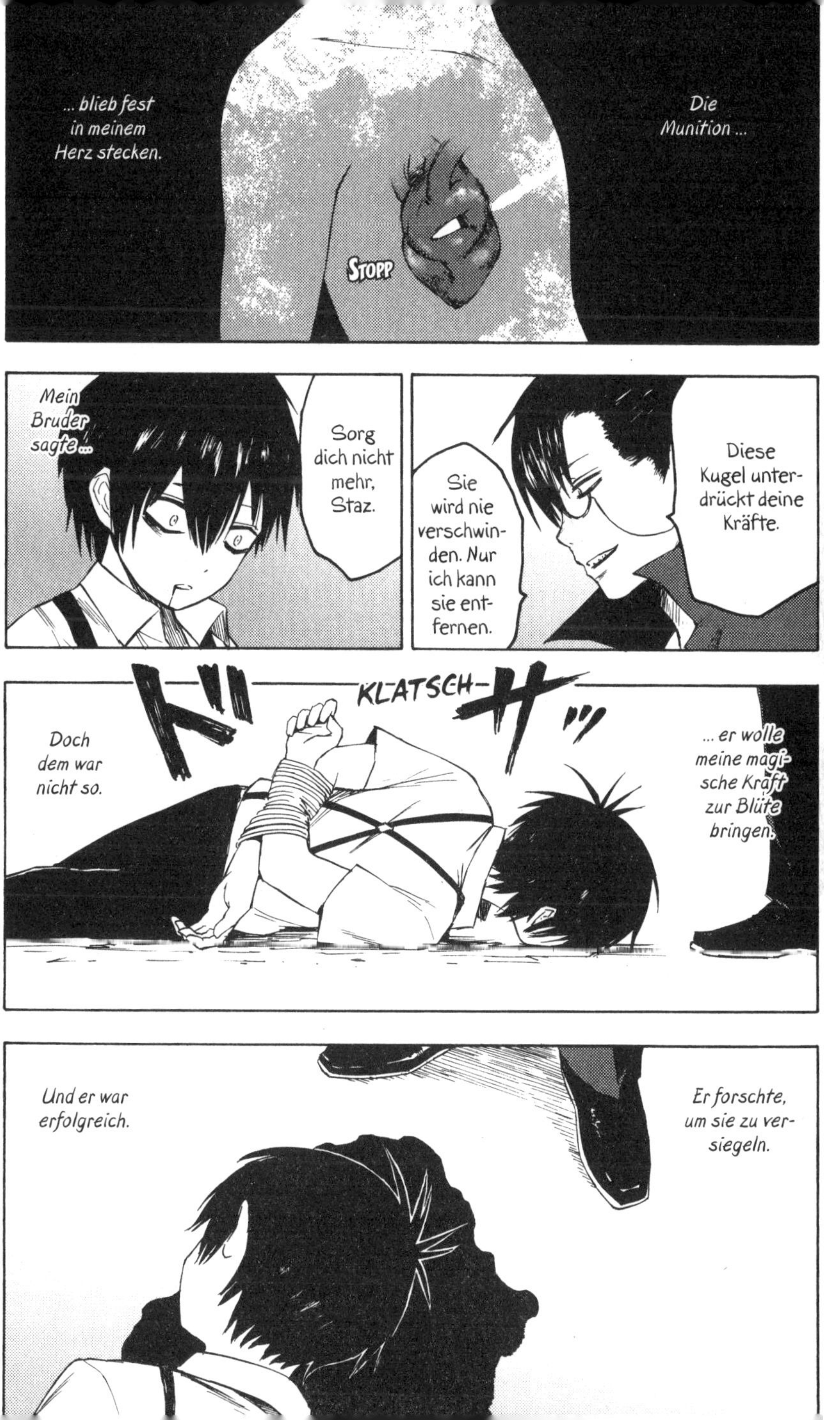
Die Munition ...
... blieb fest in meinem Herz stecken.
STOPP
Diese Kugel unterdrückt deine Kräfte.
Sie wird nie verschwinden. Nur ich kann sie entfernen.
Sorg dich nicht mehr, Staz.
Mein Bruder sagte ...
... er wolle meine magische Kraft zur Blüte bringen.
KLATSCH
Doch dem war nicht so.
Er forschte, um sie zu versiegeln.
Und er war erfolgreich.

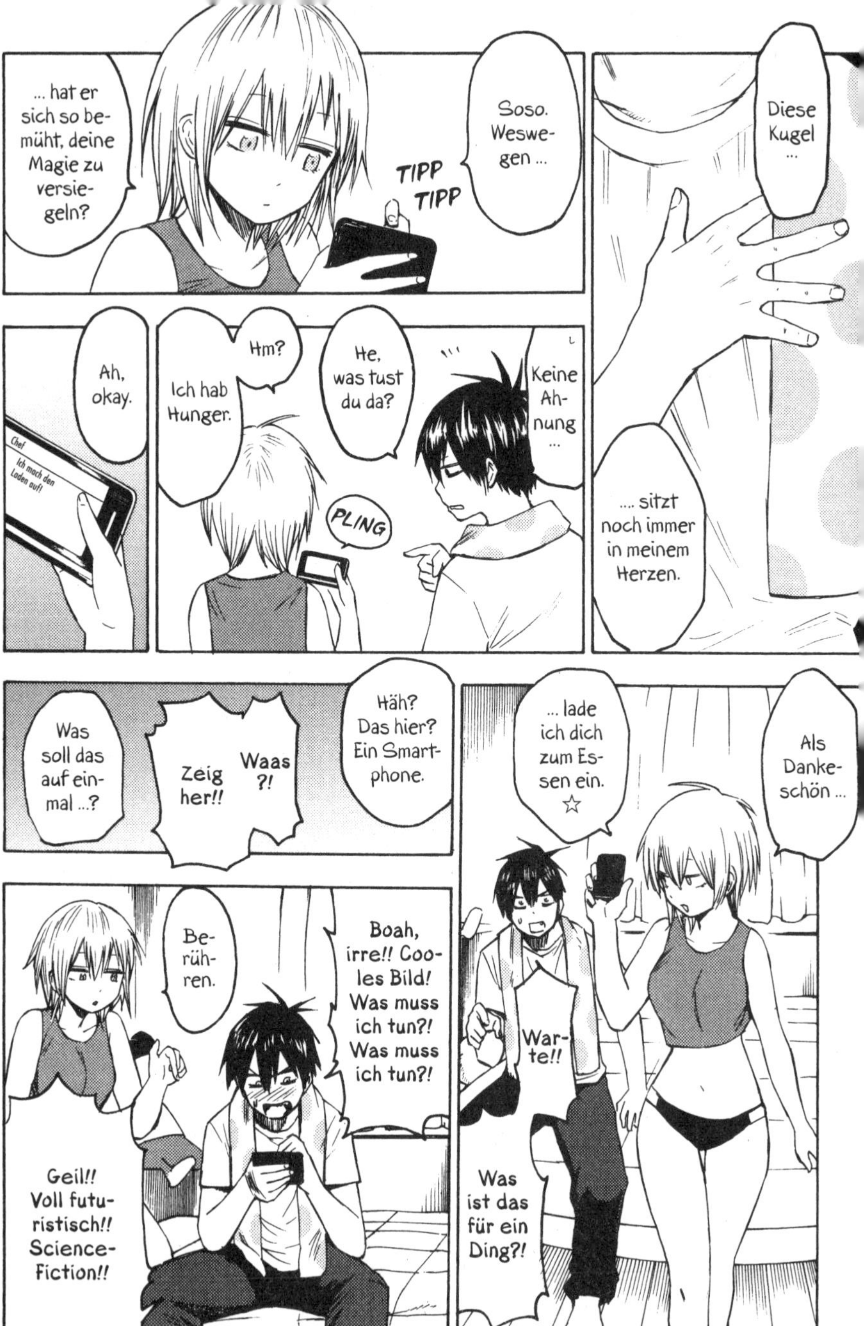

Diese Kugel ...
.... sitzt noch immer in meinem Herzen.
Soso. Weswegen ...
TIPP TIPP
... hat er sich so bemüht, deine Magie zu versiegeln?
Keine Ahnung ...
He, was tust du da?
Hm?
Ich hab Hunger.
PLING
Chef
Ich mach den Laden auf!
Ah, okay.
Als Dankeschön ...
... lade ich dich zum Essen ein. ☆
Warte!!
Was ist das für ein Ding?!
Häh? Das hier? Ein Smartphone.
Waas?!
Zeig her!!
Was soll das auf einmal ...?
Boah, irre!! Cooles Bild! Was muss ich tun?! Was muss ich tun?!
Berühren.
Geil!! Voll futuristisch!! Science-Fiction!!

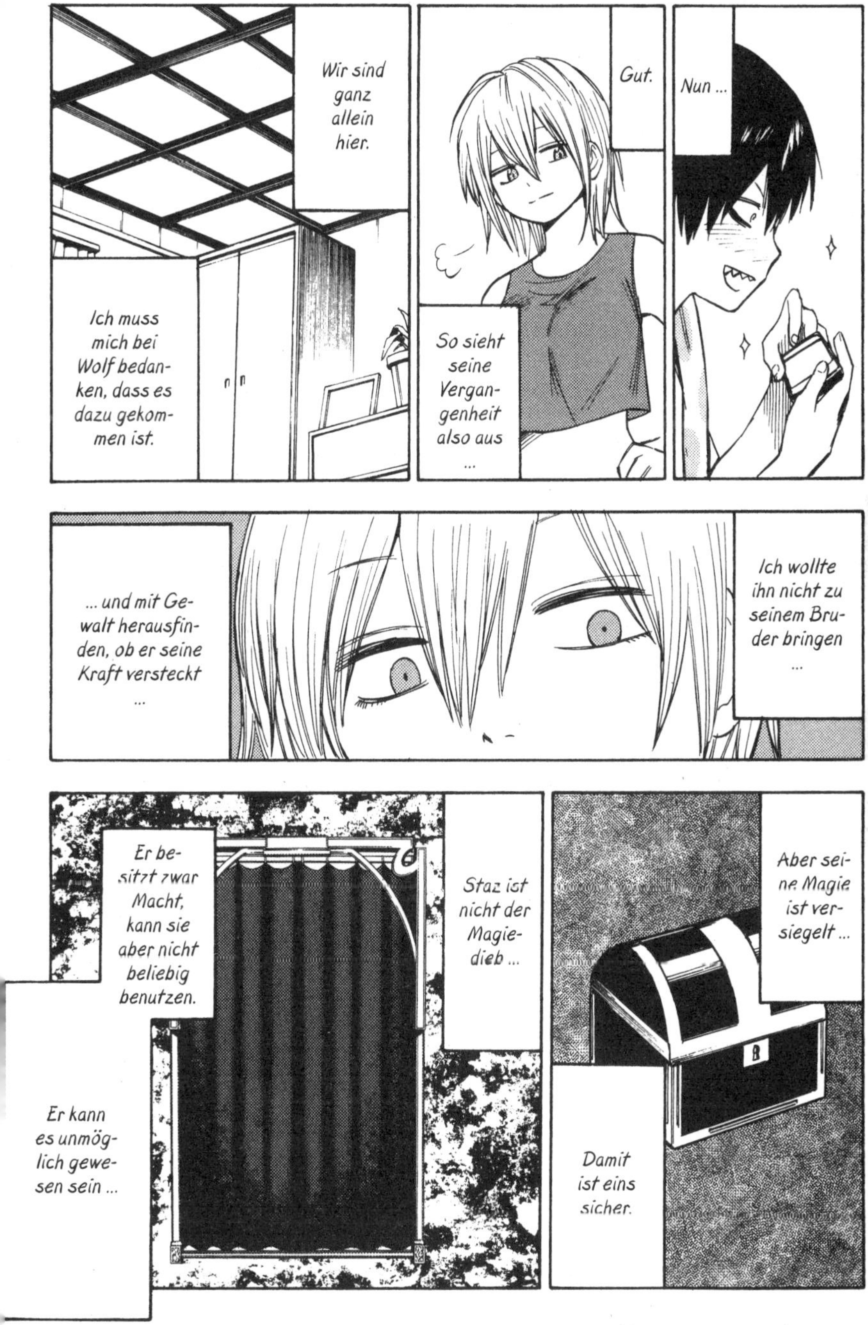
Wir sind ganz allein hier.
Ich muss mich bei Wolf bedanken, dass es dazu gekommen ist.
Gut.
So sieht seine Vergangenheit also aus ...
Nun ...
Ich wollte ihn nicht zu seinem Bruder bringen ...
... und mit Gewalt herausfinden, ob er seine Kraft versteckt ...
Aber seine Magie ist versiegelt ...
Damit ist eins sicher.
Staz ist nicht der Magiedieb ...
Er besitzt zwar Macht, kann sie aber nicht beliebig benutzen.
Er kann es unmöglich gewesen sein ...

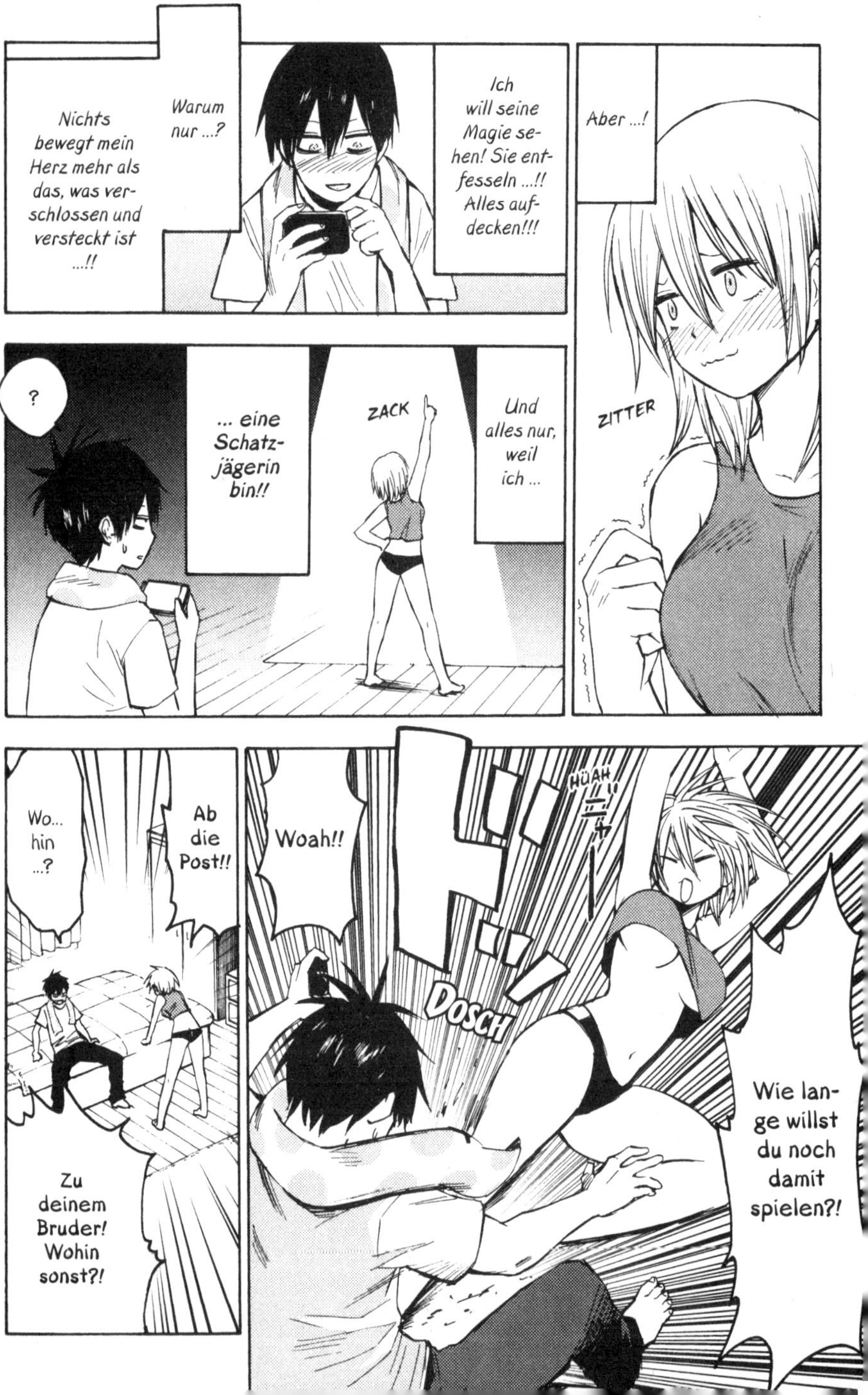
Aber ...!
ZITTER
Ich will seine Magie sehen! Sie entfesseln ...!! Alles aufdecken!!!
Warum nur ...?
Nichts bewegt mein Herz mehr als das, was verschlossen und versteckt ist ...!!
Und alles nur, weil ich ...
ZACK
... eine Schatzjägerin bin!!
?
HÜAH
DOSCH
Wie lange willst du noch damit spielen?!
Woah!!
Ab die Post!!
Wo... hin ...?
Zu deinem Bruder! Wohin sonst?!

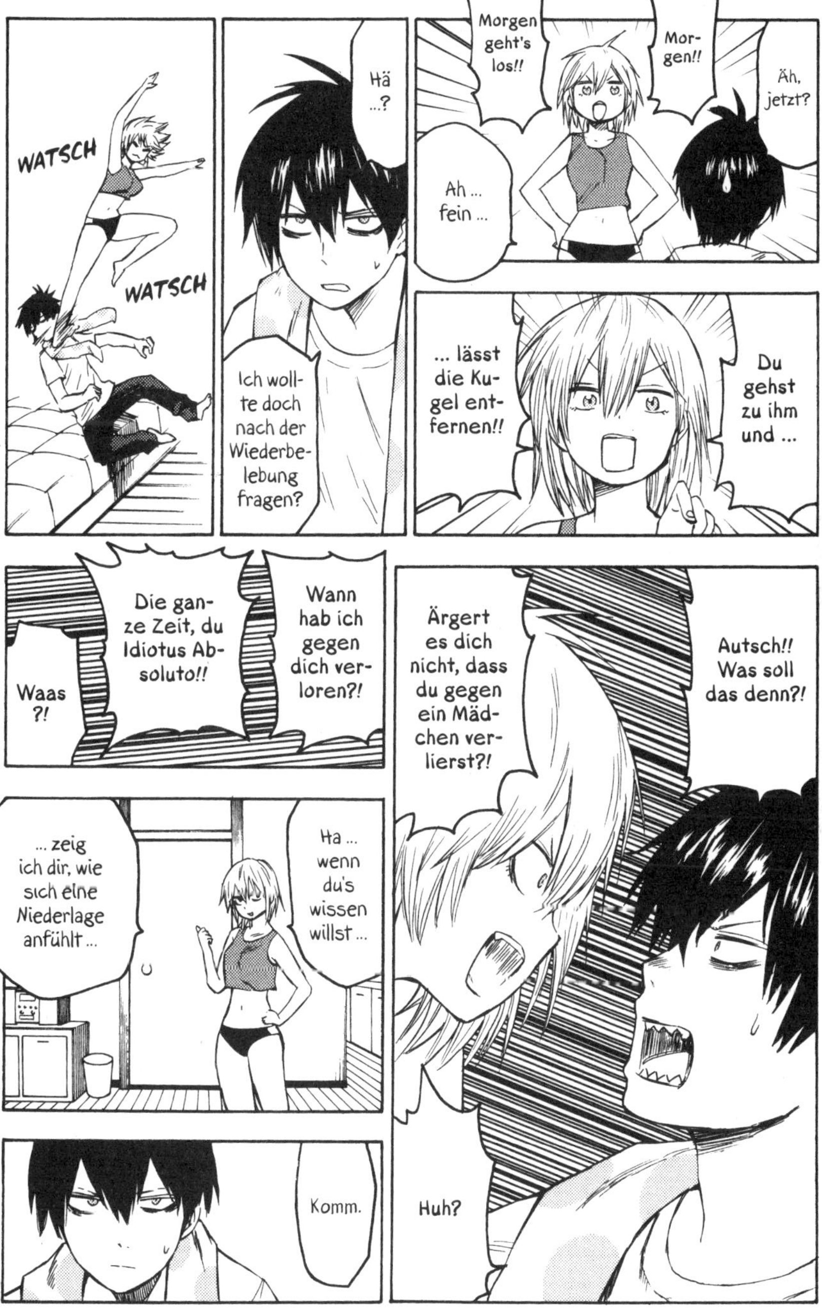
Mor-gen!!
Morgen geht's los!!
Äh, jetzt?
Ah ... fein ...
Du gehst zu ihm und ...
... lässt die Kugel entfernen!!
Hä ...?
Ich wollte doch nach der Wiederbelebung fragen?
WATSCH
WATSCH
Autsch!! Was soll das denn?!
Ärgert es dich nicht, dass du gegen ein Mädchen verlierst?!
Wann hab ich gegen dich verloren?!
Die ganze Zeit, du Idiotus Absoluto!!
Waas?!
Ha ... wenn du's wissen willst ...
... zeig ich dir, wie sich eine Niederlage anfühlt ...
Huh?
Komm.

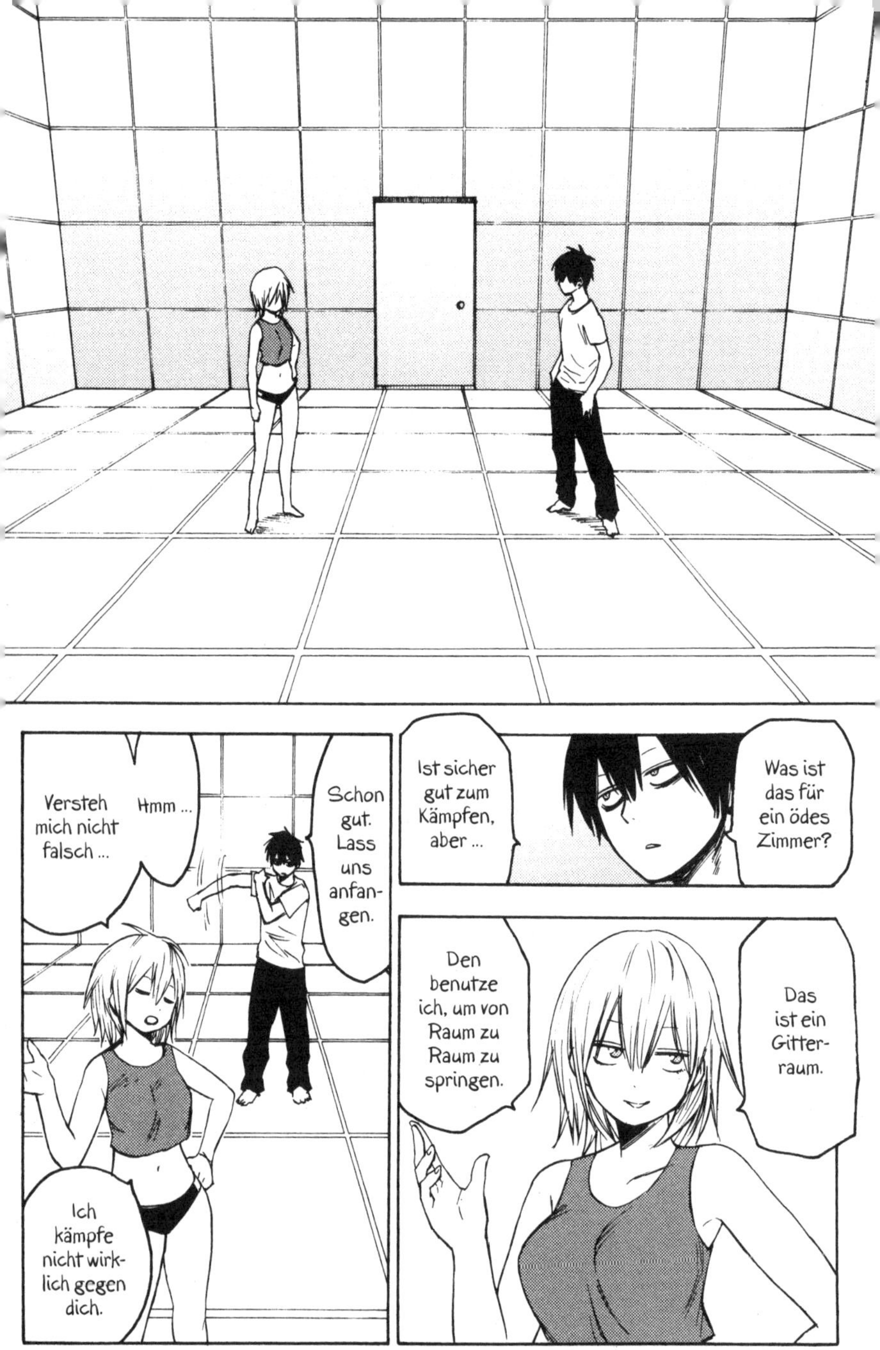
Was ist das für ein ödes Zimmer?
Ist sicher gut zum Kämpfen, aber ...
Das ist ein Gitterraum.
Den benutze ich, um von Raum zu Raum zu springen.
Schon gut. Lass uns anfangen.
Hmm ...
Versteh mich nicht falsch ...
Ich kämpfe nicht wirklich gegen dich.

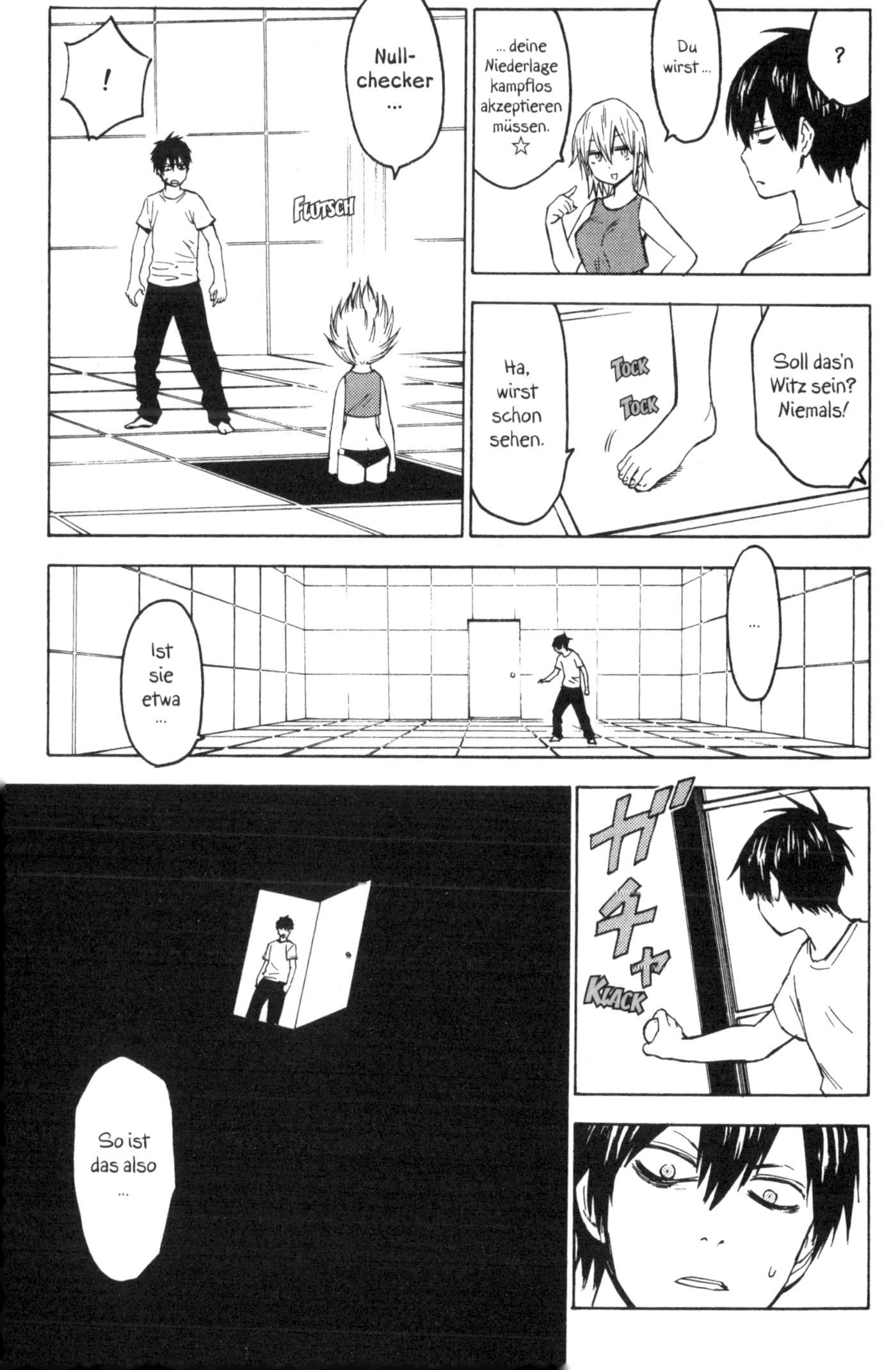
?
Du wirst ...
... deine Niederlage kampflos akzeptieren müssen. ☆
Null-checker ...
!
FLUTSCH
Soll das'n Witz sein? Niemals!
TOCK
TOCK
Ha, wirst schon sehen.
...
Ist sie etwa ...
KLACK
So ist das also ...

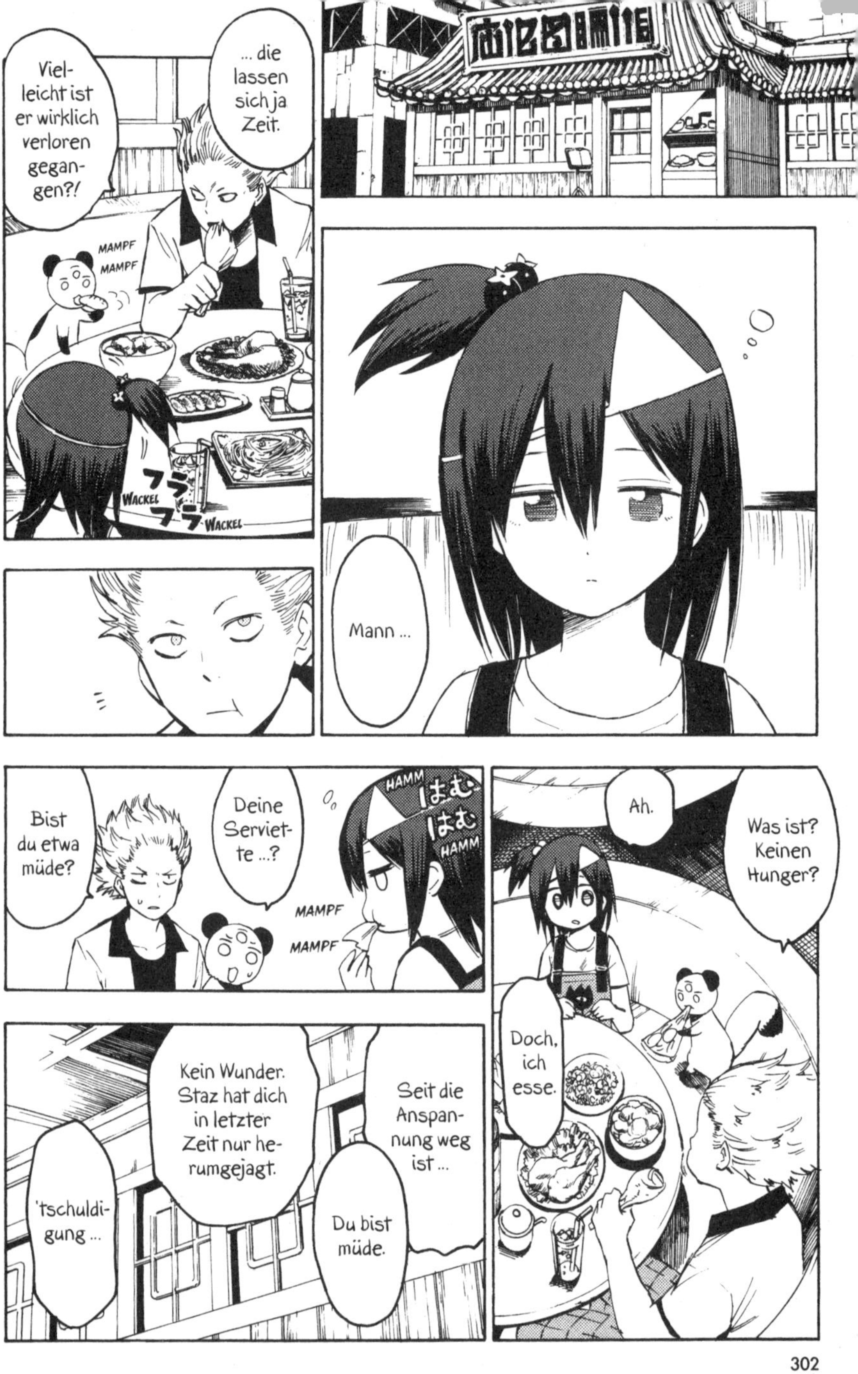
... die lassen sich ja Zeit.
Vielleicht ist er wirklich verloren gegangen?!
MAMPF MAMPF
WACKEL フラフラ WACKEL
Mann ...
Ah.
Was ist? Keinen Hunger?
Doch, ich esse.
HAMM はむはむ HAMM
MAMPF MAMPF
Deine Serviette ...?
Bist du etwa müde?
Seit die Anspannung weg ist ...
Du bist müde.
Kein Wunder. Staz hat dich in letzter Zeit nur herumgejagt.
'tschuldigung ...

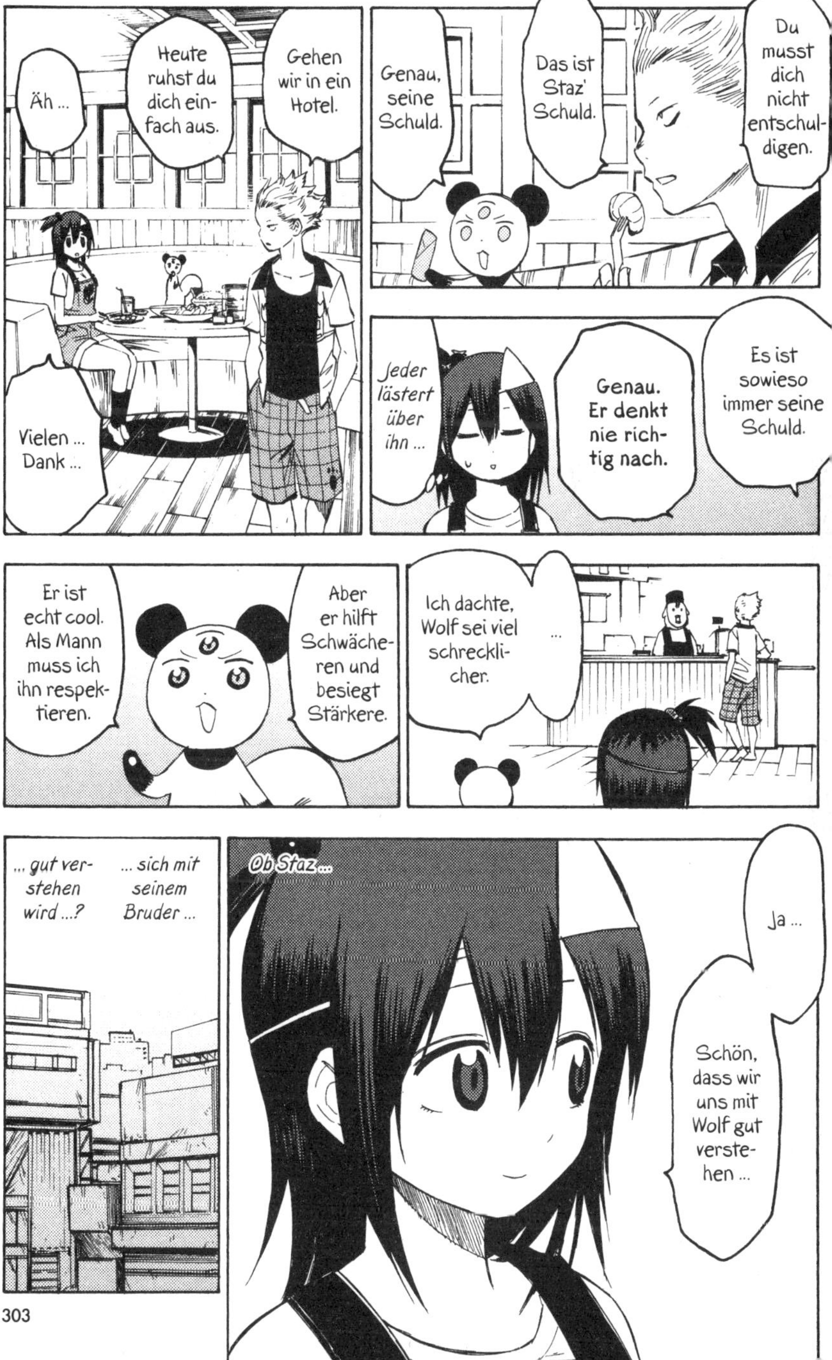

Du musst dich nicht entschuldigen.
Das ist Staz' Schuld.
Genau, seine Schuld.
Es ist sowieso immer seine Schuld.
Genau. Er denkt nie richtig nach.
Jeder lästert über ihn ...
Gehen wir in ein Hotel.
Heute ruhst du dich einfach aus.
Äh ...
Vielen ... Dank ...
Ich dachte, Wolf sei viel schrecklicher.
...
Aber er hilft Schwächeren und besiegt Stärkere.
Er ist echt cool. Als Mann muss ich ihn respektieren.
Ja ...
Schön, dass wir uns mit Wolf gut verstehen ...
Ob Staz ...
... sich mit seinem Bruder ...
... gut verstehen wird ...?

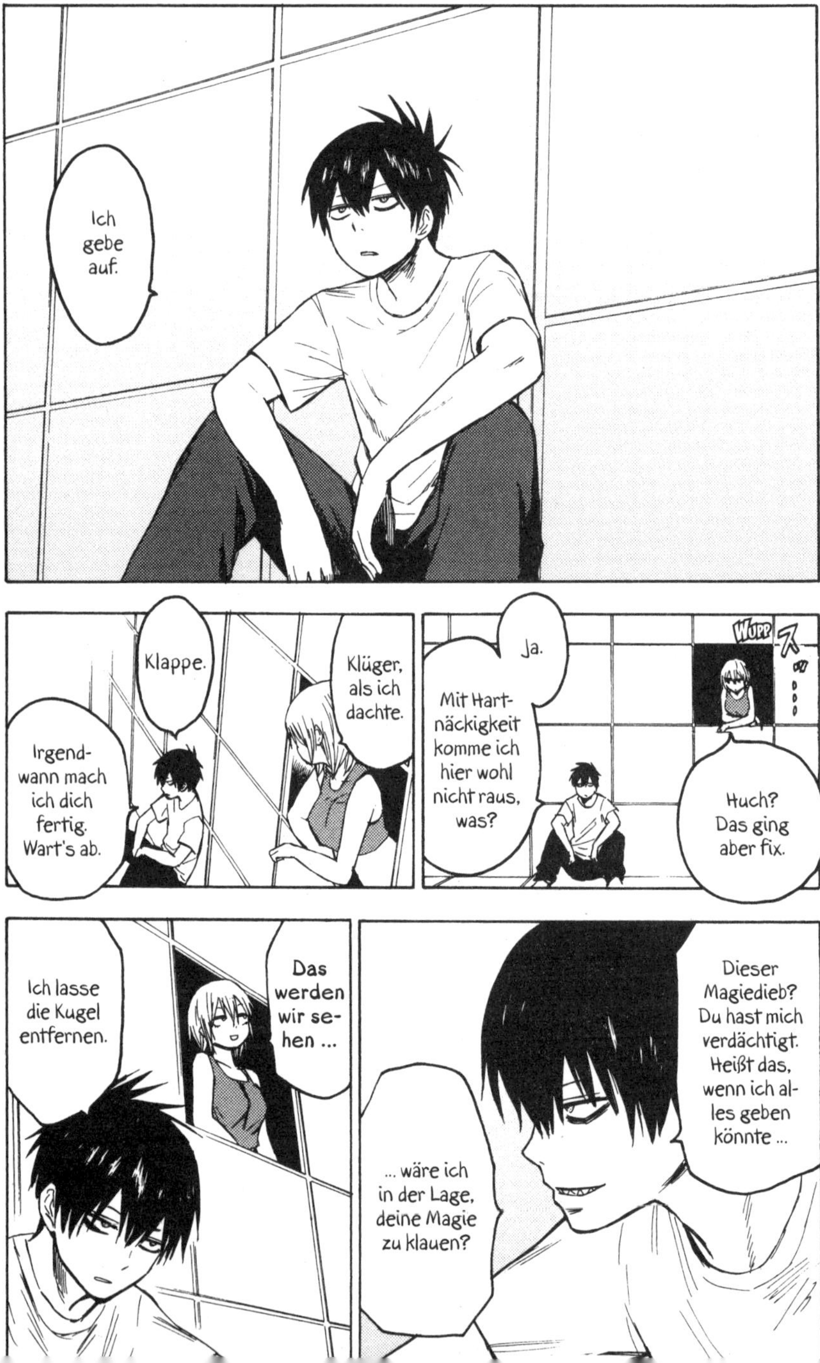
Ich gebe auf.
WUPP
Huch? Das ging aber fix.
Ja.
Mit Hart-näckigkeit komme ich hier wohl nicht raus, was?
Klüger, als ich dachte.
Klappe.
Irgend-wann mach ich dich fertig. Wart's ab.
Dieser Magiedieb? Du hast mich verdächtigt. Heißt das, wenn ich al-les geben könnte ...
... wäre ich in der Lage, deine Magie zu klauen?
Das werden wir se-hen ...
Ich lasse die Kugel entfernen.

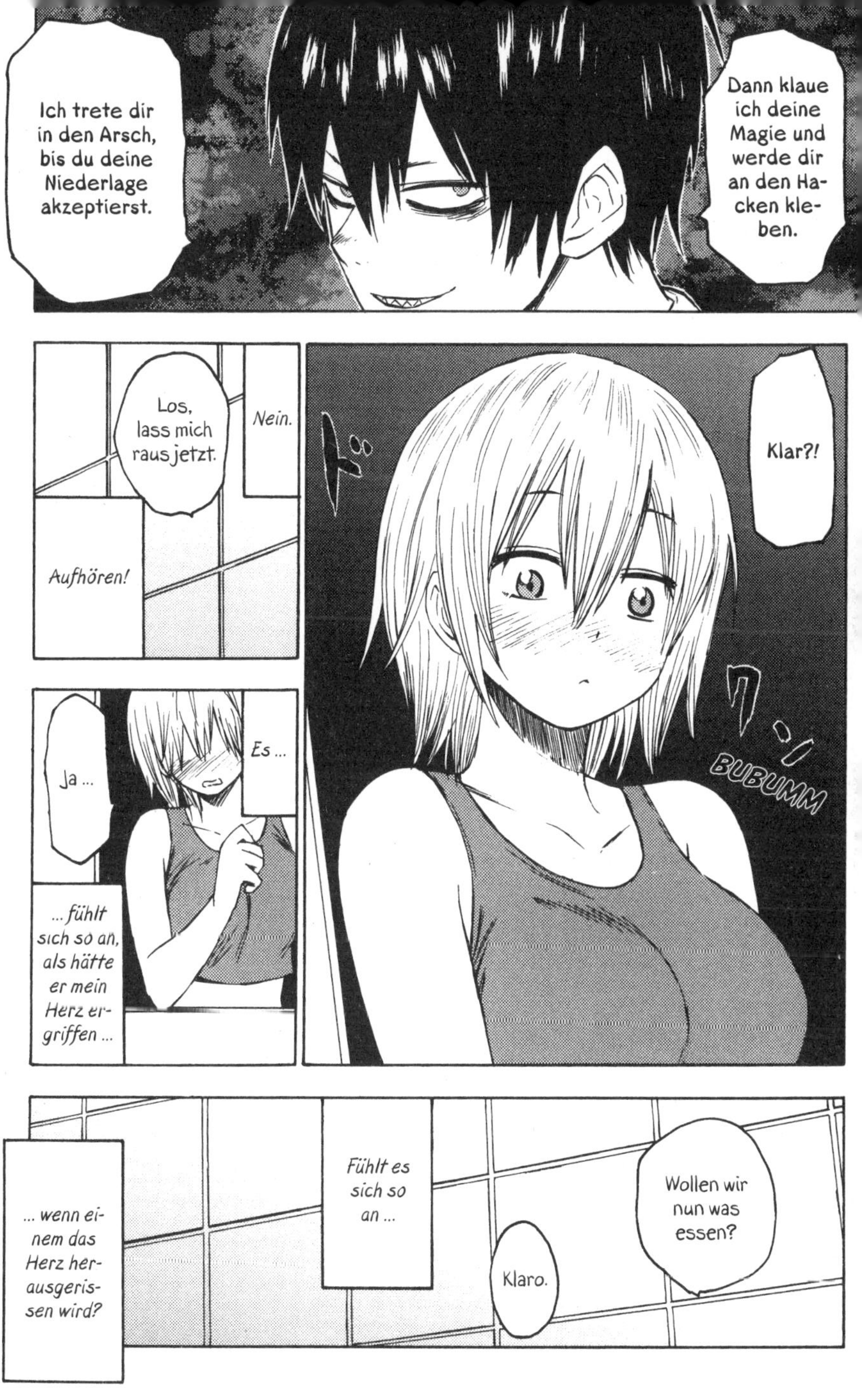
Dann klaue ich deine Magie und werde dir an den Hacken kleben.
Ich trete dir in den Arsch, bis du deine Niederlage akzeptierst.
Klar?!
BUBUMM
Nein.
Los, lass mich raus jetzt.
Aufhören!
Es …
Ja …
… fühlt sich so an, als hätte er mein Herz ergriffen …
Wollen wir nun was essen?
Klaro.
Fühlt es sich so an …
… wenn einem das Herz herausgerissen wird?

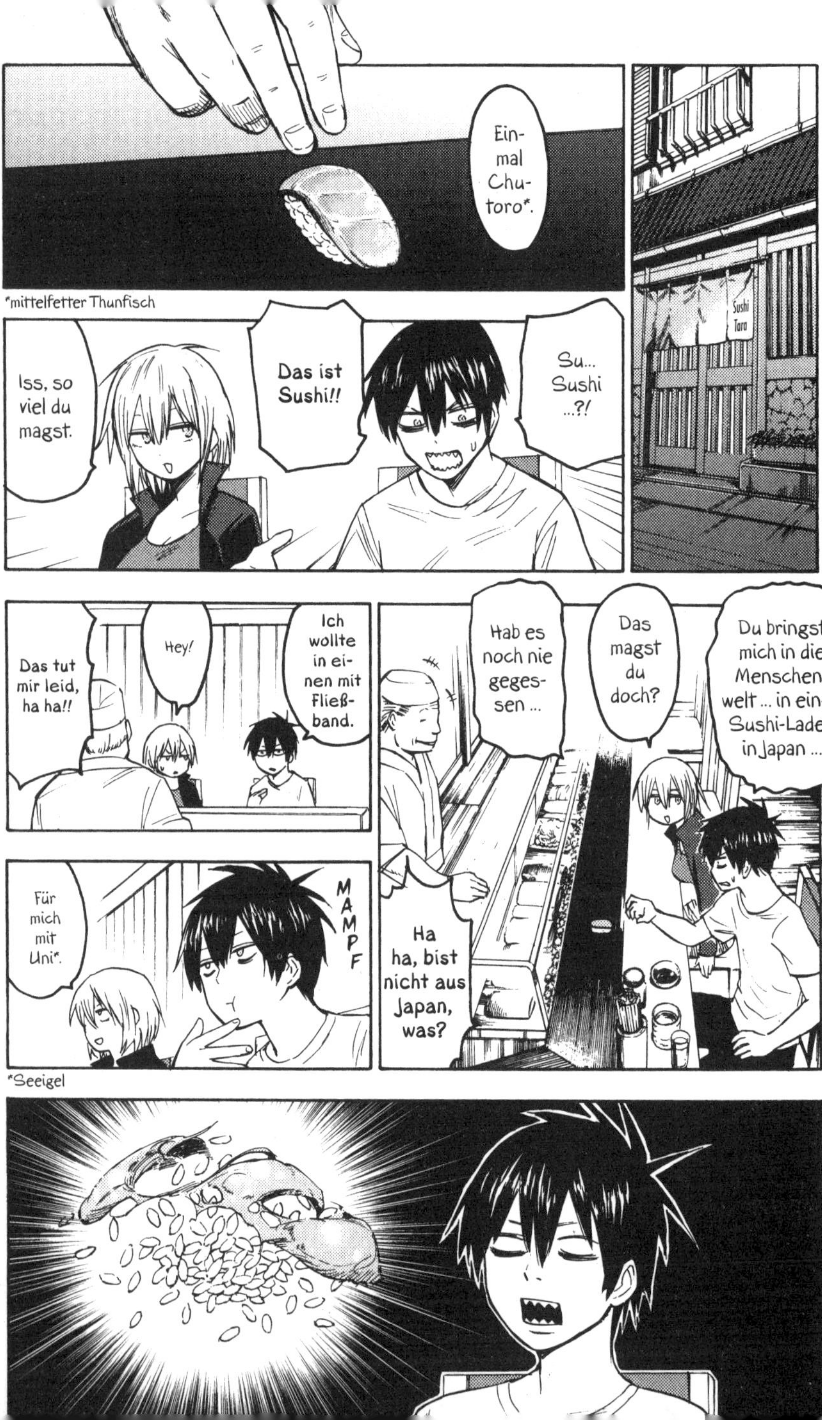


*mittelfetter Thunfisch

*Seeigel

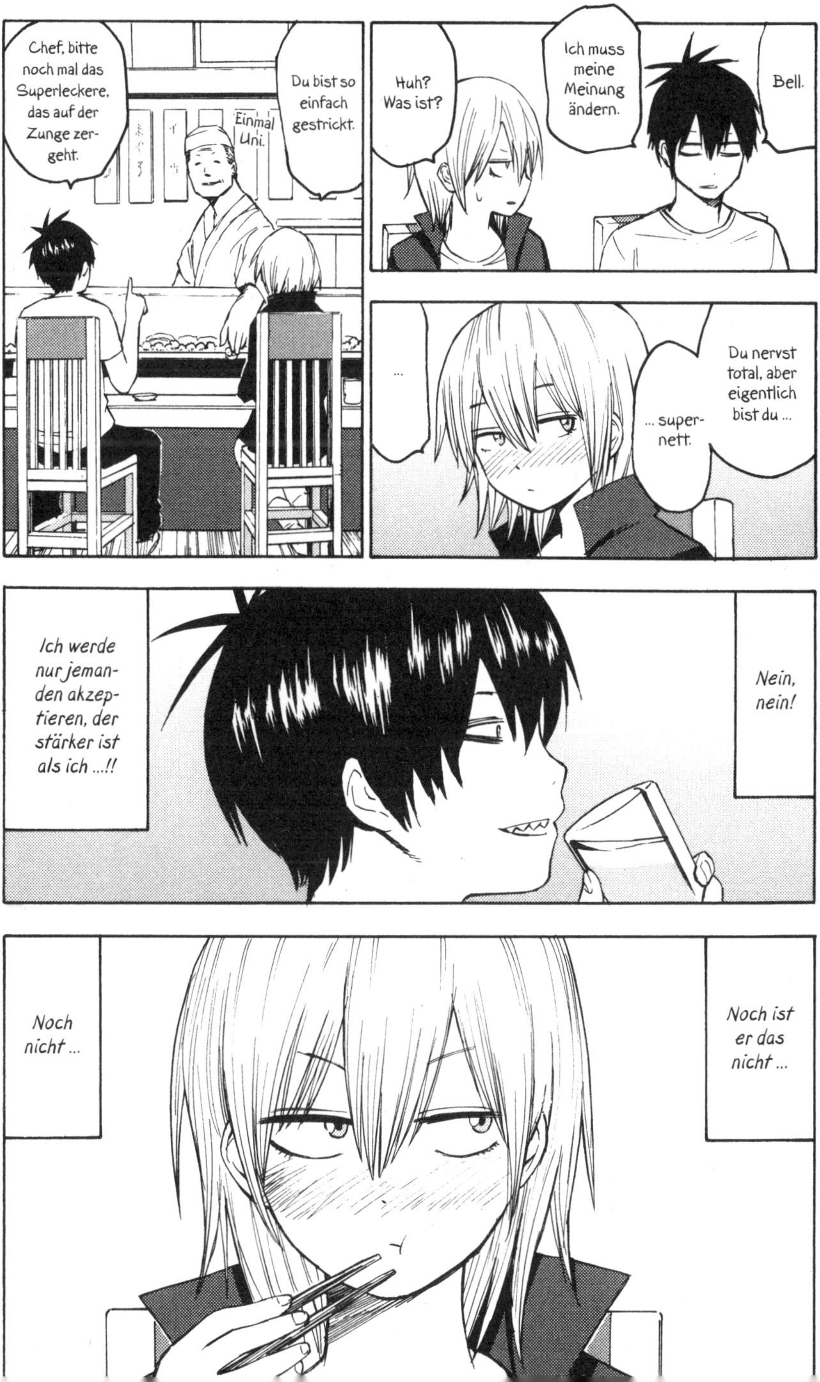
Bell.
Ich muss meine Meinung ändern.
Huh? Was ist?
Du nervst total, aber eigentlich bist du ...
... super-nett.
...
Du bist so einfach gestrickt.
Einmal Uni.
Chef, bitte noch mal das Superleckere, das auf der Zunge zergeht.
Nein, nein!
Ich werde nur jemanden akzeptieren, der stärker ist als ich ...!!
Noch ist er das nicht ...
Noch nicht ...

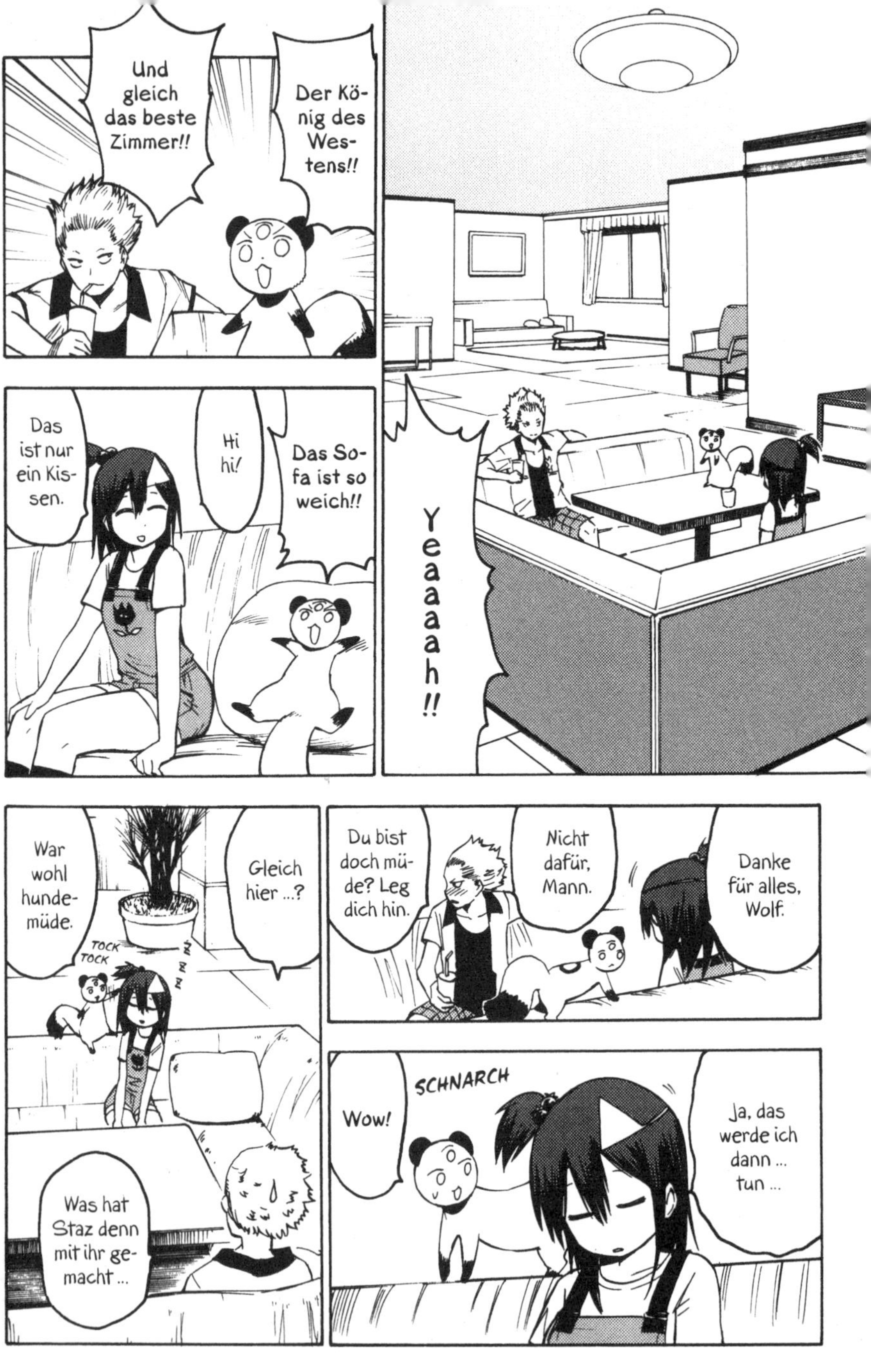
Der König des Westens!!
Und gleich das beste Zimmer!!
Yeaaaaah!!
Das Sofa ist so weich!!
Hi hi!
Das ist nur ein Kissen.
Danke für alles, Wolf.
Nicht dafür, Mann.
Du bist doch müde? Leg dich hin.
Gleich hier ...?
War wohl hundemüde.
TOCK TOCK
Ja, das werde ich dann ... tun ...
SCHNARCH
Wow!
Was hat Staz denn mit ihr gemacht ...

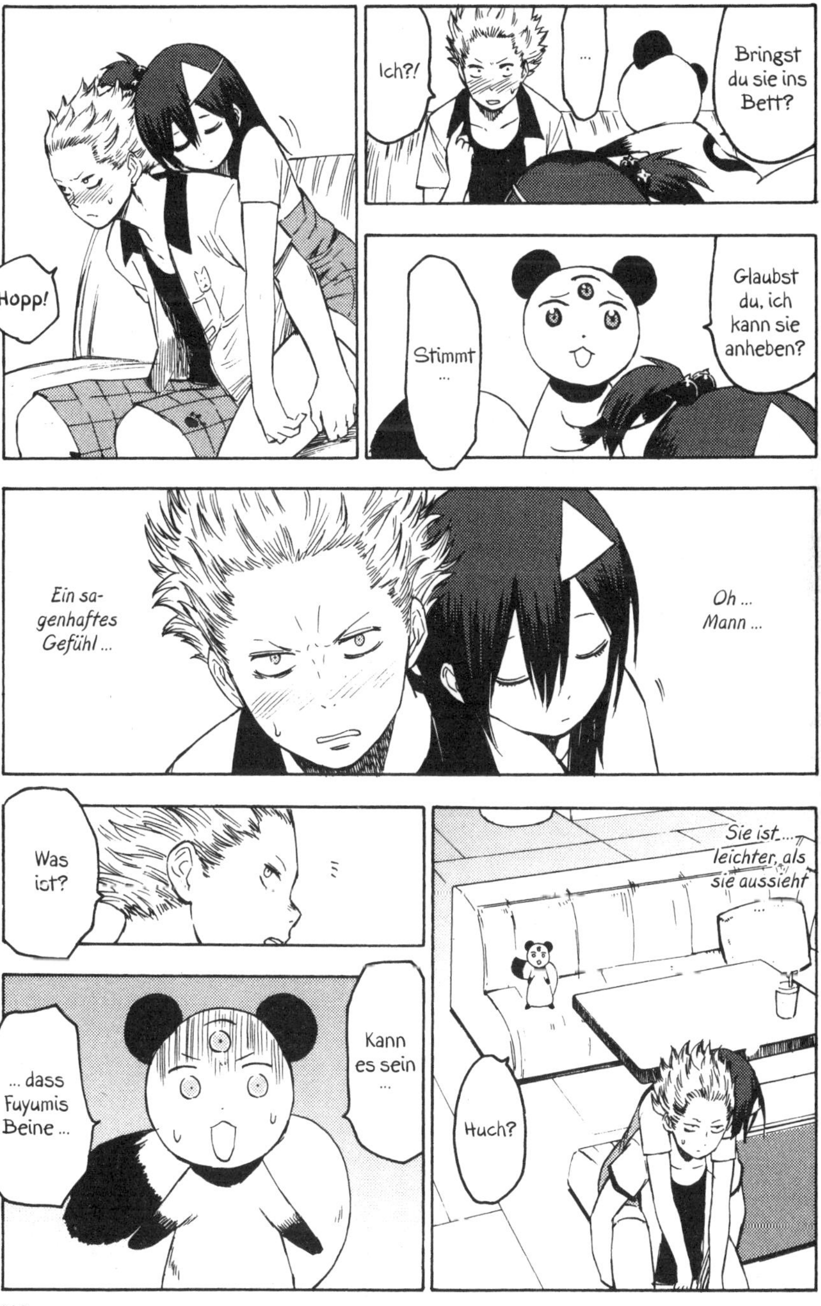
Bringst du sie ins Bett?
…
Ich?!
Glaubst du, ich kann sie anheben?
Stimmt …
Hopp!
Oh … Mann …
Ein sagenhaftes Gefühl …
Sie ist … leichter, als sie aussieht …
Huch?
Was ist?
Kann es sein …
… dass Fuyumis Beine …

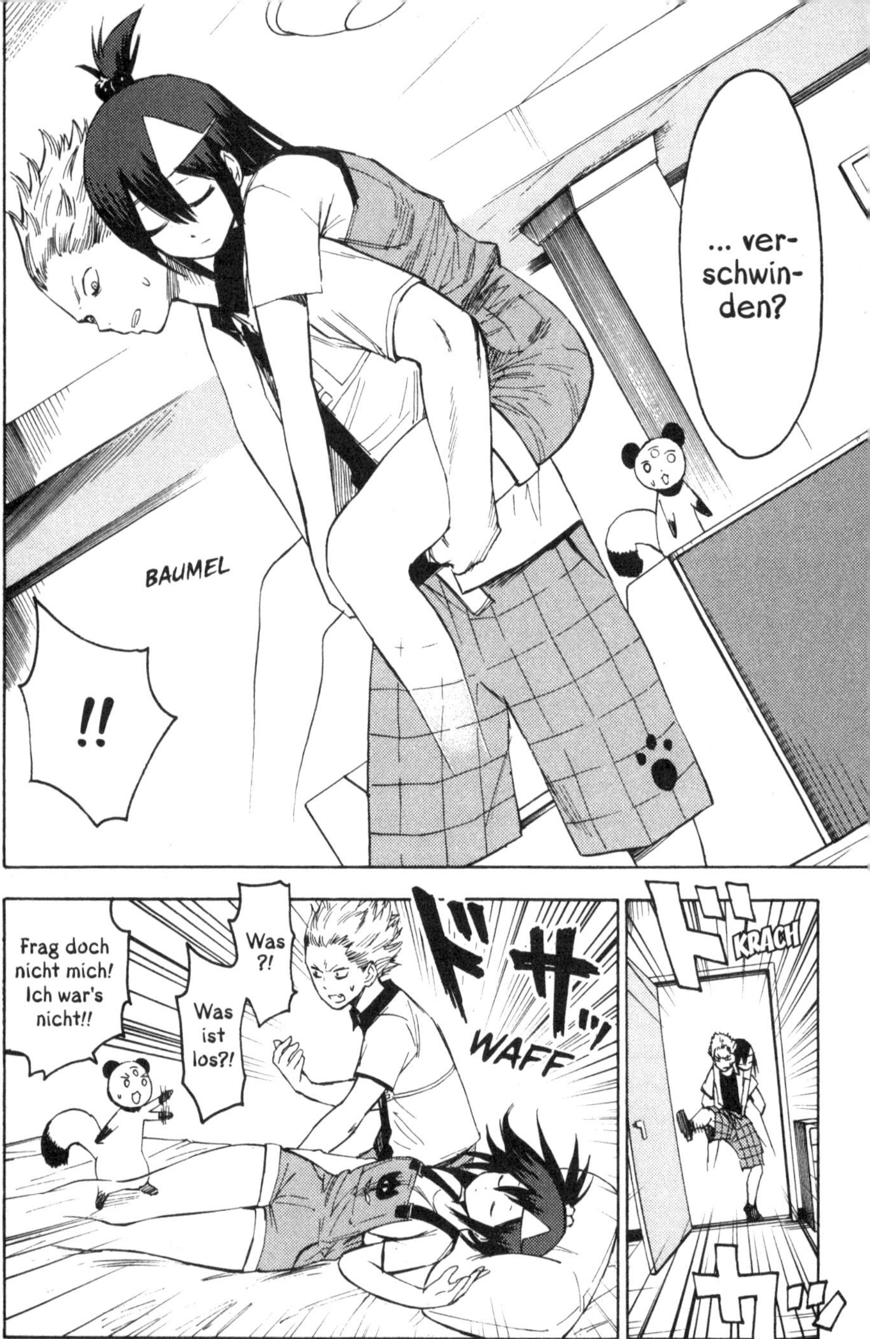
... verschwinden?
BAUMEL
!!
KRACH
WAFF
Was ?!
Was ist los?!
Frag doch nicht mich! Ich war's nicht!!

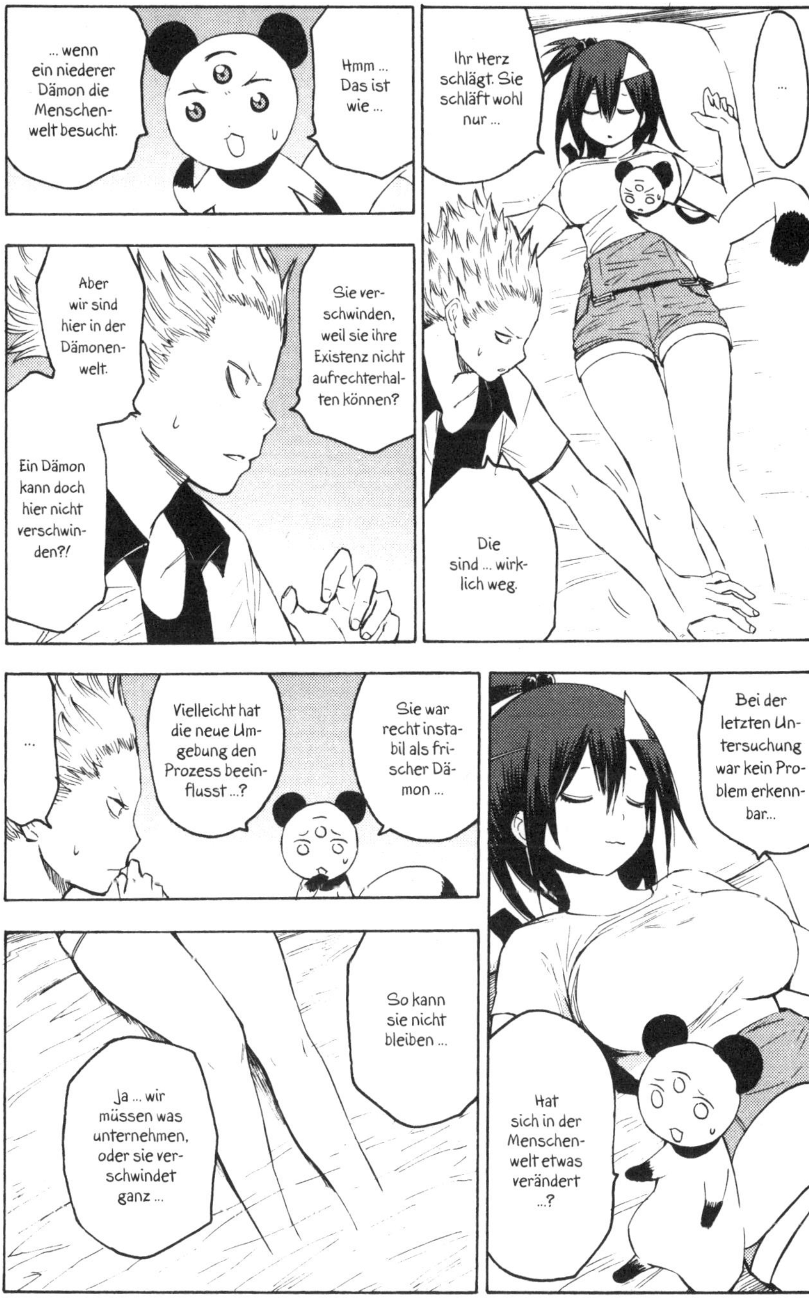
...
Ihr Herz schlägt. Sie schläft wohl nur ...
Die sind ... wirklich weg.
Hmm ... Das ist wie ...
... wenn ein niederer Dämon die Menschenwelt besucht.
Sie verschwinden, weil sie ihre Existenz nicht aufrechterhalten können?
Aber wir sind hier in der Dämonenwelt.
Ein Dämon kann doch hier nicht verschwinden?!
Bei der letzten Untersuchung war kein Problem erkennbar...
Hat sich in der Menschenwelt etwas verändert ...?
Sie war recht instabil als frischer Dämon ...
Vielleicht hat die neue Umgebung den Prozess beeinflusst ...?
...
So kann sie nicht bleiben ...
Ja ... wir müssen was unternehmen, oder sie verschwindet ganz ...

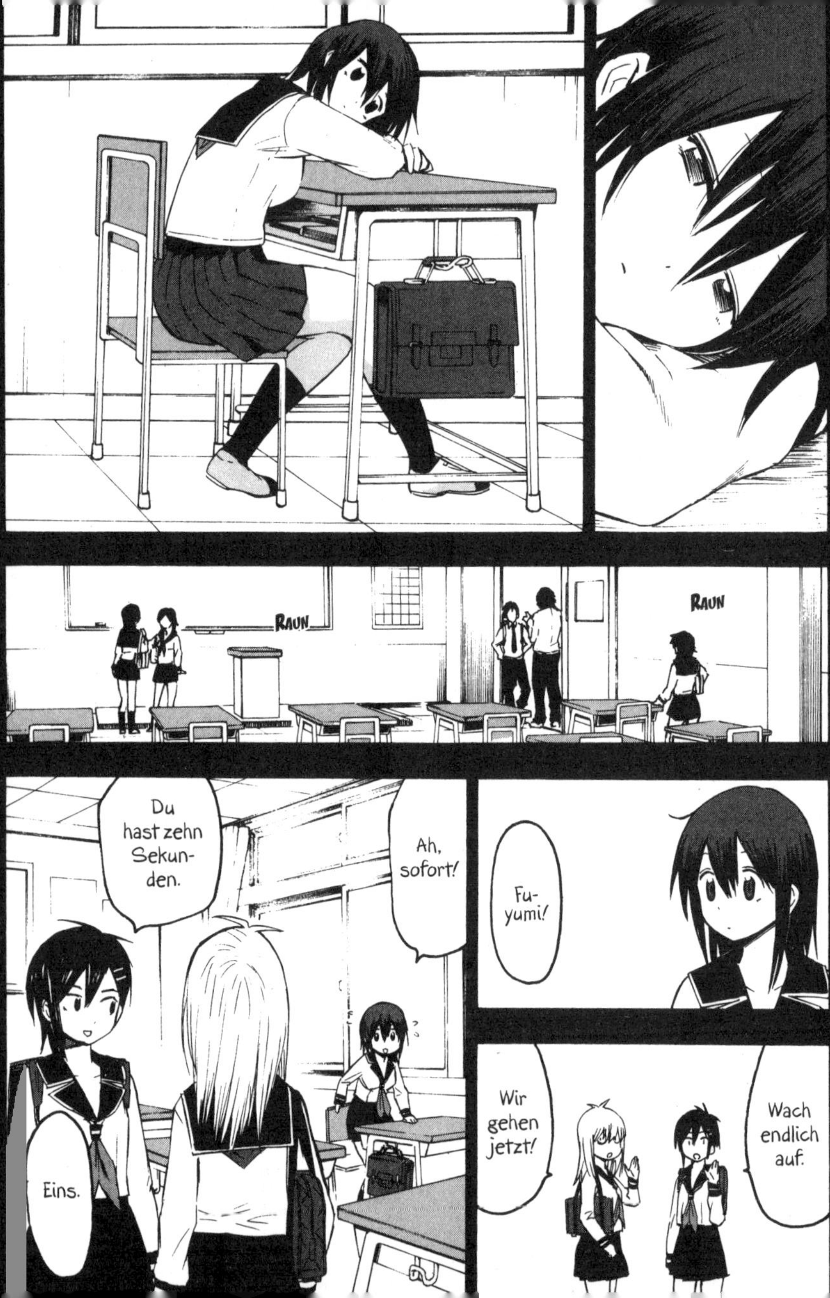

RAUN
RAUN
Fu-yumi!
Wach endlich auf.
Wir gehen jetzt!
Ah, sofort!
Du hast zehn Sekun-den.
Eins.

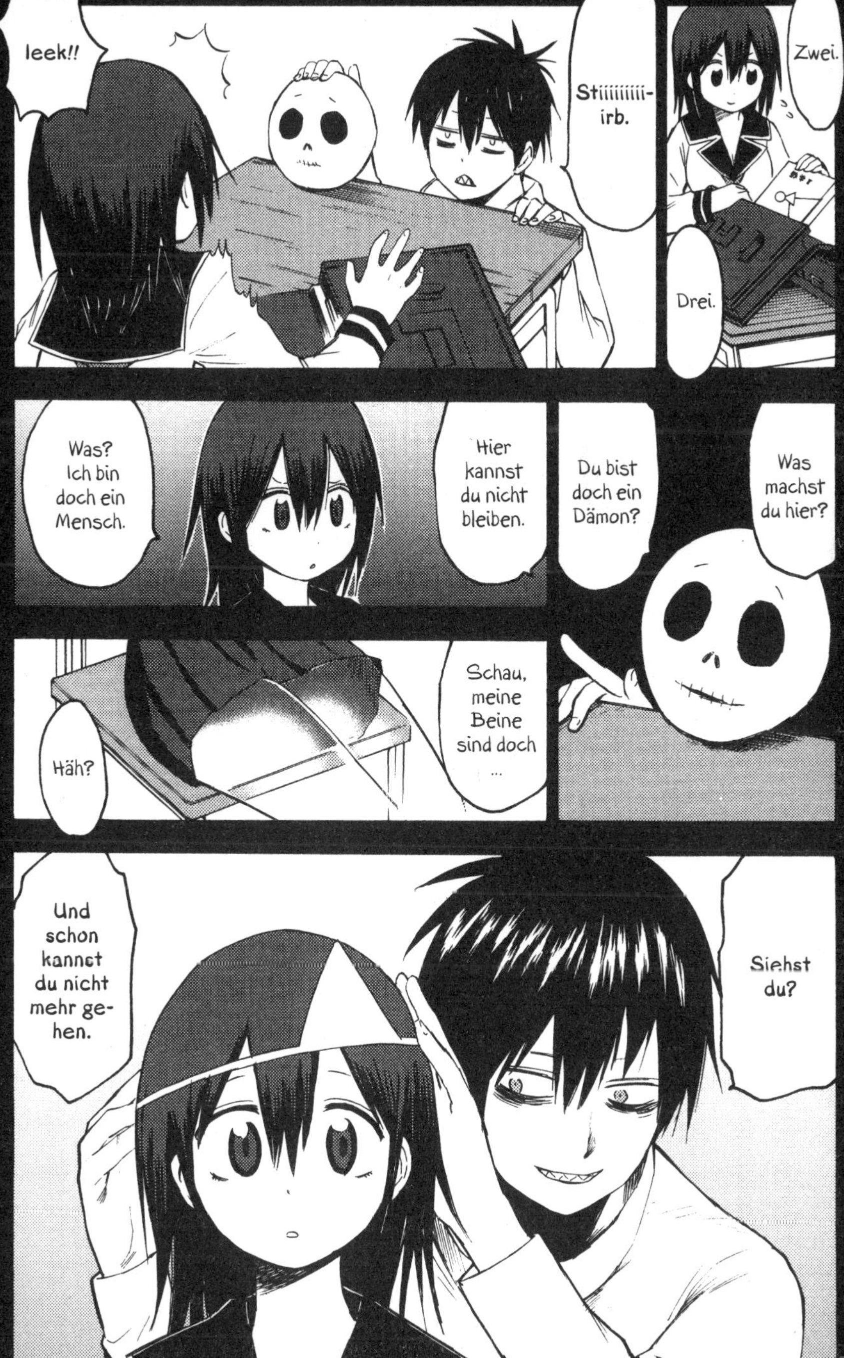
Zwei.
Drei.
Stiiiiiiiiii-irb.
Ieek!!
Was machst du hier?
Du bist doch ein Dämon?
Hier kannst du nicht bleiben.
Was? Ich bin doch ein Mensch.
Schau, meine Beine sind doch ...
Häh?
Siehst du?
Und schon kannst du nicht mehr ge-hen.

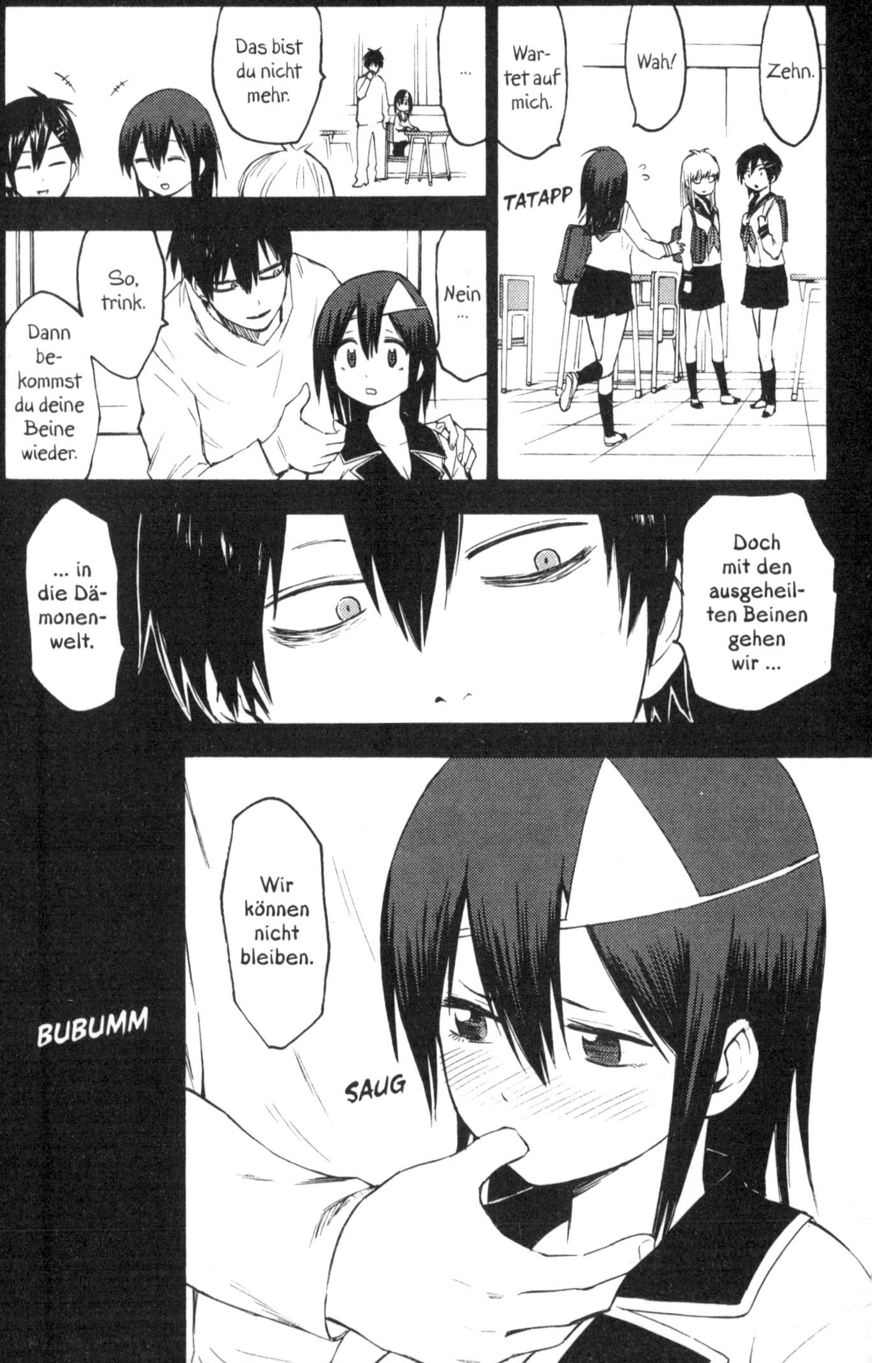
Zehn.
Wah!
Wartet auf mich.
TATAPP
...
Das bist du nicht mehr.
Nein ...
So, trink.
Dann bekommst du deine Beine wieder.
Doch mit den ausgeheilten Beinen gehen wir ...
... in die Dämonenwelt.
Wir können nicht bleiben.
SAUG
BUBUMM

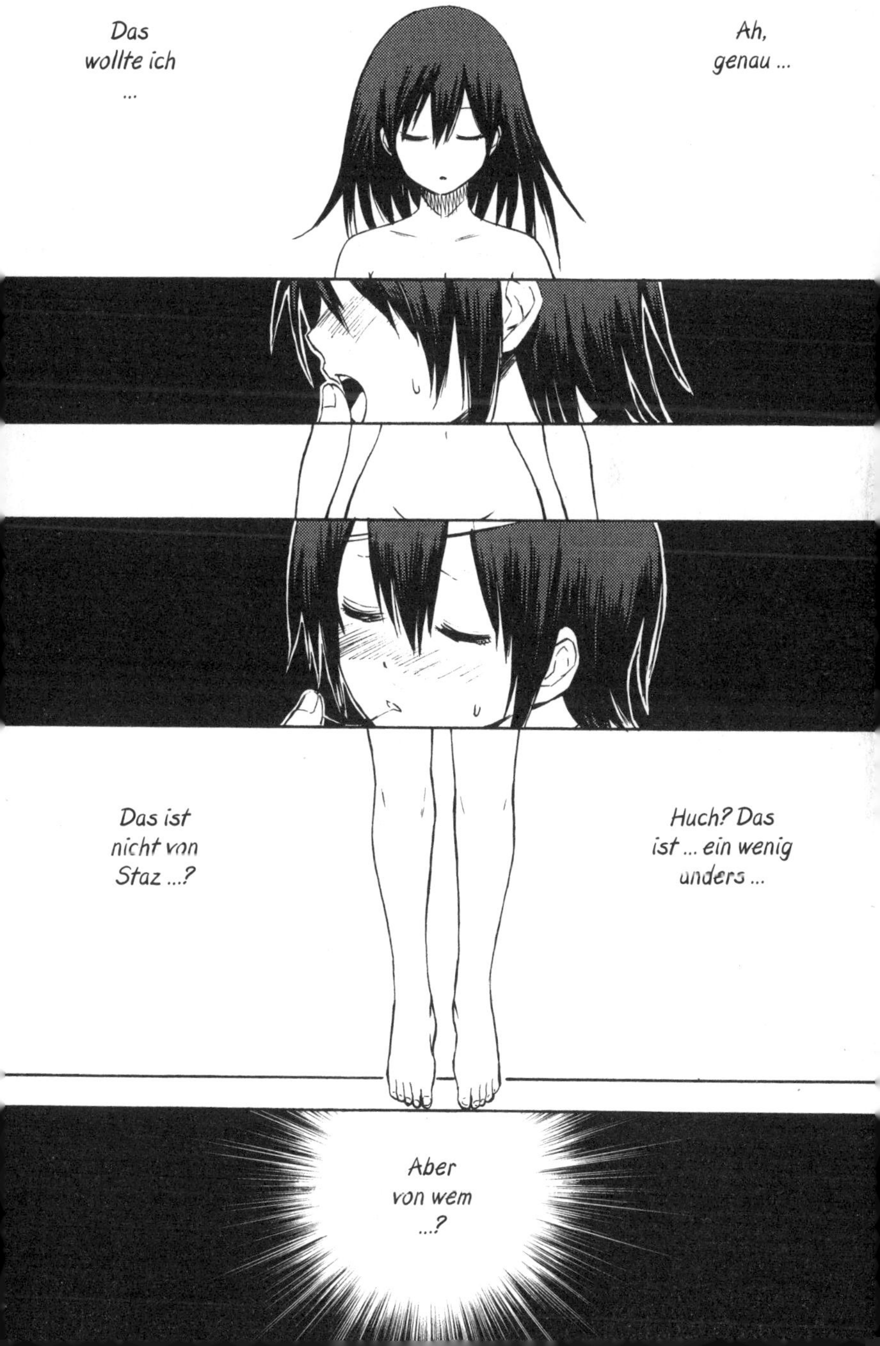
Ah, genau ...
Das wollte ich ...
Huch? Das ist ... ein wenig anders ...
Das ist nicht von Staz ...?
Aber von wem ...?

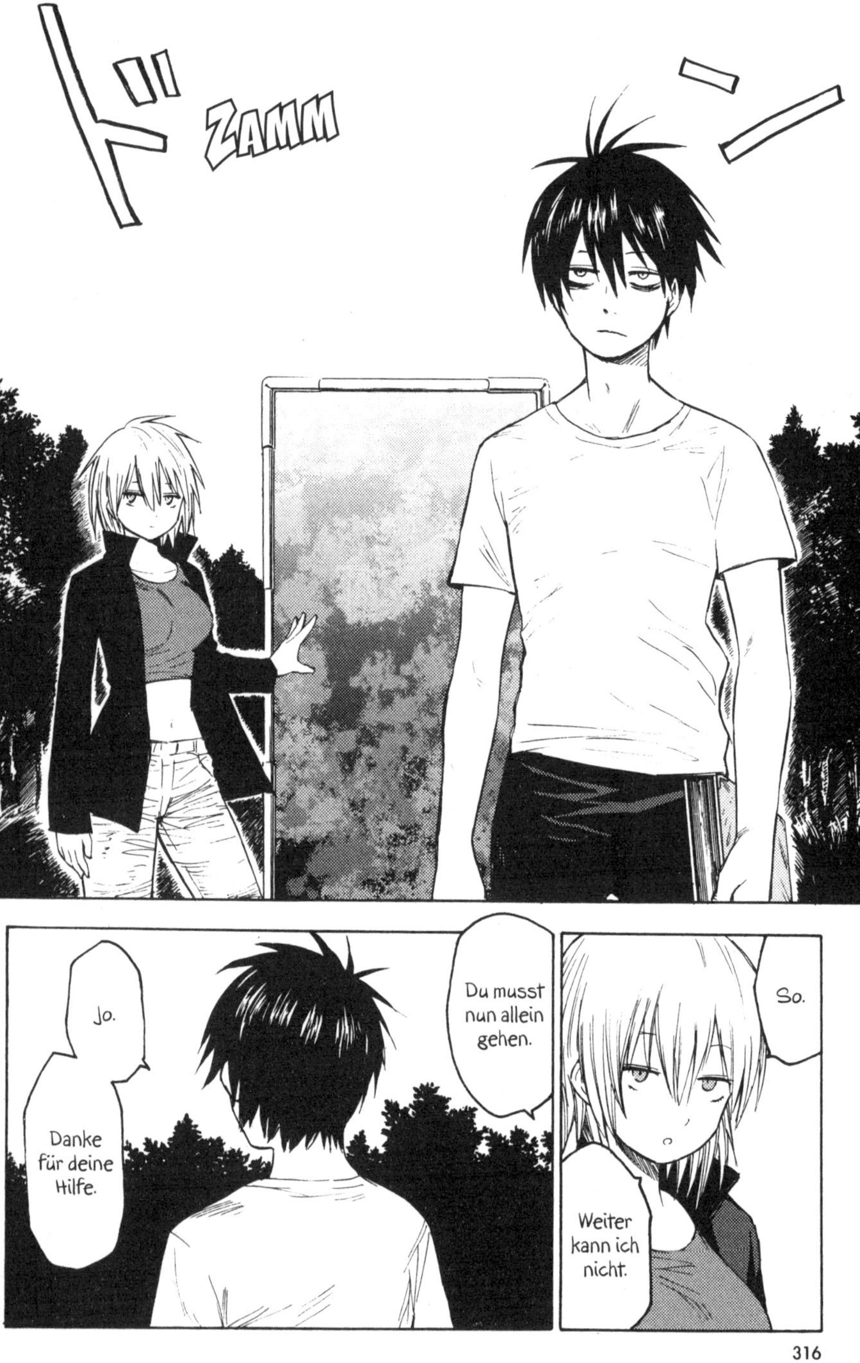
ZAMM
So.
Weiter kann ich nicht.
Du musst nun allein gehen.
Jo.
Danke für deine Hilfe.

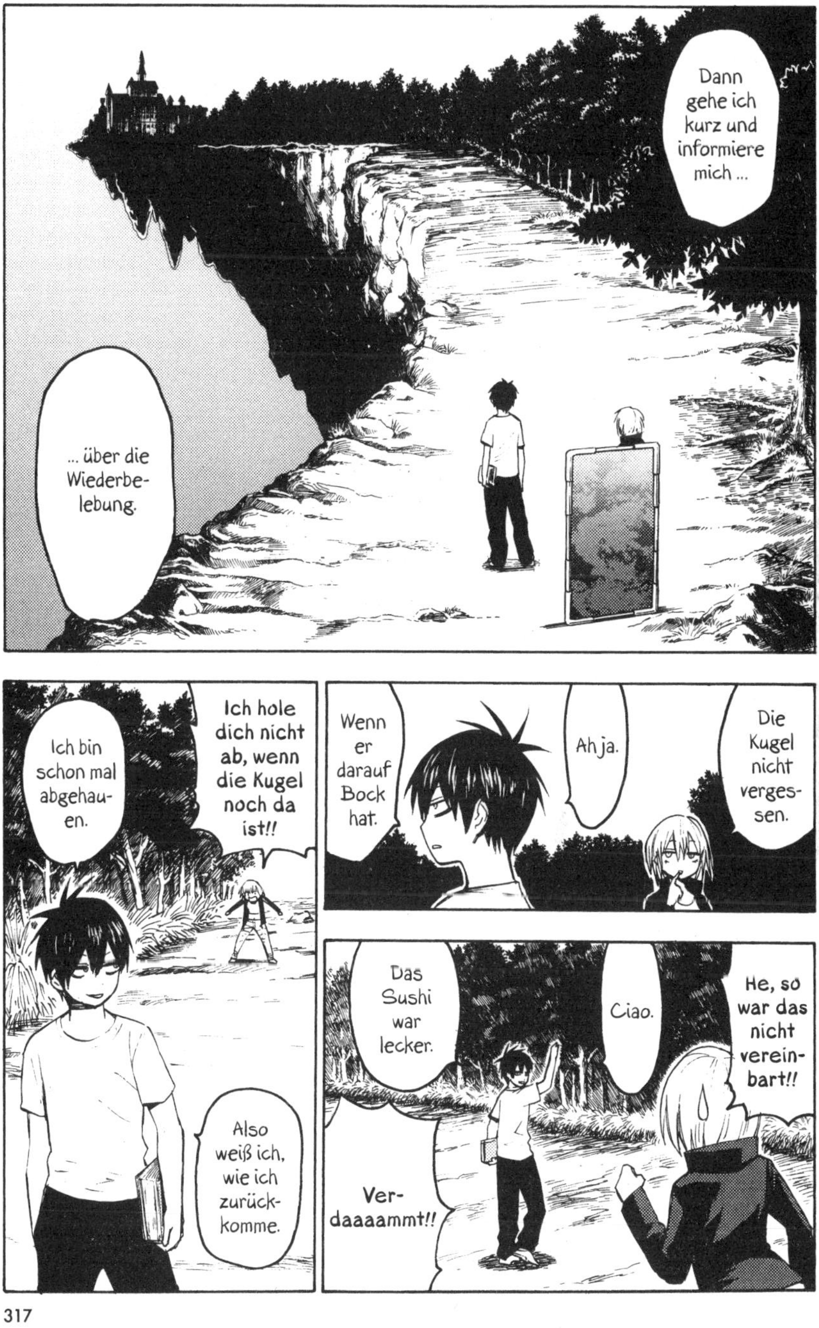
Dann gehe ich kurz und informiere mich ...
... über die Wiederbelebung.
Die Kugel nicht vergessen.
Ah ja.
Wenn er darauf Bock hat.
He, so war das nicht vereinbart!!
Ciao.
Das Sushi war lecker.
Verdaaaammt!!
Ich hole dich nicht ab, wenn die Kugel noch da ist!!
Ich bin schon mal abgehauen.
Also weiß ich, wie ich zurückkomme.

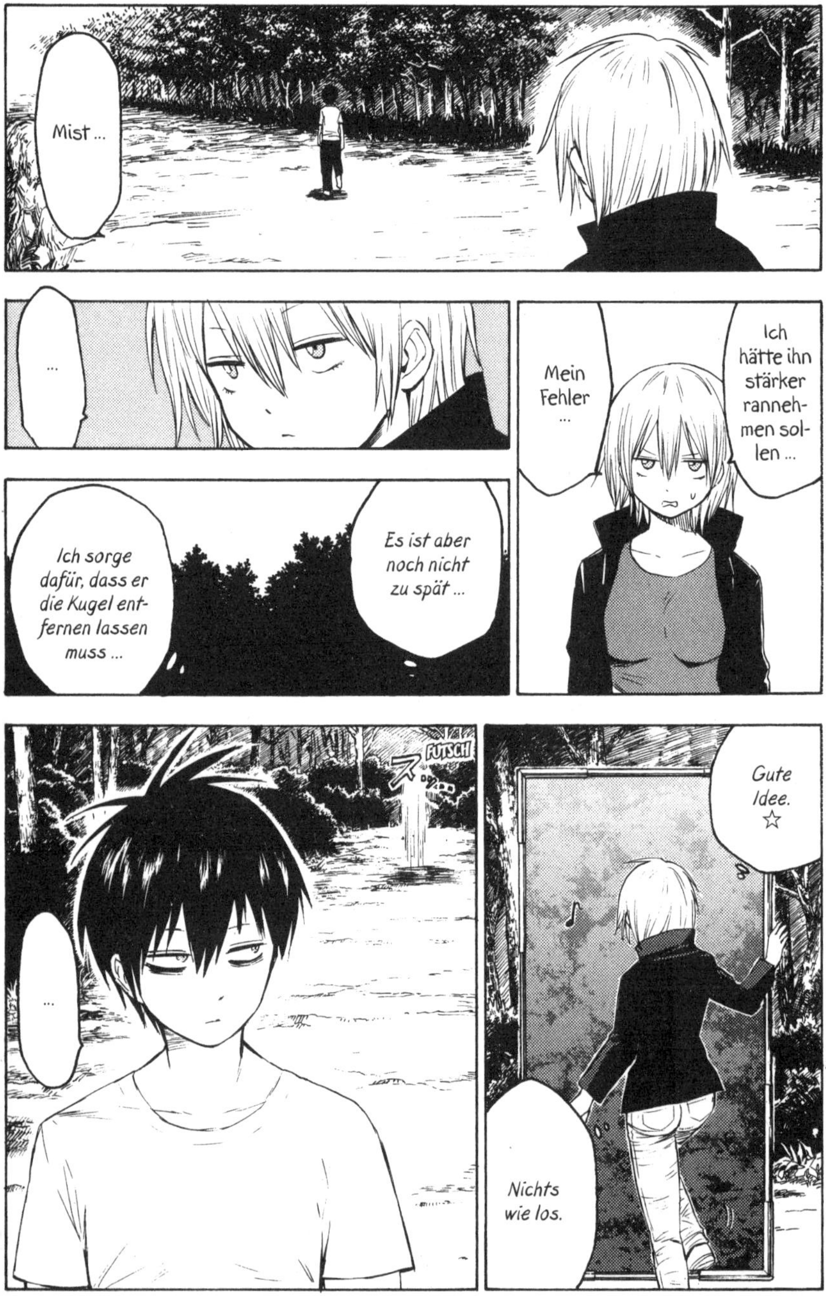
Mist ...
Ich hätte ihn stärker ranneh-men sol-len ...
Mein Fehler ...
...
Es ist aber noch nicht zu spät ...
Ich sorge dafür, dass er die Kugel ent-fernen lassen muss ...
Gute Idee. ☆
Nichts wie los.
FUTSCH
...

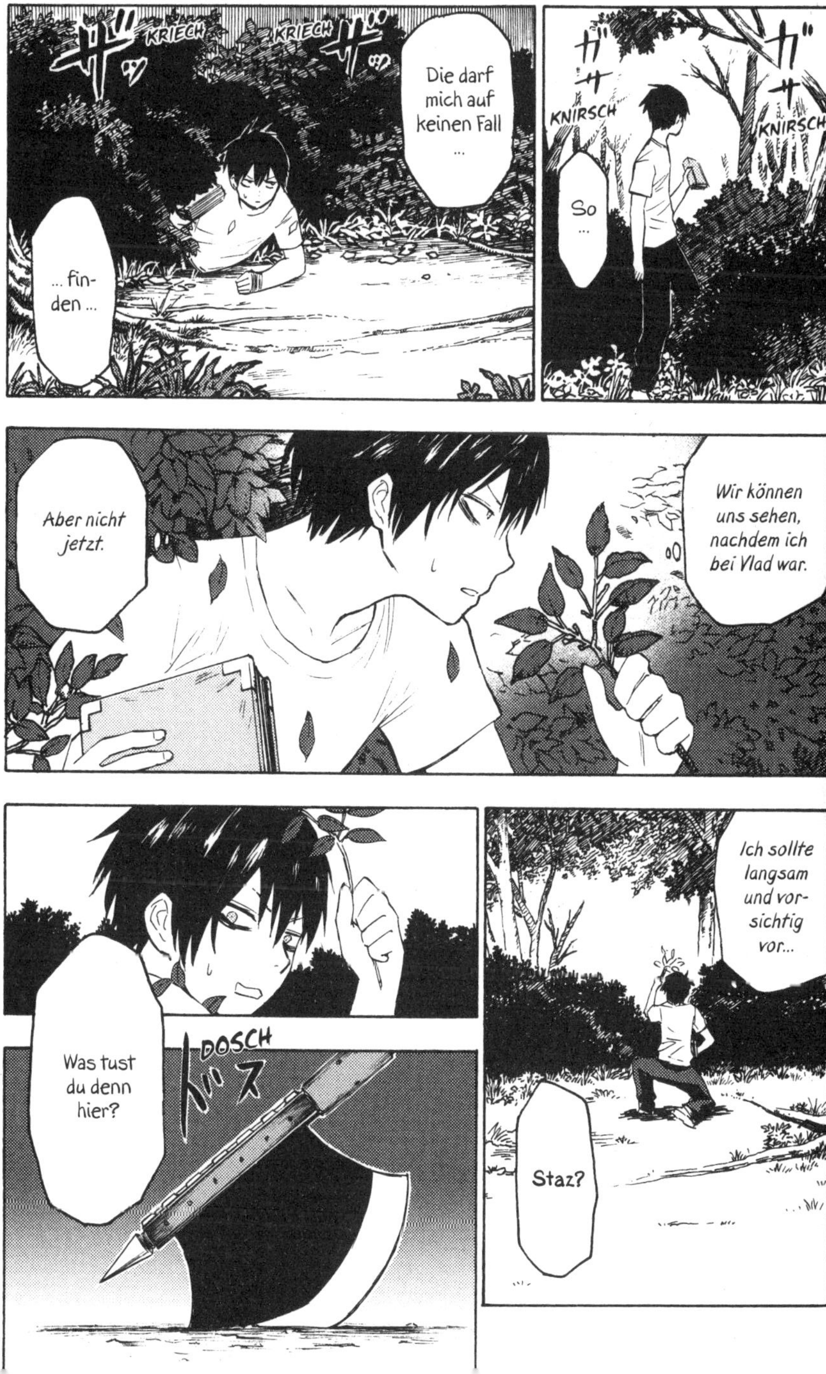
KNIRSCH
KNIRSCH
So ...
KRIECH
KRIECH
Die darf mich auf keinen Fall ...
... finden ...
Wir können uns sehen, nachdem ich bei Vlad war.
Aber nicht jetzt.
Ich sollte langsam und vorsichtig vor...
Staz?
Was tust du denn hier?
DOSCH

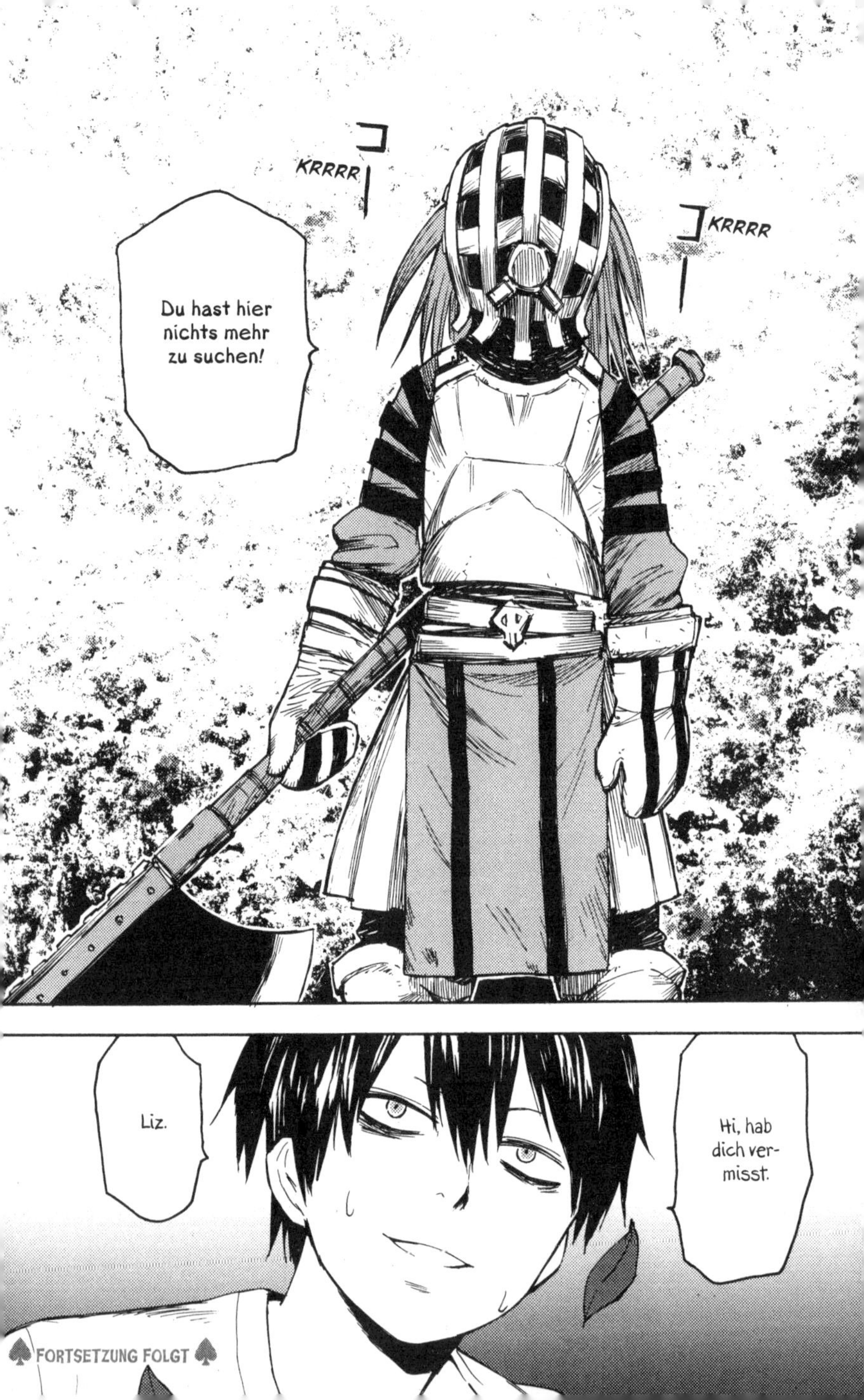
KRRRR
KRRRR
Du hast hier nichts mehr zu suchen!
Hi, hab dich ver-missst.
Liz.
FORTSETZUNG FOLGT

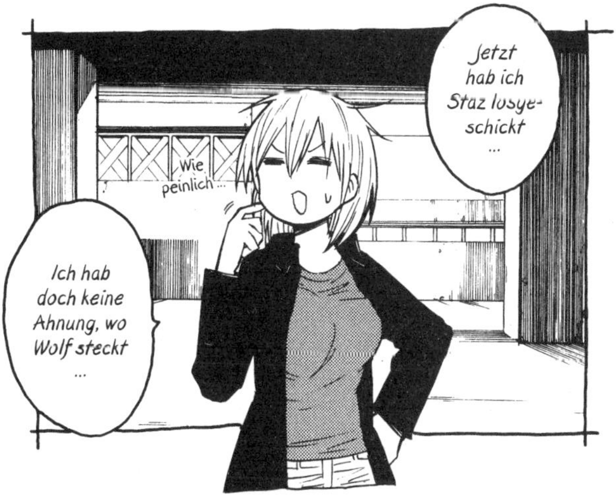
Jetzt hab ich Staz losge-schickt ...
Wie peinlich ...
Ich hab doch keine Ahnung, wo Wolf steckt ...

blood lad
EXTREME

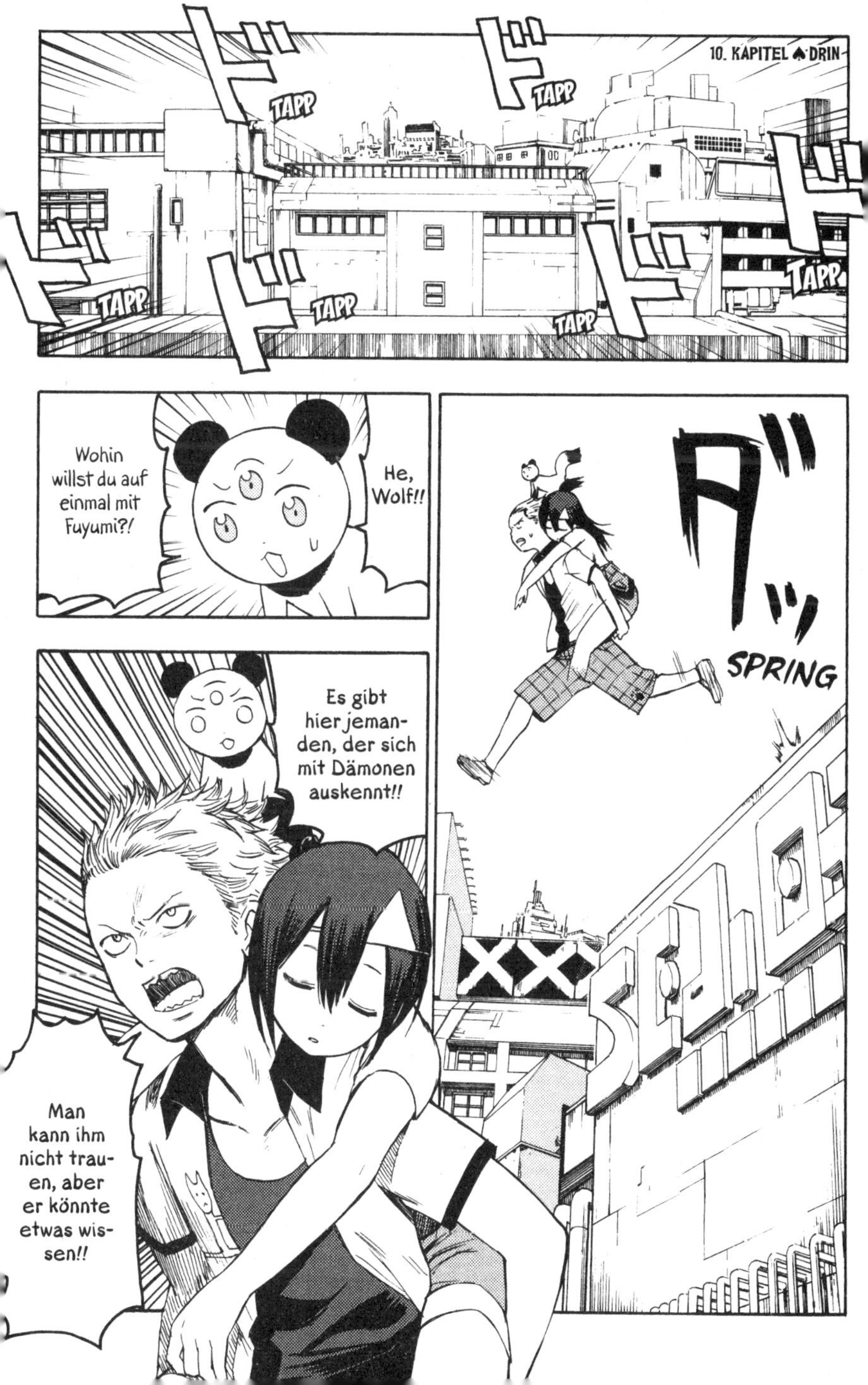
10. KAPITEL ♠ DRIN
TAPP
TAPP
TAPP
TAPP
TAPP
TAPP
SPRING
He, Wolf!!
Wohin willst du auf einmal mit Fuyumi?!
Es gibt hier jemanden, der sich mit Dämonen auskennt!!
Man kann ihm nicht trauen, aber er könnte etwas wissen!!

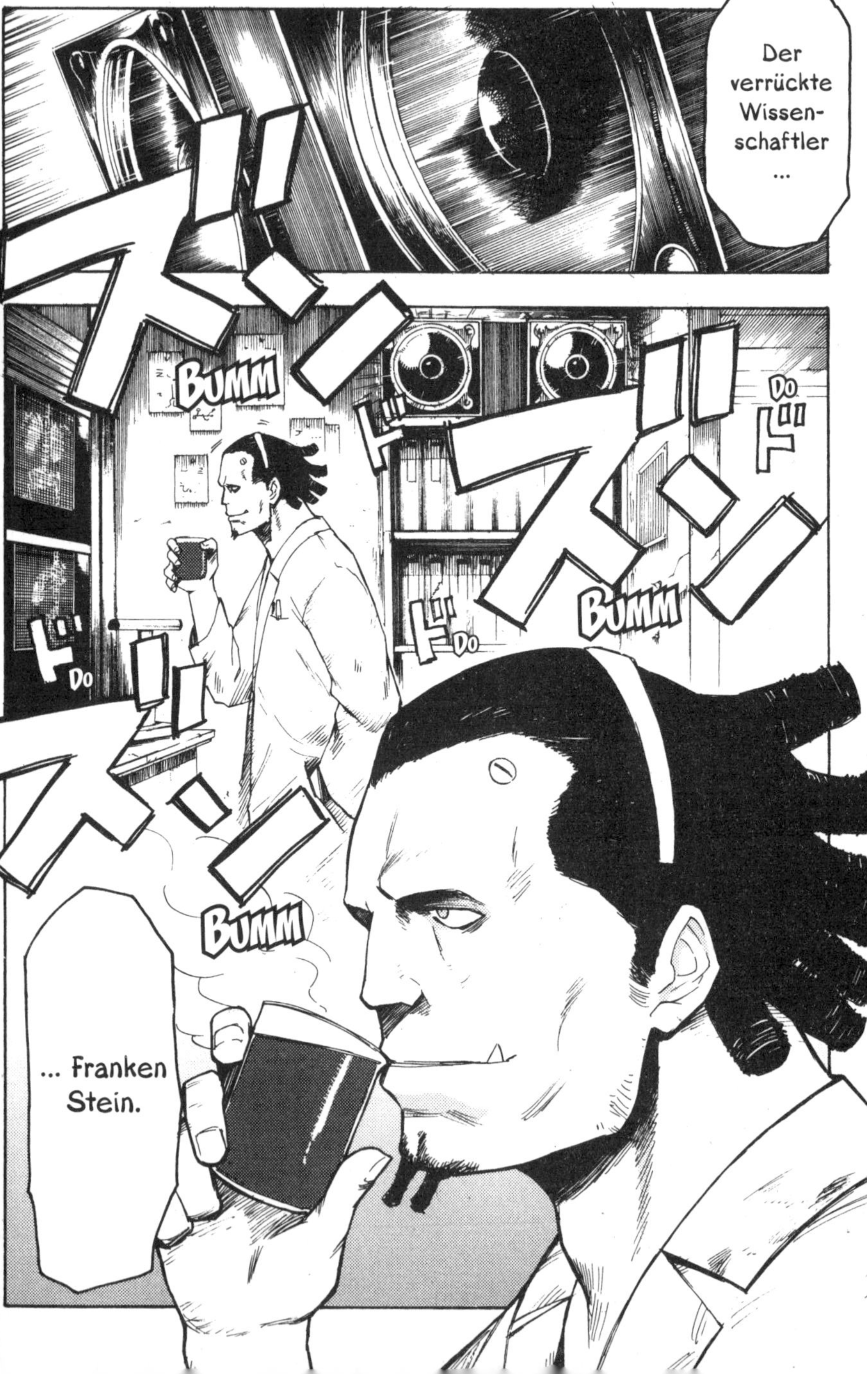
Der verrückte Wissenschaftler ...
BUMM
DO
BUMM
DO
DO
BUMM
... Franken Stein.

10. KAPITEL ♠ DRIN

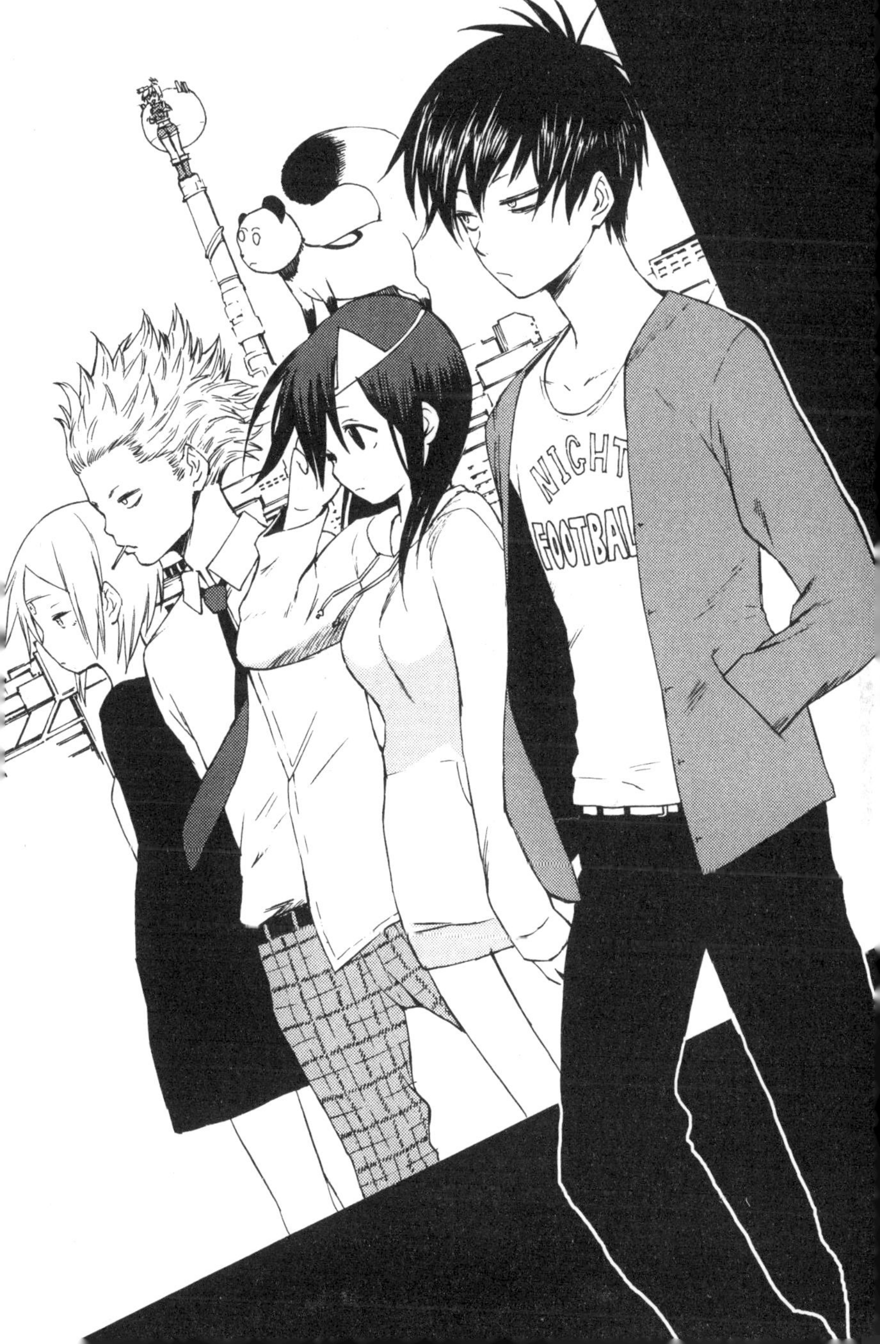

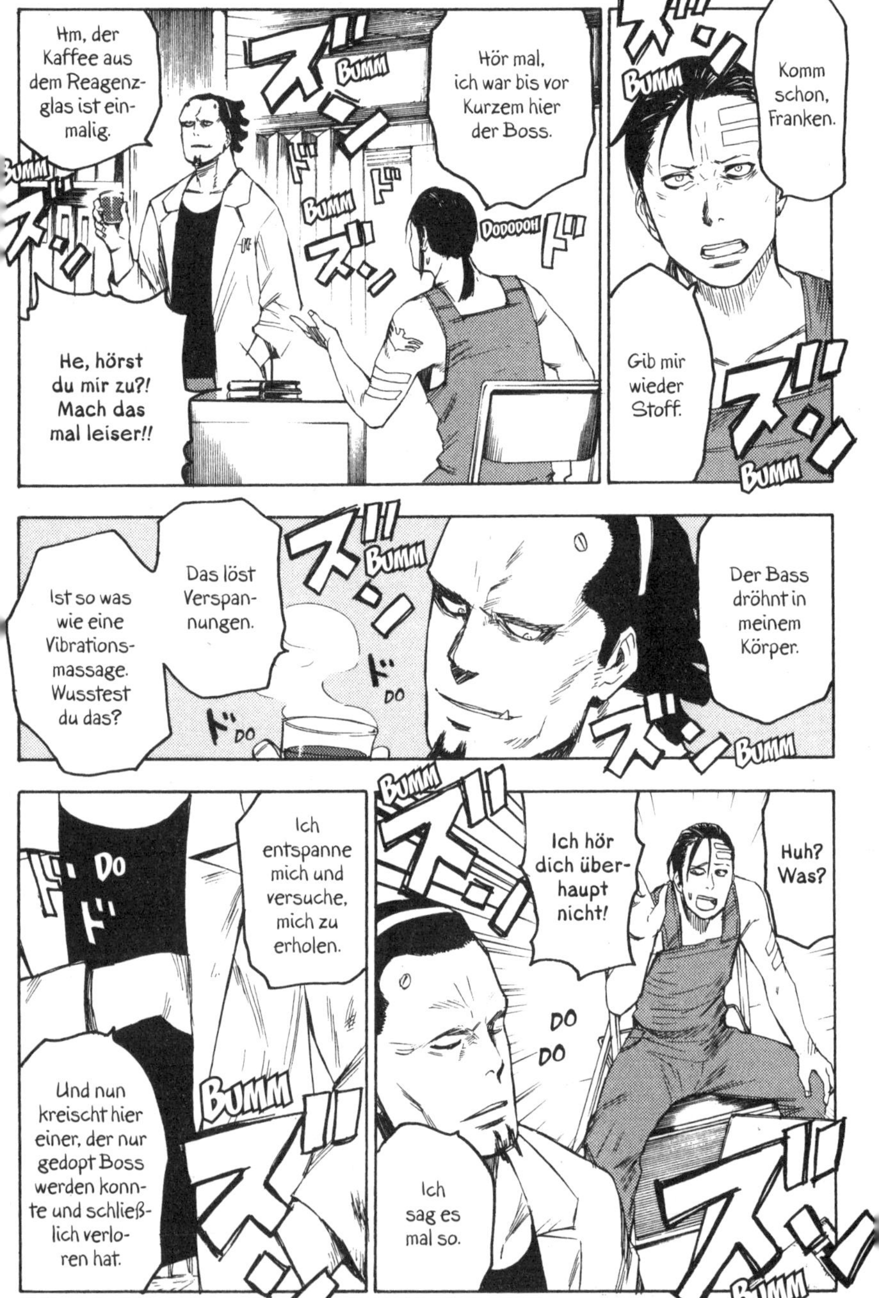
Bumm
Komm schon, Franken.
Gib mir wieder Stoff.
Bumm
Hör mal, ich war bis vor Kurzem hier der Boss.
Bumm
Bumm
Dododoh
Hm, der Kaffee aus dem Reagenzglas ist einmalig.
Bumm
He, hörst du mir zu?! Mach das mal leiser!!
Der Bass dröhnt in meinem Körper.
Bumm
Bumm
Das löst Verspannungen.
Do
Ist so was wie eine Vibrationsmassage. Wusstest du das?
Do
Huh? Was?
Ich hör dich überhaupt nicht!
Bumm
Do
Do
Bumm
Ich sag es mal so.
Ich entspanne mich und versuche, mich zu erholen.
Do
Bumm
Und nun kreischt hier einer, der nur gedopt Boss werden konnte und schließlich verloren hat.

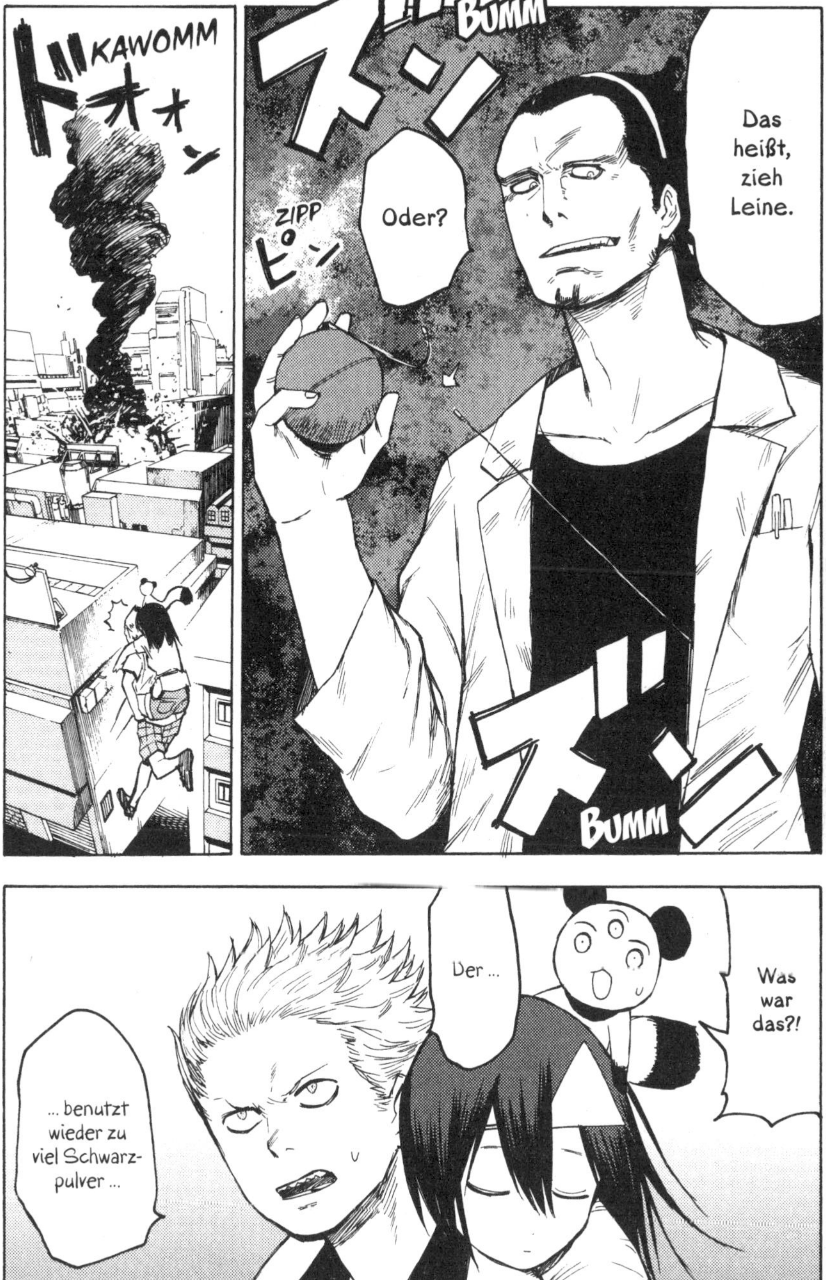

Bumm
Das heißt, zieh Leine.
Oder?
Zipp
Bumm
Kawomm
Was war das?!
Der …
… benutzt wieder zu viel Schwarzpulver …

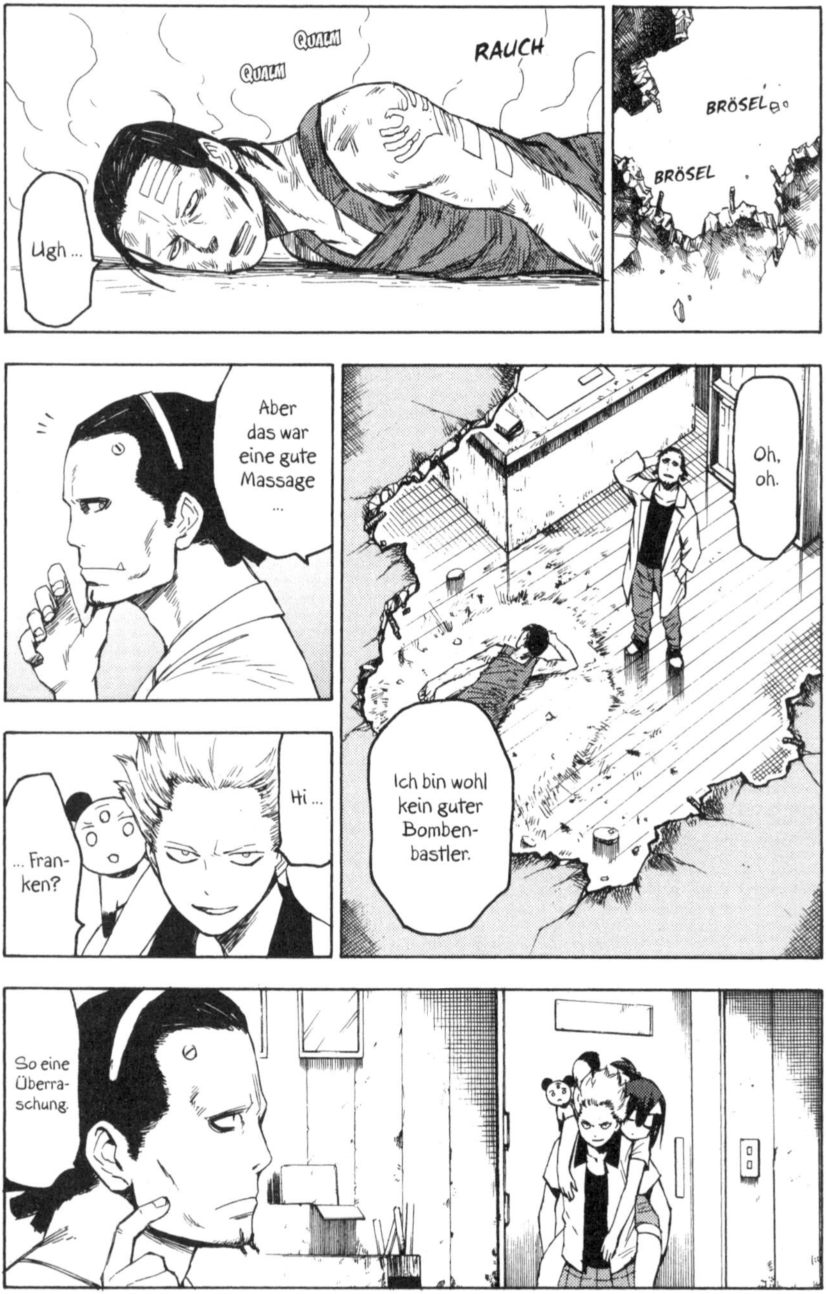
BRÖSEL
BRÖSEL
RAUCH
QUALM
QUALM
Ugh ...
Oh, oh.
Ich bin wohl kein guter Bomben-bastler.
Aber das war eine gute Massage ...
Hi ...
... Fran-ken?
So eine Überra-schung.

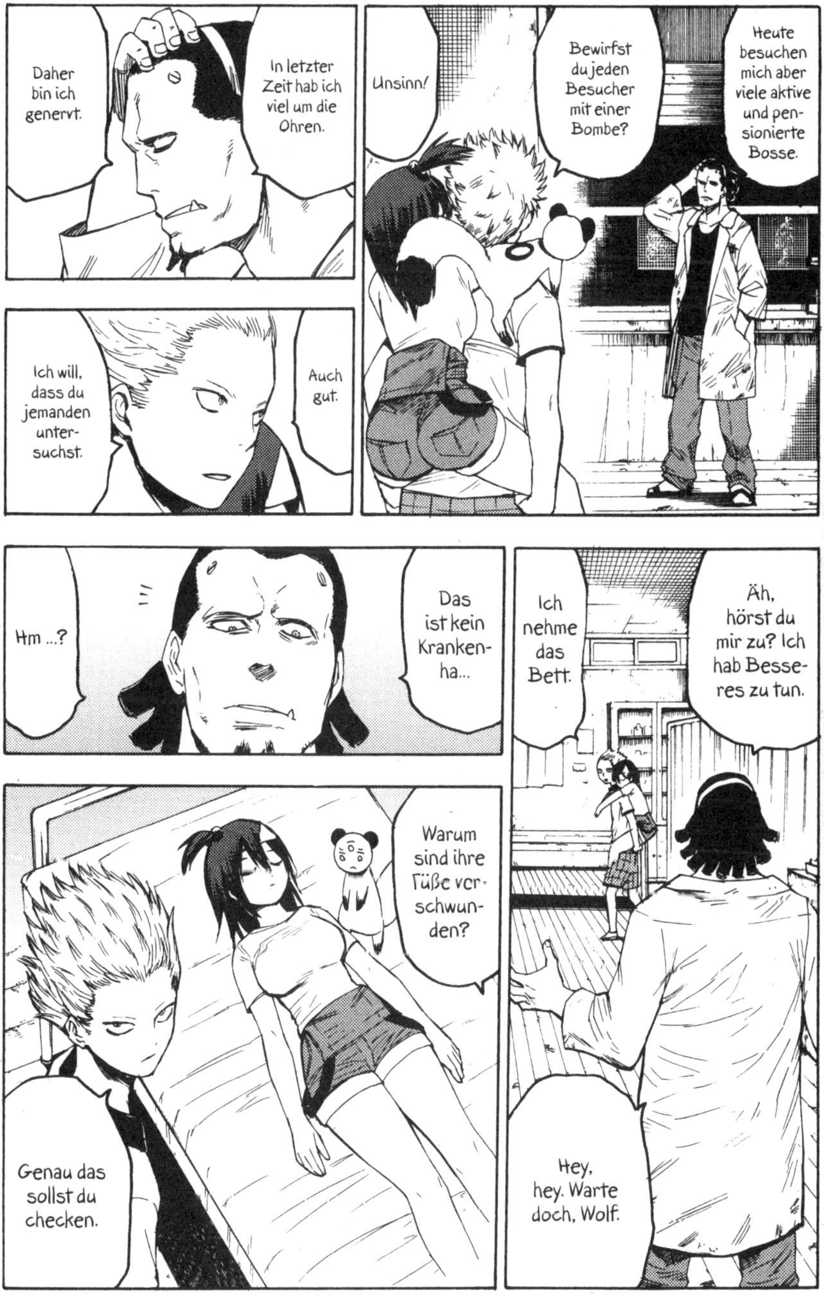
Heute besuchen mich aber viele aktive und pensionierte Bosse.
Bewirfst du jeden Besucher mit einer Bombe?
Unsinn!
In letzter Zeit hab ich viel um die Ohren.
Daher bin ich genervt.
Auch gut.
Ich will, dass du jemanden untersuchst.
Äh, hörst du mir zu? Ich hab Besseres zu tun.
Ich nehme das Bett.
Hey, hey. Warte doch, Wolf.
Das ist kein Krankenha...
Hm ...?
Warum sind ihre Füße verschwunden?
Genau das sollst du checken.

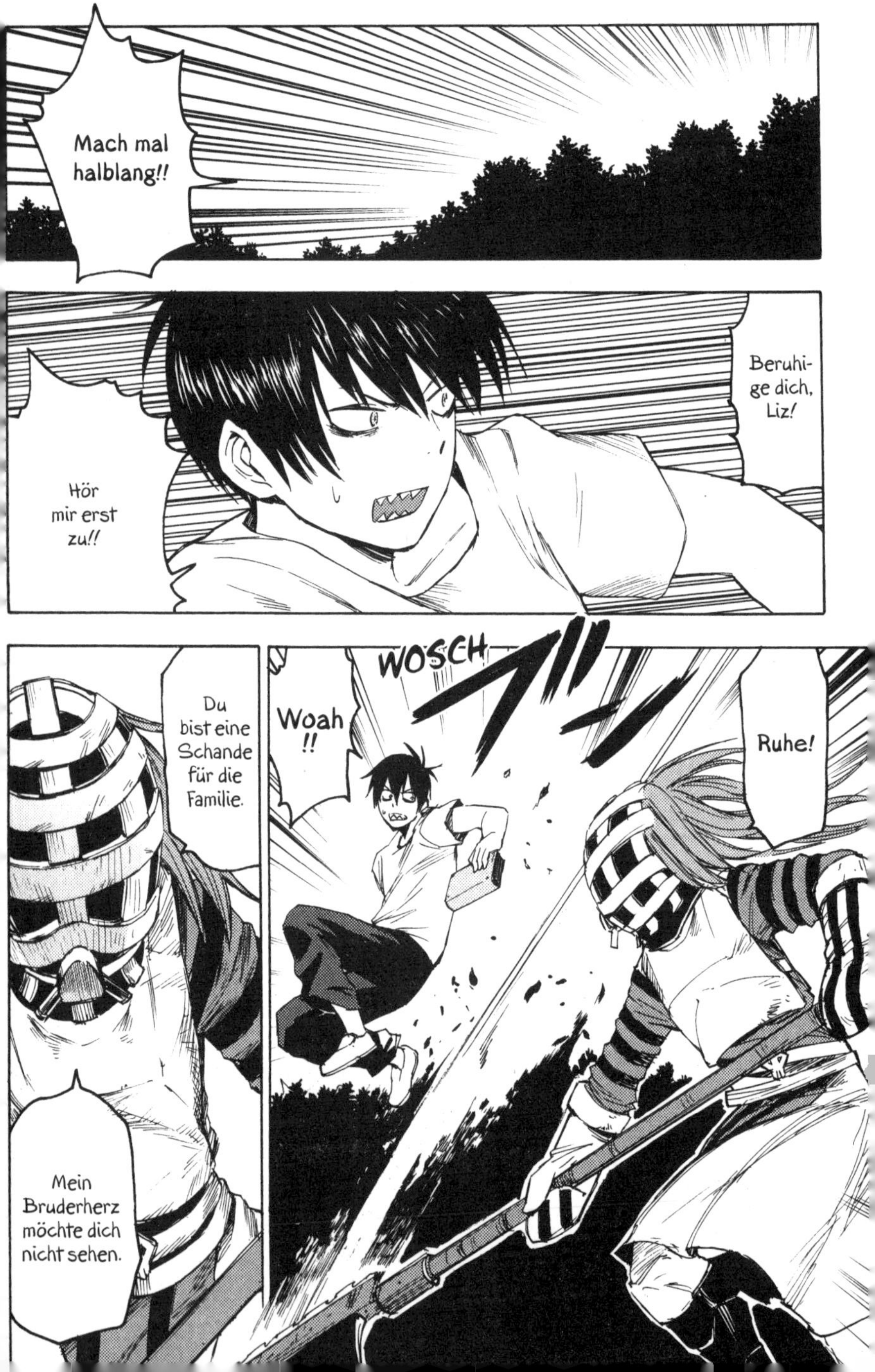
Mach mal halblang!!
Beruhi-ge dich, Liz!
Hör mir erst zu!!
Ruhe!
WOSCH
Woah!!
Du bist eine Schande für die Familie.
Mein Bruderherz möchte dich nicht sehen.

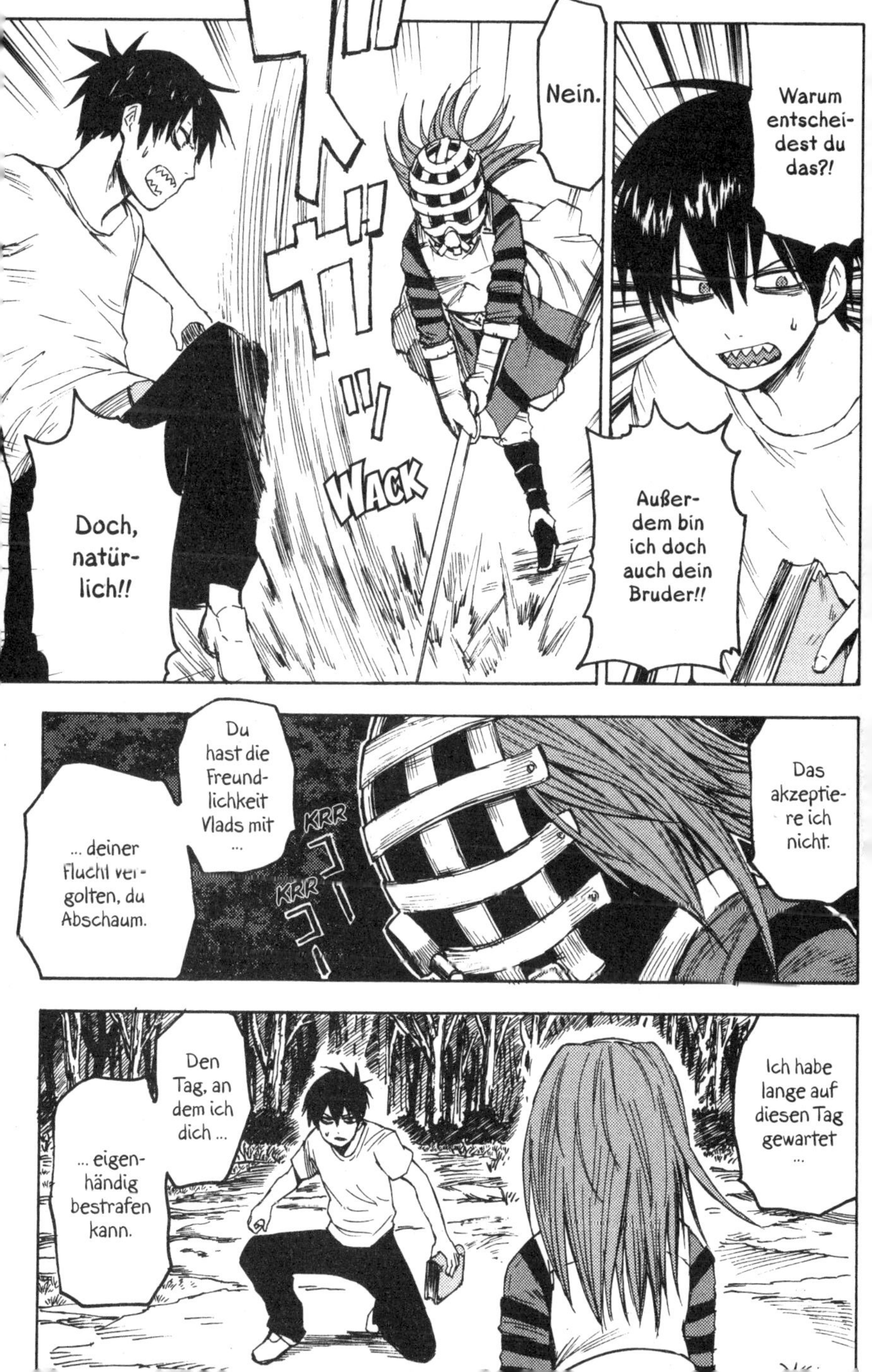
Warum entscheidest du das?!
Außerdem bin ich doch auch dein Bruder!!
Nein.
WACK
Doch, natürlich!!
Das akzeptiere ich nicht.
KRR
KRR
Du hast die Freundlichkeit Vlads mit ...
... deiner Flucht vergolten, du Abschaum.
Ich habe lange auf diesen Tag gewartet ...
Den Tag, an dem ich dich ...
... eigenhändig bestrafen kann.

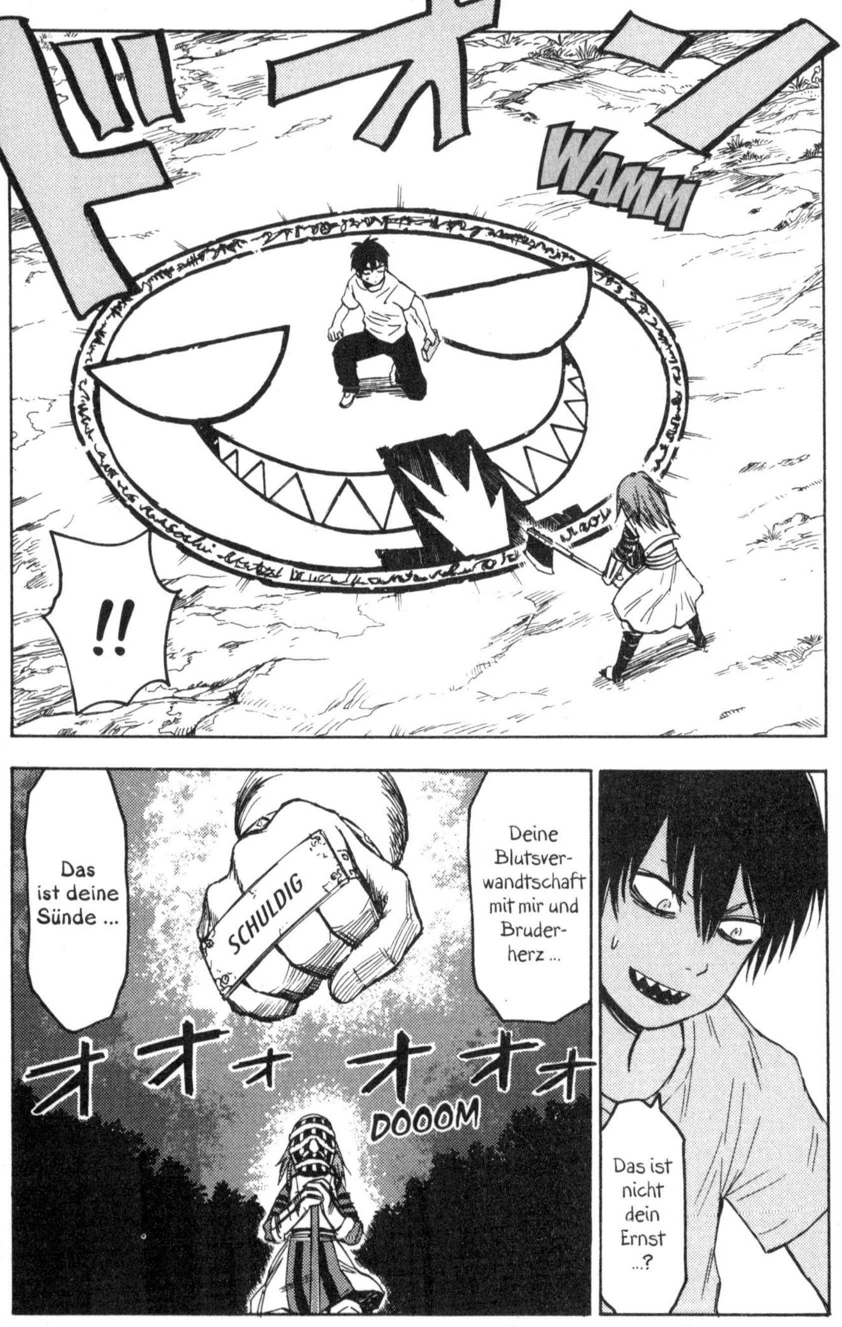
ドオーン
WAMM
!!
Das ist nicht dein Ernst ...?
Deine Blutsverwandtschaft mit mir und Bruderherz ...
Das ist deine Sünde ...
SCHULDIG
オオォ オオオ
DOOOM

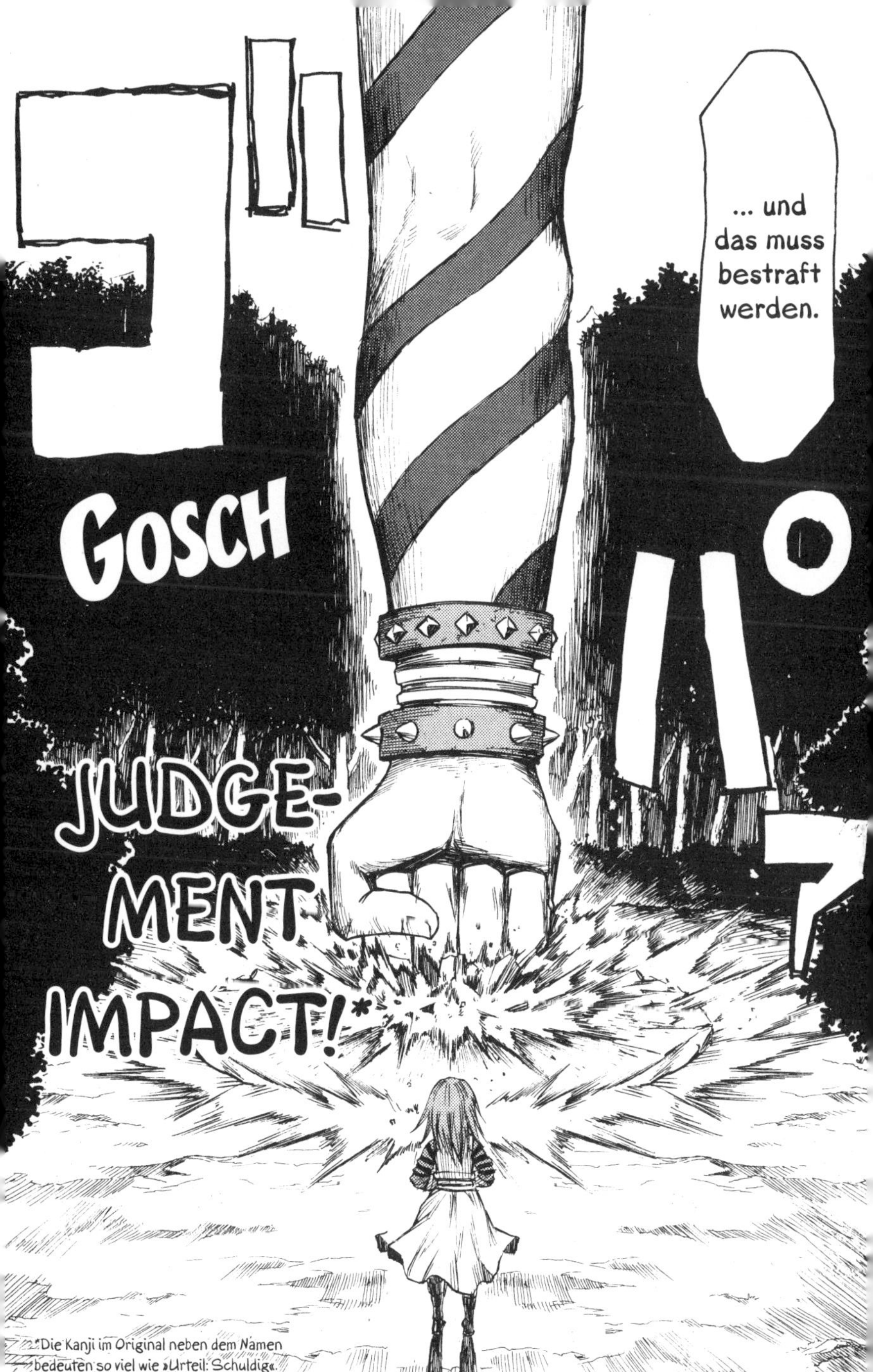


*Die Kanji im Original neben dem Namen bedeuten so viel wie »Urteil: Schuldig«.

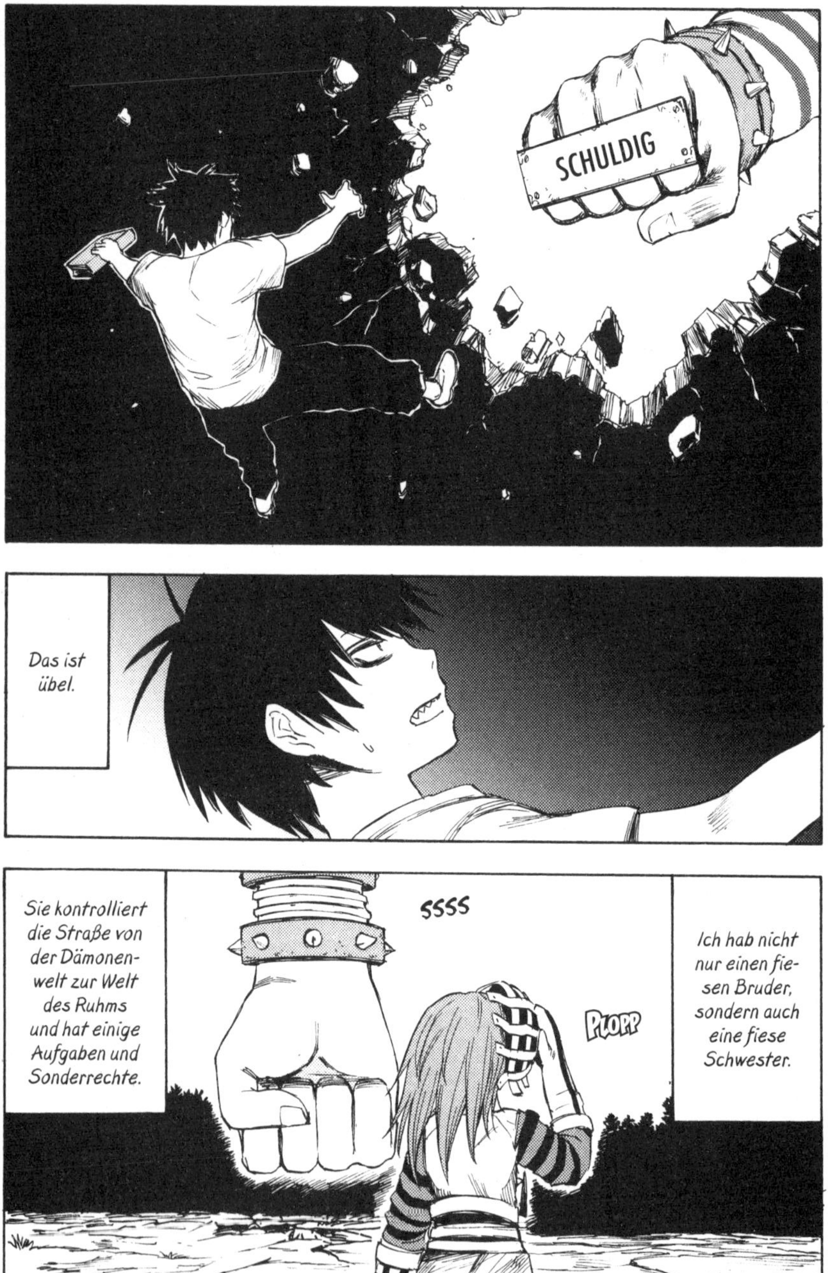
SCHULDIG
Das ist übel.
Ich hab nicht nur einen fiesen Bruder, sondern auch eine fiese Schwester.
PLOPP
SSSS
Sie kontrolliert die Straße von der Dämonenwelt zur Welt des Ruhms und hat einige Aufgaben und Sonderrechte.

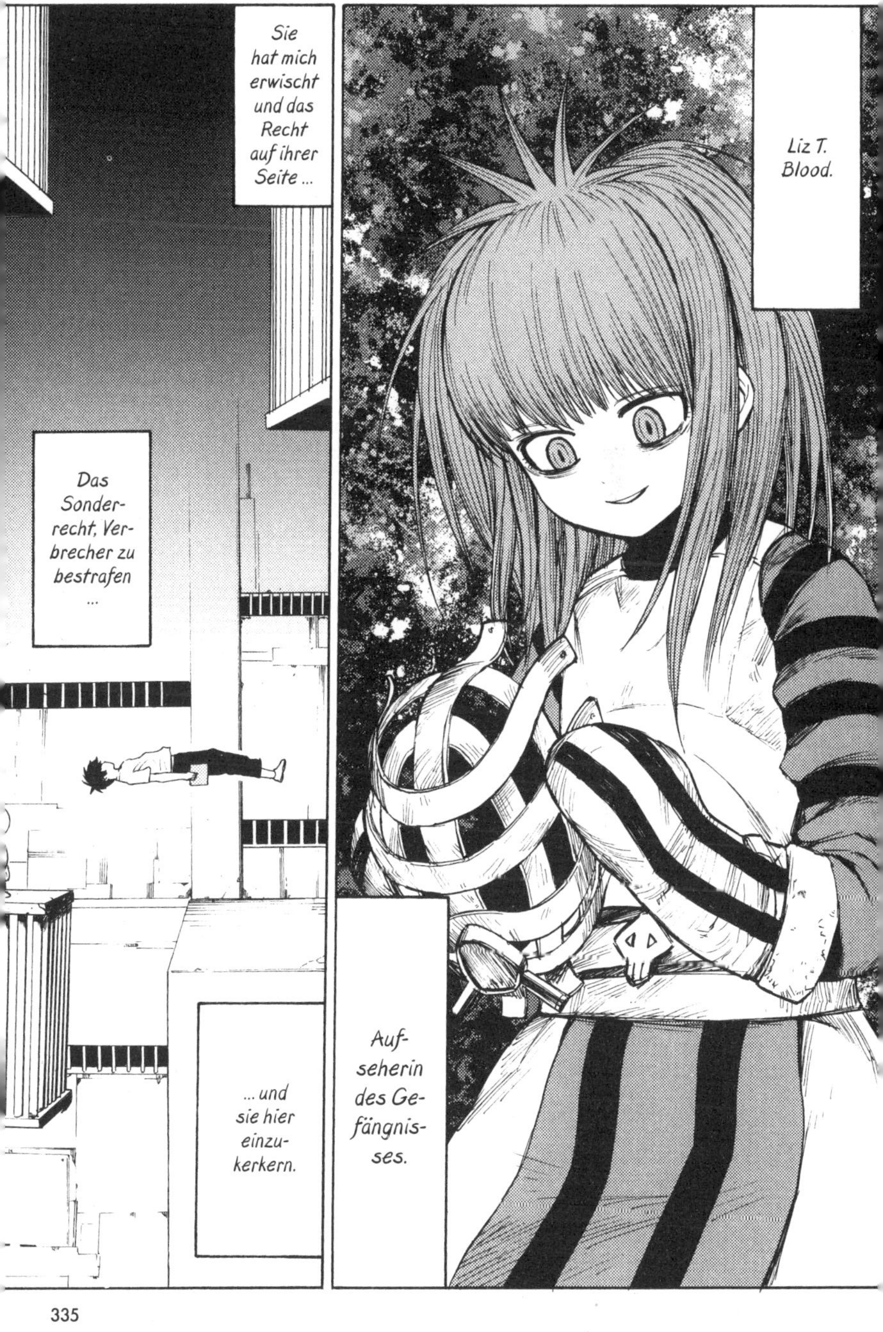
Liz T. Blood.
Aufseherin des Gefängnisses.
Sie hat mich erwischt und das Recht auf ihrer Seite ...
Das Sonderrecht, Verbrecher zu bestrafen ...
... und sie hier einzukerkern.

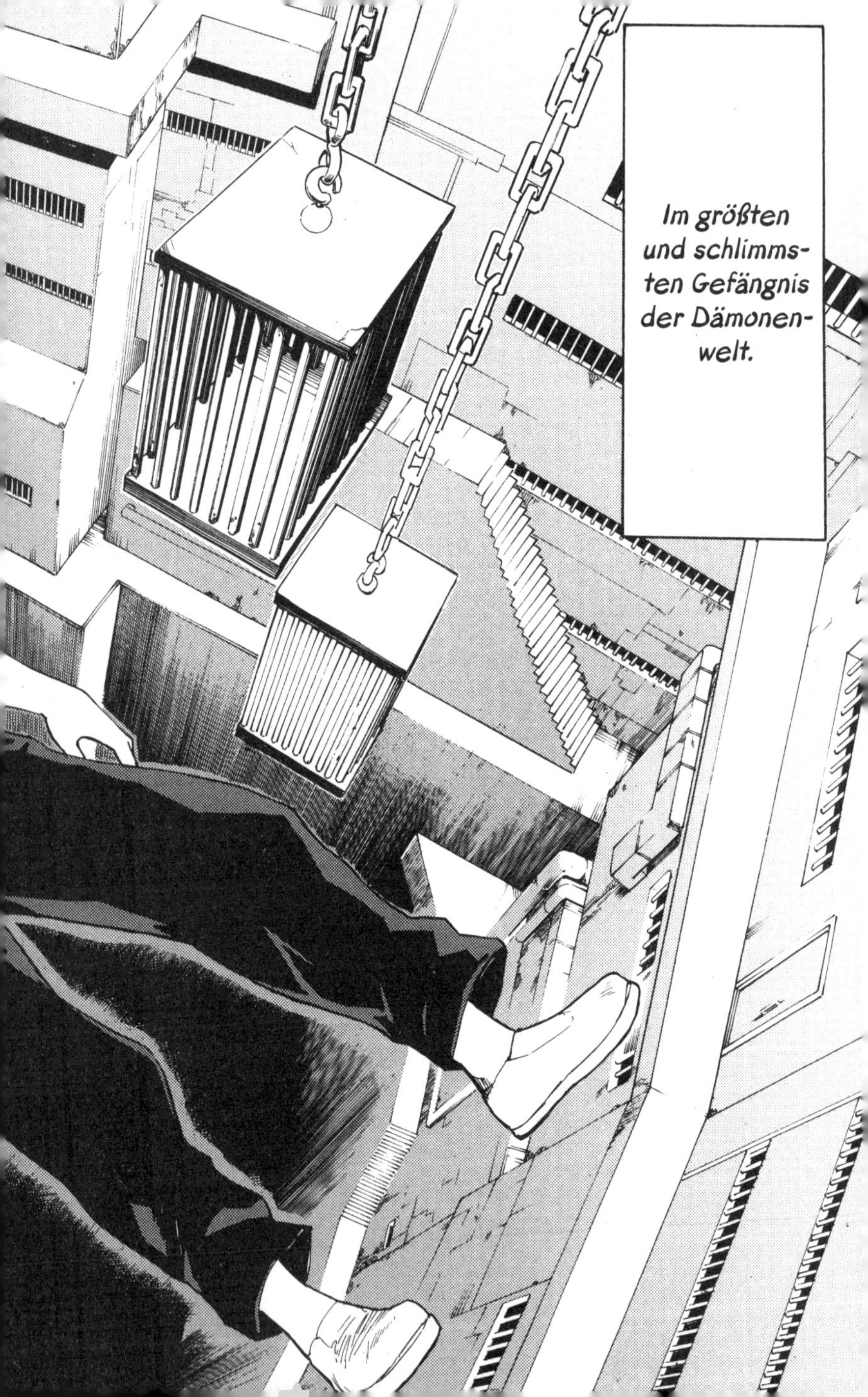
Im größten und schlimmsten Gefängnis der Dämonenwelt.

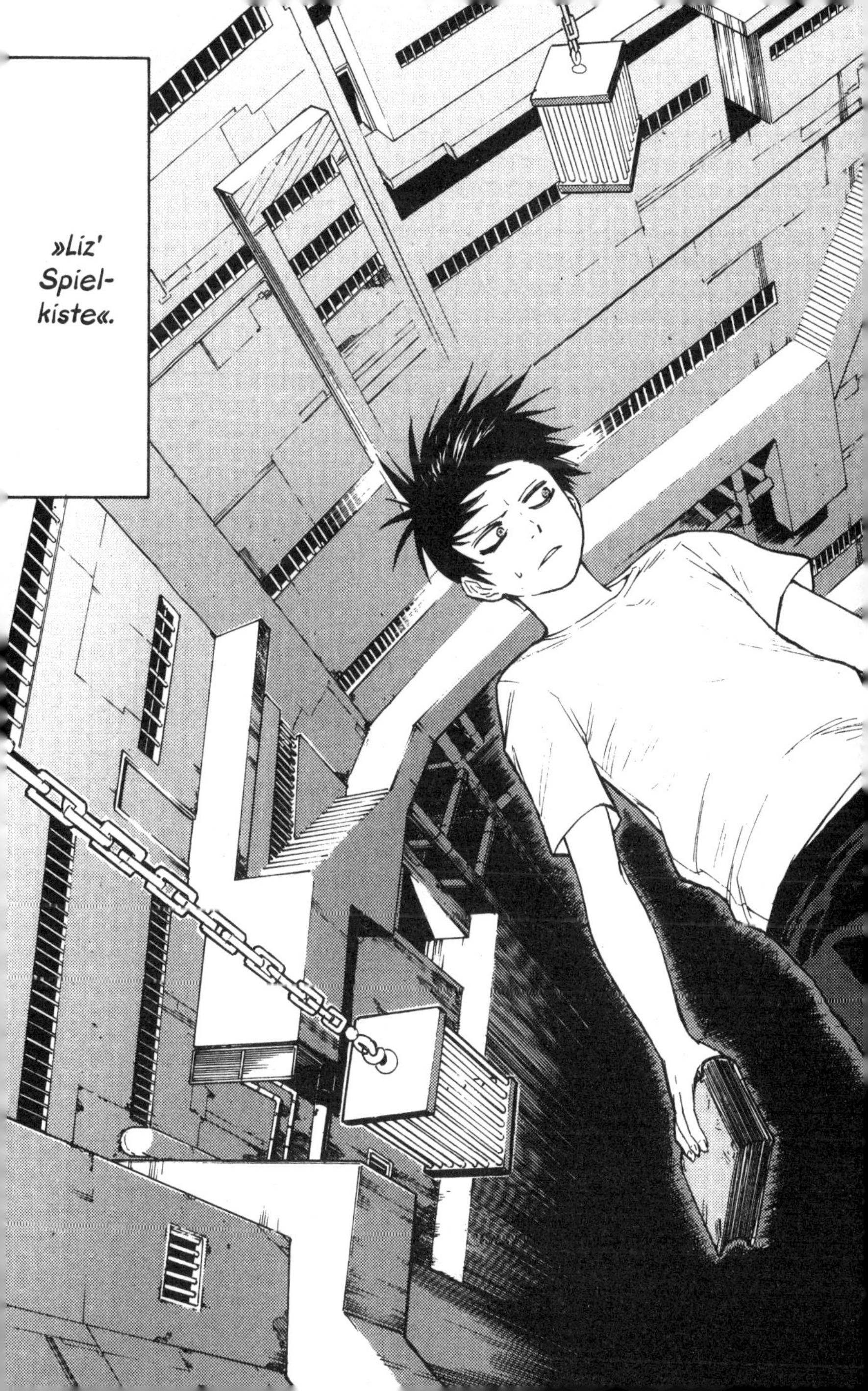
»Liz' Spiel-kiste«.

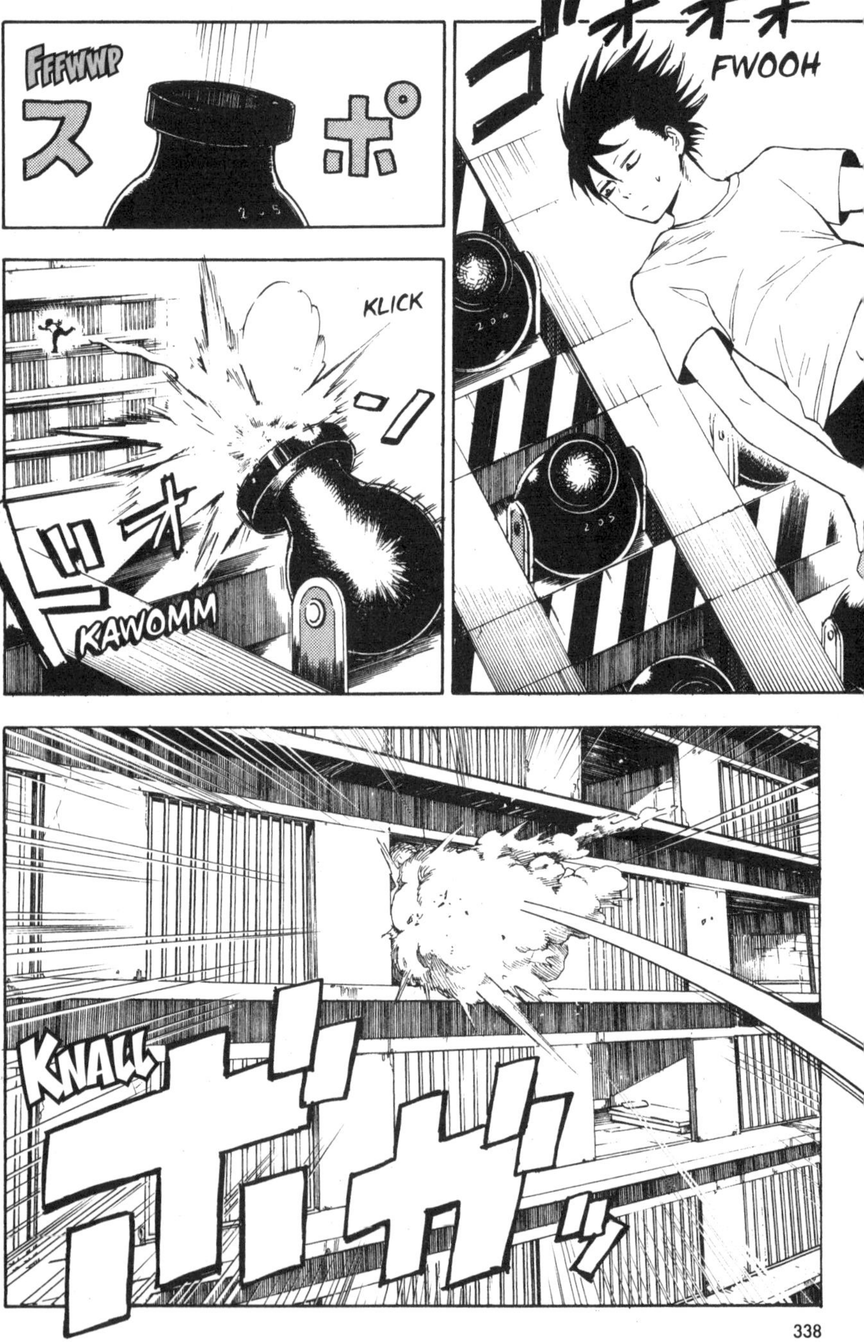
FWOOH
ゴオオオ
FFFWWP
スポ
KLICK
ドオン
KAWOMM
KNALL
ガガガ

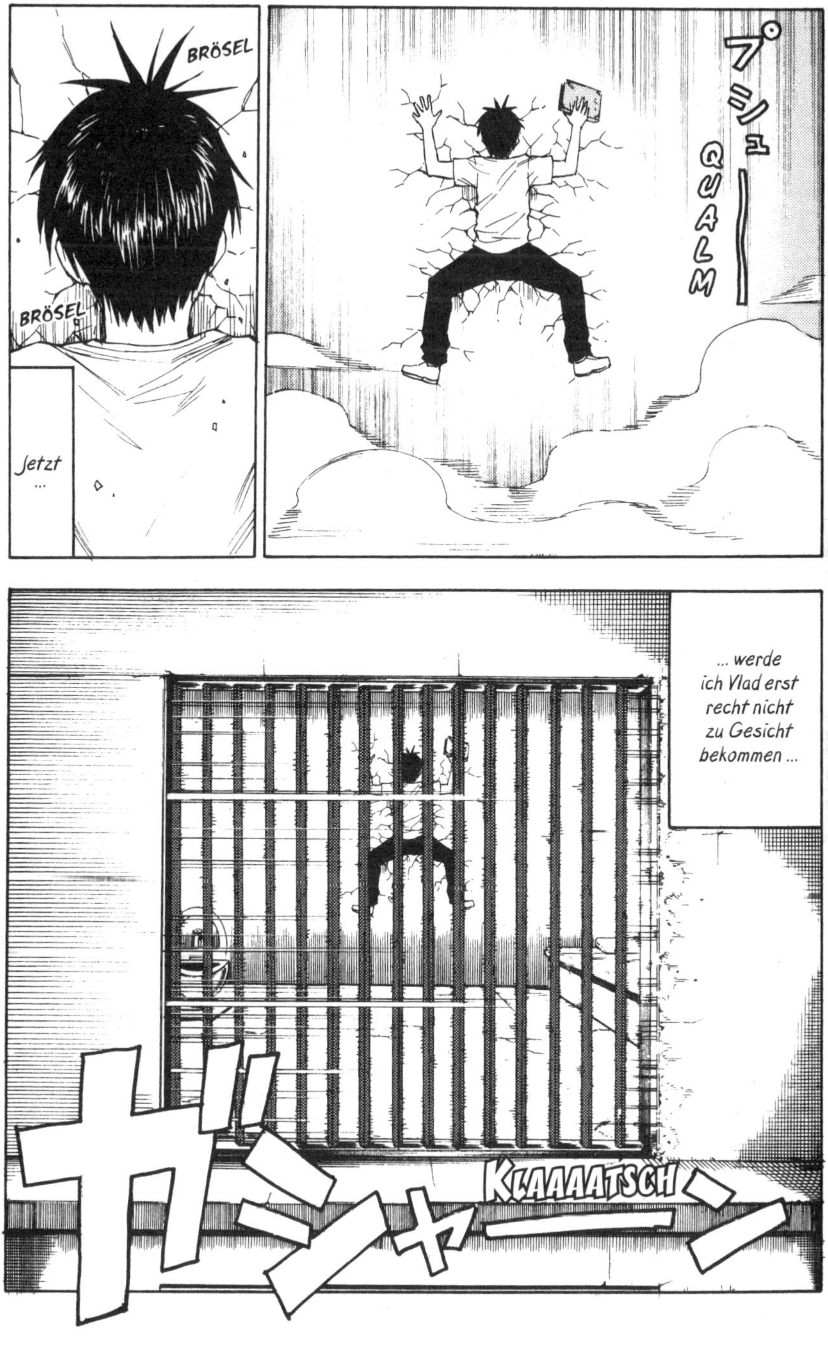
プシュー
QUALM
BRÖSEL
BRÖSEL
Jetzt ...
... werde ich Vlad erst recht nicht zu Gesicht bekommen ...
ガシャーン
KLAAAATSCH

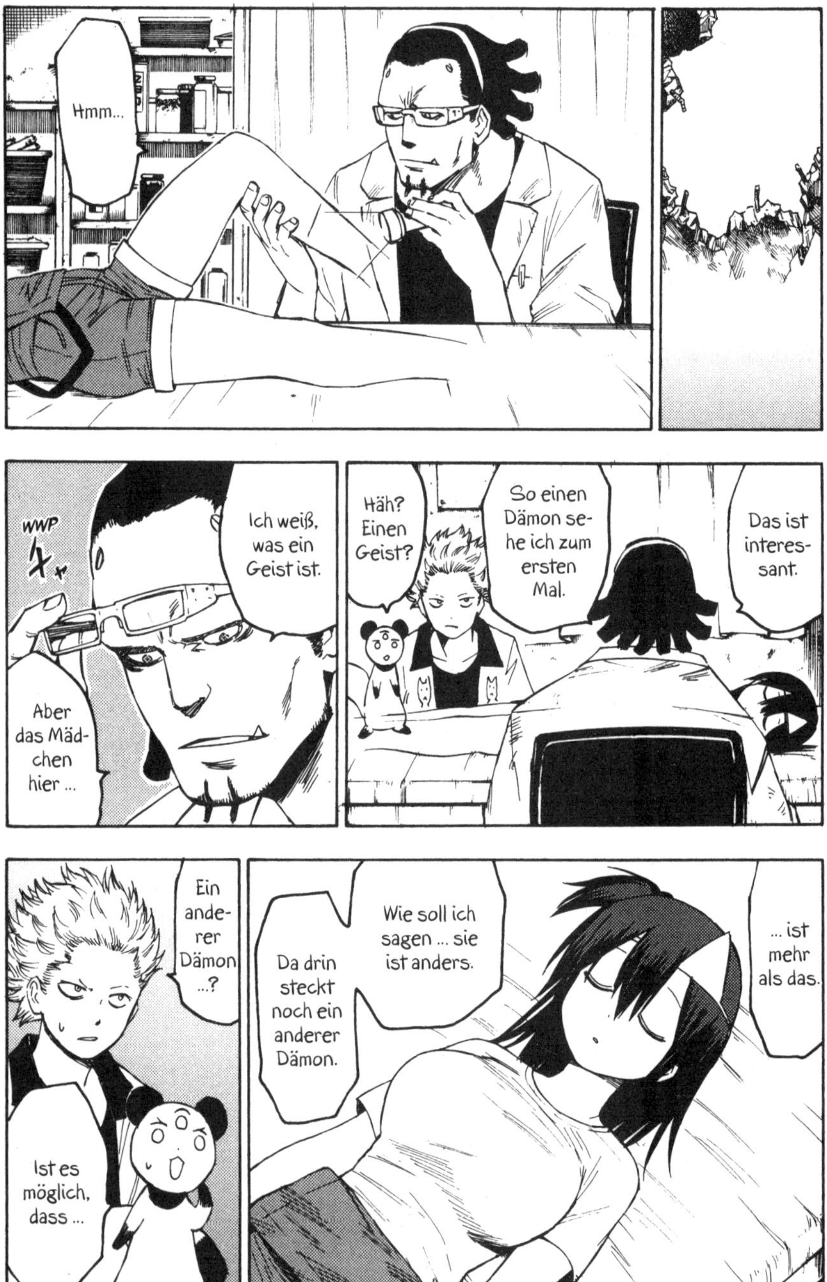
Hmm...
Das ist interessant.
So einen Dämon sehe ich zum ersten Mal.
Häh? Einen Geist?
Ich weiß, was ein Geist ist.
WWP
Aber das Mädchen hier ...
... ist mehr als das.
Wie soll ich sagen ... sie ist anders.
Da drin steckt noch ein anderer Dämon.
Ein anderer Dämon ...?
Ist es möglich, dass ...

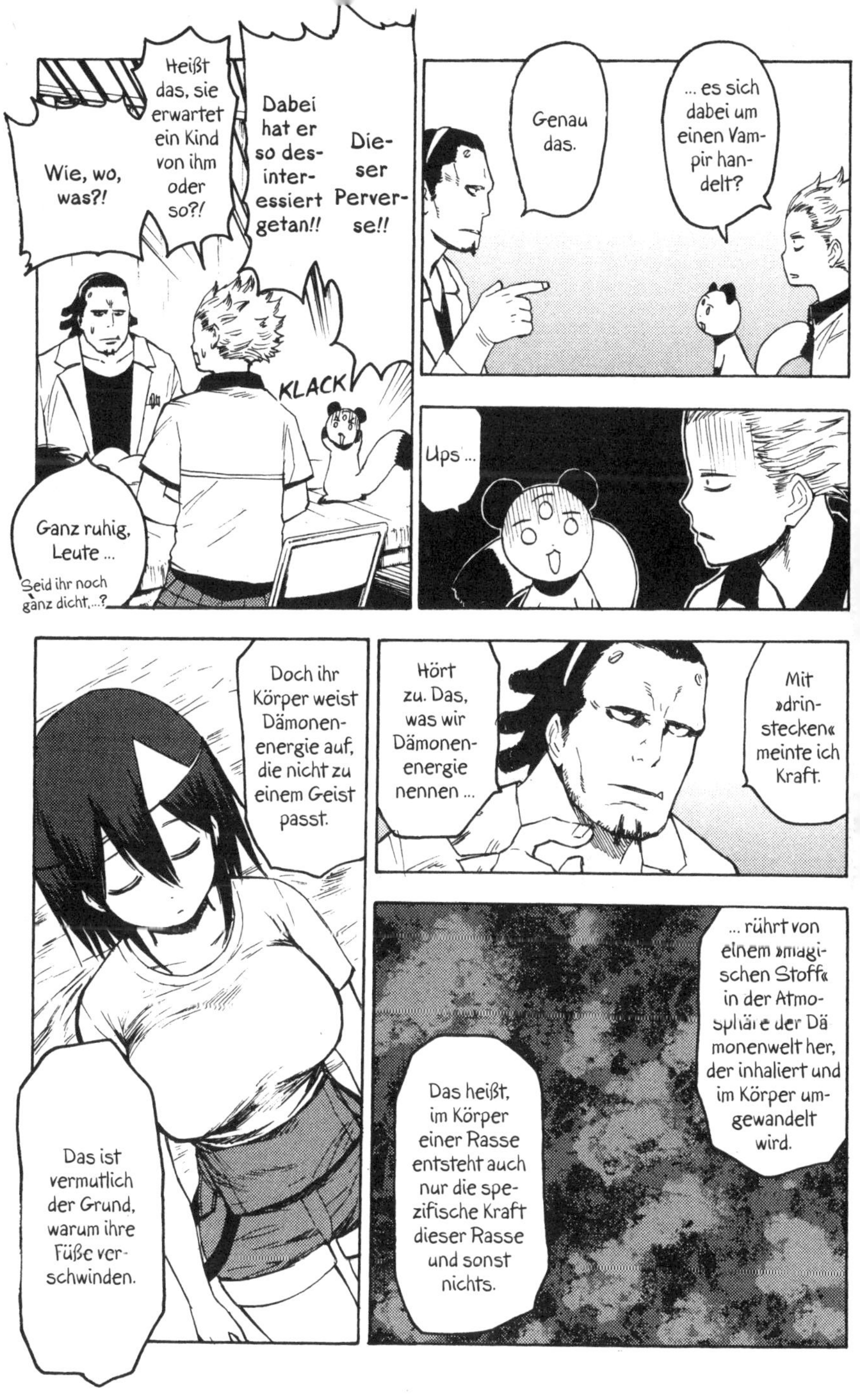
... es sich dabei um einen Vampir handelt?
Genau das.
Ups ...
Dieser Perverse!!
Dabei hat er so desinteressiert getan!!
Heißt das, sie erwartet ein Kind von ihm oder so?!
Wie, wo, was?!
KLACK
Ganz ruhig, Leute ...
Seid ihr noch ganz dicht...?
Mit »drinstecken« meinte ich Kraft.
Hört zu. Das, was wir Dämonenenergie nennen ...
... rührt von einem »magischen Stoff« in der Atmosphäre der Dämonenwelt her, der inhaliert und im Körper umgewandelt wird.
Das heißt, im Körper einer Rasse entsteht auch nur die spezifische Kraft dieser Rasse und sonst nichts.
Doch ihr Körper weist Dämonenenergie auf, die nicht zu einem Geist passt.
Das ist vermutlich der Grund, warum ihre Füße verschwinden.

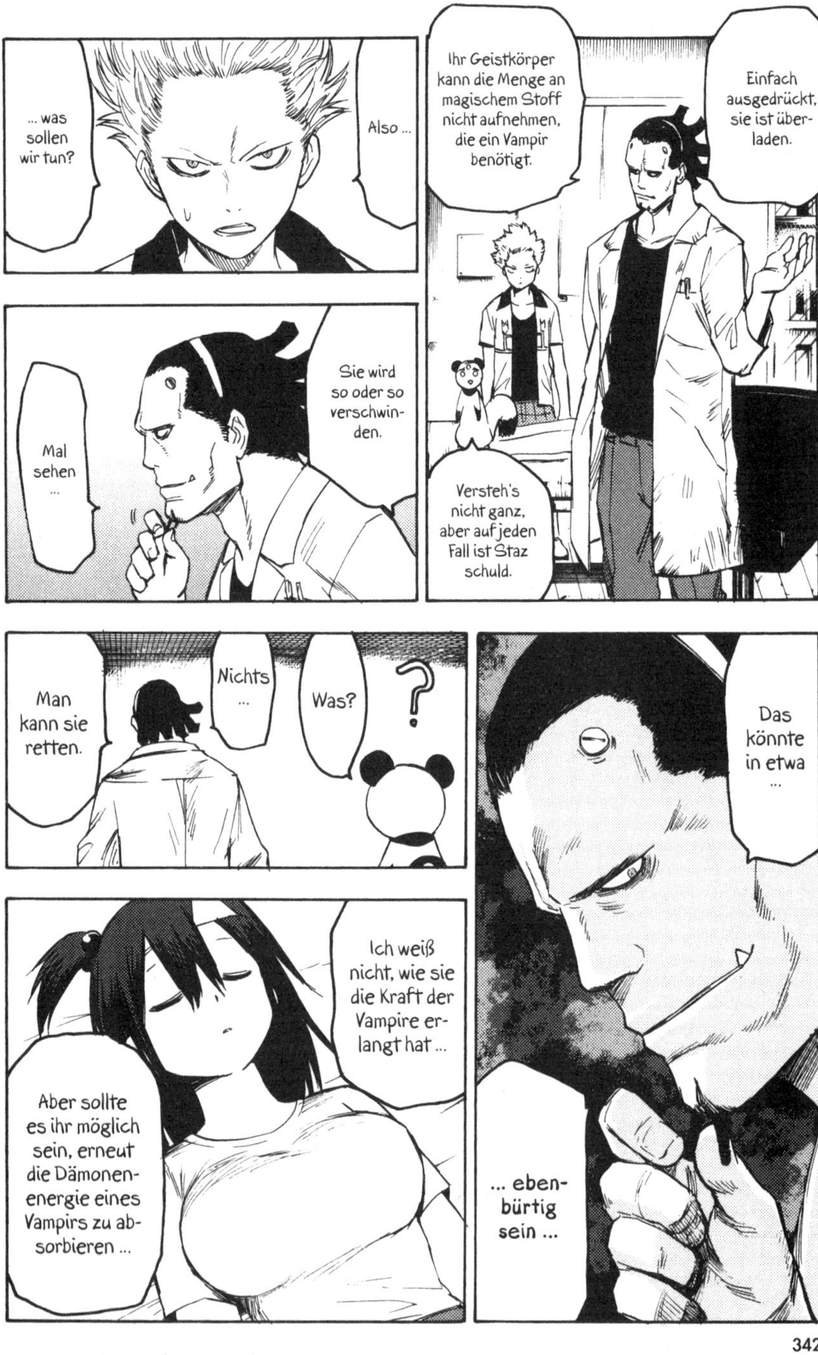
Einfach ausgedrückt, sie ist überladen.
Ihr Geistkörper kann die Menge an magischem Stoff nicht aufnehmen, die ein Vampir benötigt.
Versteh's nicht ganz, aber auf jeden Fall ist Staz schuld.
Also ...
... was sollen wir tun?
Sie wird so oder so verschwinden.
Mal sehen ...
Was?
Nichts ...
Man kann sie retten.
Ich weiß nicht, wie sie die Kraft der Vampire erlangt hat ...
Aber sollte es ihr möglich sein, erneut die Dämonenenergie eines Vampirs zu absorbieren ...
Das könnte in etwa ...
... ebenbürtig sein ...

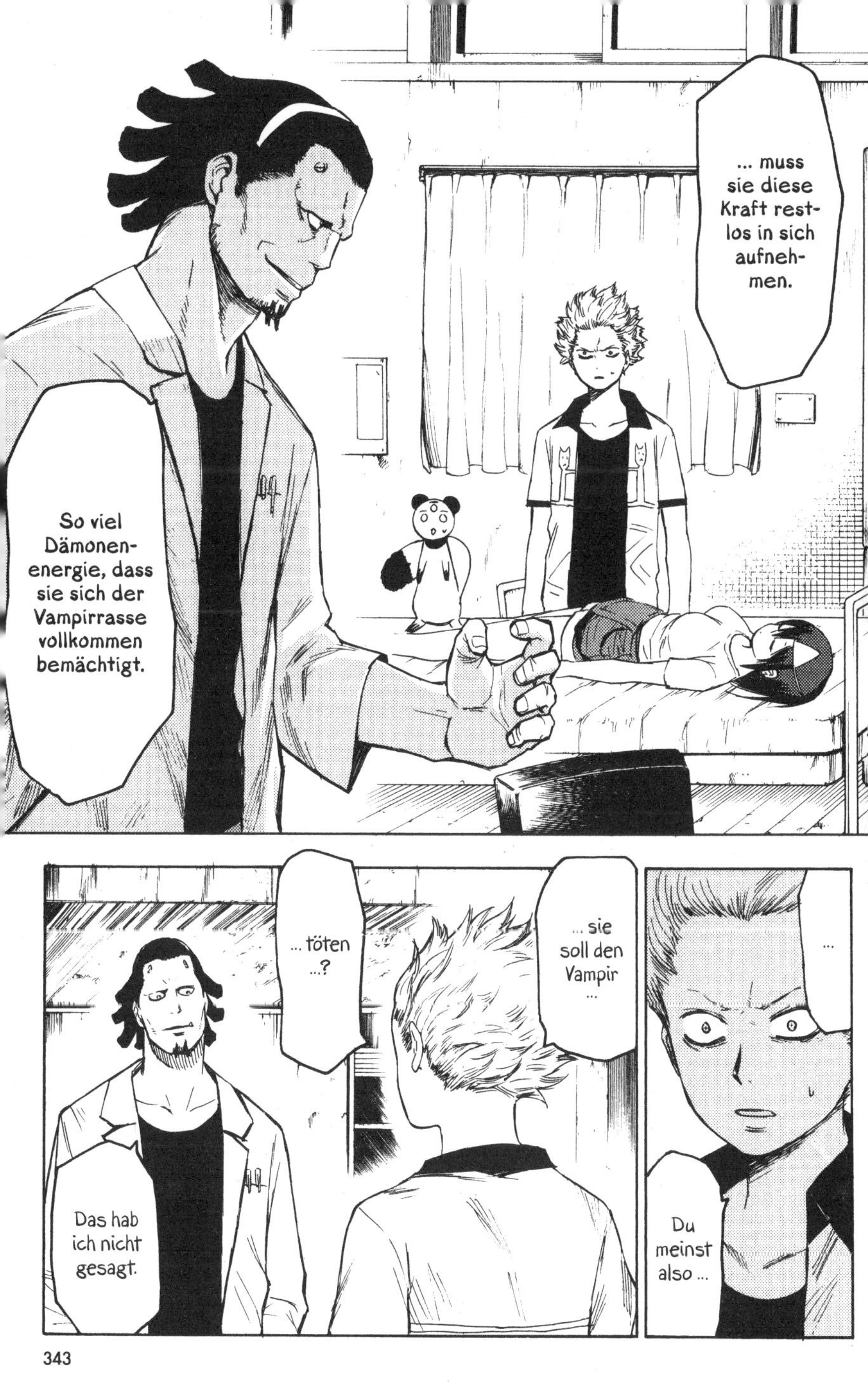
... muss sie diese Kraft restlos in sich aufnehmen.
So viel Dämonenenergie, dass sie sich der Vampirrasse vollkommen bemächtigt.
...
Du meinst also ...
... sie soll den Vampir ...
... töten ...?
Das hab ich nicht gesagt.

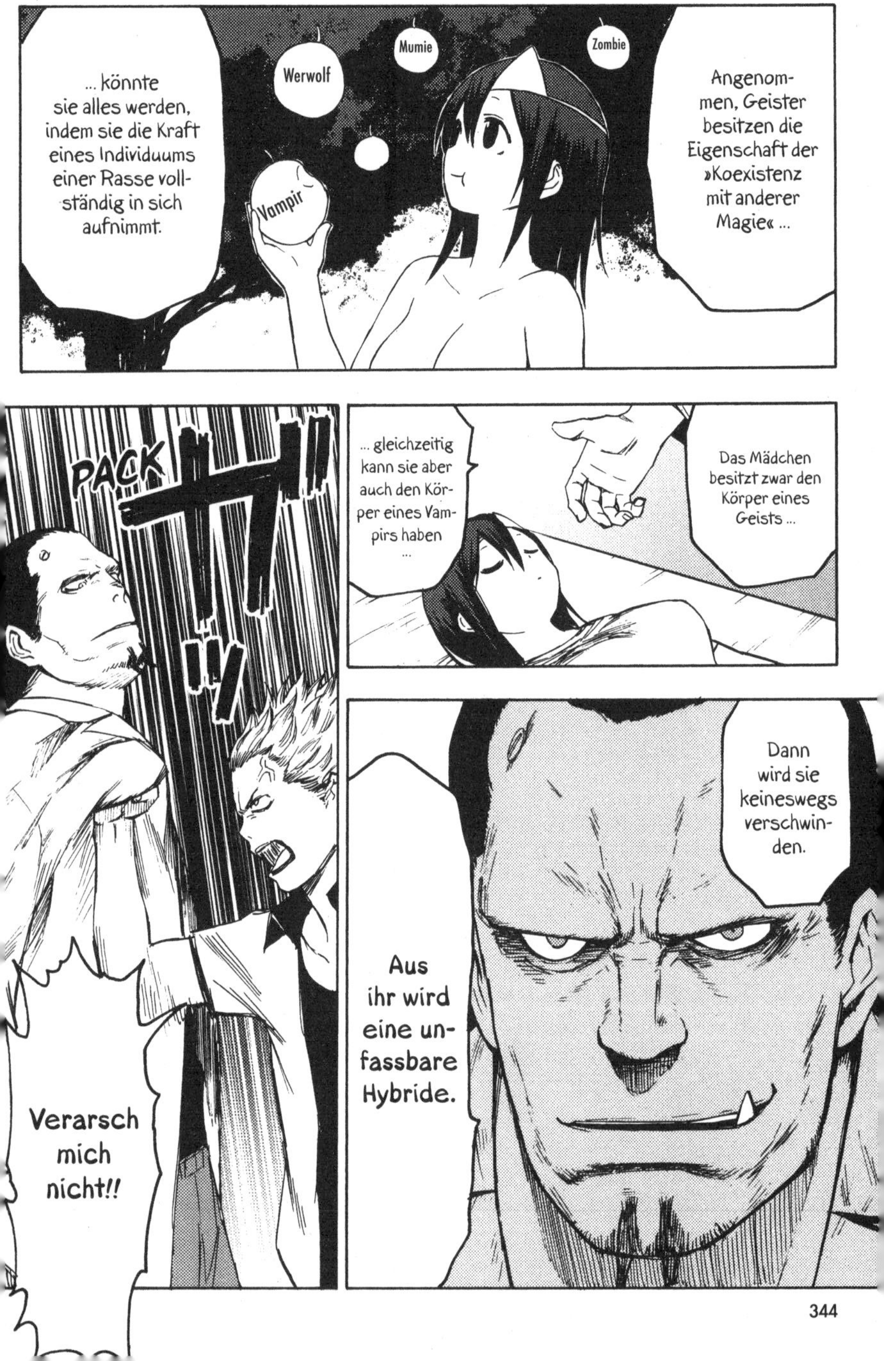
Angenommen, Geister besitzen die Eigenschaft der »Koexistenz mit anderer Magie« ...
Zombie
Mumie
Werwolf
Vampir
... könnte sie alles werden, indem sie die Kraft eines Individuums einer Rasse vollständig in sich aufnimmt.
Das Mädchen besitzt zwar den Körper eines Geists ...
... gleichzeitig kann sie aber auch den Körper eines Vampirs haben ...
Dann wird sie keineswegs verschwinden.
Aus ihr wird eine unfassbare Hybride.
PACK
Verarsch mich nicht!!

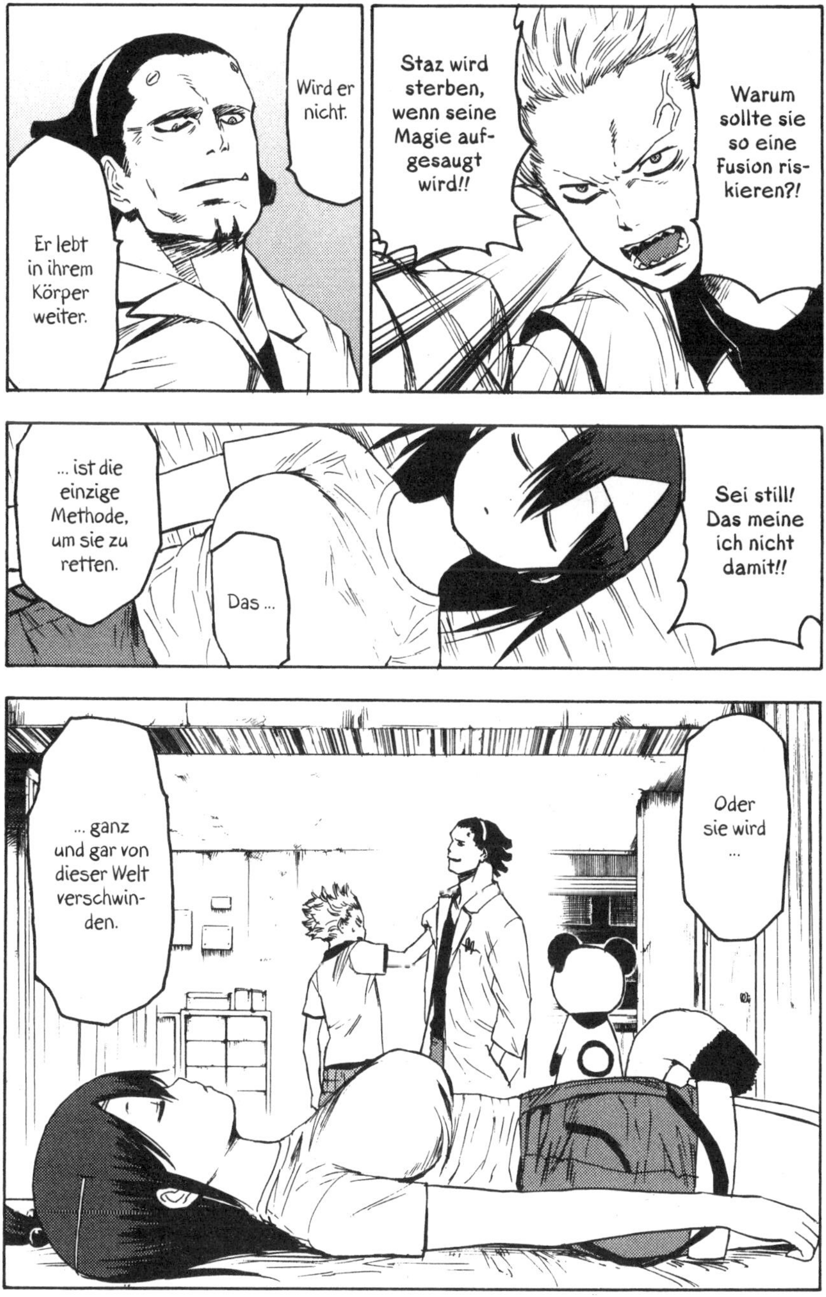
Warum sollte sie so eine Fusion riskieren?!
Staz wird sterben, wenn seine Magie aufgesaugt wird!!
Wird er nicht.
Er lebt in ihrem Körper weiter.
Sei still! Das meine ich nicht damit!!
Das ...
... ist die einzige Methode, um sie zu retten.
Oder sie wird ...
... ganz und gar von dieser Welt verschwinden.

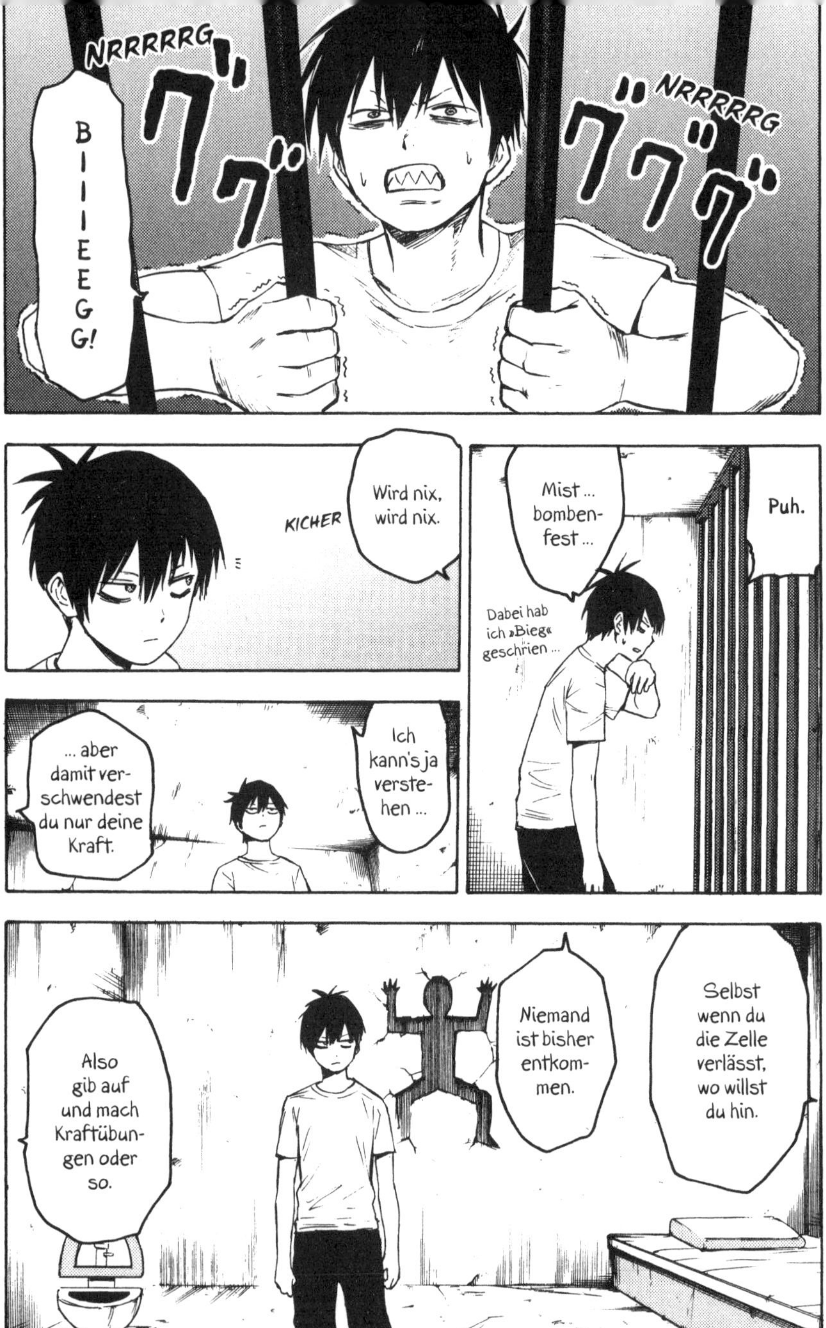
NRRRRRG
NRRRRRG
BIIIIEEGG!
Puh.
Mist ... bombenfest ...
Dabei hab ich »Bieg« geschrien ...
Wird nix, wird nix.
KICHER
Ich kann's ja verstehen ...
... aber damit verschwendest du nur deine Kraft.
Selbst wenn du die Zelle verlässt, wo willst du hin.
Niemand ist bisher entkommen.
Also gib auf und mach Kraftübungen oder so.

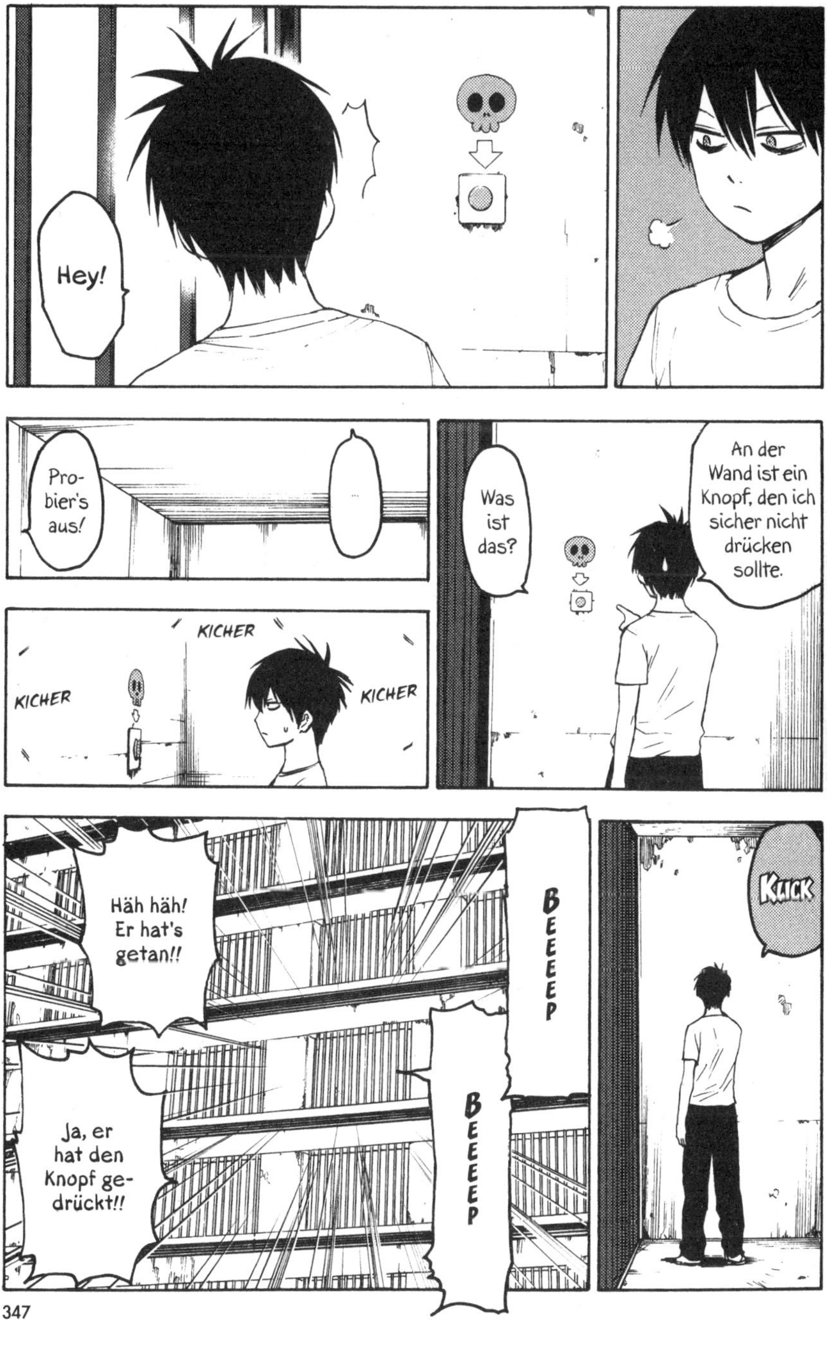
Hey!
An der Wand ist ein Knopf, den ich sicher nicht drücken sollte.
Was ist das?
...
Probier's aus!
KICHER
KICHER
KICHER
KLICK
BEEEEP
BEEEEP
Häh häh! Er hat's getan!!
Ja, er hat den Knopf gedrückt!!

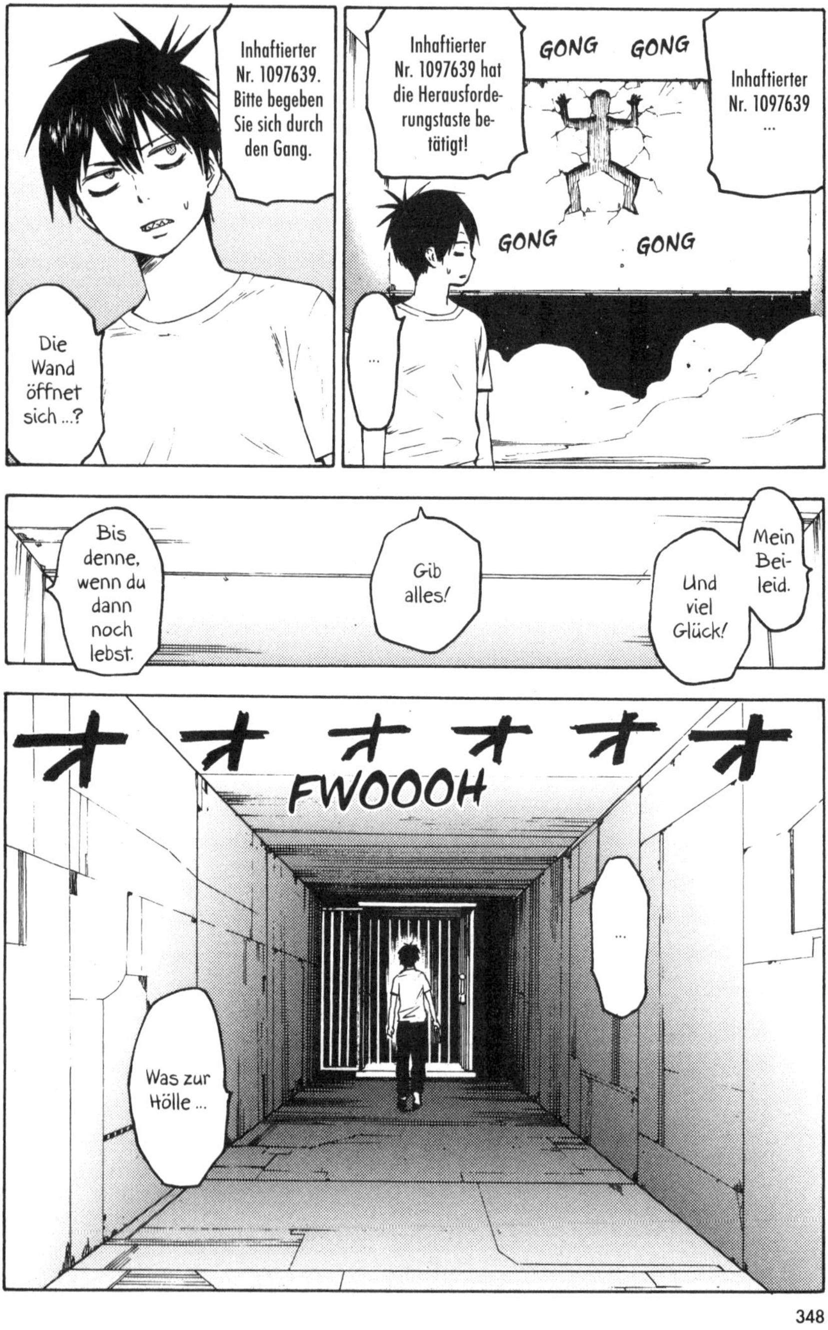
Inhaftierter Nr. 1097639 …
GONG GONG
Inhaftierter Nr. 1097639 hat die Herausforderungstaste betätigt!
GONG GONG
…
Inhaftierter Nr. 1097639. Bitte begeben Sie sich durch den Gang.
Die Wand öffnet sich …?
Mein Beileid.
Und viel Glück!
Gib alles!
Bis denne, wenn du dann noch lebst.
オオオオオオ
FWOOOH
…
Was zur Hölle …

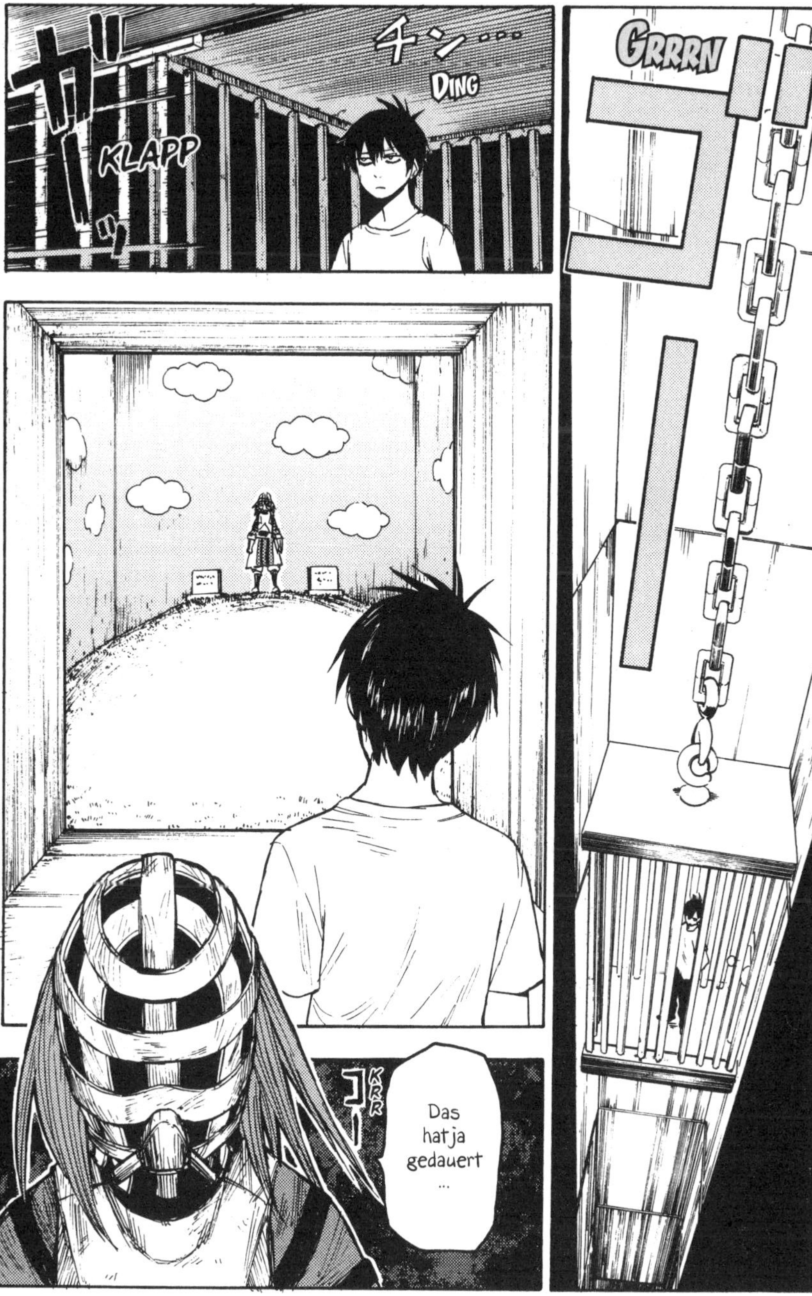
GRRRN
チン…
DING
KLAPP
KRR
Das hatja gedauert …

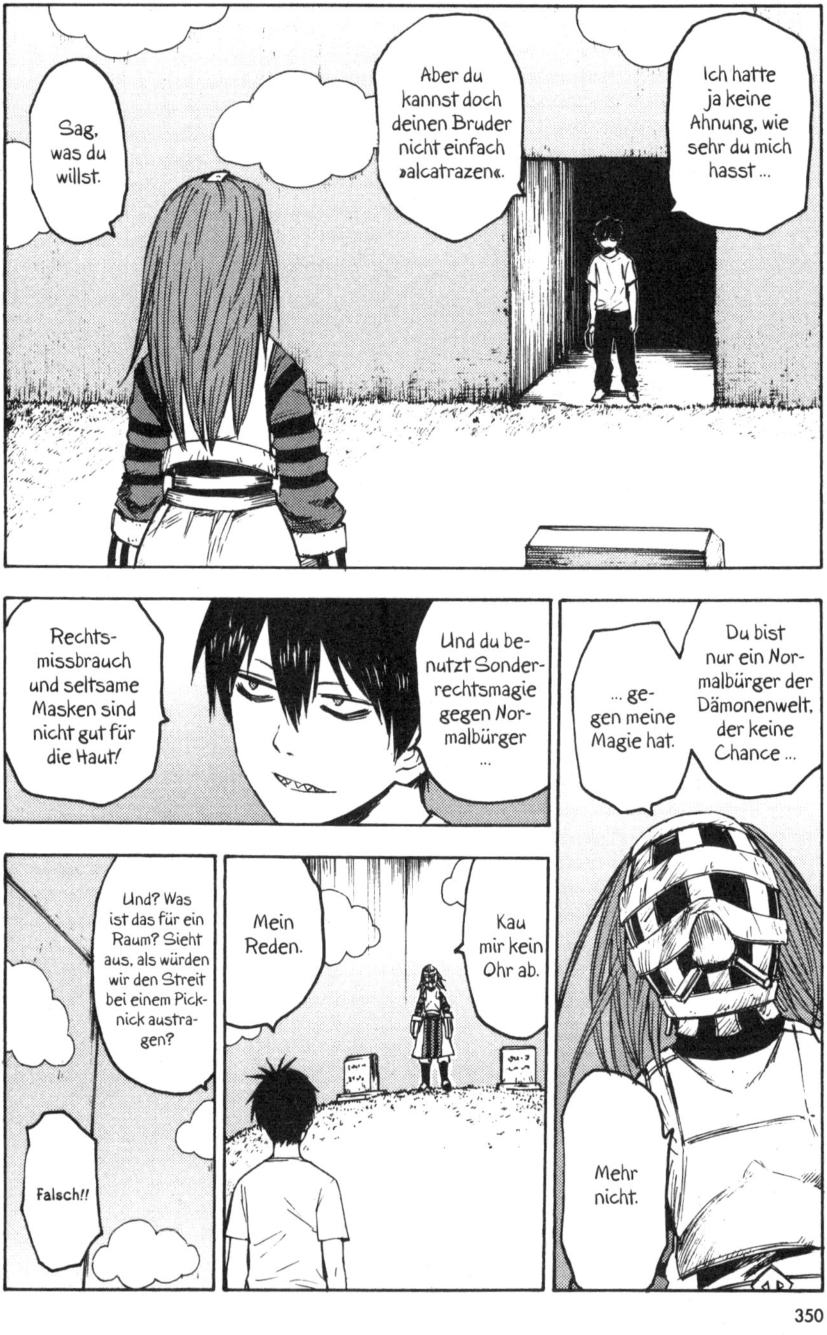
Ich hatte ja keine Ahnung, wie sehr du mich hasst ...
Aber du kannst doch deinen Bruder nicht einfach »alcatrazen«.
Sag, was du willst.
Du bist nur ein Normalbürger der Dämonenwelt, der keine Chance ...
... gegen meine Magie hat.
Und du benutzt Sonderrechtsmagie gegen Normalbürger ...
Rechtsmissbrauch und seltsame Masken sind nicht gut für die Haut!
Mehr nicht.
Kau mir kein Ohr ab.
Mein Reden.
Und? Was ist das für ein Raum? Sieht aus, als würden wir den Streit bei einem Picknick austragen?
Falsch!!

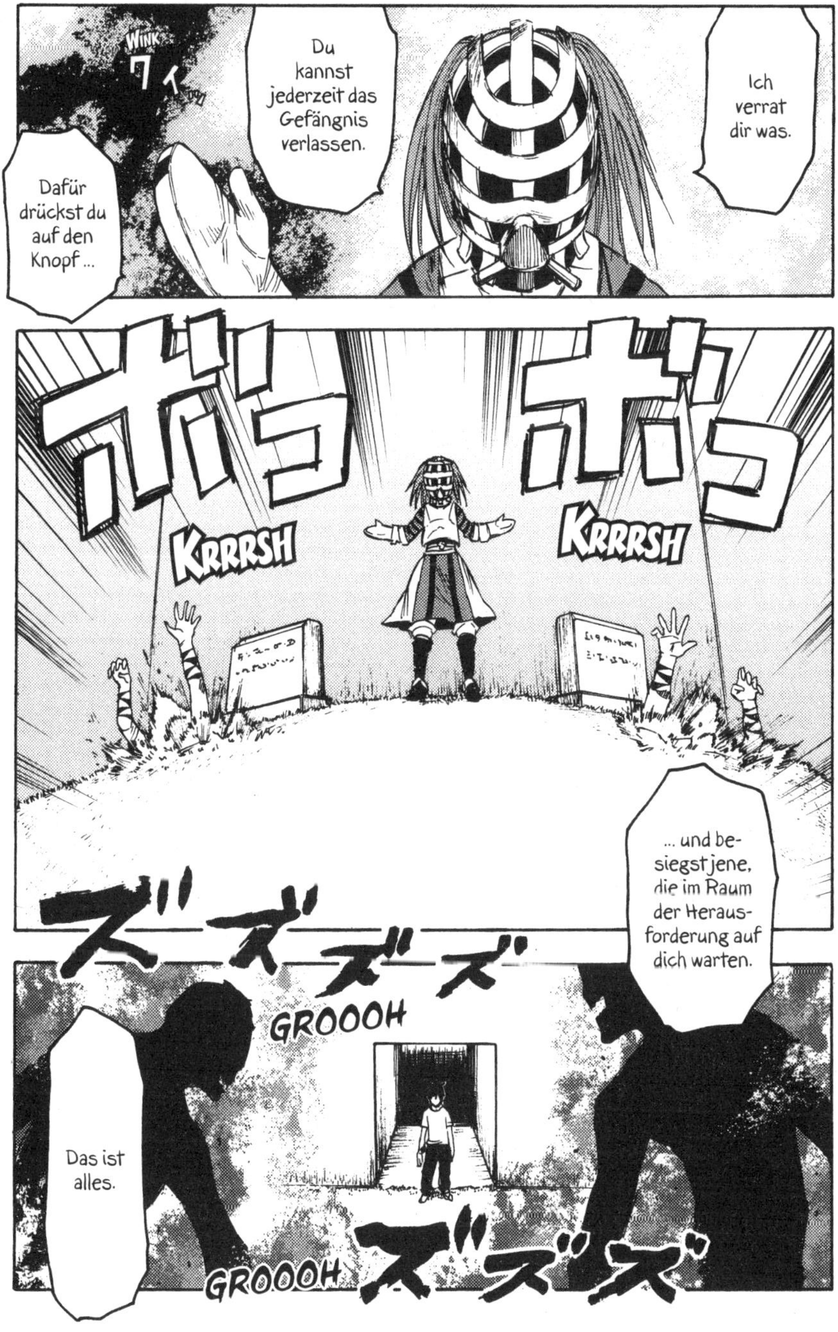
Ich verrat dir was.
Du kannst jederzeit das Gefängnis verlassen.
WINK
Dafür drückst du auf den Knopf ...
KRRRSH
KRRRSH
... und besiegst jene, die im Raum der Herausforderung auf dich warten.
GROOOH
Das ist alles.
GROOOH

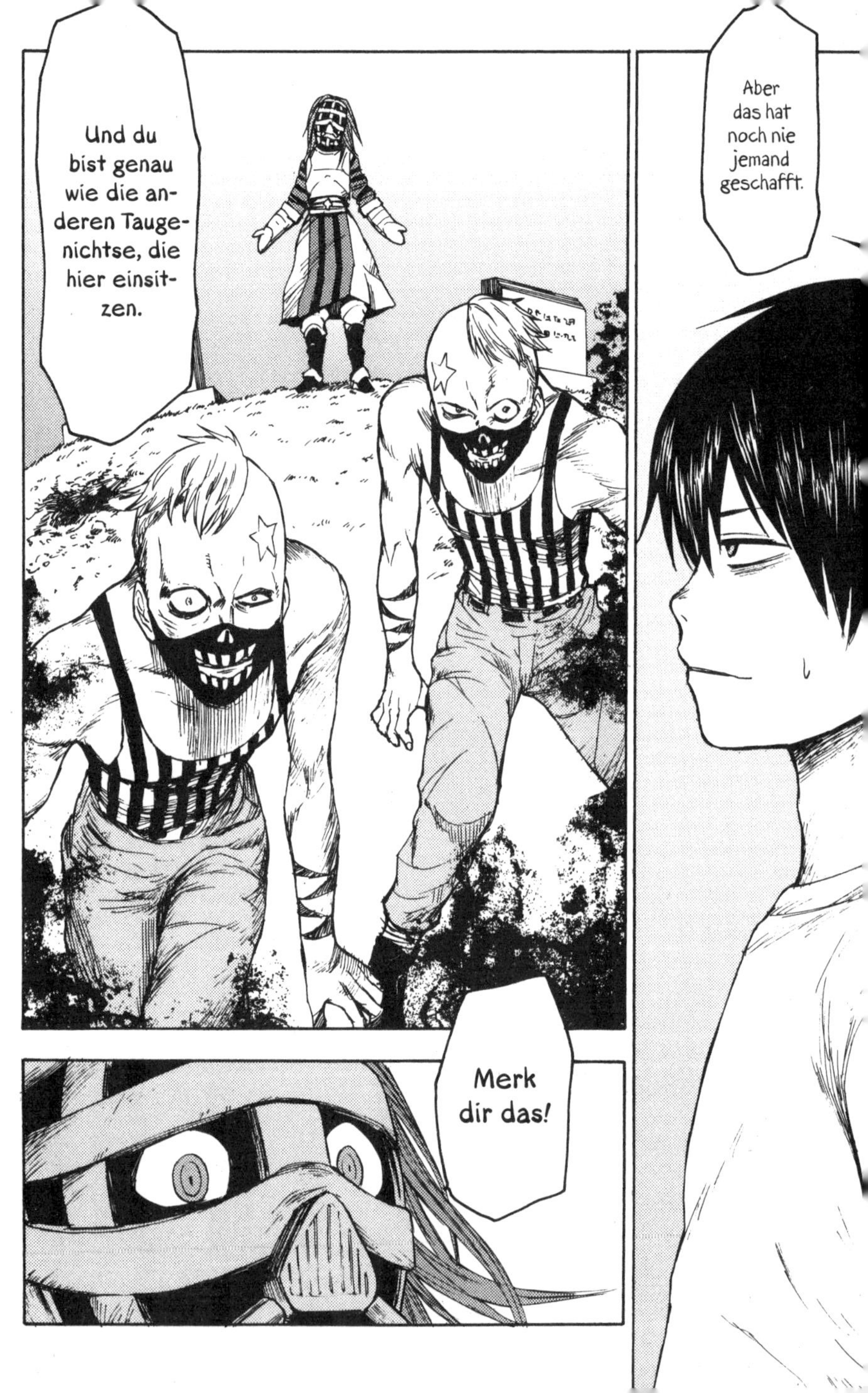
Aber das hat noch nie jemand geschafft.
Und du bist genau wie die anderen Taugenichtse, die hier einsitzen.
Merk dir das!

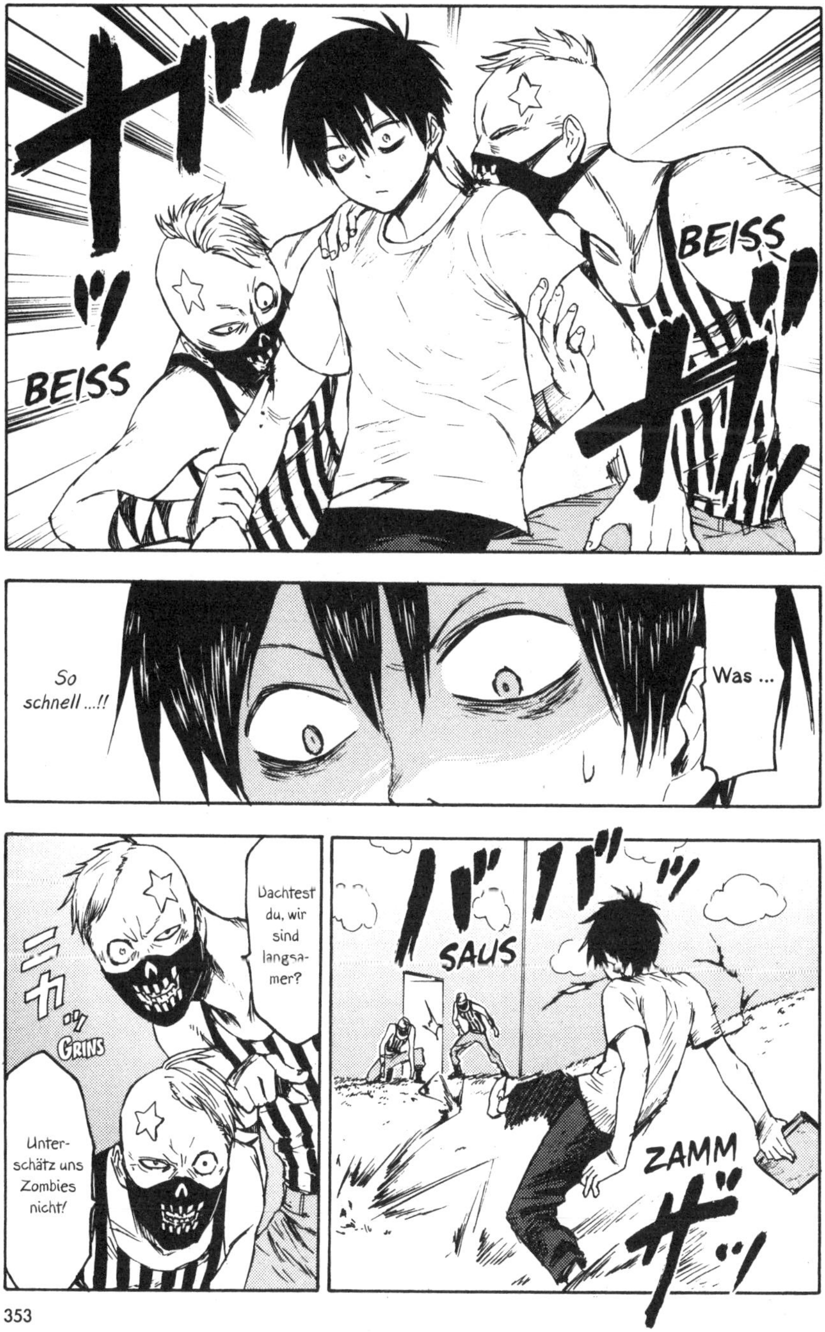
BEISS
BEISS
Was ...
So schnell ...!!
Dachtest du, wir sind langsamer?
Grins
Unterschätz uns Zombies nicht!
SAUS
ZAMM

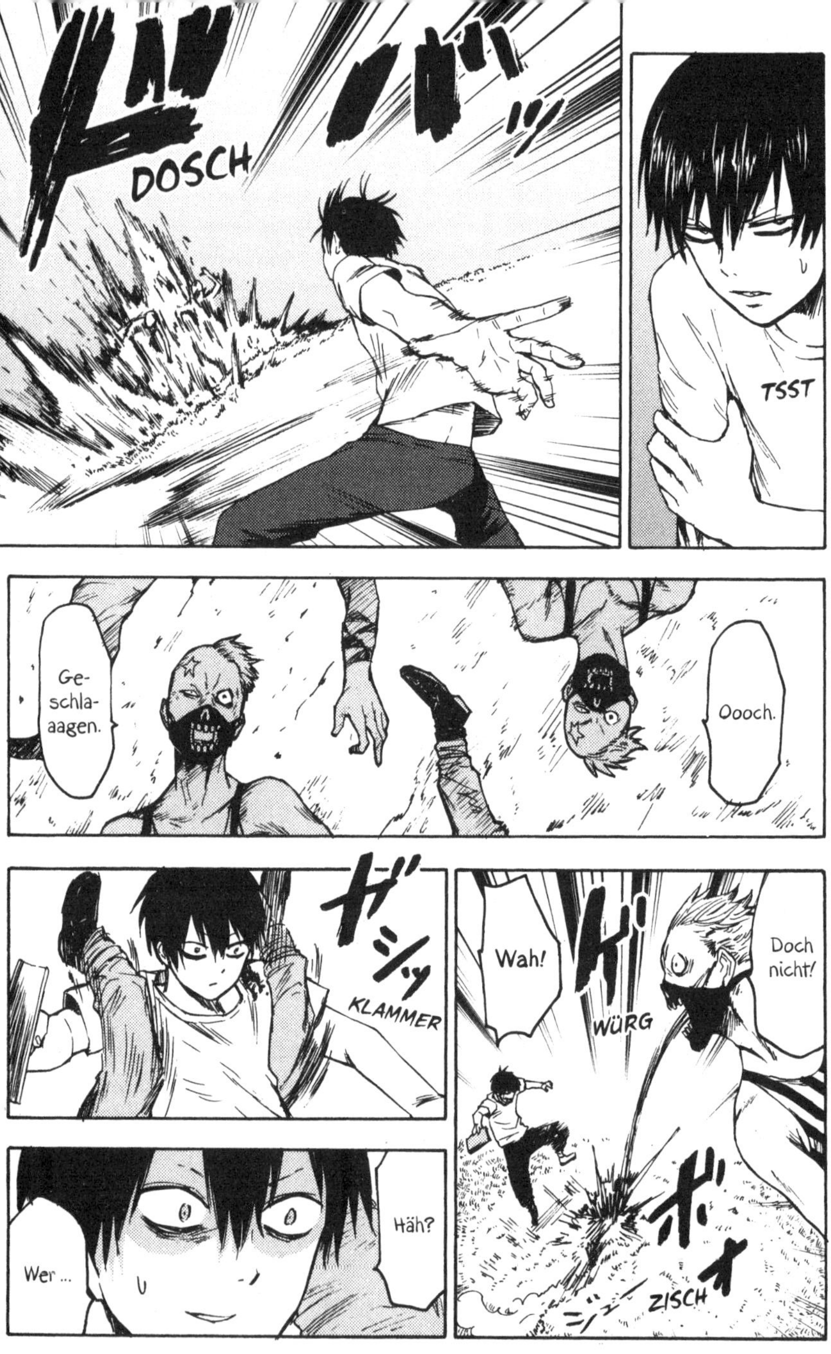

TSST
DOSCH
Oooch.
Ge-
schla-
aagen.
Doch
nicht!
Wah!
WÜRG
ZISCH
KLAMMER
Häh?
Wer ...

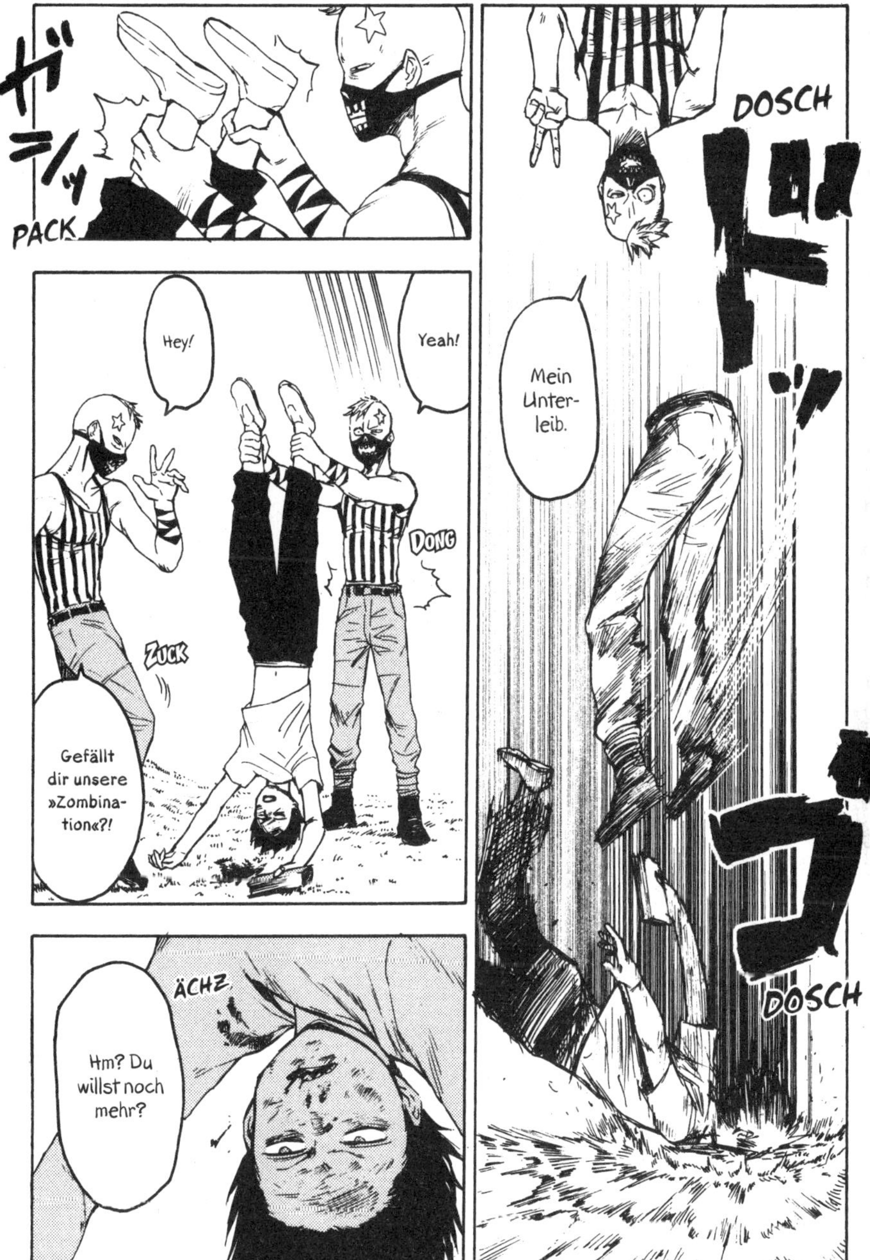
DOSCH
Mein Unter-leib.
DOSCH
PACK
Yeah!
Hey!
DONG
ZUCK
Gefällt dir unsere »Zombination«?!
ÄCHZ
Hm? Du willst noch mehr?

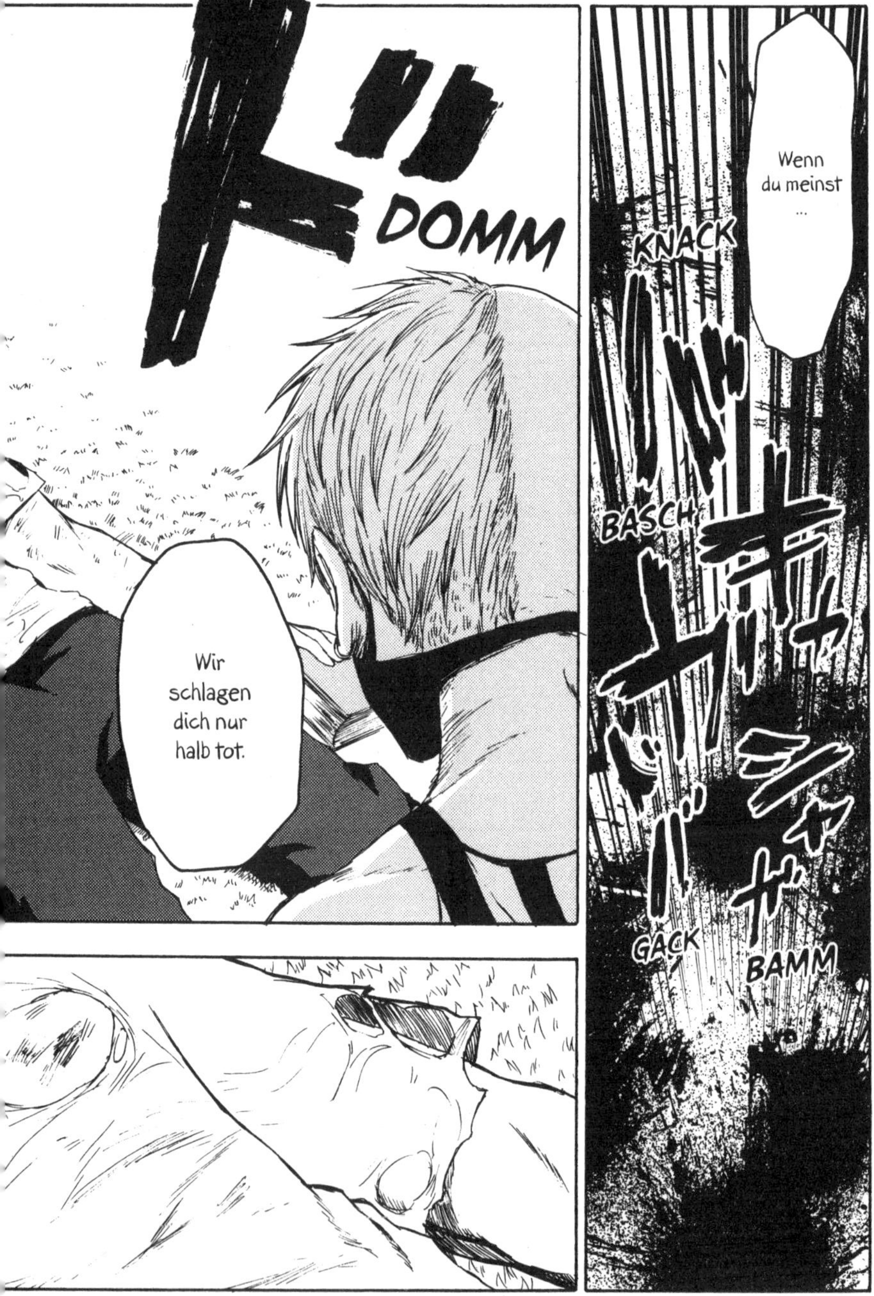
Wenn du meinst ...
KNACK
BASCH
GACK
BAMM
DOMM
Wir schlagen dich nur halb tot.

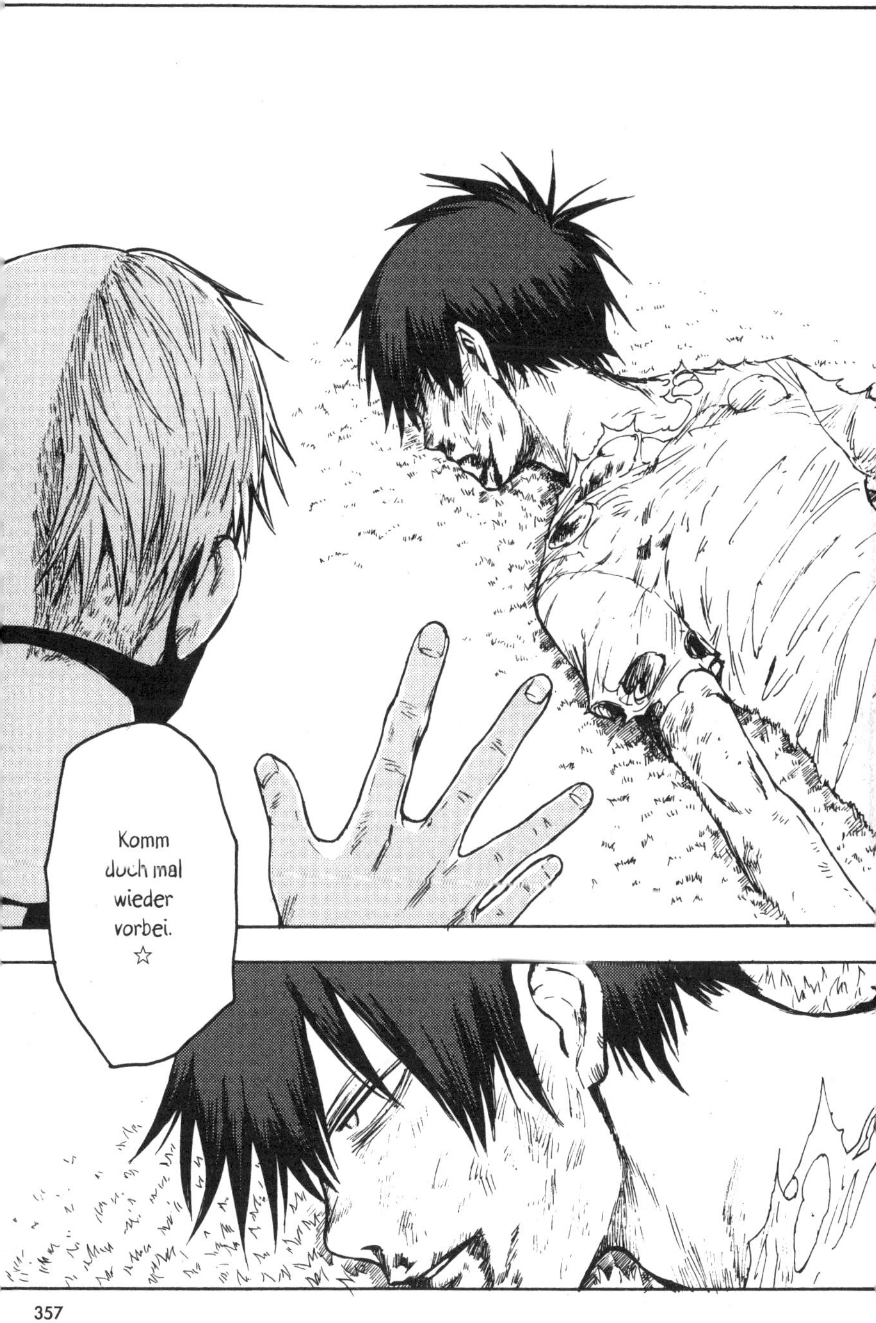
Komm doch mal wieder vorbei. ☆

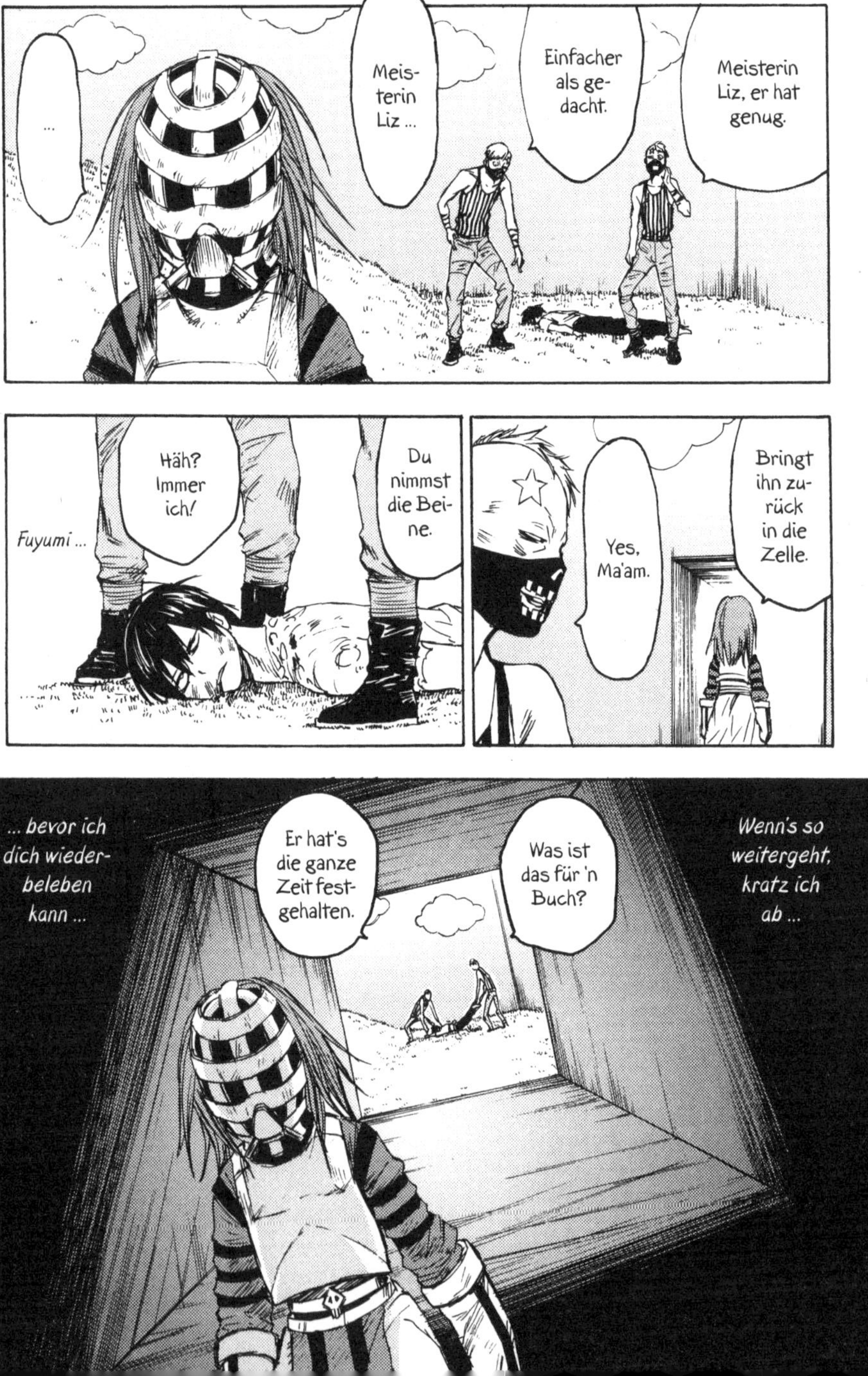

Meisterin Liz, er hat genug.
Einfacher als gedacht.
Meisterin Liz ...
...
Bringt ihn zurück in die Zelle.
Yes, Ma'am.
Du nimmst die Beine.
Häh? Immer ich!
Fuyumi ...
Wenn's so weitergeht, kratz ich ab ...
Was ist das für 'n Buch?
Er hat's die ganze Zeit festgehalten.
... bevor ich dich wiederbeleben kann ...

blood lad EXTREME

# blood lad
EXTREME

# Leben in der Dämonenwelt

## Satys Alltag

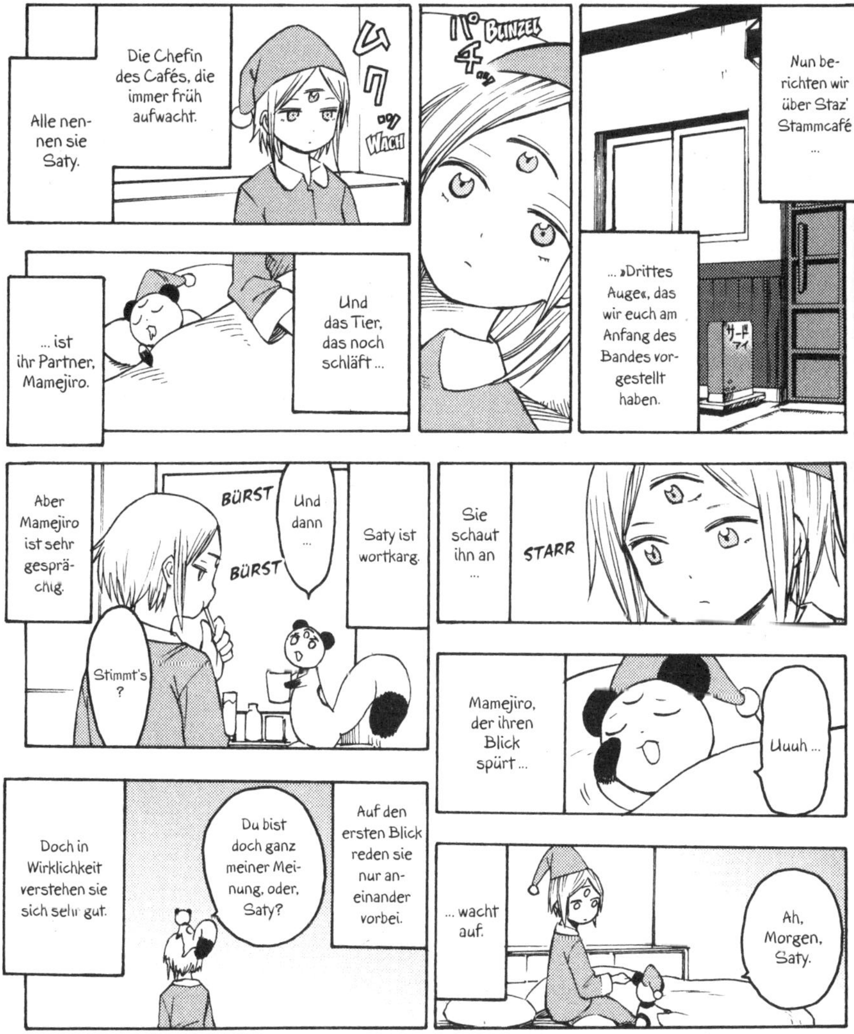

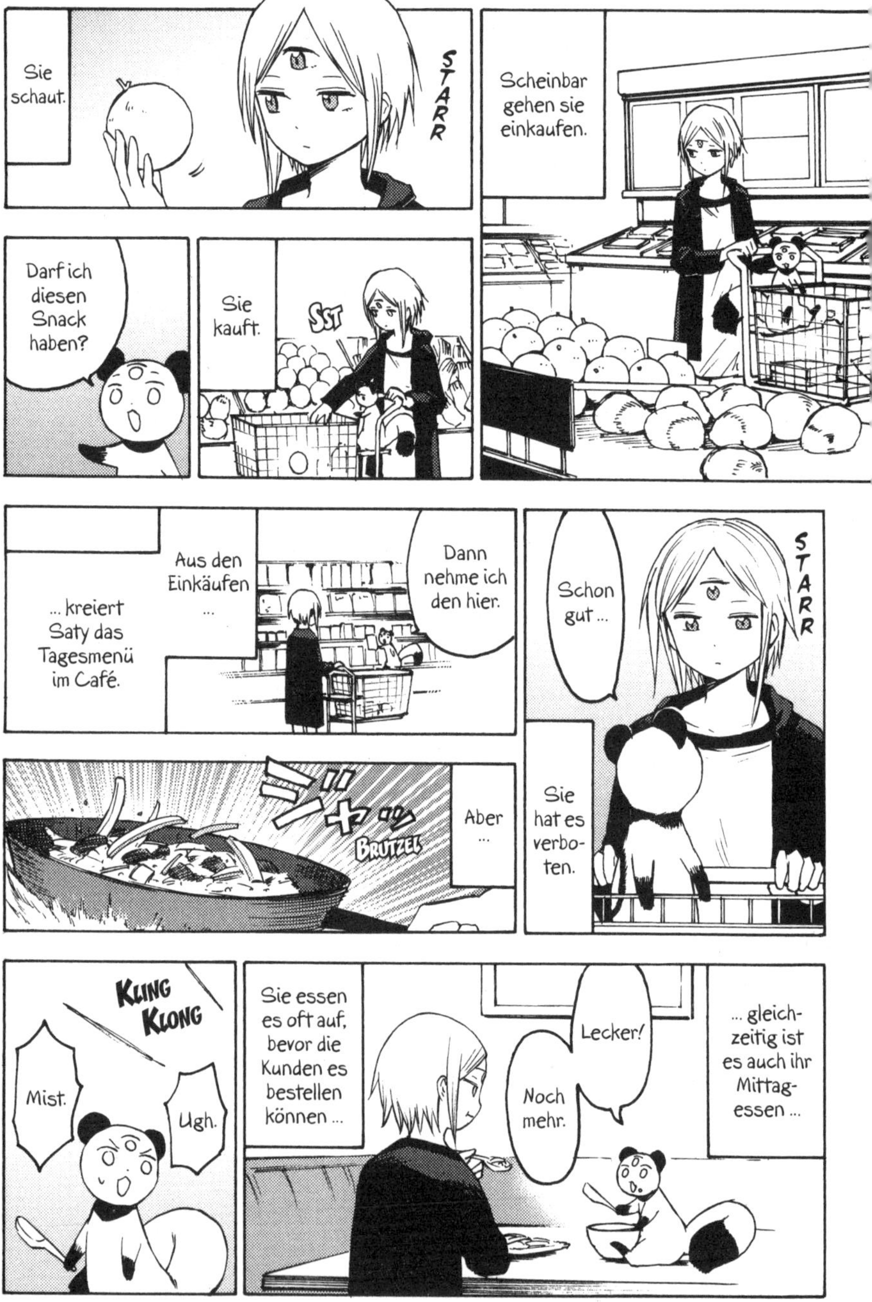
Scheinbar gehen sie einkaufen.
Sie schaut.
STARR
Sie kauft.
SST
Darf ich diesen Snack haben?
STARR
Schon gut ...
Sie hat es verboten.
Dann nehme ich den hier.
Aus den Einkäufen ...
... kreiert Saty das Tagesmenü im Café.
Aber ...
BRUTZEL
... gleichzeitig ist es auch ihr Mittagessen ...
Lecker!
Noch mehr.
Sie essen es oft auf, bevor die Kunden es bestellen können ...
KLING KLONG
Ugh.
Mist.

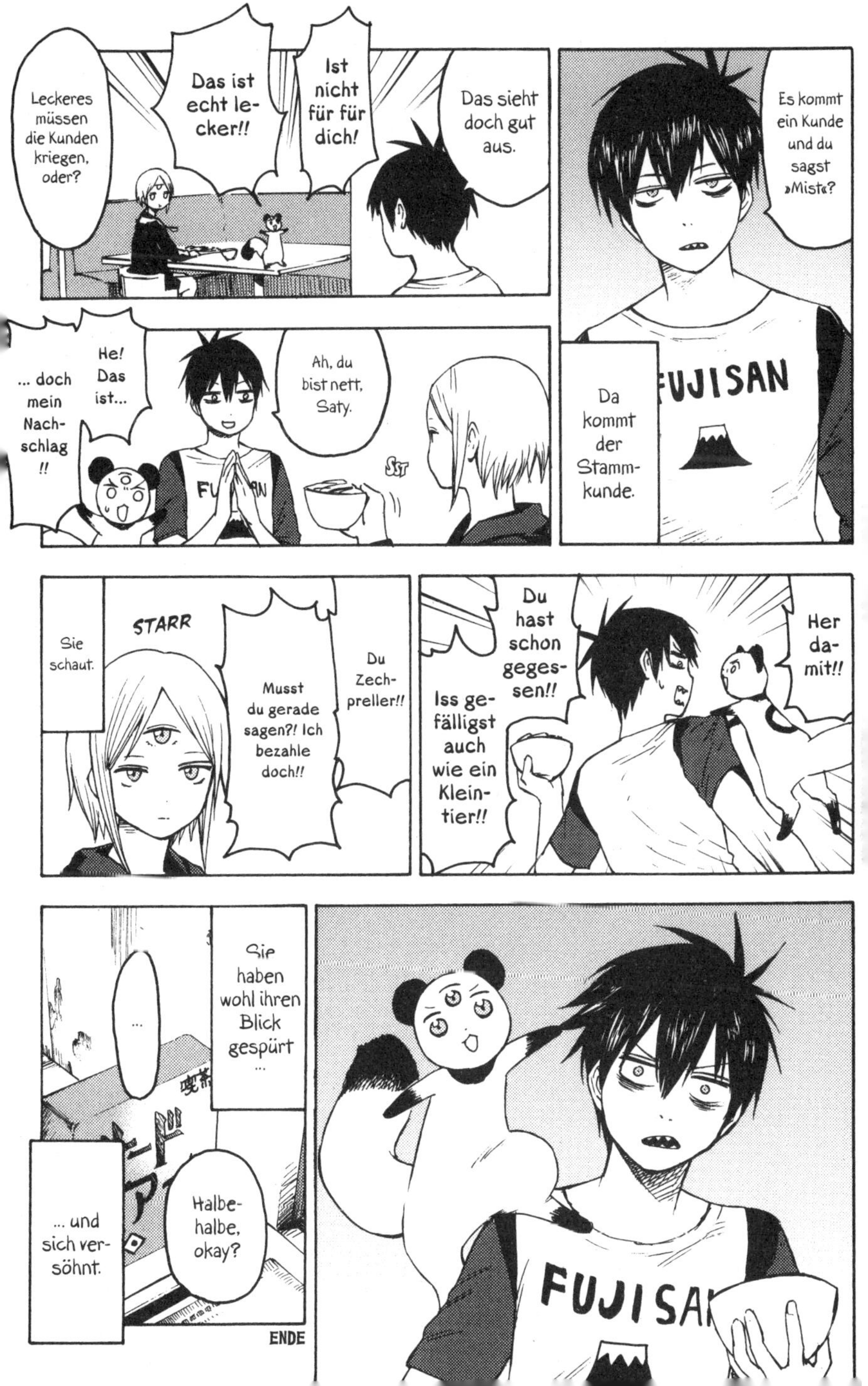
Es kommt ein Kunde und du sagst »Mist«?
Da kommt der Stammkunde.
Das sieht doch gut aus.
Ist nicht für für dich!
Das ist echt lecker!!
Leckeres müssen die Kunden kriegen, oder?
Ah, du bist nett, Saty.
SST
He! Das ist...
... doch mein Nachschlag!!
Her damit!!
Du hast schon gegessen!!
Iss gefälligst auch wie ein Kleintier!!
Du Zechpreller!!
Musst du gerade sagen?! Ich bezahle doch!!
STARR
Sie schaut.
Sie haben wohl ihren Blick gespürt ...
...
Halbe-halbe, okay?
... und sich versöhnt.
ENDE

**TOKYOPOP GmbH**
**Hamburg**

TOKYOPOP
1. Auflage, 2024
Deutsche Ausgabe/German Edition

Aus dem Japanischen von Hirofumi Yamada

BLOOD LAD Volume 1 and 2

First published in Japan in 2010
by KADOKAWA SHOTEN Co., Ltd., Tokyo.
German translation rights arranged
with KADOKAWA CORPORATION, Tokyo
through TUTTLE-MORI AGENCY, INC., Tokyo.

Redaktion: Sabine Scholz, Natalie Tonak
Lettering: Brilliant IT Enabling Services, India
Herstellung: Sonka Gerdsen, Mathias Neumeyer
Druck und buchbinderische Verarbeitung:
CPI–Clausen & Bosse GmbH, Leck
Printed in Germany

MIX Papier FSC® C083411

Wir achten auf die Umwelt.
Dieses Produkt besteht aus FSC®-zertifizierten und anderen kontrollierten Materialien.



ISBN 978-3-8420-9161-0

**www.tokyopop.de**

blood lad
EXTREME

# FIRE FORCE

## Atsushi Ohkubo

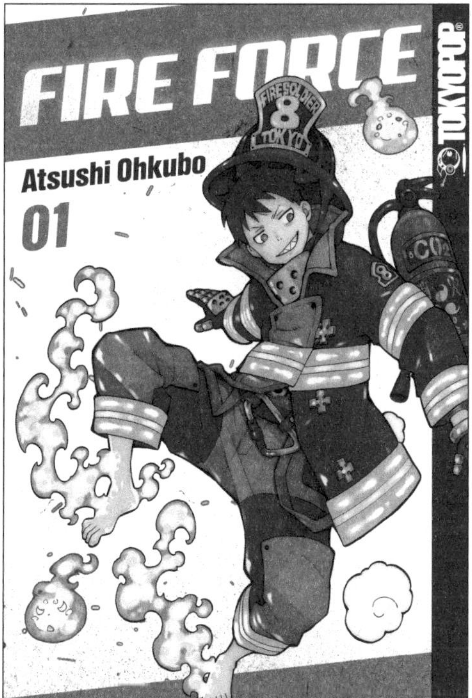


**Vorsicht, leicht entzündlich!**

Die Welt fürchtet sich vor einem zerstörerischen Phänomen – Menschen gehen unvermittelt in Flammen auf und werden zu Feuermonstern, die »Flammenwesen« genannt werden. Eine Sondereinheit der Feuerwehr stellt sich dem Schrecken entgegen. Ihre Mission: Das Mysterium aufklären und so die Menschheit retten!

# STOPP!

**Dies ist die letzte Seite des Buches!
Du willst dir doch nicht den Spaß verderben
und das Ende zuerst lesen, oder?**

Um die Geschichte unverfälscht und originalgetreu mitverfolgen zu können, musst du es wie die Japaner machen und von rechts nach links lesen. Deshalb schnell das Buch umdrehen und loslegen!

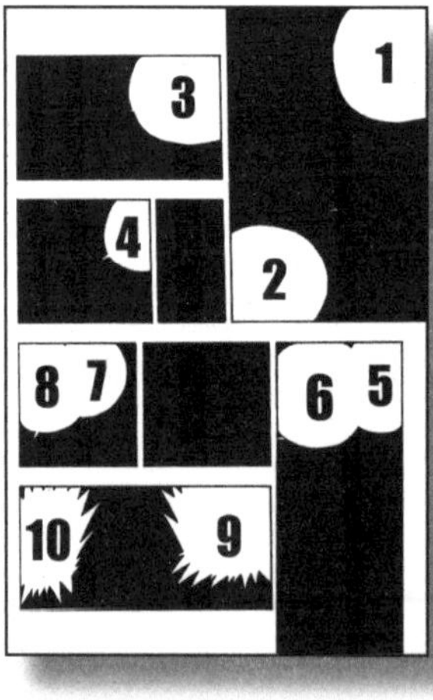


## So geht's:

Wenn dies das erste Mal sein sollte, dass du einen Manga in den Händen hältst, kann dir die Grafik helfen, dich zurechtzufinden: Fang einfach oben rechts an zu lesen und arbeite dich nach unten links vor.
Viel Spaß dabei wünscht dir TOKYOPOP®!